本书获暨南大学
“华侨华人研究”优势学科创新平台资助

教育部人文社会科学重点研究基地
暨南大学华侨华人研究院

侨情综览
2013

QIAO QING ZONG LAN 2013

暨南大学图书馆彭磷基华侨华人文献信息中心 编

主 编：朱丽娜
副主编：徐 云
编委：易淑琼 景海燕 王 华

暨南大學出版社
JINAN UNIVERSITY PRESS

中国·广州

图书在版编目（CIP）数据

侨情综览 2013 / 暨南大学图书馆彭磷基华侨华人文献信息中心编 . —广州：暨南大学出版社，2014. 9

ISBN 978 -7 -5668 -1318 -3

Ⅰ. ①侨… Ⅱ. ①暨… Ⅲ. ①侨民工作—概况—中国—2013 Ⅳ. ①D634

中国版本图书馆 CIP 数据核字(2014)第 311148 号

出版发行：暨南大学出版社

地　址：中国广州暨南大学

电　话：总编室（8620）85221601

营销部（8620）85225284　85228291　85228292（邮购）

传　真：（8620）85221583（办公室）　85223774（营销部）

邮　编：510630

网　址：http：//www. jnupress. com　http：//press. jnu. edu. cn

排　版：广州市天河星辰文化发展部照排中心

印　刷：深圳市新联美术印刷有限公司

开　本：787mm × 1092mm　1/16

印　张：39. 75

字　数：998 千

版　次：2014 年 9 月第 1 版

印　次：2014 年 9 月第 1 次

印　数：1—2000 册

定　价：88. 00 元

（暨大版图书如有印装质量问题，请与出版社总编室联系调换）

编辑说明

《侨情综览》是由暨南大学图书馆彭磷基华侨华人文献信息中心编辑的资料性综合年刊。《侨情综览2013》，对2013年度有关反映侨民、侨社、侨团、侨务、侨教、侨学等方面的主要信息进行去繁就简、去粗取精的甄选、分类、整合、编排，力争系统、翔实地介绍海内外侨情的发展概况、重大事件、理论动态、法律法规、政策导向、热点问题、工作实绩、学术成果以及有关统计数据和事实资料，为广大的侨务工作者、华侨华人研究人员及关注侨情动态的海内外社会各界人士提供研究与工作所需的资料信息服务。

《侨情综览2013》在大“侨”字的概念下，共设置12个栏目，分别为重要讲话和报告、涉侨政策法规、大事记、海外要闻、侨务信息、热点时评、华教视点、专题报道、特别关注、人物聚焦、海外华人新社团和统计资料。其中侨务信息分为“综合信息”、“地方信息”两部分。《侨情综览2013》采用分类编辑法，主体层次分栏目和条目，以条目为基本构成。

《侨情综览2013》中的内容，以原文为主、文摘和索引为辅。“重要讲话和报告”栏目里的文章，是公开发表和发布的有关领导的重要讲话、综合性报告和重要工作报告选登；“涉侨政策法规”栏目全文收录了国家和各省市有关部门颁布的主要涉侨法规和政策；“大事记”栏目收录了境内外华文媒体对海外华侨华人和华人社会大事记的报道；“海外要闻”、“侨务信息”、“热点时评”、“华教视点”、“专题报道”、“特别关注”等栏目的文章均为境内外华文媒体公开报道的新闻、评论和调查报告，绝大部分采用或追溯了原文的题目和出处，为准确反映内容原意，题目中有少量地方性强的模糊表述，如境外文章的“我国”、境内文章的“本地”、“我省”等，则更改为该国或该地的正式名称；“人物聚焦”栏目是年度具有瞩目成就的人物简介；“海外华人新社团”栏目收集年度新成立的主要华人社团信息，在原有报道的基础上进行了编辑和删减，保留原文中的主要事实资料；“统计资料”栏目的内容为书目和索引等二次文献，由于侨情资料的分散性和检索工具的局限性，书目和索引的收集整理不是很全面，还请读者见谅。

《侨情综览》年刊编辑出版后，得到了侨学界有关领导和热心人士的热情支持和鼓励，同时他们也提出了很多宝贵的意见和建议，对此我们表示衷心的感谢，并在《侨情综览2013》的编辑过程中有所改进。暨南大学国际关系学院/华侨华人研究院、暨南大学“华侨华人研究”优势学科创新平台项目组、暨南大学出版社等有关单位对本年刊的出版给予了大力的支持和帮助，在此也一并表示谢意！

由于时间仓促和编者能力所限，本书可能存在疏漏或错误之处，恳请广大读者批评指正，以便今后修订。

编　者

2014年4月

序

暨南大学图书馆华侨华人文献信心中心是我所了解的国内乃至国外系统收集华侨华人各种文献资料比较全面的机构。虽然我长年在国外工作，但经常回中国内地开会和讲学，曾多次赴该中心查找资料。中心的丰富收藏和工作人员的热情服务给我留下了深刻的印象。令人高兴的是，该中心不仅收藏资料，还充分利用这些资料编辑信息刊物和进行学术研究。每月一期的《侨情简报》，届时会如约而至；每年一本的《侨情综览》，从栏目设计到内容甄选方面更是去粗取精、广博厚重。每当我收到这些信息刊物的时候，都会认真阅读，受益匪浅。中心成员发表的学术论文也开辟了华人研究的新视角。

当前华侨华人研究国际化趋势明显，海内外学者在很多研究领域的交流与互动也愈加频繁。作为一个身居海外的华侨华人研究学者，我很高兴能看到《侨情综览》这样的侨情资料汇编。它将年度内的海外侨情、侨务信息、热点问题、学术动态等重要研究信息编辑成集，不仅对中国内地华侨华人研究有所帮助，对我们这些海外学人来说，也大有裨益。特别是“统计资料”栏目，让我们可以系统了解中国内地华侨华人研究的学术动态和研究成果，促进交流，取长补短。

长期的学术研究生涯，使我对资料收集整理工作充满期待和敬意。这是一件非常重要的工作，同时也是一件默默无闻、“为他人做嫁衣”的工作。暨南大学图书馆华侨华人文献信心中心在学校有关领导的大力支持下，在徐云主任的领导下，多年来锲而不舍地从事文献资料的整理和开发工作，并与时俱进，拓展新的工作内容，不断带给我们别开生面的惊喜，为此，我十分钦佩和感动。在此，我也衷心祝愿《侨情综览》越编越好，打出品牌，留芳于世。

新加坡南洋理工大学

人文与社会科学学院院长、公共管理研究生院院长

刘　宏

2014 年 5 月 8 日

目　录

大事记

海外要闻

侨务信息

热点时评

华教视点

专题报道

特别关注

人物聚焦

海外华人新社团

统计资料

重要讲话和报告

习近平致第十二届世界华商大会的贺信

第十二届世界华商大会：

值此第十二届世界华商大会开幕之际，我谨代表中国政府和人民，并以我个人的名义，向大会的召开致以热烈的祝贺！向来自世界各地的华商朋友们表示诚挚的欢迎！

长期以来，广大华侨华人秉承中华民族优秀传统，艰苦创业、拼搏进取，积极融入住在国社会，同当地人民和睦相处，在事业上取得长足发展，为各国经济发展和社会进步作出了积极贡献。

中国改革开放事业取得伟大成就，广大华侨华人功不可没。30多年来，华侨华人发挥在资金、技术、管理、商业网络等方面的优势，在中国各地投资兴业，用自己的智慧和汗水，有力促进了中国经济社会发展，有力推动了中国同世界的交流合作。我向大家表示衷心的感谢！

中国已经确定了“两个一百年”的奋斗目标，开启了实现中华民族伟大复兴中国梦的新征程。实现中国梦，是海内外中华儿女的共同愿景，也将为世界各国人民带来更多利益和机遇。

全面建成小康社会，实现中华民族伟大复兴，为广大华商施展抱负提供了广阔舞台。我们将进一步深化改革、完善政策、强化服务，依法保护华商投资兴业权益，鼓励和支持广大华商为中国发展献智出力。

“长风破浪会有时，直挂云帆济沧海。”希望广大华商把握机遇、发挥优势，积极关心和参与中国改革开放和现代化建设，在互惠合作中实现自身事业更大发展，为共圆中华民族伟大复兴的中国梦，推动中国人民同世界各国人民的交流合作，作出新的更大的贡献！

预祝第十二届世界华商大会圆满成功！

中华人民共和国主席　习近平

（中央政府门户网站2013－09－25）

李源潮：第九次全国归侨侨眷代表大会上的祝词

各位代表、朋友们、同志们：

第九次全国归侨侨眷代表大会今天隆重开幕了，这是我国侨界政治生活中的一件大事。开好这次大会，对于深入贯彻党的十八大、十八届三中全会精神和习近平总书记一系列重要讲话精神，团结动员广大归侨侨眷和海外侨胞为实现“两个一百年”奋斗目标、实现中华民族伟大复兴的中国梦而奋斗，具有重要意义。我受党中央委托，向大会召开表示热烈的祝贺！向广大归侨侨眷、海外侨胞和侨联工作者致以亲切的问候！

今年（2013）是中国改革开放35周年。35年来，中国共产党带领全国各族人民团结奋斗，在海内外中华儿女共同支持下，坚定不移走中国特色社会主义道路，取得了改革开放和社会主义现代化建设的辉煌成就，中华民族伟大复兴展现出鼓舞人心的光明前景。

35年来，广大归侨侨眷和海外侨胞以爱国爱乡的赤子情怀，积极发挥独特优势，为推动祖国现代化建设，为促进祖国和平统一，为传播中华文化、增进中国人民同世界各国人民友谊，作出了重要贡献。特别是在祖国遇到大事难事时倾心倾力相助，表现出中华儿女血浓于水的同胞深情。事实充分证明，广大归侨侨眷和海外侨胞不仅为挽救民族危亡、建设独立民主的新中国作出了历史性贡献，而且是建设中国特色社会主义的宝贵资源，是实现中华民族伟大复兴的重要力量。党中央充分肯定广大归侨侨眷和海外侨胞在中国改革开放和社会主义现代化建设中的独特作用和重要贡献。

在改革开放进程中，各级侨联组织高举爱国主义和中国特色社会主义旗帜，广泛团结、热忱服务广大归侨侨眷和海外侨胞，在凝聚侨心侨力、推动科学发展、促进社会和谐中发挥了不可替代的作用。特别是第八次全国归侨侨眷代表大会以来，各级侨联组织坚持围绕中心、服务大局，坚持以人为本、为侨服务，坚持国内海外工作并重、老侨新侨工作并重，在服务经济发展、引进海外人才、依法维护侨益、积极参政议政、开展对外文化交流、加强与港澳台侨界交往和拓展海外联谊等方面做了大量卓有成效的工作，充分发挥了党和政府联系归侨侨眷和海外侨胞的桥梁纽带作用。

党的十八大描绘了全面建成小康社会、加快推进社会主义现代化的宏伟蓝图，开启了实现中华民族伟大复兴的新征程。习近平总书记提出实现中华民族伟大复兴的中国梦，承载着全体中华儿女的共同向往，昭示着国家富强、民族振兴、人民幸福的美好前景。刚刚召开的党的十八届三中全会作出了全面深化改革的重大决定。共同的目标需要共同的力量，共同的愿景需要共同的奋斗。中华民族五千年来历经磨难、生生不息，靠的是强大的民族凝聚力。中国共产党领导中国人民彻底结束旧中国内忧外患、积贫积弱的悲惨命运，通过新民主主义革命、社会主义建设和改革开放取得举世公认的伟大成就，使中华民族以崭新的姿态自立于世界民族之林，这一切都离不开全体中华儿女的爱国奋斗。今天，我们要在中国特色社会主义道路上实现中华民族伟大复兴的中国梦，更加需要海内外中华儿女同心同德、齐心协力、共同奋斗；更加需要归侨侨眷和海外侨胞发挥独特作用，作出重要贡献。希望广大归侨侨眷和海外侨胞发扬热爱中华、振兴中华的爱国爱乡传统，把民族的梦想、祖国的梦想化为个人的梦想、家庭的梦想，把自己的发展和人生的追求融入祖国的发展和民族的追求，以我们每个人、每个家庭的努力奋斗汇聚成实现民族梦、祖国梦的磅礴力量，为实现中华民族伟大复兴的中国梦作出独特贡献。

第一，希望广大归侨侨眷和海外侨胞抓住祖国全面深化改革开放的新机遇，为促进祖国现代化建设作出独特贡献。党的十八届三中全会对新形势下全面深化改革作出了总部署，再次吹响了中国改革开放的进军号。广大归侨侨眷和海外侨胞是改革开放的支持者、参与者、受益者。希望大家抓住祖国全面深化改革开放的新机遇，把爱国之情、报国之志投入到新的改革开放实践中去，在国家发展最需要、自己最能起作用的领域充分发挥侨界的资金、技术、智力等独特优势。可以积极穿针引线、铺路搭桥，促进中国与其他国家的经贸技术合作；可以直接回国投资兴业，尤其是发展新兴产业，参与国内产业转型升级；可以积极引进海外人才，特别是帮助侨胞中的高层次人才回国创新创业，服务于创新型国家建设；也可以与国内企业合作，借助侨胞遍及全球的商业网络，帮助企业更顺利地走出去投资经营；还可以发挥眼界开阔、见多识广的优势，介绍可为中国借鉴的其他国家经验、理念、做法，为破解改革发展难题建言献策。归侨侨眷和海外侨胞各自所处环境不同、条件不同，只要尽己所能、扬己所长，都能以各种适宜方式为实现中国梦贡献力量。

第二，希望广大归侨侨眷和海外侨胞为维护民族团结、推进祖国统一作出独特贡献。海内外中华儿女血脉相连、手足情深。热爱伟大的文明古国，热爱伟大的中华民族，这种情感深深渗透在每个中华儿女的血液中。“兄弟同心，其利断金。”有了海内外中华儿女的大团结，就能形成推进祖国统一、实现民族梦想的强大合力。希望广大归侨侨眷和海外侨胞发挥各自优势，以血缘、地缘、语缘为基础，以亲情、乡情、友情为纽带，加强联系交往，互相支持帮助，巩固和发展海内外中华儿女大团结。中华民族是个大家庭，各民族同胞是一家，不论身居何处，都要共同反对民族分裂，共同维护祖国统一。希望广大归侨侨眷和海外侨胞发挥融洽同胞感情、增进民族共识的独特作用，为维护港澳长期繁荣稳定，为推动两岸关系和平发展，为推进祖国和平统一进程贡献力量。

第三，希望广大归侨侨眷和海外侨胞为传播中华文化、增进中国人民同世界各国人民友谊作出独特贡献。当今世界日益成为紧密联系的整体，中国发展越来越离不开世界。我们真诚希望世界上越来越多的人能真实了解中国的历史和文化，全面了解中国的现在和将来，使中国梦的实现有一个良好外部环境。海外侨胞是介绍中华文化、增进中外人民友谊的民间使者，在这些方面有着得天独厚的优势。希望广大归侨侨眷和海外侨胞传承和弘扬中华优秀文化，展示中华民族讲信修睦、爱好和平的历史传统；积极介绍当代中国的现实国情和发展状况，讲好中国人民艰苦创业、建设国家的奋斗故事。我们自己要深刻理解中国走和平发展道路的坚定选择，对外传播好中国和平、发展、合作、共赢的声音，使中国梦与世界各国人民的梦想相通，增进各国人民对中国现代化的理解、信任和支持。海外侨胞虽然远离故土，但祖（籍）国人民始终牵挂着你们。希望海外侨胞与当地人民和睦相处、共同发展，你们发展得越好、对住在国贡献越大，就越能加深住在国人民与中国人民的友好合作。

第四，以改革创新精神推进侨联工作，积极开拓侨联工作新领域。侨联是党领导的人民团体，是党和政府联系归侨侨眷和海外侨胞的桥梁纽带，是团结服务广大归侨侨眷和海外侨胞的群众组织。凝聚广大归侨侨眷和海外侨胞力量，为实现中华民族伟大复兴的中国梦而奋斗，是侨联工作的时代主题。各级侨联组织要深入学习党的十八大和十八届三中全会精神，深入学习习近平总书记一系列重要讲话精神，牢牢把握侨联工作时代主题，解放思想、改革创新，更好团结服务广大归侨侨眷和海外侨胞。国内工作是侨联工作的基础，老侨工作是侨联工作的传统优势。要扎实做好国内工作和老侨工作，推动各项权益保障和改善民生政策在侨界的落实，尤其要关心帮助特困归侨侨眷，让他们共享祖国改革发展成果。改革开放以来，出国留学和海外移民人数越来越多，新一代华侨华人不断成长。同时，以高层次留学人才为主的新归侨迅速增加。当前侨联工作的一个重要变化和创新，就是要适应海内外侨情的新变化，积极拓展海外工作，积极拓展新侨工作。一是拓展海外联络。多渠道、多层次、多形式开展海外联谊，加强与境外侨团的联系，深交老朋友，广交新朋友。创新方式，建立与新出国华侨联系的渠道。倡导侨帮侨传统，帮助海外留学生和新华侨更好适应当地的学习、工作和生活。深入开展“亲情中华”主题活动，组织寻根祭祖，推动海外华文教育，帮助华侨、华裔新生代增进对中华文化的了解和认同。二是拓展服务新侨。关注和了解新侨回国创新创业遇到的问题，推动有关政策、法规和服务措施的创新完善。关心国内新侨眷的工作、生活，尤其要积极帮助侨界留守儿童、空巢老人解决实际困难。加强侨情调研，听取侨界对经济社会发展的意见建议，积极向党和政府反映侨界情况和侨界人士的意见。侨联工作领域的拓展是侨联工作的改革创新，其目的是通过这两个拓展，最大限度把归侨侨眷和海外侨胞团结起来，最大限度把归侨侨眷和海外侨胞的积极性调动起来，最大限度把归侨侨眷和海外侨胞的优势发挥出来，汇聚成海内外中华儿女为实现中华民族伟大复兴的中国梦共同奋斗的合力。

做好新形势下侨联工作，要切实加强侨联组织自身建设。侨联要以深入开展党的群众路线教育实践活动为契机，改进作风、改进服务。侨联机关干部要深入基层、深入侨界群众，增强为侨服务意识，竭诚服务广大侨胞，使侨联干部真正成为归侨侨眷和海外侨胞之友，使侨联组织真正成为归侨侨眷和海外侨胞之家。

党中央历来关心归侨侨眷和海外侨胞，把侨联工作作为党和国家事业的重要组成部分。各级党委和政府要充分认识做好侨联工作的重要意义，认真落实党的侨务政策，依法维护归侨侨眷和海外侨胞合法权益。切实加强对侨联工作的领导，支持侨联组织依照法律和章程创造性地开展工作。加强侨联组织建设，重视关心侨联干部，为侨联工作提供更加有力的保障。

各位代表、同志们、朋友们，让我们紧密团结在以习近平同志为总书记的党中央周围，高举中国特色社会主义伟大旗帜，以邓小平理论、“三个代表”重要思想、科学发展观为指导，团结一心、共同奋斗，为全面建成小康社会、加快推进社会主义现代化、实现中华民族伟大复兴的中国梦作出更大贡献！

祝第九次全国归侨侨眷代表大会圆满成功！

（新华网 2013－12－02）

“中国梦”代表海内外中华儿女的美好愿景和共同追求

——在“第九届世界华裔杰出青年华夏行”开幕式上的讲话（摘登）

杨洁篪

实现中华民族的伟大复兴，是海内外全体中华儿女共同的光荣和梦想。新中国成立、特别是改革开放30多年来，在中国共产党的带领下，中国人民紧紧抓住和用好重要战略机遇期，战胜了一系列重大挑战，创造了举世瞩目的发展奇迹：中国经济总量跃居世界第二，制造业能力达到全球第一，成功应对国际金融危机的严重冲击，在全球率先实现经济企稳回升，成为世界经济恢复和增长的重要引擎和稳定器；建成世界上最大的社会保障体系，实现覆盖城乡的免费义务教育，人民生活水平显著提高，社会民生得到前所未有的改善；成功举办北京奥运会、上海世博会，“神舟”飞天、“嫦娥”揽月、“天宫”对接、“蛟龙”探海、航母入列，一系列前沿科技实现重大突破，中国特色发展道路的优势不断彰显，中华民族的复兴之路从未如此开阔。

去年（2012）召开的中国共产党第十八次全国代表大会和今年（2013）召开的全国“两会”，描绘了中国未来发展的宏伟蓝图，开启了实现中华民族伟大复兴“中国梦”的新征程。今天，“中国梦”已经成为当代中国高昂的主旋律和精神旗帜，正焕发出鼓舞人心的力量，激荡起亿万人民的共鸣，她既是13亿中国人民不懈奋斗的梦，也是海外5 000万侨胞和所有华夏子孙共圆共享的“中华梦”，必将最大限度地凝聚起海内外中华儿女的磅礴力量。

要实现“中国梦”，必须要深入了解“中国梦”的本质内涵。中国拥有5 000年悠久、灿烂的文明，是世界上唯一一个从未中断、持续时间最长的文明，为人类进步作出过巨大贡献。近代以来，中华民族历经苦难和屈辱，民族复兴成为无数仁人志士孜孜以求的目标，更成为近代中国永恒的主题。时至今日，中国的和平崛起已成为全球最重要的变革之一，几代人魂牵梦萦的民族复兴之梦，不再是空中楼阁，我们比历史上任何时候都更接近民族复兴的伟大梦想。在这样的背景下，实现国家富强、民族振兴、人民幸福成为历史的必然选择，也构成了“中国梦”的本质内涵。

要实现“中国梦”，必须大力弘扬民族精神。没有振奋的民族精神，一个民族不可能自立于世界民族之林。几千年岁月沧桑，将中华儿女紧紧凝聚在一起的，是我们共同经历的非凡奋斗，是我们共同创造的美好家园，是我们共同培育的民族精神。这种伟大的民族精神，体现在海外侨胞身上就是吃苦耐劳、合群随众、团结互助、恋祖爱乡，它是广大海外侨胞情系桑梓的精神纽带，是自立自强、生生不息的民族情怀，是推动一代又一代中华儿女向着“中国梦”前行的强大力量。

要实现“中国梦”，必须凝聚海内外中华儿女的力量。个人荣辱，系于国之盛衰。在实现民族复兴的征程中，唯有将实现个人的梦想寄托于国家和民族之梦的实现之中，梦想方能成真。面对大发展大变革大调整的世界格局、面对各种思想文化更加频繁的交流交锋、面对中国改革不断深入进程中的利益调整和矛盾，特别需要全体中华儿女以共同的理想，凝聚共同的力量，以共同的奋斗，追求共同的目标，戮力同心、携手并进，为实现“中国梦”提供不竭的动力和能量源泉。

“中国梦”代表了侨胞的心声，代表了海内外中华儿女的美好愿景和共同追求。各位青年朋友虽然大多出生于海外，加入了外国籍，但我们有着共同的祖先、共同的历史、共同的文化、共同的传统，我们都是中华儿女、龙的传人。5 000 年中华历史文化的积淀深深地印在你们身上，中华民族的血脉把我们紧紧地联在一起。你们不仅是海外华侨华人社会的中坚力量，也是实现伟大“中国梦”的强大助推力量。借此机会，我提几点希望与大家共勉。

一是了解中国、搭建桥梁、沟通中外。希望大家加强对祖籍国历史文化和发展现状的了解，博采中外文明之长，发挥通晓中外语言文化的独特优势，搭建起沟通中国与世界各国的友好桥梁。希望大家积极主动地向住在国家和地区的主流社会和媒体宣传介绍光辉灿烂的中华文化，让他们真实客观地了解中国的发展进步，理性务实地看待中国的和平崛起。希望大家通过自身的言行，增进住在国人民与中国人民的感情，加深住在国与中国各领域的交流合作，让世界通过你们了解开放的中国，让开放的中国通过你们进一步走向世界。

二是分享机遇、加强合作、发展事业。希望大家发挥熟悉住在国国情，掌握先进的管理经验和国际商业运营模式等优势，加强与中国的联系与沟通，以不同方式参与中国的对外开放和现代化建设，推动中国企业“走出去”，促进中国与住在国的经济科技交流与合作。希望大家搭乘中国经济腾飞的航船，在互惠合作中实现自身事业的更大发展，共同享有精彩人生的机会，共同享有梦想成真的机会，共同享有同中国和时代一起成长进步的机会。

三是关注侨社、参与建设、引领未来。希望大家担负起侨社未来发展的重任，更多地参与住在国家和地区的侨社建设，进一步发挥表率和引领作用，携手当地侨胞更好地融入当地主流社会，争取更好的生存和发展环境，建设“和睦相融、合作共赢、团结友爱、充满活力”的华侨华人社会。希望大家发扬中华民族的优秀品质和传统美德，以自己的言行与举止、成功和奉献，树立侨胞守法诚信、举止文明、关爱社会、团结和谐的新形象。希望大家积极向主流社会反映侨胞心声，协助解决侨胞关切的问题，切实维护侨胞的正当合法权益，成为沟通华侨华人社会与主流社会的桥梁和重要纽带。

习近平主席在今年（2013）全国“两会”上向广大海外侨胞发出弘扬中华民族勤劳善良的优良传统，努力为促进祖国发展、促进中国人民同当地人民的友谊作出贡献的号召，让我们以习主席的殷切希望为动力，同心携手奋进，绽放青春光彩，为共圆共享“中国梦”，作出更大的努力和贡献！

（《侨务工作研究》2013 年第 3 期）

团结动员广大侨胞为实现中国梦共同奋斗

林　军

习近平总书记提出实现中华民族伟大复兴的中国梦，代表了海内外中华儿女的共同愿景、共同福祉和共同追求，体现了中国走向未来的道路自信、理论自信、制度自信。实现中国梦，向广大归侨侨眷和海外侨胞发出了新的召唤，向各级侨联组织和广大侨联工作者提出了新的要求。我们一定要凝心聚力，实干创新，不负历史责任，担起时代使命，为实现中国梦共同奋斗。

一、中国梦：引领广大归侨侨眷和海外侨胞团结奋斗的精神旗帜

中国梦，凝聚着海内外中华儿女的共识，道出了海内外中华儿女的心声，是中华民族走向伟大复兴的精神旗帜，引领广大侨胞团结奋斗的前进方向。

中国梦是百年沧桑巨变的强国梦。强国梦，就是要在中国共产党成立一百年时全面建成小康社会，在新中国成立一百年时建成富强民主文明和谐的社会主义现代化国家。这是海内外中华儿女的共同夙愿。海外侨胞身在异乡，他们的心，总是与祖国如影随形地相连，祖国的兴衰强弱，总是直接关系到海外侨胞的荣辱和地位，影响到海外侨胞的处境和发展。近代史上，海外侨胞历经坎坷、备受歧视、饱受磨难，与祖国的积贫积弱息息相关。新中国成立后，特别是改革开放以来，这种状况得到根本改变。祖国强大了，海外侨胞的腰杆才能挺得更直！强国梦，是在百年沧桑的历史中孕育的，最能激发广大侨胞的爱国之心和报国之志。

中国梦是宣示美好明天的振兴梦。振兴梦，就是要使中华民族独立自强、团结进步，自立于世界民族之林，能为人类发展进步作出更大贡献。这是海内外中华儿女的共同期盼。实现民族复兴是近代以来中华民族最伟大的梦想。现在，我们比历史上任何时期都更接近中华民族伟大复兴的目标，比历史上任何时期都更有信心、有能力实现这个目标。国运昌，侨运兴，广大侨胞身居海外，但与祖国和人民血脉相连、休戚与共。中华文化的发展繁荣，56个民族大家庭的团结进步，伟大祖国的光明未来，给广大侨胞带来鼓舞与自豪、欢乐和信心。振兴梦，与幸福美好的明天心手相牵，最能唤起广大侨胞的民族自豪感和自信心。

中国梦是建设美好生活的幸福梦。幸福梦，就是要使人民过上更美好、更幸福的生活。这是包括广大侨胞在内的每个中华儿女的共同追求。无论是国家的富强梦还是民族的振兴梦，归根到底是人民的幸福梦。国家富强、民族振兴的出发点和归宿，都是为了人民幸福。一个个鲜活生动的个人幸福梦的实现，就是向着国家梦、民族梦的实现一步步迈

进。在全球化的大背景下，中国的和平发展对于广大侨胞来说，意味着有了更多的就业机会、商业机会、交流机会、创造机会，意味着有了更广阔的施展才华、实现梦想的平台。幸福梦，与亿万个团圆美满的家庭密切相关，与包括广大侨胞在内的每个中华儿女的个人奋斗密不可分，最能代表广大侨胞的现实利益和共同愿景。

二、广大归侨侨眷和海外侨胞在实现中国梦的伟大实践中大有可为

中国梦与侨胞梦高度一致，天然融合。广大侨胞是实现中国梦的一支独特力量。中国梦为广大侨胞提供了大有作为的广阔舞台，海内外中华儿女团结奋斗，就一定能够共同支撑、共同见证、共同享有伟大的中国梦。

走好中国道路，做中国梦的积极实践者和传播者。中国道路从本质上讲，就是中国特色社会主义道路。新中国成立后特别是改革开放以来，广大侨胞与全国各族人民一道，谱写了自强不息、团结奋斗、顽强奋进的壮丽史诗，为祖国的繁荣昌盛作出了独特贡献。毛泽东同志号召，侨胞们团结起来，拥护祖国的革命，改善自己的地位；邓小平同志强调，海外侨胞众多是我国改革开放的独特优势；江泽民同志提出，“广大华侨华人是中华民族重要的资源宝库”；胡锦涛同志要求，“最大限度地把归侨侨眷和海外侨胞团结起来，把他们的积极性调动起来，把他们的独特优势发挥出来”；习近平同志希望，“广大海外侨胞，要弘扬中华民族勤劳善良的优良传统，努力为促进祖国发展、促进中国人民同当地人民的友谊作出贡献”。侨胞中蕴藏着丰富的人力、财力、物力和智力资源，广大侨胞真切期盼伟大祖国发展进步，是实现中国梦的积极实践者和传播者。满怀信心地走好中国道路，广大侨胞风雨无阻、砥砺前行！

弘扬中国精神，做中国梦的积极建设者和弘扬者。以爱国主义为核心的民族精神和以改革创新为核心的时代精神融为一体的中国精神，是凝心聚力的兴国之魂、强国之魂。广大侨胞具有伟大的爱国主义精神和与时俱进的改革创新精神。在争取中华民族独立和解放的历史进程中，广大侨胞以拳拳赤子之心，前仆后继、流血牺牲，作出了不可磨灭的贡献，书写了爱国主义的壮丽史诗；在波澜壮阔的改革开放伟大实践中，广大侨胞以强烈的进取精神和创造活力，投资兴业、引资引智，谱写了改革创新的瑰丽诗篇。广大侨胞是中国梦的积极建设者和弘扬者。高扬凝心聚力的中国精神，广大侨胞心忧天下、敢为人先！

凝聚中国力量，做中国梦的积极参与者和支持者。中国力量是包括广大侨胞在内的中国各族人民大团结的力量，是一支不可战胜的磅礴力量。回首百年历程，广大侨胞始终与祖国同呼吸、共命运，积极投身民族独立和民族解放事业，积极参与支持国家建设和改革开放，积极推进祖国和平统一大业，积极促进中国人民与世界各国人民的友好交往。海外侨胞和归侨侨眷遍布世界各地、全国各地，他们人数众多、人才济济，是推动我国经济发展、科技进步、文化繁荣、社会和谐，实现中华民族伟大复兴的一支不可或缺的重要力量。据统计，目前，81%的中国科学院院士，54%的中国工程院院士，都有在海外学习、工作的经历。“千人计划”引进的2 793名海外高层次人才中，95%以上是华侨华人。广大侨胞是中国梦的积极参与者和支持者。凝聚不可战胜的中国力量，广大侨胞戮力同心、众志成城！

三、团结动员广大归侨侨眷和海外侨胞为实现中国梦贡献力量

侨联是党领导的人民团体，是党和政府联系归侨侨眷和海外侨胞的桥梁纽带，是广大

侨胞之家。团结动员广大侨胞为实现中国梦而奋斗，是侨联事业的时代主题和历史使命。

围绕中心，服务大局，为全面建成小康社会发挥积极作用。为实现中国梦而奋斗，各级侨联要团结动员和支持鼓励广大侨胞，围绕服务国家经济、政治、文化、社会和生态文明建设，发挥优势、彰显作为。在服务经济建设上，持续深化“创业中华”行动，推动海外资金、海外科技、海外人才、海外智力引进工作，帮助国内企业、资金、人员借助海外侨胞遍布全球的商业网络走出去，为服务创新驱动发展战略、推进经济结构战略性调整、推进城乡发展一体化、全面提高开放型经济水平作贡献。在服务政治建设上，紧扣团结和民主两大主题，团结凝聚侨界力量，形成最大政治共识，为巩固和发展最广泛的爱国统一战线服务；积极参与政治协商，发挥民主监督作用，努力反映广大侨胞的意见和要求，代表和维护侨胞利益。在服务文化建设上，大力开展“侨与中国梦”活动，激发侨界圆梦动力；不断拓展深化“亲情中华”主题活动，通过开展多领域、多层次的慰问演出、展览展示、文化交流、文明创建、故里寻根等富有侨务特色的活动，丰富侨界群众精神文化生活，加强社会主义核心价值体系建设，传承传播中华民族优秀文化，推动中外人文交流；支持海外华文教育发展，促进侨界青少年交流，为侨务事业蓬勃发展积蓄后劲。在服务社会建设方面，精心打造“侨爱心”工程，帮助侨界群众就业创业，努力解决侨界群众实际困难；引导侨胞正确对待改革发展中的利益关系调整，积极化解矛盾，促进社会和谐；参与基层社会管理和服务体系建设，办好党政所需、社会所愿、侨联所能、侨胞所急的公共事务。在服务生态文明建设方面，开展“生态中华”活动，组织引导侨界群众支持、参与环保活动，帮助国内企业引进国外先进的节能减排和环保技术，鼓励侨资企业转变发展方式和生产经营方式，为建设美丽中国添砖加瓦。

围绕推进祖国统一，为深化两岸四地交流合作贡献力量。为实现中国梦而奋斗，各级侨联要团结动员和支持鼓励广大侨胞，为推进祖国统一、民族团结不懈努力。加强与海外传统侨社及未建交国家侨胞的沟通交流和良性互动，牢牢把握两岸关系发展的难得机遇，坚持和扩大一个中国的共识，壮大海外“反独促统”力量，积极为祖国和平统一多做工作。引导海外侨胞主动向住在国社会各界宣传我国解决台湾问题的方针和立场，争取国际社会对中国和平统一大业的更多理解和支持。发挥地缘、血缘、亲缘、文缘优势，积极推动两岸交流合作。加强与香港、澳门侨界人士和社团的联系与交流，支持他们坚持“一国两制”、“港人治港”、“澳人治澳”、高度自治的方针，共同促进香港、澳门长期繁荣稳定。

围绕服务公共外交，为人类和平发展的崇高事业不懈奋斗。为实现中国梦而奋斗，各级侨联要团结动员和支持鼓励广大侨胞，积极拓展民间外交，努力服务公共外交。向各国人民介绍中国梦，把中国梦不仅造福中国人民，而且造福世界各国人民的道理讲明白。介绍我国科学发展、和谐发展、和平发展的理念，介绍新中国走向繁荣发展、民主进步、文明开放的光辉历程和伟大成就，介绍我国改革开放和社会主义现代化建设的真实情况，介绍我国推动建设和谐世界的对外政策主张，让世界更深入地了解真实的中国。为促进中外经贸、科技、教育、文化合作和人文交流铺路搭桥，积极推动经济全球化、文化多样性向着有利于各国共同繁荣的方向发展。引导和鼓励海外侨胞积极融入当地社会，与住在国人民友好交往、和睦相处、和谐共存，用自己的劳动、创造和奉献赢得信任和尊重，展示广大侨胞的良好形象。

围绕以人为本、为侨服务，为推动侨胞之家建设增添动力。为实现中国梦而奋斗，各级侨联要成为深受侨胞信赖的名副其实的侨胞之家，为保持党和侨界群众的血肉联系打牢基础。不断加大依法维权力度，做强做细侨联法律援助和信访工作，推动涉及侨胞切身利益的有关政策出台、完善和落实，努力做到维护侨益有能力。发展健全侨联基层组织，加强侨联干部队伍建设，加强与海外侨社团的联系合作，积极构建一支长期友好的海外侨界力量，努力做到凝聚侨胞有组织。充分整合侨界资源，大力推动服务中心、培训基地、活动场所、侨商会馆等实体和设施建设，支持海外华文学校、华文媒体、中国文化中心、中医药诊所等的发展，努力做到服务侨胞有基地。拓展侨联工作网络，做强做大侨商（华商）会、文化交流促进会、归侨联谊会等侨社团组织，积极推进海外和谐侨社建设，努力做到动员侨胞有品牌。

（《求实》2013 年第 17 期）

加强侨务理论研究　为侨务事业全面协调可持续发展提供理论支撑

——在第三届中国侨务论坛上的讲话（摘编）

裘援平

编者按：2013 年 8 月 23—24 日，由国务院侨办主办的第三届“中国侨务论坛”在厦门举行。国务院侨办裘援平主任出席会议，并在主旨讲话中对近年来侨务理论研究工作进行了全面总结，提出了今后一个时期侨务理论研究工作的总体思路，同时对开展侨务理论研究工作作出四点部署，有很强的现实指导意义。

一、侨务理论研究的现状

近年来，在各级侨务部门的高度重视下，在各相关高校、研究机构和有关部门的大力支持下，在专家学者和侨务工作者的共同努力下，国务院侨办通过多种形式，促进整合社会资源，调动发挥各方面优势，形成多层次、多视角、多领域的侨务理论研究格局，推动侨务理论研究不断深入，成为人文社科领域不可或缺的部分，为国家侨务工作的发展提供了理论支持和资讯参考。

（一）侨务理论研究影响不断扩大，队伍逐步壮大。近年来，参与国务院侨办课题研究的专家学者越来越多，研究领域不断拓展，研究成果日渐丰富，研究水平逐步提高，社会影响持续扩大，使侨务理论研究越来越受到学术界的关注，一定程度上引领了全国侨务理论研究的方向。

为促进侨务理论研究与侨务工作更紧密的结合，整合侨务理论研究力量，从 2007 年起，国务院侨办依托地方侨办、高等院校和研究机构，先后在上海、武汉、浙江、广东、福建、江苏成立了 6 个侨务理论研究基地，全国近 20 所高校相继成立了专门的侨务理论研究机构。这些研究基地和研究机构在组织侨务理论和政策研究、承担侨务研究课题、开展侨情调研、举办学术研讨会、汇编出版成果、培养侨务研究人才、促进海内外学者交流等方面，做了大量工作，起到了集聚侨务理论研究力量、发挥各自优势联合攻关、增强侨务工作实效、提升侨务理论研究和政策研究水平的示范效应。

我们还通过组织各种专题研讨会，活跃侨务理论研究氛围，密切与海内外专家学者的交流与沟通。

为了更好地服务侨务工作，国务院侨办积极打造咨询平台，成立了四届国务院侨办专家咨询委员会，建立起侨务专家咨询制度。专家咨询委员增加到 20 位，涉及历史、人类学、法律、经济、国际移民等多个学科。各相关高等院校和科研院所也为积极推进侨务理论研究和队伍建设做了大量努力。上述举措凝聚起海内外专家力量，形成一支多学科学者队伍，奠定了我国侨务理论研究的人才基础。

（二）侨务理论研究领域不断拓展，成果更加丰富。我们通过课题设立加强对侨务工作基础性、整体性、前瞻性研究，取得一批较高质量研究成果。有的填补了侨务理论基础研究的空白，有的为相关部门掌握侨情提供了参考依据，有的为推动侨务工作科学发展提供了理论支持。

（三）侨务理论研究围绕大局需要，服务侨务工作。近年来，侨务理论研究围绕国家经济社会发展和内政外交大局，为提升侨务工作科学化水平，提高侨务工作为国家大局服务的能力，发挥了积极作用。

在各级侨办和广大专家学者的共同努力下，侨务理论研究初步形成以“中国侨务论坛”为平台，以相关大专院校和研究机构及各地侨务理论研究基地为阵地，以国务院侨办和地方侨办课题研究为引擎，各位专家咨询委员、各领域专家学者和广大侨务工作者踊跃参与的良好局面。

在看到侨务理论研究取得一定成绩的同时，我们必须清醒地认识到，侨务理论研究仍比较薄弱，在我国社科体系中还没有立起“门户”，存在“圈内热、圈外冷”和“散、浅、远”等问题。尚未形成科学的中国侨务理论体系框架，缺乏基础研究、理论研究、战略研究、政策研究的统筹规划，研究的系统性和完整性欠缺；研究力量和研究成果分散，课题设置的内在逻辑结构有待廓清，研究质量还需进一步提高，研究手段和方法比较单一；对世情、国情、侨情的发展变化，对侨务工作整体特性和规律的把握、对实践经验的理论化梳理凝炼、对方针政策法律系统化研究不够；特别是理论研究与侨务工作实践有一定的距离，与迅速发展的侨务事业和日益增长的侨胞需求不相适应，理论与实践“两张皮”的现象依然存在，侨务工作总体来讲缺乏理论支撑是我们需要着重解决的突出问题。

二、侨务理论研究面临的新形势

侨务工作是党和国家事业的重要组成部分，同国内国际两个大局紧密相连，同海外侨胞和归侨侨眷生存发展需求与利益诉求息息相关。侨务事业广泛的社会实践，是侨务理论生成的土壤和根基；世情、国情、侨情的发展变化和侨务工作的发展需要，是侨务理论研究重要的导航仪。加强新形势下的侨务理论研究，需要更宽广的世界眼光和专业视野，更深厚的战略素养和谋划意识，科学研判世情国情侨情的发展变化，准确把握侨务工作新任务新挑战新要求，推动侨务理论研究与时代发展共振、与侨务实践结合，发挥出理论的引领和智力支撑作用。

（一）准确把握侨情发展的新特点。随着全球化的发展和我国改革开放的深入，海外侨情呈现以下新特点：

一是海外侨胞跨国流动增强，数量持续增加，分布更加广泛，结构发生变化。据估算，仅改革开放后出去的新华侨华人超过千万，加上大量海外出生长大的华裔新生代，海外侨胞总数已由改革开放之初的3 000多万发展到5 000多万，分布在世界170多个国家和地区，除东南亚等传统侨胞聚居地外，北美、西欧、大洋洲、拉美一些国家和地区成为侨胞新的聚居地。在欧美有些国家和地区，华裔甚至成为当地最大的少数族裔。华侨华人年龄结构趋于年轻化，华商企业面临更新换代，华裔新生代组织形式多样，专业协会和青年侨团等不断涌现。

二是海外侨胞经济科技实力进一步增强。华侨华人从传统就业领域，向贸易、工业制造、房地产、金融及高科技产业拓展。以东南亚地区为代表的华人企业走上现代化、国际化发展道路，在亚太区域经济中扮演重要角色。据不完全统计，全球华商总资产已近3.7万亿美元，华人经济成为世界经济中的一支重要力量。在不断壮大的侨胞队伍中，蕴含着丰富的智力资源。特别是在欧美地区和日加澳等发达国家，集聚着数百万华侨华人专业人才，其中有一大批科技领军人物，涵盖当今世界大多数高新科技领域。

三是海外侨胞政治社会地位和影响力不断提升。随着华侨华人数量的增多、经济科技实力的增强以及整体素质的提高，他们融入住在国主流社会的公民意识、参政意识和维权意识不断增强，逐渐摆脱“只重事业发展不问政治国事”的传统做法，从封闭的唐人街社区走向社会主流。

四是海外侨胞对我民族和文化认同总体显著增强。随着中国综合国力和国际地位的不断提升，广大海外侨胞与祖（籍）国联系更加紧密，开展交流合作、共享发展机遇的积极性空前高涨，推动中外经济科技文化交流的意愿更加强烈，桥梁和纽带作用进一步显现。特别是随着中国的发展和中华文化的世界的影响不断扩大，海外侨胞对祖（籍）国的文化认同显著增强，保持自身民族和文化特性更加自觉，对展示中华文化魅力的各种活动态度积极，弘扬中华文化的热情高涨。遍布世界的近2万所华文学校、2万多个华人社团、几百家华文媒体以及独具特色的唐人街、中国城、中餐馆和中医诊所等等，已然成为传播中华文化、丰富各国多元文化的重要载体，也是我们在海外推广中国语言文化基础最牢、覆盖最广、效果最好的平台。

五是海外侨胞长期生存发展面临新问题，和谐侨社建设需进一步加强。受全球经济低迷影响，一些华侨华人住在国保护主义倾向严重，华商经济受到一定冲击，与当地民众因经济利益、文化习俗等产生的矛盾摩擦增多。有些国家治安恶化，侨胞遭伤害事件屡有发生，领事保护任务加重。

六是海外侨胞和归侨侨眷利益诉求更加多元。随着海外侨胞跨国流动发展事业趋势不断增强，华侨希望依法享有在国内的政治、经济、社会、文化权益的呼声越来越高，国内部分归侨侨眷生产生活存有困难。随着中国的日益发展和海外侨胞素质的提高，华侨华人社会对中华文化的精神需求有更高期待。海外侨胞日益增长的利益需求，与侨务部门服务能力和资金手段不足的矛盾日显突出。

（二）准确把握侨务工作的新任务。党的十八大提出实现中华民族伟大复兴“中国梦”的奋斗目标，对全面建成小康社会作出重要部署，这是未来几年党和国家内外大局所在，理所当然成为新时期侨务工作的主题。侨务工作在以往大发展的基础上，既面临着如何实现自身科学发展的紧迫问题，也面临如何适应党和国家事业发展以及侨胞日益增长的需求问题。紧扣中华民族伟大复兴战略目标，推动海内外中华儿女大团结，同圆共享“中国梦”，是当前以及今后一个时期侨务工作的根本出发点和落脚点。侨务工作要在为国家大局服务和为侨服务方面，针对世情国情侨情的发展变化，加强整体谋划、顶层设计、统筹协调、科学运作，完善并落实党和国家侨务政策，维护侨胞合法权利和正当权益，支持海外侨胞长期生存并且更好地发展，鼓励海外侨胞、归侨侨眷关心和参与祖

（籍）国发展建设与和平统一大业，充分发挥侨胞在全面建成小康社会、传播中华优秀文化、推动中外友好合作、促进和平统一大业等方面独特而重要的作用。尤其要在以下几方面加大工作力度：

一是注重涵养侨务资源。推动和谐侨社建设并加大投入，引导海外侨胞发扬中华民族优秀品德，遵守住在国法律，尊重当地民族宗教习俗，积极融入当地主流社会，树立“守法诚信、举止文明、关爱社会、团结和谐”的族群形象，努力构建“和睦相融、合作共赢、团结友爱、充满活力”的华侨华人社会，以利于海外侨胞在当地长期生存和更好发展。

二是加强政策法规建设，依法维护侨界权益。按照建设法治政府要求，全面履行政府部门职能，坚持为侨服务宗旨，积极推动涉侨政策法规的修订和完善，依法维护华侨在国内的合法权益。推动社区侨务工作和华侨农场改革发展，促进保障侨界特殊困难群体生活。配合有关部门，建立健全领事保护机制，推动有关国家政府营造有利于侨胞生存发展的良好环境。

三是贴近经济社会发展需要，助力经济转型升级。充分发挥侨智侨资在我国实施创新驱动战略、区域协调发展战略、沿边开发开放战略以及“走出去”战略中的积极作用，本着互利共赢的方针，给予侨资必要的政策倾斜，加强对侨资投向和流向引导，鼓励侨资更多投向高新技术、节能环保、先进制造、现代农业等领域，助推我国企业“走出去”。完善招才引智工作机制，配合实施国家“千人计划”等，探索新的渠道和方式，挖掘发现华侨华人高端人才资源，为他们回国创业、事业发展提供多种平台，为发展战略性新兴产业引荐高端创新人才。

四是围绕对外工作大局，积极涵养侨务公共外交资源。积极支持海外侨胞向当地民众客观介绍中国，宣传中国坚持和平发展和睦邻友好，树立并维护我国良好国际形象。

五是促进中外人文交流，大力弘扬中华文化。加大对海外华文教育支持力度，推动海外华文学校转型升级发展。坚持以侨为桥沟通中国与世界，通过系列文化活动向海外侨胞提供更多文化精品。积极支持海外华文媒体发展，鼓励海外侨胞开展中外人文交流。

三、加强侨务理论研究，助力侨务事业科学发展

世情、国情、侨情的发展变化，侨务工作面临的新任务新问题，对侨务理论研究提出了更高要求。今后一个时期，侨务理论研究工作的总体思路应该是：以中国特色社会主义理论为指导，深入贯彻党的十八大精神，以推动侨务事业科学发展、助力实现中华民族伟大复兴为宗旨，以深化对华侨华人和侨务事业规律性认识、侨务工作重大理论和现实问题研究为重点，以构建中国特色侨务理论体系为方向，努力增强服务意识、实践意识、精品意识和创新意识，不断提高侨务理论研究、战略研究、实证研究、政策研究的系统性、指导性、针对性和实践性，为侨务事业全面协调可持续发展提供理论支撑。

（一）注重侨情变化，增强侨务理论研究的基础性。侨务理论研究的主要对象是华侨华人及其与各方关系，侨务工作的基本任务是做侨的工作、为侨服务。对海外华侨华人和国内归侨侨眷情况的全面掌握和动态研究，从中国海外移民的历史沿革中揭示华侨华人问题的基本规律和阶段性特征，是开展侨务理论研究和侨务工作的基础与前提。当前，我们对海外侨情的发展变化缺乏更深入、准确的了解和认识，涉及需要量化的数据和结构性分

析，往往停留在似是而非、若明若暗的描述上，甚至仍套用十几年前的资料，这与国家侨务事业实践需求存在较大差距。我们的侨务工作者和研究人员要加大基础性侨情掌握与研究力度，对海外华侨华人及其各类社团组织、华文学校、华文媒体、华商企业等的数量、分布、构成、发展现状、利益诉求、面临问题、实际影响、发展趋势等基础性问题通过深入的田野调查、模型建构、定量定性分析，力争掌握比较全面准确的第一手资料，并建立动态数据库和系统的文献档案。摸清底数对于言之有据地深化研究工作、有的放矢地做好侨务工作，都具有重要意义。

（二）重视战略研究，增强侨务理论研究的指导性。我们正处在世界大发展大变革大调整的时代，不要说还没有成为显学的侨务理论研究，即便是一些成熟的传统人文社会学科，也面临基础理论受到颠覆或冲击、亟待更新发展问题。在当代人文社会科学领域，无论什么学科和学问，都必须回答社会和历史提出的真问题、真命题，回答“是什么”、“为什么”、“做什么”和“怎么做”的基本问题。侨务工作是广泛的社会实践活动，建国60多年来经历了落实侨务政策、为经济建设服务、为大局和侨胞服务几个时期，积累了丰富的实践经验和方针政策，缺少的是规律性总结、理性化归纳、理论化凝练和前瞻性指导、战略性谋划。团结广大海外中华儿女同圆共享“中国梦”是现阶段的真命题。侨务事业未来发展面临的根本问题，是自身如何实现全面协调可持续的科学发展，以及如何团结带动海内外侨胞同圆共享“中国梦”。为此，需要在侨务事业科学发展理念与实践之间搭建起由此及彼的桥梁，要靠科学的战略研究和策略谋划。从事侨务理论和政策研究的同志们，在这方面具有优势，可以集中力量攻关，搞一些侨务事业发展亟需的全局性、战略性、前瞻性重大课题研究，发挥出侨务理论研究的引领和指导作用。

（三）坚持知行合一，增强侨务理论研究的实践性。目前从事侨务理论研究的主要是专家学者和侨务工作者，分别从基础研究、理论研究、政策研究层面入手，主要成果包括对侨务工作对象华侨华人的描述性、解释性研究，对侨务工作实践的总结性、归纳性研究，对侨务工作内容的应用性、对策性研究三大类。虽然侨务理论研究有待全面加强和深化，但仍要突出为侨务事业发展提供智力支撑的必要性和紧迫性。各级侨务部门要侧重抓课题设计、组织形式和成果转化三个关键环节，推动解决理论研究与侨务实践“两张皮”的问题。在课题设计上，紧密结合形势和任务发展需要，前瞻性选好选准研究题目，低水平、浅层次、重复性和大而无当的题目劳民伤财，找到“真问题”才能出实招。在组织形式上，要坚持开放与合作的社会化研究格局，靠一个单位、一个品牌、一个平台是不可能繁荣侨务理论研究的。要通过各种形式调动各方面积极性，更多依靠科研院所开展基础性、理论性、战略性课题研究和协同创新，加强各级侨务部门与科研院所和专家学者的合作，侨办与专家学者共同全程参与重大应用性课题研究。在成果转化上，各级侨办要改变“重事务、轻研究”，“重委托、轻转化”状况，深入到侨社、侨场、侨胞中，多接地气，多查实情，多听真话，加强世情国情侨情调研和侨务政策对策研究，善于总结经验、把握规律、完善机制、谋划思路、创新方式，着力将研究成果和战略谋划转化为方针政策和实际举措，提高侨务干部理论素养和研究谋划工作能力，积极探索侨务工作科学发展途径。继续通过各种刊物和渠道，吸纳各方面研究成果并报送相关领导和部门参阅。

（四）推动学科建设，增强侨务理论研究的系统性。从事侨务理论研究的专家学者都希望华侨华人问题研究能够成为一个学科，构建起稳定的教学科研和人才培养基地，这对于侨务事业和侨校的长远发展也是重要的。为此，在强调涉侨研究工作的应用性和实践性的同时，也要支持学界在基础理论研究和学科建设方面不断探索。一般而言理论有三个范畴，一是科学和哲学范畴；二是政策主张和政治范畴；三是解释性范畴。侨务理论研究积累了基础理论、基本侨情、侨务工作、侨务政策法规等研究内容，使用了社会学、人口学、移民学、统计学、国际关系等多学科研究方法。但总体看，还缺乏整体理论框架和基本定位，课题设计和研究内容的完整性、系统性、逻辑性和层次性不够，理论研究和战略研究是薄弱环节，难以支撑基础性研究和侨务实践，需要各方面共同探讨构建我国侨务理论研究体系的路径。"中国侨务论坛"聚集了海内外华侨华人问题研究学者，希望大家集中智慧，充分交流，开拓视野，共谋发展，把论坛办成我国侨务理论研究高地和国际交流盛会。我们要继续支持各相关科研院所的研究工作，进一步发挥国务院侨办专家咨询委员会委员的参谋作用，对6个国侨办侨务理论研究基地加强统筹和科学规划，支持暨南大学申办华侨华人问题研究协同创新基地，引导各基地完善机制、增进交流、分工合作，凝聚一批侨务理论研究人才，不断提升侨务理论研究能力。

在大家的辛勤努力下，我国侨务理论研究从无到有、由浅入深，已经取得令人欣喜的成绩。在侨务工作内涵与外延更加丰富、领域与平台更加宽广、地位和作用更加重要的新形势下，侨务理论研究需要科学布局、汇集力量、形成优势、多出精品，从粗放式、分散化向更加注重质量和效用方向转变，走上内涵式、集约化发展道路。为集聚现有研究成果，增强侨务理论研究的系统性和影响力，国务院侨办在继续用好现有基地平台、做好委托课题等工作的同时，拟联合有关高校和研究机构，打造《中国侨务》丛书这一品牌，每年推出一整套精品书籍。希望能通过这一举措，引起全社会对华侨华人、侨务工作和侨务理论研究的关注，推进侨务理论研究和侨务工作深入发展。还要支持有关院校建立华侨华人问题协同创新中心和中国侨务法学会等机制机构，在更大范围整合调动社会资源，充分发挥专家学者和研究机构的作用，官民结合、知行结合整体提升侨务理论研究水平。我们自身也将围绕新时期的工作主题，加强全局性、整体性、战略性、前瞻性问题研究，重点抓好各方面研究成果的转化提升，加强与相关院校、研究机构、专家学者特别是地方侨办的信息沟通和政策指导，同心协力做好侨务工作。

（《侨务工作研究》2013年第4期）

海内外侨界看2013年全国两会：开启伟大的“追梦”时代

勇 广

2013年3月17日上午，在春意盎然的美好时节，伴随着淡淡的迎春花香，在习近平主席为实现“中国梦”而发出伟大号召之际，十二届全国人大一次会议在北京胜利闭幕。至此，2013年全国两会圆满完成使命，定格为共和国历史上的辉煌一页。

在实现中华民族伟大复兴这一“中国梦”的新起点上，在两会召开的10多天时间里，5 000余名代表委员畅所欲言，共商国是，凝聚成开创更加美好明天的共识。这其中，来自24个国家的39位列席全国政协十二届一次会议的海外侨胞（以下简称“列席侨胞”）格外引人注目，他们带着祖国给予的荣誉和几千万侨胞沉甸甸的嘱托参与两会，在会上表达了几千万侨界儿女对祖国母亲的深情祝福。

除了39名列席侨胞的直接参与，分布于世界各个国家和地区的广大华侨华人也纷纷通过广播电视、报刊杂志以及网络等途径关注中国两会，并通过接受媒体采访或致信国内侨务部门等方式寄语两会，表达对中国的祝福与期盼。正如加拿大中国工商联合会会长滕达所言：“两会不仅是世界洞察中国发展变化的窗口，也承载着广大海外华侨华人对祖（籍）国发展的期待。”

一、参与两会，列席侨胞动情歌颂“中国梦”

自习近平总书记2012年11月在参观《复兴之路》展览时阐释“中国梦”以来，这三个字激起了亿万中国人的共鸣。在2013年全国两会期间，“中国梦”成为海内外中华儿女热议的话题，以39位列席侨胞为代表的侨界人士也争相阐释自己心中的“中国梦”。

（一）列席侨胞畅谈参会感受：“是我个人的幸运，也是全体华侨华人的荣誉”

来自美国的列席侨胞王彦博说：“参加本届政协会议、见证政府换届交接，是我个人的幸运，也是全体海外华侨华人的荣誉。”列席本次政协会议的法国巴黎十三区副区长陈文雄则对今年（2013）两会的重要性有着深刻的认识，他说：“我不仅要听报告、关注中国未来十年的经济、教育、文化等领域的发展，也希望能有机会探讨中法企业如何进一步实现合作双赢等具体问题。”

俄罗斯中国南方商会会长王广源的言语中流露出作为中华儿女的极大的自豪感。他说，海外侨胞在感受中国不断发展壮大的过程中，也分享到了改革开放30余年的成果。

来自澳大利亚的澳华土著艺术研究会主席、画家姚迪雄希望中国能以西方国家理解的方式提升中国软实力，使中国文化真正走向世界。同样关注中国文化建设发展问题的法国华侨华人妇女联合会会长邱爱华女士，其建言以“提升中国文化软实力，海外华侨华人大有可为”为主题。她认为，弘扬中国文化的正能量，是海外华侨华人提升中国文化软实力的最有效的一种方式，是中华文化在海外最能“接地气”的一种方式，也是我们实现“中国梦”最重要的途径之一。

（二）列席侨胞谈心声："国家对广大海外侨胞的深情厚谊极大地激荡起海外侨胞心向祖（籍）国、维护民族利益的热情"

3 月 6 日，时任国务院侨办主任李海峰、副主任谭天星在北京钓鱼台国宾馆会见了列席全国政协十二届一次会议的 39 位海外侨胞。

李海峰对各位侨胞代表来京列席政协会议表示热烈欢迎和亲切问候。她表示，今年的两会对于深入贯彻落实党的十八大精神，凝聚、团结海内外中华儿女具有十分重要的意义。李海峰还向侨胞代表们介绍了侨办主要工作职能，用生动的事例说明党和国家领导人对侨务工作的高度重视。她鼓励列席侨胞代表多看、多听、多讨论，在会议期间把自己的意见和合理化建议充分表达出来，积极为国家经济社会发展建言献策；会后把与会的亲身感受和收获带回当地侨社，积极宣传介绍中国的发展情况和政策，为促进中外友好交流、构建和谐侨社贡献力量。

会见后，侨胞们反响热烈，踊跃发言，畅谈心声。泰国中华民族文化促进会副会长严彬表示，国家对广大海外侨胞的深情厚谊极大地激荡起海外侨胞心向祖（籍）国、维护民族利益的热情。美国南加州华人社团联席会副主席李纲表示，能够列席政协会议备感光荣与激动，一定要为国家发展出谋划策，一定要在国家需要的时候挺身而出。中国侨商投资企业协会常务理事陈丽表示，广大海外侨胞不仅要有对家庭的小爱、对企业的忠诚和对社会的热忱，更要有对祖（籍）国的责任和使命感，勇于为祖（籍）国和民族作出奉献。

（三）列席侨胞两会期间表现：积极为国家发展出谋划策

两会期间，列席全国政协十二届一次会议的 39 位海外侨胞，或通过出席大会参与分组讨论，或通过接受媒体采访，分别就如何更好地发挥侨界优势服务国家大局发表自己的观点。中国旅美科技协会董事会主席、犹他大学医学院副教授盛晓明认为，在海外的华侨华人有很多宣传中国的机会，应该把握住。比如，他所在的犹他州盐湖城刚刚接待了国务院侨办和中国海外交流协会联合组织的"文化中国·四海同春"艺术团。当地侨胞特意邀请了州政府和议会的很多政要以及教育、工商界的名流观看演出，有效地向美国的主流社会宣传了中国文化。

二、深受鼓舞，海外侨胞和归侨侨眷热议政府工作报告

正如法国国家科研中心主任研究员、雷恩第一大学教授章向华所言，政府工作报告给了海外华侨华人一个较为全面地了解中国经济发展现状及远景规划的绝好机会。温家宝总理所作的政府工作报告引起侨界高度关注。大家普遍认为，政府工作报告既讲述了过去五年的发展成就，也实事求是地指出发展中遇到的矛盾和问题，并为中国未来的发展提出了中肯的建议。特别是其中涉侨部分的论述，虽着墨不多，但充分肯定了侨胞对中国发展的贡献，提出了维护侨益等问题，让侨胞深受鼓舞。

（一）中国改革发展成就振奋侨界："由于祖（籍）国的稳定和高速发展，我们的地位也不断提高"

中国经济社会发展取得举世瞩目的成就不仅让海外侨胞倍感振奋，而且客观上也更有利于侨胞在海外的生存发展。"我们生活在海外的华侨华人亲身体验到，由于祖（籍）国的稳定和高速发展，我们的地位也不断提高。我们的腰杆挺直了起来，有祖（籍）国在我们身后，我们倍感骄傲。"匈牙利青田同乡会会长郑杰敏说。旅希已有 15 年的希腊华

侨华人总商会常务副会长翁进东也表示，随着中国实力的日益强大，海外侨胞在住在国的影响力不断加强。同时，希腊社会对中国的发展非常关注，希望与中国建立友好关系，加强和中国的经济来往。特别是欧债危机发生后，当地经济遭受了重大打击，为此希腊政府专门制定了面向中国的招商引资政策，这一切都给生活在希腊的华侨华人带来了发展的机遇。

（二）涉侨部分论述肯定侨胞贡献，激励人心："政府工作报告关于侨务工作单独成段体现重视"

今年的政府工作报告多处涉及侨务工作。特别是在过去五年工作回顾部分，温家宝总理指出，中国政府认真贯彻侨务政策，依法保护海外侨胞和归侨侨眷的合法权益，侨务资源的独特优势得到进一步发挥。温家宝总理称，我们要认真落实党的侨务政策，支持海外侨胞、归侨侨眷关心和参与祖国现代化建设与和平统一大业。

3 月 5 日下午，全国政协对外友好界委员讨论政府工作报告。全国政协委员、国务院侨办副主任马儒沛发言表示，政府工作报告关于侨务工作单独成段体现重视。

除了国内侨务部门领导，广大侨胞也对政府工作报告的涉侨部分论述积极发表自己的看法。法国华侨华人会主席池万升表示，温家宝总理特别提到海外侨胞的贡献，侨务资源的独特优势，这让我们海外侨胞深受鼓舞。池万升说，这些年，海外侨胞的作用与角色在不断变化，但华侨华人的爱国心没有变，支持并参与实现"中国梦"的理想没有变。侨胞依然在引进人才、促进中国与世界的理解和沟通等方面发挥着巨大的作用。新西兰《联合报》社长兼总编文扬也表示，从政府工作报告可以看出中国政府十分重视侨界，侨界资源将为中国发展发挥巨大作用。中国与华侨华人的携手互动，还应扩大和深化，让华侨华人有更多机会参与到中华民族伟大复兴的事业当中。

与此同时，国内侨界也在高度关注温家宝总理所作的政府工作报告。上海市徐汇区归侨侨眷在收看温家宝总理所作的政府工作报告后表示，报告中的涉侨部分论述为广大海外侨胞、归侨侨眷积极投身中国现代化建设与和平统一大业注入了强大的精神动力，也对各级侨务部门提出了更高的工作目标和要求。云南省蒙自市侨界群众则结合报告内容，畅谈美好未来。他们表示，报告中关于"认真落实党的侨务政策，支持海外侨胞、归侨侨眷关心和参与祖国现代化建设与和平统一大业"的论述让他们更加充满信心，坚信新一届中央领导集体有能力带领全国人民实现经济持续健康发展和社会和谐稳定，让包括归侨侨眷在内的全国人民过上美好新生活。

（三）科学部署工作，勾勒发展蓝图，鼓舞侨界："绘就了 2013 年乃至今后一个时期中国发展的壮美画卷"

日本归侨、上海侨界知识分子联谊会理事陈学斌表示，政府工作报告对 2013 年工作进行了部署，其中有关经济增速、物价、新增就业、耕地、养老金等的数字十分引人注目。"我们坚信，在党中央正确领导下，全国人民一定能实现中央的总体要求和各项目标。"

来自河北侨界的第十二届全国人大代表，石家庄市侨联主席、党组书记胡翎则对政府工作报告所体现出的科学发展观理念给予高度评价。她认为，温家宝总理的政府工作报告通篇贯彻了科学发展观理念。"作为一名侨务干部，听了报告我深受鼓舞，要积极落实好党的侨务政策，最大限度地把归侨侨眷和海外侨胞团结起来，最大限度地把他们的积极性调动起来，最大限度地把他们的独特优势发挥出来，为实现中华民族伟大复兴的‘中国梦’做出积极的努力。”

除了政府工作报告，海内外侨界对整个两会都给予积极评价，认为今年的两会亮点颇多。罗马尼亚欧侨传媒副总编孙雨梅，美国侨眷、上海华侨书画院副院长李寅初表达了相似的看法：今年两会代表委员们参政议政的积极性得到提高，勇于直面问题和矛盾，说明他们真正意识到自己是代表，意识到肩负的责任。中法商务企业合作协会会长陈世明认为，两会集中了代表委员们的智慧，绘就了2013年乃至今后一个时期中国发展的壮美画卷。

三、两会扬帆，侨界儿女启航追逐“中国梦”

两会期间，海外华文媒体密集报道中国国家机构领导人的选举情况。广大侨胞也纷纷表示对中国新一届中央领导集体的信心、期待和拥护，并表示将发挥侨界资源优势，为实现“中国梦”贡献力量。

（一）侨界表达信心与期待：“中国新一届中央领导集体更加务实、开放、充满智慧”

两会期间，新一届国家机构领导人员选举产生后，得到了海外华文媒体及海内外侨界人士的积极评价。如，美国《侨报》刊文称，中国新一代领导人的“知青”背景会使得他们的执政更加坚定，也更加亲民，更接“地气”。同时，该报认为，习近平受过良好的教育，在他成为最高领导人前，曾长期工作在中国经济最活跃的地区，拥有丰富的经济工作经验及国际视野。

广大海外侨胞也普遍表达了对新一代领导人的高度期许：泰国泰华报人公益基金会主席陈郑伊梨表示，中国新一届中央领导集体更加务实、开放、充满智慧，在广大人民群众的支持下，必将带领中国走向新的辉煌。菲律宾工商总会理事长蔡聪妙也表示，中国新一届中央领导集体向外界展现出新的工作作风和思路，相信中国会发展得越来越好。

老挝万象中华理事会监事长林俊雄致信国内侨务部门表达了老挝侨胞对国家新一代领导人的信心：老挝华侨华人坚信，以习近平主席为首的新一届领导人完全有能力领导中国应对各种挑战。林俊雄还表示，习近平主席提出的“实现中华民族伟大复兴的中国梦”，鼓舞着国内同胞，也鼓舞着全球华侨华人。老挝华侨华人一定会紧密团结，坚决支持祖（籍）国“走中国特色社会主义道路”，积极弘扬“以爱国主义为核心的民族精神”和“以改革创新为核心的时代精神”，积极与老挝社会各界沟通合作，发展华文教育事业，共创社会经济繁荣，促进中老友谊进一步发展。

（二）国内侨务部门向侨界发出号召：“凝聚海外侨胞力量共筑‘中国梦’”

“本次两会对各项工作进行顶层设计，体现了创新精神和实干兴邦的劲头。全球5 000万华侨华人是中国大发展的重要机遇，我们要更加注重发挥侨务工作软实力，大力传播中华文化，放眼长远，凝聚海内外中华儿女大团结。”时任国务院侨办主任李海峰在两会期间接受中新社记者专访时如是表示。实际上，3月6日李海峰在会见列席侨胞时就指出，今年两会，是换届的大会，是中国全面建成小康社会和实现中华民族伟大复兴这一“中国梦”的新起点。广大海外侨胞将在支持中国经济和社会发展、促进中外友好交流与合作、推动中国和平统一大业等方面发挥更加积极而重要的作用，共同推动实现“中国梦”。

第十二届全国政协常委，刚刚履新的国务院侨办主任、党组书记裘援平3月27日接受媒体采访时也表示，中共十八大和中国“两会”之后，海内外中华儿女有一个共同的心愿，就是早日实现中华民族的伟大复兴，实现“中国梦”。她表示：“我们将不断加强同海外华侨华人及侨团的往来，深入了解他们的所思所盼，力所能及地为他们多做事、做好事，促进海内外中华儿女的大团结，努力提高侨务工作的水平和实效，为实现‘中国梦’凝心聚力。”裘援平主任还指出，希望全社会更加重视侨胞这样一个特殊群体，更加重视他们为中国发展作出的突出贡献，更加重视发挥侨务资源的重要作用，更加支持国家侨务工作。

全国政协委员、国务院侨办副主任马儒沛在两会期间也强调了海外侨胞的贡献，并希望通过加强侨务工作进一步凝聚其力量。他指出，海外侨胞对中国的发展十分重要，中国应更加重视侨务工作，了解5 000万华侨华人的所思所盼，为实现中华民族伟大复兴的“中国梦”凝聚力量。两会期间，全国政协委员、国务院侨办原副主任赵阳在接受媒体采访时则表示，做好新时期侨务工作，要善用华文媒体，做好中华文化“走出去”，加强海外华文教育。

（三）侨界表决心：“海外华侨华人应成为实实在在的参与者，和13亿国内同胞一起，为百年梦想成真贡献力量”

时刻关注着中国两会的广大海外华侨华人日前纷纷表示，将发挥自身优势，集侨力、汇侨智，弘扬中华民族勤劳善良的优良传统，努力为促进祖（籍）国发展、促进中国人民同当地人民的友谊作出贡献，做实现“中国梦”的海外生力军。在日本学习工作了23年的在日天津同乡会理事李仲恺说，“中国梦”就是国家富强、民族振兴和人民幸福，三者缺一不可。现在的中国站在了最为接近这一梦想的历史节点上。海外华侨华人应成为实实在在的参与者，和13亿中国人民一起，为百年梦想成真贡献力量。

法国华侨华人会执行主席、法国中国和平统一促进会秘书长王加清认为，对于海外侨胞来说，“中国梦”的实现最重要的就是中国的完全统一。我们侨胞愿意为中国的完全统一作出自己的贡献。

丹麦上海同乡会会长朱利华则更倾向于为中国的环保事业贡献一份力量。他表示，丹麦是全球能源效率最高的国家之一，有许多经验值得借鉴。丹麦上海同乡会随时欢迎中国政府有关部门率团赴丹麦考察，并可利用该会的优势，引进丹麦的环保生态高新能源。希望国内环境更优美、生态更宜居、社会更和谐、人民更幸福！

（《侨务工作研究》2013年第2期）

国务院侨办2013年政府信息公开年度工作报告

根据《中华人民共和国政府信息公开条例》（以下简称《条例》）要求，现公布2013年我办政府信息公开年度报告。本报告内容包括概述、主动公开政府信息情况、依申请公开政府信息情况、政府信息公开收费及减免情况、因政府信息公开申请行政复议和提起行政诉讼情况，信息公开工作存在的主要问题及改进措施等。报告中所列数据的统计期限自2013年1月1日起至2013年12月31日止。

一、概　述

2013年，在党中央、国务院的正确领导下，我办认真贯彻落实党的十八大和十八届二中、三中全会精神，深入开展党的群众路线教育实践活动，紧紧围绕国家总体战略目标开展侨务工作，继续落实《国家侨务工作发展纲要（2011—2015年）》，结合工作实际，加强组织领导，完善制度建设，拓展公开形式，进一步提高信息公开工作的规范化水平，信息公开工作取得了新进展。

（一）提高思想认识，加强组织领导

我办领导始终高度重视政府信息公开工作，要求各部门充分认识信息公开工作的重要性和必要性，特别是信息公开工作对于建设创新、廉洁、法治的服务型政府和保障公民知情权的重要意义，要将信息公开工作作为重要的政治任务去完成，进一步增强做好信息公开工作的责任感、使命感。在政务公开领导小组统一领导下，秘行司认真贯彻落实《条例》规定和领导要求，统筹协调全办政府信息公开工作的组织实施，各司（室）密切配合，结合工作实际和公众需求，积极主动地将有关信息向包括华侨华人和归侨侨眷在内的社会公众公开，确保政府信息公开工作有序开展。

（二）加强学习调研，提升工作水平

政府信息公开工作是一项长期性的重要工作，为进一步提升政府信息公开工作水平，2013年我办以贯彻落实改进工作作风密切联系群众的八项规定和党的群众路线教育实践活动为契机，加强政府信息公开工作人员特别是秘行司相关人员的教育培训，组织学习政府信息公开工作有关规章制度等文件，进一步提升政策水平和业务能力，确保政府信息公开工作有力开展。加强调查研究，对政府信息公开工作进行全面梳理，认真总结工作中好的经验和做法，查找不足，提出进一步改进的思路和措施，不断提高信息公开工作的质量和水平。

（三）深化制度建设，加强机制保障

按照《条例》要求，进一步完善政府信息公开工作制度，深入开展制度化、规范化建设，积极推进信息公开工作。在政府信息公开工作具体实践中，严格执行已经制定的《国务院侨务办公室政府信息公开条例实施办法》、《国务院侨务办公室政府信息公开指南》，进一步完善内部沟通协调机制、复杂申请会商机制等。严格贯彻落实《国务院办公厅关于印发当前政府信息公开重点工作安排的通知》（国办发〔2013〕73号）、《国务院办公厅关于进一步加强政府信息公开回应社会关切提升政府公信力的意见》（国办发〔2013〕100号）等指导性文件要求，同时积极结合我办实际，制定印发了《国务院侨办关于进一步加强政府信息公开回应社会关切提升政府公信力的通知》，推动我办政府信息公开向制度化、规范化、常态化发展。

（四）拓展公开渠道，丰富公开形式

通过我办门户网站的信息公开、工作动态、地方侨务、经济科技等专栏，依法主动公开各类信息内容。据不完全统计，我办门户网站2013年共编发全国侨办系统各类信息资讯3 500条，其中办机关相关工作信息150余条。通过全国侨务工作指导性期刊《侨务工作研究》以及报刊等其他新闻媒体，主动公开侨务工作方面的各类重要政府信息。通过新闻发布会等形式，主动全面的向社会公众公开重要涉侨活动等政府信息。依申请公开渠道畅通，着力完善依申请公开工作机制，建立健全督办催办机制，做到“有落实、有结果”。今年，我办正式受理政府信息公开依申请公开1件，对涉及的相关政策信息进行了解读和说明。

（五）完善工作载体，加强信息平台建设

党的十八大报告中将信息化列为“新四化”的建设目标，我办紧紧抓住信息化建设的良好机遇，成立由办领导牵头的国务院侨办信息化工作领导小组，加强信息化平台建设，对信息网络平台进行升级改造，同时将其作为深入践行党的群众路线教育实践活动的整改措施，列入全办的重点工作。通过认真深入的调查研究和征求各方面意见，我办已着手全面升级外网综合服务平台，全面整合升级我办的网站资源，打造提升服务质量和实现侨务工作全覆盖的综合信息平台。目前平台建设工作正在紧锣密鼓的开展，平台建成启用后，我办的信息工作载体得到进一步完善，政府信息公开工作将迈上一个新台阶。

二、主动公开政府信息情况

（一）公开的主要内容

2013年度，我办主动向社会公开的政府信息共计150余条。包括国内外侨务工作动态、经济科技、政策法规、政策咨询、文教宣传、办事指南、职能介绍等内容。

（二）公开形式

1. 政府网站。充分发挥政府网站主渠道作用，开设工作动态、涉侨信息、信息公开、海外乡情、华教资讯、经济科技、侨务论坛、定点帮扶及侨爱工程等栏目，及时、全面、准确地将国务院侨办重要工作动态和信息在网站上主动发布。2013年国务院侨办政府网站日页面访问量突破17万次，较去年的9万次增长了90%，全年访问量达6 000余万次，进一步提高了信息公开的水平和质量。

2. 报刊、广播电视及新闻媒体等。通过发布新闻稿件等形式，及时将国务院侨办重要工作部署、工作进展情况以及公众关注的新闻热点等向社会进行主动公开。

3. 新闻发布会。通过新闻发布会及时向社会公众公布第七届世界华文传媒论坛、第十二届世界华商大会等有关活动的重要信息。

4.《侨务工作研究》刊物。双月刊，全国侨务工作指导性期刊。定期刊载涉及侨务工作的方针政策和涉侨信息。

5. 其他形式。通过《中国侨网》、《中国华文教育网》、《中国华文教育基金会》、《中国侨商投资企业协会》等网站及公告栏等，及时向社会主动公布侨界要闻、热点问题等公务活动信息情况。

三、依申请公开政府信息情况

2013 年度，我办受理政府信息公开申请 1 件，已按《条例》有关规定及时答复。

四、收费及减免情况

2013 年度，我办政府信息公开工作未发生相关收费和减免情况。

五、申请行政复议和提起行政诉讼情况

2013 年度，我办未发生因政府信息公开而引发的行政复议或行政诉讼案件。

六、存在的主要问题及改进措施

2013 年，通过认真贯彻落实《条例》精神，进一步加强组织领导，进一步建立健全工作体制机制，丰富公开内容，创新公开形式，深入推进政府信息公开工作。同时我们也清醒地认识到，我办政府信息公开工作仍存在薄弱环节，主要表现在政府信息公开工作总体水平特别是信息化方面仍需进一步提高，政府信息公开内容有待进一步丰富深化。2014 年重点将做好以下几方面工作：

（一）加强机制建设，进一步完善主动发布机制

围绕我办一段时期开展的重点侨务工作，特别针对侨胞热盼的、关注的热点问题，要主动、及时、准确地发布权威信息。在发布内容上，要进一步做好公众关注热点、大型涉侨活动、政策法规的梳理、整合工作，加强政府信息传播的可读性和吸引力；对我办新出台侨务政策和海外侨胞关注的热点问题，要做好权威信息发布工作；在发布形式上，要统筹运用新闻发言人、媒体采访、政府公众信息网等发布信息，充分发挥广播电视、报刊、新闻网站等媒体的作用，扩大发布信息的受众面。通过政府信息主动发布机制，推动完善政府信息公开体系建设。

（二）深化信息公开内容，进一步提升服务功能

充分运用新媒体技术手段，拓展政府网站公众互动和社会服务功能。以更加灵活互动的方式实现信息发布、政策解读、公众问答、网上调查等功能，诉侨情、听侨声、解侨忧，拉近我办与侨胞的空间与心理距离，通过网上调查等多种方式接受海外建言献策和情况反映。同时，继续发挥《全国侨务工作研究》作为全国侨务工作指导性期刊在解读侨务方针政策等重要政府信息方面的积极作用，在侨务政策解读、工作动态发布的基础上，对全国及各地侨务政策法规进行答疑解惑，加强对侨务政策的权威引导。

（三）加强信息化建设，进一步完善工作载体

深入调查研究，加强政府信息平台的改造升级，将侨务信息化建设作为侨务工作的一项基础性、长远性工作认真谋划。强化信息化建设对侨务工作的推动作用，不断探索完善侨务信息公开工作载体，大力推进综合信息服务平台建设，重点突出服务包括华侨和归侨侨眷在内的社会公众的宗旨，增加网站发布的政府信息数量、提高公开的政府信息质量，进一步提升信息公开工作的信息化水平和查询的便利性，着力提高信息公开工作的全面性、主动性和时效性。

（本栏目责任编辑　徐云）

涉侨政策法规

本栏目收录了2013年公开发布的全国性和地方性主要涉侨政策法规，按国家、省（直辖市、自治区）、市的顺序，以文件发布时间的先后顺序排列。

华侨回国定居办理工作规定

（2013年6月30日国务院侨办、公安部、外交部国侨发〔2013〕18号发布，自发布之日起施行）

第一章 总 则

第一条 为保障华侨的合法权益，规范华侨回国定居办理工作，根据《中华人民共和国出境入境管理法》第十三条的规定，制定本规定。

第二条 华侨申请回国定居，适用本规定。

华侨是指定居在国外的中国公民。华侨身份的认定，按有关规定执行。

第三条 华侨回国定居的申请，由拟定居地的县级以上地方人民政府侨务部门负责受理。

第二章 申 请

第四条 华侨申请回国定居，拟定居地为原户籍注销地的，应当同时符合下列条件：

（一）已在国内连续居住一定时间；

（二）有稳定生活保障和合法固定住所。

拟定居地为非原户籍注销地的，除符合第一款规定的条件外，还应当符合拟定居地所属省、市级人民政府侨务部门和公安机关联合制定的有关规定。

第五条 华侨本人提出申请回国定居，应当提交回国定居申请表、自愿放弃国外居留资格声明书、出入境记录、有效护照或者旅行证及复印件、符合规定的照片、经驻外使领馆认证或者公证的华侨在国外的居留证明或者其他可以证明其居留事实的材料和与受理条件相关的其他证明材料。

华侨回国定居应当由华侨本人提出申请。华侨本人确因客观原因无法亲自办理的，可以委托亲属提出申请。亲属代为提出申请回国定居的，除应当提交本条第一款规定的材料外，还应当提交受托人身份证明、经公证的亲属关系证明和委托书。

第三章 办理程序

第六条 市级或者县级人民政府侨务部门受理华侨回国定居申请后，应当对申请人所提交的申请材料进行调查核实，并于受理申请五个工作日内书面征求同级公安机关的意见。公安机关应当在收到同级人民政府侨务部门的征询函后，于十个工作日内提出意见并以书面形式回复同级人民政府侨务部门。

受理申请的市级或者县级人民政府侨务部门应当在收到公安机关意见后十个工作日内提出审核意见并报上一级地方人民政府侨务部门。

第七条 市级人民政府侨务部门收到县级人民政府侨务部门报送的申请材料后，应当对申请材料进行复核，于五个工作日内提出复核意见报省级人民政府侨务部门审批。

华侨回国定居申请数量较多的省、自治区，可以由市级人民政府侨务部门审批华侨回国定居申请。

第八条 省级或者市级人民政府侨务部门收到报送的申请材料后，可以请同级公安机关协助核查华侨出入境记录信息和出入境证件签发信息及其他情况。省级或者市级公安机关应当在收到同级人民政府侨务部门的核查函后，于七个工作日内完成核查工作并书面回复同级人民政府侨务部门。

第九条 省级或者市级人民政府侨务部门收到报送的申请材料后，应当在十五个工作日内完成对申请材料的审批。批准华侨回国定居的，应当签发《华侨回国定居证》；不予批准的，除国家安全等特殊情况外，应当书面说明理由。公安机关协助核查的时间，不计入十五个工作日内。

第四章　定居证的管理

第十条 省级或者市级人民政府侨务部门应当将《华侨回国定居证》送达受理华侨回国定居申请的市级或者县级人民政府侨务部门，由市级或者县级人民政府侨务部门通知华侨本人或者受委托的国内亲属领取。

第十一条 《华侨回国定居证》的有效期为签发之日起六个月。华侨本人应当在《华侨回国定居证》有效期内到拟定居地县级公安机关，办理常住户口登记手续。逾期未办理的，需向受理机关重新申请办理《华侨回国定居证》。

第十二条 《华侨回国定居证》在有效期内损毁或者遗失的，华侨本人可以向原受理申请的机关提出换发、补发申请。省级或者市级人民政府侨务部门应当在收到申请之日起十个工作日内签发《华侨回国定居证》，并按照第十条的规定送达申请人。

第十三条 《华侨回国定居证》由各省、自治区、直辖市人民政府侨务部门根据国务院侨务办公室规定的样式印制。

第五章　附　则

第十四条 省级人民政府侨务部门应当会同同级公安机关，根据本规定，结合本地实际情况，制定具体实施办法，并报国务院侨务办公室备案。

第十五条 市级人民政府侨务部门审批华侨回国定居申请的，应当定期将华侨回国定居审批情况以书面形式报送省级人民政府侨务部门。

省级人民政府侨务部门应当在每年三月份将华侨回国定居上一年度审批情况以书面形式报送国务院侨务办公室，并通报同级公安机关。

第十六条 本规定自印发之日起执行。

附件：《华侨回国定居证》样式（略）

中共中央组织部、人力资源社会保障部等五部门办公厅（室）关于为外籍高层次人才办理签证及居留手续有关事项的通知

（人社厅函〔2013〕341号）

各省、自治区、直辖市、新疆生产建设兵团、副省级市党委组织部、人力资源社会保障厅（局）、外事办公室、公安厅（局）、外国专家局，党中央国务院各部门人事部门、引智归口管理部门，有关中央企事业单位人事（人力资源）部门、引智归口管理部门：

为落实《中共中央组织部、人力资源社会保障部等五部门关于为外籍高层次人才来华提供签证及居留便利有关问题的通知》（人社部发〔2012〕57号，下称《通知》）精神，现就为外籍高层次人才办理签证及居留手续的具体事项通知如下：

一、高层次人才引进计划的审核备案

有海外人才引进计划（以下简称引才计划）的中央和国家机关部委、直属机构、中央企事业单位干部人事部门、引智归口管理部门，各省、自治区、直辖市和副省级市党委组织部、政府人力资源社会保障或外国专家部门对所开展的引才计划进行梳理，将符合《通知》要求的引才计划报人力资源社会保障部或国家外国专家局审核。其中，高层次留学人才引进计划报人力资源社会保障部专业技术人员管理司审核；高层次外国专家引进计划报国家外国专家局办公室审核。

上报材料应包括：1. 申报函和引才计划列表；2. 引才计划实施的文件和配套政策；3. 引才计划实施情况。省级以下开展的规模较大、层次较高、具有较强影响力的引才计划备案，由所在地省（区、市）人力资源社会保障或外国专家主管部门汇总上报。

二、签证及居留手续办理流程

引才计划经备案同意后，由人力资源社会保障部或国家外国专家局有关部门通报外交部领事司和公安部出入境管理局。各地方、部门和单位依照《通知》中规定的程序和要求为引进的外籍高层次人才和家属办理签证、长期居留和永久居留手续。其中高层次留学人才和家属办理签证和长期居留手续，由人力资源社会保障部门核定有关材料后将名单送外交或公安部门办理有关手续；高层次外国专家和家属办理签证和长期居留手续，由外国专家部门核定有关材料后将名单送外交或公安部门办理有关手续；外籍高层次人才和家属办理永久居留，由人力资源社会保障部核定有关材料，将名单送公安部办理永久居留手续。

未列入重点引才计划的外籍高层次人才及其家属子女办理签证及居留手续，按照现行有关规定执行。

三、有关要求和说明

（一）各地方、部门和单位要高度重视高层次人才引进计划申报备案及后续签证、居留手续办理工作，切实加强“千人计划”等海外高层次人才服务窗口建设，充分发挥窗口职能作用，为海外高层次人才提供优质高效的服务。

（二）海外高层次人才引进工作小组根据工作进展情况不定期开展重点引才计划申报备案、核定和调整工作。

（三）对于重点引才计划中引进的符合相应条件，且有意愿办理来华定居专家证或外国专家证的外籍高层次人才，按照有关程序分别报人力资源社会保障部或国家外国专家局优先办理。

（四）各地方、部门和单位在引才计划备案和人才手续办理过程中要避免重复申报，人力资源社会保障和外国专家部门将建立工作协调机制，按现有职能分工共同开展好相关工作。

请于2013年9月10日前将申报函、计划列表及申报材料按引才计划性质送人力资源社会保障部专业技术人员管理司或国家外专局办公室。

四、联系方式（略）

附件：1. 高层次留学人才名单（略）
2. 高层次留学人才登记表（略）
3. 高层次外国专家名单（略）
4. 高层次外国专家登记表（略）
5. 永久居留人才名单（略）
6. 永久居留人才登记表（略）

中央组织部办公厅
人力资源社会保障部办公厅
外交部办公厅
公安部办公厅
国家外专局办公室
二〇一三年七月五日

中华人民共和国外国人入境出境管理条例

（2013年7月3日国务院第15次常务会议通过，2013年7月12日中华人民共和国国务院令第637号发布，自2013年9月1日起施行）

第一章 总 则

第一条 为了规范签证的签发和外国人在中国境内停留居留的服务和管理，根据《中华人民共和国出境入境管理法》（以下简称出境入境管理法）制定本条例。

第二条 国家建立外国人入境出境服务和管理工作协调机制，加强外国人入境出境服务和管理工作的统筹、协调与配合。

省、自治区、直辖市人民政府可以根据需要建立外国人入境出境服务和管理工作协调机制，加强信息交流与协调配合，做好本行政区域的外国人入境出境服务和管理工作。

第三条 公安部应当会同国务院有关部门建立外国人入境出境服务和管理信息平台，实现有关信息的共享。

第四条 在签证签发管理和外国人在中国境内停留居留管理工作中，外交部、公安部等国务院部门应当在部门门户网站、受理出境入境证件申请的地点等场所，提供外国人入境出境管理法律法规和其他需要外国人知悉的信息。

第二章 签证的类别和签发

第五条 外交签证、礼遇签证、公务签证的签发范围和签发办法由外交部规定。

第六条 普通签证分为以下类别，并在签证上标明相应的汉语拼音字母：

（一）C字签证，发给执行乘务、航空、航运任务的国际列车乘务员、国际航空器机组人员、国际航行船舶的船员及船员随行家属和从事国际道路运输的汽车驾驶员。

（二）D字签证，发给入境永久居留的人员。

（三）F字签证，发给入境从事交流、访问、考察等活动的人员。

（四）G字签证，发给经中国过境的人员。

（五）J1字签证，发给外国常驻中国新闻机构的外国常驻记者；J2字签证，发给入境进行短期采访报道的外国记者。

（六）L字签证，发给入境旅游的人员；以团体形式入境旅游的，可以签发团体L字签证。

（七）M字签证，发给入境进行商业贸易活动的人员。

（八）Q1字签证，发给因家庭团聚申请入境居留的中国公民的家庭成员和具有中国永久居留资格的外国人的家庭成员，以及因寄养等原因申请入境居留的人员；Q2字签证，发给申请入境短期探亲的居住在中国境内的中国公民的亲属和具有中国永久居留资格的外国人的亲属。

（九）R字签证，发给国家需要的外国高层次人才和急需紧缺专门人才。

（十）S1 字签证，发给申请入境长期探亲的因工作、学习等事由在中国境内居留的外国人的配偶、父母、未满 18 周岁的子女、配偶的父母，以及因其他私人事务需要在中国境内居留的人员；S2 字签证，发给申请入境短期探亲的因工作、学习等事由在中国境内停留居留的外国人的家庭成员，以及因其他私人事务需要在中国境内停留的人员。

（十一）X1 字签证，发给申请在中国境内长期学习的人员；X2 字签证，发给申请在中国境内短期学习的人员。

（十二）Z 字签证，发给申请在中国境内工作的人员。

第七条 外国人申请办理签证，应当填写申请表，提交本人的护照或者其他国际旅行证件以及符合规定的照片和申请事由的相关材料。

（一）申请 C 字签证，应当提交外国运输公司出具的担保函件或者中国境内有关单位出具的邀请函件。

（二）申请 D 字签证，应当提交公安部签发的外国人永久居留身份确认表。

（三）申请 F 字签证，应当提交中国境内的邀请方出具的邀请函件。

（四）申请 G 字签证，应当提交前往国家（地区）的已确定日期、座位的联程机（车、船）票。

（五）申请 J1 字及 J2 字签证，应当按照中国有关外国常驻新闻机构和外国记者采访的规定履行审批手续并提交相应的申请材料。

（六）申请 L 字签证，应当按照要求提交旅行计划行程安排等材料；以团体形式入境旅游的，还应当提交旅行社出具的邀请函件。

（七）申请 M 字签证，应当按照要求提交中国境内商业贸易合作方出具的邀请函件。

（八）申请 Q1 字签证，因家庭团聚申请入境居留的，应当提交居住在中国境内的中国公民、具有永久居留资格的外国人出具的邀请函件和家庭成员关系证明，因寄养等原因申请入境的，应当提交委托书等证明材料；申请 Q2 字签证，应当提交居住在中国境内的中国公民、具有永久居留资格的外国人出具的邀请函件等证明材料。

（九）申请 R 字签证，应当符合中国政府有关主管部门确定的外国高层次人才和急需紧缺专门人才的引进条件和要求，并按照规定提交相应的证明材料。

（十）申请 S1 字及 S2 字签证，应当按照要求提交因工作、学习等事由在中国境内停留居留的外国人出具的邀请函件、家庭成员关系证明，或者入境处理私人事务所需的证明材料。

（十一）申请 X1 字签证应当按照规定提交招收单位出具的录取通知书和主管部门出具的证明材料；申请 X2 字签证，应当按照规定提交招收单位出具的录取通知书等证明材料。

（十二）申请 Z 字签证，应当按照规定提交工作许可等证明材料。

签证机关可以根据具体情况要求外国人提交其他申请材料。

第八条 外国人有下列情形之一的，应当按照驻外签证机关要求接受面谈：

（一）申请入境居留的；

（二）个人身份信息、入境事由需要进一步核实的；

（三）曾有不准入境、被限期出境记录的；

（四）有必要进行面谈的其他情形。

驻外签证机关签发签证需要向中国境内有关部门、单位核实有关信息的，中国境内有关部门、单位应当予以配合。

第九条 签证机关经审查认为符合签发条件的，签发相应类别签证。对入境后需要办理居留证件的，签证机关应当在签证上注明入境后办理居留证件的时限。

第三章 停留居留管理

第十条 外国人持签证入境后，按照国家规定可以变更停留事由、给予入境便利的，或者因使用新护照、持团体签证入境后由于客观原因需要分团停留的，可以向停留地县级以上地方人民政府公安机关出入境管理机构申请换发签证。

第十一条 在中国境内的外国人所持签证遗失、损毁、被盗抢的，应当及时向停留地县级以上地方人民政府公安机关出入境管理机构申请补发签证。

第十二条 外国人申请签证的延期、换发、补发和申请办理停留证件，应当填写申请表，提交本人的护照或者其他国际旅行证件以及符合规定的照片和申请事由的相关材料。

第十三条 外国人申请签证延期、换发、补发和申请办理停留证件符合受理规定的，公安机关出入境管理机构应当出具有效期不超过7日的受理回执，并在受理回执有效期内作出是否签发的决定。

外国人申请签证延期、换发、补发和申请办理停留证件的手续或者材料不符合规定的，公安机关出入境管理机构应当一次性告知申请人需要履行的手续和补正的申请材料。

申请人所持护照或者其他国际旅行证件因办理证件被收存期间，可以凭受理回执在中国境内合法停留。

第十四条 公安机关出入境管理机构作出的延长签证停留期限决定，仅对本次入境有效，不影响签证的入境次数和入境有效期，并且累计延长的停留期限不得超过原签证注明的停留期限。

签证停留期限延长后，外国人应当按照原签证规定的事由和延长的期限停留。

第十五条 居留证件分为以下种类：

（一）工作类居留证件，发给在中国境内工作的人员；

（二）学习类居留证件，发给在中国境内长期学习的人员；

（三）记者类居留证件，发给外国常驻中国新闻机构的外国常驻记者；

（四）团聚类居留证件，发给因家庭团聚需要在中国境内居留的中国公民的家庭成员和具有中国永久居留资格的外国人的家庭成员，以及因寄养等原因需要在中国境内居留的人员；

（五）私人事务类居留证件，发给入境长期探亲的因工作、学习等事由在中国境内居留的外国人的配偶、父母、未满18周岁的子女、配偶的父母，以及因其他私人事务需要在中国境内居留的人员。

第十六条 外国人申请办理外国人居留证件，应当提交本人护照或者其他国际旅行证件以及符合规定的照片和申请事由的相关材料，本人到居留地县级以上地方人民政府公安机关出入境管理机构办理相关手续，并留存指纹等人体生物识别信息。

（一）工作类居留证件，应当提交工作许可等证明材料；属于国家需要的外国高层次人才和急需紧缺专门人才的，应当按照规定提交有关证明材料。

（二）学习类居留证件，应当按照规定提交招收单位出具的注明学习期限的函件等证明材料。

（三）记者类居留证件，应当提交有关主管部门出具的函件和核发的记者证。

（四）团聚类居留证件，因家庭团聚需要在中国境内居留的，应当提交家庭成员关系证明和与申请事由相关的证明材料；因寄养等原因需要在中国境内居留的，应当提交委托书等证明材料。

（五）私人事务类居留证件，长期探亲的，应当按照要求提交亲属关系证明、被探望人的居留证件等证明材料；入境处理私人事务的，应当提交因处理私人事务需要在中国境内居留的相关证明材料。

外国人申请有效期1年以上的居留证件的，应当按照规定提交健康证明。健康证明自开具之日起6个月内有效。

第十七条 外国人申请办理居留证件的延期、换发、补发，应当填写申请表，提交本人的护照或者其他国际旅行证件以及符合规定的照片和申请事由的相关材料。

第十八条 外国人申请居留证件或者申请居留证件的延期、换发、补发符合受理规定的，公安机关出入境管理机构应当出具有效期不超过15日的受理回执，并在受理回执有效期内作出是否签发的决定。

外国人申请居留证件或者申请居留证件的延期、换发、补发的手续或者材料不符合规定的，公安机关出入境管理机构应当一次性告知申请人需要履行的手续和补正的申请材料。

申请人所持护照或者其他国际旅行证件因办理证件被收存期间，可以凭受理回执在中国境内合法居留。

第十九条 外国人申请签证和居留证件的延期、换发、补发，申请办理停留证件，有下列情形之一的，可以由邀请单位或者个人、申请人的亲属、有关专门服务机构代为申请：

（一）未满16周岁或者已满60周岁以及因疾病等原因行动不便的；

（二）非首次入境且在中国境内停留居留记录良好的；

（三）邀请单位或者个人对外国人在中国境内期间所需费用提供保证措施的。

外国人申请居留证件，属于国家需要的外国高层次人才和急需紧缺专门人才以及前款第一项规定情形的，可以由邀请单位或者个人、申请人的亲属、有关专门服务机构代为申请。

第二十条 公安机关出入境管理机构可以通过面谈、电话询问、实地调查等方式核实申请事由的真实性，申请人以及出具邀请函件、证明材料的单位或者个人应当予以配合。

第二十一条 公安机关出入境管理机构对有下列情形之一的外国人，不予批准签证和居留证件的延期、换发、补发，不予签发停留证件：

（一）不能按照规定提供申请材料的；

（二）在申请过程中弄虚作假的；

（三）违反中国有关法律、行政法规规定，不适合在中国境内停留居留的；

（四）不宜批准签证和居留证件的延期、换发、补发或者签发停留证件的其他情形。

第二十二条 持学习类居留证件的外国人需要在校外勤工助学或者实习的，应当经所在学校同意后，向公安机关出入境管理机构申请居留证件加注勤工助学或者实习地点、期限等信息。

持学习类居留证件的外国人所持居留证件未加注前款规定信息的，不得在校外勤工助学或者实习。

第二十三条 在中国境内的外国人因证件遗失、损毁、被盗抢等原因未持有效护照或者国际旅行证件，无法在本国驻中国有关机构补办的，可以向停留居留地县级以上地方人民政府公安机关出入境管理机构申请办理出境手续。

第二十四条 所持出境入境证件注明停留区域的外国人、出入境边防检查机关批准临时入境且限定停留区域的外国人，应当在限定的区域内停留。

第二十五条 外国人在中国境内有下列情形之一的，属于非法居留：

（一）超过签证、停留居留证件规定的停留居留期限停留居留的；

（二）免办签证入境的外国人超过免签期限停留且未办理停留居留证件的；

（三）外国人超出限定的停留居留区域活动的；

（四）其他非法居留的情形。

第二十六条 聘用外国人工作或者招收外国留学生的单位，发现有下列情形之一的，应当及时向所在地县级以上地方人民政府公安机关出入境管理机构报告：

（一）聘用的外国人离职或者变更工作地域的；

（二）招收的外国留学生毕业、结业、肄业、退学，离开原招收单位的；

（三）聘用的外国人、招收的外国留学生违反出境入境管理规定的；

（四）聘用的外国人、招收的外国留学生出现死亡、失踪等情形的。

第二十七条 金融、教育、医疗、电信等单位在办理业务时需要核实外国人身份信息的，可以向公安机关出入境管理机构申请核实。

第二十八条 外国人因外交、公务事由在中国境内停留居留证件的签发管理，按照外交部的规定执行。

第四章 调查和遣返

第二十九条 公安机关根据实际需要可以设置遣返场所。

依照出境入境管理法第六十条的规定对外国人实施拘留审查的，应当在 24 小时内将被拘留审查的外国人送到拘留所或者遣返场所。

由于天气、当事人健康状况等原因无法立即执行遣送出境、驱逐出境的，应当凭相关法律文书将外国人羁押在拘留所或者遣返场所。

第三十条 依照出境入境管理法第六十一条的规定，对外国人限制活动范围的，应当出具限制活动范围决定书。被限制活动范围的外国人，应当在指定的时间到公安机关报到；未经决定机关批准，不得变更生活居所或者离开限定的区域。

第三十一条 依照出境入境管理法第六十二条的规定，对外国人实施遣送出境的，作出遣送出境决定的机关应当依法确定被遣送出境的外国人不准入境的具体期限。

第三十二条 外国人被遣送出境所需的费用由本人承担。本人无力承担的，属于非法就业的，由非法聘用的单位、个人承担；属于其他情形的，由对外国人在中国境内停留居留提供保证措施的单位或者个人承担。

遣送外国人出境，由县级以上地方人民政府公安机关或者出入境边防检查机关实施。

第三十三条 外国人被决定限期出境的，作出决定的机关应当在注销或者收缴其原出境入境证件后，为其补办停留手续并限定出境的期限。限定出境期限最长不得超过15日。

第三十四条 外国人有下列情形之一的，其所持签证、停留居留证件由签发机关宣布作废：

（一）签证、停留居留证件损毁、遗失、被盗抢的；

（二）被决定限期出境、遣送出境、驱逐出境，其所持签证、停留居留证件未被收缴或者注销的；

（三）原居留事由变更，未在规定期限内向公安机关出入境管理机构申报，经公安机关公告后仍未申报的；

（四）有出境入境管理法第二十一条、第三十一条规定的不予签发签证、居留证件情形的。

签发机关对签证、停留居留证件依法宣布作废的，可以当场宣布作废或者公告宣布作废。

第三十五条 外国人所持签证、停留居留证件有下列情形之一的，由公安机关注销或者收缴：

（一）被签发机关宣布作废或者被他人冒用的；

（二）通过伪造、变造、骗取或者其他方式非法获取的；

（三）持有人被决定限期出境、遣送出境、驱逐出境的。

作出注销或者收缴决定的机关应当及时通知签发机关。

第五章 附 则

第三十六条 本条例下列用语的含义：

（一）签证的入境次数，是指持证人在签证入境有效期内可以入境的次数。

（二）签证的入境有效期，是指持证人所持签证入境的有效时间范围。非经签发机关注明，签证自签发之日起生效，于有效期满当日北京时间24时失效。

（三）签证的停留期限，是指持证人每次入境后被准许停留的时限，自入境次日开始计算。

（四）短期，是指在中国境内停留不超过180日（含180日）。

（五）长期、常驻，是指在中国境内居留超过180日。

本条例规定的公安机关出入境管理机构审批期限和受理回执有效期以工作日计算，不含法定节假日。

第三十七条 经外交部批准，驻外签证机关可以委托当地有关机构承办外国人签证申请的接件、录入、咨询等服务性事务。

第三十八条 签证的式样由外交部会同公安部规定。停留居留证件的式样由公安部规定。

第三十九条 本条例自2013年9月1日起施行。1986年12月3日国务院批准，1986年12月27日公安部、外交部公布，1994年7月13日、2010年4月24日国务院修订的《中华人民共和国外国人入境出境管理法实施细则》同时废止。

国务院侨办、文化部联合下发《关于加强侨乡地区和华侨农场文化建设工作的意见》

为贯彻党的十七届六中全会和十八大关于推动社会主义文化大发展大繁荣的精神，加强对归侨侨眷集中的侨乡地区和华侨农场文化建设的政策指导，满足侨乡人民和归侨侨眷精神文化需求，2013 年 7 月 25 日，国务院侨办、文化部联合下发了《国务院侨办、文化部关于加强侨乡地区和华侨农场文化建设工作的意见》（国侨发〔2013〕22 号，以下简称《意见》）。

近年来，国务院侨办按照党中央、国务院部署，在文化部的支持下，积极推动以华侨农场为主体的侨乡文化建设，切实加大资金投入，大力支持侨乡文化建设试点和探索。两部门在就侨乡地区和华侨农场文化建设工作进行充分调研和座谈、掌握大量基层一手资料的基础上，根据《国家“十二五”时期文化改革发展规划纲要》、《国家侨务工作发展纲要（2011—2015 年）》等政策要求，研究出台了《意见》，分别从目的意义、总体要求、主要措施和组织保障四个方面就加强侨乡文化建设提出了指导意见。

《意见》在指导思想上坚持：一是以侨乡公共文化建设为重点，推动群众性文化活动和经营性文化产业协调发展；二是以更好地满足侨胞的文化需求为根本出发点和落脚点，兼顾侨乡群众、归侨侨眷和海外侨胞的不同特点和需要；三是以更好地发挥侨乡文化和侨务工作优势为依托，统筹推进侨乡文化建设和对外文化交流。

在工作内容上，提出了六个方面任务和要求：一是加强公共文化设施建设；二是丰富归侨侨眷精神文化生活；三是弘扬侨乡优秀文化传统；四是培育侨乡特色文化产业；五是壮大侨乡文化旅游产业；六是积极促进对外文化交流。

在具体举措上，注重整合文化工作和侨务工作两方面的特点和优势，就开展全国文化信息资源共享工程、公共电子阅览室建设计划、数字图书馆推广工程、流动舞台车工程等重点文化工程、创建“侨之家”、“侨法宣传角”等侨务工作中如何支持侨乡文化建设提出明确要求；突出了加强侨乡志书、族谱等侨乡文化典籍的收集整理、培育华侨农场特色文化旅游产业以及培育外向型文化企业和中介机构等特色工作的细化要求。

《意见》是国务院侨办、文化部加强协调配合，共同推进华侨农场和侨乡地区文化建设的重要指导性政策，对于华侨农场进一步挖掘自身优势，围绕做大做强文化产业、做精做细文化活动，转变发展方式、有效服务民生也具有重要的指导意义。

教育部等五部门关于将在内地（大陆）就读的港澳台大学生纳入城镇居民基本医疗保险范围的通知

（教港澳台〔2013〕69号）

各省、自治区、直辖市人民政府，国务院各部委、各直属机构，教育部直属各高等学校：

为了更好地保障在内地（大陆）就读的港澳台大学生权益，经国务院同意，现就将其纳入城镇居民基本医疗保险范围相关事宜通知如下：

一、根据《国务院办公厅关于将大学生纳入城镇居民基本医疗保险试点范围的指导意见》（国办发〔2008〕119号），决定自2013年9月起，将在内地（大陆）各类全日制普通高等学校（包括民办高校）、科研院所接受普通高等学历教育的全日制港澳台学生（含本、专科生及硕士、博士研究生，以下简称港澳台大学生）纳入城镇居民基本医疗保险范围。

二、港澳台大学生按照属地原则，自愿参加高等教育机构所在地城镇居民基本医疗保险，按照与所在高等教育机构内地（大陆）大学生同等标准缴费，并享受同等的基本医疗保险待遇。同时按照现有规定继续做好港澳台大学生日常医疗工作，方便其及时就医。

三、各级财政对港澳台大学生参加城镇居民基本医疗保险按照与所在高等教育机构内地（大陆）大学生相同的标准给予补助。港澳台大学生参加城镇居民基本医疗保险所需政府补助资金以及日常医疗所需资金，与所在高等教育机构内地（大陆）大学生所需资金一并从现有渠道安排。

四、尚未将大学生纳入城镇居民基本医疗保险范围的高等教育机构，原则上应向港澳台大学生提供与所在高等教育机构内地（大陆）大学生同样的医疗保障。

五、请各地区、各有关部门高度重视，切实加强组织领导和宣传工作。各有关高等教育机构要切实抓好港澳台大学生就医工作，为其提供优质服务。

教育部
财政部
人力资源和社会保障部
国务院港澳事务办公室
国务院台湾事务办公室
二〇一三年十月十日

国土资源部　国务院侨务办公室
关于做好华侨农场土地保护和开发利用工作的意见

（国土资发〔2013〕116 号）

吉林、福建、江西、广东、广西、海南、云南省（区）国土资源主管部门、侨务办公室：

华侨农场国有土地是广大归难侨职工赖以生存的重要生产资料，是华侨农场发展的资源保障。近年来，通过全面开展土地确权登记工作，华侨农场及归难侨职工土地权益得到有效保障，土地开发利用成效显著，经济社会得到较快发展，广大职工特别是归难侨的生活大大改善。但各地在开发利用华侨农场土地过程中，也不同程度存在一些问题，影响了改革的深入和华侨农场的发展。

为加强华侨农场土地保护和开发利用管理，切实维护华侨农场及广大职工的土地权益，根据《国务院关于推进华侨农场改革和发展的意见》（国发〔2007〕6 号）和国务院侨务办公室等十部门《关于进一步推进华侨农场改革和发展工作的意见》(国侨发〔2012〕29 号）精神，现提出以下意见：

一、认真做好华侨农场土地保护工作

（一）全面完成华侨农场土地确权工作。坚持按照尊重历史、面对现实的原则，依法加大对华侨农场土地权属争议调处力度，及早解决土地权属纠纷，全面完成华侨农场土地确权工作；结合日常地籍管理，强化华侨农场土地权益保护，避免已确权土地再次产生争议。已登记的华侨农场土地被周边农村集体、农民个人以及其他单位非法侵占的，要坚决依法责令退回。

（二）深化华侨农场土地经营体制改革。稳定和完善以职工家庭土地承包经营为基础、统分结合的双层经营体制，保障承包户对土地的使用、收益等权利。在承包期内，华侨农场不得强制收回土地承包经营权；确需改变职工家庭土地承包权、承包期、承包费的，应事先征得承包户同意；涉及土地范围较大、承包户较多时，应制定合理的调整和补偿方案，经农场职工代表大会讨论通过并予公示。坚持按照依法、有偿、自愿的原则，规范有序推进华侨农场土地承包经营权的流转。承包户流转土地承包经营权应当签订书面合同，并报华侨农场备案。

（三）落实华侨农场耕地与基本农田保护政策。各地在开发利用华侨农场土地过程中，必须严格遵守耕地保护政策，严格执行土地用途管制制度及占用耕地补偿制度，切实做到耕地占补平衡；根据华侨农场实际及当地经济社会发展的需要，合理确定华侨农场范围内基本农田数量和区位；严格执行基本农田保护政策，确保土地利用总体规划范围内的基本农田总量不减少、用途不改变、质量有提高。严禁擅自通过调整华侨农场隶属关系、撤销华侨农场建制等方式收回华侨农场土地或改变华侨农场农用地用途。

二、有序推进华侨农场土地开发利用

（四）加强华侨农场土地利用规划。各地应按照循序渐进、集约发展的原则，合理确定华侨农场区域功能、产业定位和发展规模，并将华侨农场用地纳入当地土地利用总体规划及城乡规划统筹安排。华侨农场产业布局及其他专项规划应当与土地利用总体规划相衔接。依据规划有序开展各项土地开发利用活动，不断提高土地节约集约利用水平。

（五）大力推进高标准基本农田建设。切实加大华侨农场土地综合整治力度，积极开展土地整理复垦开发，加大农业物质技术装备投入，加强农业设施建设，提升华侨农场耕地地力等级和农业生产能力。各地在安排国家农田水利建设、农业综合开发、土地开发整理、耕地质量建设、农田林网建设等项目时，对符合条件的华侨农场给予适当倾斜。鼓励和支持基本农田集中连片的华侨农场推进高标准基本农田建设。

（六）鼓励华侨农场发展农业规模化经营。鼓励和支持承包土地向专业大户、家庭农场、农民合作社流转，发展多种形式的适度规模经营；引导职工家庭经营更多地采用先进适用技术和现代生产要素，加快转变农业生产经营方式。积极培育壮大农业产业化龙头企业，鼓励和引导侨资、民营资本等到华侨农场发展适合企业化经营的种养业，切实将符合条件的企业纳入各项支农强农惠农补贴补助范围。

（七）积极支持华侨农场产业发展用地需求。各地国土资源主管部门在安排土地利用年度计划时，要充分考虑华侨农场发展的需求，安排好华侨农场的建设用地。对华侨农场调整优化产业结构，发展现代高效农业，高技术、高附加值、低消耗、低排放的新产业、新工艺、新产品以及旅游文化服务等第三产业，在项目用地上给予适当倾斜。严格控制环境危害大、土地利用强度低、投入产出效益差的项目用地。

（八）节约集约开发利用华侨农场土地。鼓励有条件的华侨农场，规范运用城乡建设用地增减挂钩等政策，优化华侨农场建设用地布局，推进节约集约用地。严格执行闲置土地处置政策，优先开发利用空闲、废弃、闲置和低效利用的土地，努力提高建设用地利用效率。严格执行《工业项目建设用地控制指标》（国土资发〔2008〕24号）、国家和地方颁布的建设项目用地标准，加强标准执行情况的监测监管，在建、已建项目达不到相关标准的，按土地出让合同承担违约责任，避免利用产业项目圈地占地。

（九）积极支持华侨农场城镇化建设用地。有条件的地方，可以在自愿基础上有序推进职工住宅小区建设，引导职工向场镇居民点集中居住，多渠道筹措建设资金，不断改善职工居住条件和居住环境。重点支持华侨农场职工集中居住点，优先安排华侨农场水、电、路网等基础设施建设用地，保障教育、医疗、安置住房等民生用地，提高基础设施建设和社会公共服务水平。

三、切实保障华侨农场及职工土地权益

（十）规范华侨农场国有土地使用权收回行为。因国家经济建设或地方公益性建设需要，收回华侨农场农用地的，涉及农用地转用的需依法办理农用地转用审批手续，并按照国土资源部、国务院侨务办公室等十部委联合印发的国侨发〔2012〕29号文规定的补偿标准给予补偿；收回华侨农场建设用地的，应按照《国土资源部农业部关于加强国有农场土地使用管理的意见》（国土资发〔2008〕202号）规定的补偿标准给予补偿；征收华侨农场国有土地上房屋的，应按照《国有土地上房屋征收与补偿条例》规定的补偿标准

给予补偿。依法收回的华侨农场国有建设用地使用权不符合法定划拨供地范围的，应当实行有偿使用；用于工业、商业、旅游、娱乐和商品住宅等经营性用途的，应当实行招标、拍卖或者挂牌方式供地。

对拟收回的华侨农场土地使用权，在依法报批前，参照集体土地征收办法进行告知、确认、听证，将拟收回土地的权利人名称、用途、位置、面积、补偿标准、安置途径等告知该农场和所涉及的职工。应当书面告知华侨农场国有建设用地使用权人有申请听证的权利，权利人要求举行听证的，市、县国土资源主管部门应当依照《国土资源听证规定》依法组织听证。对拟收回土地的现状调查结果，应当经该农场和所涉及的职工确认，并将该农场和所涉及职工的知情、确认等有关材料作为收回土地报批的必备材料。

（十一）切实做好失地人员的补偿安置工作。坚持先补偿安置、后开发利用的原则，补偿资金和安置方案不落实的，不得收回华侨农场土地。土地补偿费应当归农场所有，农场对土地补偿费的使用应主要用于被收回土地的农场职工；安置补助费应专项用于被收回土地的农场职工安置支出；地上附着物及青苗补偿费归地上附着物及青苗的所有者所有。各项补偿费用应当及时足额支付给农场和被收回土地的农场职工，任何单位和个人不得截留、挤占和挪用。住房安置应按照“先建新、后拆旧”的原则，确保收回华侨农场土地及征收国有土地上房屋等工作平稳有序进行。土地出让所得中应安排适当资金补助失地人员社会保障支出，逐步建立归难侨生活保障的长效机制。加强就业创业培训，拓宽就业渠道，创造失地人员自主就业创业的条件。

（十二）建立健全华侨农场土地收益分配机制。华侨农场土地出让和增值收益，要严格遵照国土资源部、国务院侨务办公室等十部委联合印发的国侨发〔2012〕29号文有关规定，优先用于解决华侨农场基础设施建设及归难侨民生问题。华侨农场整合原有资产涉及的原划拨建设用地改变用途用于经营性物业开发的，经规划部门同意并报经市县人民政府批准，可以办理协议出让等有偿用地手续；原出让土地改变用途的，经出让方和规划部门同意，市县国土资源主管部门可以与原土地使用权人签订国有土地出让合同变更协议或重新签订出让合同，补缴土地出让金，并按规定办理土地变更登记。华侨农场原有资产和土地资源整合中涉及农用地转为建设用地的，应当在依法办理农用地转用、收回等相关手续后，依法依规供地；不符合划拨和协议出让范围的，应当采取招标拍卖挂牌等方式出让。华侨农场应当因地制宜发展特色产业，切实提高经营收益，为归难侨职工提供长远生活保障。要进一步深化华侨农场体制改革，尽快与财政、税收、土地等政策做好衔接，落实地方政府各类补贴、返还政策，不断建立和完善各类补贴、返还承接机制，以满足华侨农场长远发展需要。

（十三）切实维护华侨农场及其职工的合法土地权益。各地要加强对华侨农场土地保护和开发利用工作的组织领导，坚决贯彻落实加强土地管理的各项政策措施，严肃查处擅自改变华侨农场土地用途和非法侵占华侨农场土地的行为，切实维护华侨农场及其职工的合法土地权益。

各地国土资源、侨务主管部门要加强协调配合，做好政策落实情况的监督检查。政策执行中的问题和意见请及时报告上级部门。

国土资源部
国务院侨务办公室
二〇一三年十月二十八日

广东省人民政府办公厅
关于进一步推进华侨农场地区改革发展的若干意见

（粤府办〔2013〕4 号）

各地级以上市人民政府，各县（市、区）人民政府，省政府各部门、各直属机构：

为深入贯彻《国务院关于推进华侨农场改革和发展的意见》（国发〔2007〕6 号）以及国务院侨务办公室等 10 部委《关于印发进一步推进华侨农场改革和发展工作意见的通知》（国侨发〔2012〕29 号）精神，推动《广东省推进华侨农场改革和发展实施方案》（粤府办〔2008〕3 号）落实，进一步促进华侨农场地区深化改革、加快发展，经省人民政府同意，现提出以下意见：

一、进一步明确“三融入”、“三化”的改革发展方向

近年来，在各有关地区党委和政府、各有关部门、华侨农场广大干部群众的共同努力下，华侨农场体制改革稳步推进，历史遗留问题得到有效解决，三次产业加快发展，体制融入地方、管理融入社会、经济融入市场（即“三融入”）和工业化、城镇化、农业产业化（即“三化”）建设等工作取得显著成效，广大职工和归难侨的生产生活水平明显提高。现在距粤府办〔2008〕3 号文提出的2015 年彻底实现“三融入”、告别华侨农场体制的工作时限要求还有 3 年，各级政府务必统一思想认识，坚定改革发展方向，在巩固华侨农场改革发展成果的基础上，按照粤府办〔2008〕3 号文提出的目标要求，加快推进华侨农场“三融入”和“三化”建设，促进华侨农场地区在管理上转变体制机制，在经营机制上由政企合一向政企分开转变，在政策上纳入常态化扶持，在产业发展上增强造血功能，有效增强发展活力。要把华侨农场所在地作为加快地方经济社会发展的宝贵财富、战略资源和创新平台，按照产业化提升农业、工业化富裕职工、城镇化改造农场的要求，支持华侨农场不断优化经济结构，协调三次产业发展，与当地同步可持续发展。要按照一视同仁、适当倾斜的原则，在扶贫“双到”、农业、林业、水利、教育、卫生、优抚、五保等方面，将惠及城乡的地区性和行业性扶持政策普惠落实到华侨农场，促进侨场群众共建共享幸福。华侨农场也要立足自身努力，充分发挥广大干部群众的积极性、主动性和创造性，充分发挥改革发展的主体作用，推动经济社会发展水平上新台阶。

二、加快推进华侨农场地区科学发展

（一）调整优化华侨农场产业结构。各有关地区要把推进华侨农场地区全面、协调、均衡和可持续发展作为本地区经济社会发展的重要目标和要求，加强规划先导，把华侨农场地区的产业发展布局纳入当地经济社会发展全局及各类专项规划进行统一规划，统筹实施。根据华侨农场地区的特点和优势，努力培育形成优势突出和特色鲜明的产业带，支持

其“宜种则种、宜养则养”，大力发展现代农业，不断调整和优化农业生产布局和农作物品种结构，引进和推广先进农业技术，发展具有区域特色的农业支柱产业；支持其大力发展农业产业化龙头企业和专业合作经济组织，形成特色优势产业集群，提升农业优势产业效益。推动华侨农场地区发挥区位、土地、产业、劳动力等自身优势，扩大招商引资，积极承接珠三角地区产业转移，加快工业化进程。充分调动华侨农场积极性，将符合条件的用地纳入“三旧”改造范围，提高土地利用效率，并将相关地块纳入广东省“三旧”改造招商推介活动的推介地块范围，吸引境内外客商到华侨农场地区进行投资。鼓励华侨农场地区因地制宜，依托山水风光、风土人情和农业生态等发展旅游观光业，积极培育旅游休闲度假项目，带动酒店、餐饮、商贸等第三产业发展。结合实施华侨农场危房改造，推进农场城镇化改造，建设好农场改制后的侨镇（区），努力构建生态、宜居的特色小镇。

（二）加大对华侨农场产业发展的支持力度。各有关地区在安排农业基本建设投资、农业综合开发资金、土地整治资金及各项强农惠农补贴时，要把符合条件的华侨农场纳入其中并给予适当照顾。财政部门对华侨农场调整产业结构、税费改革和社会事业发展等，要在资金扶持、政策覆盖、项目安排方面给予支持。国土资源部门在安排土地年度计划时，对符合土地利用总体规划、有发展需求的华侨农场，要予以倾斜安排建设用地指标。侨务部门要充分利用侨资企业众多的优势，积极引导和协助侨资企业参与、支持华侨农场产业发展和公共设施建设。

（三）鼓励华侨农场实施“同富裕工程”。总结推广深圳光明、肇庆大旺等华侨农场经验做法，鼓励各华侨农场地区积极探索实施“同富裕工程”。鼓励华侨农场兴办同富裕工业项目，通过安排部分土地收益，划出部分土地，投资兴建工业项目，将经营性收益通过“福利股”、“人头股”等形式分红给职工，为被收地职工和困难归难侨生产生活提供稳定的经济来源，解决其长远生活保障。对兴办同富裕工业项目且项目用地符合土地利用总体规划的华侨农场，省每年给予安排专项建设用地指标。鼓励华侨农场探索建立同富裕现代农业示范产业园，将“口粮田”集约利用，建立经济合作组织；符合省级现代农业园区建设条件的，省在相关专项资金扶持、政策覆盖、项目安排等方面给予倾斜照顾。从2012年至2015年，省财政每年安排扶持华侨农场事业发展资金3 000万元，用于华侨农场产业结构调整优化，支持其增强“造血”功能。

三、深入推进华侨农场改革

（一）推进华侨农场经营体制改革。各有关地区要根据华侨农场实际情况，稳定和完善以职工家庭承包经营及岗位承包经营为基础，统分结合的双层经营机制，保障职工对承包土地的使用和收益等权利。有条件的华侨农场，可按照依法、有偿、自愿的原则，实行土地承包经营权流转，发展适度规模经营。目前仍保留牌子且有条件的华侨农场要根据“一场一策”的原则，重点抓好三级管理（场、村或居委会、承包户）和两级核算的经营体制，推行“侨镇、区+管理职工”或“公司+基地+农户+标准化”的经营产业模式。积极发展专业经济合作社、专业协会、中介组织和农业社会化服务组织等，着力提高组织化程度。

（二）深化华侨农场行政管理体制改革。加快推进华侨农场体制融入地方，确保到2015年，全省华侨农场地区建立较为完善的城乡经济社会管理体制和发展机制，彻底告别计划式的管理体制，实现与当地同步可持续发展。对改制为华侨管理区、经济区的华侨农场，要赋予其相应的行政管理职能，并逐步向设立一级政权的管理体制过渡；对改制为镇一级、街道办事处或并入周边镇的华侨农场，要进一步理顺和完善管理体制机制，确保在体制融入地方中融得进、稳得住、发展好。

四、进一步改善华侨农场地区生产生活条件

（一）加大华侨农场危房改造力度。从 2012 年至 2015 年，对全省华侨农场 38 392 户危房户（包括非归难侨危房户和新增归难侨危房户）实施危房改造。华侨农场所在的地级以上市、县（市、区）政府是组织实施华侨农场危房改造工作的责任主体，要按照省侨办等 6 部门联合出台的《关于印发〈广东省华侨农场危房改造的实施方案〉的通知》（粤侨办〔2012〕54 号），在充分尊重华侨农场危房户意愿的前提下，结合华侨农场体制改革后的总体建设规划，按先急后缓、先易后难、逐村（队）逐户改造的原则，统一设计、配套建设，分类开展华侨农场危房改造工作。华侨农场危房改造资金按照“个人筹措为主，农场、政府各出一点”的办法筹措，各级政府合计按每户不少于 15 000 元的标准给予补助。其中，对未纳入中央补助范围的危房户，省级补助按照每户 10 000 元的标准安排资金，地级以上市和县（市、区）两级财政合计按每户不低于 5 000 元的标准安排配套资金。

各地要重视和加强华侨农场危房改造涉及的住房产权办理工作。对 2006 年至 2010 年已完成归难侨危房改造，但未完善用地手续的侨场，所在地政府要支持其完善有关用地手续，督促有关部门加快办理危房改造后有关房屋产权证。

（二）加大力度扶持华侨农场地区公共基础设施建设。华侨农场所在地各级政府要将华侨农场公共基础设施建设纳入本地区相关专项规划统筹安排，加快推进华侨农场交通、电力、水利等基础设施建设。省有关部门要在道路建设、供电设施、饮水安全工程等项目上对华侨农场给予优先安排。其中，对纳入华侨农场公路普查数据库内的项目，省优先安排建设，并参照省级相关公路建设补助标准给予补助；对华侨农场仍自行管理的供电资产，广东电网公司要积极接管并将接管后的电网纳入全省电网统筹建设，在安排农村电网改造升级资金方面给予重点支持；对华侨农场村村通自来水工程建设，省优先安排实施并按标准给予补助。从 2012 年至 2015 年，省财政每年安排扶持华侨农场基础建设投资项目补助资金 3 000 万元和水利建设补助资金 1 000 万元。

五、妥善解决华侨农场人员就业和社保问题

（一）促进华侨农场劳动力转移就业。各有关地区和部门要加强对华侨农场适龄劳动力的职业培训，积极推动华侨农场高技能人才实训基地建设，结合当地产业特点、就业需求和华侨农场劳动力技能水平，开设相关实训项目，有针对性地提高劳动力技能水平和就业能力。将入读技工院校并符合相关政策的华侨农场困难家庭学生纳入国家助学体系。

进一步完善华侨农场劳动力转移就业服务体系，从推荐就业、开发公益性岗位、举办公益性招聘会等多方面入手，多渠道拓宽就业门路，重点拓宽侨场失业人员，特别是归侨侨眷的就业和再就业渠道，实施有利于归侨侨眷进城就业居住的政策措施，使华侨农场劳动力“转得出、留得住”。华侨农场适龄劳动力中女性 40 周岁以上、男性 50 周岁以上，或属于经残疾等级评定机构评定为残疾、享受最低生活保障待遇、零就业家庭成员、连续

失业1年以上等情况的困难人员，可享受职介、社保、岗位、培训补贴和小额担保贷款贴息等扶持政策。华侨农场及其所在地公共就业服务机构要将上述人员作为重点服务对象，提供“一对一”免费就业援助，优先安置到公益性岗位就业。

将华侨农场劳动力培训转移就业纳入各地劳动力转移规划，完善覆盖华侨农场劳动力转移就业、培训的政策措施。将符合条件的华侨农场本省户籍法定劳动年龄内的劳动力，纳入农村劳动力培训转移就业专项补助资金补贴范围。

（二）继续加强华侨农场社会保障工作。各地要积极采取措施，多渠道筹措资金，统筹解决华侨农场归难侨职工参加城镇职工基本医疗保险单位缴费补助，切实做好已参保归难侨职工的续保工作。对未就业的华侨农场职工及其家属、并场队非职工等人群，要积极组织其按规定参加城乡居民社会养老保险和基本医疗保险。

六、加强华侨农场土地权益保护工作

目前，我省华侨农场国有土地使用权应登记发证面积的94.8%已完成登记发证。未完成登记发证的地区中，对华侨农场内部建设用地未完成登记发证的，要加大工作力度，全面完成登记发证；对华侨农场土地存在权属争议的，有关市、县（市、区）要成立由政府分管领导任组长，国土、林业、城建、农业、司法、水利等部门参加的工作小组，专门负责对权属争议地的调处和违法侵占农场土地的处理工作，加快协调工作进度，力争于2013年底前解决土地或林地权属争议。各地在收回华侨农场国有农用地过程中，必须严格执行国家和省关于收回国有农用地补偿安置及分配相关规定，妥善解决失地职工就业和社会保障等问题，切实保障华侨农场职工合法权益。华侨农场土地出让和增值收益，要优先用于解决华侨农场基础设施建设和归难侨及职工民生问题，确保归难侨及职工原有生活水平、社会保障水平不下降，长远生活有保障。

七、加强组织保障工作

（一）加强组织领导。华侨农场所在地各级政府要将推进华侨农场改革发展工作列入政府重要工作内容，切实加强组织领导，采取有效措施，积极推进各项工作。省发展改革、民政、财政、人力资源社会保障、国土资源、住房城乡建设、交通运输、水利、农业、侨务等有关部门要认真贯彻落实国侨发〔2012〕29号文，加强工作督导，积极指导华侨农场所在地部门建立健全分工明确、协同推进的工作机制，形成推进华侨农场改革发展的工作合力。省侨务部门要会同有关部门加强政策落实情况的监督检查，及时研究和协调解决华侨农场改革发展中的重大问题，切实做好为侨服务各项工作。

（二）全力维护华侨农场和谐稳定。各地要妥善处理华侨农场改革、发展、稳定的关系，及时排查化解矛盾纠纷。加强华侨农场地区社会管理，做好涉侨信访工作，维护归难侨合法权益。认真做好政策宣传工作，引导华侨农场用好用足政策措施，为加快华侨农场实现体制融入地方、管理融入社会、经济融入市场，加快工业化、城镇化和农业现代化建设创造良好条件。

广东省人民政府办公厅
二〇一三年二月五日

浙江省人力资源和社会保障厅　浙江省财政厅
浙江省人民政府侨务办公室关于调整我省
退休归侨职工生活补贴标准的通知

（浙人社发〔2013〕66号）

各市、县（市、区）人力资源和社会保障局、财政局、侨办，省级各单位：

为认真贯彻落实“适当照顾”的侨务政策，充分体现党和政府对归侨职工的关爱，我省于1994年和2002年相继出台了《关于给工龄在三十年以上的退休归侨职工加发退休补贴费的通知》（浙人退〔1994〕139号、〔1994〕财行213号）、《关于归侨职工退休后待遇问题的通知》（浙人薪〔2002〕156号）等文件，规定对我省早期回国参加工作的退休归侨职工发放生活补贴。多年来，这一政策受到了我省海内外侨胞侨眷的拥护和赞扬。

但是近几年来，受国际金融危机影响，物价上涨较快，退休归侨职工的生活受到了一定影响。为进一步保障和改善侨界民生，根据国务院侨务办公室、人力资源和社会保障部、财政部等九部委联合下发的《关于做好散居困难归侨侨眷扶贫救助工作的意见》（国侨发〔2010〕10号）精神，经研究，决定调整我省早期回国定居在企业工作的退休归侨职工生活补贴标准。现将有关事项通知如下：

一、补贴发放对象为退休时在国有及国有控股企业（含原国有及国有控股企业）工作已满30年的归侨男职工和工作已满25年的归侨女职工。

二、补贴标准由原来每人每月60元调整为每人每月120元。

三、调整后的补贴标准自2012年7月1日起执行。

四、所需经费，参加养老保险社会统筹的企业，在统筹基金中列支；未参加养老保险统筹的企业在原渠道列支。

五、其他事项仍按浙人薪〔2002〕156号文件规定办理。

浙江省人力资源和社会保障厅
浙江省财政厅
浙江省人民政府侨务办公室
二〇一三年二月十九日

广西壮族自治区外派华文教师管理办法

（2013年5月15日广西壮族自治区侨务办公室　广西壮族自治区教育厅桂侨文宣发〔2013〕1号发布，自2013年7月1日起施行）

为进一步规范和加强广西壮族自治区外派华文教师工作的管理，广西壮族自治区侨务办公室与广西壮族自治区教育厅联合开展外派华文教师工作，根据国家海外华文教育工作发展部署和国务院侨办《外派教师工作管理条例及工作流程》，结合广西海外华文教育工作实际，特制定本办法。

第一条　适用范围　本办法适用于自治区侨务办公室与自治区教育厅联合选派的，赴海外华文教育机构担任教学任务的我区公办学校的教师。

第二条　选派和管理

（一）外派华文教师的招募、遴选、培训、推荐、派出、签约、咨询以及派出后的日常管理等工作，由自治区侨务办公室和自治区教育厅指定部门具体实施。外派华文教师应经所在学校及学校上级教育主管部门同意。

（二）申请者需填写《外派教师简历表》。自治区、市侨办会同教师所在单位、上级教育主管部门共同负责对外派教师进行资格审查，并填写《外派教师考核表》。

第三条　任教时间　外派华文教师到海外担任教学工作时间根据任务的要求而定，一般为一至两年，以出入境时间为准，如有特殊情况需要延长或提前结束，需经派出单位和协议各方同意。任教期满必须按时回国，不得擅自决定延聘、迟归和另择它校。

第四条　基本条件

（一）要有较高的思想觉悟，热爱海外华文教育事业，能吃苦耐劳，勇于奉献，善于沟通，团队精神强，组织纪律性强；

（二）一般应具有中文、对外汉语、幼儿教育或相关专业大学本科以上学历，业务精通，教育教学经验丰富；

（三）应具有教师资格证书或汉语教学能力证书，普通话水平需达到二级甲等以上，能进行一般英语交流；

（四）需身体健康，无严重病史和慢性疾病，年龄在25至50岁之间。

第五条　外派华文教师工作职责

（一）外派华文教师应遵守海外华文教育机构的各项规章制度，与同事团结协作；

（二）外派华文教师应根据海外华文教育机构的教学安排，认真完成各项教学任务；

（三）外派华文教师应积极参与海外华文教育机构的有关教改和教研工作。

第六条　在外纪律

（一）外派华文教师应严格遵守祖国和派往国的法律、法规；尊重派往国的风俗习惯；

（二）外派华文教师应忠于祖国，维护祖国的荣誉和尊严，不得做有损祖国利益的事情；保守国家和单位的机密；严格遵守外事纪律；

（三）外派华文教师不得到色情和赌博场所等从事与身份不符的行为；

（四）外派华文教师不得从事第二职业和任何以盈利为目的或违背社会公德的活动或工作；

（五）外派华文教师在外派期间违反有关规定和外事纪律的，情节较轻的给予批评教育，并及时改正；情节严重或屡教不改的直接召回，并由自治区侨务办公室会同自治区教育厅和派出单位根据有关法律法规、规章制度给予相应处理。

第七条　待遇和有关费用

外派华文教师在海外工作期间的补贴、食宿、医疗保险、国际交通费、假期等，根据国侨办的有关规定办理。公职教师出国工作期间，保留公职、基本工资、社会保险等有关待遇，在国外工作的经历计入教龄。

赴二类（含）艰苦地区任教的外派华文教师结束外派任务返回原单位工作，在评选先进、职称评聘和职务晋级时，同等条件下应优先考虑。

第八条　工作巡视　自治区侨务办公室、自治区教育厅将不定期组派相关单位人员，到海外聘用单位巡视慰问外派华文教师的工作情况，协助解决其在工作、生活中遇到的问题。

第九条　档案管理　外派华文教师的档案由其工作单位负责保管。

第十条　表彰奖励　自治区侨务办公室、自治区教育厅将根据海外聘用单位对外派华文教师的工作评估及华文教师的个人工作总结等情况，对以推广汉语和弘扬中华优秀文化为己任、不畏艰苦、不计报酬、乐于奉献者予以表彰，为按要求圆满完成工作任务者颁发《外派华文教师荣誉证书》，为其中工作成绩突出、受到海外好评、作出较大贡献者颁发《优秀外派华文教师荣誉证书》。

第十一条　本办法由自治区侨务办公室负责解释。

第十二条　本办法自 2013 年 7 月 1 日起执行。本办法发布前已经外派的教师，按照本办法管理。

浙江省鼓励省级重点企业研究院引进“海外工程师”暂行办法

（2013年6月9日浙江省人力资源和社会保障厅　浙江省科技厅　浙江省财政厅浙人社发〔2013〕139号发布，自2013年7月9日起施行）

为推动引智工作服务产业发展，鼓励省级重点企业研究院引进“海外工程师”，提升企业创新能力，促进经济转型升级，根据《浙江省人民政府关于进一步支持企业技术创新加快科技成果产业化的若干意见》（浙政发〔2012〕45号）精神，特设立“海外工程师”资助项目，对省级重点企业研究院引进的“海外工程师”实行资助。具体办法如下：

第一条　适用范围

本办法适用于列入省技术创新综合试点的省级企业研究院（简称“省级重点企业研究院”）引进“海外工程师”。引进的“海外工程师”应具备下列条件：

（一）在国外企业和机构从事工程、技术、管理工作，掌握核心技术、关键工艺的外籍高层次人才；

（二）在省级重点企业研究院承担技术攻关项目和关键工艺研发，聘用时间原则上不少于1年，每年在企业工作时间不少于2个月，年薪达到50万元人民币及以上；

（三）对已入选国家和省“千人计划”的专家，原则上不再列入“海外工程师”资助项目。

第二条　扶持政策

鼓励引进“海外工程师”，坚持“企业主体、政府引导”的原则，在充分尊重企业自主权，薪酬大部分由企业支付的前提下，由省和当地财政分别对省级重点企业研究院给予一定的扶持和奖励。

（一）省财政给予聘请“海外工程师”的省级重点企业研究院每人10万元年薪资助，每人次在企业研究院工作3年以上的可以有两次资助，资助经费纳入省科技部门预算。宁波市范围内的企业聘请“海外工程师”的资助经费由宁波市财政承担。省级重点企业研究院所在地财政按不低于省级财政资助标准，给予相应的配套资助。

（二）省级重点企业研究院引进的“海外工程师”，符合“千人计划”条件的，积极支持申报国家、省“千人计划”。

第三条　申报和资助程序

（一）申报。每年3月底前，聘请“海外工程师”的省级重点企业研究院填写上一年度《引进“海外工程师”项目申请表》（见附件，表格可在www. zjitm. com下载），并提供申报人选的护照、学历、学位证书复印件、与企业签订的工作（聘用）合同和海外任职证明材料等，经市人力社保部门初审汇总后，报送省人力社保厅。省属企业的研究院直接将材料报送省人力社保厅。

（二）审核与拨付。每年4月底前，省人力社保厅、省科技厅会同省委组织部、省经信委、省财政厅等部门对申报人选进行审核。经审定后，省财政厅会同省科技厅、省人力社保厅下达资金核拨文件。

（三）总结反馈。在申报下一年度资金补助前，接受“海外工程师”项目资助县（市、区）应将本期资金的补贴使用及引进的“海外工程师”作用发挥等情况进行总结，并将情况同时报送省科技厅、省人力社保厅和省财政厅。

第四条　服务保障

（一）建立浙江省引进“海外工程师”信息服务平台，及时发布省级重点企业研究院招聘“海外工程师”的需求信息，增强宣传、申报、审批和管理等服务功能。

（二）建立海外引才引智和人才培养基地。加强海外基地建设，及时发布省级重点企业研究院招聘需求，协助物色和联络国外有关机构和组织，不断拓宽引进“海外工程师”的渠道。

（三）加大引智力度。组织省级重点企业研究院赴海外招聘急需紧缺的“海外工程师”，建立研究院与“海外工程师”对接交流机制；探索“以人引人”的引智模式，提高引进“海外工程师”的成效。

（四）加强舆论宣传。积极宣传引进“海外工程师”成效显著的典型，推广好的经验和做法，营造引进“海外工程师”的良好氛围；“西湖友谊奖”的评选向优秀“海外工程师”倾斜。

第五条　组织管理

（一）建立由省委组织部、省人力社保厅、省科技厅、省经信委、省财政厅等部门参加的联席会议制度，定期召开联席会议，共同研究协调解决引进“海外工程师”工作中的重大事项。

（二）省人力社保厅负责协调、指导全省省级重点企业研究院“海外工程师”引进工作。省外专局具体承办全省“海外工程师”引进计划的实施、日常管理等工作。

（三）建立省级重点企业研究院引进“海外工程师”评估制度，对实施情况进行监督、检查和评估。

（四）建立财务监督检查制度，定期对经费的使用进行检查，切实提高资金使用的安全性、规范性和有效性。对弄虚作假的企业研究院，将收回资助经费，且5年内不得申报引进“海外工程师”项目；对审核不严的管理部门，将予以通报批评。

（五）各市人力社保部门要加强省级重点企业研究院引进“海外工程师”工作的管理和指导，并以此为契机加大工作力度，推动当地引智工作的开展。

第六条　附则

（一）各市在执行本办法的基础上，可结合当地经济社会发展实际需要，进一步制定相关鼓励引进“海外工程师”的政策。

（二）本办法由省人力社保厅、省财政厅和省科技厅负责解释。

（三）本办法自发布之日起30日后实施。

上海市海外人才居住证管理办法

（2013 年 6 月 13 日上海市人民政府沪府发〔2013〕39 号发布，自 2013 年 7 月 1 日起施行，有效期至 2018 年 6 月 30 日）

第一章　总　则

第一条（目的）

为进一步加大海外人才引进力度，优化人才环境，吸引更多海外人才来沪工作或者创业，为上海经济社会发展提供有力的人才支持，制定本办法。

第二条（适用对象）

本办法适用于具有本科（学士）及以上学历（学位）或者特殊才能，在上海合法工作或者创业的人员，包括：加入外国国籍的留学人员；外国专家及其他外国高层次专业人才；持中国护照、拥有国外永久（长期）居留权且国内无户籍的留学人员和其他专业人才；香港、澳门特别行政区专业人才，台湾地区专业人才。

具有特殊才能的人才具体范围及条件等事项，由市人力资源社会保障局（市外国专家局）根据本市经济社会发展实际需要，会同有关部门确定。

第三条（部门分工）

市人力资源社会保障局（市外国专家局）负责上海市海外人才居住证（以下简称“海外人才居住证”）的申请受理、核定等综合管理工作。市公安局负责海外人才居住证的制作、签发等相关工作。市教委、市科委、市工商局、市商务委、市财政局、市地税局、市经济信息化委、市卫生计生委、人民银行上海分行、国家外汇管理局上海市分局等相关部门按照各自职责，做好与本办法相关的服务和待遇落实工作。

第二章　证件一般规定

第四条（证件功能和类别）

海外人才居住证是持证人在本市工作、生活并享受相关待遇的证明。

海外人才居住证分为主证和随员证。符合条件的海外人才可以申请主证，其配偶和未满 18 周岁或者高中在读的子女可以申请随员证。

第五条（载明基本信息）

海外人才居住证载明持证人姓名、性别、出生日期、国籍（地区）、证件类型及号码、近期照片、签发日期、签发单位、有效期限等内容。

第六条（有效期限）

海外人才居住证的有效期限为 1 至 5 年。

市人力资源社会保障局（市外国专家局）根据申请人的年龄、学历学位、专业类别、工作资历、有效身份证件、来华工作（就业）许可、聘用（劳动）合同有效期、应聘职务等条件，确定海外人才居住证的有效期限。

第三章 证件申办

第七条（申请）

市人力资源社会保障局（市外国专家局）委托市人才服务中心等受理机构具体承担海外人才居住证的受理工作。

需要申请海外人才居住证的，由申请人所在单位向受理机构申请。

第八条（申请材料）

申请海外人才居住证，应当提供下列材料：

（一）申请表；

（二）有效的身份证明；

（三）学历学位证明、专业技术证书或者其他业绩证明材料；

（四）在本市的住所证明；

（五）有效的健康状况证明；

（六）聘用（劳动）合同；

（七）用人单位主体资格证明或者创业投资证明等材料；

（八）工作（就业）期间缴纳个人所得税完税证明材料；

（九）其他必要的证明材料。

用人单位及申请人应当对申请材料的真实性负责。

第九条（受理及材料移送）

受理机构收到申请材料后，对材料齐全且符合法定形式要求的，应当场出具书面受理通知；对材料不齐全或者不符合法定形式要求的，应当场出具书面补正通知，并一次性告知需要补正的全部材料。

受理机构应当自受理之日起2个工作日内，将申请信息、材料移送市人力资源社会保障局（市外国专家局）。

第十条（核定）

市人力资源社会保障局（市外国专家局）应当自收到申请信息、材料之日起7个工作日内，完成核定。对符合条件的，出具书面办理通知；对不符合条件的，书面告知申请人。

第十一条（签发、制证和发证）

海外人才居住证由市公安局统一签发，对经核定符合办理条件的，由市公安局制证部门在10个工作日内完成制证。市公安局出入境管理局负责发证。

第十二条（信息变更）

持证人的工作单位、身份证件号码等相关信息发生变化的，应当由用人单位在30日内持相关证明材料到受理机构办理信息变更手续。

第十三条（续签换证）

证件有效期满，持证人需要续签换证的，应当在有效期届满前30日内由用人单位为其办理续签换证手续。逾期未续签换证的，按照首次申请流程重新办理。

第十四条（挂失和补办）

证件遗失的，应当及时由用人单位到受理机构办理挂失和补办手续。

第十五条（注销）

持证人情况发生变更，不再符合海外人才居住证申办条件或者在申办时提供失实材料取得海外人才居住证的，由公安部门注销其证件。

第十六条（法律责任）

用人单位和申请人应当遵守有关法律规定。用人单位或者申请人在申请过程中伪造、变造或者使用伪造、变造证明材料的，市人力资源社会保障局（市外国专家局）可以根据情节轻重，暂停或者取消其申请资格。违反法律的，用人单位及申请人须依法承担相应的法律责任。

第四章　持证人待遇

第十七条（居留许可、签注）

持证人是外国国籍的，可以按照规定，申请办理与居住证有效期限相同的居留许可。持证人是台湾地区的，可以按照规定申请办理长期居留签注或者多次出入境签注。

第十八条（免办就业许可）

持证人是留学人员且已加入外国国籍或者获得国（境）外永久（长期）居留权的，可以免办其他就业许可。

第十九条（创办企业）

持证人可以技术入股或者投资等方式在本市创办企业。

第二十条（行政机关聘用）

持证人经本市有管理权限的部门批准，可以短期聘用、项目聘用等方式，接受行政机关聘用。

第二十一条（社会保险）

持证人在沪工作的，按照国家和本市有关规定，参加本市社会保险；其未就业配偶及未满 18 周岁或者高中在读的子女可以参加本市城镇居民基本医疗保险，并享受相应待遇。

第二十二条（子女教育）

持证人子女在学龄前教育阶段、义务教育阶段的，可以根据本市有关规定，由居住地教育行政部门按照就近原则，办理就读手续。

持证人是留学人员，其子女在国外生活 5 年以上并在国内语言文字适应期（3 年）内参加本市初中升高中考试的，可以适当降低录取分数线；其子女在本市就读高中并获得高中毕业文凭的，可以根据有关规定报考本市高校。

第二十三条（资格评定、考试和登记）

持证人可以按照国家和本市有关规定，参加本市专业技术职务任职资格评定或者考试、职业（执业）资格考试、职业（执业）资格注册登记。

第二十四条（外汇兑换）

持证人依法纳税并取得税务部门出具的税务凭证及相关证明材料的，可以按照外汇管理有关规定，将其在本市期间的合法收入兑换成外汇，汇出境外。

第二十五条（驾驶证照办理）

持证人可以按照国家和本市有关规定，在本市申领或者换领机动车驾驶证、办理机动车注册登记手续。

第二十六条（参加评选表彰）

持证人可以按照规定参加本市有关评选表彰，并享受相应待遇。

第五章　附　则

第二十七条（过渡条款）

本办法实施后，原《上海市居住证》B 证在有效期内仍然有效，期满后可以按照本办法办理续签手续。

第二十八条（操作细则）

市人力资源社会保障局（市外国专家局）根据本办法，制定操作细则。

第二十九条（解释）

本办法由市人力资源社会保障局（市外国专家局）负责解释。

第三十条（施行日期）

本办法自 2013 年 7 月 1 日起施行，有效期至 2018 年 6 月 30 日。

华侨来闽定居办理工作暂行办法

（2013年9月2日福建省人民政府侨务办公室　福建省公安厅　福建省人民政府外事办公室闽侨侨政〔2013〕32号发布）

根据《中华人民共和国出境入境管理法》、《国务院侨办、公安部、外交部关于印发〈华侨回国定居办理工作规定〉的通知》，以及《国务院侨办关于贯彻执行〈华侨回国定居办理工作规定〉的通知》，结合我省实际，制定本办法。

一、华侨认定

本规定所称华侨是指定居国外的中国公民。定居是指中国公民已取得住在国长期或者永久居留权，并已在住在国连续居留两年，两年内累计居留不少于18个月。中国公民虽未取得住在国长期或者永久居留权，但已取得住在国连续5年以上（含5年）合法居留资格，5年内在住在国累计居留不少于30个月，视为华侨。

中国公民出国留学（包括公派和自费）在外学习期间和因公出国人员（包括劳务人员）在外工作期间，不被视为华侨。

二、申请条件

（一）华侨申请来闽定居的，应在申请之日起前一年内在国内连续住满60天或累计住满90天；

（二）有稳定生活保障和合法稳定住所。

三、申请和受理

华侨来闽定居应当由华侨本人提出申请，确属客观原因可委托亲属提出申请，同时提交受托人身份证明、经公证的亲属关系证明和委托书。

华侨来闽定居，由拟定居地的设区市政府侨务办公室负责受理和审批。设区市政府侨务办公室也可请县级政府侨务办公室负责受理和初审。

四、提交材料

（一）填写完整的《华侨来闽定居申请表》；

（二）本人自愿放弃国外居留资格的声明书；

（三）二寸正面免冠彩色近照二张（规格为48mm×33mm）；

（四）交验有效的《中华人民共和国护照》或其他有效中国旅行证件，并提供复印件；

（五）交验国外长期或永久居留证件，或者虽未取得国外长期或者永久居留权，但已取得住在国连续5年以上（含5年）合法居留的证件，并提供复印件。以上居留证件均需驻外使领馆认证，确因客观原因无法提供的，侨务部门可以要求以其他材料或国内公证机构出具的公证代替；

（六）原户籍地派出所出具的户口注销证明；

（七）拟定居地在农村的，提交村委会出具的同意接收为村民的意见；

（八）交验拟定居地本人或直系亲属的合法稳定住所证明和复印件，以及能够保障自己稳定生活的证明；

（九）申请回国定居之日前一年内在国内连续住满 60 天或累计住满 90 天的出入境记录信息以及受理、审批部门需要提供的其他材料。

五、办理流程

（一）审核

设区市政府侨务办公室受理华侨来闽定居申请后，应认真审查申请材料的完备性及签证情况，查看申请人持有证件是否有签发机关印章及边检验讫章；查看申请人提供的出入境记录是否准确；留存复印件的，由工作人员核对原件确认无误后签章，原件退回。设区市政府侨务办公室受理后应在 10 个工作日内函送设区市公安机关核查。

设区市公安机关应当在收到设区市政府侨务办公室的核查函后，审核出入境记录是否真实，查询确定申请人身份；查询申请人是否已具有国内有效的常住户口登记；审核是否符合当地落户条件。公安机关应在 10 个工作日内提出核查意见并复设区市政府侨务办公室。

（二）审批

设区市政府侨务办公室收到设区市公安机关核查意见后，对符合条件的，应当在 10 个工作日内进行审批。批准华侨定居的，应当签发《华侨来闽定居证》；不予受理或批准的，应当出具《不受理（批准）定居通知书》，除国家安全等特殊情况外，应书面说明理由。

六、落户手续

设区市政府侨务办公室完成审批后，应通知华侨本人或者受委托的国内亲属领取《华侨来闽定居证》。获准定居的华侨应当在《华侨来闽定居证》签发之日起 6 个月内，持原户籍地派出所出具的户口注销证明复印件和《华侨来闽定居证》，向拟定居地的公安机关办理落户手续，公安机关应在 7 个工作日内办结落户手续。未在规定时限内向公安机关提出办理落户申请，按自动放弃处理。今后如需办理定居的，按照前述规定可重新申请办理。

七、本暂行办法由省侨办、省公安厅、省外办负责解释

八、本暂行办法自印发之日起执行

福建省人民政府侨务办公室、福建省文化厅关于贯彻《国务院侨办、文化部关于加强侨乡地区和华侨农场文化建设工作的意见》的通知

各设区市侨办、文化局，平潭综合实验区管委会办公室、文化局：

今年7月，国务院侨办、文化部联合下发《关于加强侨乡地区和华侨农场文化建设工作的意见》（国侨发〔2013〕22号，以下简称《意见》）。《意见》阐述了加强侨乡地区和华侨农场文化建设的目的意义、提出总体要求、明确主要措施和组织保障。《意见》是侨务系统贯彻党的十七届六中全会的具体举措，是加强新时期侨乡地区和华侨农场文化建设的重要文件。为学习好、贯彻好、落实好《意见》，提出如下贯彻意见。

一、结合实际认真学习，提高对侨乡地区和华侨农场文化建设重要性的认识

《意见》对加强侨乡地区和华侨农场文化建设与做好侨务工作的关系进行全面阐述，找到了满足侨乡人民和归侨侨眷文化需求与改善民生的结合点和着力点，指明了侨乡地区和华侨农场文化建设工作的方向。《意见》对于侨乡地区和华侨农场进一步挖掘自身优势，围绕做大做强文化产业、做精做细文化活动，转变发展方式、有效服务民生具有重要意义。各级侨务、文化部门要充分认识《意见》的重要性，深刻认识加强侨乡地区和华侨农场文化建设的紧迫性，结合本地实际，认真抓好《意见》的学习贯彻。利用多种形式向党政领导及相关部门做好宣传倡导，团结和动员各方力量，把思想和行动统一到《意见》精神上来，统一到加强侨乡地区和华侨农场文化建设的总体部署上来，落实好侨乡地区和华侨农场文化建设的各项任务，为加快文化强省建设，推动福建文化大发展大繁荣发挥作用。

二、准确把握实质内容，扎实推进侨乡地区和华侨农场文化建设

各级侨务、文化部门要按照《中共福建省委关于贯彻落实党的十七届六中全会精神推动文化大发展大繁荣的实施意见》的要求，准确把握侨乡地区和华侨农场文化建设总体要求、主要举措，把侨乡地区和华侨农场文化建设工作融入文化强省建设大局，以更好满足侨乡地区和华侨农场的文化需求为根本出发点和落脚点，兼顾侨乡群众、归侨侨眷和海外侨胞的不同特点和需要，围绕侨乡地区和华侨农场公共文化设施建设、丰富归侨侨眷精神文化生活、弘扬侨乡优秀文化传统、培育壮大侨乡特色旅游文化产业、促进对外文化交流等工作任务，加强组织领导，建立健全工作协调机制，整合文化工作和侨务工作两方面的特点和优势，扎实推进侨乡地区和华侨农场文化建设。

三、找准定位盘活资源，打造侨乡地区和华侨农场文化活动品牌

我省拥有海外华侨华人1 200多万，遍布170多个国家和地区，闽籍港澳台同胞也有

120 多万人，归侨侨眷 600 多万人，妈祖文化、闽南文化、客家文化、船政文化等随着闽籍乡亲的足迹，播及世界各地，“爱国爱乡、海纳百川、乐善好施、敢拼会赢”的福建精神，为打造侨乡地区和华侨农场文化活动创造了独特的条件与优势。

各级侨务、文化部门要按照《意见》要求，以开展关爱工程、侨爱工程、创建社区侨务示范单位、创建和谐侨场、创建侨法宣传角等侨务工作为平台，认真分析侨乡地区和华侨农场文化建设方面的优势和不足，摸清侨乡地区和华侨农场文化的需求，发挥优势，整合资源，创作出品位高、影响力大、效果好的侨乡地区和华侨农场文化活动品牌，满足侨乡人民和归侨侨眷精神文化需求并从中受益。

各级侨务、文化部门要加强我省华侨文化工程建设，弘扬侨的历史、侨的精神与侨的文化。推动重点侨乡华侨博物馆、史迹馆、侨捐项目展示馆（厅、室）建设；加强对华侨历史文化的研究、保护和利用，编撰《福建华侨史》、《福建归侨故事》等；加强侨乡地区和华侨农场文化交流活动，举办归侨文化艺术节，组织侨批档案展，打造“侨心工程”；积极开展对外文化交流，进一步扩大《福建侨报》与海外华文媒体合作，组织南音、闽剧等福建乡土文化团体到海外开展交流，参与海外闽籍侨胞传统节日庆祝活动。开展海外华文媒体“跨越发展福建行”等大型采访活动，扩大福建在海外的影响力，采拍“天涯海角福建人”系列片，大力推介海外闽籍乡亲代表人物的事迹。

福建省人民政府侨务办公室

福建省文化厅

二〇一三年十月十五日

辽宁省委组织部　人力资源和社会保障厅等五部门关于为外籍高层次人才办理签证及居留手续有关事项的通知

（辽人社发〔2013〕42号）

各市委组织部、绥中县、昌图县委组织部，各市、绥中县、昌图县人力资源和社会保障（人事）局、外事办公室、公安局、外国专家局，各相关单位：

为落实中共中央组织部、人力资源和社会保障部等五部门《关于为外籍高层次人才来华提供签证及居留便利有关问题的通知》（人社部发〔2012〕57号）及《关于为外籍高层次人才办理签证及居留手续有关事项的通知》（人社厅函〔2013〕341号）精神，现就为来辽外籍高层次人才办理签证及居留手续的有关问题通知如下：

一、提供签证及居留便利的对象

凡纳入下列海外高层次人才引进计划的外籍来华高层次人才，可以为其提供签证及居留便利。其外籍配偶和未满18周岁外籍子女可在人才办理居停留手续后凭相关证明办理居停留手续。

（一）中央海外高层次人才引进计划（“千人计划”/“外专千人计划”）；

（二）“十百千高端人才引进工程”、“引进海外研发团队工作”等省级开展并报中共中央组织部、人力资源社会保障部或国家外国专家局备案同意的海外高层次人才引进计划；

（三）各市开展的规模较大、层次较高、具有较强影响力，报经省委组织部、省人力资源社会保障厅或省外国专家局审核、中共中央组织部、人力资源社会保障部或国家外国专家局审批同意的各类海外高层次人才引进计划。

有海外高层次留学人才引进计划（以下简称引才计划）的各市委组织部、市（县）人力资源社会保障（人事）局要对所开展的引才计划进行梳理，并将引才计划于1月31日前报省人力资源和社会保障厅审核，审核通过后报人力资源社会保障部审定备案。上报材料应包括：

1. 申报函和引才计划表；
2. 引才计划实施的文件和配套政策；
3. 引才计划实施情况。

有海外高层次专家引进计划（以下简称引智计划）的，由各市人力资源和社会保障局按国家外国专家局和省外国专家局有关规定执行。

二、提供签证及居留便利的措施

（一）需多次临时入、出境的，可办理5年多次有效，每次停留不超过180天的长期多次签证。

（二）需在中国工作的，可办理工作签证或 2 至 5 年有效的外国人居留证件。

（三）符合办理永久居留条件的，可申请办理永久居留手续。

（四）符合条件的，可办理《外国专家来华工作许可》和《外国专家证》。

三、签证及居留手续办理流程

列入本通知第一条的引才计划引进的高层次人才，按以下程序办理居停留手续：

（一）办理签证。用人单位填写登记表和名单，与相关材料一并报送省人力资源和社会保障厅或省外国专家局审核通过后，由省人力资源和社会保障厅或省外国专家局将名单函告省外事办公室，由省外事办公室将名单报外交部领事司。驻外使领馆凭外交部领事司通知为有关人员审发长期多次签证或工作签证。

（二）办理外国人居留许可。用人单位填写登记表和名单，连同相关证明材料一并报送，其中，高层次留学人才和家属报省人力资源社会保障厅核定后，由省人力资源社会保障厅送省公安厅审查；高层次外国专家和家属报省外国专家局核定后，由省外国专家局送省公安厅审查。省公安厅审查通过后，通知省人力资源社会保障厅或省外国专家局和各市公安局出入境管理机构，省人力资源社会保障厅或省外国专家局通知用人单位，用人单位告知申请人直接到所在市公安局出入境管理机构申请办理 2 至 5 年的外国人居留许可。

（三）办理永久居留证件。用人单位填写登记表和名单，与相关证明材料一并报送省人力资源社会保障厅。省人力资源社会保障厅每月汇总上报人力资源社会保障部，同时抄送省公安厅。在省人力资源社会保障厅凭人力资源社会保障部审批结果通知用人单位和省公安厅凭公安部下发名单通知各市出入境管理部门后，用人单位告知申请人到用人单位所在地市级公安出入境管理部门申请办理外国人永久居留手续。

上述办理永久居留证件的外籍高层次人才，本人仅需提供护照复印件，无需提供奖励证明、科研成果证明等证明材料和健康证明；列入本通知第一条第一、二款的高层次人才的外籍配偶仅需提供婚姻证明、健康证明、在国外无犯罪记录的本人书面声明及护照复印件，未满 18 周岁未婚外籍子女仅需提供亲属关系证明及护照复印件。列入本通知第一条第三款的高层次人才的外籍配偶仅需提供婚姻证明、健康证明、在国外无犯罪记录证明及护照复印件，未满 18 周岁未婚子女仅需提供亲属关系证明及护照复印件。

（四）符合条件的外籍高层次人才申请办理《外国专家来华工作许可》或《外国专家证》，由用人单位填报相关材料，中、省直有关单位向省外国专家局提交申请，其他单位按属地管理原则，向所在地市外国专家局提交申请，经审批同意后发放《外国专家来华工作许可》或《外国专家证》。

四、其他事项

（一）省人力资源和社会保障厅，省外国专家局定期将外籍高层次人才办理签证及居留手续人员名单通知各市（县）人力资源和社会保障（人事）局、外国专家局，便于各市（县）掌握情况，开展工作。

（二）未进入重点引才计划的高层次人才及其家属子女办理签证和居留手续，仍按《关于海外高层次留学人才回国工作绿色通道有关人出境及居留便利问题的通知》（人社部发〔2009〕113号）等有关规定执行。

（三）各市人力资源社会保障局要切实发挥引进留学人员和外国专家工作综合管理部门职能作用，积极拓展服务领域，提升服务质量，为留学人员和外国专家来辽工作特别是引进高层次海外人才提供个性化、一站式、全方位的服务，按时完成高层次人才引进计划申报备案及后续签证、居留手续办理工作。

（四）各市组织、人力资源社会保障、外事、公安、外专部门要充分认识为外籍高层次人才来辽工作提供签证及居留便利工作的重要意义，加强配合，完善服务，积极营造我省良好的引才、聚才、用才环境。

（五）各市工作中遇到具体问题，应随时向省相关部门沟通反馈。省相关部门具体联系人及联系方式如下（略）。

附件：1. 高层次留学人才名单（略）
2. 高层次留学留学人才登记表（略）
3. 高层次外国专家名单（略）
4. 高层次外国专家登记表（略）
5. 永久居留人才名单（略）
6. 永久居留人才登记表（略）

中共辽宁省委组织部
辽宁省人力资源和社会保障厅
辽宁省外事办公室
辽宁省公安厅
辽宁省外国专家局
二〇一三年十二月二十六日

关于印发《上海市华侨回国定居办理工作实施办法》的通知

各区（县）人民政府侨务办公室，各公安分局、崇明县公安局：

为贯彻落实《中华人民共和国出境入境管理法》和国务院侨办、公安部、外交部联合制定的《华侨回国定居办理工作规定》（国侨发〔2013〕18号），做好本市华侨回国定居办理工作，现将《上海市华侨回国定居办理工作实施办法》印发给你们，请认真执行。

上海市人民政府侨务办公室

上海市公安局

二〇一三年十二月三日

上海市华侨回国定居办理工作实施办法

第一条 为保障华侨的合法权益，规范本市华侨回国定居办理工作，根据《中华人民共和国出境入境管理法》和国务院侨办、公安部、外交部颁布的《华侨回国定居办理工作规定》，结合本市实际情况，制定本实施办法。

第二条 本实施办法适用范围：

（一）原从本市注销常住户口出国定居的华侨；

（二）出生在国外并且配偶或者父母具有本市常住户口的华侨。

华侨身份的认定按照国家有关规定执行。

第三条 上海市人民政府侨务办公室（以下简称审批部门）负责华侨回国定居的审批和管理，上海市华侨事务中心（以下简称受理部门）承担华侨回国定居申请的受理。

区（县）人民政府侨务办公室［以下简称区（县）侨务部门］负责对拟在本辖区定居的华侨回国定居申请进行复核，并征求同级公安户籍管理部门对华侨在拟定居地落户的意见；区（县）公安户籍管理部门负责对华侨在拟定居地落户条件进行审核并提出意见。

第四条 华侨申请回国定居应当同时符合下列条件：

（一）最后一次入境日期起至申请前已在国内连续居住满2个月或者申请前的一年内在国内累计居住满4个月；

（二）在本市有稳定生活保障和合法固定住所；

（三）经拟定居地公安户籍管理部门审核，符合本市户籍管理规定。

第五条 华侨回国定居的申请人应为华侨本人，华侨系未成年人的，由其法定监护人代为办理。华侨确因客观原因无法亲自办理的，可以委托亲属提出申请。亲属代为申请的，除了提交第六条规定的材料外，还应当提交受托人的身份证明、经公证的亲属关系证明和委托书。

第六条 申请人应当提供下列材料：

（一）华侨回国定居申请表；

（二）自愿放弃国外居留资格声明书；

（三）本市公安出入境管理部门出具的出入境记录查询结果；

（四）回国时所持的中国护照或其他入境证件；

（五）经我驻外使领馆认证或者公证的华侨在国外的居留证明或者其他可以证明其居留事实的相关材料；

（六）原本市常住户口注销证明；

华侨在国外出生的，应当提交经我驻外使领馆认证或者公证的本人国外的出生证明及父母双方的身份证明，华侨未满十六周岁的还需提供本市计生部门出具的证明；

（七）拟定居地的户口簿及与拟定居地常住户口居民的亲属关系证明；

（八）拟定居地的房产证明（房屋产权证、租赁公房凭证或农村宅基地使用证等）；

（九）拟定居地房产权利人同意接纳华侨落户的证明（房产权利人是华侨申请人本人的可以免交）；

（十）审批部门认为确有必要出具的其他证明。

申请材料须交验正本核对；如系外文的，还需提供由本市具有资质的翻译机构出具的中文翻译件原件。

第七条 受理部门在收到申请材料后，5个工作日内书面征询拟定居地区（县）侨务部门的意见；区（县）侨务部门收到申请材料后，5个工作日内书面征询拟定居地公安户籍管理部门的意见；拟定居地公安户籍管理部门收到区（县）侨务部门征询函后，20个工作日内提出落户审核意见，并以书面形式回复区（县）侨务部门；区（县）侨务部门收到拟定居地公安户籍管理部门的审核意见后，5个工作日内将本部门复核意见和公安户籍管理部门的审核意见一并提交受理部门。受理部门收到复核意见和有关材料后，2个工作日内报送审批部门。

第八条 审批部门在收到报送的复核意见后，认为有必要的，可以请市公安出入境管理部门协助核查申请人有关出入境记录信息和出入境证件签发信息及其他情况。市公安出入境管理部门收到审批部门核查函后协助核查，7个工作日内书面回复。对于符合申请条件的华侨回国定居申请，审批部门应予批准并于收到报送的复核意见后15个工作日内签发《华侨回国定居证》。

华侨回国定居申请存在下列情况的，审批部门不予批准并作出《不予批准决定书》：

（一）申请人提交的材料弄虚作假的；

（二）受理部门、审批部门要求申请人补正材料而申请人拒绝或者无法提供符合规定的证明材料的；

（三）拟定居地公安户籍管理部门认为不符合落户条件的；

（四）涉及国家安全等特殊情况的。

第九条 受理部门根据审批部门签发的《华侨回国定居证》或者作出的《不予批准决定书》，通知申请人领取。

华侨回国定居受理和审批的总时限为52个工作日，公安机关协助核查的时间及通知申请人补正材料的时间除外。

第十条 《华侨回国定居证》有效期为签发之日起6个月。华侨本人应当在受理部门通知取证时间的3个月内领取《华侨回国定居证》并且在《华侨回国定居证》有效期内到拟定居地公安派出所办理常住户口登记手续。拟定居地公安派出所依据《华侨回国定居证》为申请人办理常住户口登记手续。

第十一条 《华侨回国定居证》在有效期内损毁或者遗失的，申请人可以向受理部门提出换发、补发的书面申请。受理部门在收到申请5个工作日内，提交审批部门；审批部门在5个工作日内重新签发《华侨回国定居证》；受理部门根据审批部门重新签发的《华侨回国定居证》，通知申请人领取。

第十二条 华侨回国定居申请存在下列情况的，受理部门不予受理：

（一）申请人不具备华侨身份的；

（二）申请材料不齐全，并且没有在规定时间内补正的。

第十三条 申请人在提交申请材料后，申请条件发生变更或者受理部门、审批部门通知补正材料的，应当在规定时限内提交相关材料。

受理部门在申请人补正材料后5个工作日内提交有关部门重新审核。

申请条件变更属于以下情况的，申请人应当重新提出申请并提交全部申请材料：

（一）拟定居地房产权利情况发生变化的；

（二）拟定居地房产权利人的意见发生变化，房产权利人提交的书面意见证明法律效力强于原接纳华侨落户意见书的。

第十四条 《华侨回国定居证》失效的，公安派出所不予办理常住户口登记手续。以下情况，《华侨回国定居证》失效：

（一）申请人或者房产权利人在申请后至办理常住户口登记手续前主动处分房产权利，致使申请人不具备落户条件的；

（二）《华侨回国定居证》过期的。

第十五条 原具有本市常住户口，后迁入本市或者外地高校学生集体户口再出国定居的华侨，适用本实施办法。由外地迁入本市高校学生集体户口再出国定居的华侨不适用本实施办法；

原具有本市单位集体户口后出国定居的华侨，如原单位组织人事部门出具书面同意落户证明，可参照本实施办法执行。

旅居国外但不符合国家有关华侨身份认定条件的中国公民申请办理本市户口的，由公安部门按照有关规定办理。

第十六条 本实施办法由上海市人民政府侨务办公室会同上海市公安局负责解释。

第十七条 本实施办法自 2014 年 1 月 1 日起执行。

武汉市关于海外高层次人才及其配偶子女参加社会保险的实施意见

（2013年4月8日武汉市人力资源和社会保障局　武汉市财政局武人社发〔2013〕27号发布）

各区人力资源（社会保障）局、财政局，东湖新技术开发区、武汉经济技术开发区、东湖生态旅游风景区、武汉化工区管委会劳动人事部门，市直各委办局及大型企业、事业单位人力资源管理部门，各社会保险经办机构：

为了贯彻落实《武汉海外高层次人才社会保险工作暂行办法》（武人才〔2013〕1号），现就做好海外高层次人才及其配偶子女参加社会保险的各项管理服务工作提出如下实施意见：

一、实施范围及对象

（一）在我市工作、创业的中央“千人计划”、国家“高层次人才特支计划”、省“百人计划”、市“黄鹤英才计划”（含“3551光谷人才计划”、武汉经济技术开发区“高端人才聚集工程”）等中央、省市级重大人才工程入选的海外高层次人才。

（二）经认定批准的急需紧缺海外高层次人才。

（三）海外高层次人才的配偶及其子女。

对于符合上述实施范围及对象的人员，由市人力资源和社会保障局统一办理参加社会保险资格认定手续。

海外高层次人才社会保险实行年审制度，对不再符合上述条件的海外高层次人才及其配偶子女，其按本意见享受的有关社会保险优惠政策即行终止。

二、参保登记及缴费

（一）凡与用人单位建立劳动合同关系的高层次人才及其配偶子女，应随所在用人单位参加城镇企业职工基本养老保险、职工基本医疗保险、失业保险、工伤保险、生育保险等各项社会保险，并由用人单位和本人按规定缴纳社会保险费用。

（二）凡自主创业的海外高层次人才，原则上随所创办的企业法人单位参加城镇企业职工基本养老保险、职工基本医疗保险、失业保险、工伤保险、生育保险等各项社会保险；也可以在个人创业初期，经社保经办机构审核同意，在规定的期限内，参照灵活就业人员办法，参加基本养老保险和职工基本医疗保险。

（三）海外高层次人才的配偶子女从事灵活就业的，可以按照灵活就业人员办法参加职工基本养老保险和基本医疗保险；海外高层次人才的未成年子女和未就业的配偶及成年子女可以按规定参加城镇居民基本医疗保险。

（四）海外高层次人才及其配偶子女在参加我市城镇企业职工基本养老保险时，可依据自愿原则，一次性补缴1996年1月1日至归国来汉前的基本养老保险费，补缴基数按照参保补缴时上一年我市在岗职工平均工资的60%至300%范围内申报核定，补缴比例统一为28%。在按照上述政策规定补缴了以前年度基本养老保险费以后，海外高层次人才原在国内机关、事业、企业单位工作且符合国家政策规定的连续工龄可以计算为视同缴费年限，并与归国后参保的实际缴费年限连续计算。

（五）海外高层次人才及其配偶子女参保后，在达到退休年龄时，其基本养老保险缴费年限累计不满15年的，可以由本人选择采取适当延长缴费年限（延长缴费时间不得超过5年）或一次性补齐不足15年缴费年限的办法，使其达到国家规定的最低缴费年限15年的领取条件。具体按照本市统一的政策规定执行。

（六）海外高层次人才的配偶，参保时男性年龄已满60周岁、女性年龄已满55周岁，且未享受基本养老保险待遇的，可采取“一次性缴费15年”的办法，参加我市城镇企业职工基本养老保险，缴费基数按参保时上年度全市在岗职工月平均工资的100%确定，缴费比例按照灵活就业人员缴费比例即20%执行。在一次性缴费后，可按规定核定、计发和领取基本养老金。

三、待遇核定及结算

（一）海外高层次人才及其配偶子女，按规定参加城镇企业职工基本养老保险，达到国家规定退休年龄，缴费年限累计满15年以上的，可按规定享受基本养老金待遇，并统一执行企业退休人员基本养老金调整政策。

（二）海外高层次人才及其配偶子女，参加基本医疗保险、工伤保险和生育保险的，按照本市规定享受相应的待遇。海外高层次人才在享受职工基本医疗保险和大额医疗保险待遇的基础上，再比照我市有关保健医疗待遇享受补充医疗保险待遇。

（三）海外高层次人才在定点医疗机构普通门诊就医，其合规医疗费用先由个人账户支付（个人账户不足支付时，由个人用现金支付。现金支付时也需要刷社会保障卡，便于计算机系统记录消费信息）。年度累计合规普通门诊医疗费的95%超过本人个人账户年度配置额的部分，由补充医疗保险按年支付给个人。市医保中心在每年3月底前将上年度的普通门诊补充医疗保险支付款拨付到个人社会保障卡金融账户内。补充医疗保险支付普通门诊医疗费的计算公式为：

普通门诊补充支付金额＝年度累计的合规普通门诊医疗费用×95%－本人个人账户年度配置额

（四）海外高层次人才在定点医疗机构门诊治疗重症疾病（慢性疾病，下同）和住院发生的医疗费用，暂实行“二次结算”，待条件具备后，过渡到实时直接结算。

在医疗保险结算系统升级完善前，属职工基本医疗保险和大额医疗保险支付的门诊治疗重症疾病和住院医疗费用，由定点医疗机构记账并与市医保中心结算，属补充医疗保险和个人支付的医疗费用，先由个人与定点医疗机构结算。个人垫付的补充医疗保险费用再按月结算，由市医保中心在每月初将上月的补充医疗保险支付款拨付到个人社会保障卡金融账户内。

在医疗保险结算系统升级完善后，海外高层次人才在定点医疗机构门诊治疗重症疾病和住院，只需与定点医疗机构结算应由个人支付的医疗费用，余下应由职工基本医疗保险和补充医疗保险支付的医疗费用，由定点医疗机构记账并与市医保中心结算。由补充医疗保险支付的门诊治疗重症疾病和住院医疗费用的计算公式为：

门诊治疗重症疾病和住院补充支付金额＝门诊治疗重症疾病和住院的合规医疗费用×95%－由职工基本医疗保险基金和大额医疗保险基金支付的费用

（五）海外高层次人才在定点零售药店购药，其合规费用由个人账户支付，个人账户不足支付时，由个人用现金支付。上述购药费用不纳入补充医疗保险支付范围。

（六）海外高层次人才常驻外地、因公出差、探亲或在法定假期期间在市外医疗机构就医发生的医疗费用，因紧急抢救在非定点医疗机构发生的医疗费用，以及因社保卡遗失、损坏等原因未持卡在定点医疗机构发生的医疗费用，均先由个人垫付。治疗终结后，携带身份证（居住证）、社会保障卡、住院费用汇总清单、发票、住院病历资料复印件等相关资料到市医保中心办理医疗费审核报销手续。

（七）海外高层次人才及其配偶子女参加生育保险，从参保次月起即可享受生育保险待遇。已参加生育保险的海外高层次人才，其未就业配偶和子女，可享受生育医疗费用待遇；生育医疗费用先由个人现金垫付，然后由市医保中心按规定办理费用审核结算。

四、资金使用及管理

（一）设立海外高层次人才社会保险专项补助资金，主要用于海外高层次人才补充医疗保险。每年由市人社局会同市财政局根据海外高层次人才参保及结算情况进行测算，列入年度财政预算。

（二）海外高层次人才补充医疗保险费单独建账，专款专用，与基本医疗保险基金分开核算。海外高层次人才补充医疗保险费实行储备金制度。由市财政局预拨补充医疗保险费至医疗保险基金专户，市医保中心按照核定的应付账申请拨付款项，并定期向市财政局核销预拨的补充医疗保险费。补充医疗保险费储备不足时，市医保中心应及时向市财政局申请补足储备金，保证补充医疗保险费及时、足额发放。年度末，与市财政局核对本年度补充医疗保险费拨付使用情况。

五、职责分工及经办

（一）用人单位负责提供海外高层次人才及其配偶子女的身份认定证明及相关参保手续。

（二）市人力资源和社会保障局认定海外高层次人才及其配偶子女的身份和视同缴费年限，相关社保经办机构完成身份信息的登记、参保手续和待遇给付工作。

（三）各社保经办机构负责辖区单位海外高层次人才及其配偶子女的社会保险服务工作。根据工作需要，每个经办机构应安排1—2名业务熟悉的人员作为服务专员，为海外高层次人才提供优质高效的社会保险服务。

六、其他事项

本意见实施中的具体问题由市人力资源和社会保障局负责解释。

附件：1. 武汉海外高层次人才及其配偶子女参加社会保险资格认定办法（略）

2. 武汉海外高层次人才及其配偶子女参加社会保险资格认定表（略）

南京市实施《江苏省海外高层次人才居住证》制度操作细则

（2013 年 4 月 11 日南京市人力资源和社会保障局办公室宁人社〔2013〕108 号发布）

为贯彻落实省政府《江苏省海外高层次人才居住证制度暂行办法》（苏政发〔2011〕87 号）、省人社厅《江苏省海外高层次人才居住证制度暂行办法实施细则》（苏人社发〔2011〕418 号）和《关于深入实施海外高层次人才居住证制度的通知》（苏人社发〔2012〕87 号）等文件要求，进一步做好海外人才服务工作，结合本市实际，制定本细则。

一、适用对象和范围

在我市行政区域内创业或工作，且持有《江苏省海外高层次人才居住证》（以下简称“省居住证”）的海外高层次人才，可按本细则规定，办理政策兑现手续，享受有关权益。持有省居住证的海外高层次人才的配偶和子女，在本市实际工作和居住的，可在领取省居住证副证后，享受本细则规定的有关权益。

二、证件申领说明

1. 符合申领省居住证条件的海外高层次人才（简称“申请人”），可登录“南京国际人才智力网（http：//www. naiep. org）”，在“在线业务受理”栏目点击“江苏省海外高层次人才居住证申办及服务”提出办证申请。在线填写信息，同时准备有关文本材料。

2. 省人社厅在线对申请人信息审核通过后，申请人依据系统提示，至市人社局提交文本材料和彩色电子扫描件，报省人社厅在线审核材料。

3. 材料通过审核的申请人，依据系统提示，至市人社局领取省居住证。

三、服务窗口设立和要求

按照统一受理、分项办理的要求，市人社局会同市相关部门、各区（园区）分别设立省居住证服务窗口，建立首问负责制、一站式服务制和限期办结制等工作制度。共同做好服务工作。其中：

1. 市人社局负责建立我市省居住证在线服务系统。在南京人才大厦一楼服务大厅设立市级省居住证服务窗口。受理省居住证申请、发证和政策兑现工单的派发等工作。

2. 市相关部门处室或服务窗口承担涉及本系统、本单位业务的政策兑现工作。

3. 各区人社局和各园区负责海外人才引进工作的部门，负责设立服务窗口。承担本地区、本单位有关省居住证的宣传、咨询和信息管理工作。服务窗口可单独设立，也可与“321 引进计划”、“千人计划”特聘专家服务窗口合署办公。

四、政策兑现范围和说明

省居住证持有人（以下简称“持证人”）可享有十九项政策优惠待遇。根据省市行政权限的规定，其中：

1. 省属以及省代管的事业单位编制和岗位、购付外汇、优先支持项目申报、物品进境、补充医疗保险、高考“优录”、登记住宿等政策兑现由省相关部门按规定执行。

2. 南京市事业单位聘用、所创企业研发费用税前加计扣除、个人所得税奖励、特约门诊服务等政策，由我市相关部门负责做好政策兑现工作。

3. 就业许可、创办企业、免试外语、计算机、居留服务、购房、社会保险、住房公积金、子女就读、境外驾照换领等九个方面，在我市的省居住证持有人享有“南京蓝卡”同等待遇。

五、政策兑现需求提交流程及说明

（一）持证人需办理兑现有关政策时，应登录“南京国际人才智力网（http：//www. naiep. org）”，在“在线业务受理”栏目点击“江苏省海外高层次人才居住证申办及服务”提出兑现申请，依据系统提示，在线填写有关信息。

（二）通过审核的持证人，可依据需要，选择政策兑现相关服务项目。经市人社局复核通过后，生成“《江苏省海外高层次人才居住证》政策兑现服务需求工单”（以下简称“需求工单”）。市相关职能部门依据省居住证和“需求工单”，受理持证人的相关政策兑现申请。市各相关职能部门的办理情况应通过《江苏省海外高层次人才居住证》服务在线系统及时反馈。

市各相关职能部门自受理持证人服务需求之日起，应在相关业务规定时间内办结。确因故不能正常办理的，应及时告知原因。属定期受理或确有其他前置审核条件限制的，按照有关受理规定，给予优先办理。

六、政策兑现工作流程及说明

（一）就业许可。市人社局受理。具有外国国籍或取得国外永久（长期）居留权的持证人，在我市不再重复办理其他就业许可。

（二）南京市事业单位聘用。市人社局受理。具有中国国籍的持证人受聘到事业单位工作，人社部门可按有关规定办理调配和进人计划手续；机构编制部门可采取“控制总量、盘活存量、优化结构”等多种办法，为事业单位聘用海外高层次人才提供编制保障；符合条件的受聘人，可在岗位职数内直接聘任相应专业技术职务，单位如无空缺岗位，人社部门可增加岗位或设置特设岗位。受聘者可按规定享受相应的工资待遇。

（三）创办企业。市工商局受理。持证人依法办理工商营业执照。其中，外国国籍、永久（长期）在国外定居或港澳台地区的持证人申办外资企业的，可不再需要提供其身份证明并免于公证或认证。永久（长期）在国外定居的持证人，也可选择申办内资企业的工商登记。

（四）所创企业研发费用税前加计扣除。市科委受理。市科委审核企业所提交项目的研究开发费用情况，出具确认意见。企业将确认意见送交主管税务局办理项目登记和备案手续。

（五）免试外语、计算机。市人社局受理。持证人在报名参加本市市级专业技术职务的任职资格评定考试、执业（职业）资格考试和执业登记的，免试外语和计算机。

（六）个人所得税奖励。市人社局会同市财政局、市工商局、市地税局共同受理。按照《南京市关于落实〈江苏省海外高层次人才居住证〉个人所得税奖励政策实施细则》（宁人社〔2012〕280号）所规定的流程办理。

（七）居留服务。市公安局受理。持证人需办理居留签注或者居留许可的，可享受绿色服务通道窗口，优先审核。在本市永久居留的，可由市公安局报请国家公安部审批，办理《外国人永久居留证》。

（八）购买首套自住普通住房享受契税优惠税率。市住建委受理。经市住建委审核，持证人所购房为本人首套自住普通住房的，为其出具《新购住房证明》和《唯一住房证明》，持证人可享受现行契税优惠税率。

（九）社会保险。持证人由其所在单位办理社会保险参保缴费相关手续。在缴费标准、转移办法和享受待遇等方面，享有与本市市民相同的权益。可享受生育保险报销和城镇居民医保缴纳的绿色通道服务。市人社局负责持证人办理社会保险工作的整体协调和监督推进。

（十）住房公积金。符合住房公积金管理规定的持证人可以在本市缴存和使用住房公积金。持证人所在单位到相应住房公积金业务承办银行网点，凭南京市城镇社会保险参保人员花名册、省居住证、身份证（护照），为持证人办理住房公积金账户设立手续。持证人终止劳动关系离开本市时，可以按规定办理住房公积金的提取或转移手续。

（十一）特约门诊服务。市卫生局受理。持证人所在单位在市卫生局网站（http：//www. njh. gov. cn）“机构职能—保健处”栏目中的表格下载区，下载并填写《特约优诊证申请登记表》，加盖公章后统一交至市卫生局干部保健处办理《优诊证》。持证人凭《优诊证》享受特约门诊服务，医疗费用由持证人自行负担。

（十二）子女就读。市、区教育局受理。属学前教育或义务教育的，由持证人居住地所在的区教育局按学区就近安排公办学校（幼儿园）入学（入托）。接受高中教育的，按本人意愿经由学校测试后，在同等条件下优先入学，由学校向市教育局申请注册学籍。市教育局负责持证人子女就读工作的整体协调和监督推进。

（十三）境外驾照换领。市公安局车管所受理。车管所开通绿色服务通道窗口，手续齐全者经考试合格，办理驾照换领手续。

七、组织实施

在省人社厅的领导和具体指导下，市人社局负责省居住证制度在我市的组织实施工作。会同市编办、市住建委、市科委、市教育局、市公安局、市财政局、市工商局、市卫生局、南京地税局、南京国税局、市住房公积金管理中心等部门，以及区人社局、园区负责海外人才引进工作的部门，建立联席工作制度，定期就实施情况进行汇总和协调，解决实施过程中的问题。

八、附则

（一）本细则由市人社局会同相关部门负责解释。

（二）本细则自发布之日起施行。

福州市人民政府外事侨务办公室
关于做好华侨农场保障性安居工程工作的通知

（榕政外侨〔2013〕32 号）

江镜、东阁华侨农场：

为贯彻落实省发改委、省侨办、省住建厅《关于做好华侨农场危房改造工作的通知》（闽发改农业〔2013〕1172 号）和市保障性安居工程协调小组办公室《关于2013 年1—3月份全市保障性安居工程项目建设及分配情况的通报》（榕安居办〔2013〕26 号）文件精神，对各责任单位提出如下具体要求：

一要加强领导提供保障。各责任单位尽快成立保障性安居工程领导小组，按照主要领导亲自抓，分管领导具体抓，相关部门抓落实的总体思路，进行责任分工，落实到人、到位，加大工作力度，为实施保障性安居工程提供组织保障。

二要加快建设进度。各责任单位要认真对照与我办签订的“2013 年住房保障工作责任书”要求，抓紧落实年度建设任务，尽快将项目落到具体地块抓紧开展立项选址、征收补偿、勘察设计、施工手续办理等前期工作，并制定倒计时工作方案，明确时间节点，以确保我市保障性安居工程项目在今年 6 月底前完成项目前期工作，9 月底前全部开工建设，保证任务提前超额完成。

三要加大要素保障。在土地供应方面，坚持在编制年度土地供应计划时，要优先保证保障性住房建设用地；在资金方面，要借助国家各项优惠政策，引入市场机制，拓宽融资渠道，足额安排资金，合理调度，切实把保障性安居工程建设资金纳入年度预算，确保项目建设顺利进行。同时要强化各项资金专项专用、专项管理、分账核算。

四要加强分配管理。要把加快建设进度，完善配套设施放在重要位置，着力抓配套、抓竣工，配套设施要与保障性安居工程同步规划，同期建设，同时交付使用。要抓紧启动新一轮的申请受理工作，加强分配管理，加大分配与退出的信息公开力度，促进公正分配。

五要强化安全工作。要把保障性安居工程项目作为质量安全管理的重点，严格基建建设程序，加强项目监管，严格规划设计审批、施工图审查、竣工验收等环节，进一步健全保障性安居工程质量安全监管体系。

六要做好报表统计及信息公开、建档管理工作。各责任单位要按照危房改造的总体要求，将相关文件、各种申请表、合同书、补助金发放表、工程验收表等原始材料装订成册，建立专门的文字和图片档案库。要切实及时准确地认真填写报送各类统计报表，务必于每月 18 日前将项目建设情况（具体见附件）和工地每月进度的照片信息情况上传我办经科处（先将电子文档传到经科处电子邮箱 fzwqbjkc@ 163. com）。以便汇总上报。

专此通知。

附件：福州市保障性安居工程建设项目进展情况表（略）

福州市人民政府外事侨务办公室

二〇一三年四月十八日

海口市关于加快引进海外高层次人才的意见

（2013年6月18日海口市委办公室发布）

为加快推进人才强市战略，大力引进海外高层次人才来海口创新创业，更好地为海口建设“四宜三养”最精最美省会城市和海南“首善之城”提供人才智力支撑，根据《中央人才工作协调小组关于实施海外高层次人才引进计划的意见》（中办发〔2008〕25号），结合我市实际，就加快引进海外高层次人才工作提出如下意见。

一、指导思想、基本原则和总体目标

（一）指导思想

认真贯彻落实党的十八大和省、市党代会精神，紧紧围绕我市优先发展的重点产业和重大项目，从海外引进一批急需紧缺的高层次人才，充分发挥他们在促进经济转型升级、加快发展方式转变中的引领和支撑作用，为推动海口科学发展、实现绿色崛起提供坚强有力的人才保证和智力支撑。

（二）基本原则

一是按需引进。围绕推动海口支柱产业和战略性新兴产业领域的人才队伍结构优化和自主创新能力提升，重点引进急需紧缺的高层次创新创业人才和团队。

二是引以致用。把充分发挥海外高层次人才作用作为出发点和落脚点，创新体制机制，搭建事业平台，营造良好环境，吸引和留住国际化高端人才。

三是特事特办。对于特需、关键的高端人才，采取畅通的引才渠道和特殊政策措施，成熟一个，引进一个。

四是统筹实施。成立市海外高层次人才工作小组，负责海外引才的组织领导和统筹协调，在市外事侨务办设立市海外高层次人才工作小组办公室（以下简称“海高办”），负责人才引进工作的具体实施。

（三）总体目标

从2013年开始，用5~10年时间，围绕我市第十二次党代会和“十二五”发展规划确定的经济、文化、科技、旅游、现代服务业、热带高效农业、海洋经济等重点领域，汽车、机电、食品饮料等支柱产业和新能源、新材料、生物医药、新一代信息技术、高端装备制造、节能环保等战略性新兴高新技术产业发展的需要，依托我市“两区一城八园”（海口国家高新技术开发区、海口综合保税区、美安科技新城、保税区园区、马村港物流园区、临空经济园区、药谷工业园区、海马汽车工业园区、狮子岭工业园区、云龙产业园区、文化创意产业园区）的重点产业发展规划布局，重点引进产业领域和关键性技术方面实现突破的实用型人才；重点引进具有领军作用的学科带头人和项目负责人；重点引进掌握自主知识产权、有望形成新的经济增长点的创新创业人才和团队；重点引进具有金融管理和资本运作经验的高层次管理人才；重点引进具有社科理论、文化传媒、文化创意、文化经营管理和应用技术等方面的紧缺人才。

二、引进对象

本意见所称的海外高层次人才是在海外学习并取得硕士及以上学位，学成后在海外创业或工作 2 年以上，并符合以下条件之一的人才或团队：

1. 在国（境）外著名高校、科研院所任相当于副教授以上职务，在国际著名的学术刊物发表过有影响的学术论文；获得有国际影响的学术奖励，成果处于本行业或本领域学术前沿，为业内普遍认可的专家学者。

2. 在国际知名跨国企业和专业机构的关键岗位上从事研发或管理工作，担任高级职务的专业技术人员或中层以上管理职务，精通专业领域，熟悉国际规则，善于经营管理的专家。

3. 具有海外自主创业经验，熟悉相关产业领域国际规则，在专业领域拥有自主知识产权，掌握核心技术，其技术成果领先、能够填补国内空白，并具备良好市场潜力和产业化条件的创业团队或个人。

4. 我市支柱产业和战略性新兴产业急需紧缺的其他海外高层次人才。

三、引进方式

（一）刚性引进（全职服务）：主要是指引进后在我市行政机关担任政府雇员，或在企事业单位工作，并签订 3 年以上合同，每年在本地工作时间不少于 6 个月。

（二）柔性引进（非全职服务）：主要是指用人单位通过项目引才方式引进，参与我市经济社会发展中的重大项目、科技攻关和招商引资、引才引智等方面的决策咨询、技术指导等。柔性引进海外高层次人才，在本地工作时间和工作方式可根据实际灵活设置。

（三）自主创业（含产学研）：主要指带技术、带资金、带项目，创办具有自主知识产权、技术领先、成果产业化前景广阔的高新技术企业；利用先进科学技术、设备和资金等条件，与高等院校、科研院所、各类企业等开展合作研究，建立研发基地或设立博士后工作站。

四、引进途径

（一）举办专场招才活动。每年定期收集海外人才项目需求信息，编制并发布海外人才项目需求目录。有计划、有目的地组团赴海外开展引才推介或招才引智活动，或组团参加在国内举办的国际人才交流会议等。

（二）依托中介组织引才。发挥海外华侨华人、社团、驻外使领馆和留学人员组织等作用，在高层次人才集聚的国家和地区，设立海口招才引智海外联络站，聘请海外招才引智联络员，宣传海口相关政策措施，招聘急需紧缺的海外人才。不定期组织海外高层次人才及团队来我市考察，开展人才交流活动。

（三）加强“项目引才”。围绕我市重点发展领域和重点科研项目，通过短期培训、项目咨询、技术攻关、合作研发等形式，加强与海外高等院校、培训机构和科研院所的合作。

（四）实行“以才引才”。充分发挥海口市海外智囊团成员、国内外知名专家和已引进的海外人才的重要作用，通过师生、同窗同事、合作伙伴等关系，多渠道、多形式引进更多优秀海外人才。

五、政策措施

（一）优先支持。我市行政机关、企事业单位对符合条件的海外高层次人才，可采取录（聘）用优先考虑、职级优先晋升等措施引进；引进后在本市工作 3 年以上的，享受住房政策优先安排；优先推荐申报各级科技计划、科技成果研发、转化项目和各类人才支持项目；自主创业的企业产品、服务符合要求的，优先纳入政府采购目录。

（二）科技扶持。凡符合国家、省、市鼓励和扶持相关产业发展政策规定的，市政府牵头协调相关职能部门，依据“一企一策”原则全程跟踪扶持资金的落实。相关政策详见附件《国家、省、市相关产业发展政策文件目录（选编）》。

（三）配套支持。凡获得国家或省级各类人才项目资金扶持的，市人才资源开发专项资金按不少于 50% 的比例、最高不超过 100 万元进行配套支持。

（四）专家资助。以项目引才方式柔性引进的海外专家，专家资助费比照国家外专局关于引进人才专家经费管理的规定，最高资助标准不得超过每人次 4.5 万元，支付范围包括：国际旅费、专家零用费、专家生活费、城市间交通费和其他费用。

（五）安家补助。与用人单位签订全职服务 3 年以上合同的海外高层次人才，可享受安家补助，分 3 年支付，第一年按 40% 支付，第二、三年各支付 30%。补助标准为：海外知名专家、学者教授补助 30～50 万元；取得博士学位（高级职称）的补助 20 万元；取得硕士学位（中级职称）的补助 10 万元。引进的海外高层次人才经评审认定后，在市行政机关、国有企事业单位的，安家补助由市人才资源开发专项资金按年度划拨给单位进行支付；在民营企业工作的，安家补助由市人才资源开发专项资金和引进企业按照同等比例共同承担，市人才资源开发专项资金承担部分按年度划拨的方式进行支付。

（六）岗位津贴。对引进的全职服务的高层次专业技术人才由用人单位根据具体情况按 1 000～5 000 元/月的标准发给岗位津贴，发放岗位津贴时间为 3 年，不重复享受。

（七）荣誉称号。对引进的海外高层次人才授予市委、市政府“特聘专家”称号。对作出突出贡献的外籍高层次人才，符合相应条件的，可授予“海口市荣誉市民”称号，也可推荐上报省政府授予“椰岛纪念奖”或“椰岛友谊奖”。

（八）奖励机制。对引进海外高层次人才及其团队发挥重要作用的单位或个人，经履行相关审批程序后，由市人才资源开发专项资金给予 5～20 万元的奖励。

（九）服务保障。提供口岸出入境、申办《外国专家证》、签证、居留证件等方面的便利；提供知识产权政策咨询服务和融资便利、金融个性化服务；享受工商、税务相关优惠政策；协调解决户籍、配偶随迁、子女入学、健康体检、职称评定等问题；用人单位按规定办理五项社会保险，适当考虑商业性补充保险。

关于进一步推进实施清远市华侨农场改革和发展工作方案的意见

（2013 年 7 月 16 日清远市人民政府办公室清府办〔2013〕70 号发布）

2008 年，根据国务院《关于推进华侨农场改革和发展的意见》（国发〔2007〕6 号）和《广东省推进华侨农场改革和发展实施方案》，我市制定了《清远市华侨农场改革和发展工作方案》。经过几年的实施，华侨农场改革和发展取得了很大的成效。最近，国务院侨办等十部委下发了《关于印发进一步推进华侨农场改革和发展工作意见的通知》（国侨发〔2012〕29 号），要求继续深入推进华侨农场体制改革，努力实现华侨农场科学发展，彻底解决华侨农场历史遗留问题，促进华侨农场经济社会更快发展。为贯彻国务院、省委、省政府关于华侨农场改革和发展的一系列方针、政策，彻底解决我市华侨农场的历史遗留问题，促进华侨农场又好又快发展，让广大侨民共享改革发展成果，按照市委、市政府提出“桥头堡”战略，结合当前的实际情况，现就完善和进一步推进实施《清远市华侨农场改革和发展工作方案》提出如下意见：

一、工作要点

（一）深入贯彻中央、省关于华侨农场（以下称作侨镇）改革发展政策，立足自身发展，继续深化改革。进一步细化省的“实施方案”，完善侨镇改革和发展措施，引导侨镇克服“等、靠、要”思想，抢抓先机，顺势突破，在中央和省市相关政策和资金扶持下，在深化侨镇改革中彻底解决历史遗留问题，促进侨镇经济社会上新台阶。

（二）突出重点，循序渐进，一场一策，加快发展。积极推进关系侨界民生的危房改造工程，加强社会保障体系建设，完善公共基础设施建设，以“工业化、城镇化、农业产业化”带动侨镇经济社会发展，利用侨镇的优势和特点，加快“三融入”步伐，健全侨镇改革和发展的长效机制。

（三）维护侨镇社会稳定，构建和谐社会。关心侨镇归难侨及侨眷的生产生活，切实提高和改善归难侨及侨眷的生活水平。正确处理和解决历史遗留问题，维护归难侨及侨眷的合法权益，以稳定促发展，以发展促提高，不断提升侨镇自主创新能力，确保侨镇经济社会稳定、和谐发展。

二、工作目标

（一）近期目标。按照省实施方案的部署，2013 年重点解决历史遗留问题，完成土地确权与登记发证工作；基本理顺管理体制，规范管理职能；基本解决历史遗留债务、职工医疗、社会保障等问题，使华侨农场基本融入当地，经济社会开始进入良性发展的轨道。

（二）中期目标。到 2014 年底，侨镇的体制、管理和经济发展全面融入当地社会。侨镇的经济结构得到优化，自我发展能力不断增强，住房难、饮水难、行路难、看病难、入学难等民生问题基本解决，经济社会加快发展，公共基础设施建设和公共服务进一步完善，归难侨、侨眷生产生活条件得到明显改善，年人均纯收入和社会保障达到当地市、区平均水平。

（三）远期目标。到2015年，各侨镇建立起统一的、较为完善的城乡经济社会管理体制和发展机制，彻底告别华侨农场的管理体制。侨镇向工业强镇、经济大镇、特色产业镇发展；社会保障体系更加完善，公共卫生医疗体系更加健全，经济结构明显优化，经济实力不断增强，三次产业协调发展，经济社会步入快速发展的轨道。

三、主要任务和工作计划

（一）继续完善体制融入地方机制，创新发展模式

1. 完善中长期改革和发展总体规划的编制。编制总体规划是侨镇所在的市、区政府贯彻落实本工作方案，根据各侨镇实际实施“一场一策”，推进侨镇改革和发展的重要工作。总体规划对象是改制后侨镇的行政区域和人口，重点是当地的归难侨。总体规划要明确提出实现“三融入”的主要目标、主要任务、工作步骤及保障措施，重点是规划与归难侨及职工切身利益密切相关、涉及全局、长远利益的安全饮水、水利设施、电网改造、路桥建设、医疗卫生、教育文化事业等公共基础设施建设和公共服务。同时要对扶持侨镇承接珠江三角洲地区产业转移、清远华侨工业园、优质茶叶基地、优质蔬果基地、蚕桑生产基地、“东南亚风情”等产业发展作出规划。总体规划由市发展改革局牵头组织编制，各侨镇所在的市、区政府配合，负责对所属侨镇的改革发展作出具体规划。

2. 继续深化行政管理体制改革。侨镇所在的市、区政府完成对侨镇的行政管理体制改革和建设任务，落实提升城侨镇居民最低生活保障水平，完善社会职能管理的措施。要加强领导，合理配置人员编制，在认真调查研究、反复论证、广泛征求干部群众意见的基础上，实行符合本地实际和有利于本地发展的行政管理模式。侨镇政府要切实转变政府职能，努力提高社会管理和公共服务水平，建立起行为规范、运转协调、公共透明、廉洁高效的侨镇管理体制和运行机制，营造良好社会环境，向服务型和法制型政府转变。此项工作由市民政局负责。

3. 理顺和完善财政管理体制，分离办社会职能。按照分税制财政管理体制的要求，侨镇所在的市、区政府要把侨镇纳入本级财政管理，合理划分财权和事权，对侨镇党、政机关及事业单位的财政供养范围和经费供给要与其他镇街同类机构一样。将侨镇承担的行政管理、教育、卫生、文化、政法等社会公共性事务经费开支纳入本级财政预算。要进一步完善和规范侨镇的财政转移支付制度。侨镇分离办社会职能后，对各侨镇所在的市、区财政增加支出部分，按省实施方案的具体补贴标准给予适当补贴。此项工作由侨镇所在的市、区政府负责推进，市财政局配合。

（二）加大管理融入社会的力度，妥善解决历史遗留问题

1. 推进华侨农场新增归难侨和非归难侨的危房改造。根据省的部署，2012年至2015年，对全市4个华侨农场7 185户危房（包括华侨农场新增归难侨和非归难侨的危房）实施改造，建成一批规划科学、布局合理、设施配套、居住安全、生活方便、环境优美的新城镇（区）、新农村安居房。要充分尊重华侨农场职工群众的意愿，结合华侨农场体制改革后的总体建设规划，按先急后缓、先易后难，逐村（队）逐户改造的原则，统一设计、配套建设，分类开展华侨农场危房改造。除国家、省补助的1.5万元/户外，按照市政府

《关于清远市农村低收入住房困难户住房改造建设的实施意见》（清府〔2011〕97号），侨镇所在的市、区政府以及各挂扶单位也可给予适当帮助。危房改造所涉及的各种规费，相关部门应给予减免。“三通一平”等公共基础设施建设资金，由侨镇自筹解决。此项工作由市外事侨务局牵头，市发展改革局、市住房城乡建设局、市财政局等部门配合。

2. 进一步加强道路交通基础设施建设。各侨镇所在的市、区政府要把侨镇的公路桥梁建设纳入本地区、本部门的中长期专项规划中统筹安排，同时列入省扶持欠发达地区发展政策的实施范围。国、省道通往侨镇的公路建设，请由省参照县道改造补助标准给予补助，各侨镇所在的市、区政府要筹集好配套资金；侨镇通往建制村的砂土路面硬底化资金，由各侨镇所在的市、区和镇分摊解决，请由省给予定额补助。此项工作由市交通运输局负责，指导、配合侨镇所在的市、区政府落实，2015年基本完成。

3. 进一步加强饮水及水利工程建设。各侨镇所在的市、区政府要根据省的规划与工作部署，把侨镇农田水利基本建设、防洪排涝设施、病险水库加固等专项建设纳入本地中长期专项规划统筹安排解决。侨镇饮水安全由省纳入年度专项资金安排解决。建设资金除省帮助支持外，各侨镇所在的市、区政府要保障配套资金及时到位。各侨镇安全饮水工程及其他水利工程计划在2013年前完成。此项工作由市水务局负责实施推进，市发展改革局配合。

4. 继续加强供电设施建设。供电部门和各侨镇所在的市、区政府应完善侨镇的供电设施建设规划，将侨镇电网纳入全省电网统筹建设项目中，加大电网建设投资力度，逐步优化输配电网络，提高供电可靠性，坚持执行国家制定的最新电价政策。此项工作由清远供电局负责推进实施，市发展改革局配合。

5. 继续加强基础教育设施建设。各侨镇所在的市、区政府要把侨镇基础教育设施建设纳入本地区农村义务教育学校学生生活设施改造工程以及本地区推进义务教育均衡发展规划，纳入当地中小学布局调整和中小学校舍安全工程及薄弱学校改造范围，并积极实施推进。对侨镇的职工子女纳入城乡免费教育规划统筹给予补助。此项工作由市教育局负责实施落实，市财政局配合。

6. 进一步加强医疗卫生设施建设。各侨镇所在的市、区政府要把侨镇医疗卫生设施建设纳入本地区中长期专项规划中统筹考虑，纳入省扶持欠发达地区发展政策当中，对侨镇的卫生院及村卫生站、街道社区卫生服务中心进行建设改造。此项工作由市卫生局负责衔接落实，市财政局配合。

7. 妥善解决侨镇职工养老保险和医疗保险问题。各侨镇政府要按照属地管理原则，结合当地实际，组织归难侨和职工参加城镇企业职工基本养老保险和统账结合的城镇职工基本医疗保险。将法定退休人员纳入城镇职工基本医疗保险，按解决社会养老保险的办法统筹解决资金问题，并将侨镇未参保的困难职工和侨眷纳入城镇居民医疗保险范围。妥善解决并场职工的养老保险和医疗保险问题。此项工作由市社保基金管理局牵头，市财政局配合，提出解决方案，英德市、清城区政府负责落实。

8. 妥善处理历史债务。按照“实事求是、落实责任，分类处置，以及有利于改革、稳定和发展”的原则，对侨镇拖欠职工、教师、医务人员及离退休人员的工资、医疗费等个人债务，由各侨镇所在的市、区政府制定具体办法清偿。在清欠时要列出职工名册、欠资数额和联系电话并进行公示，保证数据的真实性。对侨镇拖欠的工程款，拖欠干部职工的集资款、向其他单位或个人的借款，由侨镇自行解决。对侨镇拖欠省、市财政的周转金予以免除。对清远华侨农场并场村补偿欠债请省级财政给予补助。此项工作由市财政局牵头，市金融局配合，提出具体解决意见。

9. 妥善处理人事工资问题。对侨镇历史遗留的人事、工资方面的问题，各侨镇所在的市、区政府要从维护社会稳定的原则出发，妥善进行解决。此项工作由市人力资源社会保障局、市编办负责落实。

10. 做好特困侨镇整村推进工作。各侨镇所在的市、区政府要将特困侨镇纳入整村推进的扶持范围，制定具体的帮扶措施，编制发展规划，明确具体的治理项目和完成期限，做到逐村帮扶，逐村解决，完成一村，公布一村。此项工作由市扶贫办牵头，市直各相关部门配合，负责做好指导、协调、督促工作。

（三）加快经济融入市场进程，解决改革与发展中的问题

1. 完成土地确权登记发证工作。侨镇所在的市、区政府要按照“属地管理、分级调处，先易后难、先简后繁、尊重历史、承认现实、互利互让”的原则，对侨镇存在权属争议的土地进行调查处理，做到解决处理一宗，登记发证一宗。此项工作由市国土资源局牵头，市林业局配合，负责指导、协调、督促工作，争取 2013 年全面完成。

2. 进一步促进侨镇现代农业发展，落实支农惠农政策。在国家免征农业税的基础上，加大力度扶持侨镇农业产业化的发展。对符合条件的侨镇，要按照有关程序列入国家农业综合开发镇扶持范围，享受农田水利基本建设规划议案、扶持农业机械化发展议案、种粮补贴、农村机电排灌议案、农业龙头企业、土地整治开发、沼气建设以及现代化标准农业建设等专项扶持政策。凡符合扶持条件和范围的，应纳入省级财政专项资金的扶持对象。此项工作由市农业局牵头，市水务局、市财政局、市发展改革局和市扶贫办配合，2013 年内完成。

3. 推动二、三产业的发展，规范土地开发利用管理。大力推进侨镇工业化、城镇化和农业产业化进程，利用侨镇国有土地资源发展流通、房地产、旅游等产业，并将其纳入当地城镇建设的总体规划中统筹考虑，争取省在土地利用政策、信贷、税收方面给予优惠，落实省政府《关于进一步加快华侨农场改革发展的意见》（粤府〔2005〕104 号）精神。积极对接珠三角产业转移和国内外客商投资开发。通过盘活建设用地、政策扶持等措施促进侨镇二、三产业的发展。此项工作由各侨镇所在的市、区政府组织推进，市国土资源局配合，争取 2013 年内完成。

4. 妥善处理侨镇职工劳动关系，加强培训就业工作。按有关规定支付解除劳动关系职工的经济补偿金，及时办理养老、医疗等社会保险的接续手续。加强就业技能培训，落实政府的就业培训扶持政策，加强培训机构、就业机构建设，搭建就业服务平台。此项工作由市人力资源社会保障局牵头，市财政局配合。

四、主要工作措施

（一）加强领导，健全机构

根据人员变动的情况，市华侨农场改革和发展工作领导小组作如下调整，组长由曾贤林副市长担任，副组长由市发展改革局局长周岐贤同志担任，成员分别由英德市政府、清城区政府分管领导，市发展改革局、市外事侨务局、市编办、市财政局、市住房城乡建设

局、市人力资源社会保障局、市社保基金管理局、市国土资源局、市城乡规划局、市交通运输局、市卫生局、市教育局、市水务局、市农业局、市林业局、清远供电局、市扶贫办、市民政局、市金融局等部门负责同志组成，领导小组办公室设在市发展改革局。领导小组负责研究制定华侨场改革和发展的有关重大政策，统筹协调解决侨镇改革发展中的重大问题。

（二）明确分工，履行职责

侨镇改革和发展目前正处在全面实施阶段，侨镇所在的市、区政府和市直各相关部门要树立“一盘棋”思想，明确自身在侨镇改革和发展工作中的责任和任务，切实履行职责，相互配合，加强服务、把握时限，把侨镇改革和发展的各项工作做实做好。要按照各自责任分工，加强与省有关部门的衔接。基础产业和公共服务部门在制订发展规划、安排建设项目和资金投入等方面要向侨镇倾斜。

（三）筹措资金，加强管理

积极挖掘资金筹措渠道，采取有效措施，努力落实侨镇改革和发展配套资金。在积极争取国家和省资金支持的同时，市和各侨镇所在的市、区政府两级财政要进一步确定资金筹措、来源和拨付计划，合理分担，要按照“工业反哺农业，城市支持农村”的方针，建立起长期的政府对侨镇投入机制；要发挥侨镇社区集体组织和侨民的作用，充分调动他们的积极性，动员社会资源和海外投资参与侨镇建设和发展；要加快侨镇农村金融改革，强化信贷资金的投入力度。侨镇政府要管好用好资金，确保各级政府安排的资金及时足额到位，专款专用，要结合本地资源优势、自然条件、劳动力资源及资金状况等充分发挥比较优势，扬长避短，趋利避害，走特色发展之路。

（四）创新思维，维护稳定

要进一步提高对华侨农场改革和发展重要意义的认识，认真贯彻落实国务院《关于推进华侨农场改革和发展的意见》（国发〔2007〕6号文）和国务院侨办等十部委《关于印发进一步推进华侨农场改革和发展工作意见的通知》（国侨发〔2012〕29号），以及省《推进华侨农场改革和发展实施方案》精神，既要充分认识华侨农场不是历史包袱，而是加快地方经济发展的宝贵财富、战略资源和创新平台，又要认识华侨农场改革和发展的艰巨性和复杂性，充分认识把“三融入”作为华侨农场改革和发展主线的重大现实意义和历史意义，要把广大归难侨和干部职工的思想统一到中央和省的总体部署上来，指导和协助侨镇及时地进行政策解释和教育疏导工作。要把握正确的舆论导向，对侨镇的报道和宣传要认真把关，避免片面报道和不实宣传。要把维护社会稳定工作放在重要位置，采取综合措施，排查可能出现的问题，建立沟通联络机制，制订突发事件应急预案，及时化解矛盾，切实维护侨镇社会的稳定，积极稳妥地做好我市华侨农场改革和发展工作。

深圳市前海外籍高层次人才居留管理暂行办法

（2013年8月20日深圳市人民政府办公厅深府办函〔2013〕98号发布）

第一条 为在前海从业的外籍高层次人才提供居留便利，根据《国务院关于支持深圳前海深港现代服务业合作区开发开放有关政策的批复》（国函〔2012〕58号）、《中共中央组织部人力资源社会保障部等五部门关于为外籍高层次人才来华提供签证及居留便利有关问题的通知》（人社部发〔2012〕57号）和相关法律法规，结合前海实际，制定本暂行办法。

第二条 本暂行办法适用于下列对象：

（一）符合《前海深港现代服务业合作区境外高端人才和紧缺人才认定暂行办法》（深前海〔2012〕151号，以下简称《认定暂行办法》）和《前海深港现代服务业合作区境外高端人才和紧缺人才认定暂行办法实施细则（试行）》（深前海〔2013〕115号，以下简称《实施细则（试行）》）规定条件的外籍高层次人才及其外籍配偶和未满18周岁的外籍子女。

（二）符合《认定暂行办法》和《实施细则（试行）》规定条件的中国籍回国高层次人才的外籍配偶和未满18周岁的外籍子女。

第三条 居留便利

（一）可以获签两至五年有效期的外国人居留证件。

（二）符合办理永久居留条件的，可以申办《外国人永久居留证》。

第四条 长期居留

（一）外籍人士申请办理长期居留手续的，由高层次人才所在单位向市前海管理局申请。市前海管理局填写《高层次外国专家登记表》（国家外专局网站下载）或《高层次留学人才登记表》（人力资源保障部网站下载）和名单，与相关证明材料一并报送广东省人力资源保障厅审核。广东省人力资源保障厅将名单函告广东省公安厅出入境管理局。市公安局出入境管理处凭广东省人力资源保障厅公函方可受理个人申请、审发居留证件。

（二）首次在深圳申领居留证件的，需申请人本人办理（未满18周岁的外籍未成年人由其父母代为申请）；再次办理且符合代办条件的，经提交由市公安局出入境管理处提供的《法人授权委托证明书》，可以由高层次人才所在单位代办。对于代办的，市公安局出入境管理处必要时可要求面见申请人，并进行必要的询问。

（三）外籍人士申请长期居留的，应向市公安局出入境管理处提交以下书面材料：

1. 填写完整并贴有近期二寸正面免冠半身蓝底彩色照片的《外国人签证、居留许可申请表》（市公安局出入境管理处网站下载）并加盖单位公章；

2. 提供有效的《广东省外国人签证数字相片采集检测回执》；

3. 护照或者其他国际旅行证件；

4. 最后一次入境签证或居留证件的复印件；

5. 深圳暂住地派出所出具的《境外人员临时住宿登记表》或已与公安机关联网的酒店出具的《境外人员临时住宿登记表》（申请延长或补办居留证件且住址未改变的不用提交）；

6. 检验检疫部门出具的健康证明（申请延长或补办居留证件不用提交）；

7. 亲属关系证明：高层次人才的外籍配偶提交婚姻关系证明、外籍子女提交出生证明；

8. 公安机关认为有必要提交的其他证明文件。

（四）市公安局出入境管理处自受理次日起 3 个工作日办结。公安机关认为有必要进行调查的，调查时间不计入办结时限。

第五条　永久居留

（一）提请办理永久居留手续且符合有关条件的外籍人士，由高层次人才所在单位向市前海管理局申请。市前海管理局填写《高层次外国专家登记表》或《高层次留学人才登记表》和名单，连同有关证明文件一并报送人力资源保障部专业技术人员管理司审核，并由人力资源保障部定期向公安部提供名单。市公安局出入境管理处接公安部通知后方可受理个人申请、审发《外国人永久居留证》。

（二）申领永久居留证件的，由申请人本人办理（未满 18 周岁的外籍未成年人由其父母代为申请）；确需代办的，由本人出具委托书和所在单位证明。

（三）外籍人士申请永久居留的，应向市公安局出入境管理处提交以下书面材料：

1. 填写完整并贴有近期二寸正面免冠半身蓝底彩色照片的《外国人在中国永久居留申请表》（由市公安局出入境管理处提供）并加盖单位公章；

2. 背景为蓝色或白色的二寸免冠正面近照两张、附照片电子数据光盘；

3. 护照及签证复印件；

4. 深圳暂住地派出所出具的《境外人员临时住宿登记表》或已与公安机关联网的酒店出具的《境外人员临时住宿登记表》；

5. 亲属关系证明：高层次人才的外籍配偶提交婚姻关系证明、外籍子女提交出生证明；

6. 高层次人才的外籍配偶需提供健康证明和国外无犯罪记录证明；

7. 公安机关认为有必要提交的其他证明文件。

本款第 5、6、7 项所列材料中，如为外国有关部门出具的，需经我国驻外使、领馆认证。

（四）市公安局出入境管理处自受理之日起 30 日内完成初审，并上报公安部。

第六条　本暂行办法自 2013 年 9 月 1 日起施行，暂行两年。

深圳市扶持贫困归侨专项经费管理暂行办法

（2013年10月12日深圳市财政委员会　深圳市人民政府侨务办公室深财规〔2013〕13号发布）

第一章　总　则

第一条　为贯彻落实国家、广东省和深圳市关于做好扶持贫困归侨工作的有关精神，规范深圳市扶持贫困归侨专项经费的管理，提高资金使用效益，根据《广东省扶持贫困归侨专项资金管理暂行办法》（粤财农〔2011〕133号）等有关文件规定，制定本办法。

第二条　深圳市扶持贫困归侨专项经费（以下简称专项经费）由省财政下拨的专项资金和市财政补充安排的资金构成。

第三条　专项经费用于扶持拥有深圳户籍的贫困归侨，扶持类型包括特困归侨生活补助、困难归侨子女助学金和困难归侨临时救助。

第四条　专项经费的使用和管理遵循以下原则：

（一）公开透明，公平公正。

（二）突出重点，分类扶助。

（三）专款专用，到户到人。

（四）操作简便，高效安全。

（五）科学管理，严格监督。

第二章　职责与分工

第五条　侨务部门负责专项经费的使用管理，财政部门负责专项经费的筹集、拨付和监督。

第六条　侨务部门职责。

（一）区侨务部门职责：

1. 确认本区归侨和归侨子女身份，核定人数并上报市侨办；
2. 组织本区贫困归侨集中申报，审核申报材料，并对审核结果负责；
3. 确定补助名单和金额，并于公示后报市侨办复核；
4. 会同区财政部门发放专项经费；
5. 向市侨办上报专项经费发放情况和实施效益报告。

（二）市侨务部门职责：

1. 组织协调我市每年度扶持贫困归侨工作；
2. 复核各区上报的补助名单和金额，并出具复核意见；
3. 向市财政部门提出专项经费拨付申请；
4. 向市财政部门提交专项经费使用情况及绩效分析报告；

5. 配合市财政部门对专项经费的使用情况进行检查。

第七条 财政部门职责。

(一) 区财政部门职责:

1. 严格按照国库集中支付相关规定，及时审核拨付资金;

2. 对本区专项经费使用情况进行监督管理。

(二) 市财政部门职责:

1. 按规定筹集安排全市专项经费;

2. 审核市侨务部门专项经费拨付申请;

3. 转移支付专项经费至区财政部门;

4. 会同市侨务部门对专项经费的使用情况进行检查。

第三章 补助范围和标准

第八条 特困归侨生活补助。

(一) 补助范围: 纳入城乡最低生活保障的归侨。

(二) 补助标准: 每人每年1 500元。

第九条 困难归侨子女助学金。

(一) 补助范围: 子女就读教育部批准具有高等学历教育招生资格的全日制普通高等学校（以下简称高校）且满足以下两个条件之一的归侨:

1. 纳入城乡最低生活保障的归侨;

2. 因自然灾害、突发性事件、家庭成员患危重病或其他特殊情况造成家庭生活困难的归侨。

(二) 补助标准: 按照就读高校子女数，每人每年1 500元。

第十条 困难归侨临时救助。

(一) 补助范围: 因自然灾害、突发性事件、家庭成员患危重病或其他特殊情况造成家庭生活困难的归侨家庭。

(二) 补助标准: 按每户一次性补助3 000元。

第十一条 对于符合第八条、第九条和第十条两类以上（含）条件的贫困归侨，可同时申请相应的补助。

第四章 申请、审核和发放程序

第十二条 申请。

(一) 市侨务部门发起扶持贫困归侨专项工作，由区侨务部门组织，每年集中申报一次。具体申报时间由市侨务部门根据省侨务部门及省财政部门相关工作安排确定。

(二) 因个人原因错过当年集中申报的，原则上不予补报，可参与下一年度申报。

(三) 申请人须填写《深圳市困难归侨补助资金申请表》（见附件），并按规定提供相关证明材料。

第十三条 审核。

(一) 区侨务部门对申报材料的完整性及真实性进行审核，确定补助名单和金额并公示。其中，纳入最低生活保障的归侨名单须经区民政部门核实。

（二）补助名单应当进行公示，公示时间不得少于5个工作日。对公示结果有异议的，可向区侨务部门申诉，由区侨务部门负责调查。经查若异议成立，则取消其申请资格。若公示无异议或异议不成立，由区侨务部门将补助名单和金额上报市侨务部门复核。

（三）市侨务部门对各区上报的补助名单和金额提出复核意见，并向市财政部门申请专项经费拨付。

（四）市财政部门对市侨务部门专项经费拨付申请进行合规性审核。

（五）市财政部门办理拨付手续，将专项经费转移支付至各区财政部门。

第十四条 发放。

区侨务部门会同区财政部门，按照相关规定将专项经费直接划入补助对象个人账户。

第五章 监督检查

第十五条 区财政部门会同区侨务部门对专项经费使用情况进行监督管理，并将具体执行情况上报市财政部门和市侨务部门。

第十六条 市财政部门会同市侨务部门对专项经费的使用情况进行不定期检查。专项经费的使用管理接受审计、监察部门的监督检查。

第十七条 对提供虚假材料申请专项经费的，一经查实，将取消补助领取资格，并追究相关人员的责任。对违反本办法规定，挤占、截留、挪用专项经费的，按照国务院《财政违法行为处罚处分条例》的规定进行处理、处分或处罚。涉嫌犯罪的，依法移交司法机关处理。

第十八条 专项经费管理工作人员违反本办法，不履行职责，或滥用职权、玩忽职守、徇私舞弊的，按照《财政违法行为处罚处分条例》《深圳市行政机关工作人员行政过错责任追究暂行办法》的规定对责任人进行处理。涉嫌犯罪的，依法移交司法机关处理。

第六章 附 则

第十九条 本办法由市财政部门会同市侨务部门负责解释。

第二十条 本办法自发布之日起施行，有效期5年。

附件：深圳市困难归侨补助资金申请表（略）

高层次留学回国人员（团队）在杭创业创新项目资助实施办法

（2013 年 10 月 16 日中共杭州市委办公厅　杭州市人民政府办公厅市委办发〔2013〕84 号发布）

为积极推进人才强市战略和创新驱动发展战略的实施，进一步鼓励留学回国人员来杭创业创新，特制定本实施办法。

一、资助范围

杭州市人才战略专项资金每年安排一定数额的资金（以下简称“资助资金”），用于高层次留学回国人员（团队）在杭实施创业类和创新类项目的资助。创业类项目主要资助留学回国人员（团队）带项目、带技术、带资金来杭创办的符合杭州市产业发展导向的企业；创新类项目主要资助留学回国人员（团队）在杭企事业单位从事高新技术研发或从事能够促进杭州经济社会发展且具有一定经济和社会效益的课题研究。

本实施办法所称高层次留学回国人员指在国外学习并获得硕士及以上学位的公派、自费出国留学生（包括已合法获得外国国籍或居住国永久居留权、留学国再入境资格者），以及在国内已取得大学本科以上学历或具有中级以上专业技术职务任职资格，并到国外高等院校、科研机构、公司工作或学习一年以上，取得一定成果的访问学者和进修人员。

创业创新团队一般应具有 3 名以上海外高层次人才作为核心成员，其年龄一般不超过 55 周岁。成员间的专业结构和职责分工合理。团队具有明确的创业创新方向和研究开发目标，项目符合杭州市产业发展导向，在相关领域达到国际先进或国内领先水平，拥有领先的发明专利或自主知识产权的创新成果，具备解决重大技术问题的持续创新能力或重大科技成果的转化能力。

二、资助条件

1. 创业类项目申请人应为企业法人的法定代表人或股东，自有资金（含技术入股）或海内外跟进的风险投资占公司注册资金的 30% 以上，或本人投入的实际资金在 30 万元人民币以上。创新类项目申请人应为所从事研究开发项目、实施技术转化项目或课题研究的主要负责人，或为项目开发或课题研究所需的关键技术和主要思想的持有者。

2. 创业类和创新类项目应具有较好的市场前景或先进的技术水平，符合杭州市产业发展导向，具有较大的科学、社会、经济价值。

3. 创业团队需在杭注册创办企业，注册资金一般不低于 500 万元，自有资金（含技术入股）或海内外跟进的风险投资占公司注册资金的 50% 以上。创新团队成员需与我市高校、科研机构等企事业单位签订正式的工作合同。

4. 申请人所在单位须为具备法人资格并在杭州市国税局、地税局注册登记的企业，或为杭州市属高校、科研院所等事业单位。

5. 申报项目不涉及知识产权纠纷。

三、资助标准

1. 特别项目，资助额度100万元以上，报市政府专题研究后确定。特别项目是指拥有自主知识产权的重大发明创造，项目的技术属国际先进，成果能够填补国内空白，具有较大的市场潜力并能进行产业化的特别突出的项目。

2. 重点项目，资助额度100万元。重点项目是指国家、省部级、市级重点攻关项目或国内急需并具有广泛应用前景的新技术研究开发或产业化的项目。

3. 优秀项目，资助额度50万元。优秀项目是指在本行业中居先进水平，或在某一学科领域具有领先水平的项目。

4. 启动项目，资助额度3万元~20万元。启动项目是指具有先进性，处于开发研制阶段，产业化前景较好的项目或学术思想新颖，具有重要科学价值、较好的应用开发前景或社会效益的研究课题。

按现行财政体制，市属单位的资助资金由市级财政承担；上城区、下城区、江干区、拱墅区、西湖区、杭州高新开发区（滨江）（以下简称6个老城区）所辖单位的资助资金由市、区财政各承担50%；萧山区、余杭区及各县（市）所辖单位的资助资金，由市财政承担25%。

对国家、省有关部门组织实施的留学回国人员资助项目，市和区、县（市）财政按照国家、省有关政策要求给予配套资助。

如该项目此前已获得过市、区资助，已资助资金视作配套资助资金；若低于国家、省规定的配套资助标准，不足部分由市、区按比例予以补足。

四、申报程序

6个老城区所辖单位及市直属单位的高层次留学回国人员（团队）在杭创业创新项目资助评审工作，由市人力社保局会同市财政局、市科委组织实施。萧山区、余杭区及各县（市）所辖单位的高层次留学回国人员（团队）创业创新项目资助评审工作，由当地人力社保部门会同同级财政、科技部门组织实施，具体申报程序由各地自行制定。

市人力社保局常年受理申报，一般于每年4月和9月组织专家评审，也可视项目申报情况增加评审次数。申请人应按要求向有关部门递交下列申报材料：

1. 《高层次留学回国人员（团队）在杭创业创新项目资助申请表》。

2. 《杭州市留学回国人员工作证》复印件。

3. 申请人所在单位的企业工商营业执照、税务登记证，或事业单位法人登记证复印件。创业类项目还需提供公司章程、上年度经注册会计师审计的财务报告（新成立的企业提交当年的财务报告）等复印件。

4. 项目可行性报告、项目投资预算报告、项目已完成投资额财务清单及有关凭证复印件等。

5. 其他与项目有关的关键技术知识产权文件或相关证明复印件。

五、资金管理

资助资金必须专款专用，并由申请人所在单位按财务相关规定进行管理和使用。不能正常开展研发工作或经费使用不当，并有下列行为之一的，将根据《财政违法行为处罚处分条例》的有关规定，视情况给予责令改正、收回资助经费、取消申报资格、罚款等处理：

1. 擅自变更资助项目的内容；
2. 将资助资金挪作他用。

资助资金到位后次年，项目承担单位须向市人力社保局报告资助项目的进展和经费使用情况；项目完成后须向市人力社保局提交项目总结和财务结算报告。

6个老城区财政安排的配套资金应在市级资助资金下达后半年内拨付给项目承担单位。对财政配套资金不落实的区，市财政局将予以通报。

六、组织实施

高层次留学回国人员（团队）在杭创业创新项目资助工作由市委组织部（人才办）牵头，市人力社保局、市财政局、市科委具体组织实施。市人力社保局负责项目的受理、审核，组织专家评审确定资助额度，社会公示，对资助项目的跟踪、考核和服务等工作。市财政局负责年度专项经费的审批，资金拨付，督查资金配套和资金使用情况等工作。市科委参与项目的评审工作。

七、附　则

申请人原则上只能申报一个项目，对启动项目在实施过程中取得重大技术突破或产生巨大经济效益的，可申请特别项目或重点项目、优秀项目资助。

项目尚未落地但有来杭创业意向的留学人员（团队），可先与杭州各留学人员创业园或项目拟落户区、县（市）相关主管部门签订《创业意向书》，并凭《创业计划书》、留学人员身份证明文件及其他相关材料，通过拟落户地区人力社保部门申报。经过专家评审，先确定资助额度，待企业正式注册、项目实施后，再拨付资助资金。

本实施办法由市人力社保局、市财政局、市科委按职责分工负责解释。

本实施办法自发文之日起施行，原《杭州市出国留学人员在杭创业资助实施办法》（杭人专〔2007〕236号、杭财教〔2007〕388号、杭科合〔2007〕124号）同时废止。

扬州市华侨归侨侨眷权益保护办法

（2013年11月11日经扬州市政府第17次常务会议讨论通过，2013年11月19日发布，自2013年12月19日起施行）

第一条 为保护华侨、归侨、侨眷的合法权益，根据《中华人民共和国归侨侨眷权益保护法》、国务院《中华人民共和国归侨侨眷权益保护法实施办法》及《江苏省实施〈中华人民共和国归侨侨眷权益保护法〉办法》等法律法规的规定，结合本市实际，制定本办法。

第二条 本办法所称华侨，是指定居在国外的中国公民，包括以下两种情形：

（一）已取得住在国长期或永久居留权，并已在住在国连续居留两年，两年内累计居留不少于18个月的；

（二）未取得住在国长期或者永久居留权，但取得住在国连续5年以上（含5年）合法居留资格，5年内在住在国累计居留不少于30个月的。

中国公民出国留学（包括公派和自费）在外学习期间，或因公务出国（包括外派劳务人员）在外工作期间，均不视为华侨。

第三条 本办法所称归侨，是指放弃原住在国长期、永久或者合法居留权并依法办理回国落户手续的华侨。

外籍华人经批准恢复或取得中国国籍并依法办理来中国落户手续的，视为归侨。

第四条 本办法所称侨眷，是指华侨、归侨在国内的配偶，父母，子女及其配偶，兄弟姐妹，祖父母、外祖父母，孙子女、外孙子女，以及同华侨、归侨有5年以上扶养关系的其他亲属。

外籍华人在中国境内的具有中国国籍的眷属视为侨眷，其范围同前款。

华侨、归侨去世后，其国内眷属原依法认定的侨眷身份不变。

依法与华侨、归侨及其子女解除婚姻关系，或者与华侨、归侨解除抚养关系的，其原依法认定的侨眷身份丧失。

第五条 归侨身份经本人申请，由市侨务部门认定并核发扬州市归侨证。

侨眷身份经本人申请，由户籍所在地的县（市、区）侨务部门认定并核发侨眷身份证明；户籍在扬州经济技术开发区、蜀岗－瘦西湖风景区、新城西区的，由市侨务部门认定并核发侨眷身份证明。

第六条 市、县（市、区）人民政府应当加强对华侨、归侨和侨眷合法权益保护工作的组织领导。

市、县（市、区）政府侨务部门是所在区域内侨务工作的行政主管部门，负责华侨、归侨、侨眷合法权益保护的协调、指导服务和监督检查工作。

市、县（市、区）有关部门和单位按照各自职责做好华侨、归侨、侨眷合法权益保护的相关工作。

乡（镇）人民政府（街道办事处），村（居）委会应当根据本区域华侨、归侨和侨眷的特点，利用服务网络及其他社会资源做好相关服务和协调工作。

第七条 市、县（市、区）归国华侨联合会按照其章程开展活动，反映归侨侨眷的合理诉求，依法维护其合法权益。

依法成立的华侨、归侨、侨眷社会团体开展相关活动，其合法权益受法律保护。

第八条 市、县（市、区）人民政府应当将侨务工作经费列入同级财政预算，并予以保障。

第九条 统计部门应当会同侨务部门结合全国人口普查工作增加侨情调查。

第十条 县（市、区）人民政府及有关部门应当为华侨、归侨、侨眷在本市就业提供职业指导、职业培训、职业介绍以及就业援助服务。

华侨、归侨在本市从事专业工作的，可以参加本专业职称资格评定，其在境外的专业工作年限和成果，作为专业职称资格评定的参考依据。

第十一条 华侨可以持中华人民共和国护照在本市从事投资活动，有关部门和单位应当认可其身份并提供便利。办理金融、教育、医疗、交通、电信、社会保险、财产登记等事务需要提供身份证明的，可以凭本人的护照证明其身份。

第十二条 市、县（市、区）侨务部门依法推荐归侨、侨眷代表候选人参加各级人民代表大会的选举。

市、县（市、区）政府侨务部门按照有关规定和程序，可以推荐归侨、侨眷担任市、县（市、区）政协委员。

第十三条 在本市就业的华侨、归侨和侨眷，其社会保险的登记、缴费、待遇支付等，按照国家和省、市有关规定办理。

华侨与用人单位建立劳动关系的，用人单位应当依法签订劳动合同，并持华侨本人的有效护照、劳动合同等证明材料到当地社会保险经办机构为其办理登记、缴费手续，社会保险费由用人单位和本人按规定缴纳。

灵活就业的华侨，可以持本人有效护照，到当地社会保险经办机构办理社会保险参保缴费手续。

第十四条 参加职工基本养老保险的华侨、归侨和侨眷，在达到法定退休年龄时，累计缴费不足15年的，可以按照本市有关规定延长缴费至满15年。《中华人民共和国社会保险法》实施前参保、延长缴费5年后仍不足15年的，按照有关规定可以一次性缴费至满15年。

在本市工作的华侨、归侨、侨眷未达到法定领取基本养老金条件而出境定居，其个人账户予以保留，达到法定领取条件时可以按照国家规定享受相应的养老保险待遇。

第十五条 对参加城镇居民基本医疗保险的城市特困归侨，按规定享受财政补助。

农村归侨可自愿参加新型农村合作医疗保险。已纳入农村最低生活保障范围的归侨，其个人缴费部分给予全额资助。

第十六条 华侨子女在其本市监护人户口所在地就读公办义务教育学校的，应当视同本市居民子女办理入学手续，依法享受免缴学费和杂费的权利。

归侨学生、归侨子女、华侨在国内的子女报考国内高等院校、本市中等学校，按照国家、省和市有关规定给予政策性加分。

第十七条 对符合住房保障条件的城市归侨、侨眷家庭，在同等条件下优先纳入廉租住房、经济适用住房、公共租赁住房保障范围。

因城市建设需要，征收华侨、归侨、侨眷和外籍华人私有住宅房屋的，按照国家和省、市有关规定，依法给予合理补偿和妥善安置；征收人可按照被征收房屋合法建筑面积重置价加价 20% 结算。

第十八条 因社会公共利益需要迁移华侨祖墓的，建设单位应当告知华侨或者侨眷，并给予合理补偿。按照国家有关规定需要保护的华侨祖墓应当予以保护。

第十九条 对符合条件需要进社会福利院、敬老院的归侨、侨眷，民政部门应当给予优先安排。

第二十条 无固定经济来源、无劳动能力、无亲属援助困难归侨的补助，纳入民政部门统一管理。

第二十一条 华侨、归侨应当遵守国家、省、市人口与计划生育的有关规定。符合下列情形的，经申请并办理审批手续后，可以再生育子女：

（一）华侨与本市居民结婚生育，已生育子女均在境外定居的；

（二）夫妻双方均为华侨且一方原户籍地在本市，已生育子女均在境外定居的；

（三）夫妻双方均为归侨，回本市定居不满六年且只有独生子女，或者所生育子女均在境外定居的。

第二十二条 归侨凭扬州市归侨证进入本市旅游景点、对外开放的寺庙，免收门票。有关景点与寺庙应设立明显标志。

第二十三条 归侨、侨眷出入境及有关待遇按照国家、省、市有关规定执行。

（一）归侨、侨眷因境外直系亲属病危、死亡、处理境外财产或者接受遗产、遗赠、赠与等特殊情况急需出境的，有关部门应当根据归侨侨眷的要求提供必要的协助。

（二）归侨、侨眷按照国家有关探亲规定享受出境探亲待遇。在批准的假期内，其工作、租住的公房应当保留。

（三）按照国家规定离退休的归侨、侨眷获准出境定居的，按照国家规定享受的离退休待遇不变。其养老金可以委托他人领取，但需每年向原工作单位或者负责支付养老金的社会保险经办机构提供由我国驻其所在国的使领馆审核认定的“出境定居离退休人员健在确认表”。归侨、侨眷退休（离休）后出境定居又回国就医的，按照本市有关规定享受相应的医疗待遇。

（四）不符合国家规定退休条件的归侨、侨眷职工获准出境定居的，按照国家有关规定办理辞职、解聘、终止劳动关系手续，按照国家有关规定享受一次性离职费及相关待遇，已经参加基本养老保险、基本医疗保险的，由社会保险经办机构按照国家有关规定一次性结清应归属其本人的费用，并终止其基本养老保险、基本医疗保险关系。

（五）归侨、侨眷在获得前往国家（地区）的入境签证前，所在工作单位或者学校不得因其申请出境而对其免职、辞退、解除劳动关系、停发工资或者责令退学，并且不得收取保证金、抵押金。

第二十四条 鼓励华侨、归侨、侨眷和外籍华人发挥人才资源优势，帮助本市引进高层次创新创业人才。

对本市引进的华侨、归侨和外籍华人中的高层次创新创业人才，有关部门按照规定给予扶持，并及时提供相关服务。

符合本市规定，由本市引进的华侨、外籍华人高层次创新创业人才，在本市工作期间可以享受归侨待遇。

第二十五条 鼓励华侨、归侨、侨眷和外籍华人参与本市经济社会建设。有关部门应当根据华侨、归侨、侨眷和外籍华人投资创业的需要，在政策咨询、资金扶持、信息需求等方面提供服务。

鼓励华侨、归侨和外籍华人科技人员采取兼职、咨询、讲学、科研和技术合作、技术入股、投资兴办企业等形式，来本市工作或者服务，并享受国家、省、市有关优惠政策。

华侨、归侨、侨眷和外籍华人在本市的投资、投资收益和其他合法权益受法律保护，任何单位和个人不得侵占、损害。

对有突出贡献的华侨、归侨、侨眷和外籍华人投资者，根据本市有关规定给予表彰或者奖励。

第二十六条 鼓励华侨、归侨、侨眷和外籍华人在本市开展专利申请、商标注册和著作权登记等活动，依法维护其知识产权申请人、权利人和其他当事人的合法权益。

华侨、外籍华人投资者用专利、科研成果、专有技术等依法创办企业的，享受留学人员回国创业的有关政策。经认定的华侨、外籍华人投资设立的高新技术企业，可以依法享受有关税收优惠待遇。符合贷款条件的，按照国家有关规定给予信贷支持。

第二十七条 鼓励华侨、归侨、侨眷与海外进行经济、文化、科技等方面的交流，推动本市与海外知名华侨华人及主要社团的交流合作。

第二十八条 鼓励华侨、归侨、侨眷和外籍华人在本市开展捐赠活动。受赠人接受捐赠后，应当向捐赠人出具有效收据，并将捐赠财产登记造册。受赠人不得擅自改变捐赠财产的性质、用途；确需改变性质、用途的，应当征得捐赠人同意，并向办理登记手续的侨务等相关部门备案。

华侨、归侨、侨眷和外籍华人及其境外亲友投资兴办的企业，用于公益事业的捐赠，按照国家规定享受税收优惠。

对有突出贡献的华侨、归侨、侨眷和外籍华人捐赠人，有关部门应当给予鼓励和表彰。

第二十九条 市、县（市、区）侨务部门应当做好华侨、归侨和侨眷合法权益保护的法律宣传、咨询、投诉受理和纠纷调解等工作，帮助华侨、归侨和外籍华人处理在本市创业、生活中遇到的问题，有关部门应当予以协助。

第三十条 华侨、归侨和侨眷在国内的合法权益受到侵害，有权向有关部门提出申请，受理部门应当依法及时处理。符合法律援助条件的，法律援助机构应当优先受理。各级侨联组织应当给予支持和帮助。

第三十一条 国家机关工作人员滥用职权、玩忽职守、徇私舞弊，致使华侨、归侨和侨眷合法权益受到损害的，对直接负责的主管人员和其他直接责任人员依法给予行政处分；构成犯罪的，依法追究刑事责任。

第三十二条 本办法自 2013 年 12 月 19 日起施行。

苏州市华侨归侨侨眷权益保护办法

（2013年12月2日经市政府第18次常务会议讨论通过，2013年12月28日苏州市人民政府令第131号发布，自2014年2月1日起施行）

第一条 为了保护华侨、归侨和侨眷的合法权益，根据《中华人民共和国归侨侨眷权益保护法》等法律、法规，结合本市实际，制定本办法。

第二条 本市行政区域内华侨、归侨和侨眷合法权益的保护，适用本办法。

第三条 华侨是指定居在国外的中国公民。

归侨是指放弃国外定居权回国定居的原华侨。

侨眷是指华侨、归侨在国内的眷属。包括华侨、归侨的配偶，父母，子女及其配偶，兄弟姐妹，祖父母、外祖父母，孙子女、外孙子女，以及同华侨、归侨有五年以上扶养关系的其他亲属。

外籍华人恢复或者取得中国国籍并在中国定居的，视为归侨。外籍华人在中国境内的具有中国国籍的眷属视为侨眷。

华侨、归侨和外籍华人身份界定的具体标准按照国家和省有关规定执行。

第四条 市、县级市（区）人民政府负责本行政区域内华侨、归侨和侨眷合法权益保护工作，建立侨务工作协调机制，将侨务工作经费列入同级财政预算。

市、县级市（区）人民政府侨务部门是本行政区域内侨务工作的行政主管部门，负责华侨、归侨和侨眷合法权益保护的组织协调、指导服务和监督检查工作。

有关部门和单位按照各自职责做好华侨、归侨和侨眷合法权益的保护工作。

镇人民政府（街道办事处）应当明确人员做好本辖区内的华侨、归侨和侨眷权益保护和服务协调工作。

第五条 本市各级归国华侨联合会（简称侨联）代表归侨、侨眷的利益，按照其章程开展活动，反映归侨、侨眷的合理诉求，依法维护其合法权益。

第六条 华侨、归侨、侨眷和侨资企业依法成立的海外交流协会、侨商投资企业协会等社会组织应当按照章程开展活动，依法维护会员的合法权益。

第七条 市、县级市（区）人民政府侨务部门应当建立侨情信息服务平台，实行动态管理。

各级政府部门、侨联和涉侨社会组织应当实行侨资企业、华侨捐赠、涉侨案件、涉侨祖墓等侨情信息的共享，并依法保护国家秘密、商业秘密和个人隐私。

第八条 华侨要求回国定居的，应当在入境前向中华人民共和国驻外使馆、领馆或者外交部委托的其他驻外机构提出申请，也可以由本人或者经由国内亲属向拟定居地的市、县级市（区）人民政府侨务部门提出申请。华侨经批准回本市定居的，公安部门应当按照规定办理定居手续。

第九条 归侨和侨眷身份经本人申请，由户籍所在地县级市（区）人民政府侨务部门按照有关规定认定并核发归侨证或者出具侨眷证明。

第十条 华侨在本市行政区域内办理金融、教育、医疗、交通、电信、社会保险、财产登记等事务需要提供身份证明的，可以凭本人的护照证明其身份。

第十一条 华侨、归侨、侨眷参加县级市（区）、镇人民代表大会代表选举活动，或者参加地方政协活动的，政府侨务等有关部门、单位应当提供帮助。

第十二条 市、县级市（区）人民政府有关部门应当及时制定、调整相关规定，对生活困难的归侨、侨眷给予救助救济。

鼓励各类慈善组织以及其他单位和个人对生活困难的归侨、侨眷给予扶助。

归侨持苏州市归侨证参观园林、景区和寺庙宫观的，按照规定享受优惠。

第十三条 华侨、归侨、侨眷和外籍华人的房屋所有权受法律保护，房屋所有权人依法享有占有、使用、收益和处分的权利，任何单位和个人不得侵犯。

政府有关部门应当把符合住房保障条件的归侨、侨眷纳入保障范围，并提供住房保障。

第十四条 参加本市社会保险的华侨、归侨、侨眷和外籍华人，按照规定享受相应的社会保险待遇，其社会保险的登记、缴费、申领、中止、支付和清算等，按照国家和省、市有关规定办理。

具有苏州市户籍，并按照规定参加本市城乡居民医疗保险，符合苏州市社会医疗救助条件的归侨、侨眷，经有关行政部门认定后，享受相关医疗救助待遇。

参加本市职工医疗保险的归侨、侨眷按照规定享受职工医疗保险及相关医疗救助待遇。

第十五条 华侨可以依法被录用或者聘任（用）为国家工作人员。

华侨、归侨在本市从事专业工作的，可以参加本市专业职称资格评定，其在境外的专业工作年限和成果，可以作为专业职称资格评定的依据，国家、省有特别规定的除外。

第十六条 市、县级市（区）人民政府及其有关部门应当为归侨、侨眷提供就业培训、职业指导、职业介绍等服务。

用人单位聘用华侨或者外籍华人的，应当在签订劳动合同后规定时间内为其申请办理就业证。

第十七条 市、县级市（区）人民政府及其有关部门应当制定有关政策，吸引华侨、归侨、侨眷和外籍华人中的高层次人才来本市投资、就业、科研、讲学、交流等，鼓励和支持华侨、归侨、侨眷和外籍华人为本市引进人才、技术、管理、服务、资金和企业向国外发展提供帮助。

符合本市人才引进政策的华侨、归侨、侨眷和外籍华人，按照规定享受优惠待遇。

符合本市海外人才居住证申领条件的华侨、外籍华人，用人单位应当根据本人意愿为其申请办理。海外人才居住证持有人享有在本市投资创业、社会保障、专利申请、居留和出入境等权益。

第十八条 鼓励和支持华侨、归侨、侨眷和外籍华人在本市开展专利申请、商标注册和著作权登记等活动，并依法保护其合法权益。

鼓励和支持华侨、外籍华人利用其专利、专有技术、科研成果等在本市投资创业，所办企业按照规定享受相应待遇。

第十九条 华侨、归侨、侨眷和外籍华人在本市的投资、投资收益和其他合法权益受法律保护。

确因公共利益需要征收华侨、归侨、侨眷和外籍华人的房屋和其他不动产，征收部门应当充分听取被征收人意见、制定合理补偿方案并及时给予补偿。

第二十条 因公共利益需要迁移华侨、外籍华人祖墓的，建设单位应当事先告知华侨、外籍华人或者其在国内的眷属，并同时报告当地政府侨务部门。迁移经本省核准保留的华侨、外籍华人祖墓的，应当经县级市（区）人民政府批准。

政府侨务部门、侨联和涉侨社会组织可以根据华侨、外籍华人的需要，对其祖墓保护提供协调帮助。

第二十一条 华侨、归侨符合计划生育规定的，经县级市（区）计生部门批准后，可以再生育子女。

第二十二条 归侨学生、归侨子女、华侨子女和外籍华人子女报考高等学校、中等学校，按照国家、省和市有关规定享受优惠待遇。

华侨子女在监护人居住地就读义务教育学校的，视同当地居民子女就学，享受免费义务教育。

第二十三条 归侨、侨眷依法出境的，所在单位不得损害其合法权益。

离休、退休、退职人员出境定居或者加入外国国籍的，按照国家、地方规定继续享受养老、医疗等相关待遇。

第二十四条 华侨、归侨和侨眷需要赴境外处分财产或者接受遗产、遗赠、赠与的，公安、司法、民政、外事等部门应当提供便利。

第二十五条 归侨、侨眷职工出境探望配偶、父母的，其假期、工资等待遇按照国家规定执行。

本市在职职工探望出境定居子女的，所在单位可以参照职工出境探望父母的规定给予适当假期。

第二十六条 市、县（区）人民政府侨务、文化等部门应当促进本市企业、事业单位、社会组织与华侨、外籍华人及其社团的文化交流合作。

第二十七条 鼓励和支持华侨、外籍华人、侨资企业、涉侨社会组织依法兴办、捐赠公益事业。民政、教育、卫生、侨务等部门应当做好指导、协调和服务工作，并依法对兴办的公益事业和捐赠项目进行监督。

捐赠人将其在本市投资经营所得的合法利润用于捐赠公益事业的，可以按照税法规定在所得税前扣除。

捐赠财产价值在人民币一万元以上的，受赠人应当在签订捐赠协议后三十日内到当地政府侨务部门登记。

捐赠的工程项目落成或者捐赠的款物交付后，由政府侨务部门向捐赠人和受赠人分别颁发华侨捐赠兴办公益事业项目确认书。

第二十八条 政府有关部门应当做好华侨、归侨、侨眷和外籍华人在本市权益保护的法律宣传、咨询、投诉受理和纠纷调解等工作，指导华侨、归侨、侨眷和外籍华人处理在本市工作生活中遇到的问题。

第二十九条 华侨、归侨、侨眷和外籍华人在国内的合法权益受到侵害，有权向有关部门申诉、控告，受理部门应当依法处理。符合法律援助条件的，法律援助机构应当及时受理。

第三十条 国家机关及其工作人员滥用职权、玩忽职守、徇私舞弊，致使华侨、归侨、侨眷和外籍华人的合法权益受到损害的，由其所在单位或者上级主管部门对负有责任的主管人员和其他直接责任人员依法给予行政处分；构成犯罪的，依法追究刑事责任。

第三十一条 定居在本市的香港、澳门特别行政区居民眷属合法权益保护，参照本办法执行。

第三十二条 本办法自2014年2月1日起施行。

（本栏目责任编辑　景海燕）

大事记

本栏目全文收录了本年度境内外华文媒体对海外华侨华人和华人社会大事记的报道，以全球、英国、西班牙、美国的顺序，按媒体报道时间升序排列。

2013 年全球华侨华人十大新闻

中国侨网联合中国新闻网于 2013 年 12 月 31 日评出“2013 年全球华侨华人十大新闻”，全景展现2013 年华侨华人的成就、荣耀与磨难。其中华人维权意识的逐步提升，成为 2013 年度海外华人社会的亮点。

按事件发生的时间排序，“2013 年全球华侨华人十大新闻”依次为：

一、加拿大 2013 年省选华裔参选创新高

加拿大卑诗省省选于当地时间 5 月 14 日投票，共有 376 人参选，将选出 85 位省议员，未来四年究竟是自由党继续执政，还是新民主党寻求“变天”成功而上台，已在2013 年5 月14 日晚8 时之后揭晓。该次选举其中一个华裔关注的焦点，是有 22 名华裔候选人参选，参选人数破纪录。另多个华裔侨团已多次发声，呼吁华裔选民投票，改变过去华裔较为“政治冷感”、投票率低的情况。

该届是卑诗省第 40 届省选，各投票站开放时间为早上 8 时至晚上 8 时。根据卑诗省选举处规定，居住在卑诗省 6 个月以上、年满 18 岁的加拿大公民，都具有投票权。由温哥华中华会馆、加拿大华人社团联席会、加拿大华人联合总会等社团组成的“关注省选华社联络组”呼吁华裔选民踊跃投票，用选票表达心声，提高华人对当地政治的影响力。

据统计，上届省选（2009 年）的全省投票率是 51%，但华裔的投票率仅有两成，远落后于主流社会人士，亦低于南亚裔选民，显示出部分华裔选民对政治漠不关心、不愿参与当地事务的心态。

该届共有 22 名华裔候选人，占全体候选人数的 5.9%，主要集中在列治文、温哥华、本那比等华人较多的城市。其中列治文中选区有 6 名华人参选、列治文东选区有 4 名华裔候选人、列治文—史蒂夫斯顿也有 1 名华裔候选人，总计有 11 名华裔选择在列治文出战，占所有华裔候选人数的一半，竞争的激烈程度前所未有。

二、中国出台系列政策便利华侨华人入出境

2013 年 7 月 1 日，《中华人民共和国出境入境管理法》正式实施，涉及华侨和外籍华人的调整主要有赋予侨务部门对华侨回国定居的审批权、华侨在国内凭本人护照证明身份以及为外籍华人提供入出境便利三个方面。9 月 1 日，《中华人民共和国外国人入境出境管理条例》（下称《条例》）开始施行。

国务院法制办负责人在回答新华社记者提出的条例为海外华人提供了哪些入境出境便利的问题时指出，条例针对海外华人的特点，专门设立了 Q 字签证，主要发给申请入境探亲的海外华人。设 Q 系列签证，华人回国探亲居留时间最长达 5 年。

国务院法制办负责人说，在条例草案公开征求意见过程中，许多海外华人提出，希望给予海外华人更多的入境出境便利。为此，条例专门设立了 Q 字签证，主要发给申请入境探亲的海外华人，以便驻外使领馆对申请 Q 字签证的海外华人签发有效期、停留期较长的签证，为其回国探亲提供便利。同时，条例还专门设立了团聚类居留证件，主要发给因家庭团聚需要在中国境内居留的海外华人。

为满足广大海外华人回国探亲的诉求，《条例》专门增设了 Q 系列签证，将原探亲事由从 L 字签证中剥离，并根据申请人入境停留期限，分为 Q1 字和 Q2 字两个具体类别。实际上，《条例》增设的 S（私人事物类）系列签证也存在探亲事由，只不过 Q 系列签证的签发对象主要为中国公民的亲属和具有中国永久居留资格的外国人的亲属，而 S 系列签证的签发对象主要为在华工作、学习的外国人的亲属。条例做出这种区分的主要目的就是为了更具针对性地为广大海外华人回国探亲提供签证便利。

三、英国边境署搜捕非法移民，唐人街罢市抗议“歧视性执法”

英国为打击非法劳工，规定边境署每搜查出一名“黑工”（也就是没有工作许可的打工者），商家会被处以 1 万英镑的罚款。英国政府目前宣布的草案提出，将把最高罚款金额提高至 2 万英镑。

2013 年下半年，英国移民局几乎每周都对伦敦唐人街进行大规模的搜捕“黑工”的行动，超过 13 家商铺遭到粗暴的突击搜捕。伦敦华埠商会秘书长郑健强表示，这些搜捕行动不是基于线索的针对性检查，而是盲目搜查，移民局常常是空手而归。有些商家怀疑移民官员的行动缺乏完备的法律手续。

英国反种族主义慈善机构、伦敦华埠商会联合华人商界和人权律师等，遣责英国边境

署近期大规模搜捕华人“黑工”的行动，并向英国内政部发出公开质询信。为抗议“歧视性执法”，伦敦唐人街于2013年10月22日举行了3小时的罢市活动。伦敦华埠商会表示，英国餐饮业劳工短缺的状况一直没有得到缓解，政府在打击非法移民的同时，并没有有效的政策解决餐饮业低技术劳工缺乏的困扰，结果造成恶性循环。英国内政部随后与华人社区会面以解决冲突。

四、第七届世界华文传媒论坛召开，聚焦“中国梦”

2013年9月7日，由中国国务院侨务办公室、山东省人民政府、青岛市人民政府和中国新闻社主办的第七届世界华文传媒论坛在青岛开幕。来自58个国家和地区的约450名海外华文媒体代表以及中国内地媒体负责人、传媒专家等600余位嘉宾齐聚一堂，以“中国梦——世界变局与华文媒体的新使命”为主题展开高层对话并达成诸多共识，并通过了第七届世界华文传媒论坛《青岛宣言》。

中国全国人大常委会副委员长陈竺出席开幕式并发表讲话。陈竺期待海内外华文媒体助力同圆共享“中国梦”，并对华文媒体未来的发展提出3点期待。国务委员杨洁篪向论坛发去贺信，希望海内外华文媒体真实讲述“中国故事”。

有全球华文媒体“首脑峰会”之称的世界华文传媒论坛，由中国国务院侨务办公室、中国新闻社联合地方政府每两年主办一届。从2001至2011年间，已相继在南京、长沙、武汉、成都、上海、重庆举办过六届。

五、第十二届世界华商大会时隔12年再回中国

2013年9月25日至26日，第十二届世界华商大会在四川成都举行，这是世界华商大会时隔12年后再次回到华商的故乡，也是首次选址于中国西部。来自105个国家和地区的3 000多名海内外嘉宾出席，其中包括不少世界著名华商领袖。中共中央政治局常委、全国政协主席俞正声出席开幕式并发表演讲。

本届世界华商大会以“中国发展，华商机遇”为主题，举行了中国经济论坛、15个分论坛和经贸洽谈、考察交流活动。

中国国务院侨办主任裘援平出席大会并表示，世界华商大会是促进全球华商与各国工

商界增进了解、开展合作的重要平台，对推动海外华商进一步助力中国发展有重要作用。华商企业在很多国家已成为当地民族经济的重要组成部分，为所在国家经济发展和社会进步作出突出贡献，成为促进中国与各国发展经贸合作关系、融入经济全球化和区域合作的独特桥梁。

本届华商大会期间，四川省共签约合作项目241个，总投资额达1 323亿元。

世界华商大会是由新加坡中华总商会、香港中华总商会和泰国中华总商会发起的两年一度的全球华人商界盛会。大会以“在商言商、弘扬中华民族文化”为宗旨，为世界华商及相关国家工商界提供了增进了解、加强合作的交流平台，在全球华侨华人中的影响不断增强。

六、非洲竖起首座“中华牌楼”，南非总统出席剪彩仪式

2013年10月11日，南非西罗町唐人街举行了“中华牌楼”剪彩仪式。这是世界各国唐人街牌楼中最大的一座，也是非洲竖起的第一座“中华牌楼”。南非总统祖马出席剪彩仪式并指出，过去20年间，在南非的华侨华人人数显著增长，中国侨民对南非的贡献也显著增大。

南非最大城市约翰内斯堡东部的德里克大街，由于路边挤着200多家大小不一的华人店铺，因此又被称为西罗町唐人街。在街道最东段，崭新的中式建筑前搭起两个白色的篷子，南非总统祖马正在临时搭建的主席台上发表讲话。一刻钟以后，南非官员与中国使领馆及侨界代表一起挥动剪刀，完成了唐人街“中华牌楼”剪彩仪式的最后一个环节。

朱红的柱子、精美的石雕、大气的斗拱、流光溢彩的琉璃瓦，使10月11日的庆典充满十足的中国味，牌楼上描着花鸟与吉祥的纹饰，“富贵平安”4个大字格外显眼。“这座牌楼高21.5米、宽27.5米，风格中融合了唐、宋两代建筑的精华，是世界各国唐人街牌楼中最大的一座。”约翰内斯堡唐人街管理委员会常务副主任陈焕全说，这是非洲竖起的第一座“中华牌楼”。

南非被称为“彩虹之国”，多种语言、多种文化是南非独特的风景。据官方统计，南非共有约30万华人，仅约翰内斯堡侨胞数量就超过10万，并且这一数字还在不断增加。

作为中国在非洲最大的贸易伙伴，南非也是中国在非投资最多的国家，中国则是南非最大的贸易伙伴和第一大进口来源国。

七、美国爆发史上最大规模华人示威，抗议ABC辱华言论

2013年10月16日，在美国广播公司（ABC）一档节目中，6岁男孩语出惊人，称“杀光所有中国人”，主持人吉米·基梅尔道：“这是一个有趣的想法。”节目播出后，引起在美华人的强烈抗议。11月9日，全美20个城市爆发声势浩大的抗议活动。有侨领表

示，这是美国立国200多年来，参与城市最多、响应范围最广的一次华人抗议行动。其后，ABC高层致信美国华人团体表示歉意，主持人基梅尔也在随后节目中道歉。基梅尔表示，无意冒犯任何族裔，并承诺永久性停播涉事节目中“儿童圆桌论坛”环节。

但美国华侨华人的愤怒仍未平息。部分在美华人认为基梅尔没有承认自己的错误，要求ABC公开道歉，并解雇基梅尔。

“杀人不是玩笑”、“ABC的耻辱”、“拒绝种族歧视”，11月9日在纽约地标性建筑时代广场，来自新泽西州、宾夕法尼亚州、纽约州的数百名华侨华人举行大规模集会，举着标语牌，高呼口号，愤怒地抗议ABC播出含有辱华言论的电视节目。

美东华人社团联合总会常务副主席花俊雄在抗议现场对记者说：“选择在时代广场抗议，主要是希望美国大众能了解此事。今天的主题是反对种族歧视、反对暴力，不仅是为华人争取平等的权利，也是为所有少数族裔发出声音。”

八、第九次全国归侨侨眷代表大会召开，习近平等出席开幕式

第九次全国归侨侨眷代表大会于2013年12月2日在北京开幕。习近平、李克强、张德江、俞正声、刘云山、王岐山、张高丽等到会祝贺。来自全国各地的1 100多名归侨侨眷代表和来自世界各地的近400名海外侨胞作为特邀嘉宾与会。

中共中央政治局委员、国家副主席李源潮发表了题为“团结动员广大归侨侨眷和海外侨胞为实现中华民族伟大复兴的中国梦作出独特贡献”的祝词，向大会召开表示热烈的祝贺，向广大归侨侨眷、海外侨胞和侨联工作者致以亲切的问候。

中华全国归国华侨联合会主席林军向大会作了题为“建好侨胞之家　凝聚侨界力量　为实现伟大的中国梦而努力奋斗”的工作报告。

国务院侨办主任裘援平在会上宣读了《中国侨联、国务院侨办关于表彰中国侨界杰出人物和全国归侨侨眷先进个人的决定》。

中央和国家机关有关部门、各民主党派中央、全国工商联负责人和无党派人士，各人民团体负责人，全国归侨侨眷代表大会代表等共约3 200人参加了开幕式。

九、阿根廷数十家华人超市遭哄抢，中国外交部启动应急预案

2013年12月，阿根廷圣菲、科尔多瓦和布宜诺斯艾利斯多省发生哄抢风潮，数十家

华人超市遭受冲击，其中一名华人商铺业主不幸遇难。

哄抢事件发生后，中国外交部高度重视，立即启动应急预案。12 月 12 日，外交部领事司副司长兼领事保护中心主任翟雷鸣向阿根廷驻华大使古斯塔沃·马蒂诺提出交涉，要求阿根廷方面采取有效措施遏制针对华人超市的哄抢行为，切实保障在阿根廷中国公民的人身财产安全与合法权益。马蒂诺表示有关事件并非针对中国公民，阿根廷政府将采取一切措施避免暴力事件，并严惩犯罪分子。

2013 年 12 月 15 日，正在阿根廷的国侨办“文化中国·中华医学”中医专家健康咨询团专程前往 Glew 镇探望不久前在哄抢事件中遇害的侨胞家属。团长张东浩宣读了国侨办主任裘援平给阿根廷受害侨胞的慰问信，表示国侨办中医团组在此时来访，就是在侨胞最需要帮助的时刻给予关心和慰问。

十、法国华人发起万人签名，争取周日营业权和工作权

2013 年 12 月 14 日，法国华社在巴黎发起“亚裔社区争取周日营业权和工作权”申请万人联署签名活动。会上宣读的致法国总统奥朗德的公开信中称，鉴于当前经济形势以及劳工、消费者群体的利益诉求，华裔社区呼吁奥朗德关注国情民意和社会效益，推动修改过时的法律，开放周日营业权及工作权。

法国华侨华人会执行主席王加清当晚在一个新闻发布会上表示，亚裔社区尤其是华人群体中经商者较多。近年来，受金融危机影响，华人商家经营愈加困难，尤其是周日营业受限引发了商品积压等一系列问题。法国 1906 年制定的相关劳工法律早已不适应当今的形势。

王加清介绍说，法国侨界因此决定成立工作组，准备向法国政府和媒体提交请愿书，并发动组织各社团、企业界及个人参与万人联署签字。此外，还将联合要求周日营业工作的法国社会各界力量共同推动修法。

法国民调机构于 2013 年 10 月初公布的一份调查结果显示，目前有 69% 的法国人赞成商店周日营业，这一比例在巴黎大区高达 82%，而数年前的民调显示反对商店周日营业的民众比例还有 75% 之多。这一点也反映出法国社会民意的演变。

（中国新闻社 2013－12－31）

2013年英国华侨华人十大新闻

一、英边境署工作不力被拆分

英国内政大臣特雷莎·梅于2013年3月26日宣布，英国政府将撤销边境署这一机构，其职能将被分拆为两个部分：一部分专门负责签证系统，另一部分负责移民法律的实施。这两部分工作都直接向内政部报告。

英国边境署之前受到一些议员的强烈谴责。报告显示目前边境署积压约有32万份移民遗案，需24年才能审完，而6年来“议会和内政部一直被边境署所提供的错误数据误导”。特雷莎·梅于当天向议会表示，撤销边境署的理由是“它的表现不够好”。

二、在英华人为雅安地震募捐

北京时间2013年4月20日8点02分，中国四川省雅安市芦山县发生7.0级地震，截至24日，累计有200多万人受灾，196人遇难，21人失踪，13 484人受伤。雅安地震牵动了全球华人的心。

在英国的华人也时刻关注着国内地震的最新情况。各华侨华人社团、企事业机构、留学生团体等，都通过各种方式为灾区人民贡献自己的一份爱心。

2013年4月28日，在伦敦中国城石狮子附近举行了华侨华人爱心汇演及慈善募捐活动，同时为灾区民众祈福。

三、英公立中学开招中国学生

2013年6月伦敦本地报纸*Evening Standard*的一篇报道，让St Mary Magdalene Academy（SMMA）与北京师范大学附中早在2013年1月份就见面商讨的合作项目引起热烈的关注。2013年9月，5名北师大附中的学生开始在SMMA学习International Baccalaureate（IB）课程。这并不是英国公立中学首次接受中国学生，但的确是英国公立中学首次与中国高中开启合作办学项目。

数据显示，2012年共有3 708名中国学生就读于英国各类私立学校。这个数字与庞大的整体留学人数比起来并不起眼，不过英国教育界普遍认为这是一个广阔的市场。

四、华人对英国警察投“不信任票”

英国国会跨党派华人事务委员会于2013年7月16日就在英国的华人与警队服务的关系发布报告，指出华人与英国警方的关系有待提升，华人普遍不信任警察。

报告称经过一年的调查，结果显示，语言障碍是影响华人与警方关系的主要问题。由于沟通不畅，部分华人的合法权利受到侵害时，无法将有效信息提供给警方，从而使案件审理过程受阻。另外，华人对英国警方信任度较低。报告称，43.8%的人遇到犯罪行为时，选择了沉默，原因是“认为报案也没有用”。针对这些问题，报告提供了解决建议。

五、企业家移民签证拒签率高

在PSW签证于2012年4月正式取消、工签年薪门槛提升的大环境下，申请T1企业家移民签成为不少华人计划留英的新思路。T1企业家签证目前共分为100万英镑、20万英镑以及5万英镑（PSW转签）三个投资额度。

然而，英国内政部不断出台措施，加强对企业家签证的审核，以防止这项签证成为一些“假投资真移民”的“捷径”。在政策的严格控制之下，T1企业家签证的拒签率明显上升。以2013年第二季度为例，英国境内T1申请的拒签率高达70%以上，在英国境外申请的拒签率也达到60%以上。

六、英明年禁售未注册中成药

一则“英国药管局计划于2014年全面禁售中成药”的消息甚嚣尘上，让本就在夹缝中生存的中医药行业又一次成了全英华人关注的焦点。

消息来源于2013年7月9日英国药品和健康产品管理局（Medicines and Healthcare Products Regulatory Agency，简称MHRA）向英国中医团体、机构以及各大中医药公司发出一份提案，讨论未通过欧盟认证的中成药在英国销售的时限。提案建议，逾2013年12月31日，中成药将不被允许在英国市场上销售。英国药品和健康产品管理局于2013年11月21日宣布，从2014年4月30日起将全面禁售未注册的草药制品（Unlicensed Herbal Medicines）。

七、赴英旅游可搭申根顺风车

2013年10月14日，英国财政大臣奥斯本在访华期间宣布了一揽子对华签证便利化措施。其中最重要的政策包括游客在提交申根签证申请表时，同时可办理英国签证，从而避免两个单独的申请过程中漫长的等待和复杂的准备程序，并节省签证费用。这一“双签证政策”需要通过获得授权的中国旅行社递交材料进行申请。

不过这一政策至今没有明显进展。2013年12月12日，英国内政大臣特雷莎·梅宣布了一系列简化英国签证的措施，并确认此举就是为了便利中国游客和商务访客，但真正的“双签证”未能实行。《英中时报》记者采访英国内政部后得知，这两项政策实施的具体细节尚待商榷。

八、英中网全新改版上线

2013年11月8日，全英华人首选新闻门户——英中网（www.ukchinese.com）正式全新改版上线；与此同时，《英中时报》微信公众平台也正式推出，标志着欧美嘉新闻集团在新媒体领域的探索和发展迈出了坚实一步。

英中网由欧美嘉新闻集团携旗下《英中时报》和《英国商报》共同打造推出，全方位提供涵盖政治、经济、社会、文化、教育、法律等领域的多媒体资讯，报道和解读全英华人关注的最新及热门事件、政策、现象和议题，是华人了解和融入英国社会的重要平台。

九、华人灭门案杜安翔被判终身监禁

2013年11月28日，54岁的杜安翔被英国北安普顿皇家刑事法院判处终身监禁，至少须服刑40年。杜安翔被控于2011年4月29日谋杀华人丁继峰夫妇和他们的两个孩子。

杜安翔曾与丁家合伙开中医药店，后来由于商业纠纷，双方打了7年官司。杜安翔最终败诉并须支付88 000镑律师费。杜安翔承认杀害了丁继峰一家，但否认谋杀罪名，称自己是精神恍惚过失杀人。2013年11月12日，该案在北安普顿皇家刑事法院开庭，经历了2个星期的审判后，陪审团只花了3个小时的时间就宣判杜安翔罪名成立。

十、英首相卡梅伦访华

2013年12月2日至4日，英国首相卡梅伦率经贸代表团对中国进行了为期3天的正式访问，并举行新一轮的中英总理年度会晤。此次访问不仅是中国新一届领导集体执政以来英国首相首次访华，也是两年多来中英最高级别的双边接触。除北京外，卡梅伦还访问了上海、杭州、成都。

卡梅伦总结了此行到中国的三个目的：一是加强中英关系，强调中英两国是不可分离的合作伙伴；二是增进人民之间的交流，希望能促进中英在教育等领域的合作；三是推动经贸往来，创造双边投资机会，促进两国就业。

（［英国］《英中时报》2013－12－28）

2013年西班牙华侨华人十大新闻

一、巴塞罗那再次上演“皇帝行动”

巴塞罗那税务部门在2013年1月17日的新闻发布会上宣布，他们在警方的配合下，共查处了以经营服装和百元店商品为主的23家华人批发仓库。此次大规模行动是经过了一年多的准备和调查之后才展开的。

税务部门的新闻发言人说，这些被查处的华人批发商在从中国进口货物的过程中，通过虚假申报等方式来偷税漏税。比如原本价值1 000欧元的货物，却只申报300欧元。此外，这些华人批发商还通过隐瞒销售收入的办法来偷逃增值税。税务局表示，从2007年到2011年，这些华人批发商共隐瞒了2.4亿欧元营业额，涉嫌偷税漏税6 400万欧元。

在此次大规模处罚行动中，共有23家华人批发仓库被查出问题，43人受到指控。此外，税务部门还没收了84处物业，冻结了240个银行账号里的大笔现金。

二、瓦伦西亚针对华商展开“睡美人”行动

2013年2月20日，西班牙国家警方和海关税务局发布消息说，他们年初在瓦伦西亚针对当地批发华商进行了大规模的打击偷漏税行动。在瓦伦西亚和埃切（Elche）的ElCarrús工业区，他们共查处了25家华人批发仓库，逮捕了11个华商业主。警方指控他们犯有多项财政犯罪罪行，包括走私香烟、清洗黑钱、侵犯知识产权、伪造文件等。

税务警方表示，“睡美人”打击行动覆盖多个城市，包括瓦伦西亚、埃切、阿利坎特和巴塞罗那。“睡美人”行动从2012年5月份开启，经历了非常复杂的调查过程，期间还获得了法国海关提供的情报协助。瓦伦西亚海关由此发现从中国发来的7个集装箱里面有价值420万欧元的烟草，足以制造180万到250万盒香烟。该团伙的偷税漏税金额达到了2 000万欧元。而从2009年到2012年，他们转移到中国的黑钱高达1.18亿欧元。

三、马德里一华人妇女涉嫌国内巨额诈骗自杀身亡

2013年4月3日，一名华人妇女Lili Dai在其位于马德里北郊San Sebastián de los Reyes市Val de Almendros大街10号的一间别墅内自杀。而此时，她的4名家人仍被4名涉嫌绑架的中国人看守在Pozuelo市Blanca de Castilla大街的别墅内。于是，警方采取行动，在几个小时后解救了其家人。警方还介绍称，Lili Dai和其丈夫因为在中国可能涉及房地产诈骗，欠下了一大笔钱。

后经查明，Dai与丈夫在天津用假房产手续诈骗了3.6亿元人民币，并用地下钱庄转到西班牙，后被国内债主追债至此。由于夫妻还款意愿不一致，Dai自杀。追债人因涉嫌非法拘禁其家人在马德里被捕。后来，Lili Dai的丈夫与母亲也在西班牙南部的阿利坎特被西班牙警方逮捕。

四、西电视五台诋毁华人中餐馆

2013年4月23日，西班牙电视五台在*Salvese Quien Pueda*节目中，以“中餐馆厨房什么样”为题，对西班牙中餐馆的卫生情况进行了大肆污蔑。主持人Aida Nizar在节目中，以夸张的呕吐画面，影射华人出售变质食品。此外，还通过采访暗示华人吃猫肉和死人肉。节目播出后，一名被采访的老板娘发现，自己说过的话，被栏目组剪辑得乱七八糟，专挑对中国人不利的言论播出。她气愤地说：“这是赤裸裸地抹黑中国人！”

2013年5月2日，西班牙中餐业协会部分成员在马德里市中心京城酒家召开会议，就西班牙电视五台播放诋毁华人中餐馆节目一事进行讨论，研究解决措施。并要求各华人餐馆自查问题，抓紧时间整改，同时决定联合其他华人社团，向电视五台发出律师信，以示警告。

五、华人举行“反种族歧视，抗议辱华”示威

为抗议西班牙媒体在“皇帝行动”后对华人群体的大肆污蔑和丑化，2013 年 5 月 26 日西班牙振兴中华协会发起并组织了“反对种族歧视，抗议辱华事件”的抗议示威。此次示威活动在马德里西班牙广场举行，来自马德里以及西班牙其他城市、葡萄牙、法国等地的华人以及 500 多名西班牙友人参加了这次示威游行活动。

在活动中，作为发起者，振兴中华协会会长叶吴伟先生向前来参加示威游行的华人宣读了协会的声明。他说，为了我们中华民族的尊严，为了我们同胞生活环境不受恶势力的再次侮辱和侵犯，为了我们的孩子在学校不受人歧视，华人应当发出自己反抗的声音。

随着一声声“振兴中华，自强不息，民族团结，还我尊严”的口号，侨胞们的情绪被迅速调动起来，随后在现场播放了中华人民共和国国歌，雄壮的国歌声响彻西班牙广场。

六、警方捣毁强迫华人妇女卖淫的两大对立团伙

西班牙国家警察于 2013 年 7 月 1 日宣布，捣毁了把中国妇女带来西班牙并迫使她们在马德里 Parla 镇卖淫的两个团伙。警方表示，被捕的 27 人中除 1 人是西班牙人以外，其余都是中国公民。与此同时，24 名受害者已经被送入支持机构，其中 3 人是未成年人。

根据调查人员掌握的资料，这些妇女是被虚假的承诺从中国骗到西班牙的。介绍人说她们会获得一份月收入超过 4 000 欧元的工作。但实际上，她们居住在仅 6 平方米的狭小房间里，没有窗户，唯一外出的机会就是去酒店或歌厅接客，生活如同被关押的囚犯。

被捕的两个团伙的成员过去曾争夺在马德里南部的华人卖淫市场。两个团伙都剥削受害者，强迫她们至少卖淫一年，以偿还来西班牙的费用 1.4 万欧元。这些妇女获准保留每次性服务 40% 的收入，通常是每晚 300 欧元。

七、马拉加华人百元店业主拦截匪徒时被撞身亡

2013 年 7 月 6 日上午 10 点 40 分左右，几个歹徒抢劫了位于马拉加市 Núñez de Balboa 街道上的一家中国人百元店后开车逃遁。业主上前拦截劫匪的汽车时，遭遇驾车匪徒拖拽，然后在疾驶过程中放手。业主当场倒地，头部受伤。后来虽经抢救，但终因伤势过重而死亡。遇害业主为中国人，43 岁。此后，在 5 名犯罪分子被抓之后的第二天，其中 4 人就被警方释放。警方这一轻率的做法以及侨胞的惨死点燃了当地侨胞的怒火。7 月 10 日，在马拉加华商会的组织下，大约 200 名侨胞聚集到事发地市政府前，举行了“关注华人安危　严惩犯罪分子”的示威活动。据马拉加华商会刘月标会长介绍，这次示威活动的目的是希望当地市政府能够正视治安恶化的问题，为改善当地治安作出努力。

八、巴塞罗那 Sabadell 发生华人凶杀案

2013 年 7 月 11 日下午，巴塞罗那近郊的 Sabadell 地区内，一名 37 岁的浙江青田籍华人王爱娟被人刺死。

2013 年 6 月，王爱娟的爱人将一笔 140 欧元的垃圾费送给自己酒吧的接手人翁家平，让其先将垃圾费缴纳掉，再与自己商谈平摊事宜。当时对方没有提出任何异议，但是一直

没有缴纳。7月11日下午4点半左右，王爱娟下班之后决定去看一看对方是否已缴纳垃圾费，但去了之后就一直没有返回。

据一名目睹命案的当地居民Jose描述："当时是下午18点左右，我听到外面吵吵嚷嚷的，出来看的时候，发现酒吧店主追着安娜（王爱娟的西语名）从酒吧里冲出来，当时安娜的脸部、胳膊以及腿部已经多处被刀砍伤，但对方始终没有放弃追逐。后来，安娜倒地后，酒吧老板就揪住她的头发，连捅了三四刀，刀刀都深可没柄。"

几分钟后，警察闻讯赶到现场并进行了封锁。案件发生后一个小时，救护车赶到现场。最终，由于伤势过重，王爱娟在案发近两个小时后的送院途中死亡。

九、警方突查巴塞罗那华人美发和按摩店

2013年11月25日下午6点，巴塞罗那40多家美发和按摩中心遭遇了由加泰罗尼亚自治区警察、巴塞罗那市政警察等进行的联合检查。此次检查是为了打击某些以隐蔽方式提供性服务的店面。

大部分的检查都是在el Eixample地区进行的，那里充斥着这种类型的华人美发和按摩店。警方在检查中主要是要查明这些店面是否存在人口贩卖，遭受性剥削或劳工剥削的受害人，因为他们发现这种类型的店面数量正在猛增。

在行动中，警方搜查了该市存在的120多家店铺中的将近1/3。共有180名加泰自治区警员、82名市政警员、18名工作检查员以及5名翻译参加了此次行动。

十、马德里一年多后再现"皇帝行动"

2013年12月11日凌晨，就在"皇帝行动"一年多之后，西班牙警方再度联合多个部门对马德里以及仓库区华人展开联合行动，搜查了数个华人住家以及商业场所，共逮捕了大约17名侨胞。

据了解，警方这次行动和"皇帝行动"一样，都是以反黑作为切入点，并且主要是警察内部的"亚洲组"负责的。其实，警方早在2012年就开始对这些人进行调查，调查的方式主要是窃听和监视，其中很多人的手机已经被窃听超过半年，可以说这次的收网行动警方策划和布局已久。警方起诉被捕华人的罪名包括洗黑钱、绑架勒索、行贿官员、贩毒、胁迫卖淫、偷漏税等。

（《中国报》2013－12－31）

2013 年美国华侨华人十大新闻

一、布鲁克林灭门惨案　两华裔家庭梦碎美国

2013 年还是有很多沉重的记忆。在纽约华人聚居地布鲁克林日落公园 8 大道，一个寒冬的夜晚发生了一起惨绝人寰的一家五口灭门血案。死者是一位华人母亲和她的 4 个孩子，孩子的年龄从 1 岁到 9 岁，而拿起屠刀的正是他们好心收留的表弟。嫌犯陈闽东，25 岁，19 岁那年从福建长乐偷渡来美国，原本也希望到美国追求一段美好的生活。

陈闽东被控 5 项一级谋杀罪，目前仍在接受精神鉴定。案发之后，华裔社区震惊，这是在纽约历史上都鲜见的灭门惨案。遇难家庭的唯一生者——父亲、丈夫卓仪林在办完了亲人的后事后，带着悲伤回到中国。

二、波士顿马拉松变恐袭　花季中国女留学生遇难

2013 年 4 月 15 日，波士顿一场世界性的马拉松比赛变成了恐袭的目标。波士顿马拉松爆炸案导致了超过 264 人受伤、3 人死亡，其中包括在波士顿大学就读的中国留学生吕令子。

在 3 天的全城追捕中，一名嫌犯被击毙，另一名嫌犯被捕。另有一名 MIT 的警官被枪杀。

波士顿成立了“壹基金”，累积筹款超过 6 000 万美元；波士顿大学设置了吕令子奖学金。波士顿市民在恐袭之后发挥“坚强的波士顿”精神，努力从波士顿爆炸案的阴影中恢复过来。这起恐怖袭击事件是继 9·11 之后在美国本土发生的第一次大规模的恐怖袭击，震惊全球，再次把人们脑中那根反恐的弦拉紧。

三、旧金山韩亚空难　3 名中国学生遇难

2013 年 7 月 6 日，一架满载乘客的韩亚航空飞机飞往旧金山国际机场。机上乘客和机组人员共 307 人，其中乘客 291 人，包括 141 名中国公民。来自浙江一个中学的学生原本希望到美国开阔眼界，展开他们期待已久的夏令营，但是飞机降落时出现了异常。3 名来自中国的花季少女折翅旧金山。美国国家交通安全委员会对事故进行了调查，得知飞行员是首次驾驶波音 777 机型降落旧金山机场，操作中的失误酿成了惨剧。这起空难的最终报告将在 2014 年夏天公布。

四、蓝可儿塞西尔酒店离奇死亡　尸检结果认定意外溺毙

2013 年洛杉矶的一座酒店再次充满了离奇恐怖的色彩。年初，一名加拿大籍的华裔女孩儿蓝可儿在那里意外溺毙。

这起案件之所以离奇，是因为蓝可儿在失踪前被监视器拍摄到在酒店电梯内做出了一系列古怪动作，而且这个名叫塞西尔的酒店曾因三件凶杀案和多件自杀案而闻名。

尽管整个案件充满了离奇色彩，但是洛杉矶郡法医办公室经过半年调查和根据验尸结果，作出蓝可儿是意外溺死的结论，并依其生前行为认为蓝可儿患有躁郁症，这是造成其死亡的重要因素。

五、祈福党横扫美东美西　数名嫌犯落网

2013 年，有一个组织的名称特别频繁地出现在我们的新闻中。这个组织特征鲜明，可谓横扫美东美西。这个组织的人经常默默地走上前和老人家搭讪，最终令老人家的养老钱都落入他们的荷包。

这就是祈福党。祈福党的作案特点就是抓住了人性的弱点，说你家人有灾有难，骗你拿钱财珠宝出来让他们代为祈福消灾，然后将钱财调包。

2012 年纽约市共发生祈福党诈骗案 50 多起，诈骗金额高达 130 多万美元，其中法拉盛地区就有 60 多万美元，而这仅仅是纽约的数据。祈福党其实在美东、美西不断流窜，幸好警方在 2013 年已找到突破口，擒获了 5 名祈福党诈骗嫌犯，并判其企图重窃罪等多项罪名。

六、摩托车党围攻路虎豪车　华裔车主受伤

在纽约的一个周末，西边高速上一个摩托车队围堵一辆路虎豪车，随后将驾车的华裔司机拖出来猛打，甚至还想袭击这名连姓驾车人的妻子和他两岁的女儿。

一名摩托车手称，事件发生的缘由是连姓司机驾驶的车跟摩托车发生摩擦冲撞，导致车队追堵。摩托车队共有二三十人，警方陆续逮捕和起诉了 11 名攻击者，但是最令人不解的是车队中有警察卧底，在事件发生后却并没有报告。

七、ABC 辱华言论掀起全美华人抗议　华裔应增加在美融入度

2013 年还有一件必定登上排行榜的大事，那就是 ABC 辱华言论引起全美华人的强烈反抗。ABC 节目 *Jimmy Kimmel Live* 在 Kid's Table 环节中，一个孩子口出狂言要杀死所有中国人。孩子固然是童言无忌，但是节目方和 ABC 都容忍这样的言语播出则是问题所在。所以美东、美西到中部，各大城市的华人都自发到当地 ABC 电视台前抗议，希望获得道歉。

节目组一开始发过道歉信，主持人 Kimmel 本人也出面道歉，但是道歉被认为缺乏诚意。而在不断的抗议中，华人自身也应该思考，我们的诉求究竟是什么？其实书面道歉、口头道歉、公开道歉、个人道歉这些都是形式，更重要的是在形式背后我们看到 ABC 能正视问题，能够对一个族裔发自内心地尊重。而华裔本身也应通过这件事提升自己在美国社会的融入度。

八、骆家辉辞职驻华大使　网上一片热议

美国驻中国大使骆家辉是一名华裔。就在 2013 年年末的时候，他宣布 2014 年初正式辞职回西雅图与家人团聚。一石激起千层浪，大家都开始猜测骆家辉辞职的原因。

关于他的辞职，网上也有各种说法。下任获得提名的驻华大使还没上任也火了，他是蒙大拿州 72 岁的联邦参议员鲍卡斯（Max Baucus），他将是史上最高龄的驻华大使。

九、邓文迪默多克离婚　谁是赢家谁是输家？

默多克与邓文迪 2013 年的离婚吵得沸沸扬扬。当年邓文迪嫁给媒体大鳄默多克就受到全城热议。这场离婚案大家最关心的是财产怎么分，其次就是为什么离婚。但是因为离婚协议是保密的，所以大家也只能捕风捉影地说邓文迪分到了北京的一个四合院和曼哈顿的高档别墅。

在这 14 年婚姻宣告结束的时候，什么悍妇护夫，什么试管双胞胎都成了过眼云烟，最终却又冒出一个英国首相布莱尔给老默戴了顶绿帽子。

十、李安二度折桂　获奥斯卡最佳导演奖

2013 年有一件值得华人骄傲的事情，那就是华人导演李安拿下了奥斯卡最佳导演奖。凭借着一部《少年派的奇幻漂流》，李安在奥斯卡最佳导演的奖项上是二度开花。

说起李安，他是在纽约读的大学，虽一度沉寂 6 年，靠老婆养着，但最终成为华裔在美国电影领域的翘楚。这就告诉我们一个道理：人要坚持自己想要做的事情。但是在真正成为李安之前，你得想想自己能否扛得了那份孤独。

（［美国］美国中文网 2014－01－02）

（本栏目责任编辑　徐云）

海外要闻

本栏目内容是海外华侨华人社会新闻报道的选登，以反映有关人物、事件的主流立场、观点和方法。本栏目以事实资料、统计数据的报道为主，按媒体报道时间升序排列。

新加坡中国籍罢工获刑巴士司机提前出狱返回中国

因罢工被判入狱六周的中国籍 SMRT 前巴士司机包锋善于 2012 年 12 月 31 日出狱，并被遣送回国。

新加坡内政部发言人 31 日证实，包锋善当日刑满，并乘搭下午 4 时 35 分飞往中国的班机离开新加坡。根据樟宜机场的航班资料，当天下午 4 时 35 分共有两趟航班飞往上海。

38 岁的包锋善是在 2012 年 11 月 26 日、27 日参与了当地 26 年来首例罢工行动。共有 171 名 SMRT 中国籍巴士司机因不满工资和住宿条件，发动罢工活动。包锋善是事件中第 5 名被控的司机，也是首个认罪并被判刑的司机。

他当时被控于 11 月 26 日上午 6 时至 7 时在兀兰 1 段的宿舍积极参加“非法罢工”，违反新加坡刑事法（临时条款）第 7 条和第 6（2）条。这项罪名可被判罚款 2 000 元以下，或入狱 12 个月以下，或两者兼施。

包锋善育有一女，父母是农民，妻子是电子厂工人。父母为了让他赴新加坡工作，还借钱帮他还中介费，而妻子则在他离家在外时，打理家中大小事务。

除了包锋善，还有另 4 名被告何军令（32 岁）、高悦强（32 岁）、刘翔英（33 岁）和王献杰（39 岁）。他们共同面对一项“共谋教唆 SMRT 巴士司机非法罢工”的控状，何军令则面对另外一项控状，即他在网上发表言论煽动司机在 2012 年 11 月 26 日和 27 日进行非法罢工。

案件于 2012 年 12 月 19 日已进行了一场审前会议，该案将于 2013 年 1 月 10 日再次进行审前会议。

（［新加坡］《联合早报》2013 - 01 - 03/黄顺杰　黄政杰）

阿根廷华人超市组织抗议哄抢事件　指疑涉种族歧视

2012年的圣诞节前后，在阿根廷全国各地发生了不少哄抢事件，许多华人超商不幸沦为此类事件的最大受害人，全数的商品被哄抢一空，甚至整间超市都遭到破坏殆尽的事件也比比皆是。针对此次事件，2013年1月2日早上阿根廷共和国华人超商与自助超市公会的秘书长Miguel Calvete公开提出抗议，他表示这些哄抢事件都是有人在背后策划，而且他也不排除种族歧视的可能性。

超市公会的秘书长指出，这无疑是一种早就策划好的攻击行为，因为其实每一年都会有团体向超市业者提出参与慈善协助的请求，不过这一次却完全不是如此，因此让人不得不怀疑。

接受罗萨里奥（Rosario）第二电台的访问时，公会秘书长再次坚持他的说法，他表示那些强行闯入超市中并参与施暴的人们都是有备而来的，而且他还指出："基本上每间超市里都被80多人闯入，一般来说人们是不可能在一个小时里做出那么多事的。"

公会方面也认为发生在2012年12月20日和21日的哄抢事件存在种族国籍歧视的可能性，并认为警方也涉嫌帮助暴民。

公会代言人最后指出将在近几个星期与罗萨里奥市的市长Monica Fein进行会谈，以便要求其给予一个特别的信贷，以及税收减免，以补偿超市受害人。

（［阿根廷］《华人在线》2013－01－05）

近十年逾350万人移民意大利　中国人迁居趋势明显

从2002年到2011年，来到意大利的外国人超过了350万人，仅在罗马尼亚人注册户口的就有大约100万人。同时，从户籍处取消户口的外国人也有17.5万人，还有28.1万人因查无音讯而被删除户口（这其中可能有很多都是失去居留权的移民）。

国家统计局在先前公布的《国际与国内居住人口移民报告》中显示了上述数据。

继2007年外国人的注册高峰后，一直到2011年人数都呈削减趋势，尤其是2011年，比2010年减少了13.8%。2011年新注册外国人口38.6万人，取消户口8.2万人，净增长30.4万人。

移民到国外的人口平均年龄为34岁，53%是男性。从国外移民到意大利的平均年龄更低，为31岁，主要是女性。

43%的外国移民来自罗马尼亚、摩洛哥、中国和乌克兰。离开意大利的外国人也主要是罗马尼亚人，其次是中国人和阿尔巴尼亚人。

2011年意大利国内迁移户口的人数大约是135.8万人，与2010年相比，增加了1.3万人。外国人比意大利人迁户口的人数要多：每1 000名居民中有51名外国人迁户口，而意大利人只有20人。

在意大利国内迁移户口的外国人主要是罗马尼亚人（5.4万，占总数的22.8%），尽管迁居趋势更显著的是中国人（每1 000名中国籍居民中有80人迁居）。

（［意大利］《欧洲华人报》2013－01－06/一泓）

华人放弃美国绿卡公民案例多　富人税增弃籍代价大

在“美国万万税”下，美国富人放弃绿卡或公民身份的案例一度增加，但因美国经济复苏持续摇摆不定，造成富人数量减少，导致近年来放弃绿卡及公民身份的人数不升反降，其中华人颇多。而2013年放弃美籍者将付出更高代价，因为日前美国政府通过的挽救财政悬崖法案中，富人利得税率已从15%提高至20%，联邦所得税率则调高到39.6%。

会计师暨律师童志敏说，金融大海啸后景气持续低迷，国税局统计显示，美国富人中间收入在过去几年已从2007年顶端下跌近40%。随着富人减少，2011年放弃美籍的人数下跌至近800人。相对地，2008年至2010年间每年放弃美籍人数近1 500人。

童志敏指出，这些数字无法真正反映弃籍人数，因为不少选择落叶归根的人士，未完成申报“出境税”（Exit Tax）手续。除非不打算返回美国，否则以美国税法中全球收入须申报的相关规定，这类人士显然已经触犯法令。但实际上，国税局可能并无预算去纠举出这类违法者。

会计师李新忠说，从专业期刊 *Federal Register* 刊登的国税局每季公布的弃籍人士资料中发现，华人姓氏比例极高。但若是为了趋避高税负弃籍并不划算，因为将无法获得美国人高额的赠与及遗产免税额。根据日前通过的法案，该终生免税额个人是500万元，夫妻是1 000万元。因此弃籍者若是有钱人，并打算将美国资产赠与定居美国的子女时，不但无法享受前述的高免税额，2013年针对对一名子女超过14 000元的赠与，还须缴付40%的赠与税。

至于亦称作弃籍税（Expatriation Tax）的出境税，规定纳税人在弃籍当天，须申报1040C表格清算全球总资产，并视为“市价出售”缴交所得税。如果全球资产市价净值超过200万元，或过去5年每年缴交平均所得税多于151 000元，须马上缴交所得税。

所得税计算方式是用总资产净值减去资产购进基数，再减去651 000元免税额，然后根据是长期或短期计算税负。若利得持有未超过一年，将以所得税率课税。根据2013年初通过的新税法，夫妻可税收入超过45万元、个人超过40万元，将面临39.6%的所得税最高税率。若利得持有超过一年，则以20%利得税率课税。

李新忠说，这项马上清算做法不限公民，过去 15 年里至少拥有绿卡 8 年的人也视为公民，须马上清算全球资产。

此外，弃籍者须填写 2063 表，才有资格向国税局申请弃籍许可。如果没有弃籍许可，且在美仍有通信地址，就仍会收到国税局的报税通知，被视为仍有遵守税法的义务。至于资产低于马上缴税标准，须填写 8854 表，说明过去 5 年均按美税法诚实申报所得税，并申报海外账户，才有资格申请弃籍许可。

（［美国］《世界日报》2013 - 01 - 07/王善言）

突破瓶颈　意大利华商企业用工理念悄然发生转变

在意大利，华人企业使用的员工几乎都是华人。因为有相同的文化，语言沟通没有障碍，且用工合作方式又较为灵活，故多年来华人企业一直传承着这种习惯。然而由于近年欧债危机影响，欧洲经济低迷，而中国国内经济呈现较好的增长，从业、发展机会较多，百姓生活水平提高较快，赴欧洲劳工人员锐减。同时，在意大利的华人打工族在完成一定积累之后，许多人又独立创业并向零售、服务业扩张，华人就业有了许多选择余地，从而导致原华人传统的劳动密集型加工企业出现严重的工人短缺现象，这成了制约华商加工型企业生存和进一步发展的瓶颈。

日前，记者走访了位于意大利伦巴第大区的东南部，有世界“袜都”之称的曼多瓦（Mantova）省。这里有许多华人企业承接当地著名的袜厂的加工业务，然而近年用工制度已悄然地发生了变化，许多企业都聘用了来自印度、巴基斯坦等地的移民作为主要生产员工。

郑先生的工厂从 2006 年就已经开始聘用印度籍员工，目前，印度籍员工已经占整个员工队伍的九成以上。郑先生说：“前些年我们发现华人员工短缺已经成为一种无法逆转的趋势，所以，我们为了企业生存，必须马上考虑在其他国家的移民群体中寻找优质劳动力资源。经过反复比较，由于有近似的地缘文化，我们发现印度和巴基斯坦人与我们相处较好，他们对待遇的期望值不太高，也基本能接受华人的工作习惯和方式。”

在当地从事百货零售业的叶先生介绍说：“这些印度籍等移民员工的语言水平普遍比华人要好，从事服务行业能够发挥出他们的优势。我们华人要在意大利生存和发展，赢得当地政府和居民的认可，势必要做好两件事，即帮助解决地方就业问题和向政府交纳税收。”他表示，华人企业在用工上发生改变，是一件有利于华人企业更好发展的事情，它逐渐消除了当地人一直对华人群体存在着自我封闭的偏见；也可以为政府分忧，改善了政府对华人的关系和看法；而且促进了华人与其他国家移民的和谐相处及提升华人在移民群体的影响力，在一些更重要的岗位上，今后还将聘用意大利籍员工。

（［意大利］意大利侨网 2013 - 01 - 08/言绪　游子）

阿根廷华人超市已达万家　逐渐站稳当地零售市场

据阿根廷华人在线援引阿根廷媒体报道，据推测，在阿根廷全国，华人超市的数量已经超过10 000家。随着当地消费水平的提升，华人超市的市场份额也在逐年增加。据报道，2012年华人超市销售额比前一年增加了10%左右。下面以布省胡宁（Junin）市为例，探究华人超市是如何打进并站稳阿根廷内地市场的。

在布省胡宁市Padre Ghio街和Primera Junta街附近，埃德加多·马里斯科蒂（Edgardo Mariscotti）曾是当地一家名为“马里斯科蒂”超市的老板，如今已经将店面转租给了一家华人超市。

马里斯科蒂在接受当地媒体采访时谈到了对华人超市的看法。他说，根据他的经验，华人超市刚开始的时候，吸引的客人并不多，但随着时间的推移，他们的销售额便会大幅提升。原本自己的超市只开放一个收银通道，偶尔开两个，但华人超市增加到四个收银台，工作时间是他的8倍，每天从8点做到22点。下班后，他们还要继续整理货架和仓库。

马里斯科蒂还说：“华人超市大部分是家庭式经营，雇用的员工不多，这样的话，他们就有可能降低超市的商品价格。他们就是工作狂，有时候要工作到凌晨3点。”

一个传言在阿根廷流传甚广：华人超市会将牛奶冷藏柜的电源在晚上关门后断开。对此流言，他给予了坚决否认。他说，华人超市在接手店面后就买了一个非常现代化的冰箱，晚上根本不会断电。

据马里斯科蒂介绍说，目前，胡宁市已经有约25家华人超市，而原来的杂货店则陆续关闭。他预测说，在当地除了少数连锁超市之外，今后只会剩下华人超市。尽管华人超市在当地会引起一些争议，但他本人还是非常尊重华人超市业主。

胡宁市仅是阿根廷内陆一个普通的中小城市，人口10万左右，平均每4 000人就有一家华人超市。按此推算，当阿根廷人口超过4 000万时，华人超市的数量在10 000家左右并不是虚言。

（中新网2013－01－17）

加拿大入籍华裔5年跌幅36%　中国移民不愿弃中国籍

据加拿大《星岛日报》报道，加拿大《移民信息汇编》（*Lexbase*）根据信息自由法获取数据显示，加拿大移民入籍比例正逐年下降。其中来自中国的移民入籍总人数减幅明显，从2007到2011年5年里减幅达到36%。

截至2011年11月24日，在2001年抵埠的新移民，有76.2%已入籍成为公民；2003年抵埠的新移民，入籍人数比例是68.3%；2008年抵埠的新移民，入籍比例只有2.9%。

*Lexbase*总编辑兼移民律师李克伦（Richard Kurland）向《星岛日报》表示，导致移

民入籍比例逐年下降有三个原因：第一，从 2002 年起，加拿大永久居民被要求领取枫叶卡，且每 5 年需要更换一次；第二，移民部逐步收紧规定，令不少新移民无法保留永久居民身份；第三，移民手续处理时间漫长，加上面谈增加，也令入籍人数降低。

本拿比华裔移民顾问莫恭佑表示，入籍人数下降，除了与移民部严打入籍造假及入籍语言要求提高有关外，确实愈来愈多中国移民不愿放弃中国国籍。他表示，不少人近年选择更新枫叶卡，而不入籍。

加拿大移民部最新数据显示，过去 5 年，中国移民入籍总人数逐年下降，从 2007 年的 24 347 人降至 2011 年的 15 565 人，5 年的减幅达 36%。以 2012 年前 3 季来看，包括印度、中国、菲律宾等移民主要来源国的入籍人数都出现下滑，较前一年下降 33%。

（中新网 2013－01－17）

巴西政要出席纪念华人移民 200 周年活动

由巴中国际发展商会主办的纪念华人移民巴西 200 周年活动，1 月 20 日晚在圣保罗历史文化中心举行，巴西 10 多位联邦参议员、众议员、圣保罗州议员、市议员以及巴西各界著名人士同华人代表和中资公司领导出席。

纪念活动先以酒会的形式拉开序幕，李荣基武馆表演了舞狮，华声艺术团表演了中国歌舞《套马杆》，主办单位还特别邀请了 6 位桑巴舞专业演员，现场表演了热情奔放的桑巴舞，并与观众们一起牵手起舞。

酒会结束后会议厅举行了庆祝大会，巴中国际发展商会会长胡忠伟、巴西华人协会会长李少玉被邀请与巴西政要们就坐在主席台上。在全场与会者起立高奏巴西和中国国歌后，主持人介绍了华人移民巴西的历史，以及 200 年来华人与巴西人民和睦相处所作出的贡献。

圣保罗历史文化中心的负责人、圣保罗州军警最高司令官致辞说，华人靠着他们的勤奋和节俭在巴西生活工作，为巴西的繁荣和发展作出了有目共睹的贡献，理应得到我们的尊重和肯定。然而在今天的现实生活中，华人在生活和从事经营中常受到抢匪在生命财产上的威胁，以及一些不良公职人员的敲诈勒索，我们应该达成共识并协作一致，来改变这种不合理的状况。

纪念活动中，巴中国际发展商会与圣保罗历史文化中心为在各个领域作出优异成绩的国会议员、州市议员、军警官员以及华人开办的陈国伟武术学院、李荣基武馆、刘树德中华书法学会等颁发了奖状和奖章。

（［巴西］南美侨报网 2013－01－22）

大量华人到赌场去迎新年

“到赌场去碰碰运气”，似乎成为许多旅西华人在每年辞旧迎新之际的传统做法。而2013年也不例外。

据一些侨胞介绍，在2012年12月31日晚间的旧年夜，以及2013年1月1日晚间，马德里知名大赌场里的顾客大部分都是中国人。放眼一看，让人感觉似乎又回到了中国。在马德里、巴塞、瓦伦西亚等城市的大赌场中，华人在辞旧迎新之际，同样也是主要的客源。

在众多的华人赌客中，除了赌场的一些常客以外，还有很多人到赌场是为了辞旧迎新，希望靠赌运，来展望自己在新一年里是否财运亨通，好运连连。

不过，“十赌九输”的规律让许多在赌场迎新的侨胞都失望连连。而为了扭转运气，很多人更是屡败屡战。最终，不少人竟在垂头丧气中，迎来了新的一年。蛇年春节已经过去，希望旅西华人到赌场迎新年的“传统”可以改一改了。

（［西班牙］欧华网 2013－01－23/郝驭）

非法移民自愿回国可以避免罪名

据罗马在2013年1月17日的消息，意大利内政部发出消息，如果非法移民自愿回到自己的国家，则可以避免不能重新入境的罪名，这是意大利内政部给米兰警察局的答复。这条法律还在等待移民服务中心的意见，并没有正式确定。此法律的目的是推动在意大利的非法移民能够自愿离境。在此情况下，非法移民离开意大利时不但不会被海关驱逐，还可以再次申请来意大利。

（［意大利］欧洲侨网 2013－01－24）

2011年洛杉矶海关没收中国客未申报现金达43万美元

美国法律规定，凡由旅客携带进入美国境内的现金，若超过1万美元者均须申报，如不申报，现金将被没收。洛杉矶是最受欢迎的旅游目的地之一，其海关部门在1月24日透露，2011年海关在洛杉矶入境处共截获了2 350 858美元未申报现金，其中被海关截获的来自中国游客的未申报现金就达436 174美元，几乎占了五分之一。

根据洛杉矶海关部门24日公布的最新数字，2009年该部门共截获1 292 669美元未申报现金，其中中国游客未申报的现金达177 732美元。2010年洛杉矶海关部门截获的现金大幅增加，几乎翻了一倍，达到了2 316 975美元，而海关从中国游客处截获的未申报现金金额也上升了近2.5倍，达到了418 608美元。2011年海关截获的未申报入关现金数字又继续增长了10%，达到了2 350 858美元，从中国游客手中截获的未申报现金数量增长了5%，达到了436 174美元。

洛杉矶海关部门发言人瑞兹24日在接受采访时表示，他不能讨论任何具体案例，但海关有时一次便可从游客那里截获2万美元现金。此外，他还否认是因为政府部门资金短缺，海关才截获更多的现金。

从洛杉矶入境的外籍人士中，中国公民是携带现金未申报被扣最多者。美国公民中携带现金未报而被扣者也以华裔最多。

海关部门官员说，如果游客携带超过1万美元现金、旅行支票或者其他货币形式（例如人民币等），都须向海关申报，并对现金的来源作出合理的解释（例如，如果现金来自所出售房产，务必出示出卖房产的凭据等）。他指出，这样做是为了防止一些不法分子在美国境内洗钱。

海关部门官员指出，如果携带1万美元现金不申报，在一些情况下海关还会对乘客进行起诉，当事人最高可面临50万美元的罚款以及10年以上的有期徒刑。所以劝告携带了超额现金的乘客不要撒谎，不要隐藏所带现金，应将手中现金的真实数量如实申报。

（[美国]《侨报》2013-01-25/夏嘉）

在美劳工汇款多　中国成大户

世界银行数据显示，在美国的各国劳工2012年给自己国家的家人共汇款1 200亿美元。其中，超过230亿美元流向墨西哥，134.5亿美元到了中国，流向印度的为108.4亿美元，流向菲律宾的为100亿美元。

数据显示，在全球的“汇款资金”流向中，印度和中国成为“接收大户”。《每日邮报》称，流向印度的汇款达到618亿美元，流向中国的为607亿美元，随后依次是墨西哥（236亿美元）、菲律宾（229亿美元）、尼日利亚（199亿美元）、法国（189亿美元）、埃及（138亿美元）、德国（129亿美元）、巴基斯坦（120亿美元）和孟加拉国（112亿美元）等国家。

不过世界银行的官员同时指出，上述金额只是基于银行或转账公司等提供的数据，实际的移民资金流动规模可能会更大。

历史上，跨国劳工寄钱养家的做法并不鲜见。19世纪和20世纪，爱尔兰、意大利和西班牙都从跨国劳工的寄款中获益。在当代，中国、印度、菲律宾等国家正从新一轮跨国劳工汇款潮中获益。居住在日本的巴西人，每年寄回巴西的资金超过10亿英镑。

与中国、印度、巴西相比，塔吉克斯坦、巴基斯坦等国更加依赖在外劳工的汇款。比如，每年主要从俄罗斯汇往塔吉克斯坦的资金，占塔吉克斯坦GDP总量的47%。

目前，全球跨国劳工资金流增长还在继续。世界银行预计，未来三年，不管全球经济衰退会不会持续，全球跨国劳工资金还会继续上涨，主来源地是美国、海湾国家和俄罗斯。

（［美国］侨报网 2013－02－01）

意大利工会提议取消非法移民罪

2013 年 1 月 25 日　意大利工会提出要继续跟劳动剥削者斗争，并尽可能让做黑工的非法移民获得居留权。不能因为他们在意大利没有居留权就把他们看作是罪犯，这是 Cgil 工会在罗马提交的建议书之一。这么做不仅可以促进国家的经济发展，而且可以更好地打击黑手党、贪污和逃税现象。至今有 500 多万移民生活在意大利，他们对意大利的经济发展和人口增长都有很大的帮助。在这些合法移民之外，许多没有居留权的所谓“隐形”移民为意大利的繁荣也作出了很大的贡献，不同的是他们经常受到劳动剥削。

（［意大利］《欧洲华人报》2013－02－01）

美华裔能源部长朱棣文宣布卸任

美国华裔能源部部长朱棣文在 1 日宣布卸任，总统奥巴马称赞朱棣文是“卓越的朋友和出色的同事”，并特别鸣谢朱棣文在 2010 年“盖帽堵油”中解决了墨西哥湾原油泄漏事件。

朱棣文当日向下属发出一封公开信，宣布接任人选确定后，他将辞去部长一职，回到加州重返教学和科研岗位。2009 年 1 月就任能源部部长前，朱棣文是美国能源部直属实验室——伯克利国家实验室的主任。

由于仍会留任一段时间，朱棣文注定将创造历史。到 2 月 2 日，他将打破小布什时期的能源部部长亚伯拉罕保持的“纪录”，成为自 1977 年能源部成立以来任期最长的部长。

1 日卸任消息传出后，美国总统奥巴马称赞朱棣文是“卓越的朋友和出色的同事”，并特别鸣谢朱棣文 2010 年想出“盖帽法”解决了墨西哥湾原油泄漏事件。

“当时别人都束手无策，他却设计出盖子堵住了墨西哥湾中间的洞，典范地体现了他为美国作出的杰出贡献。”奥巴马说。2010 年夏，利用为油井加盖的“盖帽法”，美国堵住了英国石油公司在墨西哥湾泄漏的原油，终于使美国历史上最严重的环境灾难告一段落。

他又指出在朱棣文的领导下，美国继续在能源独立的道路上前进，这有助于在未来创造更多就业岗位；更表扬朱棣文为工作牺牲了不少休息时间，对他担任能源部部长时的非凡表现表示感谢。

祖籍江苏的朱棣文生于学者之家，1976年获得加州大学伯克利分校物理学博士学位后，一路成为全球知名的无碳能源专家，更于1997年获得诺贝尔物理学奖。

2008年奥巴马赢得美国大选后，提名朱棣文出任能源部部长，其职责包括加强美国能源安全，促进能源科技革新，并负责清理美国核武器场地周边环境，确保安全环保地处理核废料。

朱棣文履职后，与时任商务部部长骆家辉、退伍军人事务部部长埃里克·新关成为当时奥巴马内阁的三名亚裔部长。同时，朱棣文也延续了美国能源部一项悠久的传统，据统计，迄今为止先后有80多位诺贝尔奖得主曾供职于美国能源部或其前身机构。

（中新网2013－02－02/德永健）

非法罢工事件后75% SMRT中国司机已申请加入工会

2月4日，总理公署部长、全国职工总会秘书长林瑞生在新加坡国会上透露，SMRT中国籍司机罢工事件发生前，该公司400多名中国籍司机中只有不到5%的人加入工会；而事件发生之后，在工会与公司管理层的推广下，已有75%司机申请成为工会会员。

此外，新捷运的600多名中国籍司机当中，也有90%以上是工会会员。

林瑞生说，新加坡120万名外籍员工中，有10万人加入工会，约占全国工会会员总数的15%。

新加坡人力部代部长陈川仁强调，劳资政的紧密合作一直是新加坡至关紧要的独特优势，它制造了和谐的工业环境，为工人提供稳定的工作，同时也吸引投资。非法罢工事件是一记警钟，说明工业关系和谐并非理所当然，但他深信新加坡有能力在这个基础上继续努力，为新加坡人创造更多更好的工作。

陈川仁还说，新加坡人力部一直都鼓励工会邀请外籍员工加入，以便工会能合法地代表他们发言及争取福利，而事实上工会也要主动实践。即便这些外籍工人可能在其他工会会员中只能形成少数群体，但只要他们提出诉求，工会也一定会一视同仁地转达，让他们的声音能被听见。

陈川仁也指出，劳资政伙伴相信，只有开诚布公地沟通，才能够达到工业和谐。如果企业在投诉管理上面对难题，可以向劳资政公平雇佣联盟（Tripartite Alliance for Fair Employment Practices，简称TAFEP）寻求援助。

新加坡人力部也通过派发以外籍客工原籍语言书写的手册，增强他们对自身权益的意识，并提供正确的申诉管道指南。

非政府组织也扮演积极角色，是客工与新加坡人力部之间的沟通桥梁，协助遇到问题的客工，也把相关个案转介给人力部。

（［新加坡］《联合早报》2013－02－05）

50年变迁逾220万　中国成美国第二大新移民来源国

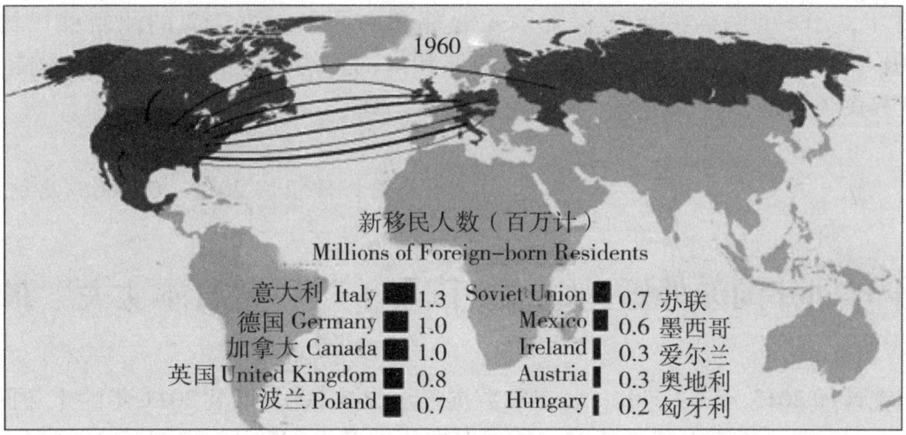

1960年十大新移民原籍国

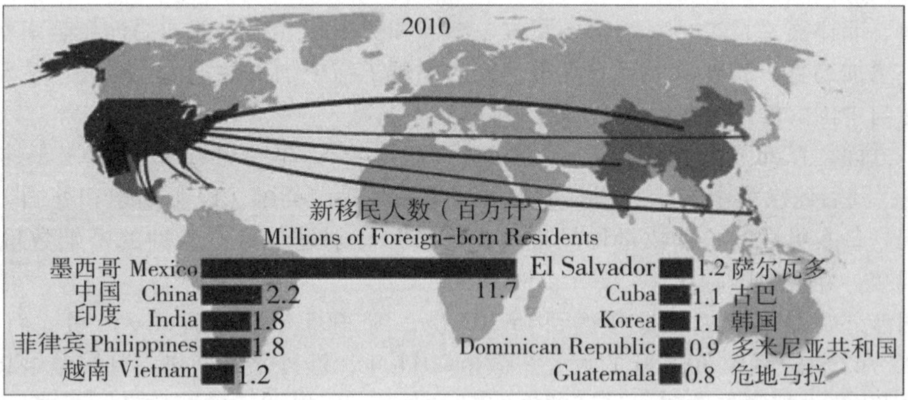

2010年十大新移民原籍国

过去50年间，美国新移民在规模、原籍地和人口分布上都发生了巨大变化。2010年，在美国生活的华裔新移民逾220万，成为美国第二大新移民群体。

美国人口普查局（Census Bureau）2月7日公布的报告称，1960年，新移民占美国总人口的比例仅为5%，多数来自欧洲，定居在美国东北部和中西部；而50年后的今天，每 8 个美国人中便有一个在境外出生，多数来自拉美和亚洲，定居在美国西部和南部。

自 20 世纪 70 年代开始，新移民数量逐步增长，占美国总人口的比例也逐步攀升。根据美国人口普查局每 10 年一次的数据显示，1970 年共有 960 万新移民，占总人口比例的 4.7%；而 2010 年的新移民人数飙升至 1 290 万，占总人口比例达到前所未有的 40%。

以原籍地区来看，1960 年，75% 的新移民来自欧洲，来自北美、拉美、欧洲和其他地区的移民比例分别为 10%、9%、5% 和 1%；2010 年，拉美和亚洲成为最大的两个移民原籍地区，所占比例分别为 53% 和 28%。

50 年间，美国新移民的主要原籍国也发生巨大变化。1960 年，美国移民最大的五个原籍国为意大利、德国、加拿大、英国和波兰；2010 年，中国成为第二大新移民原籍国，华裔新移民达到 220 万，占新移民总数的比例达到 17%，紧随墨西哥（1 170 万）之后。

1960 年，70% 的新移民定居在美国东北部和中西部，约 2/3 的州新移民比例少于 5%；2010 年，67% 的新移民定居在美国西部和南部，约 2/3 的州新移民比例超过 5%，加州的新移民人数最多，占该州人口的比例高达 27%。

（[美国] 侨报网 2013－02－08/马柯斯编译）

近十年间韩国涉外婚姻中“中国妻子”和“日本丈夫”最多

韩国统计厅 2013 年 2 月 11 日公布的数据显示，从 2002 年至 2011 年的十年间，韩国涉外婚姻数量共达 326 794 桩，其中与外国女性的婚姻为 245 362 桩（75.1%），与外国男性的婚姻为 81 432 桩（24.9%）。

在配偶为外国女性的婚姻中，与中国女性结婚的情况最多，达到 13 023 桩，其后依次为越南、菲律宾、日本、柬埔寨、蒙古、泰国和美国。近年来韩国男性与越南女性结婚的数量呈增加趋势，2011 年为 7 636 桩，首次超过了与中国女性的婚姻数量（7 549 桩）。韩国男性与中国女性结婚的情况自 2005 年以来不断减少。

另一方面，在韩国女性和外国男性的婚姻中，与日本男性结婚的情况最多，达到 26 751桩，其后依次为中国、美国、加拿大、澳大利亚、英国、巴基斯坦和德国。韩国女性和中国、日本男性的婚姻数量均呈现减少态势，特别是与日本男性的婚姻数量于 2011 年出现锐减，并被中国赶超。

韩国涉外婚姻数量在 2002 年达到 15 202 桩，到 2005 年增加至 42 356 桩，而 2011 年减少到 29 762 桩，跌破 30 000 的大关。截至 2011 年，涉外婚姻数量占韩国结婚总数量的 9%，但因政府加强了有关移民签证的签发审查力度，所以涉外婚姻数量逐渐减少。

（[韩国] 韩联社 2013－02－12）

中国“黑工”在荷兰睡发臭笼子震惊国际社会

“过着奴隶一般的生活，只能睡在一个发臭的笼子里，每天拼命干活却几乎得不到任何报酬。”2月21日，多家外媒报道了一名被警方解救出来的华人偷渡者在荷兰的中餐馆打黑工时的悲惨遭遇，震惊了国际社会。

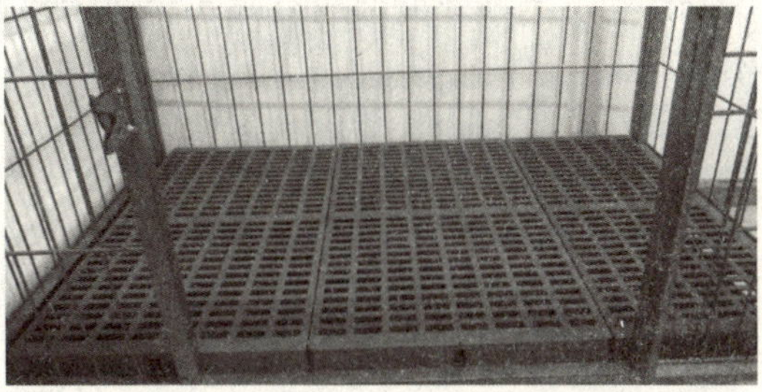

据法新社2月21日报道，荷兰阿姆斯特丹检方表示，这名中国男性厨师于2007年底来到荷兰，由于没有合法身份，他只能在阿姆斯特丹的中餐馆打黑工。据称，该男子受到52岁的中餐馆女老板和4名同伙的长期虐待，不但生活在打骂的威胁下，还被迫同时为好几家中餐馆打工，有些餐馆位于阿姆斯特丹，有些则在荷兰东部的阿尔汉姆。

英国广播公司称，该男子受到可怕的剥削，每天必须长时间工作，几乎没有任何报酬，银行账户也被窃取。更可怕的是，他还受到长期虐待。检察官办公室的文件显示，他被迫在餐馆的一个肮脏的笼子里住了一年时间，同时被闭路电视监控，生病了也不能看医生。

荷兰检方称，数月来，这名中国男子身无分文，也不会说荷兰语，在获救之前，几乎已放弃对生活的希望，目前他处于警方的保护之下。涉案的中餐馆老板被荷兰检察官以走私人口罪提出判刑20个月，其他4名嫌犯也分别被要求判处10到15个月刑期。

近年来，在荷兰发生的人口走私案件呈上升趋势。据荷兰反人口走私组织报告，除原有的女性受害者落入色情业外，其他形式的剥削案件也呈增多之势，“就算是合法引进的外籍劳工，他们受到当地雇主虐待的申诉案例也在不断增加”。

（《环球时报》2013－02－23/马俊）

澳大利亚新疆人社团会员90%直接来自新疆

据澳大利亚的新疆人社团介绍，目前在澳大利亚的新疆人社团在墨尔本有两个，在悉尼和阿德莱德各有一个。澳大利亚的新疆人社团会员多为俄罗斯族人及其亲属，会员包括俄罗斯、汉、维吾尔、哈萨克、锡伯、回、达斡尔、满8个民族，会员中90%直接来自新疆。

记者在澳大利亚采访期间获悉，墨尔本目前有澳大利亚新疆侨民协会和新疆老人协会；悉尼的澳洲中国各族同胞联谊会于1993年成立，首任会长邵群，现任会长沈葆仁，其协会成员大部分是新疆人，协会有定期的《会讯》；南澳（阿德莱德）新疆联合会于2008年11月成立，会员有俄罗斯、汉、维等民族，会长为张燕霞。

澳大利亚的新疆人有其自身特点，还保留着一些传统文化。第一代新疆人仍然保持着开朗、豪放、热情的性格。他们常有聚会，彼此多有联系，互相帮助，是澳大利亚移民群体中比较活跃的一支。其社团在当地华人社团中也显得比较活跃。他们与中国使领馆保持着良好的关系。在中国的国庆节、春节、古尔邦节和锡伯的西迁节，都要举办不同形式的庆祝活动。当地政府部门有时还会邀请他们表演新疆歌舞。因此，他们在当地社会中反响不小。

（中新网乌鲁木齐2013－02－28）

加拿大华裔移民近150万　中国游客2012年达23.5万

加拿大公民、移民和多元文化部长肯尼于2013年3月4日在渥太华宣布，加拿大华裔移民已近150万，中国游客人数去年创纪录地达23.5万人。

肯尼说，中国是移民加拿大的头号来源国，在2012年，有32 990中国移民被承认永久居民身份。同时，加拿大全年也创纪录地向中国申请人发放了235 000张访问签证，与2004年相比，增加了158%。在同一年里，还创纪录地向中国学生发放了25 245张学习签证，这个数字自2004年以来增加了235%。

肯尼说，这些显著增加的数字表明，来自中国的游客和学生申请人都将加拿大作为首选的目的地。

肯尼承诺，政府将继续改善移民制度，使之更快速、灵活地发放签证，以避免申请积压。

肯尼举例说，2011年7月加拿大出台新政，使多次入境签证的期限从5年延长至10年。此外，加拿大公民和永久居民的父母及祖父母、外祖父母，有资格申请新的父母及祖父母超级签证，有效期长达10年，并允许父母和祖父母来加拿大每次可居住长达24个月的时间。

肯尼说，政府计划促进经济增长和创造更多的就业机会，吸引越来越多的游客和世界上最好的和最聪明的人才到加拿大。出于这个原因，政府会努力尽快签发签证和许可证给新移民、游客和学生，以方便他们出行。

肯尼最后说，在过去的一个世纪中，加拿大得益于来自中国的新移民的天赋和勤奋，有近150万加拿大人可以从中国追溯到他们的祖先，现在越来越多的中国公民能够访问他们在加拿大的家人和朋友，或到加拿大的学院和大学学习研究，或移民到加拿大成为永久居民。

（中国新闻社多伦多 2013－03－04）

美南加州首见以华裔命名街区　黄锦绍广场揭牌

据美国《世界日报》报道，为表彰美国第一位华裔法官、慈善家、小区领袖黄锦绍（Delbert E. Wong）对华裔小区乃至整个洛杉矶的贡献，以其名字命名的广场“Judge Delbert E. Wong Square”于 2013 年 3 月 1 日在洛杉矶市华埠举行揭牌仪式，创造了第一个由南加州政府为杰出华裔命名地标的案例。

促成广场命名的洛杉矶市第一区市议员雷耶斯（Ed Reyes）在仪式上透露，为纪念黄锦绍，市议会有望在近期将洛杉矶市立图书馆华埠分馆前的街道，也以黄锦绍名字命名。

当天出席揭牌仪式的黄锦绍二儿子黄道权代表家人发言称，其父不仅是称职的法律工作者，在家中也是众人的榜样，“家父曾亲身经历排华岁月，深知平等和人权的重要，因此在任职期间一直努力为华裔、亚裔甚至各种族民众争取应有权利，退休后也积极致力于小区慈善事业，包括协助建立亚太法律服务中心、筹款建设华埠图书馆等，为家中兄弟姐妹们树立了好榜样”。

黄道权说，全家人对这份殊荣感激不尽，值得纪念的不仅是以父亲名字命名广场，当天也应是所有爱好平等、人权的人们互相祝福、纪念的一天。

（中新网 2013－03－04）

并非都想成为公民　移民的美国梦：合法居留就好

据美国《世界日报》综合报道，美国国会正对移民改革争执不休，是否向现在美国的估约 1 100 万非法移民提供入籍途径的辩论更是激烈。但是，有资格入籍的移民，并非全都想成为美国公民，很多人只要能够永久合法居留即已满足。

1986 年美国进行移民大赦，有 270 万非法移民因此获得绿卡，可是到 2009 年只有 40% 成为美国公民。

一些专家说，许多移民觉得拥有永久居留权就足够了，因为这消除了遭到驱逐的威胁，也使他们能够合法工作。

入籍偏低的一个重要因素，与政府的各种规定有关：拿到绿卡后必须在美国持续居住至少5年；支付680美元申请费；通过口试，显示英语读写能力，以及对美国历史和政府的了解；附上至少5年报税证明；接受背景调查，包括是否有犯罪前科。

（中新网 2013－03－06）

加拿大由华人引发的“公民拘捕权”法正式生效

加拿大司法部罗布·尼科尔森、多元文化部部长肯尼和加拿大公民、移民3月11日在多伦多宣布，由华人陈旺引发的C－26法案，即“公民拘捕及自卫法”正式生效。

尼科尔森说，哈珀政府致力于保持街道和社区的安全。加拿大人希望能够自己保护自己，免受犯罪行为的伤害，而加拿大的司法系统将是他们的后盾。

尼科尔森说，受害人不应该再次受到刑事司法系统的伤害。

肯尼也表示，政府为能够支持诚实、勤奋的加拿大人反抗小偷和罪犯而感到自豪。新法案加强了企业主的权利，就如华裔加拿大人陈旺一样，可以保护自己的财产免遭侵害。

新法赋予了公民拘捕权，即公民发现有人正在侵害自己的合法财产时，有权在一个合理的时间内施行逮捕权。

新法同时规定，公民拘捕权力只适用于警务人员无法到场的情况。新法强调，警察仍是加拿大首要的刑事执法者。

2009年5月23日华裔超市业主陈旺等人在其店内因捉拿窃贼反遭多伦多警方逮捕，并以强行禁锢及攻击等重罪予以起诉。该案随后在宣判时判决陈旺等人无罪。不过，此案仍引起轩然大波，并导致加拿大国会为此进入宪法修正案的法律程序。

由于陈旺的超市名叫“金牛城超市”，因此，该法案也被称为“金牛法案”。

（中国新闻社多伦多 2013－03－11/赖海隆）

意大利华人企业业主达4万余人

意大利联合商会公布的统计数字显示，2012年意大利共有移民业主48万人，这一数字比上一年增加了24 329人，增幅达5.8%。与此同时，意大利人经营的企业数量减少了近19 000家。

移民个人独资企业的业主中摩洛哥人共有58 555人，位居首位，其次是华人42 703人，阿尔巴尼亚人30 475人，移民业主人数增加最多的是孟加拉人，增加了3 180人，科索沃人增加了 37.6%。

移民企业中 34.9% 为通信行业，24% 为服装行业，18.9% 为特殊建筑行业。移民企业中，385 769 家企业为个人独资企业，占总数的 80.8%；联合股份制企业为 46 239 家，占总数的 9.7%；合作社性质的企业为 8 000 家，占总数的 9.2%。

2012 年普拉托的旅馆业和餐饮业呈上升趋势，增加了 5%，女性管理者占总数的 30%。服务业的情况比较稳定，该行业 50% 为女性管理者。女老板中华人女性占 42%，而且最年轻。

（［意大利］《欧洲侨网》2013－03－11/林夕）

普拉托一华人黑工举报老板剥削获居留权

在普拉托，一华人举报了自己就业的工厂之后获得了居留权。

据该华人称，他每天工作 18 小时，但每小时的工资只有 1 欧元。他是偷渡来意大利的，所以没有居留权，只能在普拉托的制衣工厂做黑工。在非常恶劣的环境下工作了很多年，并且受过工伤。这次因工烫伤后，他的同事把他送到急诊室后，便不再理睬。因为此事故，在警察调查时，让他有勇气告发这个工厂存在的问题。

普拉托官方表示，虽然意大利法律规定，举报黑工可以获得居留权，但很多华人都不知道此项政策。华人详细地举报黑工还是第一次，此事件还在进一步调查中。有关部门表示，要更加严厉地打击和制裁劳动剥削现象。

（［意大利］《欧洲华人报》2013－03－13/东方白）

五名中国女子因涉嫌假结婚在日本被捕

日本熊本县警方 3 月 13 日发布消息称，以协助假结婚和假结婚的罪名逮捕了六名日本男子和五名中国女子。

国际在线援引日本新闻网报道，被捕者中一个名叫清田康博的日本男子是熊本县一家婚姻介绍所的老板，从 2008 年 6 月开始到 2012 年 1 月为止，他一共为五名中国女子提供了虚假信息，帮助她们骗取合法的在留资格。

警方称，清田康博花 50 万至 70 万日元分别收买了五名日籍男子，与他们一同前往中国，然后让他们假装与五名中国女子发生恋情。回到日本后，清田康博向当地市役所提交了伪造的收入证明书和结婚申请书等，帮助这五名女子骗取日本在留资格。

（国际在线 2013－03－15）

美籍华裔首次竞选纽约市长　创华裔在美参政历史

纽约历史上第一位亚裔主计长刘醇逸 3 月 17 日在纽约市政厅正式宣布参加新一届纽约市市长竞选。这是美籍华裔首次参加纽约市市长的竞选。

当日纽约市政厅门前聚集了数百位手举标语牌、支持刘醇逸参加市长竞选的市民。刘醇逸携妻儿、母亲以及多位亲友现身纽约市政厅门前广场。

"当我 5 岁的时候，我的家庭从台湾移民到美国，与这里的无数家庭一样，到这里寻找机会。"刘醇逸在当天的露天演讲中自信地表示，"我的父母一直以来很确信一点，一个刘姓移民家庭可以通过他们的努力，成为类似肯尼迪的家族。"

17 日下午，北美台湾屏东乡亲会会长胡庆祥手捧一个长着绿叶的青萝卜站在市政厅外高呼口号，支持刘醇逸参选市长。

"这个青菜头在台湾话里表示'好彩头'。刘是非常优秀的亚裔青年，同为华人，尤其是老乡，当然要用行动支持刘竞选市长。"胡庆祥说。

"刘竞选市长，这是华人也是亚裔的骄傲。2009 年，刘成为纽约市主计长，这是当时亚裔在纽约获任的最高级别民选官员，已经创造了历史。这几年，刘在纽约主计长任职以来表现不俗。刘是华裔的骄傲，我们支持他竞选市长。"律师莫虎对中新社记者说。

公开资料显示，刘醇逸出生在中国台湾，5 岁随父母移民美国，定居纽约。在 2009 年 11 月 3 日举行的美国纽约地方选举中，刘醇逸以压倒性优势战胜竞争对手，成为纽约历史上第一位亚裔主计长。主计长为纽约市的财政和审计主管，主要是监督和审计纽约市各个财政部门的财政运转和预算运转情况。

现任纽约市市长迈克尔・布隆伯格已经连任三届，2013 年任期届满。据悉，除刘醇逸外，纽约市议长柯魁英、纽约市公益维护官白思豪、纽约前主计长汤信等也有意参选新一届纽约市市长一职。

（中新网 2013－03－17）

美破获贩卖大麻及走私香烟集团　32 人被捕多为华裔

综合美国媒体报道，美国联邦政府捣破一个以华人为主的贩卖大麻及走私香烟的集团，涉及贩卖的大麻价值高达 4 500 万元，非法出售的走私香烟接近 4 400 万支，涉及逃税超过 700 万元。这个集团主要活跃于加州、纽约等地。案件一共起诉 37 人，当地时间 3 月 19 日共有 32 人被捕，其中 14 名分别于纽约及新泽西州落网的被告已被移送至纽约南区联邦法院过堂。

根据法院公开的起诉书，37 名被告分别来自加州、纽约、新泽西州、田纳西州、亚拉巴马州及罗得岛，其中多名主嫌分别被控串谋贩卖大麻、串谋走私香烟及洗烟等三项罪名，执法人员于上述地方共拘捕 32 人。

根据美国法律，一旦这些罪名成立，串谋贩卖大麻最高可判终身监禁，洗钱最高可判刑期 20 年，至于串谋走私香烟最高可判监 5 年。

（中新网 2013－03－21）

加拿大矿业公司再次获准聘中国矿工　当地工会不满

据美国《世界日报》报道，加拿大 HD 矿业公司引入中国矿工一事，在首波争议尚未平息，仍在等待司法复核“批准 201 位中国临时矿工的程序”的时候，HD 股东之一的德华矿业公司，再获联邦人力资源部核准引进 95 名中国矿工。工会指称且同样以“普通话”作为应聘条件，强调政府若不主动调查，将再度提告。

由中资汇永控股集团及德华矿业公司共同成立的 HD 矿业公司，2012 年向联邦人力资源部申请 201 名中国矿工以临时外劳身份，前来卑诗省东北部墨玉河（Murrey River）矿区开采煤矿。这引起了工会不满并向法院提告，认为 HD 引进低薪外劳，剥夺本地矿工就业机会，要求撤销中国矿工的工作许可。

经过连番诉讼后，加拿大联邦法庭在 4 月 9 日至 11 日召开法庭聆讯，对整个核准临时中国外劳的程序展开司法复核。

由于事件引发全国瞩目，加拿大联邦人力资源部与移民部承诺将全面检讨外劳政策，并在日前就改革事宜与卑诗省十多个相关单位，包括工会代表举行了长达 90 分钟的电话会议。

但卑诗省劳联在当地时间 3 月 19 日表示，就在电话会议举行的同一天，得悉 HD 股东德华矿业公司再获人力资源部核准，引进 95 名中国矿工前往内陆哈德逊希望镇（Hudson's Hope）附近的葛欣矿区（Gething Coal Mine）采煤，应聘条件仍是要会说普通话。

劳联主席辛克莱（Jim Sinclair）不满地表示，联邦政府应就改革外劳政策展开广泛咨询，并包括所有利害相关单位，如果只是一场电话会谈，那根本是敷衍了事。

他强调，卑诗省省民的意见很清楚，他们不支持临时外劳政策，本国长期劳动力短缺的解决方案是移民，而非临时外劳。

在更多中国矿工取得联邦政府核准的事件曝光后，他认为事件是重要的试金石，用来检验联邦及省府是否展开调查，否则工会将被迫再度诉诸法律行动。

（中新网 2013－03－21/阮耀毅）

印度尼西亚 80 名中国非法劳工将被遣返　警方称不会判刑

据印度尼西亚《星洲日报》报道，印度尼西亚西加警方 3 月 19 日拘押了 80 名中国非法劳工，目前他们仍被扣押在警署看守所里，稍后将被遣返中国。

这批非法中国劳工，分别在 PT Bumi Rama Nusantara（BRN）公司和 PT Jieneng Indonesia Electrical Power Engineering（JIEPE）公司工作，两家公司在西加省坤甸县先丹镇建立了蒸气发电站。

西加警区公关主任穆克逊 20 日表示，负责招募该 80 名中国劳工的是 JIEPE 公司的保耳和安查雅，他们两人疑涉及使用假外国劳工工作准证案件，依照有关法规，最高可被判刑 4 年，最高罚款 4 亿盾。

穆克逊说，80 名中国非法劳工没有被判刑，因为他们仅是工人，所以警方仍专注审理该两名嫌犯。

他补充，最先揭发这起案件的是西加省劳工局，在查获该项蒸气发电站工程有非法劳工工作后，即向警方报案，称该批中国劳工没有工作准证。警方跟劳工局及移民厅联手，拘押该批中国非法劳工。目前他们在警署看守所里获得良好对待，等候移民厅将他们遣返回国。

（中新网 2013－03－22）

美移民法庭积压案件创新高　华人移民案件最多

2013 年，美国移民法庭的积压案件数再创新高，根据雪城大学最新公布的联邦政府资料研究所（TRAC）报告，其中汇聚了众多华人移民的纽约州移民法庭积压案件数量位居全美第二，达到 48 467 件，仅次于加州的 76 404 件；中国移民积压案件数全美统计有 28 846 件，而有近 60% 的案件都在纽约州。

而从案件申请人的国籍背景来看，中国移民案件数字居纽约州榜首，达到 17 198 件，占总数的 36%。随后依次为来自厄瓜多尔、萨尔瓦多、墨西哥和印度的移民案，分别为 2 925、2 710、1 759 和 1 678 件。

在纽约州被积压的 48 467 案件中，仅纽约市移民法庭积压的就达到 45 044 件，占到全州的 92%，水牛城移民法庭积压的有 2 285 件。

不过根据报告，如果从案件处理平均天数来看，纽约州并不是最慢的。最慢的为加州，平均要 694 天，远远高于全美平均水平 553 天；纽约州排第八，平均要处理 581 天。

（[美国]《世界日报》2013－03－27）

普拉托华人近30万　工作条件缺少保障

意大利媒体日前发布了一份关于普拉托华人社会、华人企业的报告，报告综述了普拉托华人社会的现状，并指责华人企业工作条件恶劣。

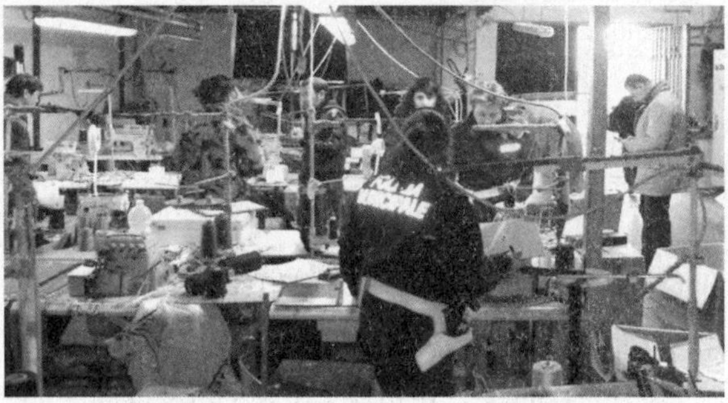

报告说，普拉托被誉为欧洲的纺织品城市同时又是欧洲华人最集中的城市。官方公布的资料显示，普拉托当地居民为 20 万，华人则超过了当地人口的20%。

普拉托检察机关根据有关人员的投诉，在对某华人企业调查时发现，一名非法入境的年轻华人，几年前来到意大利，在没与公司签署雇佣合约的情况下，便开始了工作。

一位华人女孩在接受普拉托市政府办公室的调查时说，自己的工作时间从周一到周日，从没有休息，每天从早上 7 点一直工作到凌晨。在工厂里工作的工人，大家都在不知疲倦地工作。

报造还说，几天前一名华人男子工作时意外严重烧伤。事故发生后，该男子被老板遗弃在了医院的急诊室前。后被医院发现，经抢救脱离了危险。目前，警方已对事故企业主提起了司法诉讼，并为受害当事人提供法律援助，同时为受害人发放了居留许可证。

报告认为，普拉托是欧洲最大的华人社区之一。在华人商业区和周围的一些地区，几乎完全是亚洲人在居住。但是，普拉托到底居住了多少华人，始终没有准确的数字。根据一些专家的意见估算，普拉托华人家庭和企业汽车数量大约在 15 万辆，从事纺织行业的公司超过了 3 000 家，从业人员按最少用工计算，保守估计，普拉托华人数量应该在 30 万左右。

（［意大利］欧联网 2013 - 03 - 27/博源）

华人孩子成绩一路领先　英国白人学生连续七年下降

近日，由权威研究机构——英国公共政策研究所公布的报告显示，英国华人孩子的成绩进一步领先白人和其他族裔。英国白人孩子的成绩在过去七年间持续下降，教育专家建议政府应提倡英国白人更多地学习华人父母，注重家庭教育。

英国公共政策研究所 3 月 22 日公布最新的社会融合报告，报告称华人孩子的学习成绩在过去七年间稳定提高。2003 年初中会考中获得 C 至 5 个 A 的人数中，华人学生比例只比英国白人学生高出 11%，而 2011 年华人学生则高出 38%。

该研究机构的报告显示，除了华人学生有长足进步，斯里兰卡、伊朗、越南、印度、尼日利亚等国孩子的成绩都比英国白人好了许多，英国白人孩子明显倒退。报告也指出，葡萄牙、索马里、巴基斯坦、土耳其、阿富汗等族裔的孩子在过去几年逐渐走下坡路，比英国白人还要差。

华人的孩子成绩突出，一般人都将其归功于华人父母抓得紧。因此该报告认为，政府教育部门应当研究华人家庭的教育理念，对孩子进行适当的引导和督促。教育是全社会的责任，家庭不能将教育孩子的任务全部交给学校。家庭对孩子放任不管，往往会导致其成绩下降、不求进取。

（[英国]《华商报》2013－03－29）

科隆侨社庆巴拿马华人节　市长首次颁奖表彰华人

科隆中华公所和科隆四邑同乡会日前举行晚会，热烈庆祝巴拿马华人节。

中华公所主席冯灼毅在致辞中指出，中国人从159年前踏上巴拿马这美丽的土地开始，一直以来勤奋工作。几代人经历了无数苦难，努力奋斗，从建筑铁路、开掘运河，到国家的现代化建设，为巴拿马的社会发展作出不可磨灭的贡献，并将继续和巴拿马各族人民一起，为巴拿马国家的繁荣和发展作出贡献，继续弘扬中华文化，促进中巴两国人民的友好往来。

中华公所名誉秘书哥伦芭博士介绍了华人在巴拿马159年的历史。由于各种因素，从第一批华人劳工抵达巴拿马后，又经过几次大的移民潮，华人先后抵达巴拿马，参与巴拿马铁路的建筑、运河的开凿，以及各行各业的建设。华人为巴拿马社会发展所作出的巨大贡献，永远记入史册。

科隆市长打玛顺在致辞中高度赞扬华人对巴拿马社会发展作出的卓越贡献，他特别肯定科隆地区华人的杰出成就，称在科隆的华人能较好地融入当地社会，是地地道道的科隆人。

科隆市长为三位杰出华人颁奖，表彰这三位华人对科隆地区的发展作出的杰出贡献，获得这项殊荣的人士分别是科隆中华公所主席冯灼毅、科隆中华公所副主席黄国捷和科隆中华公所永久名誉主席冯培坚。市长特别颁奖给华人，在科隆市这是第一次。

（[巴拿马] 巴拿马华人资讯网 2013－03－31）

中国移民入籍人数下滑　上财年近8万中国人拿绿卡

美国国土安全部门日前公布了2012财年入籍和绿卡发放人数，其中中国内地移民入籍人数排名第五，较上一年继续下滑。

据国土安全办公室（Homeland Security Office）公布的数据报告，2012财年美国入籍人数为757 434人，其中中国大陆移民入籍31 868人，人数紧随墨西哥、菲律宾、印度和多米尼加共和国之后。

同时，国土安全办公室还公布了自2003至2012财年的各国移民入籍人数。数据显示，中国内地移民入籍人数自2003财年的2.4万开始逐年递增，到2008年入籍人数达到逾4万人的峰值，随后逐年递减。2010财年后，中国内地移民入籍人数以每年1万人的速度下滑。

以绿卡发放情况来看，2012财年共有103.2万人获得永久合法身份，其中获得绿卡的中国内地移民共78 184人，较上一财年的83 604人略有下滑。

以地区来看，2012财年联邦政府向亚洲移民发放的绿卡数量最多，其中中国移民位列第一，随后是印度、菲律宾和韩国。

（［美国］侨报网2013-04-01）

新西兰移民局最新数据：2012年224名中国留学生离境

目前中国已是新西兰最大的留学生来源国，约占新西兰留学生总数的25%。但在2012年688名被遣返或自愿离境的留学生中，来自中国的有224人，占被遣返或自愿离境总额的近33%。其余的是印度143人、斐济85人。这项来自移民局的最新数据，由4月2日新西兰英文《先驱报》公布。

2012年新西兰移民局发现了中国留学生持虚假材料获得签证的有近300人，引起了“欺诈门”事件。根据相关规定，移民局认定留学生签证持有者有不真实证据，其签证就会被取消。工党教育出口事务发言人霍建强议员表示，自己曾经与来自中国的两对家长交流，对方觉得自己孩子获得的商科文凭有名不副实之嫌。霍建强举例说，其中一名留学生家长让儿子帮忙填写一份英文表格，但孩子只认识表格上20%的英语单词。另一名留学生家长让女儿写就读的课程，结果拼写得一塌糊涂。霍建强议员还表示，新西兰教育在海外的声誉受损，也再次显示出教育部门监管不足的问题。

AUT的学者Danae Anderson表示，新西兰政府如果真能将教育出口产业的产值大幅度上升，就应对教育行业严加整顿，同时还需要对教育留学中介严加规范和进行监督管理。

（［新西兰］中华新闻网2013-04-02/张晶盐）

同源会征10万签名 迫总统为《排华法案》道歉

美国同源会圣谷分会于4月3日上午在蒙市翠亨村大酒店举行记者会，表示他们已经在白宫网站上张贴了要求奥巴马总统就1882年《排华法案》正式道歉的请愿书。但要想得到总统的书面回应，这份请愿书必须在4月20日前得到10万个支持者的签名。

蒙市前市长赵谭美生在会上表示，1988年国会通过了对日裔侨民的道歉案，1993年国会通过了对夏威夷原住民的道歉案，2008年和2009年参众两院又分别通过了对美国黑人的道歉案，2010年还通过了对美国原住民的道歉案。但2012年参众两院对当年的《排华法案》却只用"遗憾"（regret）二字敷衍了事。赵谭美生指出，"道歉"和"遗憾"有着本质上的区别，前者是认错，并愿意为后果承担责任；而后者则没有认错的意思，更谈不上任何赔偿的责任。作为《排华法案》受害者家属，赵谭美生回忆了他父母当年被禁止在蒙市购买房产的辛酸历史。

为了让美国政府认识到当年《排华法案》的错误所在，同源会日前在白宫网站张贴了要求奥巴马总统向美国华人正式道歉的请愿书。同源会圣谷分会会长季约翰（John Gee）为参众两院的"遗憾"而遗憾，认为这种敷衍的态度表明美国人骨子里压根就不愿意让"二等公民"的华人享受和其他族裔同等的人权礼遇。

（［美国］侨报网2013-04-03/高睿）

中国再成加拿大移民最大来源国 2012年达32 990人

据加拿大联邦移民部数字显示，2012年中国是移民加拿大的最大来源国，达32 990人，其次是菲律宾及印度。不过，2012年入籍成为公民的人数，中国则居第三，印度、菲律宾分居第一位及第二位。

据加拿大移民部4月2日公布的2012年第四季度数字，中国在第三季度保持领先情况，仍是移民最大来源国。在2012年，中国高居加拿大移民来源国首位；居次席的是菲律宾，有32 704人获发永久居民签证；印度则有28 889人。

不过，在入籍成为公民的数字方面，中国则居第三，仅10 410人，较2011年减少33%。这表明中国人喜欢取得加拿大永久居留权，但对入籍兴趣不大。

加拿大统计局最新调查报告说，未来20年，加拿大少数族裔的比例将大幅提升，在某些城市甚至可能占当地人口的大多数。对此，加拿大移民部长肯尼2日表示，虽然政府不能限制族裔移民选择居住地点，但希望移民下一代不要集中住在父母安顿的地区，可以尝试到该国的其他地方居住。

肯尼表示，移民政策将以经济条件作为筛选移民的首要考量，避免出现工程师到便利店打工的情况，同时鼓励各族裔移民使用英语，融入加拿大社会，不分彼此，接受加拿大价值观，这才是正确道路。

此间，《星岛日报》引述移民律师李克伦的话说，展望新的一年，加拿大将恢复技术移民申请，又开启创业移民计划，加上一系列对于申请人语言能力的要求，看似对中国申请者不利。不过，在先移民后留学的新趋势下，估计中国移民数量仍将居高不下。

（中国新闻社多伦多 2013－04－03）

美国众议院建议无证移民入籍途径分三类

据《纽约时报》报道，美国参议院的 8 人小组正准备在下周公布其移民改革案，众议院的一个两党 8 人小组也在紧锣密鼓准备自己版本的移改案。众议院建议，无证移民入籍的途径分为三类。

第一类是那些年幼时被带入美国的年轻无证移民，这些人也常将自己称为“追梦人”。另外还有低技能的农业工人。这些人将可以快速获得合法身份。众议院助理透露，这是因为，年轻无证客不应该由于被父母非法带入美国而受到惩罚，而农业工人对于美国的经济至关重要。

在上周日发表在《洛杉矶时报》上的一篇评论文章中，众议员拉布拉多更加明确地勾画出“追梦人”成为公民的途径：“那些童年时并非由于自身过错进入美国的人，将被允许获得成为公民的途径。”

第二类将可以获得永久合法身份的群体是那些已经在美国拥有家人或工作的人，这些人本来可以通过家人或雇主申请合法身份，但是他们已经非法入境。根据当前法律，这些人大部分需要返回母国，等到 3 至 10 年后才可重新申请。众议院的移民案将放宽这些限制，允许这些移民回国立即申请合法身份，但是必须先缴纳罚款和欠税，并且要学习英语。

余下的无证移民属于第三类，他们必须主动自首，承认违反法律，缴纳罚款和欠税，学习英语，之后可以申请临时合法身份。这种身份将允许他们在美国生活、工作和旅行。他们可以在 10 年后申请绿卡，之后再过 5 年可申请入籍。

众议院提出的建议似乎会让两党都感到满意。共和党可以告诉选民说，无证移民不能成为获得公民身份的特殊途径，而是必须和合法移民经历同样的程序；而民主党也会感到满意，因为无证移民最终可以成为公民。

（中新网 2013－04－04）

华裔拾荒者入民宅院内捡瓶罐　布碌仑警方强调属违法

在纽约，尤其是华裔活动较多的社区内，以中老年为主的华裔拾荒者推着小车，走街串巷地收集空瓶空罐……相信很多人对这一幕都不会感到陌生，但可曾有人深思过其中的法律界限？

深入观察会发现，这些拾荒者经常会对路边民宅的附属设施上下手：有的会掀开私家垃圾桶的盖子探视两眼，有的会弯腰捡起围篱内侧的空瓶，更有人寻“宝”心切，踏入别人的前院或后院内翻找废品。

近期来，这一现象在湾脊与戴克高地正愈演愈烈，引发了各族裔居民的不满，更有屋主反映自家设施被盗，并称拾荒者在其中的角色很可疑。辖区市警68分局在近日透露，他们平均每周接获约20起类似投诉。虽然也有少数墨西哥裔和俄罗斯裔拾荒者活跃在布碌仑南区，但华裔是其中的绝对主力。

警方提醒说，房屋前后的院落也是房产的一部分，属于私人财产，未获许可切不可擅自闯入。即使未“入室”，也可能已“入户”，同样属于擅闯民宅。但鉴于所遇拾荒者多为老年人，警方目前的处理手段相当克制，以劝说为主，但不排除今后会“来真的”。

警方再次强调，“越雷池”的拾荒者将面临风险，很有可能在两个方面“摊上大事儿”：警方有权对其开出罚单，并送至法庭听候审判；屋主本人也有权采取措施，维护其私人领地和财产安全。

（［美国］《侨报》2013－04－05/李铭）

西媒辟谣华人生子购房可获居留权　呼吁华人别上当

对于近期中国国内一些中介打出“去西班牙购房、生二胎”的广告，并称可以此获居留权，西班牙媒体日前专门辟谣，呼吁中国民众不要上当受骗。

据西班牙欧浪网4月6日报道，一些不法中介称，在西班牙生几胎都没有问题，生产费用全由西班牙政府埋单，婴儿出生即可申请合法居留，父母也将因此获得合法身份。以后，孩子在西班牙从小学到高中的教育全部免费。

报道强调，这些宣传完全是毫无根据的谎言。如今西班牙受经济危机影响，就连当地人在医院陪夜也要付钱，对无居留证件的外国人来说，不要说进医院产子，就是产前检查，没有社保卡，也进不了医院。此外，西班牙法律不同于美国的“出生地法”，即便在西班牙出生，若父母没有合法居留身份，婴儿也无法获得身份。

此外，还有房地产中介鼓励中国人去西班牙买房以获得居留权，并提出“月子中心快速回报法”，用买到的房子做“月子中心”，可以马上赚回房款。西班牙媒体称，这也是不实广告。尽管现在西班牙推出购房获得居留权的法律，但法律规定，由购房获得居留的外国人（指欧盟国家之外的人）不能在西班牙工作，不能从事产生现金交易的行为，否则属违法。购房者还必须每年在西班牙居住6个月零1天，才能获得下一年的居留延长。此外，即便在西班牙买房获得居留权也不能享受医保，必须自己购买医保后方可就医。至于在自家公寓开设“月子中心”，则属于非法经营，后果则是上法院、进监狱。

（《环球时报》2013－04－07）

阿根廷华侨社团向拉普拉塔市捐赠60万物资

阿根廷华人社团4月6日向布宜诺斯艾利斯省政府、拉普拉塔市市政府捐赠价值60万比索的赈灾物资，用于帮助当地遭受水灾的民众渡过难关。灾区政府表示，中国人是他们的兄弟，是他们的老乡。

阿根廷拉普拉塔华商联谊会当天将捐赠物资分批运到拉普拉塔市政府所在地。会长陈兴表示，这批物资是用商会基金采购的，折合30万比索，尽管金额不是很多，但代表了拉普拉塔华侨华人的一点心意，希望当地灾民能够平安渡过这场危机。

拉普拉塔市市长巴勃罗·布鲁埃拉在接受物资后表示：“我要向拉普拉塔所有华侨华人表示衷心的感谢。他们已和这座城市的所有居民连接成一体，我们把他们看成是自己的兄弟、自己的老乡，我们为他们能够陪伴我们而感到由衷的高兴。从很多年前开始，拉普拉塔的华人社区就和我们融合在一起，他们为在这里有序发展而努力工作，并且，他们的文化已经为这座城市作出了贡献。”

这两家华人社团捐赠的物资主要是灾区民众急需的面条、饼干、牛奶、矿泉水、棉被、卫生纸和洗涤清洁剂等基本生活用品。

4月2日阿根廷布宜诺斯艾利斯省省会拉普拉塔市遭受特大暴雨侵袭，导致51人遇难，1名妇女失踪，近14万人直接受灾，经济损失约26.18亿比索。灾难发生后，阿根廷政府向灾区民众拨发了4亿比索进行援助，并宣布了一系列优惠政策为灾区建设提供支持。阿根廷各界也发动了大规模的赈灾捐赠活动，拉普拉塔市的工作和生活秩序正在逐步恢复正常。

（［阿根廷］中新网2013－04－09）

安哥拉华人黑帮案首判　10名被告人最高被判5年

2012年，公安部“5·11”专案组联合外国警方，摧毁在安哥拉侵害中国公民合法权益的犯罪团伙12个，抓获犯罪嫌疑人37名并押解回国。日前，福清市人民法院对其中的两起案件进行公开宣判，两个犯罪团伙的10名成员一审分别被判处有期徒刑两年六个月至五年不等。

2010年11月至2012年3月，在安哥拉罗安达市本非噶区，被告人庄长某与同伙长期租用一处两层楼房，经营酒店。其间，庄长某等组织了多名中国籍妇女在酒店卖淫，并从中抽取嫖资。被告人林某等4人，明知酒店存在组织卖淫活动，仍受雇为组织卖淫活动提供帮助。日前，福清人民法院一审以组织卖淫罪判处被告人庄长某有期徒刑五年，并处罚金五万元人民币；以协助组织卖淫罪判处被告人林某等4人有期徒刑两年六个月，缓刑三年，并处罚金人民币两万元。

2009年和2010年8、9月，被告人庄某琪与他人分别在安哥拉梅农盖省、罗安达市GAMEK（嘎麦格）区合伙开店。因被害人翁某、林某与其同业经营，庄某琪先是纠集被告人林玉某等10多人殴打翁某，后又伙同庄某标纠集庄灵某、郑柳某（均另案处理）殴打林某，要求翁某、林某关闭店铺或同意盘走其租下的店面。近日，被告人庄某琪等5人以强迫交易罪分别被福清市人民法院一审判处一年至两年不等的有期徒刑，并各处罚金人民币五千元至一万元不等。

据悉，“5·11”专案组押解回国的37名犯罪嫌疑人，其中有15名是福清籍。这15名嫌疑人，除一部分由福清市人民法院审理外，另有一部分嫌疑人由福州市中级人民法院审理。

（［南非］《非洲时报》2013－04－11）

加入日籍外国人跌至1万以下　华人连续两年减少

据日本法务省的最新统计资料显示，2012年加入日本国籍的在日外国人共9 940人。这是继1992年的9 363人之后，加入日本国籍的在日外国人数量首次跌至1万以下。

2011年加入日本国籍的在日华人为3 259人，2012年为3 598人，连续两年呈减少趋势。有分析认为，这可能与2011年发生的东日本大地震、海啸、核事故以及2012年日中关系因钓鱼岛事件而恶化有关。

继在日华人永住者于2005年首次突破10万人大关以来，加入日本国籍的在日华人也于2006年首次突破10万人大关。据日本法务省民事局公布的统计资料显示，从1952年到2012年，在日华人加入日本国籍的人数已达127 199人。近年来加入日本国籍的在日华人呈现平稳增加倾向，而2011年至2012年则呈现明显的减少趋势。

从日本法务省民事局统计的数字来看，自1952年开始对加入日本国籍的外国人进行统计以来，到2010年末，在日华人加入日本国籍的历史大约有三个高潮。

第一个高潮是1952年至1964年，有3 035名在日华人加入日本国籍。之后几年，每年均有几百名在日华人加入日本国籍。

第二个高潮是在1972年中日邦交正常化前后，由于大量居住在中国内地的日本人配偶和其他亲属回到日本定居，加入日本国籍的人数猛增。1972年加入日本国籍的人数为1 303人，1973年加入日本国籍的达7 338人。

第三个高潮则发生在2000年前后。从1989年开始，新华人加入日本国籍者不断出现，入籍人数一路攀升，增长幅度大，至1999年和2000年达到高潮，分别为5 335人和5 245人。在2011年之前，每年都有4 000名左右新华人加入日本国籍。1989年以前（含1989年）加入日本国籍的华人为37 883人，而以新华人为主的入籍者在最近23年里就已高达89 316人，比1989年以前增加了2.36倍。

加入日本国籍的华人大部分在日本安居乐业，现在却有不少华人主动放弃加入日本国籍，或者返回中国，或者奔赴第三国创业。2011年发生的东日本大地震、海啸、核事故对在日华人的影响也许是暂时的，但是2012年日中关系因钓鱼岛事件而恶化，所造成的影响却是无法估计和预测的。此外，日本经济的长期低迷，也是在日华人加入日本国籍者骤减的原因之一。

（［日本］《新华时报》2013－04－11）

奴役同胞　一名华人在巴西里约热内卢被警方逮捕

巴西第七频道电视台（RECORD）4月12日报道称，里约热内卢一名华人角仔店YANG姓老板被举报关押及虐待华籍劳工。附近居民晚上经常听到角仔店内传出打骂声，就向第38警察分局举报，经警方介入调查后救出一名22岁华籍青年。该青年浑身伤痕累累，面孔及耳朵肿胀，伤势严重，目前正在医院接受治疗。

据一名居住在角仔店楼上的举报人称，每天晚上都听到有人被殴打和大声责骂声；另一举报人亦表示，每天都传出有人被打骂的声音，情况已经到了令人无法忍受的地步。另一位16岁未成年目击证人亦对警方作证，表示角仔店老板将该名青年长期关押在店内工作，不准其与任何人接触，更加不准离开店铺半步，还经常责骂和殴打该青年，并说该老板曾经表示以三万黑奥买下该名青年。这位未成年人将被警方作为主要证人。

警方介入调查后，即以卫生条件恶劣为由将角仔店关闭，并将老板带回警局协助调查。该老板以不懂说葡萄牙语为由要求有翻译，并且要有律师在场，才会接受警方询问。不过附近居民称该老板能说一口非常流利的葡萄牙语。

经调查后若证明情况属实，警方将会以虐待、奴役劳工，忽略救人以及触犯劳工法等罪名起诉角仔店老板。

有关事件已经知会中国驻里约热内卢总领事馆。

（［巴西］巴西侨网2013－04－12）

600 名中国女子嫁日本自卫官

日本自卫队每年实施的一项自卫队员（自卫官）配偶情况调查显示，22.5 万名自卫队员中，与外国女子结婚的有 800 人，其中中国女子为 600 人，占外国人配偶的 70%。其次为菲律宾和韩国女子。

近日拟发行的日本《周刊邮报》（4 月 19 日）报道说，由于自卫队基地大多在农村或偏僻之地，这些基地女性自卫官又很少，因此自卫队员的婚姻成为一大难题。近年来，一些自卫队员通过婚姻中介所等与外国女子相亲，诞生了许多国际婚姻。

自卫队每年实施的一项自卫队员配偶情况调查显示，在陆上自卫队的 14 万队员中，有外国人配偶的约 500 人。在海上自卫队 4.2 万人中，有外国人配偶的约 200 人。在航空自卫队 4.3 万队员中，有外国人配偶的约 100 人，总数为 800 人左右。这一数字在日本国际婚姻比例中，只占 0.4%。

（［日本］日本新闻网 2013－04－13）

移民律师林家强涉嫌数百政治庇护案作假被捕

4 月 12 日早晨，来自史丹顿岛的 53 岁华裔移民律师林家强（约翰林，John Chia－Chang Lin）被捕，随后在南区联邦法院过堂时认罪，林家强将面临最高 5 年的监禁、3 年监外看管以及高达 25 万元的罚款。林家强当日支付 5 万元保释金后离开，南区联邦法院宣布此案将在 8 月 12 日正式宣判。

南区联邦法院文件显示，林家强有意图地在顾客信息上作假，以欺骗移民局的方式为顾客取得移民身份或非移民合法签证等。自 2006 年以来，林家强涉嫌以三种理由帮助客户造假：①利用中国政府“独生子女政策”，声称政府逼迫女性堕胎；②中国不允许基督教信仰；③客户在中国被政治排挤，或因是法轮功信仰者被迫害。

自 2012 年年底联邦调查局（FBI）、纽约市警总局（NYPD）、美国移民局（USCIS）联手采取大规模行动，逮捕涉嫌在移民问题上造假的律师，执法部门并没有停止对律师在移民问题上作假证据的搜集，而南区联邦法院也已经起诉了超过十家移民律师事务所。

林家强的名字虽然没有出现在当时行动的名单上，但是由于他涉嫌 500 多个政治庇护案的作假，12 日执法部门终于收网，林家强在法庭上对自己的移民欺诈事实供认不讳。

（［美国］侨报网 2013－04－13/邓姝嫚）

三名中国女性藏在客机修理通道偷渡入美被发现

4月15日，据韩国国土交通部透露，2013年3月29日（当地时间），3名中国女性试图在美国洛杉矶（LA）机场偷渡入境，被美国海关与边境保护局（CBP）逮捕。据这些人陈述称，自己是隐藏在3月29日从仁川国际机场出发并于当日抵达洛杉矶机场的韩亚航空客机上偷渡过来的。CBP将这一事实通知给韩国方面，韩国国土部已经指示韩亚航空返回仁川，并命令对飞机进行精密搜查，结果在Bunker后侧的修理通道处发现了脚印等外部人员停留过的痕迹。

然而，这些人是从什么时候开始隐藏到这里，尚不得而知。从现实来看，她们不可能一上飞机就直接进入乘务员休息室，因为这样很容易被乘务员或其他乘客发现。航空业界相关人士表示："很可能是在买了机票登机后，在飞行途中偷偷避开其他人的视线，隐藏到这里的。"

韩亚航空方面表示，"目前CBP正在进行调查"，"我们也正在等待结果"。国土海洋部在事件发生后，曾在4月2日和9日对大韩航空与韩亚航空设有乘务员休息室的5个型号的飞机进行紧急检查。

（［韩国］中央日报中文网 2013－04－16/金韩别）

英国少数族裔事务大臣在比利时祭奠"一战"死难华工

英国宗教和少数族裔事务国务大臣瓦尔西在比利时祭奠部分在第一次世界大战中死难的华工。

瓦尔西祭扫了比利时西端的波普林格市的利森托克公墓，包括印度、中国和西印度群岛劳工的墓地，并高度赞扬了华工在第一次世界大战中为英军作出的牺牲和重大贡献。

利森托克公墓掩埋了1.1万名"一战"死难者，包括34名"一战"华工。

英国政府将在2014年为第一次世界大战一百周年举行一系列纪念活动。瓦尔西此行是纪念活动的一部分。

1914年至1918年第一次世界大战期间，英法两国与当时的中国北洋政府签订募工合同，14万名来自山东、天津、河北、江苏、浙江等地的中国劳工被派往欧洲。他们抵达欧洲后从事修筑工事、清理道路、抢救伤员等艰苦的战地后勤工作，其中1.2万人来到波普林格。

波普林格毗邻法国边境，其周边地区属于第一次世界大战的主战场之一。

据统计，最终约有9 000名华工死亡或失踪。

2008年，比利时几名"一战"史专家开始发掘整理华工在比利时的史料。2010年，波普林格举行华工纪念碑和华工青铜像揭幕仪式，目前正在筹划建立华工纪念园。

（《星岛日报·欧洲版》2013－04－17）

泰国北部华人村落：大部分为原国民党 93 师残部后裔

距离泰国首都曼谷以北近 800 公里的泰缅边境是泰国最大的华人聚集区。被当地人称为“美斯乐乡”的村庄有 6 000 余名华裔居民，大部分为原国民党 93 师残部的后裔；另一个拥有近 1 万华裔居民的“满星叠”村因地处“金三角”而闻名。

这里的居民因为讲中国话、吃中国菜，以及仍然保留较为完整的中国传统习俗而受到人们关注。经历了战争的苦难和生存的艰辛，如今该地区军事、政治纷争已烟消云散，茶叶种植和旅游业在该地区逐渐兴起。

（新华网 2013－04－18）

相关链接：

93 师隶属于原国民党云南地区第八军，1949 年战败后，穷于退路，万般无奈之下只好在中将团长李国辉带领下进入现在的金三角地区，与滞留在当地的原国民党“抗日远征军”残部合并为 93 师。此后，他们因为不能退回台湾，就留在了泰国北部山区。

泰国与缅甸政府几次围剿国民党 93 师残部都失败。终于，泰国政府明白他们不是 93 师的对手，于是主动谋和。泰国政府愿意提供泰国北部清莱府一个名叫美斯乐的小村供 93 师定居，但不得离开圈地。那块土地就是今天著名的金三角地区。当年，原国民党 93 师残部留在美斯乐的只有 4 000 人左右，大多祖籍云南。现在，美斯乐人口有 17 000 多人，而原国民党 93 师的后裔已多达约 10 万人，他们没有国籍，主要居住在泰北山区。

在日华人一家因“领低保”被要求回国

近日，东京入国管理局以“嘴上说要工作但仍持续领取低保，努力不够”为由，拒绝给东京的中国籍男子（42 岁）一家三口办理居留延长手续，并要求他们回国。据悉，该男子的母亲（72 岁）是返回日本定居的在华遗留孤儿。

根据法务省的相关规定，延长居留期的条件为“生活情况未给社会带来负担”。不过，相关人士反驳称：“不批准遗孤子女居留实属罕见。在日本找不到工作而领取低保的遗孤第二代、第三代有很多，这容易造成家庭离散。”

2012 年 2 月，该男子受 2010 年返回日本的日籍母亲邀请，携妻儿来到日本。他原打算在东京的企业工作，但因不懂日语而开始在语言补习班学习。其妻虽在酒店从事清洁工作，但收入较低，因而一直领取低保。

据称，2013 年 3 月，东京入管局以“嘴上说要工作但仍持续领取低保，努力不够”为由，不批准该男子把居留时间延长一年的申请，并要求他一家三口在一个月内返回中国。该男子于 4 月 12 日再次申请延长居留时间。法务省入国管理局称：“个别案例的处理理由不能公开，但这是在考虑到各种因素的基础上进行的综合判断。”

同样在日本领取低保的在日华人张富阳（化名）说：“这是明显的歧视。我们华人干的很多活，都是普通日本人不愿干的苦活累活，很难有正式性质的。而且，为了找到工作，很多领取低保的华人不仅要自己东奔西跑，还要到处求人，但日本经济这么不景气，很多日本人都难以找到工作，怎么就说是我们不努力呢？如果这样说，那领取低保的日本人，是不是都是不努力呢？”

（[日本] 日本新华侨报网 2013－04－19/王鹏）

涉嫌假结婚保释后逃跑　全英追捕违法中国妇女

南爱贝尔法斯特刑事法院上周发出通缉令，在全英国搜捕中国妇女魏秀华。她因参与假结婚被捕，保释后逃跑。

该案件始于 2008 年 10 月，魏秀华来自中国辽宁，经人介绍与波兰人亚历山大结婚。波兰属于欧盟成员国，与波兰人结婚就能合法在英国停留。62 岁的亚历山大原本就是一个诈骗分子，在波兰犯有多项罪行，他从华沙逃亡到英国，后又转往南爱的贝尔法斯特。波兰警察早已通过国际刑警组织在全球追捕亚历山大。

亚历山大被捕后，才揭开他多次假结婚的真相。随后，他最近一次婚姻的中国新娘，50 岁的魏秀华被正式逮捕，后获得保释。警方追踪调查发现，替魏秀华提供假证明的是当地一华人餐馆的老板何某，他因造假被捕。

该案因涉及多国警方，取证工作延误多时。2013 年 4 月 9 日贝尔法斯特刑事法庭开庭审理假结婚一案。亚历山大被判入狱 6 个月，华人餐馆老板何某因做假证也获得 6 个月刑期。魏秀华没有按照事先的约定出庭，法官估计她已逃亡，当庭决定发出通缉令，进行全国追捕。

据英国内政部消息，涉及华人假结婚的个案近年已有大幅下降。内政部目前在一些市政厅派驻人手，加强了登记前的证件核实和对当事人的查询。

（[英国]《华商报》2013－04－22）

意大利华人家庭被指平均每月向中国汇款 2 000 欧元

据意大利欧洲侨网编译报道，意大利一报章发表评论性文章称，每一个在意华人家庭平均每月向中国汇款 2 000 欧元。

意大利 INTESA 银行集团在全国拥有 5 900 家分行，共设有 39 000 个服务窗口，每年办理中国汇款数亿欧元。收款人均是意大利华人家庭生活在中国的亲属，但是通过进一步分析可以看出，平均每名华人每月向中国汇款 1 000 欧元，而印度人的平均汇款为每月每人 141 欧元。如果按照一个三口之家计算，每个华人家庭平均每月向中国汇款 2 000 欧元。

（中新网 2013－04－24）

一中国留学生贿赂导师未遂获刑

据英国当地法院消息，4 月 22 日，就读于巴斯大学的中国留学生李阳（音译）携带仿真枪，并试图用 5 000 英镑贿赂导师以取得硕士学位，两项罪名被分别判处 6 个月和 12 个月的监禁。

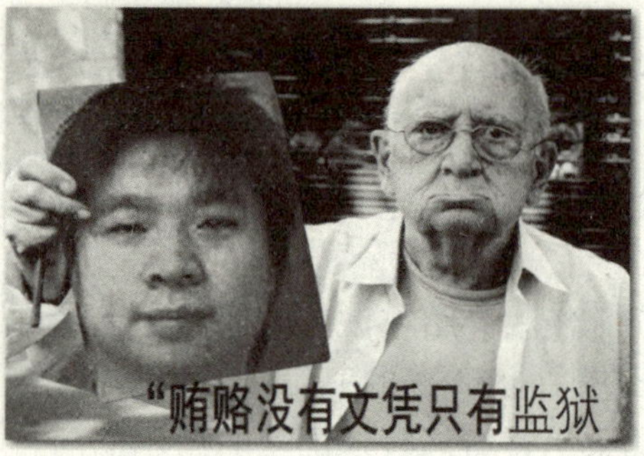

巴斯大学一发言人对《新京报》记者证实该消息。这名发言人表示，事发后，该生被立即停课并转交司法机关，目前庭审已结束。根据学校制度，他不再是巴斯大学的学生，案件审理过程中，巴斯大学提供了必要的帮助和支持，并全力配合警方调查。

检察官霍勒尔表示，若取得创新技术管理专业硕士学位，学生毕业论文需获得通过，论文及格分数是 40 分，李阳毕业论文为 37 分。为核实李阳毕业论文分数是否存在误判，论文已由牛津和剑桥大学的相关人员重新审查，证明无误。

李阳的导师是巴斯大学管理学院院长格雷斯。格雷斯给李阳提出三点建议：重新提交毕业论文、申诉成绩，或重修一年。这些选择都让李阳无法按时毕业，会影响他从学生签证转签到一类签证。

布里斯托法院描述称，李阳未采纳导师建议。他对格雷斯说，“我是一个商人”，同时拿出 5 000 英镑放到桌上，“这些钱归你，你让我过，我再也不会烦你”。而格雷斯让李阳立刻离开，但当李阳拿起钱时，从口袋中掉出一把装有 6 发子弹的仿真枪。

庭审法官朗曼对李阳表示，他的行为对教授形成威胁和恐吓，并有损英国教育制度。法院宣判，李阳由于贿赂和携带仿真枪被判处 12 个月和 6 个月的监禁，并需支付 4 880 英镑诉讼费。

而李阳的律师则表示，李阳来自富裕的中国家庭，习惯携带大量现金，他不是一个作弊的学生，李阳已取得该大学计算机专业学士学位。李阳就读研究生时，一直在父亲的公司工作，年收入约为 3.6 万英镑。而李阳所持仿真枪是练习射击用的，之所以随身携带，是因为把枪放在车里不安全。

截至 22 日，李阳已被拘留 5 个月，他表示，希望在获得自由后与同在巴斯大学念书的妻子回国。

（《新京报》2013－04－25/韩旭阳）

逾200中国富豪获澳500万投资移民邀请

澳大利亚移民部已经收到了345份来自中国内地投资者的意向书，香港和台湾地区的意向书分别为7份和2份。此外，还有2份来自印度、3份来自日本、4份来自新加坡、3份来自美国，另有13个国家则分别只有1份。

虽然澳洲移民部尚未签发任何巨额投资签证（SIV），但已经向200多名中国投资者以及其他一些国家的投资者发出了邀请函。

在这些投资者中，大多数都将投资目标放在了新州和维州，而批准这些投资者的巨额投资签证预计将对悉尼和墨尔本等城市的房地产市场产生重大影响。巨额投资签证被喻为富有投资者的“黄金门票”。他们只要在相关投资项目中投资500万元，并在四年时间里在澳大利亚住满160天，在无须任何英语语言要求的情况下，便可获得申请澳大利亚永久居留权的资格。根据移民部的最新数据，移民部已经向有意申请巨额投资签证的投资者发出了222份邀请函，与2013年2月底的131份相比出现猛增。在这些邀请函中，有212份发给了中国内地的投资者，另外10份则发给了新加坡、日本、德国、美国、中国台湾、中国香港等国家和地区的投资者。

（［澳大利亚］澳洲新快网 2013－04－26）

移民警察扩大搜查民居　一批又一批非法滞留者被抓

记者从内政部获悉，从2012年下半年起，内政部在打黑工行动中捕获的华人人数已大幅减少，进入2013年更是一降再降。2013年2月更是出现零记录，没有报道称有非法华人在餐馆或外卖店被发现。据内政部的统计，从2013年3月至4月20日，仅发现四起华人餐馆违规案件，共有六名华人被捕。

4月11日切斯特警方与移民官员在一家叫WOK & GO的外卖店发现两名无合法身份的华人在店内上班。其中一人是签证过期滞留英国，另一人是非法入境者。4月12日切斯特附近的Ellesmere一家叫Ming Hua的中餐外卖店发现一名47岁的非法华人劳工。三人均在押，等待遣返。

记者了解到，移民官员在过去六个月到民居搜查无证人士的行动进一步扩大范围。2012年10月至2013年3月的六个月中，移民官员至少到32处民宅搜查，其中在28个民居中发现藏有非法人士。被捕的大多是印度人、巴基斯坦人和斯里兰卡人。内政部的资料显示，在搜查民居中，有三起是针对华人的，发生在2012年10月和11月，共有八人被捕。

被检查的民居大多是四房或五房一厅的大屋，通常住着十几至数十人。2013年4月5日在Hayes的一处民居，移民官员在凌晨六点展开突袭，18名非法滞留的印度人被一窝端。3月27日在Southall的一个大宅中，有12人被带走。

（［英国］《华商报》2013－04－26）

美国或改绿卡发放制度　设立打分制，得分高者排名靠前

到 2017 年，外国人申请美国永久居留资格“绿卡”可能将通过一个打分系统，得分高的候选人将排名靠前。

法新社 4 月 25 日报道，这份 844 页的议案尚未板上钉钉，仍会在美国国会接受审议，2013 年有望形成法律，这将是美国多年来最全面的移民改革。

理论上，打分系统满分为 100 分，从 10 个主要方面考察申请者资格。

例如，大学本科、硕士和博士学位分别值 5 分、10 分和 15 分。工作经验每多一年，可加 1 分至 3 分，最多可加 20 分。

程序员、软件开发师和计算机科学家可得 10 分。雇用两人以上的承包商可得 10 分。如果申请者职业与专业相关，则得 8 分至 10 分。

除挑剔申请者的技能和经验外，新移民系统同样重视年龄。25 岁及以下申请者得 8 分，25 岁至 32 岁得 6 分，33 岁至 37 岁得 4 分，38 岁及以上无加分。

申请者如果来自移民率比较低的国家，可加 5 分。这项加分排除了墨西哥人、中国人和印度人。

（新华网 2013 - 04 - 27）

首位广东籍华人当选菲华各界联合会主席

4 月 28 日上午，菲华各界联合会 2013 年至 2015 年委员就职典礼在菲律宾首都马尼拉举行。祖籍广东台山的华人黄锡堃当选菲华各界联合会新一届主席，这也是菲华各界联合会自 1977 年成立以来，首次由广东籍华人当选为该会主席。中国驻菲律宾大使马克卿出席当天就职典礼并发表讲话。

马克卿大使在大会致辞中充分肯定了该会多年来在联络乡情、促进中菲友谊中作出的贡献，希望未来菲华各界联合会和各界侨团继续坚持不懈地推进两国友好、推动两国经贸文化交流，期待中菲关系尽快回到健康发展的轨道。

菲华各界联合会距今已成立 36 年，属下含马尼拉华人区义诊中心、菲华志愿消防队总会等团体会员单位 142 个。据了解，在“2011 年至 2013 年菲中友好交流年”中，菲华各界联合会举办了多个大型活动，广泛邀请菲律宾政要及民间人士参加，为缓和菲中关系，营造良好氛围起到积极作用。

在 2013 年雅安地震中，联合会迅速反应，大力组织捐赠，为灾区人民献上了一份爱心。

（《南方日报》2013 - 04 - 29）

大马最大华人政党现“辞职潮”　总辞人数超600人

综合媒体消息，马来西亚最大的华基政党马华公会在5月5日举行的第13届全国大选中遭遇史无前例的重挫，在大选竞逐的37个国会议席当中仅保住7席。马华总会长蔡细历表明，马华若无法在本届大选赢得更好成绩，将不会入阁，这导致近日马来西亚全国各地会拥有大小官职的马华党员宣布集体辞职的风潮不断扩大，总辞人数已经超过639人。

马华大选惨败　党员陆续表态将辞官职

马来西亚《南洋商报》消息，柔佛、霹雳、雪兰莪、森美兰、马六甲、彭亨、吉兰丹和登嘉楼属下的马华区会，纷纷表明遵从党的决定，辞去一切受委的官职，包括市县议员、医院巡察员、发展官、团结官、福利官、诊疗所顾问、村长与村委。

据统计，这两天总辞人数保守估计已超过639人。继柔州巴莪区会及巴西古当区会6日共有38名拥有官职的党员率先辞职，马华居銮区会7日也传来6位马华居銮市政府医院巡察员、诊疗所咨询员与村长宣布辞职，而马华亚依淡区会三机构7日也宣布14名受委官职执委。

马华总部休假3天

继马华在此届大选惨败后，全国各地陆续出现关闭马华服务中心、要求总会长下台和党员总辞的现象，位于安邦路的马华总部也在大选后深锁大门至今。

根据马来西亚《光华日报》记者在马华总部8楼所见，楼层漆黑一片。而上锁的大门上贴着一张通告。原来，马华总部不是因为惨败而告关闭，而是因为大选落幕后，总部体恤员工在大选期间奔波劳碌地付出，所以一律休假3天。

在这期间，马华公共服务局、马青总团、马华妇女组和马华总部所有部门都从5月6日开始休假至5月8日，5月9日恢复为民服务的业务操作。

（中新网2013-05-09）

沉溺网上赌博　留学生三年输掉80万英镑

姜同学于2010年7月来英国就读大学本科，与很多留学生一样，刚到伦敦的他跟着一些学友光顾卡西诺。玩了几次后姜同学就开始上瘾，十赌九输并未降低他的热情。偶然一次上网，他发现网上赌博更为方便，且更为刺激。同时，网上赌博不受时间、地点限制。

姜同学从此一发不可收拾地越陷越深。先是赌输了生活费，然后把接下来几个月的房租也一起输掉了。于是他以搞社会调查、做研究报告、给导师买礼物等各种理由，不停地向父母要钱。姜同学还经常向室友、同学借钱，大多是有借无还。半年下来，他周围的同学、朋友见他就躲。

2011 年中姜同学打电话给父母，说伦敦房价猛涨，不如在英国投资买房，尤其在学校附近购买，更是省了房租和交通费。为了能使父母坚信不疑，姜同学还专门找了一个华人中介，让父母与中介多次电话联系。可中介和父母都被蒙在鼓里。

等 65 万英镑到账后，姜同学跟中介说不要房了，而告知父母他已迁入新居。父母表示想过来看看，被姜同学以学业繁忙婉言谢绝。到了 2012 年农历新年，父母又提出到英国看儿子，姜同学又以要去欧洲实习拒绝父母的要求。

2013 年 2 月农历新春前，姜同学中学的校长前往英国办理公务，姜同学的父母请校长去新房子看看。姜同学只在唐人街与校长聚餐，声称房子已租给他人，不便打扰。姜同学的父母觉得事有蹊跷，就打电话给一年前曾经联系过的华人房产中介。父母获知真相后，姜同学还在电话上继续编造谎言瞒骗。

4 月中，姜的父母到达伦敦。姜同学终于对父母坦白实情：他这两年半时间里，几乎每天都上网赌博，少则几分钟，多则长达几个小时，有时输赢几十英镑，也有一天输掉几千英镑。他前后输掉 80 多万英镑，父母给的 65 万英镑买房款已一分不剩。

（[英国]《华商报》2013－05－10）

3 名在俄遇害中国女性惨遭肢解焚烧　疑凶均为俄“90 后”

据俄罗斯媒体 5 月 16 日报道，3 名中国女性公民 15 日在俄罗斯西伯利亚地区哈卡斯共和国境内失踪。哈卡斯共和国内务部发布消息称，位于其境内的乌斯季—阿巴坎斯基警察局 15 日接到一名中国女性报案，称其 3 名同胞失踪。随后，警方在当地红湖村附近的田地里发现 3 具烧焦的尸体，初步认定为 3 名失踪的中国女性。

中国驻伊尔库茨克总领事郭志军 16 日告诉记者，3 名遇难者中，2 人是黑龙江人，1 人是吉林人，均是输出到哈卡斯共和国的工人。她们在当地租种的土地上种植蔬菜。目前，尚不清楚这 3 人何时来到俄罗斯。

据郭志军介绍，总领事馆 16 日早上接到警方通报，并立即启动了应急机制。通过向当地警方以及当地华侨了解情况，总领事馆已同遇难者家属取得了联系，确认了遇难者信息，向其表达了慰问和进行了安抚，并将提供领事保护服务。与此同时，总领事馆与哈卡斯共和国的内务部联系，要求其尽快破案，维护当地中国公民的生命和安全。

据俄罗斯移民局 2012 年发布的消息，近年来每年入境的中国公民数量在 40 万人左右。俄罗斯官方网站 2011 年消息称，在俄罗斯常居华人在 35 万～40 万之间。

（人民网 2013－05－17/杨牧　实习生赵嘉琦）

受建筑工程影响　新加坡3 746座华人墓地将被迁移

新加坡陆交局提供的数据显示，共有3 746座华人墓地因受建筑工程影响将被迁移。截至4月21日，有1 253座墓的后人办理了登记手续，占总数的33.4%。其中970座（77%）家属交由当局安排迁坟事宜，另283座（23%）的家属则选择自费起坟。

陆路交通管理局虽把认领登记手续延长了4个月，但是在最后阶段被认领的坟墓只占认领总数的约5%。另一方面，家属确认的1 253座墓中，近九成是家属亲自到陆交局在武吉布朗坟场设立的临时办公室办手续，只有一成是通过网络登记。

委托陆交局处理的坟墓何时动土挖掘？当局受询时说，他们必须待确定承包商之后，才能确定挖掘日期，建路工程会紧随其后分阶段进行。整个工程预计于2016年竣工。

同为百年老坟山，2008年兀兰广孝山潮州坟场约有2 000座墓因建滨海市区地铁线总车站受影响，当时这些坟墓的认领率为54%。

（［新加坡］《联合早报》2013－05－19）

俄罗斯生产假名牌黑工厂曝光　110名中国工人被扣

俄罗斯警方日前在斯维尔德洛夫斯克州叶卡捷琳堡附近的阿季格村摧毁了一个生产假冒法国著名品牌香奈儿（Chanel）女鞋的大型黑工厂，在该厂工作的110名中国工人被暂时扣押。

据俄罗斯生活新闻网站5月21日报道，当地警方发言人表示，他们在接到有人组织生产假冒名牌鞋的举报后，立即向工厂派出大量警察。警察在工厂厂房中发现110名中国工人正在生产冒牌鞋。他们在4个车间里每天轮班工作24小时，车间内空气浑浊，并有刺鼻的化学制品味，工人们都戴着特种口罩工作。

报道称，这些中国工人吃住都在工厂里，工厂建有3米高的围墙，保安人员严密监视每个工人的行动，整个厂房周边都安装了监视器。警方称，在这里组织非法生产的不是中国人，而是一些居住在俄罗斯的亚美尼亚人。

在此次行动中，俄罗斯警方共查获3 650多双预备出售的冒牌鞋，每双鞋售价约2.5万卢布（约合5 000元人民币），而每个工人的月工资只有1万卢布。斯维尔德洛夫斯克州检察院表示："这家工厂存在大量违反卫生标准和技术安全的问题。在这种环境下，工人极易得各种皮肤病。"据悉，俄罗斯税务等部门也将对这家"豹有限公司"的责任人展开调查。警方将根据"非法使用商标"等罪名对组织生产者提起诉讼。

《俄罗斯报》21日也报道了这一消息，并称这家工厂运营已有5年时间，当地居民和地方政府一直认为它是一家合法企业。当地政府认为，在该厂工作的中国工人在生产胶鞋，并且是合法打工者。当地居民则表示，这些中国工人生活十分俭朴，他们基本不外出，外人也被禁止进入工厂。

目前不清楚这批假鞋会造成多大损失。香奈儿公司代表认为，这些假鞋可能给该公司造成数千万卢布的损失。因为这些假冒的名牌鞋一直以极高价格在俄罗斯大型贸易中心出售。

（《环球时报》2013－05－22/林羽凡　柳玉鹏）

阿根廷抽检365家华人超市　3成员工为“黑工”

近日，阿根廷社会保障资源局对阿根廷全国365家华人超市抽样检查发现，在抽检的1 516名员工中，468人没有进行任何登记报白，约占总检查员工人数的30%，365人的报白存在不符合规范的地方。

社会保障资源局局长卡洛斯·桑切斯认为，这些不遵守劳工法律的用工方式，不仅不能保护工人和他们家庭的基本安全，也会导致整个社会救助系统资金的不足，从而影响整个社会的救助体系。在这方面，他补充说：“雇主必须明白，如果他们通过雇用非正式员工来降低成本，就等于是在窃取员工和他们家属的现在和未来。”

这位政府官员还指出，有些超市老板利用员工申报单一税的方法来掩盖部分员工的雇佣关系，比如超市内牛肉摊和蔬菜摊的工人，在检查中发现他们不但没有书面合同，而且单一税的身份在税务机关显示已经取消。

近年来，政府逐渐加强了对华人超市的管理，对超市员工的登记报白，包括缴纳养老金、社会保险金以及医疗保险等实施严格监督。目前，一旦发现非法“黑工”，不仅要求限期到有关部门进行登记，而且处罚力度也越来越大。

（［阿根廷］阿根廷华人在线2013－05－27）

韩担忧中国人到济州岛买房

韩国政府在2010年实行了新的投资移民计划，促使中国赴韩投资的人数大大增加。按照这项计划，任何外国人向济州岛的度假村或酒店等“以休养为目的的居留设施”投资5亿韩元以上，即可获得韩国的永久居留权，并与韩国国民享有同样的教育和医疗保险。

在这个背景下，济州岛Raon休闲度假公寓日前出售的700个高级公寓单位中，超过30%被中国人买下。

如今的济州岛到处都可看到汉字标志，例如小酒馆门面的汉字招牌、商店里特产印有中文说明，以及景点名称都标上了汉字。机场免税店最近也开始对服务员进行三个月的基础汉语培训，所以大部分服务员都能讲汉语。

由于有越来越多的中国人前往济州岛旅游、工作和投资，中国也于2012年设立了驻济州岛总领事馆，这是中国驻韩国的第四个领事代表机构。

中国人对济州岛的投资热潮，使得大量中国资金和人员流入当地，部分济州岛居民对此表示关注。

蔡姓居民（48岁）说："见到中国资金纷纷涌进，我们有些担心济州岛的未来，害怕这些涌入的资金会把济州岛变为第二个海南岛。"

韩国SBS电视新闻指出，中国人在济州岛的投资过于集中在房地产，这对济州岛的发展到底会不会形成积极效果，要打一个很大的问号。

韩国国土交通部公布，截至2012年3月，中国人拥有的韩国土地面积达到570万平方米。而仅在2013年第一季，中国人新购买的韩国土地就多达40万平方米，远远超过欧洲人在同期所购买的14万平方米和美国人的9万平方米。

（［新加坡］《联合早报》2013-06-03）

在美留学生就业形势严峻　多数中国文科生打道回府

都说2013年是国内大学生最难就业的一年，而对于大洋彼岸的美国大学生而言，最难就业季已经持续了好几年。2013年，六成人事经理无招人计划，只有16%的美国大学生在4月1日之前找到工作。而最难找工作的当属中国文科留学生。

2013年只有16%即将毕业的人在4月1日前找到工作。另外，一个雇主调查发现，500个公司的人事经理中，58%表示今年不打算招收新的大学毕业生，有计划招人的2/3的公司表示只会招一两个人。到2013年4月份，全美的失业率是7.52%，21岁到24岁的大学毕业生失业率为8.8%，比2007年高三个百分点，不充分就业率为18.3%，几乎是2007年的一倍。由此可见，美国大学生就业市场还没有恢复到金融危机之前的水平，对于留学生来说，就业就更困难了，而对于学文科的中国留学生来说，更是难上加难。

很多中国文科留学生几乎找不到雇主愿意为其办理工作签证，即便有留下来的，多数也是待到毕业后在美国的一年实习期结束，也就是OBT。比如乔治华盛顿大学的国际关系学院，在美国属于顶尖的公关学院，2012年有6个中国毕业生，没有一个在美国找到工作。2013年有13个中国留学生毕业，9个已经决定回中国，4个人留下来也全是用OBT，没有一个在美国找到能办理身份的工作。

面对这种不利局面，来美留学的中国学生如果想留在美国工作，首先要谨慎选择专业，尽量选择理工科和经济、金融、商科专业。当然，每个人的志向和兴趣不同，如果不想违背自己的专业兴趣，那也要提前设想和规划好，下手要早，从留学第一天开始就要为将来找工作积累相应的资历和人脉关系，尤其是在实习的时候，要加强针对性，这样，到了毕业时找工作会相对容易。

（中国广播网2013-06-04）

经济衰退就业机会减少　米兰领取免费食品华人增加

据米兰志愿者组织的消息称，在免费领取食品的队伍中出现了多名华人的身影，其中包括年轻人和老年人，他们找不到工作，只能过着流浪者的生活。

由于经济衰退，导致就业机会减少，来自中国的打工者找不到工作，只能离开米兰，甚至一些在米兰做生意的华商也开始考虑是否要离开米兰去其他地方继续发展。

排队领取免费食品的华人中有人穿着夹克和衬衫，他们似乎有点不适应严酷的街头生活，一名60多岁的华人男子在接受采访时说："我已经在意大利生活了20多年，曾在米兰的一家建筑企业当泥瓦工，老板应该支付我1.8万欧元工资。"记者看到这名华人男子领取食品后朝GARIBALDI走廊走去，他想在那里过夜。

志愿者称，华人流浪者与其他国家的流浪者一样，经常在站台上或废弃的仓库里过夜。一名40多岁的华人泥瓦匠说："虽然我找到一份工作，但是很不稳定，只能勉强过日，但我不用再住在火车站。"另一名华人男子说："我在一处建筑工地工作，但是老板不付工资，我只好去餐馆打工。我与几名华人同住一处公寓，我已经忘记了站台和仓库里的生活。我们的梦想是自己开一家公司。"另一名20年前就已经进入意大利的华人男子说："我来意大利已经20多年，找工作从来没有遇到过问题，但是现在老板因经济危机出现资金困难，我只好从PESCARA来到米兰，想在米兰找工作。如果有一天我成为老板，我将开一家公司，雇用所有流浪者。"

意大利媒体为此发表评论称，长期的经济危机已经影响到所有人，随着越来越多的华商决定离开意大利另谋发展，华人打工者中失业者人数也会不断增加。

（［意大利］《欧洲侨报》2013－06－05/林夕）

首名中国人拿到"黄金签证"

最近，葡萄牙成为欧洲购房移民的热门国家之一。在联鸿移民举办的葡萄牙购房移民展上，记者了解到，自2012年10月葡萄牙颁布新的投资移民法案，即"黄金居留许可计划"以来，葡萄牙已给13名外国人授予了"黄金签证"，共获得了1 000万欧元的投资。获得"黄金签证"的这13名外籍人士中，有10名巴西人、1名印度人、1 名委内瑞拉人以及 1 名中国人。此外，另有 60 个“黄金签证”正在申请考核阶段，其中包括多名中国人。

葡萄牙外事部长表示，“黄金签证”是针对一些有意来葡萄牙投资的外国人，满足以下任何一个条件即可申请：在葡萄牙至少投资 100 万欧元；在葡萄牙创建一个提供 10 个以上工作岗位的公司；购买 50 万欧元以上的房产。其中，购买 50 万欧元以上的房产被业界认为是目前最简便、最受投资人欢迎的方式。因为这一方式条件宽松，房产可买多套，只要总价达到 50 万欧元即可，而且不限定购买住宅，购买商铺、工业用房、农业用地等均可。

在葡萄牙买房投资者要注意房产税费问题：第一次房产交易税为 6% ~6.5%，以后每年都要交房产税，一般城市为 0.3% ~0.5%，郊区为 0.8%，出租房屋也要交税。

（《广州日报》2013 -06 -06/李琼　邓仲谋）

华人汇款公司成重点检查对象

PADOVA 地方媒体报道称，意大利财政警察正在进行一项反洗钱行动，这次行动主要针对在意大利的华人，涉及罗马、PRATO、PADOVA 等城市。调查人员已经跟踪调查了多家汇款公司的数千笔汇款业务，共有 287 名华人接受调查，其中 24 名华人被疑为犯罪组织头目。

此次行动获得了意大利银行的大力支持，同时意大利银行主管部门也参与了调查行动，并提供有关统计数字。根据意大利银行提供的统计数字显示，2007 年至 2009 年，PRATO 华人向中国汇款达 4.3 亿欧元。FIRENZE 反黑行动中心的调查人员对华人 2006 年至 2011 年的境外汇款进行了详细的分析，发现很多华人频繁汇款，但每次汇款金额均不超过 2 000 欧元，以逃避银行系统的自动检查功能。

另有消息称，此案涉及的一家大型汇款公司成立于 2004 年，当时该公司的注册资本为 30 万欧元，80% 的股份由意大利一家族持有，20% 的股份由一名尼日利亚人持有。2005 年该公司年汇款总额为 18.9 万欧元，且全部汇往尼日利亚。2006 年下半年一名华人女子成为该公司的合伙人，当时这名华人女子的身份为家庭工，2003 年其年收入申报仅为 5 000 欧元，成为该公司的合作者之后立即持有公司 10% 的股份，之后其持有股份不断上升，该公司汇往中国的汇款金额达 8 350 万欧元。该公司还设立了上百个代理点，该女子的前老板以及老板的儿子也成为公司的合伙人，并持有公司的大部分股份。

据意大利财政警察掌握的证据显示，华人汇款中也包括非法所得，其中包括剥削工人、走私、偷漏税和制假售假所得，一些华人在汇款时使用伪造身份证明，每笔汇款成本 5 欧元。

意大利财政警察在调查时还发现，一名华人男子与一名会计师合作在圣马力诺和摩纳哥操纵洗钱，目前涉案人员被控洗钱 400 万欧元。

（［意大利］《欧洲侨报》2013 - 06 - 07/林夕）

加拿大修改公民入籍考试题目　中国移民及格率达 9 成

加拿大联邦移民部 2012 年修改公民入籍考试题目后，及格率大幅降低，受冲击最大的主要移民来源国为巴基斯坦，合格率从 85% 降至 73%，不过来自中国与韩国的移民及格率却高达约 9 成。至于拥有大学学历者，及格率从 95% 降至 87%；高中以下者更是从 70% 降至 55%。由于不及格人数大增，移民部已在日前宣布入籍试可重考。

最新一期移民通讯杂志 *Lexbase* 根据信息自由法取得的移民部内部数据显示，2012 年公民入籍考试题目大幅修改后，及格率大幅下降，不过韩国与中国移民的及格率仍然最高，分别为 90% 及 88%，堪称最会考试的新移民。

数据也显示，逾 8 成新移民是在抵境 5 年内申请公民，而抵埠时间愈短，入籍考试的及格率愈高，抵埠 11 年到 20 年才申请公民者，考试及格率最低。新题目推出后，经济类移民（Economic Class）的入籍考试及格率从过去的 93% 降至 85%，家庭团聚类移民的及格率更从 75% 降至 61%。

在教育水平方面，拥有大学学位的新移民及格率从过去的 95% 降至 87%；而大专文凭者从 85% 降至 72%；高中以下者及格率更从 70% 跌至 55%，受冲击最大。

整体而言，加拿大五大移民来源地——中国、印度、菲律宾、巴基斯坦及伊朗，占所有公民入籍申请人的 4 成，其中受新题目冲击最大的是巴基斯坦，及格率从 85% 降至 73%。在省份方面，缅省新移民的及格率为全国最低。

由于公民入籍新题目导致不及格人数大增，同时处理入籍申请积压情况愈趋严重，移民部已在 6 月 3 日宣布，入籍试不及格者可实时安排在 4 至 8 星期内重考一次。

（［加拿大］《世界日报》2013 - 06 - 09/阮耀毅）

达赖窜访新西兰演讲　奥克兰华人现场抗议

6 月 12 日，以达赖喇嘛为首的藏独势力到达奥克兰，披着宗教领袖的外衣在新西兰举办“伪善演讲”活动。奥克兰各华人社区、华侨华人及留学生代表于奥克兰举行集会，以和平的方式在达赖喇嘛演说现场举行抗议活动，并与在场的少数藏独分子展开了一场捍卫祖国尊严的面对面的斗争。

达赖的演讲定于当天 12 点 30 分在奥克兰市中心的 CIVIC 剧院举行。记者在现场看到，参加反对示威的新西兰华人很早就来到了剧场门外。在场的华人群情激昂，他们一边高举中国国旗和写有“西藏是中国的一部分”、“反分裂，爱和平”等字样的标语牌，一边高喊“反对达赖、反对藏独”的口号。还有现场的中国留学生向路人散发反对藏独的传单，让更多的人了解事情真相，识破达赖的政治谎言。

记者看到，除了通过上述方式反对藏独，在场的华人还与少数藏独分子展开了面对面的斗争。就在华人高举的中国国旗旁边，有一藏独分子举起了象征藏独的“雪山旗”，并不断试图通过盖过中国国旗来为自己的藏独宣传制造声势。面对此等嚣张气焰，在场华人齐声高喊“Say No to Dalai（向达赖说‘不’）”，并把中国国旗举得更高，完全盖过了“雪山旗”。现场的一名中国留学生慷慨激昂地表示：“身为一名中国人，我们绝不能让这嚣张的藏独气焰蔓延。所以我们要把五星红旗举得更高，我们要让全世界的人都知道，西藏永远是中国不可分割的一部分！任何妄想分裂中国的势力，无论是以任何伪善的面孔招摇过市，都是痴心妄想！”

此次抗议活动持续了一个多小时，而正是在这一个多小时抗议活动中，新西兰华人通过自己的方式，充分地表达了海外华人以实际行动捍卫祖籍国统一和尊严的真诚情感。

（［新西兰］中华新闻网 2013－06－13）

中国游客正开创海外坏名声

北京导游石昱（音）从 2009 年开始带团，去过美国、澳大利亚、韩国和迪拜，她说：“如今越来越多的人出国，但他们把坏习惯也带了出去。”中国游客最突出的问题就是吵，对排队毫无尊重。石说，在许多餐馆没座位时，侍者会让客人先坐下等，可中国人却一窝蜂涌入，大声喧哗……来自北京的旅行发烧友沈晓宁（音）说，这类行为让内地游客很容易被一眼认出。

在酒店浪费食物也是中国人的典型特点，浙江的自由撰稿人兼旅行家黄瑞林（音）

说："中国客人的盘子总是满满的。吃自助餐时浪费了大量食物。"曾独自环球旅行的刘硕庭（音）看到过内地游客从自助早餐区带走足够一整天吃的东西……

中国游客的其他坏毛病还有，做什么事都迫不及待。他们总是在飞机还未停稳时就打开行李箱取行李。争抢食物和座位是普遍现象，这导致一些国外酒店专为中国客人辟出单独的用餐区，一些航空公司也让他们同其他乘客分开就座。

一些游客还经常无视当地规则。以不得在公交上吃东西为例，黄说："许多中国游客不遵守规定，要么因为不知道，要么因为不在乎。"中国人也很少说"谢谢"，认为什么都是理所应当。

石希望2013年10月生效的旅游法能包括制止这些行为的条款。专家表示，许多中国人如今富裕了，礼貌却未见提高，"是时候学会在旅行中守规矩讲文明了"。

（[中国香港]《南华早报》2013－06－16）

洛侨学界热情欢迎习近平出席庄园会

中国国家主席习近平与美国总统奥巴马6月在阳光之乡举行庄园会议。其间，洛杉矶侨界和学界的几百名代表自发组团到机场、酒店和会议地点热情欢迎习近平主席和夫人彭丽媛。中国驻洛杉矶总领馆19日在总领馆大厅举行答谢会，感谢侨学界代表在这次会晤中作出的贡献。

中国驻洛杉矶总领馆总领事邱绍芳19日在答谢会上说，此次参加欢迎习近平主席活动的侨学界代表中有80多岁的老人，也有十几岁的小孩。欢迎场地到洛杉矶有2个小时车程，棕榈泉当地日照强烈，白天40多度，只要站几分钟就会浑身发烫。一些反华势力企图闹事破坏会晤气氛。面对种种困难，华侨华人代表们没有畏惧，没有退缩，向习主席的车队舞动红旗、高喊口号，削弱了反华势力的影响，为此他感到非常骄傲。

邱绍芳说，去年侨胞曾经欢迎习近平主席来访，当时是寒冷的冬天，而这次是高温，为此他们非常感动。为了表示敬意，这次特地发给大家感谢照片，记录每个人的姓名，感谢每一个人的热情和所作的贡献。

美国华人社团联合会主席鹿强说，总领馆在会晤之前做了很多前期工作，侨领们都发挥了最大能力，向国人证明了海外华侨华人的力量。

讲话结束后，邱绍芳向华侨华人和学生代表发送奖状，与他们合影留念并表示感谢。

（[美国]侨报网2013－06－20）

45万美国华人处于贫困状态

亚太裔社区发展联盟总监 Lisa Hasegawa 和国会众议员孟昭文以及报告作者和多位亚裔社区的代表出席了6月21日中午在福特基金会举行的报告发布会。

这份综合性的报告显示，亚太裔社区的贫困人口在2007—2011年间增长超过50万，增长率超过38%。其中亚裔37%，夏威夷土著居民和太平洋岛屿居民高达60%，而全美贫困人口平均增长率仅为27%。同时，亚裔贫困人口居住的区域高度集中，超过50%的贫困人口都集中在全美十大城市中，其中30%的贫困人口居住在纽约、洛杉矶和旧金山这三大城市。

报告显示，由于亚太裔人口集中在都会区，他们普遍面临沉重的住房费用负担，居住在高房价地区的贫困亚裔人口比例要比其他任何族裔高。另外，报告还显示，亚裔本身是一个非常多元化的族群，单是贫困的亚裔人口便有22个族群，其中最大的为华裔（台湾地区的移民除外），约有45万。

出席发布会的国会众议员孟昭文表示，这份报告揭示了许多亚裔居民生活在贫困阴影下的事实。在她所在的选区，她每天都接待处于贫困中的亚裔家庭和耆老，许多人因无法负担高昂的房租，只好全家几代人挤在一起，这也就是外界认为亚裔房屋拥有率高于其他族裔的原因，因为他们经常几代人挤在一个公寓里，而不是一个人或者一对夫妇独立居住，这些都是被外界忽略了的事实。孟昭文表示，我们必须整合公共、私人以及非盈利机构的力量和资源，帮助这些贫困人口渡过难关，而这次的报告也有利于亚太裔社区在未来争取到政府更多的支持和帮助。

该报告也显示，大多数新增的亚裔贫困人口都是在美国出生，而不是后来的移民，这也是一个值得研究的现象。

（[美国]《侨报》2013-06-21/管黎明）

部分中国女子赴马假结婚　从事不良工作

马华公共及投诉部主任张天赐揭露，有一些中国女子与大马公民假结婚，以获得签证，并在当地从事不良工作。

张天赐说，他之前接获一名嫁到马来西亚的中国女子投诉，指移民局拒绝更新其签证，因此向移民局了解情况，而获知此事。

“移民局告诉我，当局怀疑这名女子可能是假结婚而获签证在马来西亚工作，因此拒绝更新其签证。”他说，“这名女子与丈夫之前从槟城搬到雪州蒲种时，也没有通知当局，结果官员上门调查时扑空，因此怀疑她可能以假结婚获得签证。”

他说，据他所知，有很多中国女子嫁到马来西亚，因此移民局会定时派员登门了解情况，但是很多时候他们都扑空，因为这些中国女子并没有住在所述地址。

"官员说，当官员询问附近居民时，他们都说不曾见过这些自称在这里居住的女子。"

不过，张天赐也相信，有许多中国女子是因为真爱而嫁到马来西亚，并非从事不良行业。因此，他提醒嫁到这里的中国女子，若是搬家，一定要知会移民局，免得惹上麻烦。

（［马来西亚］《星洲日报》2013－06－24）

一个中国留学生养活一个美国家庭

教育部公布的数据显示，2013 年国内有近 100 万名考生放弃高考。有教育研究机构调查后表示，其中，出国留学的高中毕业生近 20 万人，而这一人数正以每年 20%～30%的速度在增长。

而美国已连续多年成为中国高中生留学目的地的首选，到美国读本科的人数约占总人数的一半。

去美国读大学，至少先准备 150 万元

首先是昂贵的考试费用。因为考生在一年中可以参加多次考试，以其中较好的一次成绩作为申请大学的依据，所以，一般想出国留学的高中生至少要参加两次托福和 SAT 考试。其中耗资最大的是参加 SAT 考试。

SAT 在香港设有考点。据香港媒体统计，从 2007 年 10 月至 2008 年 6 月，总共有 7 300名考生在香港参加 SAT 考试，其中大约 7 000 名为内地考生，占比为 95% 以上。2008 年 10 月至今，内地考生人数每年都在 3 万以上。

SAT 一年有 6 次考试，也就是说，中国的高中生一年最多可以参加 6 次，最少可以参加两次。

如果从北方城市飞一次香港，单人双程机票 2 000 多元，若有一个家长陪同，一次考试仅机票就要花费约 5 000 元。每逢 SAT 考试前夕，香港考点附近酒店的价格普遍上涨 40% 左右，住一晚要花 1 200 元人民币左右。再加上吃饭等花费，一次考试花费 2 万元人民币很普遍。

此外，目前 SAT 课程"一对一"培训的价格是在 600 元/课时至 800 元/课时，考生如果想冲击 SAT 2 200 分（申请美国名校的基本分数线）以上的成绩，往往会选择培训 80 至 100 个课时，培训费达 6 万元以上。即使选择较为便宜的小班授课，也要 2 万元左右。

其次是中介费和由此衍生的服务费。一般来说，留学中介的费用至少要 3.5 万元，而申请学校费用则要根据申请学校的数量和具体学校另行计算，如果选择中介的一条龙打包服务，还要再追加费用，比如出国后的接机、安排住宿等。

如果一切顺利，据记者估算，出国前一个学生就要花费大约 20 万元人民币。在美国一年的学费加生活费一般在 30 万元人民币左右，4 年就是 120 万元。一个家庭要有百万

元以上“专项资金”，才有底气选择去美国读大学。

一个中国留学生养活一个美国家庭

在美国的留学生活让许多中国学生尝尽了苦头，但美国却尝到了“留学经济”的甜头。

6月16日，纽约市长彭博在斯坦福大学的毕业典礼上称，移民经济已经成为美国经济复兴的新动力，他呼吁美国政府改革移民政策，“每个学习科学、技术、数学和工程的毕业生都应该在领取毕业证书之时得到一张美国绿卡”。

据美国《侨报》报道，最新统计数据显示，留学生为美国经济的贡献每年超过200亿美元，其中，中国留学生直接提供了超过44亿美元的收入，“留学经济”正在成为美国经济复苏过程中的新亮点。

按私立大学学费计算，一个中国留学生，如果4年修完学分并毕业，则学费总额约合13万~19.5万美元；如果3年修完学分并毕业，则学费总额约合9.7万~14.6万美元。此外，住宿费每年为1万~3万美元，书本等学习用品花费每年平均500美元，膳食费每年平均5 000美元，交通费每年平均600美元；一个留学生每月的固定生活支出就在1 500美元左右，加上学费，其每年最少为美国经济贡献5万美元。

而据美国人口普查局2013年4月公布的2011年第四季度美国人口收入调查报告显示，2011年第四季度美国人均收入9 626美元，家庭平均收入20 189美元。也就是说，一个中国留学生的花销，可以轻松地养活一个美国家庭。

（《中国经济周刊》2013-06-24/侯隽）

因国内民事纠纷而到使馆门前抗议不应当

6月以来，一名华侨女士因国内住房等纠纷，连日在中国驻日本大使馆门前抗议，她穿着写有“要人权、要住房、要户口”标语的上衣，手持条幅，高呼口号，引得路人纷纷驻足侧目，议论纷纷。为此，本报记者向大使馆了解情况，领事部主管领事介绍了事情经过，表示希望该同胞通过正当途径理性地寻求解决问题的办法。

据了解，这名女士姓丁，1988年由上海来日本留学。1993年因上海市城市改造，丁女士的家成为动迁对象。丁女士家和拆迁企业签订了拆迁协议，并利用拆迁补偿款购买开发商建造的一处房产。

因开发商未按合同如期交房，丁女士与开发商产生了纠纷，并于1997年向法院提出诉讼。1998年上海闵行区人民法院作出判决，支持丁女士的诉讼请求，但因开发商拖延，退款判决迟迟不能执行。

到了2009年，上海闵行区人民法院强制拍卖了该房产，以兑现支持丁女士诉讼请求的判决结果。但丁女士不满意这种安排，要求拆迁企业重新为其解决一套住房。拆迁企业认为自己已经支付了补偿款，履行了拆迁协议义务，不同意丁女士的要求。

使馆主管领事介绍说，领事官员多次接待丁女士，馆领导曾经约丁女士进行了两个多小时的真诚交流，听取其诉求，并向其讲解有关法规和政策，但丁女士仍坚持认为大使馆应帮助她解决房屋问题。

这位主管领事表示，由于丁女士反映的问题属于民事纠纷案件，因此丁女士理应通过当事人之间协商，或通过司法途径寻求解决，在使馆门前抗议并无助于问题的解决。

关于回国上户口问题，这位主管领事表示，早年出国的中国公民按户籍政策都注销了户口，如果想恢复国内户口，按照国内户籍及回国定居政策履行相关手续是可以的。

该领事还表示，保护侨胞在国外的合法权益是我们的职责，我们将尽全力继续履行好职责，欢迎在日侨胞的监督批评。

（［日本］日本新华侨华人网 2013－06－25/孙辉）

美国亚裔群体富可敌国　财富总和位列全球第十八

最近美国媒体一项调查显示，在美国生活的亚裔群体富可敌国，财富总和相当于世界第十八大经济体。而其中华裔的经济状况也相当可观，他们平均退休存款为 10 万美元。

亚裔不仅是美国人口增长最快的少数族裔，也是最富有、教育水平最高的群体。最近有美国媒体假想，如果美国亚裔单独组成一个国家，其经济实力相当于世界第十八大经济体。

据报告显示，美国亚裔的年购买力达到 7 181 亿美元，五年内将攀升至 1 万亿美元。从美国 15 万亿美元的 GDP 总量可以看出，亚裔在美国的经济占据非常重要的地位，甚至在全球经济中都可以占有一席之地。

亚裔约占美国总人口的 6%，但是其经济影响力较大。让我们来盘点一下这个亚裔王国的状况。人口，亚裔人口将超过 1 800 万，相当于罗马尼亚的总人口，与 2000 年相比人口增长了 50%。未来五年亚裔群体的人口有望达到 2 090 万，以如此强大的购买力，亚裔王国将成为世界第十八位的经济体，GDP 将排在土耳其和瑞士之间。

美国的亚裔家庭，平均年收入为 6.6 万美元，比美国人的整体水平高出 28%，亚裔王国以平均 8.35 万美元的国民家庭财富轻松地超过全美国的水平 6.85 万美元。就教育程度而言，亚裔王国 25 岁以上的成年人中，约有一半拥有学士以上的学位，超过美国平均水平的一倍，世界上只有俄罗斯能够与之媲美。

亚裔王国 1 800 万人口中 23% 为华裔，是最大的族群。因为华裔新移民受教育程度较高，从事专业技术工作的人也较多，因此华裔与日裔、印度裔、韩裔一起成为亚裔中所谓的上层阶级。

富国银行调查显示，无论是目前的经济状况，还是对未来的经济展望，相比较于美国的其他族裔，华裔都显示出一贯的自信。67% 的华裔认为，目前经济状况良好，65% 的华裔对自己未来的经济前景持乐观态度，而全美范围内只有约一半的成年人持有这样的想法。另外，60% 的华裔认为，他们的经济状态比三年前金融危机时有所好转，而全美有这种想法的家庭仅为51%。华裔家庭的收入也相当可观，37%的华裔家庭年收入超过10万美元，而全美只有23%的家庭年收入达到这个水平。

相比较于其他族裔，美国华裔以善于储蓄著称。目前在职的华裔为退休储蓄的平均资金是全美平均水平的两倍多。在职华裔退休储蓄值达到了10万美元，全美成年人的退休储蓄金的中位值只有4.5万美元。因为为养老准备了充足的资金，美国的华裔对晚景更有信心。63%的华裔认为，退休后他们的生活水平不会下降。而在实际的生活中，华裔习惯于量入为出，很少购买负担不起的商品。65%的华裔认为他们能够每月还清信用卡的欠款，而全美每月能够还清信用卡欠款的成年人只有42%。相对于全美25%的成年人面临着入不敷出的状况，只有17%的华裔表示他们入不敷出。

（中国广播网 2013-07-01/余浩）

马来西亚华人社团近9 000个　1/3处于“冬眠状态”

马来西亚新山中华公会会长林奕钦7月1日为新山海南会馆第116届理事会理事就职礼监誓后说，马来西亚国内现有近9 000个华团，其中2/3积极推动会务，1/3则处于“冬眠状态”。

他表示，为了华人的团结，华人社团的成立应重质不重量，这样华人才会珍惜与团结，也能相处得更融洽。

他指出，若政府轻易地批准一个社团的成立，就不能排除其中某些社团的成立是以个人私利为出发点。“若政府未经过调查就批准（指批准社团成立），将来只会制造华人之间的混乱。如果华社里有太多组织，大大小小，各种名堂，总有一天是会泛滥，而且不团结，一有问题就吵吵闹闹。”

他认为，若上述情况长久发展下去，会对华社构成威胁，因为华社一旦发生纠纷，该由谁来处理和协调？最后还是得“自己救自己”。

（［马来西亚］《星洲日报》2013-07-02）

马来西亚华文报日发行量约85万份

马来西亚华文报2012年下半年每日发行量达847 400份，其中《星洲日报》占404 478份，在全国华文报及各语文报章中独占鳌头。其次为马来文《大都会日报》，平均每天发行379 169份（星期天405 191份）。

马来西亚印刷媒体发行量审计局（ABC）副主席玛格烈欧阳6日发布西马2012年7月至12月的报章发行量时指出，《星洲日报》早报日均发行量为386 700份，晚报17 785份。

玛格烈欧阳表示，其他主要的中文报，《中国报》早报日均169 700份，晚报

去年下半年 马国各报每日平均发行量	
《星洲日报》	404 478份
《大都会日报》	379 169份
《太阳报》	332 334份
《太阳报》（免费报纸）	302 477份
《星报》	288 916份
“KOSMO”	218 251份
《马来西亚前锋报》	178 211份
《每日新闻》	130 463份
《光明日报》	11万份
《东方日报》	97 900份
《诗华日报》	94 843份
《新海峡时报》	93 321份
“The Edge”	22 244份
《南洋商报》	没有参与审计

67 791份；《光明日报》日均发行 11 万份；《东方日报》平均日发行量为 97 900 份；只在东马发行的《诗华日报》，日均发行量有 94 843 份；《南洋商报》没有参与审计。

她说，马来文报章方面，*KOSMO* 每天平均发行 218 251 份（星期天 227 666 份），《马来西亚前锋报》178 211 份（星期天 366 469 份），《每日新闻》130 463 份（星期天 176 430 份）。

谈到英文报章的发行量，她表示，发行量最大的是《星报》，平均每天 288 916 份（星期天 292 293 份）；其次是《新海峡时报》93 321 份（星期天 101 010份）；*The Edge* 每天平均发行 22 244 份。

英文免费报《太阳报》则平均每天发行 302 477 份。

（[新加坡]《联合早报》2013－07－07）

雇用非法移民不会被宽恕

在普拉多，关于三名华人老板因剥削一名年轻非法移民的起诉被法院认可。这三名中国老板因剥削非法移民罪被法院起诉，现已得到法院的民事判决。前几日，一名没有身份的中国青年在一个中国人企业里工作时受伤，之后他便向当地市政府举报了老板的剥削行为。普拉多市政府有关部门直接介入调查此事件。政府社会融合部长也将此男子安排到了意大利北部的一个城市工作，让他可以远离普拉多，更好地融入新的社会和工作环境。

最近法院对三名中国老板剥削非法移民罪进行民事判决。在开庭时，政府有关部门称需要重点打击剥削劳动者并且让工人居住在工厂里的现象，因为此现象有损城市形象。另外市政府明确指出，对于这方面违规的罚款可以用来帮助那些被剥削的劳动者走出奴隶式的工作和生活状态。因此，近日市政府发出宣传，邀请所有被剥削的劳动者前来市政府社会融合部进行举报。司法部也表示，不是所有的中国人都是坏人，但是对那些剥削非法劳动者的老板不会留情面。

（[意大利]《欧洲华人报》2013－07－09）

德国酒店发“中国人警告”　称中国游客吃饭噪音高

德国《明镜》周刊7月9日刊登了该报旅游编辑斯戴凡·奥尔特的亲历文章，题为“旅馆的中国人警告”。

据奥尔特称，他最近在德国巴伐利亚一家酒店办理入住手续时，当面收到一张“中国人警告”，上面提醒客人注意“中国文化特殊的餐桌礼仪”。该文的描述在网上引发争议，被批评有“种族主义”倾向。

奥尔特称，他入住酒店时被告知：第二天早上6点半至7点半有一个大型中国旅游团用餐，可能会夹杂“有别于欧洲传统餐桌礼仪的高噪音”。“中国人警告”上写道，“其他客人请不要受到中国人吧嗒吧嗒地吃出声和打嗝声影响，因为这是中国吃文化的一部分”，“如果想静悄悄地吃早餐，请在8点以后来”。作者还称，他晚上在酒店酒吧听到一位年轻的中国女导游正同意大利同事谈48小时游意大利的计划。女导游指着iPad上的地图说，希望从米兰出发，到波托菲诺，然后再到300多公里外的锡耶纳。意大利同事显得有些恼火，说：“你认为近，我认为不近。”

作者称，第二天早上6点半，他来到餐厅，看到中国游客用勺子拍打小面包，拿了椒盐脆饼后又放回去，蹩脚的英语很难理解，也没有对服务员说“请”和“谢谢”。一个厨房员工偷偷对一名德国客人说：“他们走时，我会很高兴。”文章称，对于为什么提前派发“中国人警告”，该酒店经理解释说：“如果我们提前指出，就不会收到投诉!”

该文在《明镜》周刊刊登后，在网络上引起极大争议，几百名网友发表看法。一名叫phrasensport的网友称这是“种族主义！作为德国人，我真的很尴尬”。不少网友则认为，文中所说的中国游客的坏习惯确实存在，应该改正。还有一些旅德华人认为，该酒店小题大做，这样会吓跑中国人。

（《环球时报》2013－07－11/昭东）

苦等半个世纪　马来西亚72岁华裔老翁终获公民权

据马来西亚《星洲日报》报道，经过了半个世纪的等待后，现年72岁的马来西亚华人林金兴终于如愿以偿获得公民权。

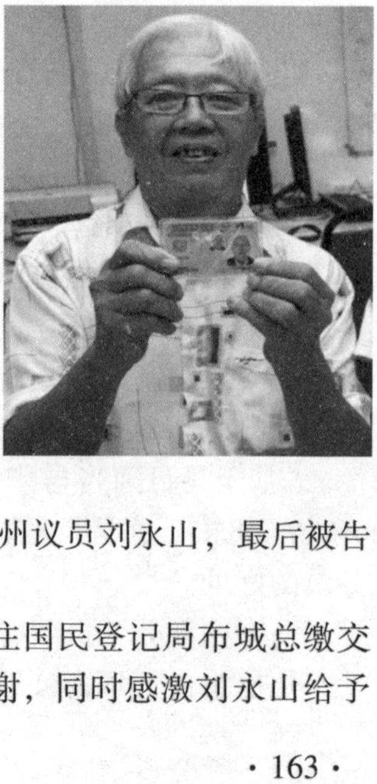

来自灵市51A区的林金兴于1941年在怡保万里望出生，不知何故他的哥哥与姐姐皆持蓝登记（身份证），唯独他一人持的是红登记。

他自20岁开始就向国民登记局申请公民权，50多年来曾三度办理申请手续，不过每次都石沉大海，令他感到失望与灰心。他坦言，2012年3月，他在国阵甘榜东姑区州选区协调官张胜富的鼓励和协助下，办理了申请公民权手续。

“我在2012年5月获得内政部和国民登记局的信件，指当局正在处理与审核我的申请，直到2013年3月仍没有进展。”他指出，他在大选后曾致电张胜富跟进，唯不得要领，后来辗转把相关的文件与数据递交给双溪威新村村长陈有才和甘榜东姑州议员刘永山，最后被告知申请已被批准。

“我在6月14日获国民登记局发出的批准信，并在19日前往国民登记局布城总缴交100令吉的手续费和领取大马卡。”他在事后曾致电向张胜富道谢，同时感激刘永山给予的援助，让他多年的愿望得以实现。

“过去，碍于红登记非公民的身份，以致我无法享有医药福利，去年我跌倒入院就医，每晚的费用高达 900 令吉。”他表示，在他成功获得公民权后，不仅可减轻医药费，还可登记成为选民，以及申请一个马来西亚人民援助金。

（中新网 2013－07－13）

大马政府吸引 2 105 名海外人才回流　华人占 6 成

马来西亚首相署部长阿都华希 7 月 18 日指出，政府投资 6 500 万令吉给马来西亚人才机构，至今已吸引 2 105 名人才回流，取得正面效果显著。

他 18 日在国会下议院回答民主行动党居銮区国会议员刘镇东的问题时说，这项计划是从 2011 年开始，当时吸引 680 人参与，2012 年增至 923 人，2013 年截至 6 月则有 502 人。

他指出，大部分参与者都在 30 岁以上，其中 75% 是男性。种族方面，60% 参与者是华人、30% 是土著、10% 是印裔和其他种族。

他补充，这些参与者从 10 个国家或地区，如新加坡、美国、中国、澳大利亚、英国、阿联酋、卡塔尔及沙特阿拉伯等回流马来西亚。参与者需在马来西亚工作至少五年。

（［新加坡］《联合早报》2013－07－18）

大马将招聘 3 000 名华裔柜台公务员

马来西亚政府有意招聘 3 000 名华裔柜台公务员，为不同种族的民众提供更完善的服务。

华总副义务总秘书陈耀星 7 月 24 日指出，目前印裔柜台公务员有逾 1 000 名，而华裔柜台公务员只有 700 余名。他说，政府很有诚意招聘华裔子弟成为公务员，希望媒体能协助传播此信息。

陈耀星在 24 日出席“华总与公共服务委员会招聘第 3 次华裔公务人员”记者会时指出，公共服务委员会主席丹斯里马目阿当上任的一年内，华裔公务员的比例便由原本的 6% 增至 8%。

“基于马目阿当与华总的努力，加上媒体的协助，才能够在一年内使人数由原本的 6% 增至 8%。这是个可观的数目，我们将继续增加人数并展开活动，如到校园讲解当公务员的好处。”

马来西亚公务员共有 140 万，目前华裔公务员占 8%，包括教师，共 11.2 万人。

他也指出，华裔公务员中有 22% 担任高级行政人员，这是理想的数目，但担任助理行政人员人数却很少，因此，他鼓励更多华裔申请该职位。

他希望目前8%的华裔公务员人数在媒体的帮助下可增至10%。

（［马来西亚］马新社中文网 2013－07－24）

圣保罗遇52年来最冷天　华人发寒衣送温暖

圣保罗市自周三（2013年7月24日）以来，气温骤降，达到52年来最低温度。寒流来临之前，巴西华人协会发起了冬季慈善救济募捐御寒衣物活动，得到了广大侨胞的积极响应。寒流来袭的周三下午，李少玉会长、威廉巫以及部分侨领侨胞将募捐到的毛毯等物品送到了民众手中。

周三下午，李少玉会长、前国会议员威廉巫、巴西华人体育协会会长蒋晓平等来到CLINICA医院的慈善部门，向需要御寒的民众发放了数百条毛毯等物品，受到相关部门的领导和民众的欢迎。

李少玉会长表示，寒流来之前华协已发出捐物呼吁，得到各侨团和华商的积极响应。除了向CLINICA医院的慈善部门捐物外，本周一起已多次向圣保罗一些贫困地区民众发放了数千件御寒衣物及毛毯，奉献了华侨华人的关爱与温暖。

（［巴西］南美侨报网 2013－07－26）

大马全国人口明年破3 000万　华裔2040年跌至18%

马来西亚国家统计局预计马来西亚将在明年突破3 000万人口大关，30年后将达到3 860万人口，唯华裔人口将从2010年的22.5%下跌至2040年的18.4%。

国家统计局预测，尽管生育率下降，马来西亚仍将有越来越多的巫裔人口，即在2040年达到2 080万人，比2010年多出650万人，而巫裔将在2040年占总人口的54.1%。

生活费高减少生育

大马其他族群的人口增长率预计也会很低，土著、华裔、印裔及其他族群的人口分别增长180万、70万、40万及20万人。

生育专家拿督温蒂安妮透露，马来西亚家庭选择减少养育孩子的原因，主要是高涨的

2010年与2040年大马族群人口的比例

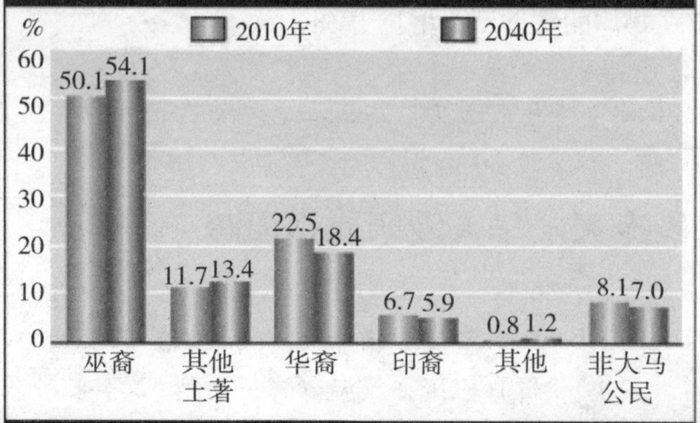

大马人口数目

年份	巫裔	其他土著	华裔	印裔	其他	非大马公民
2010	14 322 100	3 354 700	6 430 400	1 924 900	232 000	2 324 500
2040	20 865 500	5 166 700	7 098 900	2 257 600	477 300	2 691 600

资料来源：国家统计局

生活费。“这不是因为人们减少性生活，只是他们不想要孩子。要带大一个孩子需要巨大的开销。”她说，“快速的工作节奏和现代人的生活方式也是重要的因素。”

“人们越来越少花时间留在家中，因为家里充满各种压力和烦恼。那你回到家，还怎样有心情想去生孩子呢?”

30 年增三倍　大马 2021 年将成老人国

国家统计局预计马来西亚 30 年后老龄化人口将会越来越多，而 65 岁及以上的人口预计将提高至 2010 年的三倍，这会导致马来西亚在 2021 年成为人口老龄化的国家。

根据国家统计局的“2010—2040 年人口预测”文件，马来西亚人越来越少养育孩子，而生育率将从 2010 年的 1.8% 下跌至 2040 年的 0.6%。到 2040 年，马来西亚大部分人口的年龄在 36 岁及以上。

该文件指出，届时高龄人口（65 岁及以上）预计将达到 440 万人，占总人口的 11.4%，比 2010 年多出 300 万人。

与此同时，国内孩童（0 至 14 岁）的人数将为 780 万人左右，潜在的劳动人口（15 至 64 岁）将从 2010 年的 1 930 万人上升至 2040 年的 2 660 万人。劳动人口将不得不承担越来越多的高龄人口。

（［马来西亚］《南洋商报》2013 - 07 - 29）

柏斯华裔工人“国骂”同事被炒

柏斯的一名仓库工人因为用中文说了一些侮辱一名同事母亲的话而遭到解雇。此人不服，向公平工作委员会（Fair Work Commission）投诉称自己遭到不公平解雇，但委员会经调查后于近日将其投诉驳回。

据《今日柏斯》报道称，卷入此事的两名工人均为华裔。骂人者名叫王岩（Yan Wang，音译），今年 32 岁，曾在中冶西澳矿业有限公司（MCC Mining WA Pty Ltd.）担任仓库协调员，2012 年 12 月因骂人事件遭到解雇。

王岩以“不公平解雇”为由投诉到公平工作委员会，但考虑到王岩侮辱人的言语在中国文化中属于极为不敬的行为，该委员会副主席麦卡锡（Brendan McCarthy）将其投诉驳回。

公平工作委员会对事情经过进行调查后了解到，当时由于柏斯酒店客房短缺，中冶西澳矿业有限公司一些新来的工人就被安排在背包客旅店中，王岩因此非常恼火，而一名负责预订这些背包客旅店的女同事在得知王岩不悦之后，给他打了电话。据称，王岩在电话中用中文骂了那名女同事“×”和“×你妈”。该女同事告知公平工作委员会，王岩还用中文说了其他一些骂人的话，她则回应道“闭上你的臭嘴”。

麦卡锡说：“（该公司）解释了骂人之话在中国文化中的严重性，我对此表示接受。”他还指出，王岩在电话中骂人是毫无理由的。据悉，王岩指称针对他本人的不利说法是捏造的。他认为，因为当时公司正在裁员，所以自己成了被裁的目标。然而，麦卡锡并不认同这一说法，而是倾向于接受那名女同事提供的证据。他指出，王岩的说法和解释是在拒绝承认他侮辱他人的所作所为，无论是不是一时冲动，他最终都采取了辱骂他人的方式，而且还拿“别人找茬”当作自己骂人的借口。

鉴于此，麦卡锡裁决，该公司将王岩解雇并非有失公平。

（［澳洲］新快网 2013-07-30）

美超市现华人“极品走吃族”　边走边吃惹人厌

美国超市又见华人“走吃族”、“边走边吃”，吃的还不是商家提供的免费试吃品，而是需要等待结账付钱的商品！

苏小姐在8月1日下午到圣盖博市山谷大道上一家华资超市买菜，看到加州李子打折，99分一磅，于是走到摊前准备挑选，却目击旁边两位华人中年妇女正将商家用网兜分装好、打结的李子，一袋一袋打开来，其中一名身穿白外套的妇女，正拿着明显是腾出来的一个空网兜，将逐袋翻拣出来的大个、生熟度恰好的李子装进自己的网兜里。接下来发生了更“极品”的一幕：白外套华人妇女竟从自己装好的那一兜李子里拿出一个，用纸巾一擦就开吃！吃完一个还不停嘴，再来一个，一边夸着李子甜，一边让身边正在拆袋、翻拣的另一位穿黑背心、花外套的同伴也吃。

两位华人妇女吃得“如入无人之境”，对身旁的人来人往视若无睹，苏小姐拿出手机对着两名“走吃族”连拍三张照片，对方也都浑然不觉。终于，黑背心妇女吃完一颗李子，才注意到苏小姐正盯着她们，对视了大约有20秒钟，该女子重新又低头用纸巾擦了擦第二颗李子，若无其事地继续啃。苏小姐观察她们精挑细选的那一袋李子，“差不多已经吃掉小半袋”，摊位上被拆开的网兜，粗略看一下至少有三个。

更有“极品走吃族”一圈超市逛完，手里东西也“正好”吃完，便扬长而去。不久前在华人聚居地区一家美资超市购物的华人 Rachel 指出，在新鲜蔬菜水果区，亲眼目击一位衣着时尚的年轻亚裔女生，从容不迫地从两袋未封口的特价无籽红葡萄上，折了一小串立马开吃，还给同行的孩子和一位看起来似是祖母辈的老人各折了一小串。三人边走边吃，还一边振振有词地用中文对老人说：“这里的葡萄在买之前就要试吃，这两袋就很酸，不能买。”让 Rachel 完全无语，“姑且不说卫生问题，老人看起来刚到美国不久，这么误导老人，而且这也给孩子做了个坏榜样。”

Rachel 结账时，只见该名华女和老人、孩子两手空空就逛出店门，Rachel“吐槽”道：“拜托你在华人店里极品一下也就算了，别到洋人店里丢人现眼，华人的形象就是被这种老鼠屎坏了一锅粥。”

（［美国］《世界日报》2013－08－05/骆舒娴）

印度尼西亚亚齐发生重大火灾　华社捐赠 5 000 万盾赈灾

印度尼西亚亚齐西美鲁县首府西那蒙市于 7 月 12 日发生重大火灾，烧毁民房 50 余间，数百名灾民流离失所，人民财产损失惨重。接到西美鲁县县长通报后，印度尼西亚华族联合赈灾中心立即拨出救灾款 5 000 万盾，通过苏北华联主席团张万光，委托苏北华联派员送交灾区。苏北华联委派慈善部主任吴明辉、行政部主任张亿万前往西那蒙灾区，将印度尼西亚华族联合赈灾中心所给予的援助款送交当地灾民们。印度尼西亚华族联合赈灾中心为灾区捐助 800 袋水泥，价值 5 000 万盾。这些建材于 8 月 1 日在灾区附近的一所清真寺，由西美鲁县县长 Drs. H. Riswan. Ns 亲自接收，并在西美鲁县议会主席 H. Aryaudin、地方灾难管理局局长 Drs. Alwi Alhas、西美鲁县政府领导班子以及当地灾民的见证下完成移交。

（［印度尼西亚］《星洲日报》2013－08－08）

纽约华人阳台晾晒内衣内裤遭投诉

随着盛夏的来临，美国一直广受外族裔民众诟病的华人在大庭广众之下，于临街的阳台或花园里晾晒内衣与内裤的行为又死灰复燃。对此警方表示，尽管没有法律禁止在临街的私人阳台上晾晒内衣裤，但接到投诉后，警方同样会上门执法与劝阻。

华人历来有将衣服置于阳光下曝晒的习惯，认为这样可杀菌除霉，有利于身体健康。即使是到了美国，不少华人也将该习俗带到当地。只要阳光明媚，在华裔新移民众多的布鲁克林日落公园地区，就会见到不少临街的阳台上或前花园里有晾晒的内衣、内裤在空中飘舞，惹来不少外族裔邻居的不满与投诉。

有关警员表示，这些空中飘舞内衣裤的景象经常出现在6至8大道的五十几街附近，一些不堪忍受华人当街或在公众视野内晾晒内衣裤习俗的外族裔民众，为此经常愤而前去敲门，希望华人能将涉及隐私的内裤收到隐私的地方晾晒。

但没想到的是，应门的华人经常以“No English”来作答，弄得一些老外邻居无可奈何，只得转身向警局投诉，希望警局能前去管一管。警方表示，尽管没有法律规定不能晾晒内衣裤，但警局接到投诉后，一般均会上门劝阻或警告民众为了公众的利益与感官，不要再在阳台晾内衣裤。

对此，警方建议，华人可在屋内或不临街的后阳台或后花园内晾晒内衣裤，尤其是内裤更不要晾晒在公共视野内，这是美国当地的习俗与习惯，希望华人也能遵守。

（［美国］侨报网 2013－08－09/崔国其）

俄罗斯执法机关遣返570名中国在俄罗斯非法务工人员

俄罗斯西南部克拉斯诺达尔边疆区内务总局8月12日发布消息说，该局协同移民部门近期在突击检查中收容570名中国籍非法务工人员。目前这些被收容的中国公民已被遣返回国。

该局说，这570名中国公民在克拉斯诺达尔边疆区北方区非法从事大棚种植。根据俄罗斯“外国公民和无国籍人士非法入境和居留处罚规定”，这些中国公民被处以94.4万卢布（1美元约合33卢布）罚款。目前他们已经全部离开俄罗斯。

中国驻俄罗斯大使馆领事部官员对新华社记者介绍说，7月29日，大使馆接到中国公民求助电话，称多名在克拉斯诺达尔边疆区务工的中国公民当日在俄罗斯警方的突击检查中被扣押。7月30日，使馆即派出工作小组赴现场，与边疆区北方区内务局、移民局和区政府等部门核实情况，全力为中国公民提供领事保护，并要求俄方切实保障中国公民的合法权益。经核实，上述中国公民因持旅游签证，在当地属非法务工，违反了俄罗斯相关法律规定。在扣留期间，俄方对中国公民在饮食、就医、安保等方面提供了保障。10多天来，中国使馆一直与俄罗斯当地执法部门保持密切联系，妥善处理相关事宜。

中国驻俄罗斯使馆领事部已就此事同伏尔加格勒州有关部门取得联系。据对方介绍，本月10日当地执法部门开展突击检查，扣押了一批在当地非法务工的外国人员，其中包括中国公民。使馆正在全力为上述中国公民提供领事保护。

随着全球化进程的加快，越来越多海外移民进入俄罗斯。联合国公布的世界移民报告显示，俄罗斯已成为仅次于美国的世界第二大移民目的地国家。在外来移民中，非法移民占很大比例，目前俄罗斯境内非法移民人数约为 300 万到 500 万。非法移民的增加，引发俄罗斯治安恶化、居民失业率上升等一系列问题，加重了俄罗斯民众对外国移民的反感情绪。

（新华网 2013－08－13）

4 名中国人在菲律宾涉跨国电话诈骗案

菲律宾国调局 16 日称，6 名在菲律宾至少用 7 种不同方式进行电话诱骗的外国人已经在巴西市一座公寓内被捕。这 6 人中有 4 名是中国人，他们打电话欺骗的对象都是他们的同国人。

国调局首都地区主任密尼塞斯说，他们接到报告称，马加巴牙大街花园公寓的一个单位被电话骗子用作以跨国境方法进行诱骗的处所。

他们欺骗的方法是在电话中讹称自己是受害者的一名亲戚，要求受害者把钱存入一个银行账户，协助他还债或协助他免于坐牢。另一个方法是在电话中告诉受害者，他已中了彩票，要求受害者把领奖的手续费存入一个指定的银行账户或由汇款公司汇交。受害者会无意中把银行的信息透露给骗子。还有一个诈骗方式是以折扣价格售卖伪造的电子部件给受害者。

密尼塞斯说，国调局将向巴西市检察官办公室控告这 6 名外国人。

（［菲律宾］《世界日报》2013－08－16）

华人上英国十大逃税犯黑名单　偷漏税多达 260 万英镑

近日，英国税务局公布 2013 年十大逃税要犯名单，一位名叫袁百莫的华人名列其中。袁百莫被控偷漏税款高达 260 多万英镑，其在判刑前逃跑。目前英国税务总局和警方正在全国通缉他。

英国税务总局公布目前在逃的十大逃税要犯，他们或是走私货物偷漏关税增值税，或是制造假发票骗取增值税，或是私设酒厂偷漏酒税。十大逃犯中有印度人、伊朗人，也有英国本土白人，还有一名华人。

这名华人名叫袁百莫，年龄为 30～40 岁。2011 年 10 月因藏匿走私烟丝 8.5 吨、香烟 7 800 条，偷漏税款共计 260 多万英镑被捕。鉴于他认罪态度较好，预审庭法官同意他保释。2012 年，德比郡刑事法院开庭审理袁百莫走私逃税案，结果袁并没有到庭，逃亡至今。

英国税务总局希望大众提高警觉，一旦发现这十人的行踪，应及时向警方报告，税局要向他们追讨非法所得。

据了解，2012 年公布的 20 名逃税犯中，至今仅一人被抓获归案。对此，英国国会不少议员纷纷指责税务局效率低下。数周前，下议院内政事务委员会专门传召税务总局局长到国会作出解释。

（［法国］欧洲时报网 2013 - 08 - 20）

不知在美国大街上喝酒属违法　华人新移民被捕

美国圣盖博市近期发生多起涉及华人的案件，包括街边摆摊被罚，在公共场合喝酒被抓，还有华人房东和房客大打出手而招来警察等治安案件。

8 月 19 日，44 岁的华裔居民阮向阳在圣盖博山谷大道上摆路边摊，售卖日用杂货。下午 5 点多，巡警询问他是否有经营许可。得到否定回答后，警察要求他停止售卖，并给他开了一张罚单。警局表示，阮向阳违反该市地方法规，因该市要求所有商业活动必须有营业许可，不能无证经营。即使是摆路边摊，也必须申办经营许可。如果民众想要摆摊，可先向政府部门申请，否则将会收到罚单。

美国也不允许在大街上随意喝酒，有不懂法规的华人就因此被捕。8 月 18 日晚 12 时半，54 岁的华人男子李庆增，在该市圣盖博路边喝酒并有醉酒状况，警察询问后将其逮捕。警方表示，加州对饮酒有严格法规，通常酒吧或餐厅门口都贴有告示，声明“出门后不允许喝酒”，而且在大街上喝酒是违法行为。一些华人新移民可能不知道，所以再次特别提醒。

8 月 19 日，该市加州街一处房屋内，房东和房客发生矛盾，房东不愿再让房客范银宝继续居住。上午 11 时，双方争吵升级，范银宝动手殴打房东，导致房东轻伤。房东报警后，范银宝被逮捕。

22 日凌晨 2 时，22 岁的华人女子陆梦佳由于酒驾被捕。警方发现，除此次违法酒驾外，她还有其他城市发出的逮捕令，警方虽然没有透露具体的被捕原因，但表示，这可能加重她的刑责。

（［美国］《世界日报》2013 - 08 - 24）

退休移民签证已成中国新移民赴菲律宾首选

“20 世纪 90 年代以后，发展中国家尤其是东南亚，成为中国新移民的主要目的地之一。除了闽南和广东这些传统侨乡外，大批来自中国内陆地区的移民也纷纷前往菲律宾谋生。”国务院侨办专家咨询委员会委员、厦门大学南洋研究院院长庄国土 8 月 25 日接受中新社记者电话专访时表示，这批新移民目前也是最受关注的群体。

他指出，尽管新移民的来源地相比较于老华侨华人而言，已扩大到全国各地，特别是内陆地区，但前往菲律宾的新移民仍然是以拥有深厚海外移民网络资源的闽南新移民为主。来自不同来源地的新移民，由于家乡文化的不同，其在菲律宾的职业构成也有所不同。

庄国土介绍说，来自传统来源地的新移民仍然以经商为主，其他省市的新移民职业构成则较为多样化，从商人、华文教师、媒体工作者到矿厂工人、技术人员等不一。新移民迁移菲律宾大部分选择以亲属移民、投资移民和退休移民等合法移民方式；少部分则以探亲、游客身份入境，超期滞留后再谋求合法居留。

“和投资移民相比，退休移民享有更多的优惠。退休移民可享受免税、无须返菲证、无须交纳出境税等。另外，存入的退休基金是以美元币种存放银行，利息比照一般银行存款利息计算，既安全又保值。近几年来，退休移民签证已经成为想获取菲律宾永久居留权的中国新移民的首选。”

庄国土指出，新移民的到来给老华人乃至菲律宾人的商业经营造成不小的竞争和冲击。新移民到菲律宾的求富愿望强烈，具有一定的资本，他们同时也如早期到菲律宾的老华人一样吃苦耐劳。相比老华人所经营的商店，他们还有低成本的优势。

“大量新移民进入菲律宾，对传统华人社会最重要的贡献是输入了新鲜血液，在整体上增强了菲华社会的华人文化和华人认同，强化了菲华社会的凝聚力，对当地社会也带来了很大影响。”

庄国土认为，在菲律宾目前的社会环境中，在菲律宾的新华人更应该提高自我素质，遵守当地法律，维护菲律宾和中国之间数十年的友好关系及在菲律宾已居住数代的老华侨华人的良好形象，延续华族在侨居国的和平发展。

（中新社北京 2013－08－25/范超）

华人成葡萄牙投资移民主流　为当地经济注入新活力

为了挽救葡萄牙颓废的经济，葡萄牙政府从 2012 年底推出开放投资移民政策。随后，中国国内移民中介借势发力，在国内网站上大做软性广告，加上葡萄牙政府参与推波助澜，如今，这个在葡萄牙政策框架内形成的产业正如火如荼地展开，受到越来越多中国富裕阶层的欢迎。他们成为葡萄牙投资移民大军的主流，新一波葡萄牙中国移民潮正逐渐形成。

据有关方面统计，目前申请移民葡萄牙的人士中，中国申请者人数最多。截至 2013 年 7 月份，已有 147 人提交了申请。按照目前的态势，中国移民潮的到来，为葡萄牙经济注入了一丝活力。

葡萄牙于 1986 年加入欧盟，葡萄牙城镇化和现代化步伐加快，葡萄牙政局稳定、自然环境优美、气候宜人、地产价格相对便宜、外国直接投资表现强劲，再加上 1998 年的世博会和 2004 年欧洲杯在葡萄牙举办，政府投资了许多基础建设项目，地产行业受惠，地产经济产销两旺。但随着 2010 年葡萄牙发生债务危机，地产行业一路下滑，至今没有走出低谷。经济低迷导致房产价格下跌，吸引了中国投资者的目光。

笔者了解到，大多数同胞选择到葡萄牙做投资移民的原因，就是看中葡萄牙适宜生存的自然环境，同时，坐享自由出入国门的便利。葡萄牙投资移民中介机构的兴盛，正是市场供需关系的反映。随着世界一体化进程，投资移民对中国中产阶级来说是值得的。

（［葡萄牙］《葡华报》2013－08－29）

韩媒：40%非法滞留韩国的外国游客来自中国

据韩联社报道，法务部有关统计资料显示，截至7月31日，以旅游签证入境并在国内短期滞留的外国人中非法滞留者达到79 617人，占全体外国游客的28%，也就是说，每10名外国游客中就有近3名游客是非法滞留者。

分国家来看，中国国籍的非法滞留者最多，达到34 852人（43.7%），其后依次是泰国（15 448人，19.4%）、蒙古国（4 098人，5.1%）、菲律宾（3 937人，4.9%）、越南（2 778人，3.5%）、孟加拉国（2 305人，2.9%）。

据分析，非法滞留者之所以增加，是因为韩国放宽了签证政策，因此以游客的身份入境韩国后不出境而继续留在境内的外国人增加。韩国从2013年5月开始施行“外国人免签转机制度”，之后7月份免签（B－1－2）入境济州岛后，沦为非法滞留者的人数同比增加17%。

（人民网 2013－09－01）

20平米卧室住8人　中餐外卖店遭重罚

位于巴斯的两家中餐馆近日被当地法庭判罚上万英镑，不是因为卫生不合要求，而是由于餐馆楼上住处过于拥挤。餐馆老板被控视员工的生命为儿戏。

这两家位于巴斯的中餐外卖分别叫皇龙和东方快餐。据其中一家的经理介绍，外卖店被卫生检查员光顾是家常便饭。卫生检查合格的店，每年也会有一两次的例行巡查，不太合格的店在3个月内可能会再被光顾一次。然而不久前，到这两家外卖店的安全检查员直奔楼上，查看员工的住房。据该店业主透露，开业6年多，从未有检查员上楼检查卧房。

中餐馆和外卖店楼上住着员工，这是相当平常的现象，一个房间住两三人较为普遍。不过，这两家外卖店楼上却人满为患。其中皇龙的楼上，一间20平米的房间住了8个人，高低床挡住了窗户，再加上每个人的行李，整个房间被挤得水泄不通，甚至房门都不能完全打开。另外，楼梯上油迹斑斑，没有扶手，地板坑坑洼洼，消防灭火器早已过期失效。

根据英国法律，房屋对外出租或免费给员工住，房客超过3人（同一个家庭除外），房东必须到当地政府申请许可。而这两家中餐业主都没有申办许可。

（［英国］《华商报》2013－09－06）

中国学生占日本留学生总数的 62.7%

在日本学习的留学生中，中国学生占日本留学生总数的 62.7%，而来自东南亚和南亚国家留学生所占比重呈现上升的趋势。据日本学生支援机构的统计，尼泊尔第一次跻身 2012 年度日本留学生五大来源国行列。

在日外国留学生中 1.8% 来自尼泊尔。这与第一位中国内地和第二位韩国相比仍很微小。但比较中韩两国留学生数量在日本大地震后减少的趋势，来自越南和尼泊尔等国以经济发展为背景赴日的留学生正逐渐增多。

总体来看，在日留学生总数较 2011 年度减少 0.2%，现为 137 756 人。

（［日本］日经中文网 2013－09－11）

2013 年中国内地移民 220 万，成第二大新移民群体

联合国人口司一份最新的报告显示，2013 年离开母国移民到国外的人口，从 1990 年的 1.54 亿人、2000 年的 1.75 亿人，增加到 2013 年的 2.32 亿人。

这些移民多集中在全球 10 个国家中，其中以美国移民人数最多。2013 年美国移民达到 4 600 万人。而在过去 50 年间，美国新移民在规模、原籍地和人口分布上都发生了巨大变化。占据美国移民人数前四位的国家和地区分别为：约 1 300 万人来自墨西哥，约 220 万人出生在中国内地，大约 210 万人来自印度，以及 200 万人来自菲律宾。

中国内地出生的美国移民达到 220 万人，使之成为美国第二大新移民群体。

过去 50 年间，美国新移民的主要原籍国发生了巨大变化。1960 年，美国移民最大的 5 个原籍国为意大利、德国、加拿大、英国和波兰；2013 年，中国成为第二大新移民原籍国，中国内地出生的移民达到 220 万，占新移民总数的比例达到 17%，紧随墨西哥(1 300 万)之后。华裔移民也是美国亚裔移民群体中人数最多的一支。全美亚裔移民群体中出生于中国内地的有 220 万人，其次为印度 210 万人、菲律宾 200 万人、越南 130 万人和韩国 110 万人。

这份报告还显示：全球移民人数居于第二位的为俄罗斯，2013 年已有 1 100 万移民，其次为德国 980 万人、沙特阿拉伯 910 万人，阿拉伯联合酋长国和英国各有 780 万移民，法国则有 740 万移民，加拿大有 730 万，澳大利亚与西班牙各有 650 万移民。

这份报告说，近三分之二的国际移民前往欧洲与亚洲定居，2013 年，欧洲的国际移民有 7 200 万，亚洲则有 7 100 万。2000 年到 2013 年间，国际人口移民到亚洲的增长幅度最大，共增加了大约 2 000 万，主要是西亚产油国，以及马来西亚、新加坡、泰国等经济迅速成长的东南亚国家，这些国家对外国劳工需求增加。

（［美国］《侨报》2013－09－16）

美媒：越来越多的海外华人或其子女迁回中国

美国《福布斯》杂志9月15日刊登一篇文章，原题为“美国人正缓慢迁往中国，美国人正前往并留在中国”。日本人、德国人和澳大利亚人也一样。这并非汹涌而至的“洪流”，他们大多是海外华人。与迁往美国的移民数据相比，显得微不足道，但数量正明显增加。

据报道，2012年共有1 202名外国人获得中国“绿卡”，成为第二大经济体的合法永久居民。中国公安部出入境管理局表示，这个数量较2011年增加超过80%。

这些新签证中一半以上都被授予生活在美国、加拿大、澳大利亚、德国和日本的华裔移民或其成年子女。他们准备在东部沿海城市生活并在当地寻求工作或已经就业。华裔美国人艾达·詹说，该签证赋予她一种家庭文化上的归属感。她的许多美国朋友也有意申请这种身份。

2010年和2011年，中国分别发放了564和656张此类签证。其中至少53%被给予海外华人，其次是已在中国工作和投资多年的职业人士。尽管越来越多人对在中国安家感兴趣，但在中国获得永久居留权要比在美国难得多。在中国生活的外国人已从2010年的52.5万增至2012年的63.3万。

（《环球时报》2013－09－17/丁雨晴）

印度尼西亚中国劳工人数逾万人居首　政府收紧外劳政策

据商务部援引驻棉兰总领馆经商室消息，《雅加达邮报》9月16日报道，为充分挖掘印度尼西亚本国人力资源，2012年印度尼西亚劳工部发布了40号令，禁止外国劳工在印度尼西亚19个工种中任职。受此影响，2012年在印度尼西亚外劳人数同比下降6%，主要是技术、管理和专业类人士。据统计，2013年1—8月中国在印度尼西亚外劳数量达10 291人，占外劳总数的21.4%，居各国之首。

据印度尼西亚中央统计局统计，印度尼西亚受教育阶层失业率超过10%，为亚洲最高。劳工部劳工安置司司长瑞娜指出，之所以紧缩外劳，是因为本国很多劳工足以胜任上述职位，印度尼西亚不担心该政策妨碍外国投资经营，因为外国公司进来时就同意遵守雇用本地劳工的政策。2015年东盟经济共同体（AEC）成立之前，印度尼西亚还会采取一系列新的劳工就业保护措施，预计2014年外劳数量还将进一步下降，而在AEC框架下东盟10国在区域内将逐步放宽人员流动限制。

劳工事务观察家认为，印度尼西亚将给予区内特别是新马泰等国外劳更大引进比例。据统计，1—8月中国在印度尼西亚的外劳数量达10 291人，占外劳总数的21.4%，居各国之首。报道称，主要是由于印度尼西亚自中国进口大量机器设备后续相关劳务服务所致。日本和韩国在印度尼西亚外劳人数分别为9 788人和6 013人，分列第二、第三位。

按部门统计，工业部门外劳人数最多，其他依次为贸易、建筑、矿业和油气部门。

（中新网 2013－09－18）

阿根廷7华裔涉嫌贩卖中国劳工　每人价格2 600美元

阿根廷安全部9月20日宣布，已逮捕10名涉嫌贩卖中国劳工的嫌犯。

阿根廷警方在对首都布宜诺斯艾利斯一宗绑架案进行调查的过程中，意外地在当地6家华人经营的超市发现多名中国籍非法移民。他们多半是由人口贩子用签证、高薪和好工作作为诱饵，从中国偷运到阿根廷，然后以每个2 600美元的价格出售给多名中国籍超市业主，之后他们便被迫在超市工作，并禁止与外界及家人联系。

警方表示，已解救出13名中国籍非法劳工，并将会把他们遣返回中国，而被捕的10人中，有7人是华裔。

一名警方负责人介绍，整个调查获得巨大成功。此案是由搜寻一位失踪中国女青年引起的，其男友报案称女友遭到绑架，但最终拯救了13名身心受创的被害人。受害人每天要工作12个小时以上，工资低微而且不允许与中国的家人联系。

该犯罪团伙在中国有专门负责物色对象的分支机构。他们承诺被害人能在阿根廷得到报酬丰厚的工作，而且还能很快获得阿根廷身份。

阿根廷并不是唯一的目的地，受害人也会被骗到巴西和巴拉圭。

（《钱江晚报》2013－09－22）

肯尼亚华人为内罗毕购物中心袭击事件受伤者献血

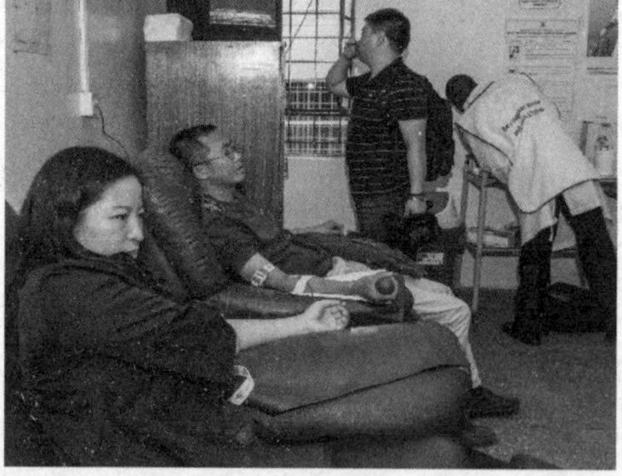

肯尼亚当地时间9月23日，60余名华侨华人响应当地政府号召，前往肯雅塔医院献血。

截至目前，肯尼亚首都内罗毕韦斯特盖特购物中心袭击事件已经持续了50多个小时，造成62人死亡，其中包括一名中国公民。

伤者被送往事发地点附近的医院进行救治，肯尼亚政府随后号召民众进行献血，以缓解救治大量伤者造成的血液紧张。在肯尼亚工作的华人自发组织，为在袭击事件中的受伤人员献血。

当地华商郭文昌表示，作为在内罗毕工作和生活的一份子，华人也有责任和义务作出自己的一份贡献。

（新华网 2013－09－24）

3 000 名中国人在菲律宾非法务工　人数仍在上升

菲律宾最大的劳工团体 9 月 24 日透露有大约 3 000 名中国人，在菲律宾巴丹省和八打雁省的跨国私人承包商建筑工程中非法务工。该组织还声称，菲律宾劳动和就业部、移民局及其他机构必须调查建筑行业中越来越多没有工作许可证的中国人。

《菲律宾星报》24 日称，菲律宾工会大会对有关非法在菲律宾建筑项目工作的中国人人数不断上升的报道表示担忧，指出这影响了菲律宾劳工的就业机会。

菲律宾工会大会执行副会长赛诺在声明中说："菲律宾工会大会非常关注有关外国人，尤其是中国人，在没有取得政府工作许可证的情况下在菲律宾工作，尤其是在建筑业。这种现象不仅对建筑业，也对菲律宾现在的失业和就业不足情况有严重的不良影响。"赛诺称，如果不立刻解决，将破坏菲律宾整个就业保障。

根据菲律宾法律，在菲律宾工作的外籍人必须先到劳工部、移民局和专业管理署办理外籍人就业许可证。如果他们的技能是菲律宾劳工市场无法提供的，而且申请人的声誉良好，这些外籍人可获得在当地的就业许可证。

据悉，非法活动的背后是外国承包商规避菲律宾法律的能力。菲律宾 News5 新闻网 24 日报道，外国承包商申请到 300 个工作许可证，但实际上聘用另外数百名外籍劳工。赛诺责备"执法不力和缺乏劳动法执行者"造成这一持续性问题，移民局、市政府以及劳动和就业部官员均负有责任，他敦促深入调查这一反常现象。赛诺说，这必须被阻止，不仅是为菲律宾人，也是替中国工人着想，他称中国工人应该从"这种最糟糕形式的现代奴隶制奴役中解救出来"。

（《环球时报》2013－09－26）

美高中赴华招生成本低　招一个中国学生回报六倍

布伦瑞克计划开始在中国招收学生，以充实学校收入，成为缅因州新近向中国留学生敞开大门的小镇。

据美联社报道，布伦瑞克教育委员会（Brunswick School Board）日前召开特别会议，批准了向中国派出招生负责人并启动中国招生之旅的计划。该计划于 2013 年 11 月初展开。

中国招生之旅行程为 8 天，预计花费 5 000 美元。然而，只要招收到一名中国留学生，此行的回报就达到成本的六倍。布伦瑞克高中（Brunswick High School）的留学生基本学费约为 30 000 美元/年。

因适龄入学人数连续下滑，缅因州的很多学校近年来一直致力于招收中国留学生和其他国家的国际留学生。

除招生外，布伦瑞克高中此次中国之行的目的还包括答谢姐妹学校。2013 年夏天，中国的姐妹学校安排了夏令营，使 18 名中国学生来到布伦瑞克体验生活。

苏珊娜·福克斯（Suzanne Fox）是负责安排姐妹学校项目的顾问。每招到一名中国留学生，福克斯都能从学费中抽取“一小部分”提成。

（［美国］侨报网 2013－09－29/马柯斯）

纽约五侨团代表探望赵乐怡家人

纽约五家侨团代表一行 10 人，9 月 30 日专门前来布碌仑 5 大道，探望在上周不幸被撞毙街头的赵乐怡的家人，在致哀的同时送上 2 000 元抚恤金，表达侨社对赵家的深切慰问。依然沉浸在悲痛中的赵家则表示，他们已将案件委托律师，希望能为惨死的小乐怡讨回公道。

拜访时赵乐怡的爷爷、外公等人在家，之后小乐怡 7 岁的姐姐在外婆和奶奶的双重保护下，从学校返家，外婆见到自己的乡亲则与他们相拥而泣。面对悲戚的赵家，龙岗亲义公所主席赵羡明、张少明均表示，不幸离世的小乐怡是龙岗公所的一份子，也是广东台山的乡亲与子女，他们在得知噩耗后也十分悲痛，并于当天前来向赵家表示一点心意。

两位主席还表示，对于小乐怡身后事的办理，他们也会应赵家的要求尽可能提供帮助。像小乐怡的安葬福地，若赵家需要，该公所也会提供一块地方作为小乐怡的长眠之地。同时，他们也呼吁纽约华人和慈善团体向赵家表达温暖与帮助。随后他们送上几家公所的爱心抚恤金 2 000 元。

（［美国］侨报网 2013－09－30/崔国其）

澳洲一华裔男子伪造雅思成绩单等多个证件被判刑

一名通过制造假结婚案例、伪造大学学位证书和英语测试成绩帮他人获得澳大利亚签证的华裔男子近日被判处 4 年多有期徒刑。

Gary Zhou 周二（2013 年 10 月 1 日）在维多利亚郡法庭上，因为大规模伪造移民文件罪名，获刑 4 年零 7 个月。据估计，Zhou 一般会向需要办理伪造证书或者文件的人收取 1 万至 10 万元不等的费用，他已经帮助过 1 000 多个客户。这些人都被怀疑使用假文件申请移民签证。

不过，移民部并没有直接透露 Zhou 的所有涉案金额。在移民部和澳大利亚联邦警察的联合调查下，Zhou 的伪造文件和证书行为被揭发出来。

移民部在周二表示，在当局进行搜查后，发现了伪造文件申请普通技术移民签证和其他签证的证据。其中有伪造的澳大利亚大学证书，包括成绩单和学业完成信件。

其他假冒文件中包括伪造的雅思英语考试成绩单，伪造的工作证明和推荐信，以及假结婚证和办理移民的文件。

澳大利亚移民和边境保护部部长莫瑞信（Scott Morrison）说，这次的判刑提醒有关人士，移民部和法庭会制裁一切欺骗移民部门的行为。他说：“任何人如果使用伪造文件申请澳大利亚签证，都将面临签证被取消、拒绝的命运，甚至还会被起诉。”

（［澳大利亚］澳洲新快网 2013－10－01）

美国奥克兰市举行升挂中国国旗仪式

为庆祝中华人民共和国成立64周年，美国奥克兰市于10月1日举行了隆重的升国旗仪式。奥克兰市长关丽珍、中国驻旧金山领馆总领事袁南生、领事李春福、东湾圣利安卓市议员李国斌、东湾国庆委员会执行主席雷汉辉和来自中国的“亲情中华”歌舞表演团，以及近百位东湾华侨华人和市民共同出席了国庆升旗仪式。

升中国国旗仪式在奥克兰已有13年历史。奥克兰市长关丽珍在仪式上表示，中国和美国在经济上是重要的合作伙伴，而奥克兰市与中国也存在着密不可分的合作关系。奥克兰是美国西部最大、最重要的进出口海港。早在1992年，奥克兰市就与大连市建立了外贸合作伙伴关系，成为中国商品进入美国市场的主要港口城市之一。

近年来，奥克兰市的经济发展得到了中国政府和投资者的大力支持。目前，中国投资者在奥克兰投资总金额超过13亿美元。奥克兰市中心包括8个高层建筑在内的地产翻修项目，均得到了中国投资者的注资。

袁南生说：“中国和美国的经济发展本着寻求双赢的目的而发展。我希望未来两国在发展经济、维护世界和平和保护环境等方面能够继续加强合作。”

在奥克兰当地的舞龙舞狮队精彩的开场表演后，伴随着中美两国国歌，市长关丽珍与总领事袁南生共同升起了美国和中华人民共和国国旗。随后，到场嘉宾、华侨华人等近百位人士合唱了歌曲《歌唱祖国》，将整个升旗仪式推向高潮。

东湾国庆委员会执行主席雷汉辉在仪式后激动地流下了眼泪，红润的眼眶掩盖不住他思乡的情怀。他表示，希望奥克兰市的升国旗仪式在未来能够继续举办下去，让华侨不忘祖国以及在大洋彼岸的亲人。

（［美国］《侨报》2013－10－01/张凯西）

纽约市警总局举行晋升礼　两名华裔警员升职

纽约市警总局9月30日举行两场晋升典礼，其中不乏华裔警员的身影，龙伟标（Wei Long）升为巡官（Lieutenant）、周永恒（Philip W. Chau）升为警佐（Sergeant）、7分局局长万尼斯（Peter J. Venice）升为副督察（Deputy Inspector）。

目前在布鲁克林72分局担任警佐的龙伟标已有12年的从警经历。毕业之初的他先是加入海军队伍约两年，之后怀着服务他人之心加入警界，在华埠5分局工作了8年，后又调往72分局两年多。如今升为巡官，他坦言感觉很好，盼为保护小区安全做更多事。

曾在华埠7分局工作过的周永恒在昨日升为警佐，他笑称当时想当警察的原因就是希望拯救世界、保护大众安全。虽然现在还不知道要被调往哪里工作，但他表示他的人生又将开启新的篇章，他信心满满，对未来充满期待。

纽约市警总局小区事务处华裔警司陈文业也出席了典礼，并祝贺获得提拔的优秀警察。

（［美国］《世界日报》2013－10－01）

12年5万华人入英国籍　右翼组织指移民人满为患

据英国《华商报》报道，上周英国工党召开全国党代会，会议前夕，右翼组织“移民观察”抛出一份移民报告，称外国移民人满为患。该组织指责工党是灾难的罪魁祸首，工党的错误政策已经改变并将继续恶化英国的社会结构。

“移民观察”历来反对外来移民，对东欧新加入欧盟的公民自由出入英国也横加责难。该组织主席格林曾是职业外交官，出任过多国大使。他在英国社会有一定的影响力，代表一批保守的民众。

在1997年至2010年工党执政期间，英国移民政策有大幅调整。不管是工作签证、技术移民，还是永居、入籍都作了相应的放宽。“移民观察”一直对工党的政策“横挑鼻子竖挑眼”。

据该组织近日公布的数据，2000年至今，已有2 053 396名外国人（不包括欧盟）加入英国籍，是英国历史上从未有过的移民潮。主要来源国是印度、巴基斯坦、尼日利亚、菲律宾和中国。

据统计，仅2012年加入英国籍的外国人就达204 541人，创历史高峰，比2011年增加14%，平均每两分半钟就有1人宣誓成为英国人。早前一次的入籍高峰是2009年，有203 789人。“移民观察”调查分析称，去年新入籍的外国人大多是2008年或更早移民英国的。

据悉，在新加入英国籍的外国人中，中国内地华人名列第五，12年来共有45 000人，加上香港和台湾的华人，约50 000人。华人入籍的主要渠道是工签五年、配偶两年、留学十年等。

“移民观察”指出，外国人一旦获得永居或入籍，就自动享有与英国本土人一模一样的社会福利，从失业救济、公屋、住房津贴、免费教育到免费医疗。外国移民的大量涌入使得原本已经喘不过气的医院、诊所、学校、交通难以承受，失业率居高不下的就业市场更趋紧张。

（中新网2013－10－06）

法国华人按摩院提供性服务 12 名留学生涉案

法国阿尔卑斯—滨海省边防警察局局长迪迪埃·马丁 3 日证实，法国南部海滨城市尼斯市中心 8 家华人开设的按摩院因涉嫌提供性服务，在当天受到法国警方调查。马丁表示，这 8 家按摩院的老板均为华人，他们或已经加入法国籍，或拥有法国长期居留证。

新华社消息，警局局长马丁说，涉案人员包括 12 名中国留学生、1 名泰国女青年和 3 名没有合法居留许可的中国女青年。他表示，这些留学生身份合法，来自巴黎、尼斯等地，虽有留学生之名，但没有干留学生的事。警方与她们所在学校联系后得知，她们在校学习时间极少。

（星岛环球网 2013 - 10 - 06）

大马超 200 万人申请当公务员 华裔人数显著提高

马来西亚公共服务委员会主席马末阿当 10 月 7 日指出，自 2013 年 1 月至 9 月期间，当局共接获超过 200 万份求职申请。他指出，在 200 万名申请者当中，巫裔 1 620 000 人、沙巴土著 137 562 人、砂拉越土著 103 410 人、印裔 69 865 人、华裔 40 892 人，其余的是其他种族。

他说："华裔申请者人数显著提高，之前只有约 2 万名申请者。"他 7 日出席第 16 届大马公共服务委员会大会开幕礼后，对媒体这么说。

马末阿当指出，公共服务委员会已对 126 487 人进行面试，其中 29 009 人获聘雇为正式员工，另有 14 445 人获聘雇为合约员工。

他说，这是该委员会在首 9 个月接获最多申请数量的一次，显示越来越多的人民被公务员的福利和薪金所吸引。

（［马来西亚］马新社 2013 - 10 - 07）

普拉多华人超市大量商品被查没

税警在普拉多一家华人商店里没收了 11 000 件商品，其中包括包装好的食品、衣服和家庭用品，这些商品都没有商品使用说明。

此次检查是在一名消费者拨打公益电话 117 进行相关反映之后实施的检查行动。税警在华人街一家中国超市里找到了大量中国进口的产品，这些商品都在没有使用说明的情况下进行买卖。此行为违反了欧共体的法律和意大利消费法的相关规定。

据报道，根据调查的详细情况，税警没收了两千多件包装食品，其中有汤类、干肉、酸奶和糖。尤其是糖类食品，它们的包装里面又有一些小玩具，因此主要消费人群是儿童。

据税警称，店里出售的商品都没有生产日期和主要配料，因此这些产品在质量上都没有经过检验。正是因为这样，这些商品会对消费者的健康产生威胁，尤其是有过敏症状的人群。

事后，托斯卡纳大区和普拉多工商局将对商店老板进行更多详细的调查。

（［意大利］《欧洲华人报》2013－10－14）

贸促会报告：华侨华人在东盟国家财富超 1 500 亿美元

中国贸促会近日发布的报告透露，全世界 3 000 万华侨华人中有 2 452 万人居留在东盟国家，约占 70%；其财富规模约为 1 500 亿至 2 000 亿美元，占全球华侨华人经济资源的 70% 以上。

报告称，20 世纪 80 年代后，东盟国家推动现有产业结构升级，也采取了将部分国营企业私有化的做法。许多华侨华人企业通过兼并、参股的方式，规模不断扩大，逐渐成为东道国地区有影响的跨国企业。

报告认为，在东盟经济的整合发展中，需要中国企业的参与。

东盟经济共同体（AEC）将于 2015 年 12 月 31 日启动，其目标是建成一个拥有 6 亿人口的统一大市场，建立统一的生产基地，实现货物、服务、投资和技术工人在东盟成员国之间的自由流动，促进资本更为自由地往来。

近十年来，中国企业在东盟国家的投资增长迅速。截至 2013 年 6 月底，中国对东盟国家直接投资累计近 300 亿美元，约占中国对外直接投资的 5.1%，主要集中在电力生产、商务服务、批发零售、制造、采矿、金融等领域。截至目前，中国在东盟设立直接投资企业近 2 500 家，雇用当地雇员近 12 万人。

报告认为，中国企业与华侨华人经济的关联度更强，文化和亲情的相似性更高，参与经济整合发展的可能性更大。

（中新网 2013－10－16/刘育英）

不习惯去银行　美华商仓库存 10 余万现金被警察没收

有些华人偏好把现金放在身边，不存入银行，自己却拿政府福利，报税又少。纽约警方日前在华人商家刘先生的仓库意外发现 10 多万元现金，因为怀疑现金的来源不明，这笔现金目前已经被警方没收，刘先生须出庭应诉才有机会拿回。

在曼哈顿华埠开礼品店的刘先生表示，几天前警察到店里查看销售的玩具公仔是否存在商标侵权的情况时，在他存放货物的仓库意外发现了 10 多万元现金。警方当场将现金收缴，并通知刘先生上庭解释现金的来源。刘先生表示，这些是他多年的积蓄，因为不习惯存到银行，积蓄都是用现金的方式放在身边，没想到“现在一下就全部被没收了”。

法律人士表示，很多华人把现金放在身边，但如果被警方查到，警方有理由怀疑巨额现金的来源。尤其是有些华人在报税的时候称收入很低，而且还领取粮食券、救济金，住政府楼，比如每年只报2万元的收入，却有10多万元的现金在身边，政府就会怀疑这笔现金来源不当，因此这笔现金可能会被没收。除非当事人能解释清楚现金的来源，才能拿回钱款。

（［美国］《世界日报》2013－10－24）

南非华人警民合作中心林波波省警民合作中心正式成立

10月20日，南非华人警民合作中心林波波省警民合作中心在波罗瓜尼市政大厅举行成立大会暨第一届理事会成员就职典礼。这是暨普省成立警民中心以来的又一个省级警民合作中心。

首届会长高裕良说：“南非恶劣的治安状况一直以来困扰着大家，近年来，林波波省的侨胞屡遭歹徒抢劫，偷盗案件频频发生。为了改变恶劣的生活环境，在广大侨胞的迫切要求下，林波波省警民中心在今天成立。相信全体理事会成员将共同努力，全心全意为侨胞创造一个良好、稳定、安全的生活工作环境。”

南非华人警民合作中心吴少康主任表示，中心成立的目的是，当侨胞遇到抢劫、敲诈勒索时为侨胞提供最及时、有效的帮助与服务，同时协助警方打击犯罪、铲除邪恶、预防犯罪，并为侨胞提供法律咨询服务。

当地警察局代表在讲话中表示将全力支持林波波省警民中心的工作，并希望警民中心与当地警方保持紧密的联系，共同打击犯罪。

中国驻南非大使馆王志刚参赞说：“中心的成立，标志着林波波省华人警民合作工作、共保侨民安全工作向有组织、规范化方向发展。它的成立将有利于进一步团结林波波省侨民加强与当地警方的合作，为广大侨民在当地经商、生活提供更好、更安全的环境，同时也有利于组织侨民进一步融入当地主流社会。”

吴少康主任代表南非华人警民合作中心向林波波省警民中心捐助1万兰特。

（［南非］《非洲时报》2013－10－24/孙想录）

西班牙机场多名宪兵协助中国人偷运巨款出境被捕

又有一名西班牙宪兵涉嫌协助中国商人把巨额现款从机场海关偷运出境而被捕，瓦伦西亚宪兵队伍的新闻公告说，与这名宪兵一同被捕的还有两个市民，该宪兵与另两人被控贩毒罪行而被捕。瓦伦西亚宪兵部队说，这是宪兵队伍针对瓦伦西亚 Manises 机场里的腐败宪兵分子的清查行动结果，这些违法的机场宪兵涉嫌协助一些中国商人把大笔巨款偷运出境。

Las Provincias 之前曾报道过瓦伦西亚宪兵队的首期内部清查行动结果，加上昨天三个被捕者，这项内部清查行动一共逮捕六人，其中包括机场官员，以及三个被派在该机场海关检查站负责过关检查的宪兵。

宪兵队9月份开始这项内部清查行动，逮捕机场一名海关宪兵，该宪兵被指控帮助中国商人隐藏大笔现金出境，涉嫌被偷运出境的现金达50万欧元。瓦伦西亚宪兵总部发现有多名宪兵和机场官员涉案，手段是收取报酬帮助毒贩运毒和协助中国商人携带大笔巨款出关，违法宪兵一般收受中国商人1 500欧元或更高的贿赂，把装有数万到几十万欧元现款的皮包带出海关逃过检查，帮助这些华商带巨款外逃出国。这个打击行动逮捕三名涉案宪兵，其余被捕者里也包括试图非法外逃巨款的中国商人。

（［西班牙］欧浪网 2013－10－27）

中国女研修生遭剥削起诉　日企不服判决上诉被驳回

2006—2009年，5名中国女性按照日本外国人研修技能实习制度，来到日本长崎县岛原市一家内衣缝制公司工作。她们原本以为能够在此通过辛勤的劳动，获得应有的酬劳。然而，等待她们的却是日本经营者的残酷剥削。

据日本《每日新闻》消息，5名中国女性来到岛原市一家内衣缝制公司后，被日本经营者要求连续长时间工作，几乎没有休息日。很多情况下，她们被要求1天工作长达约12个小时。而令人发指的是，为防止她们逃跑，日本经营者竟然将她们的护照和存折非法没收。终于，5名中国女性忍无可忍，将所在公司日本经营者夫妇起诉至长崎地方法院，要求其给予损害赔偿。长崎地方法院一审判决日本经营者向5名中国女性支付约1 100万日元（约合68.59万元人民币）损害赔偿金。

长崎地方法院一审判决显示，2006—2009年，日本经营者让5名中国女性在几乎没有休息日的状态下工作。并且，很多情况下，日本经营者让她们1天工作约12小时，每小时仅支付给她们300日元左右。为防止这些中国女性逃跑，日本经营者还将她们的护照和存折进行非法管理。对于这些犯罪事实，日本经营者供认不讳。此外，位于福冈市博多区的相关中介机构也被指协助日本经营者，残酷剥削中国女研修生。

一审判决之后，日本经营者以“不知道违反最低工资法”为由，提出上诉。2013年10月25日，福冈高级法院驳回日本经营者上诉，支持一审长崎法院判决。审判长原敏雄说：“即使你们没有让中国研修生加班，但法院已经确认，你们让劳动者在研修生期间从事工作的事实。”

（［日本］日本新华侨报网 2013－10－28/郭桂玲）

在意华人27.8万人　全国共有26.3万移民放弃居留证

意大利社会福利机构的最新统计数字显示，截至2011年，在意移民人数为511万人，占意大利全国总人口的8.2%，这一数字比2010年增加了43 000人。

在意移民中人数最多的仍是罗马尼亚人，为997 000人。其次是摩洛哥人506 000、阿尔巴尼亚人491 000、华人278 000。

在意移民63%分布在意大利北部地区，23.8%分布在中部地区，12.8%分布在岛屿地区和南部地区。在意移民27.4%来自欧盟其他成员国，22.1%来自非洲，18.8%来自亚洲，8.3%来自美洲。在亚洲移民中华人位居第一位，菲律宾人位居第二位，为152 382人，孟加拉国移民为106 671人，斯里兰卡移民为94 577人，印度移民为145 164人，巴基斯坦移民为90 185人。

统计结果还显示，2011年移民人数仍在增加，但是增加速度放缓，意大利政府共签发了23.1万个签证。意大利各省警察局的统计数字显示，共有263 000万份居留证无法延期和过期。

（［意大利］《欧洲侨报》2013－10－30）

加纳逮捕43名来自中国非法采金者　无有效签证将遭遣返

加纳警察逮捕了46名来自中国和印度的外国公民，指责他们非法采金。

警察是在加纳中部发动的夜晚行动中拘捕这些人的，他们当时正在使用小筏在奥芬河的河床上挖掘河泥。

在加纳有关当局发动的一系列打击非法采金行动中，2013年已经有大约4 500名中国公民遭到遣返。

加纳官员说，自从当局开始打击非法采金活动以来，一些非法采金者已经改为夜间行动，以躲避拘捕。

加纳是非洲第二产金大国，仅仅名列南非之后。

加纳法律禁止外国人在小型金矿工作，当局还指责非法采金活动污染了河流，破坏了环境。

非法采金者们往往使用小筏从河床上挖掘河泥，然后再从河泥中淘金。

在当地的BBC记者说，非法采金者还会从森林里采金，不但会砍伐树木，并且在森林里留下用来积水的大洞。

BBC记者说，加纳警官曾在袭击行动中放火焚烧了非法采金者的采金设备，并朝天鸣枪，驱赶正在采金的非法采金者。

警方表示，如果他们所拘捕的43名中国人和3名印度人没有有效的签证文件，将遭到遣返。

（国际在线 2013-10-31）

涉嫌违反移民法　22名中国人菲律宾商场被逮捕

据菲律宾《商报》报道，菲律宾移民局探员昨天（2013年11月4日）在宿务市进行新一轮的外侨身份核查行动，逮捕了22名中国人和7名印度人。

据移民局律师利加斯透露，这22名中国人和7名印度人被宿务市移民局探员邀请接受盘问。利加斯说，这是移民局的外侨身份核查行动的一部分。

移民局从10月21日至23日在描科律市进行的外侨身份核查行动中，逮捕了10名印度人、3名中国人和3名韩国人。

据目击者告诉该报记者，移民局探员于下午两点多，包围位于宿务市商业中心最繁忙的科伦街的138商场，逮捕商场内被指违反菲律宾移民法的中国人。在138商场内经营的，据说大多数是中国新移民。138商场被喻为宿务的利未素惹商场。

据目击者说，138商场的后门在10月15日发生7.2级地震后受损，以致在移民局探员进行突击时，大多数被指非法居留的中国人都无法逃离。

（中新网 2013-11-05）

西班牙瓦伦西亚警方严查假货　多名华人被捕

据西班牙《欧华报》报道，近段时期以来，西班牙瓦伦西亚大区警方在瓦伦西亚、贝尼东姆等地严查假货，多名华商因销售侵权产品而被抓捕和处罚。

10月底的时候，贝尼东姆国家警察根据有关厂商的举报，对当地多家店铺进行了检查，专门打击侵犯知识产权、销售假冒名牌产品的行为。在检查中，多名华人店主因销售仿冒假货而受到抓捕。虽然事后他们都被保释，但依然受到了侵犯知识产权的指控。据了解，在此行动中，除了华人以外，还有西班牙和印度人也受到了抓捕。警方在行动中共查获了3 000多件假冒商品。

此外，不久前在瓦伦西亚华人批发商聚集的MANISES批发区，当地警方也进行了一次打击售假的行动。在一间华人所经营的仓库中，共收缴了4 000多件假货，包括太阳镜、背包、手链和其他商品。同时，这家仓库的店主也因侵犯知识产权罪而被抓捕。

警方严厉的打击态势，希望瓦伦西亚以及其他地区的华商能够守法经营，杜绝销售假货的行为，以免受到查处。

（［西班牙］《欧华报》2013-11-05/郝驭）

日本一大学教授涉嫌为中国留学生伪造成绩单被捕

日本爱知县警方国际搜查课日前以涉嫌伪造及使用盖章私人文件为由，逮捕中京学院大学原副教授久野辉夫（53岁）及3名中国籍男女，其中两人为该校学生，嫌疑伪造用于大学插班入学的成绩证明。久野此前曾于3月因涉嫌监禁致伤而被捕。

4名嫌疑人被疑于2012年7月合谋伪造两份中国大学的成绩证明，并提交给中京学院大学。

据警方介绍，久野当时任该校留学生支援部的部长，他承认“当时希望确保学生数量作为工作成果”。久野对两份证明各收取了数十万日元的回报。

在被捕的3名中国人中，两名没有上过中国大学的女生使用伪造的成绩证明参加考试，并顺利作为该校三年级学生插班入学。

警方从没收的久野的电脑中发现了数十人的毕业证明及成绩证明，警方怀疑其还伪造其他证明。

（［日本］共同网 2013 - 11 - 12）

非法移民“转战”美国得州　中国偷渡客数量增加

随着从美墨边境进入美国得克萨斯州非法移民数量的激增，美国打击非法移民的“战场”已经由过去的亚利桑那州图森地区转移到得州的里奥格兰德河谷（Rio Grande Valley）。2012年，边境巡逻队在该地区逮捕了逾15万名偷渡者，包括近500名中国人。

据福克斯新闻报道，在美国得州南部边境附近的农场上，竖立着一块块醒目的标牌，上面用英文、西班牙文和中文写着救援提示，为那些精疲力竭的非法移民提供帮助。“我们有时能看见一群群中国偷渡者，然后报告给边境巡逻员。”得州边境志愿者吉姆·吉布森（Jim Gibson）说。

鉴于越来越多非法移民为了躲避边境检查站而死在路上，美国边境巡逻队设计了这些救援标牌。只要偷渡者需要，他们就可以在标牌处拿到水，或按下按钮寻求帮助。吉布森表示：“事实上，联邦政府将中文写到救援标牌上是非常重要的，而且当局告诉我们，会有数量可观的中国人试图从这里穿越边境线。”

资料显示，美国边境巡逻队2012年在里奥格兰德河谷地区逮捕了15.5万名偷渡者，占到总数的43.43%，其中9.7万人来自非墨西哥地区，包括中国。

出生在中国的安吉拉·于（Angela Yu），1992年持签证随父母来到美国，后成为美国公民，在她看来，“很多人都是为了‘美国梦’，这驱使他们为达目的不择手段，不惜任何代价”。

而非法入境的代价也的确不菲。得州农工大学教授波斯顿（Dudley Poston）指出，“偷渡者需要向蛇头支付5万至6万美元。蛇头甚至会安排工作，或制作假文件，安排偷渡者进入美国境内”。波斯顿补充说，现在全美有25万非法入境的中国人，以后还会增加。

除了墨西哥，还有大量非法移民来自巴基斯坦、危地马拉、洪都拉斯和萨尔瓦多等地。边境巡逻特工称，里奥格兰德河谷是从中美洲进入美国最快的入口，这就是这么多来自不同国家的移民都要经过南得克萨斯州的原因。如今，该地已经取代图森地区，成为炙手可热的偷渡点，利用临时木筏渡江的人越来越多，汽车沿着农村道路追逐逃跑者的事件时有发生，还有很多死尸出现在农场。

尽管当局在2013年表示，已控制了边境地区非法越境人数并达到了“几十年来的最低水平”，但是进入得州的非法移民却在增加。这也再度引发美国参议院就移民改革是否包括加强边境安全问题的激烈讨论。

（中国新闻社休斯敦 2013－11－13）

日本首相安倍接见勇救落水儿童的中国留学生严俊

据日本《关西华文时报》报道，11月13日晚上，日本首相安倍晋三在首相官邸接见了跳河救助日本儿童的中国上海留学生严俊。安倍首相代表日本表彰了他舍己救人的勇敢精神。

13日上午，日本天皇委托日本内阁正式向救助日本儿童的中国留学生严俊授予“红绶褒章”和奖状。负责颁奖的是日本内阁成员，颁发的奖状上写着，“日本天皇表彰中华人民共和国的严俊不顾个人危险救助他人”，奖状上盖的印章是极为少见的日本国玺。奖状最后署名的是日本内阁总理大臣安倍晋三和日本内阁府赏勋局长黑羽亮辅，奖状和奖章号码是第109号。

2013年9月，强台风“万宜”袭击日本大阪。中国留学生严俊不顾个人安危，从湍急的河中勇敢地将日本一名落水儿童救起。严俊因此获得“红绶”奖章。

严俊在从大阪出发到东京接受奖章之前，已经接到《关西华文时报》广大华侨华人读者的署名要求，恳请他在面见安倍时，能当面表达中国人民希望中日友好的心声。

严俊在与安倍首相会见后对记者说：“没有什么能比通过这件事情来改善中日关系更高兴的事情了。”

（中新网 2013－11－13/丛中笑）

法国华人再次上街要“安全”

法国华侨华人团体11月16日走上巴黎东郊巴尼奥莱市的街头，举行以“安全问题关乎所有人”为主题的游行，呼吁当地政府改善社会治安，对长期存在、不单只针对华人的暴力抢盗行为采取措施。

游行队伍从巴尼奥莱市的加列尼出发，沿指定路线前进至巴尼奥莱市政府。记者在现场看到100多名当地居民也参加了游行，其中包括非华裔族群。沿途许多居民打开门窗声援游行队伍。来自巴尼奥莱市市政府的官员以及一些华人团体的代表也参加了游行。

据组织者介绍，近年来，巴尼奥莱市居民遭遇到越来越多的暴力抢盗，受害人还不单只是华人。他们决定组织此次游行，唤起当局的重视，改善当地社会治安环境。

这是法国华侨华人团体第三次因安全问题上街游行。2010年6月20日和2011年6月19日共有几万名华人在巴黎参加了两次大规模示威游行，抗议针对华裔群体的犯罪暴力事件不断增多，呼吁当局加大打击力度，保护居民的人身及财产安全。

（新华网巴黎2013－11－16/邢建桥　应强）

韩国对中国游客入境加强审查　防范非法移民

据韩联社18日报道，韩国法务部从11月11日起加大了乘坐国际邮轮访韩中国游客的入境审查力度。

据报道，2013年5月起，韩国允许乘坐国际邮轮入境的中国游客免签入境。但随着部分中国游客利用这个制度在入境后私自脱团“消失”，韩国法务部决定强化对中国游客的身份确认工作。

根据新规，接待中国游客的韩国旅行社必须提交中国旅游部门发放的“中国公民出国旅游团队名单表”复印件。将原先提交“旅游入境许可对象确认书”的时间，由邮轮停靠韩国港口前的72小时改为24小时，否则韩国出入境部门将不许游客入境。此外，若旅行社提交的游客姓名和出生日期等个人信息不实，将会受到处罚。韩国法务部相关负责人称，目前针对中国游客的入境审查制度大框架没有变化，只是进一步加大了身份确认力度，以防中国游客私自离团。2013年1—9月，赴韩旅游中国人总数首次突破300万。

（《环球时报》2013－11－19/王刚）

苦读 10 年换身份 3 943 名中国留学生获英国永居身份

近日，英国内政部公布的资料显示，2004 年至今，共有 40 065 名外国学生以居英 10 年途径获得英国永居身份（类似美国绿卡），其中有约 4 000 名中国留学生获得英国永居身份，占总人数的 10%。

按照英国移民法，凡在英国合法居住超过 10 年者，即可申请永久居留，再过一年可获英国国籍。

过去 10 年间，3 943 名中国留英学生以在英国 10 年寒窗苦读拿下英国永居身份，真可谓艰难而漫长。而如今，依然有上万名中国留学生想通过这种途径留在英国，他们正在按照 10 年的计划安排自己的学业。

英国内政部数据显示，2004 年有 3 005 名外国学生以持续 10 年的学业获得永居身份，但中国留学生仅有 35 人，占总人数的 1%。这 30 多人大多是 20 世纪 90 年代初赴英留学，均为公派学习。进入 21 世纪，赴英自费留学的中国学生如雨后春笋一般，一拨高过一拨，平均每年以超过 15% 的速度递增。2012 年，中国留学新生已达 63 002 人，目前留英的中国学生不少于 12 万人。

据英国官方统计，留英的中国学生中约有 2% ~3% 希望长期留在英国。他们通过不停地延签，一年接一年，本科毕业读硕士、博士，苦熬 10 年最终达到目的。

（人民日报海外网 2013 – 11 – 19）

7 名中国人涉嫌伪造身份在韩被捕

韩国济州海警 11 月 25 日表示，7 名中国人近日在济州港购票乘船时，因涉嫌使用伪造身份证而被逮捕。

据悉，犯罪嫌疑人孙某、陈某等人于 23 日下午 4 时 30 分计划从济州港乘船去全罗南道的木浦市。7 人在购票过程中，被查获使用了伪造的居民身份证。

济州海警负责人对此表示：“逮捕的 7 名中国人持有伪造的居民身份证，这些假身份证用肉眼难以识别。目前，警方正在开展进一步的调查与审理工作。”

（［韩国］亚洲经济中文网 2013 – 11 – 25）

一华人携6万欧元现金驾车前往葡萄牙被警方扣留

西班牙宪兵队在北部Zamora市A－52公路接近葡萄牙边境的路段上，盘查了一个正开车驶向葡萄牙的中国男子，在该男子的车座下搜查到66 000欧元现金，由于该市民无法说清这笔巨款的来源，被宪兵临时拘捕和临时扣押这笔现金，并对该市民指控清洗黑钱罪行。

Zamora市宪兵队伍表示，该中国男子持有的是葡萄牙居留证，当时正开车行驶在A－52公路，方向是出境到葡萄牙，宪兵在该公路近Mombuey地区路段上把这名男子的车辆拦下检查，结果在车座底部搜查出一个手提箱，里面是50、20和10欧元面值的欧元纸钞，一共66 000欧元。

宪兵询问该男子的巨款来源，或是否有现金申报证明，该名驾着一辆豪华小车的中国男子无法说清。宪兵于是依照西班牙关于现金流通管理条例，把这笔巨款扣押，临时存放进附近的西班牙中央银行分行，同时依据预防资本清洗条例和货币管制法律，指控该男子涉嫌犯有清洗黑钱罪行而予以拘捕。

（［西班牙］欧浪网2013－12－01）

美国发行马年“吉利钱”　提前向全球华人恭贺新禧

美国财政部造币和印钞局12月3日宣布限量发行中国农历马年“吉利钱”，提前向全球华人恭贺新禧。

“吉利钱”是美国政府目前唯一针对特定族裔发行的货币产品，由于限量发行和良好的寓意，每年一经推出便被华人抢购一空。美国财政部财务长罗西·里奥斯在当日举行的发行仪式上表示，2013年财政部将推出限量88 888套马年“吉利钱”，每套“吉利钱”都以数字“8888”开头。

里奥斯说，“吉利钱”是美国财政部引以为豪的系列产品，自2000年首次推出编号以“8888”开头的“一路发吉利钱”至今，造币和印钞局共推出22种“吉利钱”产品，共计售出逾125万套“吉利钱”。每年中国传统生肖的“吉利钱”一经推出几乎都被抢购一空，华人对此很感兴趣，需求量巨大。

2013年是财政部第二次推出马年“吉利钱”。里奥斯称，“吉利钱”的发行也已成为一个文化活动，她借此机会对全球华人送上马年的祝福。

当天公布的马年“吉利钱”护套首次采用凹凸轧花设计，鎏金骏马的造型别致突出，骏马旁边写着“马到成功”四字，内页除美国财长与财务长签名的一美元纸币外，还印有对中国农历马年生肖的介绍和祝福语，还有一匹以中国古代唐三彩马图像为原型的骏马，马身写有“福”字，以及一副吉祥对联“福禄寿喜临门，金银财宝齐来”。

（中国新闻社华盛顿2013－12－03/张蔚然）

新西兰总人口达450万　常居华裔人口突破16万

援引 Stuff 消息，新西兰统计局的“人口计算器”显示，今日（2013 年 12 月 10 日）上午 8：43，伴随着一名婴儿的呱呱坠地，新西兰的人口总数正式达到450 万人。

据悉，这一“人口计数器”是以 2006 年新西兰人口普查的数据为基准，根据即时出生人数、死亡人数和移民人数状况进行计算得出。

2013 年 3 月的人口普查数据显示，人口普查当天新西兰的即时人口为 4 242 048 人，但显然，统计局网站上的“人口计数器”的计算结果要更加准确。

统计局一名发言人表示，人口普查更多的是人口结构的缩影，虽然人口普查也会对人口数量作出统计，但那并不是进行人口普查的唯一目的，“因此，我们可以说，就在今天，新西兰的总人口已经达到了450 万”。

统计局今日发布的 2013 年人口普查数据显示，华裔、印度裔、菲律宾裔、韩裔、其他东南亚族裔以及日本裔，成为新西兰人数最多的六大亚裔族群。

（［新西兰］天维网 2013 - 12 - 10）

菲律宾释放 52 名中国公民　因被疑非法滞留遭扣

菲律宾移民局 12 月 11 日在首都马尼拉地区突查两座华人商场，抓扣了 78 名中国人，以核查他们是否合法居留。

记者从中国驻菲律宾大使馆获悉，经多方工作，截至 12 日晚 7 时，被菲律宾移民局以非法滞留为由抓扣的 78 名中国公民中，已有 52 名持有效护照者获释，其余人正在等候调查结果。

菲律宾中文媒体《菲律宾商报》报道，执法人员在上述商场对外籍人士进行突击核查，当场未能出示有效居留证件的外籍人士均被带回移民局。

菲律宾移民局发言人帛洛说，执法人员包括移民局情报处人员与国都区警署的地区公共安全人员。她还说，这次行动经过几个月的调查，移民局从传媒和个人等消息渠道得知有部分非菲籍人士在这一地区从事非法零售业务。

几名遭到盘查的华人告诉另一家中文媒体《世界日报》，一些稍懂菲律宾语的人出示证件后，没有被带走，而一些人拒绝接受盘查，或者试图逃跑，则被武力制服。

按照《菲律宾商报》的说法，抓扣是讯问，不是逮捕。

帛洛说，他们（被抓扣者）只是接受讯问，移民局需要核实和调查他们的状况。移民局希望平衡外籍人士与菲律宾人之间的竞争环境并记录 168 商场附近的外籍人士，所以突击检查，扣押了他们，目的不是让他们歇业。

帛洛还说，移民局一直要求外籍人士确保自己拥有合适的签证，如果外籍人士打算在菲律宾工作，必须申请工作签证，否则会面临移民局的处罚。

外交部发言人洪磊12日在北京表示，外交部和驻菲律宾使馆将继续跟踪菲律宾移民局抓扣中国公民事件形势发展，敦促菲方尽快妥善处理。

洪磊说，外交部已指示驻菲律宾使馆启动应急机制处置。驻菲使馆迅速核实了解情况并向菲律宾移民局提出交涉。菲方表示，查扣行动是针对所有非法居留的外侨，并非只针对中国公民，此次行动中也有多名其他国家公民被捕。

洪磊说，外交部和驻菲律宾使馆将继续跟踪形势发展，并敦促菲方尽快妥善处理。

中国驻菲大使馆发言人张华说，驻菲使馆在接到报案后高度重视，派出参赞沈自成和两名领保官员赴现场了解事件经过，并与当地最大华商机构菲华商联总会（商总）负责人共同与菲律宾移民局交涉，要求菲方文明执法，确保中国公民人身安全、人道主义待遇和合法权益。他们要求菲方立即释放证件齐全的遭扣人员，尽快妥善处理此案。

（《新京报》2013－12－13）

阿根廷华侨华人国会前抗议游行　呼吁反哄抢

12月13日，阿根廷首都布宜诺斯艾利斯市国会大门前，数百名华侨华人打出反哄抢、反暴力和要求和平的横幅标语，呼吁阿根廷政府和社会各界关注和重视华侨华人在阿根廷的生命财产安全。

本次游行的参加者大多是在阿根廷经商开店，生活多年的华侨华人及其家属。近期，由于阿根廷约20个省份受到警察抗议涨薪事件的影响，许多城市出现骚乱和哄抢商店的现象，华人商店也遭受冲击。至今有40余家华人商店遭受哄抢，一名华商在哄抢中遇难。日益增加的暴力和犯罪活动使得华人超市业主的生命财产安全得不到应有的保障。

本月有阿根廷人在社交网站脸书（FACE BOOK）上公开号召在12月20日专门针对华人超市进行哄抢。许多华人超市业主因感到生命和财产得不到保障而自觉关店，积极参加到本次游行抗议的队伍中来，希望通过公开表达自己呼声以引起阿根廷政府的重视，过一个平安的圣诞节和新年。

在阿根廷生活多年的华侨陈女士对记者说："面对困难，我们应该手挽手相助，联合起来维护我们大家的利益。也希望阿根廷政府可以严惩犯罪分子，加强对我们这些华侨华人的保护。”

本次游行也得到了很多当地阿根廷人的支持，他们中的很多人自觉加入到游行中来，并在印有阿根廷国旗图案的反哄抢条幅上签名，并表示“国家的和平与安宁是我们的共同愿望”。

（［阿根廷］阿根廷华人在线 2013－12－14/董墨妍）

美东华人组织将联合致信阿根廷总统声援当地华人

针对近期阿根廷华人遭遇的大规模暴力犯罪活动，美东华人社团联合总会和华人平权联合会在12月16日召开发布会，宣布致信阿根廷总统，声援阿根廷华人。

华人平权联合会总召集人欧阳了寒在发布会上说：“现在阿根廷出现专门针对华人的暴力犯罪，情况非常危急，中国商店遭到暴民洗劫，店面被焚，店主被烧死。还有人在网上召集在12月20日这一天，集体抢劫华人店家，华人的权益受到如此践踏，令人难以忍受。”

华人平权联合会与阿根廷当地的华人组织取得联系，表达声援，并愿意提供各方面的帮助，同时向阿根廷总统和阿根廷驻美华盛顿大使馆发出公开信，要求政府出面制止这样针对华人的暴行。美东华人社团联合总会常务副主席花骏雄说，美东华人一定会支持阿根廷的华商保护自己生命财产安全。

来自佩斯大学的会计教授李春燕说，过去自己和其他许多华人一样，生活在安宁的圈子里，不太关心外界发生的事，但华人要作为一个族群在海外生存下去，必须有更多的交流，改变在别的族裔眼中华人群体内向和封闭的形象，应该要变得更加开放和强大。

目前该声援行动已经获得全美16个社团组织的支持。

（［美国］美国中文网 2013－12－16）

南苏丹冲突致华人商业全部关闭　使馆启动紧急预案

12月17日，联合国维和行动负责人通报安理会，在过去两天发生在南苏丹首都朱巴不同军事派别之间的冲突已导致400～500人死亡。上万名平民躲入联合国驻南苏丹机构寻求帮助。自2011年独立以来，南苏丹一直备受经济发展、安全等问题困扰，当前的冲突也让这个世界上最年轻的国家再次成为世界关注的焦点。

据了解，直至当地时间18日凌晨，在首都朱巴，交火仍然持续不断，在市区内枪声清晰可闻，甚至还有重型武器开火的声音。

南苏丹当局要求平民待在家中，避免外出。南苏丹通讯社援引目击者的话，称有大量平民在冲突中丧生，遇难者的遗体在街头路边随处可见。

这场军事冲突开始于15日，主要集中在南苏丹首都朱巴地区。此后一天，南苏丹总统基尔身着军装发表全国电视讲话，指责与前副总统马沙尔结盟的部队企图发动政变，攻击陆军司令部。基尔称，经过激战，政府军“彻底控制”了朱巴局势。此后，朱巴开始

实施宵禁。但是事实证明，事态并未得到平息。

南苏丹政府称已逮捕至少10名高级政府官员，其中包括前财政部长。这些官员被指操控了此次冲突并企图发动政变。有消息称，目前所有进出朱巴的国际航班已被取消。

记者电话联系了中国驻南苏丹大使馆，使馆政治处官员俞瑞琳表示，使馆在第一时间就已启动应急预案，与各中资机构、在南经商的华人保持着密切联系，正密切关注事态发展。目前在南苏丹华人的情况稳定。

据了解，中国驻南苏丹大使馆与南苏丹内政部建立有一套“安保联动合作机制”，在本次冲突发生后，他们立即启动了这套应急机制。17日，南苏丹政府军队帮助撤离了12名被困在一处砂石厂的中国工人，当时政府军与叛军正在砂石厂附近交火。

目前，使馆已要求所有中国公民不要外出。俞瑞琳称，在南苏丹的华人的工作生活受到较大影响，包括医院、酒店和餐饮等在内的由中国人经营的商业几乎全部关闭。

据了解，目前在南苏丹共有1 500多名中国人。

（《京华时报》2013－12－19/宗和）

中国女子因贩运象牙在南非被判入狱3年或罚款5万兰特

南非开普敦公园地区法院12月19日开庭审理一中国女子贩运大宗象牙一案。法院认定，该女子试图贩运的象牙案值较大，判罚她入狱3年或缴纳5万兰特的罚款。

该法院的发言人表示：“她试图贩运12.7公斤的象牙、两只狮爪，以及10只穿山甲的鳞片到香港去。南非有关部门得到举报信息后，从她的行李中搜出了这些物品。”

据法院披露，这名女子名叫杨嘉玲（音），来自中国广东，今年58岁。她上周五在约翰内斯堡的OR坦博机场被捕，当时她正准备经由迪拜转机前往香港。据她自己交代，她在莫桑比克的跳蚤市场上购买了这些象牙以及象牙梳子、手镯、项链等工艺品。

近年来，过境南非的象牙走私活动比较猖獗，南非也加大了打击的力度。在上周五到周日短短3天中，南非警察就与国际刑警合作，在香港国际机场逮捕了4名男子和3名女子。据称，这7人都是从南非经由迪拜转机到香港，警方从他们的行李中查获了160公斤的粗象牙和加工过的象牙制品。

（中国新闻社约翰内斯堡2013－12－19/宋方灿）

吉尔吉斯斯坦2013年驱逐25名中国公民

据商务部援引驻吉尔吉斯斯坦经商参处消息，吉尔吉斯斯坦劳动、移民与青年部消息，2013年以来，已有25名中国公民和11名越南公民因非法居留或务工被吉尔吉斯斯坦驱逐出境。

近日，吉尔吉斯斯坦政府批准了《〈行政责任法〉补充与修订草案》，并提交议会审议。该草案建议对外国公民和无国籍人士在吉尔吉斯斯坦居留或过境的违规行为加大处罚力度。

目前，吉尔吉斯斯坦法律规定，对于外国公民和无国籍人士在吉尔吉斯斯坦的如下违规行为，如居留目的与申报入境目的不符，无居住证或持无效证件居留，未按规定办理选居或迁居注册，逾期未出境，未遵守过境相关规定等，将施以1 000～2 000索姆（约合21～42美元）的行政处罚。

按照该草案，上述违规行为的罚金将提高到5 000～10 000索姆（约合104～208美元）。

（中新网2013－12－20）

纽约华裔外卖郎辛酸多　没身份遭抢劫不敢声张

平均每天工作12小时、一周工作6天、每逢佳节格外忙碌、一个月两三千元收入，这是纽约众多餐馆华裔外卖郎的处境。如果仅是这些靠勤奋就能战胜的辛苦，外卖郎们可以坦然接受，然而，他们在工作中还可能遭遇更多困扰：工资本身就不高，仍被餐厅老板欠薪；送餐途中被罪犯抢劫、发生交通意外，严重者甚至失去生命。

在各大华人餐馆，外卖郎们每天中午11点上班后，就要频繁外出送餐，直至晚间甚至深夜。在纽约各区的街上，经常可以看到外卖郎骑着单车或者如今已违规的电单车穿行在车流、人流间。天气越是恶劣，他们越是忙碌。外卖郎的工作方式和特点更易使得抢匪将他们作为犯罪目标，外卖郎在送餐途中被抢劫的事情几乎天天都在上演。

“每次送餐前，都会有所顾虑，晚上送餐更是感觉害怕，但是没办法，需要这份工作赚钱供养远在福建的妻子和孩子。”华裔外卖郎林奇光无奈地说道。现年49岁的林奇光20年前偷渡来美，十多年前开始送外卖。

十几年的外卖郎生活，林奇光经历了太多的困难，时常收到假钱，而且很难避免，因为如果知道是假钱，识破后反而会被打，钱也被抢走，至今他已八次遭遇暴力抢劫。他的左耳在打劫中被攻击而导致听力受损，最严重的一次发生在2013年6月24日。林奇光于当晚9时30分左右在布朗士开着电单车送外卖，就要到达目的地时，被从路边房子窗口射出来的一发子弹打中腹部，随即从车上摔到地上。他因为这次意外停工一个月，虽然一个月后伤口仍感觉疼痛，但迫于经济压力，只能忍痛复工。

外卖郎的艰难曾让林奇光想过放弃，但面对生活，他别无选择。“至今总共只攒下不到3万元，想着如果一直没有身份，以后回国养老用。”

许多外卖郎都表示，他们非常了解这份工作的辛苦和危险性，但迫于生活的压力以及工作门槛较低，他们没有其他更好的选择。很多外卖郎没有合法身份，并被误以为是“非法”的头衔使他们必须忍受一些不公，例如，遭遇犯罪分子侵犯时，因为不懂英语和害怕身份被发现而放弃报警；被餐厅老板克扣工资时，因为是非法工作而选择忍气吞声。

（［美国］《世界日报》2013－12－23）

37名中国人在孟加拉国涉嫌非法运营网络电话被捕

37名中国人在12月22日晚因涉嫌非法运营网络电话遭孟加拉国警方逮捕。

孟加拉国快速行动营当晚在孟加拉国首都达卡的乌托拉地区实施上述抓捕行动。快速行动营高级发言人对新华社记者说，根据情报，快速行动营突袭了位于乌托拉地区的一栋6层建筑，逮捕2名孟加拉人、5名中国内地人和32名中国台湾人，并缴获了价值约1 000万塔卡（约合13万美元）的网络电话设备。

发言人称，被捕人员涉嫌非法运营网络电话有一年半之久，将被移交警方接受司法诉讼。

（新华网2013－12－23）

文莱华裔不再“无国籍”

在文莱有一个特殊的华裔族群，他们生在文莱，长在文莱，生活富足，接受过良好教育，享有较高的社会地位，同时也热爱着文莱。然而，在他们护照上的“国籍”一栏里填写的却不是“文莱”，而是“无国籍”，不过，现在已经改成了“永久性居民”。

65岁的林文华（Lim Boon Hwa）就是成千上万名此类居民中的一员，不过他所扮演的是领导者的角色，他是文莱—中国友好协会的副会长，同时也是一名商人。

在文莱这个曾是英国殖民地的东南亚多民族国家，并不能因为在文莱出生就拥有文莱的公民身份和享受一系列的权利与社会福利，这一切都是由居民原有的民族血统决定的。

1984年文莱独立后，仅有9 000名华裔获得了完全的文莱公民身份，而其他大约两万名像林文华一样的华裔则失去了国籍。

“我出入自己的国家时必须持有签证，任何时候出国通过海关时，必须用大量现金证明自己不是难民。”林文华说。

在文莱连续居住 25 年以上，并取得了一定的语言和文化资质就可以获得文莱国籍，但马来语考试却非常复杂，甚至需要居民详细了解当地动植物的专有名称，这使一些华裔居民不得不选择移民。

林文华说：“这对文莱来说是一个损失，因为这些移民中很多都是训练有素的技术人员，很多人已在文莱的石油产业工作了数十年。”

林文华本人参加过两次考试，均以失败告终。他曾经考虑移民澳大利亚，但最终决定留下来向这个每年只允许 200 人参加的考试体系发起挑战。

“我们尊重宪法。但考试的目的应当是欢迎那些具备成为市民资格的人们而非抵制他们。可能参加 100 次考试我也无法通过，或者说，一辈子也考不过。”林文华说。

在与华裔社区的同胞们进行讨论之后，林文华和其他两位华裔居民撰写了一份准备提交政府的谅解备忘录，建议缩小考试范围，并增加允许参与考试的次数。

“有人认为对政府说‘不’不是一个好主意，但我认为必须让政府知道我们面临的困境。”林文华说，这份备忘录准备过程中的每一个细节他都历历在目。

“幸运的是，当你证明某些方面确实存在缺陷的时候，文莱政府是鼓励对其进行改进的。”

林文华成功了。国籍法修改案在 21 世纪之初获得通过，规定 50 岁以上的无国籍居民只需通过口语测试就可以获得文莱国籍，无须再参加笔试。同时，现在每次测试允许 1 000 人参加。

由于强大的教育背景，林文华无须参加马来语口语测试，并且其他众多居民都因他的努力而获益。

（《中国日报》2013－12－26/赵盛楠）

2013 年美国南加州华裔参政获丰收　24 位候选人当选

2013 年，美国南加地区迎来暖冬，华裔参政人数也达到新的高峰：3 月和 11 月的两次地方官员选举分别有 8 人及 16 人当选，中选率高，更有杜瓦提市诞生首任华裔市议员康佳琛突破历史。

3 月的竞选共有 13 名华裔参选，其中 10 人竞选市议员。5 日选票结果公布后，共有 8 人获选，蒙特利公园市、柔似蜜市、喜瑞都市及天普市市议员均有华裔候选人中选。尤其是蒙市及圣市两大华人聚集区更有两人当选，蒙特利公园市保住了华裔在市议会中占多数的主导地位。前加州众议员伍国庆当选洛杉矶市社区学院学区教委，为本年度唯一一位获选洛杉矶市民选官员的华人。但是因家庭地址问题，圣市获选市议员廖钦和被某些市民反对进入议会。尽管有多位联邦、地方民选官员支持，廖钦和在当选后还是耗费了两个月才正式进入市议会。

11 月的地方官员选举参选华裔候选人更多，达 25 位。与 3 月相比，此次选举虽参选地域覆盖面广，人数多，但是职位较低，多数候选人参选学区理事及水局理事等职，参选市议员的只有5人，竞争与以往相比并不激烈。选举结果出炉后，最值得关注的为非华裔聚集地的杜瓦提市诞生首任华裔市议员康佳琛。康佳琛首次出马参选，就面临8选3的硬仗，票数一开出后便以第三名领先，并在中后期跃至第二名，最后以1 103票的高票数当选，获得历史突破。

尽管2013年共有24位华裔民选官员当选，但华裔的投票热情依旧不高。投票当天，虽然华裔聚集区的投票站均设有普通话服务，可是参与投票的华裔选民仍然寥寥无几。根据亚美公益促进中心的一项调查显示，华裔注册选民投票率远低于亚裔注册选民的平均水平，在所有亚太族裔中排名倒数第三。语言不通、无党派归属为华人投票率低的主要原因，华裔注册选民中，只有53%的选民确定自己属于民主党或共和党，剩下的近半数选民都登记为“无党派人士”。

（［美国］侨报网 2013－12－28/周慧一）

美国侨学界严厉谴责安倍晋三参拜靖国神社

连日来，美国华盛顿、洛杉矶、纽约等多个地区的侨学界团体召开座谈会并发布声明，严厉谴责日本首相安倍晋三参拜靖国神社。

美国华盛顿中国和平统一促进会12月29日发表声明称，安倍之举粗暴践踏了中国和其他亚洲战争受害国人民的感情，公然无视历史正义和人类良知，狂妄挑战世界反法西斯战争的胜利成果和以联合国宪章为基础的战后国际秩序。对安倍的挑衅之举表示强烈抗议和严厉谴责。会长吴惠秋表示，自日本政府2012年推行所谓的“购买钓鱼岛”，单边挑起东海危机以来，安倍政府的右倾化行动愈演愈烈，一方面持续否认和美化侵略战争历史，另一方面企图否定日本的和平宪法和推动修宪，重新武装扩军，充分暴露了军国主义复辟思想的阴魂不散。

美东保钓行动委员会29日在纽约举行座谈会，对安倍晋三参拜供奉日本甲级战犯的靖国神社表示强烈谴责，并表示将于下周组织当地华侨华人在日本驻纽约总领馆前举行抗议活动，并向日本领事馆递交抗议信，表达华侨华人的强烈抗议。

纽约华人社团联席会创会主席黄哲操表示，日本靖国神社供奉有14位“二战”甲级战犯，安倍晋三不顾国际社会的强烈反对参拜靖国神社，是对日本“二战”期间对中国和世界人民犯下的滔天罪行的否定，是对九一八事件、七七事变、南京大屠杀，以及长达八年的侵华战争的否定，纽约华侨华人对安倍此举表示强烈愤慨和严正抗议。

在洛杉矶，（美国）中国和平统一促进会联盟（简称“美联盟”）等侨学界代表数十人在日前举行座谈会，强烈谴责日本首相安倍晋三参拜靖国神社。

（中国新闻社纽约 2013－12－29）

（本栏目责任编辑　徐云）

侨务信息

本栏目内容是对本年度侨务工作报道的摘选，以反映大政方针、政策导向、工作实绩和包括事实资料、统计数据的报道为主，分综合信息和地方信息两部分，按媒体报道时间升序排列。

综合信息

中国侨联慰问组看望慰问重庆贫困归侨侨眷

记者1月6日从重庆市侨联获悉，日前，中国侨联权益保障部部长姜凤岩、中国侨联权益保障部调研员隋秀敏、中国侨联权益保障部副调研员肖炜蘅组成的中国侨联慰问组，在重庆市侨联相关领导的陪同下亲切看望了重庆市部分贫困归侨侨眷，并送上最真挚的关怀和节日祝福。

在年逾90的“南洋老机工”程龙庆老人家中，姜凤岩部长详细询问了老人及其家人的生活情况和身体状况，对程老远涉重洋、回国抗日救国的义举表示敬佩，对他为祖国所作的贡献表示衷心的感谢。姜部长希望老人保重身体，安度晚年。在沙坪坝区贫困老归侨卢立基先生家里，姜凤岩部长详细地了解了卢老的家庭情况，询问了卢老的生活情况以及身体健康状况。卢老拉住姜部长的手，激动地说：“平时市区侨联、街道社区对我非常关心，感谢组织对我的关心和照顾，感谢侨联对我们的关心。”

姜凤岩部长要求，各级侨联组织要进一步重视、关心贫困归侨侨眷，协助政府解决好贫困归侨侨眷的生活困难问题，把扶贫帮困工作常态化，给予贫困归侨侨眷关心和照顾。调动社会各界参与扶贫帮困的积极性，在侨界形成关心贫困归侨侨眷的良好氛围，帮助他们真正走出困境，过上幸福的晚年生活。

（中新网重庆2013－01－06/谭川平　韩璐）

中国侨联召开全委会　李源潮：用中国梦凝聚侨胞力量

中国侨联八届五次全委会议 1 月 16 日在京召开。中共中央政治局委员李源潮指出，要更好地凝聚侨心、汇集侨智、发挥侨力、维护侨益，团结动员广大归侨侨眷和海外侨胞为全面建成小康社会、实现中华民族伟大复兴而共同奋斗。

李源潮充分肯定了 2012 年侨联工作的成绩。他说，实现中华民族伟大复兴的“中国梦”寄托了海内外中华儿女的共同愿景和共同追求。侨联学习贯彻党的十八大精神，要用“中国梦”凝聚侨胞力量，充分发挥海内外侨胞报效祖国、造福桑梓的热情。要创新调整服务国家经济发展的思路和重点，在招商引资的同时更加注重招才引智，更加注重帮助国内企业和资本“走出去”。要加强海外联谊和与港澳台侨界的联系，增进同胞感情，传播中华文化，巩固中国人民与世界人民的友谊。

李源潮说，改革开放以后特别是进入 21 世纪以来，海外侨胞数量迅速增加，归侨中，回国投资兴业和科技创新创业的新侨大量增加。要根据侨情的新变化新特点，贴近侨心、服务侨胞，可以做锦上添花的事，更要做雪中送炭的事，帮助归侨侨眷和海外侨胞解决实际问题，维护他们的正当权益。同时，侨联要加强自身建设，努力建设侨界群众真心信赖的侨胞之家。

（中新网北京 2013－01－16/娄晓）

中国侨联："侨爱心工程"稳步推进　筹集善款上亿元

2012 年，中国侨联稳步推进"侨爱心工程"，筹集善款上亿元。"侨爱心学校"、"卫生所"、"树人班"以及"珍珠班"等公益项目深受社会好评。

中国侨联主席林军 1 月 16 日在京召开的中国侨联八届五次全委会议上作如下表示。

林军说，2012 年各级侨联坚持开展"送温暖、献爱心"活动，在元旦、春节期间，共慰问困难归侨侨眷 8.4 万人，累计发放慰问金 1 200 余万元；中国侨联领导分别带队赴海南、广西、广东、福建、云南、江西 6 省区的华侨农场开展调研，并就改革发展问题向中央有关部门建言献策。

相关数据显示，2012 年福建省侨联成立华侨公益基金会，共筹资 1.63 亿元用于新农村建设和扶贫助学；中国侨联继续与有关单位联合在湖北 5 个地区开展"健康光明行"活动，成功完成白内障复明手术 1 041 例，赢得了社会各界的广泛赞誉。

"在 2013 年，中国侨联将加强改善侨界民生的工作，建立全国贫困侨界群众信息档案，筹建侨联帮困扶贫基金，继续与全国总工会联合开展华侨农场扶贫支持工作，重点做好为特困归侨侨眷争取社会救助的工作，不断壮大侨界公益事业。"林军说。

（新华网 2013－01－16/李菲）

中青年和"海归"人才挑起中国创新"大梁"

记者 1 月 18 日从国家科技奖励大会上获悉，2013 年国家自然科学奖、技术发明奖和科技进步奖项目完成人平均年龄为 47 岁，中青年人才和海外归国人才正在挑起创新"大梁"。

据介绍，在国家自然科学奖、技术发明奖和科技进步奖完成人中，35 岁以下的约占 10.8%，36 岁至 55 岁的约占 75.5%，56 岁以上的约占 13.6%，45 岁以下的中青年科研人员比例达 44.2%，完成人梯次和年龄结构更加优化。

在自然科学奖项目第一完成人中，海外归国人员比例达到 56.1%，成为科技创新主要力量之一。

此外，2013 年国家技术进步奖通用项目中，企业参与完成的项目占 66%。这说明企业、高校和科研院所相互支撑、系统创新、产学研用互动的格局正不断加强。

（新华网 2013－01－18/吴晶晶　顾瑞珍　余晓洁）

任启亮出席国务院侨办定点扶贫工作领导小组会议

1月28日下午，国务院侨办召开定点扶贫工作领导小组会议，各司（局）及在京直属单位的有关负责同志参会，任启亮副主任作总结讲话。

任启亮副主任在总结讲话中强调了三个方面的要求：一是要充分认识定点扶贫工作的艰巨性、长远性。要按照中央扶贫开发工作的会议精神，坚持“不脱贫不脱钩”的帮扶原则，帮助积石山加快脱贫攻坚步伐；二是要明确扶贫工作思路。在总结经验的基础上，结合新形势和新阶段的扶贫目标，明确努力方向，深入研究工作思路，找准新阶段扶贫开发工作的突破口；三是继续坚持以智力扶贫、产业扶贫、民生扶贫为着力点，加大力度推进扶贫工作取得新实效。各部门要积极发挥各自优势、群策群力，围绕积石山实施生态立县、教育兴县、项目带动、转型跨越四大战略，帮助积石山县做好民族民生、基础建设、扶贫开发、文化发展四篇“文章”，推进积石山县域经济更好、更快发展。

自1998年定点帮扶积石山县以来，国侨办始终把定点扶贫工作作为一项重要的政治任务来抓。每年都会召开专题会议研究扶贫工作，历届办领导多次到积石山县了解县情民情、考察扶贫项目实施情况、开展慰问等活动。15年来，国侨办累计帮助积石山县落实的捐资、引资及捐物折价1.1亿元。其中，直接捐赠资金1 768.14万元，帮助引进资金8 385.2万元，捐物折价319.95万元。捐资修建侨爱小学29所，侨爱医院7所，改造贫困户危旧房836户，高标准配备电教室29个。帮助协调海外华侨华人达成捐赠项目意向19项，资金1 001.5万元，合作投资项目4项，资金9 280万元。

（国务院侨务办公室网　2013－01－31）

国侨办副主任谭天星参观夏威夷侨胞农场

当地时间2月26日，率领“文化中国·四海同春”艺术团在夏威夷慰问当地侨胞的中国国务院侨务办公室副主任谭天星一行参观了罗发农场，并走进田间与侨胞一起参加劳动，收获了“九层塔”。

据悉，在夏威夷有40多家华侨华人经营的农场，占地500英亩。由罗镇澄和罗镇成共同经营的罗发农场是当地规模最大的农场之一。

罗镇澄现为夏威夷州越棉寮华人联谊会荣誉会长、夏威夷州潮州会馆会长。据罗镇澄介绍，他们在夏威夷经营农场已有20年之久，主要种植“九层塔”，并且有着良好的经济效益。现在，夏威夷65%的“九层塔”蔬菜出口份额为该农场占有，他们所种植的优质“九层塔”远销美国本土和部分欧洲与亚洲市场。

罗镇澄对农场前景非常乐观，他正在准备对农场进行综合开发。在种植“九层塔”的同时，开发农业旅游资源，让农场以旅游服务为主要经济来源的夏威夷获得更大的市场效益。

国侨办副主任谭天星在农场“九层塔”种植区就农场经营问题与罗氏兄弟进行了深入的交谈，并亲自与农场员工一起劳动，收割成熟的“九层塔”。

（中国新闻社檀香山 2013 - 02 - 26/毛建军）

“90 后”大学生倾向“留学不移民”

一项针对国内 11 所重点大学的正在准备出国留学的学生的调查显示，我国“90 后”大学生倾向于“只留学不移民”。

调查显示，表示将来希望“在国外长期就业或移民”的受访人只占 9.33%；47.14% 的被调查者表示留学是为了提升自己就业的竞争力和软实力；39.68% 的受访人是为了接受高水平教育；3.85% 的学生表示自己准备留学是跟风，受周围同学影响。

课题组负责人高畅指出，这表明如今的年轻人留学更加理性、有针对性。根据调查和访谈，大部分同学是为了提升素质、拓宽视野，为移民而留学的情况与以前相比大大减少。他认为，“留学不移民”的新现象值得关注，这与十年前形成了鲜明的对比。

中国留学生回国意愿的增强，明显地体现在“海归”数量的持续增长。据教育部统计，1978—2011 年，各类出国留学人员总数为 224.51 万，留学后回国人员总数达 81.84 万。而在这些“海归”中，2009—2011 年三年间就达 42.93 万，超过了过去三十年的总和。从 1978—2008 年底，留学后回国人员总数为 38.91 万。改革开放以来，我国的年度留学回国人数在 2003 年首次突破 2 万，2006 年超过 4 万，2011 年达到 18.62 万。

记者日前从人力资源和社会保障部获悉，2012 年度，入选“海外赤子为国服务行动计划”（简称“赤子计划”）的 36 项留学人员为国服务活动共吸引各类海外人才回国（来华）服务达上万人次。7 000 多个人才技术合作项目参与对接，达成合作意向 2 000 多个。

为鼓励海外留学人才通过多种方式为祖国建设服务，人社部从 2010 年启动实施“海外赤子为国服务行动计划”。这是对原人事部 1988 年以来每年开展的留学回国专家服务团专项活动的拓展，旨在更大范围、更广领域、更高层次上吸引海外留学人员及留学人员团体参与祖国建设。

按照确保质量、突出重点、统筹兼顾、注重实效的原则，经过认真评估，2012 年，各地各部门申报的 36 项留学人员为国服务活动入选“赤子计划”。除给予资金支持外，人社部视不同情况对每项活动给予了人才、信息、政策等多方面的支持和帮助。

相比往年，2012 年的“赤子计划”更注重实效。人社部负责人介绍，“为使‘赤子计划’能密切结合当地实际和产业升级需要，在计划申报前，人社部就明确要求各地、各部门要结合本地、本领域发展需求，经过深入调研，在开展需求分析的基础上，有针对性地开展服务活动”。同时，针对各地各部门的差异化需求，2012 年“赤子计划”不断充实活动内容，丰富活动形式。在内容上，涵盖了人才交流、项目洽谈、技术合作、咨询服务、研修培训等项目；在形式上，采取了服务行、交流会、洽谈会、座谈会、创新展、创业周、服务周等方式。各实施地方和部门成立筹委会，山东、天津、上海、广州等地多渠道开展宣传，召开新闻发布会，对外发布活动有关情况，特别是向海外留学人员和留学生组织等进行宣传推介。“通过精心筹备和周密部署，把每项活动都做实做细，确保活动的实效性和针对性。”人社部相关负责人说。

“赤子计划”的实施，在畅通渠道、搭建平台、服务大局、整合资源等方面，对留学人员为国服务工作发挥了良好的示范带动作用，深受基层和留学人员欢迎。

人才、项目、资本的融合对接是实施“赤子计划”的重要形式，也是衡量其成果的重要指标。据不完全统计，2012 年“赤子计划”活动中，7 000 多个人才技术合作项目参与对接，达成合作意向 2 000 多个。宁波市“千人计划”人才资本推介洽谈会，41 家国内知名风投金融机构参会，23 个中国创业科技计划大赛参赛项目成功融资 3. 4 亿元。浙江温州海外高层次人才洽谈会收到了 424 名海外人才申报的科技项目 527 个，很多项目紧扣浙江产业转型升级需求。重庆“海外赤子为国服务行动计划”暨百名海外博士重庆行期间，生物医药、电子信息、IT 智能、云计算、金融等 20 个领域内的 130 个意向合作项目进行对接洽谈，其中的 29 个项目达成了合作协议。

（《中国组织人事报》2013 - 02 - 27/李肖璨）

13 年 364 位海外侨胞列席政协大会珍视“一生一次”

“参加本届政协会议、见证政府换届交接，是我个人的幸运，也是全体海外华侨华人的荣誉。”前来参加全国政协第十二届一次会议的美国华人王彦博 3 月 2 日接受中新社记者采访时说。

记者了解到，2013 年共有来自 24 个国家的 39 位海外侨胞列席本届政协大会。本次政协大会邀请了美国、法国、俄罗斯、澳大利亚等国侨胞，还首次邀请了来自希腊、比利时、以色列、加蓬等 8 个国家的侨胞。

王彦博告诉记者，他格外关注中国的经济发展和政体改革等问题，希望新一届领导人能带领中国迈向更加幸福、美好的未来；同为海外列席人士的俄罗斯中国南方商会会长王广源也表示，俄罗斯的侨胞在感受中国不断壮大的过程中，也分享到了改革开放 30 余年的成果。而最近，政府在反腐败问题上“老虎”、“苍蝇”一起打的决心也让海外侨胞赞赏不已。

列席本次政协会议的法国巴黎十三区副区长陈文雄深知 2013 年两会的重要性。他说：“我不仅要听报告、关注中国未来十年的经济、教育、文化等领域的发展，也希望能有机会探讨中法企业如何进一步实现双赢合作等具体问题。”

来自澳大利亚的澳华土著艺术研究会主席、画家姚迪雄则称，自己要在包括中国书画艺术在内的中国文化发展方面建言献策，希望中国能用西方国家可以理解的方式提升中国软实力，使中国文化真正走向世界。

对于此前海外列席侨胞关心的话题——“海外侨胞一生只能列席一次政协会议”，王彦博建议有关方面能给予侨胞多次参加全国政协会议的机会，使侨胞近距离观察祖（籍）国发展的同时，发挥他们在驻在国与祖（籍）国之间桥梁和纽带作用。

对此，全国政协港澳台侨委员会办公室副巡视员吴芳表示，政协设置海外列席组正是本着让更多侨胞有机会为祖（籍）国发展建言献策的初衷。尽管许多侨胞希望多次列席会议，但基于侨胞人数众多的现状，政协暂时没有重复邀请的打算。

据悉，自2001年至今，全国政协已连续13年邀请59个国家的364位海外侨胞列席政协大会。

（中国新闻社北京2013－03－02/杨柳）

侨胞证在研究中　不承认双重国籍

随着中国民众移民海外人数的逐年增加，海外侨界也出现了希望中国承认双重国籍的声音。也有人建议，应该给海外华人颁发“侨胞证”。2013年3月3日全国政协开幕式结束后，全国政协委员、国务院侨务办公室原副主任赵阳接受《侨报》记者专访，针对上述海外华人关心的问题进行了回应。

在侨务政策方面，赵阳表示，（中共）党和国家的政策是既定的，大的政策不会有变化，一些具体的操作可能会更加细致、更加务实，根据海外侨情的变化会有及时的调整。工作重点是抓落实，可能会根据一些侨胞的需求，进行调整和跟进。

赵阳说，侨务政策的调整也是根据国家的任务进行的，很多事情现在正在做，或者正在计划之中。比如建设传播能力的话语权方面，中国新闻社、海外华文媒体合作联盟已经开展工作，但是要做的事情还很多，要走的路也很长，要进一步做实，这应该是今后侨务工作的关键点。再比如说弘扬中国文化、侨务文化，很多东西要发展、要做实、要丰富、要创新，这些方面会有一些举措，但大的政策调整应该不会有。

对于海外华人呼声较高的双重国籍问题，赵阳说：“双重国籍是一个老问题，这个不会有太大变化，因为我们国家不承认有双重国籍。很多侨胞特别是欧美侨胞这方面需求比较大，呼声比较高，但是，我们制定侨务政策是从全世界的大多数的情况来考虑。从全局来讲，起码目前是不成熟的，特别是在东南亚，5 000万的侨胞中70%都在东南亚，东南亚这些国家对我们实行的政策很敏感。我们在制定这样一些政策的时候，考虑的是整体，这是为广大的海外侨胞特别是有这种需求的侨胞作出的解释。”

赵阳表示，提出双重国籍的需求，主要是为了（侨胞）回国时省去签证环节，更加便利。在这方面，国务院侨办和中国公安部都有一些相应的举措，给大家提供很多方便。

而对于“侨胞证”，赵阳表示，有的侨胞拿的是中国护照，有些华人拿的是外国护照，主要是出于他们在华经商、子女上学等方面能更加方便的考量，才提出“侨胞证”的建议。这些细则方面，要根据情况的发展来定。制定这样一个政策还涉及其他的方方面面，“以后如果可行，就有可能，现在还在研究中”。

（［美国］《侨报》2013－03－04/赵文刚）

两会点评：五年中国侨务“变”与“不变”

3 月 5 日，中国国务院总理温家宝发表了任内最后一次政府工作报告，分别以 50 字左右的篇幅，总结了过去五年中国侨务工作的成果，对 2013 年的侨务工作提出建议。

谈及本届政府过去五年间对侨务政策的贯彻落实情况，温家宝说，中国政府依法保护海外侨胞和归侨侨眷的合法权益，侨务资源的独特优势得到进一步发挥。

在对 2013 年政府工作的建议部分，温家宝称，中国政府将认真落实中共制定的侨务政策，支持海外侨胞、归侨侨眷关心和参与中国现代化建设与和平统一事务。

除此之外，该报告另外两处也涉及海外侨胞：一处是在过去的五年中，中国实施人才强国战略，期间以高层次、高技能人才为重点的留学回国人员达到 54 万人；另一处是温家宝代表中国政府，向港、澳、台同胞以及广大侨胞表示诚挚感谢。

上述内容，展现了中国政府对于侨务工作的一贯高度重视和对广大海外侨胞和归侨侨眷生存与发展的深切关心。事实上，对比从 2009 年至 2013 年的五份政府工作报告，中国侨务工作“稳中求新”的发展脉络清晰可见：

——2009 年，温家宝在政府工作报告中说，过去一年“侨务工作进一步加强”，并对海外华侨华人在 2008 年汶川特大地震中所奉献的爱心表示感谢。

——“维护海外侨胞、归侨侨眷的合法权益，支持他们传承中华文化，参与祖国现代化建设和促进和平统一大业。”在 2010 年政府工作报告中，温家宝说，“我们要认真贯彻党的侨务政策。”

——“保护侨胞的正当权益，保护归侨和侨眷的合法权益，充分发挥他们在促进祖国统一和民族振兴中的独特作用。”2011 年，温家宝表示，“要继续加强侨务工作。”

——2012 年，温家宝指出，要“全面贯彻党的侨务政策。维护海外侨胞和归侨侨眷的合法权益，支持他们积极参与祖国现代化建设与和平统一大业”。此前一年年底，中国政府召开全国侨务工作会议，对未来五年的侨务工作进行了研究部署。

由此可见，过去五年，中国侨务工作行走在“变”与“不变”之间。“变”的是方式不断创新，向更广领域、更高层面、更深层次拓展；“不变”的则是对于“全面落实、贯彻侨务政策”的决心，以及对于“保护、维护海外侨胞及归侨侨眷合法权益”的重视。

“为侨服务既是侨务工作的宗旨，也是侨务部门有别于其他政府部门工作的一大特点。”正如新当选全国政协委员的国务院侨办主任李海峰此前所言，过去五年间，中国政府侨务部门不断开创侨务工作新局面，搭建了系列工作平台，侨务工作道路将越走越宽。

（中新网 2013－03－05/张冬冬）

2012 年我国近 40 万人出国留学

记者从今天上午召开的 2013 年中国国际教育巡回展上海站新闻发布会上获悉，2008 年到 2012 年，出国留学人数持续攀升。据教育部 2 月底公布的最新数据显示，2012 年度中国出国留学人员总数为 39.96 万人，与 2011 年相比增长人数超过了 17%，其中，自费留学生为 37.45 万人。而 2012 年度各类留学回国人员总数为 27.29 万人，增长了近 47%。

2013 年中国国际教育巡回展上海站将于 3 月 16 日至 17 日登陆东亚展览馆。本次巡回展由教育部留学服务中心主办，来自 20 多个国家和地区的近 400 所高校和教育机构将参展。

（《新民晚报》2013－03－06/马丹）

李海峰会见列席全国政协会议的海外侨胞代表

中国国务院侨办主任李海峰、副主任谭天星 3 月 6 日在钓鱼台国宾馆会见并宴请了来京列席全国政协十二届一次会议的海外侨胞代表。

李海峰对侨胞代表来京列席政协会议表示热烈欢迎和亲切问候。她指出，2013 年的两会将产生新一届国家机构领导人，是中国全面建成小康社会和实现中华民族伟大复兴这一“中国梦”的新起点；广大海外侨胞将在支持中国经济和社会发展、促进中外友好交流与合作、推动中国和平统一大业等方面发挥更加积极而重要的作用，共同推动实现“中国梦”。

李海峰鼓励列席侨胞代表多看、多听、多讨论，在会议上把自己的意见和合理化建议充分表达出来，积极为国家经济社会发展建言献策；会后，把与会的亲身感受和收获带回当地侨社，积极宣传介绍中国的发展情况和政策，为促进中外友好交流、构建和谐侨社贡献力量。

据悉，此次应邀来京列席全国政协会议的海外侨胞代表来自全球 24 个国家，共计 39 位。从 2001 年起，全国政协已连续 13 年邀请海外侨胞列席政协大会。

（中新网 2013－03－06 娄晓）

方便港澳台侨学生就读　暨南大学、华侨大学扩招 600 人

记者从暨南大学、华侨大学两校联招考试网上获悉，2013 年度招生报名工作已经开始，时间为 3 月 4 日至 3 月 31 日，考试时间为 5 月 11 至 5 月 12 日，在香港、澳门、广州、厦门等设有分考场。

作为内地招收港、澳、台、侨学生最多的大学，暨南大学、华侨大学两校 2013 年招收的澳门中学校长推荐的保送生已于春节前放榜，香港中学校长推荐的保送生也将于 3 月 10 日左右放榜，成为内地最早放榜的大学。其中，推荐到暨大的保送生有 700 多人，录取 543 人。推荐到华侨大学的保送生有近 300 人，录取 250 人左右。学生可以在报名网站上查询录取情况。

据悉，两校是港、澳、台、侨学生到内地升学的首选，暨大的港澳台侨学生已经达到 11 799 人，华大也达到 4 000 多人。2012 年超过 8 000 人报读两校。单香港中六文凭试学生报读暨大的就达到 2 559 人之多，暨大是港人报读人数最多的内地大学，暨大实际入读本科的香港学生超过 1 000 人，占来内地读大学人数的“半壁江山”。香港中六文凭试考生报读华侨大学的也有 576 人。

据悉，为满足越来越多优秀的港、澳、台、侨学生的升学要求，2013 年两校将扩招 600 人，其中暨大本科招生计划从往年的 1 200 人增加到 1 500 人，华大的本科招生计划从 800 人增加到 1 100 人，并视报名和生源质量情况确定最终人数。

（《福建侨报》2013－03－08/乔木）

杨洁篪谈海外领事保护：确保公民平平安安回家来

外交部部长杨洁篪今日谈及海外领事保护工作时说，我们的目标就是要确保我们的公民“高高兴兴地走出去，平平安安地回家来”。

十二届全国人大一次会议 3 月 9 日上午举行记者会，杨洁篪就“中国的外交政策和对外关系”答中外记者问。

谈及海外领事保护，杨洁篪说，当前中国公民和企业“走出去”的步伐明显加快，数量大幅增长。2012 年中国内地居民出境的人数达到 8 318 万人次，境外有中资企业 2 万多家。我们外交部和驻外使领馆平均每天要处理的领保案件在 100 起左右。

杨洁篪说，近年来，在中央的统一领导下，在各部门、各地方的密切配合下，我们及时妥善处理了涉及在海外的中国公民和机构的领保和协助案件数十万起，组织实施了涉及数万海外同胞的重大撤离行动，切实维护了公民和法人的海外合法权益。

杨洁篪说，我们的目标就是要确保我们的公民“高高兴兴地走出去，平平安安地回家来”。

（中新网 2013 - 03 - 09）

民政部：欢迎华侨华人回中国养老　欢迎台资在内地兴建养老机构

民政部副部长窦玉沛 3 月 13 日表示，如果华侨华人想回中国养老，我们的各种养老服务机构都欢迎，并且会尊重他们在海外形成的一些生活习惯。

窦玉沛在十二届人大一次会议记者会上表示，华侨华人都是中国人，如果他们到老的时候回来养老，“这个是没有问题的”。

他表示，具体说到养老保障问题就比较复杂了。如果华侨华人在中国劳动、参加过社会保障，这主要是接续问题。

他指出：“如果在中国没有养老保障，大部分时间在国外工作，并且参加了国外的养老保障，我觉得可能在资金保障方面还是按照现有的渠道来解决。”

他还表示，台湾地区先于内地进入人口老龄化社会，在应对人口老龄化，特别是养老、安老、助老方面已经做了大量的工作，积累了丰富的经验，台湾地区也有很多管理、经营比较完善的养老机构，“我们欢迎台湾地区以各种形式来内地投资兴办养老机构，合作建立养老机构、经营管理养老机构”。

（新华网北京 2013 - 03 - 13/齐湘辉　牟旭）

三成企业优先录用“海归”

日前，由英国大使馆/总领事馆文化教育处主办、智联招聘协办的 2013 留英校友职业发展研讨会暨专场招聘会在京举办，多家企业携数百职位现场招聘“海归”人才，涵盖金融、建筑、媒体、IT、咨询、设计、教育、法律等众多行业。

智联招聘发布的“海归”就业力调查显示，“海归”回国后第一份工作的年薪普遍不高，其中，36.5% 的“海归”起薪不足 4 万，67.2% 的“海归”起薪不足 6 万。随着工作经验的累积，“海归”的薪酬呈现出非常大的差距。同时，“海归”对收入的期待也趋于理性。期望月薪 3000 ~ 5000 元、5000 ~ 8000 元的都在 35% 左右。不过，“海归”就业仍有一定优势，约三成国内企业表示，同等条件下会优先录取“海归”。

（《北京晨报》2013 - 03 - 21）

侨领呼吁盘活侨捐学校资产

当年侨界捐资百万建成的学校如今被空置，甚至“沦落”成了养猪场。2013 年广东省政协会议上，祖籍江门台山的巴西华人协会常务副会长朱创新提交了一份《关于进一步加强乡村闲置侨捐学校资产管理的建议》，让侨捐学校的现状备受关注。随着我国城镇化建设的推进、行政区域的调整，以及侨乡青壮年大量外出并带走子女，许多用侨捐建成的乡村学校被闲置，令人心痛。

“仅在江门市，就有三分之二的侨捐学校处于空置状态。”朱创新告诉记者，几年前，他开始参与华人社团工作，与其他国家和地方的华人社团的接触也频繁起来，听到了很多老一辈华侨华人对家乡的议论。而侨捐学校闲置问题，就是其中之一。

有一次，朱创新与澳门财政司一前任官员聊天时得知，他的父亲在台山捐赠了几百万元建成的学校如今成了一个养猪场。那位官员回乡探亲看到这样的情形，“他很伤心，我第一次见到（侨捐学校管理混乱）时也很失望。”朱创新说。

朱创新下定决心，为这件事情奔走。2012 年下半年，他先后两次回到家乡五邑，开始调研侨捐学校闲置问题。调研中，他联系了当地的侨务部门了解情况，还深入村民中去了解。在当地侨务部门和村民的帮助下，他得出了一份数据，当地闲置侨捐学校达 400 多间，90% 以上出租。

朱创新说，目前出租的闲置侨捐学校存在三大管理问题：一是租金标准不合理，闲置侨捐学校的租金太低；二是收入管理不规范，闲置侨捐学校的出租收益没有实行收支两条线管理，而是由所在村委会自收自支，无法保障这些出租收益继续投入教育事业；三是收益使用不透明，出租收益和使用情况没有在应知范围内公开，也没有及时向捐赠人或者其亲属公开。

记者从当地侨务部门得知，其实，早在 2006 年，江门市政府就颁布实施了《关于加强闲置华侨港澳同胞捐建学校管理的意见》，明确规定：闲置侨捐学校校产如确需出售的，由受赠单位提出具体的处理方案，并征得捐赠人同意，经镇级政府审核后，报县级政府审批；闲置侨捐学校校产如需出租的，在征得捐赠人同意后报镇级政府审批，并报县级政府备案；出售和出租的收入，要实行收支两条线管理，专款专用，原则上用于教育事业或其他公益事业。

以广东省台山市为例，人口 100 万的台山有旅外乡亲 130 多万人，接受华侨、港澳同胞捐赠总额达到 16.7 亿元。此前有报道称，台山市目前闲置的 89 所侨捐学校经捐赠人同意后，约有 53 所侨捐校产出租，用作其他公益的有 7 所，一部分村委会将学校出租租金的 50% 返还给学校，作为属地学校奖教、奖学基金。然而，朱创新的调查则显示，闲置的学校数量远超报道所述。

对此，朱创新呼吁，成立专职部门或机构统筹乡村闲置侨捐学校资产的管理和使用，公开闲置侨捐学校出租收益，让这笔收益优先使用于购置、维护校车，解决农村因中小学校布局调整而带来的上学行路难的问题，让孩子安全出行。“这些收益如能再次用在教育事业上，是对捐赠者的尊重、对捐赠者心愿的继承，也是对当地孩子的再次‘扶贫’。”朱创新说。

（《上海侨报》2013－03－27/陈丽伟）

裘援平：侨务工作是篇做不完的“大文章”

“侨务工作舞台广阔，资源丰富，是一篇做不完的‘大文章’，是一项需要倾全力推进的大事业。”刚刚履新的中国国务院侨务办公室主任、党组书记裘援平3月29日在接受中新社记者专访时如是说。

她说：“侨务工作是我国涉外工作的重要组成部分，也是党和国家一项长期性战略性工作。”裘援平还指出，侨务工作的主要对象是遍布全球的海外侨胞和归侨侨眷，他们是一个可亲、可爱、可敬的群体，在中国革命、建设、改革的各个历史时期，为中华民族的独立和解放、为中国的繁荣和发展、为维护和促进中国统一、为增进中外友好交流合作，作出了独特而重要的贡献。

裘援平表示，多年来，在中共中央、国务院的正确领导和相关部门的大力支持下，国务院侨办和各地方侨办在维护海外侨胞和归侨侨眷合法权益，密切与海外侨胞的联系，弘扬中华优秀文化，推动海外侨胞与中国各领域交流合作等方面做了大量工作，取得了显著成效。侨务工作在党和国家工作全局中的地位越来越重要，在推进改革开放和科学发展进程中的作用越来越突出。

中共中央总书记、国家主席习近平上任后，反复提到要实现“中国梦”。对此，裘援平表示，习近平总书记不仅提出要实现“中国梦”，还对“中国梦”的深刻内涵、实现路径、精神动力和力量源泉作了深刻阐释。

“‘中国梦’是包括广大海外侨胞和归侨侨眷在内的海内外中华儿女共同的夙愿，需要海内外中华儿女同心携手共圆这个梦。”在裘援平看来，侨务工作承担着凝聚海外侨胞和归侨侨眷力量、促进海内外中华儿女大团结的光荣使命，将他们的力量凝聚到实现“中国梦”的伟大进程中，充分发挥他们在全面建成小康社会、传播中华优秀文化、推进中外人文交流等领域的重要作用，是侨务工作为实现“中国梦”服务的优势所在，也是今后侨务工作重要的拓展方向。

谈及履新后对今后一个时期侨务工作的设想，裘援平说：“当前，国际国内形势深刻变化，中国既面临继续发展的战略机遇，也面临前所未有的风险挑战。侨务工作要实现新发展，迈上新台阶，必须适应世情、国情、侨情新变化，围绕中心工作，服务内外大局，追求科学发展，发挥优势特色，在以往工作的坚实基础上，更加贴近国家内政外交发展需要，更加贴近海外侨胞和归侨侨眷生存发展需要，更加贴近祖国统一大业需要，全面助力实现‘中国梦’。”

（中新网 2013－03－29/张冬冬）

相关链接：裘援平，女，1953年生，法学博士，教授、博士生导师。早年毕业于北京外国语大学西语系后获北京大学国际政治学博士学位。曾任中共中央外事领导小组办公室（中央外办）副主任，第十一届全国政协委员，兼任中国人民大学教授、博士生导师。2013年3月任国务院侨办主任、党组书记。

国侨办主任裘援平会见旧金山首位华裔市长李孟贤

中国国务院侨办主任裘援平 4 月 1 日晚在北京钓鱼台国宾馆会见了美国旧金山市长李孟贤一行人。

李孟贤此行是应中国外交学会邀请来华访问的，也是他就任旧金山市长以来首次官方访华活动。包括旧金山前市长威利·布朗在内的 30 人访问团将先后到访北京、广州、澳门以及李孟贤的祖籍地台山，主要目的是建立并加强旧金山与中国的文化及商业交流。

裘援平对客人的来访表示欢迎，并称此访对增进彼此间的了解、友谊及开展合作都非常有益。她说："旧金山是美国重要的城市，也是华人抵达北美的第一个城市。在那里曾发生过很多故事，也有文艺作品来描述这些故事。所以，很多中国人都熟知这个城市。"

裘援平还向客人简要介绍了中国"两会"的情况，阐述了"中国梦"的内容及对中国的影响以及中国与世界的关系。她表示，经济发展、社会稳定、对外友好的中国，对亚洲、对世界都是最好的福音；希望客人们理解和支持中国人民"圆梦"，并与中国共享"中国梦"的机遇。

会谈中，裘援平宣布，中国国务院侨办将援助十万美元用于旧金山唐人街东华医院的扩大重建工程。李孟贤对此表示感谢，他表示，东华医院除维护华裔社区健康之外，其所提供的双语及双文化服务，也使得华人新移民在初抵美国后可以得到他们所需要的医疗服务。

李孟贤指出，此次代表团成员来自不同社区及文化、商业等各专业领域，他们大都与中国有着很深的联系，也非常关心两国之间的经济文化交流。"我会尽我最大的努力，加强双边经济发展；也希望通过此次访问，使得旧金山与中国有更多交流合作的机会"。

（中新网 2013－04－01/张冬冬）

欧洲 20 国侨团联合倡议：文明守法促侨社和谐发展

近日，参加"2013 浙江华侨华人负责人研习班"的欧洲 20 国 78 个社团的负责人联合发出倡议，呼吁海外侨胞强化文明守法意识，提升侨胞良好形象，促进和谐侨社建设，以利于侨胞在住在国更好地生存和发展。

倡议书呼吁海外侨胞：入乡随俗，学好语言，与当地民众和谐相处；守法诚信，照章纳税，反对不良商业行为；自警自律，摒弃陋习，不张扬不炫富；爱祖（籍）国，爱住在国，感恩回馈社会；团结友爱，互帮互助，天下侨胞是一家。

倡议书还强调：要规范经营，多元发展，促进合作共赢；敢于维权，善于维权，在共同利益上联合发声和行动；教好子孙，传承文化，留住中华文化之根；名利面前退一步，奉献面前进一步，侨领作好表率。

这份落款为“2013 浙江华侨华人负责人研习班全体学员”的倡议书呼吁欧洲侨胞积极响应倡议：从现在做起，从我做起，为提升文明守法形象，促进侨社和谐发展、可持续发展作出贡献。

欧洲近期发生的一系列重大涉侨事件，对侨胞在当地的生存发展造成深刻影响。本次研习班是在上述背景下召开的，由国务院侨办国外司、浙江省侨办主办，以“文明守法、和谐发展”为主题，来自 20 个欧洲国家、78 个华侨华人社团的约 90 名中青年侨团负责人参加了研习。

（中新网 2013－04－03）

国侨办副主任谭天星：支持侨商中国中西部寻商机

第十七届中国东西部合作与投资贸易洽谈会 4 月 5 日在西安开幕，中国国务院侨务办公室副主任谭天星 6 日接受中新社记者采访时表示，西洽会已成为全球华侨华人参与中国西部大开发的重要平台，国侨办今后将继续支持海外侨商到中西部地区寻求合作机遇。

一年一度的“西洽会”自 1997 年创办以来，经过不断创新发展，成为扩大西部大开发、对内对外开放、拓展东中部发展空间、构筑区域经济互动、协调发展的重要平台。如今，已发展成为海内外颇具影响力的国家级重点展会。国务院侨办是“西洽会”的主办单位之一。

谭天星表示，自 2008 年以来，中国国务院侨办每年组织实施“侨资企业西部行”活动，成为支持西部地区开放发展的重要举措，该项活动吸引了众多侨资企业家来到内地中西部寻找发展机遇，最多可达到一年 30 余批次。

记者了解到，“侨资企业西部行”活动，旨在发挥侨务优势，搞好引进资金、引进技术、引进智力工作，使更多海外企业家与内地经济部门及企业家接触，展示中国中西部投资环境，吸引更多海外企业家前来投资。此次活动有侨资企业西部行全体成员及海外侨领共 150 人参加。

在谈到如何促进海外侨社发展时，谭天星透露，目前海外华侨华人约有 5 000 万。推动海外和谐侨社建设，成为近年来国侨办国外侨务工作的重点之一，主要体现在：切实维护海外侨胞正当合法权益；对海外侨团提供更多切实的服务，加强引导，包括举办世界华侨华人社团联谊大会等相关工作，帮助海外侨领提高其侨社的领导水平，更好地加强团结，使之更好地融入当地。

（中国新闻社西安 2013－04－06/冽玮　张一辰）

国务院侨办副主任任启亮：正视侨资企业新挑战

中国国务院侨务办公室副主任任启亮 4 月 9 日在上海称，对侨资企业来说，实现“中国梦”的过程会有很多机遇，但更要正视这个过程对侨资企业带来的挑战。

任启亮是在出席 2013 年海外华侨华人专家上海咨询会时作出上述表示的。他认为，改革开放初期或者 20 世纪 90 年代以前，侨资企业具有资金、管理和海外人脉关系等优势，但经过 30 多年的改革开放，国内经济发展突飞猛进，侨资企业现在在一个和过去比不同的起点上。

“相对国企和民企，侨资企业现在的优势不那么明显，甚至一些固有的局限性也在不断显现。”任启亮表示。因此，在这样大的环境下，侨资企业要完善自我、适应环境，更要按照当前市场化、国际化的趋势去发展自身。

任启亮称，广大海外侨商是支持中国改革开放的先行者，也是中国特色社会主义事业的建设者。上海要率先加快转变经济发展方式，加快“四个中心”建设，需要广大侨商的积极参与，希望广大海外侨商发挥资金雄厚、联系广泛、人才荟萃、智力密集的优势。

当天，来沪出席中国侨商投资企业协会二届二次理事会的海外侨商代表、上海市侨商会成员等 50 余人参加咨询会，包括中国侨商投资企业协会常务副会长、上海市侨商会会长、世茂集团董事局主席许荣茂，中国侨商投资企业协会常务副会长、印度尼西亚力宝集团董事长李文正等在内的海外华商，从经贸、政府管理等各个方面为国家和上海的转型发展积极建言献策。

（中国新闻社上海 2013－04－09/许婧）

何亚非：加强侨务理论研究　助力实现“中国梦”

中国国务院侨办副主任何亚非 4 月 11 日在中国著名侨乡潮州市表示，希望海内外专家学者携手并肩，加强侨务理论研究，促进侨务工作科学发展，助力实现“中国梦”。

“中国特色侨务理论研讨会”于 10—12 日在潮州市举办，何亚非在会上指出，中国侨务工作和侨务研究迫切需要科学系统的侨务理论作为指导。

何亚非就开展中国特色侨务理论研究提出了三点希望：第一，充分把握中国特色侨务理论的时代内涵，为侨务事业做好顶层设计；第二，着力研究重点、热点、难点问题，助力实现“中国梦”；第三，密切联系实际，充分实现理论研究的应用转化。

他说，中共十八大和“两会”描绘了小康社会的宏伟蓝图，开启了“中国梦”的新征程，新的历史时期提出了新要求，理论研究要更加注重顶层设计、更加贴近党和国家内政外交的需要、更加贴近海内外侨胞和归侨侨眷发展生存的需要、更加贴近维护和促进祖国统一大业的需要。

何亚非表示，近年来，国务院侨办通过数百个课题项目，围绕侨务工作的总体布局，加强了对侨务工作全局性、战略性和前瞻性重大问题的研究。针对海内外侨情的新特点、新变化，国务院侨办加强了对基础性侨情的量化分析和全面研究。为了适应当前侨务工作的发展需要，国务院侨办加强了对涉侨热点、难点问题的深入研究，取得了一批高质量的研究成果，部分课题填补了侨务理论基础研究的空白，为侨务部门的决策提供了重要的理论依据和现实参考。

（中国新闻社潮州 2013 - 04 - 12/李怡青）

海内外侨界为雅安芦山地震捐赠款物达 1.56 亿元

中国国务院侨办副主任马儒沛 4 月 28 日透露，据初步统计，海内外侨界通过各种途径为四川雅安芦山地震抗震救灾捐赠款物已达 1.56 亿元人民币，其中，国务院侨办“侨爱工程——心连雅安芦山”行动现已累计捐款达 9 437 万元。

马儒沛介绍说，芦山地震发生后，国务院侨办紧急启动了“侨爱工程——心连雅安芦山”行动，并成立了由国侨办主任裘援平任组长的应急协调工作机制，统一指挥协调“侨爱工程——心连雅安芦山”行动，汇总海外侨胞、侨商、侨资企业通过国侨办支援抗震救灾的信息，协调四川省侨办落实捐赠项目并做好资金和项目监管工作。

26 日，国务院侨办副主任谭天星在成都举行的“侨爱工程——心连雅安芦山”行动捐赠仪式上，向四川省人民政府副省长甘霖转交了海外侨胞捐赠款 9 437 万元，同时，还转交了国侨办系统全体干部职工向灾区捐赠的 290 余万元，并赴雅安芦山地震重灾区看望当地民众，实地了解侨捐项目及侨资企业受灾情况。

国务院侨办主任裘援平表示，国务院侨办将指导四川省侨办通过严格的管理程序，根据四川灾区重建的实际需要，做好“侨爱工程——心连雅安芦山”行动资金使用具体项目的设计、实施、监管和反馈工作，密切跟踪每一笔善款的去向，将“侨爱工程”项目建设成为当地的示范项目，绝不辜负捐款者的信任。

（中国新闻社北京 2013 - 04 - 28/张冬冬）

国务委员杨洁篪到国侨办视察工作

国务委员杨洁篪 5 月 2 日在视察国务院侨务办公室工作时指出，侨务工作职责重大、舞台广阔，要最大限度凝聚侨心、汇聚侨智、发挥侨力，为服务党和国家工作大局、实现“中国梦”作出新贡献。

按照新一届国务院领导的工作分工，侨务工作由国务委员杨洁篪负责。视察中，在与侨办及其在京所属单位主要负责人座谈时，杨洁篪对国侨办的工作予以充分肯定，并对今后的侨务工作提出了明确要求。

杨洁篪表示，遍布世界各地的广大华人华侨，是实现中华民族伟大复兴的“中国梦”、实现祖国统一大业的一支重要力量，侨务工作舞台广阔，可以大有作为。中共中央、国务院长期以来对侨务工作高度重视，也寄予很高的期望。当前，中国发展正处在新的历史起点上，既面临难得的战略机遇，也面临前所未有的风险挑战。新形势对侨务工作提出更高要求。

对于今后的工作，他提出了几点期望：一要更加贴近国家和对外工作发展大局，不断丰富侨务工作战略内涵，实现为大局服务和为侨服务相统一；二要加强顶层设计，注重总结经验和规律，加强调查研究和统筹谋划，进一步增强工作的计划性、前瞻性和时效性，推动侨务工作在现有基础上全面协调可持续发展；三要加强统筹协调，优化资源配置，实现信息共享，形成工作合力；四要与时俱进、创新发展，主动顺应新形势新要求，积极进取、开拓创新，不断探索侨务工作科学发展的新思路、新机制、新办法，推动侨务工作再上新台阶。

（中新网 2013－05－03/郭金超）

侨务工作协作会在厦门举行

来自中国内地各副省级城市、部分省会城市及沿海开放城市的侨务官员 80 余人，5 月 9 日汇集厦门，共商新形势下如何开创侨务文化工作新局面。

由国务院侨办政策法规司与厦门市侨办共同主办的全国副省级城市暨大中城市侨务工作协作会议，当天在厦门举办。国侨办副主任何亚非、厦门市委常委、副市长康涛出席会议。

本次会议以“推动侨务工作更好地为弘扬中华优秀文化、促进中外人文交流服务”为主题。与会代表围绕会议主题，交流了本地区近年来加强侨务文化宣传工作的主要举措、成效和经验，就今后一段时期如何更好地弘扬中华优秀文化、促进中外人文交流进行了深入探讨。会上，厦门、宁波、广州、成都、海口、昆明和连云港7市侨办负责人介绍了各自的做法和经验。

与会者表示，要抓好《国家侨务工作发展纲要（2011—2015年）》主要任务的落实，充分挖掘大中城市独特优势，努力弘扬中华优秀文化，开创侨务文化工作新局面，为促进中外人文交流、提升国家文化软实力添砖加瓦，为实现中华民族伟大复兴的“中国梦”作出新贡献。

何亚非在会上致辞称，加强侨务文化工作，促进中外人文交流，是顺应国内外形势发展、增强国家文化软实力和国际影响力的迫切需要，是贯彻中共十八大精神、落实《纲要》各项任务的必然要求，更是实现伟大“中国梦”的重要途径。

（中新网 2013－05－09/杨伏山）

中国侨联召开全国省级侨联主席会议

5月9日，中国侨联在京召开全国省级侨联主席会议，部署召开第九次全国归侨侨眷代表大会的有关事项。中国侨联主席林军主持会议并作动员讲话。

林军指出，筹备召开“九代会”是中国侨界群众政治生活中的一件大事。开好这次大会，对于全面贯彻党的十八大精神，在新的历史起点上进一步做好侨联工作，团结动员广大归侨侨眷和海外侨胞为全面建成小康社会、实现中华民族伟大复兴的中国梦而奋斗，具有十分重要的意义。筹备召开“九代会”时间紧、任务重、要求高，必须全力以赴，周密部署。

林军强调，要进一步增强政治意识，坚持以邓小平理论、“三个代表”重要思想、科学发展观为指导，认真学习贯彻中央书记处关于侨联工作的重要精神指示，把坚持党的领导、尊重侨界群众意愿、体现群众组织特点有机结合起来，为“九代会”沿着正确的政治方向前进奠定坚实的组织基础；要进一步增强大局意识，站在侨联事业发展全局的高度充分认识开好“九代会”的重要意义，促进侨联组织在党和国家工作大局中发挥应有作用，有效促进海内外同胞关系和谐，促进全体中华儿女大团结，共同实现中华民族伟大复兴的中国梦；要进一步增强责任意识，深入侨界群众、依靠侨界群众，坚持公平公正的原则，以高度的责任感和使命感认真做好代表、委员的推荐工作，使推荐产生的人选符合中央要求，侨界群众满意，社会各界认可。

（中国侨联网 2013－05－09）

国侨办第六个侨务理论研究基地在江苏徐州成立

“江苏是经济文化教育强省，同时也是侨务工作开展得有声有色的省份之一。在江苏组建国务院侨办第六个侨务理论研究基地，对于进一步整合江苏侨务理论研究力量，推动侨务工作的与时俱进和创新发展具有积极意义。”5月12日，在国侨办侨务理论研究江苏基地的揭牌仪式上，国务院侨务办公室副主任何亚非如此表示。

从2007年开始，国侨办先后在上海、武汉、浙江、广东、福建成立了5个侨务理论研究基地。2013年，江苏省侨办与江苏师范大学联合江苏其他高校和研究机构，组建了国侨办的第六个侨务理论研究基地。

“从全国来看，江苏虽然在侨务工作上是强省，但侨务理论研究还没有与实践工作‘齐头并进’。”江苏师范大学社会科学处处长张文德表示，“以江苏的实践经验为基础，从实践经验上升到理论研究，然后再用理论成果指导实践，对侨务工作的开展将是很好的推进。”

江苏师范大学华侨华人研究中心主任张秋生对江苏基地的研究特点进行了解释，他表示，与广东、福建这些“老侨乡”相比，江苏的“侨”的特点主要体现在改革开放后的“新移民”。

“现在我们主要做的是大洋洲的华侨华人研究，分析移民政策。”张秋生说，“当地的留学生人群是不可忽视的群体，他们其实也是‘准移民’，对他们的研究很有必要。因为江浙沪地区每年出国留学的人数比较庞大，将来我们还想做‘江浙沪地区新移民代表的研究’。”

张文德称，江苏的理论研究基地接下来计划要建立江苏省侨眷数据库，还要做江苏省侨务工作的年度发展报告。

（中新网徐州 2013－05－13/孙莹）

中国国务院侨办启动“2013侨界青年交流年”

中国国务院侨办主任裘援平5月28日在北京宣布，为了使华裔青年成为中国机遇的受益者、中国精神的传承者、中国力量的拓展者、中国梦想的助推者，国务院侨办决定将2013年定为“侨界青年交流年”。

28日，由中国国务院侨办和中国海外交流协会共同主办的“第九届世界华裔杰出青年华夏行”在北京人民大会堂开幕。来自74个国家和地区的500位华裔青年俊彦齐聚北京，裘援平在“华夏行”开幕式上宣布了上述决定。

裘援平介绍说，这个交流年将以“感知中国、加强联谊、共谋发展”为宗旨，以“凝聚华裔青年力量，共圆共享中国梦想”为主题，通过访问考察、联谊交流、培训研习等丰富多彩的系列活动，增进华裔青年对中国历史文化、发展道路和建设成就的了解，加强各国、各地区华裔青年之间及其和内地青年之间的友谊和交流，增强华裔青年对实现中华民族伟大复兴的自豪感和使命感。

裘援平表示，本届“华夏行”就是侨界青年交流年第一场重要活动。活动期间将举办华裔杰出青年论坛，组织有关中国道路、传统文化、经济发展、外交战略等专题演讲，开展海内外各界青年互动交流，组织青年赴北京、浙江、山东、河南、陕西等地参观考察。

在“第九届世界华裔杰出青年华夏行”开幕式上，中国国务委员杨洁篪、全国政协副主席李海峰、国务院侨办主任裘援平与来自五大洲的6位华裔青年代表一同触摸水晶球，启动“2013侨界青年交流年”。

来自菲律宾的华裔青年代表、上好佳（中国）有限公司总裁施学理表示，海外华裔青年将发挥自身中外文化交融的独特优势，担当中国与世界交流合作的友好桥梁，增进所在国华人社会与主流社会的沟通交流，与中国发展共成长，推动世界的持久和平、共同繁荣。

（中国新闻社北京2013-05-28/张冬冬）

《世界华侨华人通史》编撰出版工作启动

6月3日，“《世界华侨华人通史》编撰工作会议”在北京华文学院召开，会议宣布《世界华侨华人通史》出版项目已获得“2013年度国家出版基金资助项目”的立项，这标志着《世界华侨华人通史》项目进入了正式的编撰出版程序。

《世界华侨华人通史》于2012年7月开始进行项目策划申报，是中国华侨出版社和北京华文学院联合为申报国家出版基金量身打造的一项大型出版工程。

中国华侨出版社副总编辑高福庆介绍说："在策划申报过程中，我们在借鉴吸收区域和国别华侨华人史研究出版成果的基础上，期冀能在更深层次上编撰一部以通论统领的按学科内容分类的通史著作，包括《华侨华人史通论》、《华侨华人移民史》、《华侨华人政治史》、《华侨华人人物志》等，申报的规模为全书10卷，12~14册，600万~700万字，200万~300万字版面的文献图片，全彩色印刷。"

中国侨联副主席王永乐在工作会议上指出，《世界华侨华人通史》将是一部记述反映世界华侨华人移民、生存、奋斗、发展历史的大型通史性著作，编撰工作有利于传承中华优秀文化，增强海外华侨华人的向心力。

北京华文学院院长周锋表示，尽管编撰《世界华侨华人通史》是一项任务艰巨的浩大工程，时间跨度大，质量要求高。但北京华文学院将与中国华侨出版社密切配合，秉承修史工作要做到"资料翔实、观点客观、定性准确、结论权威"的要求，最大限度收集史料，力争把《世界华侨华人通史》编撰成全国乃至世界侨史学界具有权威性、标志性的著作。

工作会议上，中国华侨出版社与北京华文学院就《世界华侨华人通史》编撰出版各项工作签署了战略合作框架协议。

（中国新闻社北京2013-06-03/娄晓）

国侨办中西部地区社区侨务工作座谈会在贵阳召开

中西部地区社区侨务工作座谈会6月4日在贵州省贵阳市召开。

此次会议围绕全面落实《国家侨务工作发展纲要》和全国侨务工作会议部署，交流开展社区侨务工作的经验，各省区、生产建设兵团等100名代表参加了会议，会议为期一天。

国务院侨办副主任任启亮在座谈会上肯定了中西部地区社区侨务工作取得的显著成效。近年来中西部地区社区侨务工作紧抓"为侨服务"的主题，以社区侨务工作示范点的创建工作为切入点和抓手，不断创新工作方法。社区侨务工作呈现出组织领导不断加强、工作网络逐步健

全、工作内容日趋丰富、双向服务日益完善、示范创建带动明显等特点。

任启亮副主任在会上强调，要把推进社区侨务工作作为开展群众路线教育实践活动的重要内容，进一步加强与归侨侨眷和海外侨胞的联系，不断夯实国内侨务工作的基础。

记者在座谈会现场了解到，湖北省武汉市百步亭社区、重庆市富力海洋社区针对老年归侨侨眷及“空巢老人”日益增多的实际情况，将这个群体的关爱服务作为工作重点；柳州市胜利东社区、重庆市珊瑚村社区针对就业难问题，开办了“创业就业服务网”，开设了创业“绿色通道”，为下岗和就业困难的侨界群众提供帮扶；昆明市富春社区、兰州市盐场堡社区针对侨界群众日益增长的文化需求，组织健身队、舞蹈队、歌唱队等文艺团体，定期举办联欢会、歌舞比赛，鼓励归侨侨眷发挥艺术才能，在丰富归侨侨眷的精神文化生活的同时，还带动了社区文化建设的发展。

（中国新闻社贵阳 2013－06－04/杨茜）

裘援平：侨胞已成为推进中国周边外交的重要力量

“华人华侨在推进中国周边外交方面起到了难以替代的重要作用。”6 月 7 日，中国国务院侨务办公室主任裘援平在接受中国新闻网记者采访时如是说。

“中国要实现发展和壮大，需要稳定和宽松的周边环境，我认为周边外交是中国未来几年外交中的重中之重。”作为一位长期从事国际形势和国际问题研究的学者型官员，裘援平向记者阐述了华侨华人在推进中国周边外交中发挥的重要作用。

中国在海外拥有 5 000 万侨胞，其中有三分之二集中在周边国家，特别是东南亚地区。裘援平说，海外侨胞通过自身的艰苦创业，绝大多数已成功立足当地社会，建立起广泛的人脉关系，积累了相当雄厚的经济实力并占据了重要的社会地位。裘援平认为，海外侨胞目前已经成为越来越重要的国际力量，他们有可能影响住在国政府及社会各界的对华政策。

此外，软实力建设是推动周边外交的一项重要的基础性工作。“侨胞是传播中国声音更直接，树立中国人形象更直观的群体。”裘援平说，海外的华侨华人是外国人对中国人最直观的了解。对于一些不太了解中国的周边国家，侨胞可以最直接地向他们介绍一个真实的中国。如今，海外侨社特别重视内部文明建设，尊重当地习俗、回馈社会、热心公益，自觉维护中国人的形象，这对中国软实力建设非常有利。

裘援平表示，无论是加强与周边国家人民间的友好交往，还是促进中外文化交流，侨胞都发挥着他们独特和重要的作用，侨胞已成为中国与世界各国沟通交流的重要纽带和桥梁。

（中新网北京 2012－06－08/李晓琳　马骞）

林军：希望两岸侨联拓展多层级的文化交流领域

中国侨联主席林军 6 月 16 日在此间举行的“2013 两岸侨联和平发展论坛”上表示，希望两岸侨联参与和推动两岸文化交流，促进两岸同胞不断增进感情、积累互信，为两岸关系和平发展打下更为扎实的民意根基。

作为第五届海峡论坛分论坛之一，由中国侨联、台湾地区中华侨联总会、台湾地区华侨协会总会共同主办的“2013 两岸侨联和平发展论坛”于 16 日在厦门召开。来自两岸侨界及海外的 200 余位嘉宾以“侨界携手弘扬中华文化，共同助推民族伟大复兴”为主题展开交流。

“中华文化源远流长，是两岸同胞共同的宝贵财富，是维系两岸同胞民族感情的精神纽带，也是推动两岸和平发展的强大动力。”林军致辞表示，中华文明延绵 5 000 年而不间断，历经磨难而不垮掉，其中一个重要的原因，就是珍惜共同的祖先留下的文化遗产，珍惜所共同拥有的根。

林军说：“希望两岸侨联发挥在弘扬中华优秀文化中的积极作用，以传承和弘扬中华文化为己任，关注中华优秀传统文化的继承与创新，共同开展多形式的文化交流活动，拓展多层级的文化交流领域。”

（中新网厦门 2013 – 06 – 16/张冬冬）

侨批档案入选世界记忆名录

“备受全球华人关注的侨批档案申遗成功，入选世界记忆名录！”昨日下午，正在韩国全罗南道光州市召开的联合国教科文组织世界记忆国际咨询委员会评审会议上传来这一

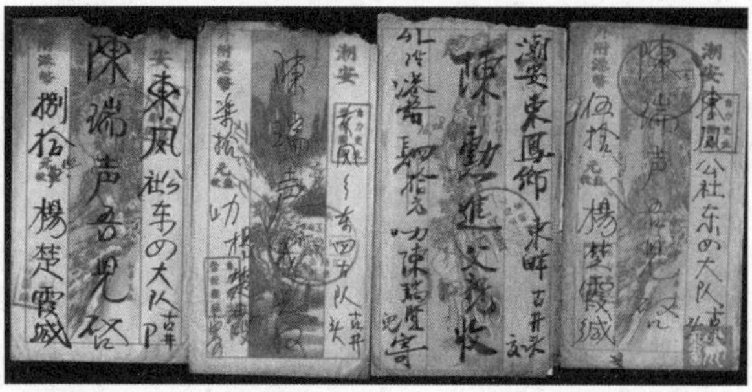

振奋人心的消息。

侨批档案是广东诞生的首项世界记忆遗产，它的成功申遗，标志着广东已集齐自然遗产、文化遗产、非物质文化遗产以及记忆遗产四大类世界遗产。

《南方日报》记者从联合国教科文组织官方网站了解到，此次评审会议对40个国家及国际组织推荐的82项文献遗产进行了评审，并提名54件遗产列入世界记忆名录，经联合国教科文组织总干事伊琳娜·博科娃批准，这54个新增项目最终列入名录，通过率低于66%，竞争可谓激烈。

专家认为，侨批档案能够成功入选世界记忆名录，与其真实性、唯一性、不可替代性、罕见性和完整性等息息相关。此次与侨批档案一起成功入选的，还有中国元代的西藏官方档案。至此，中国列入世界记忆名录的项目共达9项。而入选世界记忆名录的文献遗产共有299项，它们来自五大洲，保存的形式也是各具特色，有石刻、羊皮纸，甚至还有音频文件。

负责此次申遗报告文本的五邑大学副校长张国雄告诉《南方日报》记者，侨批主要分布在广东潮汕、江门五邑、梅州及福建厦漳泉和福州等地。构成侨批档案的约17万份侨批中，来自广东三大侨乡的达到16万件，其中包括潮汕侨批10万余件、五邑侨批4万余件、梅州侨批1万多件，而福建侨批约1万件。

广东省档案局有关负责人介绍，目前广东侨批档案主要保存在档案馆、博物馆和文物局等部门，广东省档案馆收藏了部分侨批实物和全省16万件侨批的电子文档。一封封的侨批是华侨的海外奋斗史的见证，也是侨乡历史变迁的见证。

（《南方日报》2013－06－20）

第十三届华侨华人创业发展洽谈会在武汉开幕

昨日，第十三届华侨华人创业发展洽谈会（简称“华创会”）于6月20日在湖北省武汉市开幕。本届“华创会”以“创新驱动合作共赢”为主题。主要活动包括海外高层次人才与未来科技城发展论坛、生物产业专场、美国百人会第四届田长霖论坛、金融专场、海外华文媒体论坛等。

据组委会介绍，参加2013年“华创会”的嘉宾总人数超过3 000人。其中，来自50多个国家和地区华侨华人专业人士、侨商及港澳代表达1 000多位。大会共收集、整理国内外项目2 188个，其中海外代表报名、提交项目490个。

与往届不同，2013年“华创会”首设项目“相亲会”，主要针对IT光电子、现代制造、投资贸易等，给予海内外代表充分对接、洽谈的平台。此外，倡导“节俭办会”，取消了展厅布展和成果发布会，充分聚焦于引智招商的实效性。

“有海水的地方就有华人，有华人的地方就会受到‘华创会’的影响。”中共湖北省委书记李鸿忠介绍说，12年来，“华创会”在引进海外人才、技术和资源等方面取得了丰硕成果，吸引了来自世界40多个国家和地区的8 000多名华侨华人专业人士和工商界人士参会，签订引进人才和技术项目1 800多个，引进海外专家5万余人次，创办企业2 000多家。

李鸿忠指出，“华创会”已经成为中国侨务系统的知名品牌活动，成为促进地方经济发展、拓展华侨华人事业的有效平台。他强调，湖北正处在“黄金十年”的重要战略机遇期，广大华侨华人是湖北振兴崛起最宝贵的资源。湖北将利用“华创会”平台，努力搭建华侨华人与祖国联系的纽带，共圆“中国梦”。

（《湖北日报》2013-06-21/张磊　江卉　陈会君）

国侨办与南方16省区市侨办南宁聚焦“侨、资、智”

国务院侨务办公室与来自广东、福建、上海、广西、西藏等全国16个南方省区市的侨务办公室负责人23日齐聚南宁，共话“侨”事。与会人士共同聚焦如何有效服务华侨华人，引资引智。

贯彻落实《国家侨务工作发展纲要（2011—2015年）》和全国侨务工作会议精神中期检查座谈会，当日在广西南宁召开。

国务院侨办副主任何亚非在会上表示，落实《纲要》后，引资引智工作目标更加明确，即要为转变经济发展方式和为本地区的经济社会发展战略服务。各个地方都在创新方式，完善有关的机制，加强有针对性的项目的对接。如此，工作才会更具实效，更有效果。

侨务大省广东当天会上表示未来将着力聚侨引智引资。在引智上，广东省人民政府侨务办公室副主任林琳说，将千方百计做好在粤创业创新华人专才的联谊服务，引进一批高科技人才和项目，为经济转型升级提供动力，共建“智汇广东”。

中国内地引“侨资”、“侨智”成果颇丰。与东盟国家接壤的云南工作路径清晰。云南省侨办副主任张新明表示，目前，云南已形成东盟华商会、外企入滇和瑞丽国际华商产业园三个平台。其中，东盟华商会已成功举办11届，海外华商与云南企业共签署39个正式合同，实际到位外资49亿美元。已有20个国家的300多名华商通过“外企入滇”平台到云南进行投资考察。

经济发达的中国东部江苏省则在引入侨智上颇有心得。江苏省侨办副主任季俊秋介绍，通过“旅美南大校友苏南行”、“海外华侨华人高层次人才江苏行”、苏州“国际精英周”等大规模招才引智项目对接活动，先后引进海外华侨华人高层次人才1万多名。

据悉，此次座谈会目的是总结各地贯彻落实《纲要》和全国侨务工作会议精神的做法、经验及面临的主要问题，提出继续工作的新思路和新举措。

（中国新闻社南宁 2013－06－23/王雪）

“国侨办华侨华人创新创业示范基地”在镇江挂牌

7 月 5 日，国侨办“华侨华人创新创业示范基地”在科技新城举行揭牌仪式。这是继科技新城高创中心 4 年前被列为“引资引智重点联系单位”后，（江苏）镇江科技新城获得的又一殊荣。

新区科技新城下一步将在国侨办的指导和帮助下，通过举办经济科技主题活动、开展创业创新辅导、引荐华侨华人高层次人才到园区考察交流等形式，有效引导海外华侨华人专业人士来科技新城创业创新，加速新区科技创新、高层次人才引进及新兴产业发展，吸引更多的海外高层次人才到镇江创业创新，进而使镇江成为世界领先技术的引进、研发和产业化的创业创新载体。

省侨办副主任季俊秋、市人大常委会副主任王萍参加揭牌仪式并讲话。

揭牌仪式后，市委常委、组织部长魏红军会见了省侨办副主任季俊秋一行。

（《镇江日报》2013－07－08/贺亮　邱江祥　石玉梅）

海外侨领谈回国研习收获：做友好交往的民间使者

“近一年来，中国经济增长出现放缓现象，我曾担心中国就此重蹈日本覆辙，经济陷入低迷。但回国参加培训班后，我明白中国政府正在主动进行经济结构转型，为的是提升增长质量，并获得更持久的增长。回去后我要让更多在美华侨华人明白这一点，鼓励他们与国内开展新一轮交流合作。”

美国上海总商会董事局共同主席吴恺这一番话，道出了在“2013 海外华侨华人社团负责人研习班”上的一个收获，即更好地团结引导广大侨胞，做一名维系和促进中国与世界各国友好交往的民间使者。

澳大利亚上海同乡会会长丁贤钜表示，2010 年上海世博会，曾经凝聚起在澳大利亚的 250 多个华侨华人社团的爱心与力量，发挥了民间外交的积极效果。“如何在后世博时期保持在澳大利亚的华侨华人对祖（籍）国的向心力，本次研习班激发大家进行有益的思考和探索”。

据玻利维亚中华工商总会会长殷兆伟介绍，2012 年，玻利维亚来华签证人数接近

3 000人次，与2011年的500人次相比，有了大幅增长。这说明中国对玻利维亚各界人士的吸引力正在加大，“华侨华人应该增强使命感，进一步发挥好纽带桥梁作用”。

“2013 海外华侨华人社团负责人研习班”由国务院侨务办公室国外司、上海市人民政府侨务办公室主办、复旦大学近日联合举办，这是研习班第五次在沪举行。

本次研习班为期6天，共有来自美国、加拿大、法国、马来西亚、香港等14个国家和地区的37名侨领参加。

（新华网 2013－07－10/吴宇）

黑龙江侨联公益事业发展迅速　近年获侨捐2 500万

7月21日，由（黑龙江）省侨联和香港烛光教育基金联合主办的“黑龙江省第二届乡村英语教师培训班”在哈尔滨开班。香港专家郑瑞贤和佳音英语的4位导师为来自我（黑龙江）省13个市地及农垦系统的100余位乡村英语教师“传道授业”。

此次培训为期7天，培训内容侧重聆听及口语训练，介绍生动、灵活、有效的新教学法，包括唱英语歌曲、专题讲话、观看电影及小组会话练习。旨在通过活泼有趣的活动，加强口语能力，掌握英语教学的技巧及英语教学能力。

近年来，我（黑龙江）省侨联公益事业发展迅速，由侨联直接接受海外侨胞资助的建校及助学款达2 500多万，分别在我（黑龙江）省绥滨、密山、林口、孙吴、富裕、勃利、嘉荫以及红兴隆农管局等地建成了17所“侨（爱）心学校”、两所图书馆，成立了“大庆美食乐助学基金”、“希望之光助学基金”、“希望之学助学基金”3个基金。目前，新建的“侨（爱）心学校”面积10万多平方米，带动政府配套资金1 800多万元，在校学生7 000多人，教师1 000多名。

（东北网 2013－07－22）

国务院侨办、文化部联合下发《关于加强侨乡地区和华侨农场文化建设工作的意见》

为贯彻党的十七届六中全会和十八大关于推动社会主义文化大发展大繁荣的精神，加强对归侨侨眷集中的侨乡地区和华侨农场文化建设的政策指导，满足侨乡人民和归侨侨眷的精神文化需求，2013年7月25日，国务院侨办、文化部联合下发了《国务院侨办、文化部关于加强侨乡地区和华侨农场文化建设工作的意见》（国侨发〔2013〕22号，以下简称《意见》）。

近年来，国务院侨办按照党中央、国务院部署，在文化部的支持下，积极推动以华侨农场为主体的侨乡文化建设，切实加大资金投入，大力支持侨乡文化建设的试点和探索。

两个部门在掌握大量基层一手资料的基础上，就侨乡地区和华侨农场文化建设工作进行充分调研和座谈。根据《国家“十二五”时期文化改革发展规划纲要》、《国家侨务工作发展纲要（2011—2015年）》等政策要求，研究出台了《意见》，分别从目的意义、总体要求、主要措施和组织保障四个方面就加强侨乡文化建设提出了指导意见。

（国务院侨务办公室网 2013－08－02）

高层次人才回流难

日前，教育部留学服务中心发布了2012年《国（境）外学历学位认证报告》。报告显示，我国留学人员回流率总体呈上升趋势，但高层次人才回流率仍然不足。

教育部留学服务中心是海外留学人员归国后，进行海外学历认证的唯一官方机构。报告显示，2012年，中心共计完成国（境）外学历学位证书认证逾95 000份，较2011年同比增幅达25.4%，其中，国外学历学位认证数量为81 890份，增幅为27.9%；香港和澳门地区的学历学位认证较上年同期分别增长了44.9%和32.1%。而从1991年到2012年的11年间，认证的学历学位证书总量只有43万份。

教育部留学服务中心主任白章德表示，虽然还没有确切统计，但截至2013年7月底，留学服务中心服务的归国留学人员已经达到16万人，仅半年时间就超过了2012年的服务对象总数——15万人。

教育部留学服务中心副主任巩万表示，尽管归国留学人数与出国人数同时保持了较高的增长率，但与我国对高层次人才的需求相比，获得博士学位又有相应研究或工作经历的高层次人才的回流率还远远不够。据报告统计，2012年归国留学人员中，获硕士学位的申请者占总量的60.3%，获博士学位的申请者占5.8%。而根据美国国家科学院的“博士学位获得者调查”，2011年中国籍被调查者中仍有82%希望留在美国工作，2005年这一数据是89.4%。

报告还显示，2012年中外合作办学学历学位认证申请总量出现了2%的小幅负增长，这是继2009年以后再次出现负增长。巩万解释说，一个重要原因是，只有被授予国外学历学位证书的学生才需要申请认证，但近年来，教育部对于中外合作办学项目的审批日益严格，越来越多的项目不发放国外学校的学位证书，只发放国内大学的毕业证书。

在归国留学人员的就业方面，巩万表示，国外名校毕业的学生在国内择业时，基本与国内985高校的毕业生站在同一起跑线上；国外较好的学校（全球千名左右）的毕业生和国内211高校学生的就业情况也基本持平。

（《中国青年报》2013－08－06/陈竹）

中国侨联组织海外侨领赴西藏考察

2013 年 7 月 23 ~ 31 日，中国侨联组织了来自 20 个国家和地区的 27 位海外侨领前往西藏林芝地区、拉萨市、日喀则地区进行考察，受到西藏自治区党委政府的高度重视。

7 月 26 日，西藏自治区党委常委、区政协党组书记、副主席、区党委统战部部长公保扎西在拉萨召开中国侨联海外侨领赴藏考察团座谈会，请区发改委、统战部、侨联，拉萨市有关同志介绍相关情况，并与侨领进行了交流。阿根廷李丰药业集团董事长李文忠先生作为侨领代表发言。中国侨联海外联谊部杨嘉明同志讲述了此次考察的目的，并感谢西藏自治区党委政府给予的热情接待和大力支持。最后，公保扎西同志代表自治区党委政府讲话，重点就西藏的民族宗教政策等进行了阐述，希望侨领们能在西藏多走多看，回到各自侨居地后多宣传推介西藏。区外宣办、外侨办等有关单位同志也参加了座谈会。

7 月 29 日，日喀则地委统战部长普布代表日喀则地委、行署欢迎考察团的到来，他大概介绍了日喀则经济、社会发展等各方面的情况，希望侨领们多提宝贵意见，帮助、促进日喀则更好地发展。

7 月 30 日，考察团在拉萨召开考察总结会议。会上，考察团成员结合自身经历踊跃发言，纷纷畅谈自己的考察感受，并围绕“中国梦”、中国企业“走出去”、弘扬中华优秀文化等发表感言。他们表示回到侨居地后，一定要把真实的西藏向身边人讲述，以实际行动反击藏独和西方别有用心的人的歪曲言论，为实现中华民族伟大复兴的“中国梦”作贡献。

（中国侨联网 2013 - 08 - 09）

第三届“中国侨务论坛”拉开帷幕

8 月 23—24 日，由中国国务院侨办主办的第三届“中国侨务论坛”在厦门举行。国务院侨办主任裘援平出席论坛并作主旨讲话。来自海内外相关高校和研究机构从事侨务理论研究的专家学者、全国部分省（区、市）和副省级城市的侨务工作者，共180多人参加了此次论坛。

裘援平指出，近年来在专家学者和侨务工作者的共同努力下，初步建立了多层次、多视角、多领域的侨务理论研究格局，为国家侨务事业的发展提供了理论支持和资讯参考，形成了以“中国侨务论坛”为平台；以相关大专院校和研究机构及各地侨务理论研究基地为阵地；以国务院侨办和地方侨办课题研究为引擎；各位专家咨询委员、各领域专家学者和广大侨务工作者踊跃参与的良好局面。

裘援平强调，今后一个时期内侨务理论研究工作的总体思路是以中国特色社会主义理论为指导，深入贯彻党的十八大精神，以推动侨务事业科学发展、助力实现中华民族伟大复兴为宗旨；以深化对华侨华人和侨务事业规律性认识、侨务工作重大理论和现实问题研究为重点；以构建中国特色侨务理论体系为方向，努力增强服务意识、实践意识、精品意识和创新意识，不断提高侨务理论研究、战略研究、实证研究、政策研究的系统性、指导性、针对性和实践性，为侨务事业全面协调可持续发展提供理论支撑。

她同时对开展侨务理论研究工作作出四点部署：一要进一步注重侨情变化，增强侨务理论研究的基础性；二要更加重视战略研究，增强侨务理论研究的指导性；三要始终坚持知行合一，增强侨务理论的实践性；四要大力推动学科建设，增强侨务理论研究的系统性。

论坛期间还举行了第四届国务院侨办专家咨询委员聘任仪式，发布了2011—2012年国侨办年度课题成果并进行了交流。

（国际在线 2013－08－23/李红）

《世界华文传媒年鉴》新卷问世　李海峰为其题词

《世界华文传媒年鉴》2007年卷在“第四届世界华文传媒论坛”召开之际面世。该卷《年鉴》已收集了港澳台及海外华文媒体五百余家，是创刊以来四部年鉴中更为翔实的一部。

国务院侨务办公室主任李海峰为本卷《年鉴》题词：“中华文化纽带，侨胞精神家园。”

据知，《世界华文传媒年鉴》是由中国新闻社编辑出版的，全面介绍海内外以及香港、澳门和台湾地区华文传媒的大型工具类年刊。被认为是相关领域内的权威资料，具有高度的学术交流和文献珍藏的价值。

与往期《年鉴》相比，本卷《年鉴》不再设立“中国大陆传媒”和“传媒法规”等栏目。“华文传媒发展综述”约请工作在港澳台地区及海外第一线的传媒界人士撰写，其资料较新，内容丰富，涵盖面广。

本卷《年鉴》主要收录2005—2006年港澳台及海外华文传媒资料，为了保持资料的连续性和新鲜感，有些栏目中的资料延长至2013年3月或5月底。

本卷《年鉴》在编纂过程中，得到了世界华文媒体同仁的鼎力支持，料将为华文传播事业奉献一份厚礼，同时为曲折前行的华文传媒留下些许印迹。

（中新网 2013－08－24/沈嘉）

国侨办主任裘援平会见 NBA 华裔球星林书豪

“（林）书豪在世界各地有很多粉丝，是华人的骄傲。”中国国务院侨办主任裘援平26日晚在北京钓鱼台国宾馆会见了NBA（美国篮球职业联赛）华裔球星林书豪及其父母林继明、吴信信一行。

裘援平欢迎林书豪和家人来访，对林书豪通过个人努力取得的成绩表示祝贺和敬佩，称赞“林爸爸、林妈妈培养了一个好儿子”。她表示，林书豪是世界知名的篮球巨星，同时又是著名学府哈佛大学的高材生，深受世界各地特别是华裔球迷的喜爱。

裘援平高度赞赏林书豪一直以来热心公益慈善事业，为关心和帮助社会弱势群体所作的努力。她说：“世界各地的球迷尤其是年轻人，从书豪身上看到了积极向上、健康、阳光的形象；不但篮球打得好，而且充满爱心，刚刚成名即成立基金会，致力于帮助弱势群体。”

现效力于NBA休斯敦火箭队的林书豪热衷社会公益活动。2013年初，他在美国休斯敦宣布成立林书豪基金会。该基金会专注于向弱势群体或个人提供经济、教育和信仰方面的帮助，并且希望能够长久地改变他们的生活，在美国的亚裔群体是该基金会提供帮助的重点对象。

裘援平在介绍国务院侨办职能时表示，国侨办十分注重发挥海外侨胞熟悉中外文化、具有多元文化背景、能很好沟通中外的优势。她希望林书豪充分发挥自身影响力，努力在传播中华优秀文化、促进中美友好等方面作出积极贡献，也祝愿他在体育及慈善事业取得新突破。

林书豪此行来华旨在推广青少年篮球，并进行商务和慈善公益考察，先后访问上海、北京、天津和四川等地。此番也是他第二度来华举办篮球训练营。他在开营仪式上说：“希望和大家分享比赛心得经验与篮球的快乐，也希望帮助中国篮球变得更加成熟。”

（中国新闻社北京 2013－08－26/张冬冬）

裘援平主任对广东侨务工作提出三点希望与要求

8月29日，国侨办主任裘援平、副主任任启亮一行，到广东省侨办视察工作。裘援平就做好新形势下的侨务工作对广东提出三点希望与要求：

一是把握国情需要，服务国家大局。她指出，要根据国情的需要和时代的发展，赋予侨务工作新的内涵和形式，做到更有前瞻性、全局性、战略性地为侨服务。她特别强调侨务工作要关注世情，找准地方党委、政府的关注点与思考点，找准切入点与着力点，重点做好人才引进、侨务公共外交等工作。她特别指出刚刚召开的世界华商500强广东（广州）圆桌会时机选得好、定位定得好，并取得圆满成功，是一次服务中心大局的侨务工作的成功策划。

二是要深入了解侨情变化，做好为侨服务工作，更有针对性地满足海外侨胞日益增长的物质和精神需求。她强调，要将深入研究侨情结构的变化，关注侨胞日益增长的物质与精神需求作为为侨服务研究重点与谋划重点，要注意研究华裔新生代、新型涉侨社团组织等新的侨胞群体的特点和需要，充分利用微信、微博等新媒体，有针对性地做好新时期为侨服务工作。

三是要增强职能意识，推动侨务工作科学发展。她要求侨务部门结合党的群众路线教育实践活动的开展，进一步明确侨务工作的职责，检查侨务工作中是否存在越位、缺位、不到位的现象，考虑服务面是否覆盖了大部分侨胞群体。注意处理好三个层面的关系，即国家层面建立侨务部门与其他涉侨部门的跨部门整合机制；国侨办与各级侨务部门进行重点任务的统筹整合、重点项目的合作推进；加强对各级侨务部门的统筹协调，强化保护涵养侨务资源，加强侨务战略体系建设、涉侨法律法规建设、侨务工作队伍建设、网络建设等。

（国务院侨务办公室网 2013－08－30）

第七届世界华文传媒论坛闭幕　下届论坛移师贵阳

第七届世界华文传媒论坛9月8日下午在青岛落下帷幕，通过了第七届世界华文传媒论坛宣言——《青岛宣言》。主办方宣布，第八届世界华文传媒论坛举办地为贵州省贵阳市，青岛市副市长王广正向贵阳市副市长朱桂云移交了论坛会旗。

本次论坛吸引了来自58个国家和地区的约450名海外华文媒体代表以及中

国内地媒体负责人、传媒专家等600余位嘉宾参加。在两天会期内，海内外代表经过深入研讨和坦诚交流，就“中国梦——世界变局与华文媒体的新使命”这一论坛主题达成诸多共识。

中国国务院侨办副主任何亚非在闭幕式上致辞时说，本届论坛最具代表性，参会国家地区数量最多，论坛探讨的议题既有现实意义，又有前瞻性的意识，为全球华文媒体今后的发展探索道路、寻找方向。他表示，当前“中国梦”语境下的中国，的确能为全球华文媒体的发展创造新的机遇和新的未来。

中国新闻社总编辑章新新在闭幕式上宣读了本届论坛通过的《青岛宣言》。宣言呼吁，全球各地的华文媒体以推动人类进步和社会发展为己任，传播正能量，建立公信力，在不同地区、不同族裔、不同文化的人民之间，架设沟通之桥、理解之桥、友谊之桥。

（中国新闻社青岛2013－09－08/张冬冬）

裘援平在厦门竹坝华侨农场调研　冀高起点规划发展

中国国侨办主任裘援平一行9月9日在厦门同安区竹坝华侨农场调研，了解农场建设发展状况。

当天上午，裘援平在福建省侨办主任杨辉、副主任林泽春，厦门市委常委、政法委书记詹沧洲、厦门市侨办主任黄娇灵等陪同下，走访看望了竹坝农场3户因病致贫、因病返贫的困难归侨家庭。

每到一处，裘援平都详细询问了归侨病况、家庭经济来源、目前子女状况等，对各级侨务部门帮扶这些困难归侨家庭的行为表示肯定，并送上慰问金。

来到竹坝华侨农场侨居小区低保户、印度尼西亚归侨杜平发家时，裘援平得知杜平发一家因女儿罹患尿毒症需长期治疗而家庭困难时，裘援平拉着杜平发的手劝慰说：“为人父母，尽力就好。你们要放宽心，保重身体，积极地面对困难。”

裘援平认为，华侨农场“侨”是最大特色。她注意到，这里充分挖掘了归侨侨眷对南洋文化、对原来旅居国文化传统的记忆来开发旅游项目，处处可以看到一些文化的元素。

裘援平称，这里的发展基础已奠定，潜力还很大，但不能满足于现状，应继续谋划发展，用足政策，引进人才并留住人才，共谋实现更好的发展。

裘援平希望地方各级政府和侨办支持、鼓励竹坝华侨农场的发展。

（国务院侨办网站2013－09－10）

中国海外交流协会第五次会员大会在京举行

中国海外交流协会第五次会员大会9月22日在京举行。来自五大洲80多个国家和地区的400余名侨界知名人士以及国内涉侨部门负责人作为应聘顾问、常务理事和理事出席大会。

国务委员杨洁篪在会前会见了全体与会代表并发表讲话。杨洁篪高度评价了广大侨胞在中国革命、建设和改革开放各个历史时期所作的杰出贡献，肯定协会在以侨为桥、沟通中国与世界方面的重要而独特作用。希望广大侨胞秉承团结、创新、和谐、发展理念，继续积极支持中国的发展和统一大业，推动中外友好交流合作，凝心聚力，同圆共享“中国梦”。

大会审议通过了中国海外交流协会第四届理事会工作报告和新修改的《中国海外交流协会章程》，协商产生第五届理事会顾问52名、常务理事262名、理事373名，协商选举出第五届理事会领导成员。

全国政协副主席韩启德当选中国海外交流协会第五届理事会会长并发表讲话。他对新形势下做好协会工作提出三点要求：一是以人为本、为侨服务，进一步提高协会的凝聚力；二是以侨为桥、沟通中外，进一步扩大协会的影响力；三是以会为家、团结协作，进一步增强协会的生命力。

据悉，中国海外交流协会是由各界人士组成的全国性、联合性、非营利性社会组织，宗旨是广泛联系海外及港澳台侨界人士及团体，增进友好情谊，发展合作交流。

（新华网北京2013－09－22/李菲）

侨务公共外交专题研讨会在上海召开

国务院侨办政策法规司、上海市政府侨办联合主办的侨务公共外交专题研讨会9月27日在上海举行。

国务院侨办副主任何亚非出席研讨会并发表主旨演讲。何亚非说，遍布世界各地的几千万华侨华人是开展公共外交的重要桥梁和纽带，做好侨务公共外交工作要加强侨务公共外交的理论研究；探索建立通过侨务渠道开展公共外交的机制和途径；建立“融通中外”的话语体系。

与会者还深入探讨了如何通过侨务工作渠道，发挥华侨华人独特作用，开展公共外交，促进中外人文交流、讲好中国故事、传递中国声音，增进世界各国对中国的了解和认知。

华侨大学校长贾益民作了题为“关于侨务公共外交的追问与思考”、厦门大学教授李明欢作了题为“视野、优势与担当：华侨华人与公共外交”、上海社会科学院研究员潘光作了题为“以色列的侨务公共外交和美国犹太人的团结参政”、美国威特集团董事长李学海作了题为“美国华侨华人在公共外交发挥作用的探讨”、日本立命馆大学教授周玮生作了题为“孔子学院助推中国梦实现，华侨华人助推中华文化传播”、暨南大学教授贾海涛作了题为“印度公共外交的特点及对美游说的方式”、清华大学副教授赵可金作了题为“中国侨务公共外交的兴起”、法金矿业及资源集团董事长王斌作了题为“继续新时代的中非民间友谊，争做民营企业非洲创业先锋”的主题演讲。

当天，有来自海内外相关高校和研究机构、部分海外侨胞和从事侨务理论研究的专家学者、上海市区县侨办机关和部分高校侨务部门负责人等约120人参加研讨。

（中新网上海2013－09－27/郑莹莹　叶艺勤）

国务院侨办为第三批重点华侨华人创业团队授牌

国务院侨办9月29日在京为第三批50个重点华侨华人创业团队授牌。国务院侨办主任裘援平表示，鼓励更多海外华侨华人专业人士踊跃回国（来华）创业。也希望入选团队再接再厉，充分发挥示范引领作用，为实现中华民族伟大复兴的“中国梦”作出更大贡献。

据介绍，2013年各地侨办共推荐了237个团队，经过评选确定了50个重点创业团队。这些团队所从事的行业涵盖了节能环保、信息技术、生物技术、新能源、新材料等国家重点支持的战略性新兴产业；团队负责人80%以上拥有博士学位，年龄大多在35～55岁之间；其中，24个团队负责人入选国家“千人计划”。

重点华侨华人创业团队评选工作是国务院侨办贯彻落实中央引进海外高层次人才工作有关精神，大力实施“海外人才为国服务计划”，加大对优秀华侨华人创业团队的扶持力度，促进国家科技创新、经济发展的一项工作举措。自2009年实施以来，先后有两批80个入选团队受到国务院侨办和相关地方政府及侨办的关心支持。

（新华网北京2013－09－29/李菲　翟玉珠）

习近平出席马来西亚各界华侨华人欢迎午宴

10 月 4 日，正在马来西亚进行国事访问的中国国家主席习近平和夫人彭丽媛在吉隆坡出席了马来西亚各界华侨华人欢迎午宴。

习近平在致辞中代表中国政府和人民向马来西亚华侨华人致以崇高敬意。习近平表示，马来西亚是海外华侨华人聚居最多的国家之一。几百年来，一批又一批中国人漂洋过海，在这片土地上落地生根、艰苦创业、繁衍发展，为马来西亚经济繁荣、社会进步、社会和谐、种族和睦作出了重要贡献。

习近平指出，马来西亚华侨华人是中马友谊和合作的亲历者、见证者、推动者。他们到中国投资兴业，捐资助学，推动两国文化交流，为中马关系发展牵线搭桥。没有华侨华人的努力，就没有中马关系今天的大好局面。

习近平指出，中国和马来西亚是隔海相望的邻居，真心相待的朋友，互利合作的伙伴。他同纳吉布总理一致决定，将中马关系提升为全面战略伙伴关系，并就深化一系列务实合作达成广泛共识，为两国关系发展和两国人民友谊打开了更加广阔的前景。

习近平介绍了中国改革开放和未来发展蓝图，强调中国人民正在为实现中华民族伟大复兴的“中国梦”努力奋斗。中国的发展将惠及世界，首先将惠及邻国。希望马来西亚广大华侨华人朋友抓住机遇，继续发挥优势，促进中马合作，实现自身事业的更大发展，为中马共同发展多作贡献，为中马友好大业再立新功。

马来西亚总理中国事务特使黄家定致辞，代表马来西亚华侨华人热烈欢迎习近平和夫人彭丽媛，对他们拨冗会见各界华侨华人表示衷心感谢。他表示，习近平主席的访问标志着马中关系取得新的突破性进展。马来西亚华侨华人关心和支持中国的发展，坚信中国的发展壮大有利于亚洲和世界长期稳定、繁荣。马来西亚华侨华人愿继续做传承和促进马中友好合作的桥梁。

王沪宁、栗战书、杨洁篪等也出席了此次欢迎午宴。

（中国新闻社吉隆坡 2013 - 10 - 04/张朔）

裘援平与美华裔官员话“家常”：亲戚要相互走动

中国国务院侨办主任、中国海外交流协会常务副会长裘援平 10 月 9 日晚在北京钓鱼台国宾馆会见了美国加州华裔民选官员访问团全体成员。

她与率团来访的美国城市联盟亚太裔委员会主席、华裔民选官员协会会长沈时康等人话起“家常”。“我们常说侨办是海外华侨华人的‘娘家’，侨胞是嫁出去的‘女儿’，关系就是这么简单。”裘援平这句侨胞耳熟能详的话引起了现场来宾的共鸣。

她坦言，国务院侨办、中国海外交流协会十分希望与广大侨胞建立起联系，让大家能够“相互走亲戚”，从而推动海外华侨华人在住在国生活得更好，融入主流社会，提升华

裔社会地位。

“我们的工作简单说就是为海外华侨华人服务，既然侨胞决定并选择了移居海外生活，我们就要尽力帮助他们‘走得好’，使他们能够在海外成功立足，并用文明的举止让当地人接受他们。”裘援平希望华裔民选官员们有机会能够多回家看看，近距离了解中国。

（中国新闻社北京 2013－10－09/杨凯淇）

国务院侨办主任裘援平率访问团参访纽约华埠

中国国务院侨务办公室主任裘援平 10 月 22 日率访问团抵临纽约华埠，对当地华人华侨机构和团体展开密集访问。这也是裘援平担任国侨办主任后首次到访纽约。

22 日，裘援平一行密集参访了纽约华策会人瑞中心、美东华人社团联合总会、美国中文电视台，走访了纽约唐人街，看望了当地华人华侨，受到美东侨界的热烈欢迎。美东华人社团联合总会与当地 150 余家华人华侨社团的领袖和代表参加了当日活动。

裘援平表示，我们惦念和关心美东地区的华人华侨，希望尽可能多地参观纽约华侨社团，了解当地侨胞的生活和发展状况。

裘援平对美东华人社团联合总会等侨团和侨胞表达了感谢。她说，感谢侨团侨领和侨胞们为推动当地华文教育所作的努力；感谢侨团侨胞们为祖国统一事业作出的积极贡献；感谢侨胞在祖国遭受自然灾害时，及时伸出了援手，捐款捐物，令人感动。

裘援平说，近 60 多年来，中国人民自强不息，在不断发展壮大自己的国家。经过改革开放 30 多年来的快速发展，中国已发展成为世界第二大经济体。近年来，中国成功举办了北京奥运会、上海世博会，实现了载人航天飞行，取得了世人瞩目的成就，现在中国正面临着前所未有的发展前景。

（中新网 2013－10－23）

国侨办“名家讲坛”赴43个国家地区讲座百余场

记者10月28日从国务院侨办获悉，“文化中国·名家讲坛”活动举办至今，已赴海外43个国家和地区举办了118场中华文化讲座，受到了华侨华人的欢迎。

据悉，国侨办于2007年开始举办“文化中国·名家讲坛”活动，旨在满足海外侨胞的精神文化需求，丰富海外侨胞的文化生活。现在这一活动已成为国侨办“文化中国”品牌系列活动的重要内容之一。

国侨办介绍，“文化中国·名家讲坛”活动邀请国内知名专家学者赴海外开坛，讲经典、话天下，通过面对面的交流，使海外侨胞亲身感受中华文化的无穷魅力。至今，国务院侨办已成功举办了23期，讲座人包括北京师范大学教授于丹、厦门大学教授易中天、河南大学教授王立群、复旦大学教授葛剑雄、中国人民大学教授高钢、北京中医药大学教授程凯、国家京剧院院长宋官林等约30位专家学者以及来自国家京剧院、故宫博物院等权威机构的专家。

据统计，“文化中国·名家讲坛”已走进美国、加拿大、法国、英国、瑞典、澳大利亚、新西兰、巴西、秘鲁、菲律宾、新加坡、马来西亚、南非、肯尼亚等43个国家及地区，共80个城市，举办讲座118场。讲座内容涉及中国历史、文学、哲学、宗教、民族、戏曲、摄影、茶道、中医养生、文物收藏等多个领域，听众以海外侨胞为主，也不乏当地汉学家以及期盼了解中国，又有一定中文水平的当地民众。“文化中国·名家讲坛”特别安排的几次英文讲座，更吸引了大批当地民众。

“文化中国”系列活动是国务院侨办为满足海外侨胞对中华文化日益增长的精神需求，促进中外文化交流而精心打造的品牌活动，除“名家讲坛”外，“文化中国”系列活动还包括“四海同春”、“才艺大赛”、“中华美食”、“文化之旅”等多项活动。

（中国新闻社北京2013－10－28/谢萍）

中国侨联4年来为广西吸引华商意向投资360亿元

2013年10月29日，第九次广西壮族自治区归侨侨眷代表大会在广西南宁市举行。广西壮族自治区归国华侨联合会主席韦干在大会工作报告中介绍，2009年以来，中华全国归国华侨联合会到广西先后举办了3次大型招商引资活动，吸引意向投资360亿元。

韦干介绍，2009年，中国侨联与自治区人民政府签署了“战略合作框架协议”，这是中国侨联与省级人民政府第一次签订战略性合作协议。2009年以来，中国侨联到广西先后举办了3次大型招商引资活动，来自全球五大洲60多个国家和地区的500多名重要华商应邀参加，意向投资达360亿元。广西各级侨联参与各类招商引资活动引进资金达189.5亿元，项目120个，组织海外侨胞参与经贸活动298场次。

据不完全统计，目前广西有外资企业4 650多家，其中海外华侨华人投资企业有3 000

多家，总投资额在广西外商投资企业总数中约占70%，其中广西华商会会员企业经济规模超过300多亿元。

同时，广西侨联还在侨界民生、公益事业、文化传播等方面取得了成绩。韦干介绍，2009年以来，广西各级侨联为处理涉侨案件共发函1 755件，协助办结涉侨案件2 374件，挽回经济损失超过1.94亿元。4年来，各级侨联开展慈善公益活动275次，募集资金7 170万元，捐赠援建爱心小学85间，参与贫困学生资助项目354个，资助人数3 431人，慰问归侨侨眷39 057人次，慰问金额1 906万元。2013年，广西侨联还成功承办了中国—东盟传统文化传承与传播论坛，为中华文化的海外传播作出了努力。

在大会开幕式上，中国侨联副主席李卓彬说，广西是我国唯一具有沿海沿江沿边优势的少数民族自治区，也是重要侨乡。多年来，广大侨胞为推动广西发展作出了巨大的贡献。侨联作为联系广大海内外侨界群众的桥梁和纽带，要发挥独特优势，进一步团结广大归侨侨眷和海内外侨胞，使侨联工作成为推动经济社会发展的一支重要力量。

（新华网2013－10－30/管浩）

泰国侨界高度评价李克强总理访泰并参加侨社活动

10月11日至13日，国务院总理李克强对泰国进行正式访问并出席当地侨界活动，在泰国华侨华人中引发热烈反响。当地侨胞认为，李克强总理的此次访问为中泰两国经贸和投资领域的务实合作铺平了道路，开启了两国友好关系的新篇章，将极大地激励泰国华社同圆共享“中国梦”。

访问是中泰两国关系一个新的里程碑

泰国工商总会主席郑芷荪表示，李克强总理此次访泰是中泰友好合作进程中一个新的里程碑，将实实在在地推动两国全方位合作。泰国华人青年商会会长李桂雄认为，中泰两国刚刚升级为全面战略伙伴关系，李克强总理此访不仅成果丰硕，还体现了“干实事、不务虚”的特点，为中泰各领域的务实合作奠定了基础。

访问将推动两国经贸合作迈上新台阶

在泰国有产业投资的香港中国商会主席陈经纬认为，李克强总理此次访泰将推动两国经贸合作迈上新台阶。他说，推动中泰互免签证是一大亮点，不仅可以带来中泰旅游业的双腾飞，更将大大增加两国双向投资额，使包括高铁在内的基础设施建设合作成为可能。同时，互免签证在扩大两国人员交往的同时，将为双方文化教育的交流创造更强烈的现实需求。

泰国中华总商会副主席林楚钦认为，李克强总理此访为中泰经贸合作注射了一针“强心剂”，让越来越多的中国企业聚焦泰国，“中国对泰投资还有很大发挥的空间，李总理访问将使得双方合作上升到一个新的水准”。

重视泰国连接东盟的辐射作用，加快推动中国企业转移至泰国

泰国广肇商会副会长胡坚毅表示，泰国是重要的东盟国家，中国可视泰国为连接东盟的辐射基地。此举不仅有利于两国经贸的稳定发展，同时对中国与东盟自贸区的稳定繁荣也有正面意义。他认为，目前中国产品的认可度在逐年提升，有很多产品在泰国销售，而泰国出产的大米、橡胶和热带水果在中国也很受欢迎。希望中国在互惠互利的基础上，适当增加对泰国产品的采购量。

陈经纬表示，泰国的投资环境非常优越。一方面，泰国政府重视吸引外商投资；另一方面，泰国大量的华侨华人及其商会为推动中国企业赴泰投资一直在不懈努力；泰国还拥有丰富的资源和广阔的土地，地处东盟中心，具有辐射东盟各国的优势，是中国企业"走出去"的首选地，建议中国加快推动国内产能过剩的传统企业转移至泰国。

参加华社活动彰显重侨爱侨，激励侨界同圆共享"中国梦"

李克强总理首次访泰就参加华社活动让泰国侨界激动不已，当地侨胞认为此举彰显了中国政府对华侨华人的高度重视。李桂雄表示，总理在泰华公宴上那段发自肺腑的讲话——"泰国是你们现在的家园，中国是你们永远的根脉"让泰国侨胞深为感动。"李克强总理的这句话，说到了我们的心坎里，证明了祖（籍）国对泰国华侨华人的重视。"李桂雄说，"旅泰华侨华人愿与祖（籍）国携手，推动中华民族伟大复兴的'中国梦'早日实现。"

泰国华文媒体《京华中原联合日报》社论称，旅泰华侨华人或自己或祖辈原来自中国，而后在这里落地生根、开枝散叶。但他们依旧是龙的传人，中国有什么梦，他们就有什么期待，如影随形。旅泰华侨华人胸怀赤子之心，为个人事业和家庭安定而勤奋拼搏，为支持祖（籍）国建设而无私奉献，为守卫中泰一家亲园圃而默默耕耘，为中泰友好关系而搭桥铺路，为早日实现两岸和平统一和中华民族伟大复兴而不遗余力。这一切不为别的，因为我们怀有一个共同的心愿——同圆、共享"中国梦"。

（新华网 2013－11－01）

李克强总理会见美国百人会访华团

国务院总理李克强 11 月 1 日下午在人民大会堂会见美国知名华人组织百人会访华团的代表，并同他们进行了座谈交流。

李克强欢迎百人会代表团访华，表示愿意听取大家对发展中美关系、加强两国交流与合作的建议。

百人会会长吴建民介绍了该会通过民意调查，以两国民众相互认知情况为基础，进而做美国国会、新闻媒体等方面工作，推动美国教师、记者等访华，增进美国政府和社会各界对华了解的做法。美国 JM 公司总裁王文祥、杨氏顾问公司总裁杨雪兰、亚洲公司治理协会主席杨曹文梅等分别就完善城市基础设施、如何看待中美在亚太共处、促进两国文化

交流等议题交流了看法。李克强对他们提出的问题一一作出回应。

李克强称赞百人会利用自身专长，为推动中美关系健康发展所作的努力。他说，百人会所做工作许多都是打基础的工作。中美交往基础在民意。要通过推动双方人员交流，让美国各界人士了解一个真实的中国。

李克强说，不同文明、不同文化可以实现共存、交流和互鉴，世界也正因此而色彩斑斓。希望百人会继续积极致力于促进中美交流与合作，推动形成支持中美关系发展的良好环境和氛围。

（国务院侨务办公室网站2013-11-04）

中国出现“史上最大‘海归’潮”

11月4日，由中国与全球化研究中心和社会科学文献出版社编辑出版的《中国“海归”发展报告（2013）》国际人才蓝皮书在京发布。蓝皮书指出，2012年，中国留学人员回国数量达到27.29万人，同比增长46.56%，出现“史上最大‘海归’潮”。未来5年内，中国将迎来回国人数比出国人数多的历史拐点。

中国经济稳定是“海归”潮出现主因

蓝皮书介绍，从留学人才回流的情况来看，近10年，中国的留学人员回流率不断提升，2012年达到41.3%，在不久的将来，回流率将超过50%。

蓝皮书分析，进入21世纪后，中国出现的留学热潮是当今“海归”潮的直接原因，而中国经济稳定是回流主因。91.8%的中国“海归”称，中国有更好的经济发展机遇，这是他们回国的最重要原因。

近年来，中国出台了一系列引进国际人才的政策及战略，为人才回流提供了各种便利，成功地吸引了许多高端人才。

但蓝皮书指出，虽然如此，高层次留学人员回国比例还比较低。有关数据显示，回国人员约一半为国外1年期硕士学位项目毕业生，获得博士学位又有相应研究或其他工作经历的高层次留学人才的回流率仍然处在较低水平。

“海待”现象不明显，“海归”青睐金融行业

据蓝皮书研究显示，目前，86%的“海归”能在6个月内找到工作，“海归”就业难问题并不突出。不过，多数“海归”回国就业的薪资水平比预期低：77.5%的“海归”薪资水平比预想低，其中，38.5%的“海归”薪资比预想低很多。

蓝皮书指出，“海归”回国就业地区覆盖了15个省市，主要集中在北京、上海、广东、江苏、浙江、山东等发达省市。其中，有41.6%的“海归”在北京就业。

金融及相关服务业是“海归”就业最多的行业，有48.5%的海归进入金融及相关服务业工作。按人数比例从高到低，其他吸纳“海归”就业较多的行业是教育、科研，占9.1%，新一代电子信息技术占8.7%，文化创意产业占7.4%，生物工程或医药占7.4%，

新能源、新材料占7.0%，政府和公共事业占6.9%。

“海鸥”比例增多，政策需兼顾各层次留学人员

蓝皮书称，虽然海外高层次留学人才回国比例还比较低，但是，高层次人才在国内外环流的趋势越来越明显。据蓝皮书统计数据显示，2009年，人社部提出了针对海外学子的“海外赤子为国服务行动计划”，促使“海鸥”群体壮大。

“海鸥”群体多为在国外获得绿卡或国籍的高层次人才。他们频繁往来于国内和海外，从事商务贸易及各种不同项目，他们选择如回国经商、向国内转移技术或进行投资等各种适合自己的方式为国服务。蓝皮书认为，目前，留学人员相关政策主要关注高层次人才，随着回国留学人员的层次、类别多元化，国家应该制定一批针对性强的新政策，尤其是制定面向全体留学人员的普惠政策，包括子女入学、社保、就医、出入境等，加强市场经济手段的建设，给予不同层次的海归以同样的国民待遇，实现人才的合理流动。

（《中国教育报》2013-11-05/万玉凤）

裘援平在京出席美国百人会年会并发表演讲

10月31日，美国百人会“第五届大中华区年会”在北京四季酒店举行。全国政协副主席李海峰、周小川，国务院侨办主任裘援平、副主任谭天星，外交部部长助理郑泽光以及美国前商务部长坎特、驻华使馆公使康达等中外来宾共300多人出席了相关活动。

裘援平在大会研讨“中美战略互信：构建双边合作”这一主题时，应邀以“中美关系与旅美华人”为题目发表专题演讲。

裘援平说，中美两国作为世界上最大的发展中国家和最大的发达国家，两国关系具有全球性的战略意义。需要两国顺应全球化时代潮流，拿出足够的诚意、理性、智慧和行动，共同努力构建和发展相互尊重、合作共赢的新型大国关系，为当今世界作出表率。同时也需要社会各界参与其中，加强沟通对话、努力增信释疑、扩大互利合作，排除不符合两国根本利益的各种干扰，推动中美关系朝着正确的方向发展。

裘援平表示，与中美关系息息相关的400万旅美华侨华人是如何看待和参与中美关系构建的，十分重要。

本次百人会年会为期一天，围绕“中国公益事业的发展”、“中美战略互信”、“中美跨境投资”和“中国的环境可持续性”四个专题展开了商讨，并邀请了全国政协副主席、中国人民银行行长周小川和外交部部长助理郑泽光以及美国前商务部长坎特分别在午餐会和晚宴上发表了演讲。

（中新网2013-11-06）

任启亮肯定汕头华侨经济文化合作试验区建设

广东省第五届粤东侨博会11月8日在汕头举行。出席大会的中国国务院侨办副主任任启亮在讲话中对汕头谋划建设华侨经济文化合作试验区的努力给予充分肯定，认为这是新形势下探索建立侨务工作新模式，创造侨务工作新经验的积极尝试。

中共中央政治局委员、广东省委书记胡春华，全国政协副主席李海峰、国务院侨办副主任任启亮等领导，香港侨界社团联会创会会长陈有庆等，以及来自20多个国家和地区的侨胞、港澳台同胞，中国国内各潮商会代表等共1 400多人参加了本次粤东侨博会。

任启亮表示，作为因侨而立的经济特区，汕头谋划建设华侨经济文化合作试验区，是新形势下探索建立侨务工作新模式，创造侨务工作新经验的积极尝试，也是提高中国侨务工作和对外开放水平的重要探索，是为汕头和广东谋划改革发展的新平台，希望广大海外华人华侨通过这个平台能够加强沟通合作，实现与中国的共同发展，相信在广大海外华侨华人一如既往的关心和支持下，粤东地区振兴崛起的宏伟蓝图一定能够实现，潮汕大地一定能够拥有更加辉煌的明天。

他说，粤东是著名的侨乡，数百万潮汕人从这里走向海外，走向世界各地。一艘艘红头船开启一条条创业路，一份份侨批寄托了桑梓情。从白手起家到事业有成，广东海外侨胞打拼过程中始终心系故土，为祖国改革开放建设发挥了重要的作用，作出了重要贡献。可以说，没有华人华侨的参与，就没有汕头经济特区经济繁荣的今天，也没有广东和中国高速发展的今天。

他表示，国务院侨办将继续支持海外侨胞、归侨侨眷关心参与祖国现代化建设和祖国和平统一大业，当好广大华人华侨的娘家，为广大华侨华人在中国投资创业提供更好的服务。

（中新网广州2013－11－08/郭军）

第七届“世粤联会”在澳门开幕

第七届世界广东同乡联谊大会（简称“世粤联会”）暨第一届世界广东华人华侨青年大会11月10日晚在澳门开幕。

本届大会以“传承中华文化、构建和谐侨社”为主题，来自41个国家和地区的3 500多位广东乡亲欢聚一堂，共叙乡情、共谋合作。全国政协副主席何厚铧、澳门特首崔世安、中国国务院侨办副主任马儒沛、中央政府驻澳门联络办公室副主任陈斯喜、外交部驻澳门特派员公署副特派员蔡思平等出席了开幕式。

会上，广东省副省长招玉芳高度赞扬了海外广东人念祖爱乡、重信明义、敢为人先、顽强拼搏、团结包容的精神，以及他们在政治、经济、科技、文化等领域取得的卓越成就。她指出，世界广东同乡联谊大会是海内外广东人深化同胞情谊、增进相互交流、推动

合作共赢的盛会。本次世粤联会突出弘扬中华文化，突出建设和谐侨社，突出加强侨青交流，必将更广泛地凝聚粤籍侨胞的共识和力量，更有力地促进国家、广东的发展以及海外广东侨团侨社事业的永续发展。希望广大侨胞、港澳台同胞积极把握广东深化改革开放、全力打造广东经济升级版的新机遇、新商机，一如既往地关心广东、支持广东，推动住在国与广东各领域的交流合作，当好广东新一轮改革发展的积极参与者、支持者和见证者。

本届大会为期 3 天，期间将举办侨乡文化图片展、中华文化论坛、青年论坛以及大会开闭幕式、文艺晚会等多场活动。

（中国新闻社澳门 2013 – 11 – 10/郭军）

戴秉国担任暨南大学董事会董事长

暨南大学 11 月 15 日召开第七届董事会第一次会议。原国务委员、中央外事工作领导小组办公室主任戴秉国获聘为该校第七届董事会董事长。马万祺、何厚铧、朱小丹、崔世安、马儒沛等 14 人担任副董事长，此外，还聘请了一批董事和永远名誉董事。国务院侨办主任裘援平和广东省省长朱小丹为暨南大学第七届董事会董事颁发聘书。

暨南大学是中国最早设立校董会的学校之一。国立暨南学校校董会经时任政府批准，于 1922 年 3 月成立，敦聘教育界、侨务界、实业界的著名人士担任校董。1978 年，暨南大学在广州复办，同年恢复董事会，并召开复办后第一届董事会第一次会议，提出校董会的宗旨是发扬海外侨胞、港澳同胞爱国爱乡精神和支援祖国“四化”建设的积极性，协助政府办好暨南大学。廖承志、荣毅仁、钱伟长先后担任学校董事长。

戴秉国在当天的会上说，暨南大学在 107 年的发展历程中，特别是 1978 年复办之后，校董会在廖承志、荣毅仁、钱伟长董事长的领导下，团结带领海内外校董为暨南大学的发展和建设发挥了重要的作用，作出了突出的贡献。暨南大学作为“华侨最高学府”，肩负着为海外华人社会以及港、澳、台地区培养优秀人才的重任，在人才培养、学科建设、科学研究、服务社会等方面取得了丰硕成果，已成为中国内地最大的港澳台侨高层次人才培养基地。

他希望暨南大学抓住机遇，深化改革，开拓创新，充分发挥侨校的特色和优势，为把学校建设成为特色鲜明、海内外知名、国内一流的研究型大学，为国家的现代化建设，为侨务事业的发展，为港澳的繁荣稳定和祖国的统一大业作出更大的贡献。

裘援平主任在讲话中说，暨南大学的成就凝聚着各位董事以及热心华侨教育人士的心血和汗水，一直以来各位董事关注国家的华侨高等教育事业，关心和资助暨南大学的建设和发展，无论是在百废待兴的复办初期，还是在改革开放后学校迅猛发展时期，特别是在当前扩大办学规模、实现跨越式发展的关键时期，学校董事会倾力相助，董事们出谋划策、捐资兴学，对学校新校区建设和未来发展起到了重要作用，作出了突出贡献。

（中国新闻社广州 2013－11－15/郭军）

全国华侨农场改革发展工作交流会在江西召开

11 月 4 日至 7 日，全国华侨农场改革发展工作交流会在江西南昌召开。国务院侨办副主任任启亮和江西省副省长谢茹出席会议，吉林、福建、江西、广东、广西、海南、云南七省（区）侨办及全国 50 个华侨农场的相关负责人参加了会议。国务院侨办国内司赵昆司长主持会议并作总结讲话，文化部、国土资源部相关负责同志在会上解读了有关政策。

2007 年以来，华侨农场改革发展取得巨大成绩，华侨农场和归难侨职工的境况发生了翻天覆地的变化。2012 年底全国华侨农场生产总值达到 819 亿元，比改革前翻了一倍多。全国华侨农场年人均收入达 13 492 元，高于农民平均收入水平。华侨农场职工群众被全面纳入社会保障体系，危房改造任务基本完成，城镇化建设加速推进，职工群众生活环境得到较大改善。随着改革的深入，一些深层次的问题逐渐突显。为攻克体制机制上的顽瘴痼疾，释放改革的更大红利，促进华侨农场加快发展，国务院侨办组织召开了此次会议。

会前，国务院侨办与文化部联合出台了《关于加强侨乡地区和华侨农场文化建设工作的意见》，与国土资源部联合出台了《关于做好华侨农场土地保护和开发利用工作的意见》，就关系华侨农场未来发展的文化建设和土地开发工作，加强了政策指导和支持力度。

会上，广东省侨办和部分华侨农场作了交流发言，与会代表还分别就未来华侨农场工业园区开发建设、现代农业和旅游文化产业、加强社会管理等问题进行了专题研讨，相互交流经验、启发思路。会议的召开和两个政策文件的出台为下一步华侨农场改革发展工作指明了方向，增强了各华侨农场继续深化改革、加快发展的信心。

（国务院侨务办公室网 2013－11－18）

国侨办与贵州省政府签订战略合作框架协议

国务院侨务办公室与贵州省人民政府 11 月 19 日晚在贵阳签署《关于发挥侨务资源优

势助推贵州经济社会又好又快发展战略合作框架协议》。

协议提出，国侨办将充分发挥侨务资源优势，助推贵州扩大对外开放，提升贵州在海外的影响力、知名度和美誉度。双方将成立办省战略合作领导小组，建立办省战略合作协商机制及战略合作信息专报制度。

根据协议，国侨办将发挥侨务资源优势，组织海外华商参与贵州大型招商引资和投资贸易活动，有针对性地吸引华商、侨商入驻贵州具备条件的产业园，扩大贵州对外开放，推进贵州新农村建设和同步建成小康。同时，国侨办借助侨务工作优势，引导组织海外侨胞、港澳同胞到贵州开展“关爱工程”、“侨爱工程”等系列活动，并支持贵州少数民俗文化优秀作品和艺术团体开展对外文化交流，在华文教育等领域与贵州展开合作。协议提出将把中国新闻社等作为主要外宣媒体，发挥海外华文传媒网络优势，提高贵州在海外的影响力。

（中新网 2013－11－19/杨茜　张伟）

《菲律宾华人通史》在马尼拉首发

菲律宾《世界日报》社与中国厦门大学23日在菲律宾首都马尼拉联合举办《菲律宾华人通史》首发仪式，中国驻菲律宾大使马克卿到场祝贺。

《菲律宾华人通史》由菲律宾《世界日报》社与厦门大学南洋研究院联手编撰，历时5年，中菲两国的学者、报人参与写作，全书约百万字，详细记述了菲律宾华人社会500年来的发展与变迁。

中国驻菲律宾大使马克卿当天到场，对《菲律宾华人通史》一书在菲律宾首发表示祝贺。她指出，中国与菲律宾一衣带水，两国人民的密切交往已超过千年。早在中国宋代的历史文献中，就有关于菲律宾群岛的详细记载。16世纪后期，中国商人开始大规模定居菲律宾，菲律宾的华人秉承勤奋、节俭、仁义、善贾的中华民族本性，经过数十代人在菲律宾的努力，终于事业有成。迄今，菲律宾华侨华人为菲律宾经济发展、社会进步，为促进中菲两国的友好关系及两国在经济、文化等方面的交流与合作，作出了不可磨灭的贡献。

一直积极推动该书编撰的菲律宾世界日报社社长陈华岳在致辞时指出，菲华社会是一个历经苦难的社会，但华人奋发图强，创造出骄人成绩。他举例说，2009年的一项统计显示，当年菲律宾共有248家上市公司，华商占到73家，华商上市公司总资产达424亿美元，只占菲律宾股市总市值32%。而到了2013年10月份，美国《福布斯》杂志列出的菲律宾全国40位首富，其中有19人是华人富豪。

陈华岳认为，菲律宾以及海外其他国家的华人社会不会因为中国的和平崛起而萎缩，

“我们有理由相信，一个强盛的中国会使（海外）华人社会更具活力，因此，《菲律宾华人通史》可以也只能被视为一个起点，随着华人社会的强化，更优质的作品将会出现”。

（中国新闻社马尼拉2013－11－24/张明）

中国侨联：两岸侨联组织已建立起常态化交流机制

记者11月28日从中国侨联了解到，在中国侨联的推动下，两岸侨界在文化、经济、民间等层面的交流日益增多，主要表现在两岸侨社间的交流互动不断增加，两岸侨联组织建立了常态化的交流机制。

中国侨联相关负责人介绍说，做好侨联对台工作，推动两岸关系和平发展，建设一个统一、富强的伟大中国，是两岸同胞和广大侨胞的共同愿望。

中国侨联在海外联谊工作当中，以增进乡情、亲情和友情为纽带，以中国侨联海外顾问、海外委员、港澳委员、青年委员网络为基础，采取多种形式开展联谊工作，进一步加大了侨联联谊工作的广度和深度，推动了侨联的海外联谊、对台工作、港澳工作，加强了与海外侨团的联系，增强了广大侨胞对祖（籍）国的凝聚力、向心力。

中国侨联还先后在珠海、巴黎、悉尼、拉各斯、厦门、昆明、成都、德国汉堡召开中国侨联欧洲、大洋洲、非洲、亚太等洲际或全体海外顾问、委员、青年委员的年会，累计有1 000多位海外顾问、委员和青年委员参加了会议。

（新华网北京2013－11－28/刘奕湛）

谭天星会见全国政协海外列席侨胞回国考察团

11月26日，国务院侨办副主任谭天星在香格里拉饭店会见了全国政协海外列席侨胞回国考察团。

谭天星代表国侨办和裘援平主任对客人来访表示欢迎，对各位侨领多年来为国家开放发展所作的贡献给予高度肯定。他说，刚刚召开的中国共产党十八届三中全会对全面深化改革作出了总体部署，将坚持社会主义市场经济改革方向，以经济体制改革为重点，处理好政府与市场的关系，强调市场在资源配置中的决定性作用，建设法治政府和服务型政府。这为海外侨胞更好地实现自身事业发展，共圆共享“中国梦”提供了历史性新机遇。

谭天星希望大家珍惜政协会议列席代表的终生荣誉，做深化改革、科学发展的参与者，中外友好、和平发展的促进者，文化弘扬、和谐发展的推动者。侨务部门将继续改善和加强各项为侨服务工作，欢迎大家多提批评意见。

考察团成员田长桉、段燕文、徐德清、张杰等纷纷发言表示，海外侨胞对十八届三中全会的召开热切关注、高度评价，对中国未来的改革开放更具信心，将积极发挥在学识、资金、经验、人脉等方面的优势，以更大的热情参与中国的发展建设，为中国全面建成小康社会、早日实现“中国梦”贡献力量。

（国务院侨务办公室网 2013－11－28）

林军当选为第九届中华全国归国华侨联合会主席

12 月 5 日上午，由 477 名委员组成的中华全国归国华侨联合会第九届全委会在北京以投票的方式选举出中华全国归国华侨联合会新一届领导集体。林军再次当选为中华全国归国华侨联合会（简称中国侨联）主席。

林军，福建安溪人，1949 年生，印度尼西亚归侨，中共党员。曾任国家计委办公厅主任、副秘书长，中国储备粮管理总公司总经理、党组书记。2004 年 7 月当选为第七届中国侨联副主席，2007 年 4 月调任中国侨联党组书记，2008 年 1 月当选为第七届中国侨联主席，2009 年 7 月当选为第八届中国侨联主席。

中国侨联委员会还同时选举出 18 名副主席，分别是董中原、李卓彬、乔卫、康晓萍（女）、陈有庆（兼职）、汪毅夫（兼职）、李昭玲（女、兼职）、邵旭军（女、兼职）、万立骏（兼职）、张玉卓（兼职）、吴晶（女、兼职）、王荣宝（女、兼职）、许荣茂（兼职）、刘艺良（兼职）、朱奕龙（兼职）、王亚君（女、兼职）、胡胜才（兼职）、沈敏（女、兼职）。

王宏任中国侨联秘书长。

会议还选举产生 152 名中国侨联第九届委员会常务委员会委员。

（中新网北京 2013－12－05/娄晓　杨凯淇）

中国侨联倡议成立扶贫帮困基金　已募善款超亿元

第九次归侨侨眷代表大会于 12 月 2 日至 5 日在京召开。会议期间，中国侨联发出了关于发起成立“中国侨联扶贫帮困基金”的倡议书。刚刚连任的中国侨联主席林军在 5 日举行的大会闭幕式上透露，截至 5 日中午 12 时整，此次倡议共募集善款 1 亿 2 470余万元。

林军介绍说，与会代表、特邀代表及各位嘉宾纷纷响应倡议，奉献爱心，“体现了侨帮侨、血浓于水的情感”。他表示，中国侨联将精心管理好善款，将其切实用于帮助贫困归侨侨眷。

据悉，这次倡议以自愿为原则，按照“侨爱心 365 基金”的要求募集善款，即每人一次性捐赠不少于 365 元，实现每人每天捐赠 1 元，做到人人可慈善、天天可慈善。从而激发社会各界更加关注、关怀急需帮助的侨界贫困群体。

“侨爱心 365 基金”募集的捐款，将根据捐赠人的意愿，全部用于公益慈善项目。对捐赠者有明确意愿的捐款，中国华侨公益基金会将完全按照捐赠者的意愿使用；对捐赠者没有明确意愿的捐款，中国华侨公益基金会将推荐公益项目，再征求捐赠者意见，同意的情况下再使用善款。

（中新网北京 2013－12－05/杨凯淇　娄晓）

国务院侨办开展工作全靠情感

12 月 8 日，国务院侨务办公室主任裘援平在北京表示，国务院侨办在与海外侨胞的沟通联络及促进中华民族统一方面，全靠情感来开展工作。

裘援平表示，希望广大侨领与国务院侨办保持畅通的联系，“我认为国侨办是一个很神奇的部门，我们开展工作只靠两个字——情感”。

“新中国成立不久，中央政府就成立了侨务部门，由德高望重的何香凝女士任首任中侨委主任，接下来是廖承志及其子廖晖。他们都是很有代表性的侨领，回国后继续为侨胞服务，说明这个部门开展工作靠的就是情感。”

裘援平表示，很多侨领接触到国侨办的工作人员后都感觉他们为人很真诚，因为国侨办非常清楚自身的定位。“我们提出为侨服务要做到‘三用’，即用心、用情、用力来做侨务工作。”

“侨务工作的一大特点就是直接做‘人’的工作。我们与侨胞面对面，他们的热情也点燃了我们的激情，这是一种奇妙的良性互动。我可以很负责任地说，在为侨服务方面，每个侨办工作人员都充满激情。”

（中新网北京 2013－12－09/于小喆）

华人新生代崛起　成侨务工作关注焦点

“年轻人既是今天海外华人社会发展的中坚力量，更是明天的创造者和希望所在。” 2013 年履新的中国国务院侨务办公室主任裘援平在其任内首次赴海外访问期间如是说。

近年来，海外青年一代华侨华人在整个华人社会中发挥的作用举足轻重，而且在主流社会也渐露头角，涌现出政治、经济、社会、文化等方方面面的精英。而尤为难得的是，他们不仅拥有自己的事业，还积极从事社会活动，注重回馈当地，融入主流。

裘援平履新后的首次出访中，在泰国、马来西亚两国三次与华裔青年亲切见面交流。在她看来，“海外新生代们已经成长起来，而且在一个高起点上开始了各自事业的发展”。

在这些华裔杰出青年中，20 世纪 70 年代后出生的占 68.4%，甚至还有一些“90 后”

青年。他们受教育程度高，近30%拥有硕士、博士学位；从业领域广泛，行业包括金融保险、科技教育、医疗卫生、新闻媒体、法律咨询、动漫设计、职业赛车、地产珠宝、商业贸易、酒店餐饮等，还有许多代表有参政的经历。

在海外华侨华人的社团建设与发展中，青年一代与主流社会的良好融合，对华社和侨团的和谐发展贡献良多。为增进青年海外华侨华人社团负责人对侨情和中国国情的了解，提高社团领导和协调能力，引领广大侨胞努力构建和谐侨社，国务院侨办举办了多期海外中青年侨领研习班。

裘援平说，“我们有理由相信，广大海外华裔青年一定会成为中国精神的传承者、中国力量的拓展者、中国形象的宣传者、中国机遇的受益者，在共圆共享‘中国梦’的历程中，绽放出绚丽的青春光彩”。

（中国新闻社北京2013－12－27/娄晓）

地方信息

河南漯河外侨办结对帮扶贫困归侨侨眷

2013 年来，为进一步拉近与侨胞之间的距离，做好侨界人士的“娘家人”，河南漯河外侨办组织各县区外侨办深入基层开展“情暖侨心”活动，进一步做好对贫困归侨侨眷的结对帮扶工作。

为了全面了解贫困侨界群众的现状，漯河市外侨办工作人员及各县区外侨办工作人员深入贫困归侨侨眷家中，详细了解他们的工作、生活情况及存在的问题。并组织漯河市全体侨务干部、侨资企业负责人对贫困侨界群众进行一对一结对帮扶，及时与他们所在的居委会和村委会沟通联系，为他们办理低保，解决贫困侨界人士的社会保障问题。

在帮扶和慰问过程中，针对有创业、再就业意愿的归侨侨眷，漯河外侨办鼓励他们参加各种技能培训班，表示将为归侨侨眷中的创业人员提供优质服务，并帮助他们寻求良好的创业项目。

此外，漯河外侨办还深入漯河部分侨资企业调研，协调侨资企业发展中遇到的难题，积极为侨资企业牵线搭桥，为企业健康发展提供优质服务。

（河南省政府网 2013－01－06）

北京市政协聘请 46 位港澳台侨工作顾问

昨天（2013 年 1 月 20 日）上午，（北京）市政协举行港澳台侨工作顾问聘书颁发仪式，中共北京市委副书记、市政协党组书记吉林出席仪式并讲话。

市政协副主席沈宝昌为新任港澳台侨工作顾问颁发了聘书。新一届市政协的 46 位港澳台侨工作顾问遍布五大洲 17 个国家和地区，其中有 11 位是新增补的人选。

吉林在讲话中说，聘请港澳台侨工作顾问是市政协的优良传统。长期以来，工作顾问积极参加市政协活动，充分发表意见、建议，在加强北京与港澳台同胞和海外华侨华人之间的联系、推动首都经济建设和社会发展、促进祖国统一等方面发挥了不可替代的作用。新一届市政协的工作即将开始，希望工作顾问同心协力、开拓进取，围绕国家和北京市的发展建设积极建言献策，为把首都建设成为有中国特色的世界城市的战略目标作出新的、更大的贡献。

（《北京日报》2013－01－21/刘可）

海南省政协委员吁推行“居住证”制度　吸引海外人才

海南省政协六届一次会议1月26日在海口开幕。日前，海南省政协委员张泰超、李桂英向大会提交了《关于推行“居住证”制度，吸引海外高层次专业技术人才参与海南经济建设的建议》(下称《建议》)。

《建议》称，海南建设国际旅游岛，需完善各种优惠政策来吸引高层次专业技术人才，尤其需要吸引海外领军性的高层次留学人员以及华侨华人中的优秀人才。

改革开放以来，许多已赴国外、在国外定居或加入别国国籍的留学人员、华侨华人在中国国内的户口本、身份证等按现行政策规定已被注销。如今，他们要回中国工作，服务祖（籍）国并参与祖（籍）国的经济建设，在工作、生活、待遇、身份确认等方面只能持护照作为有效证件。然而，他们所持的护照证件当然不具备国内居民所持的居民身份证同等的使用效力，因此，他们在办理企业注册、银行开户、劳动保障、子女入学、买房办证等方面都非常不便。这些因素在一定程度上影响了他们回国工作及为祖（籍）国服务的积极性，不利于实施吸引人才、引进高层次专业人才的战略方针。

《建议》提出，建议海南推行“居住证”制度，海南省公安厅与省外事侨务办联合制定推广“居住证”制度。“居住证”制度的制定应包括制定目的、适用对象、主要功能、有效期限、发证申领程序、发证机关等内容。“居住证”制度应具有可操作性，能够给“居住证”持有者在海南居住、工作提供方便，解决他们在创办企业、科技活动、子女入学、办理出入境或居留手续、外汇兑换、海关通道等方面的后顾之忧。

《建议》认为，通过制定“居住证”制度这一工作，可以鼓励海外人才来海南干事业，支持海外人才在海南干成事业，帮助形成有利于海外人才干好事业的社会氛围，构建起为海外人才全方位服务的体制。“居住证”一人一证，在海南省区域内通用。“居住证”每年签注一次。建议由海南省外事侨务办主要负责“居住证”持有者的认定、审批工作，由省公安厅主要负责“居住证”的发放、管理工作。

（中新网海口2013－01－28/张茜翼）

侨乡梅州300多户归难侨喜迁新居

蛇年春节，对于广东省梅州市蕉岭华侨农场的379户归难侨来说，将是幸福的。在春节前夕，他们告别了简陋的房子，搬进了崭新的楼房，圆了多年的安居梦。

刚搬进华侨新村的53岁缅甸归难侨钟运兴正在张贴对联，对联上写着：“昔日归侨居陋室，今朝侨民迁新房。”

钟运兴的新房是一套三房两厅的居室，面积120平方米，布局合理、宽敞明亮。“今年春节我们再也不用在破旧的房子里过了。这将是我们一家人最开心的一个春节。”钟运兴说。

钟运兴 1960 年从缅甸归来，被安置在蕉岭华侨农场，全家五口人一直住在农场几十平方米的瓦房里。由于年久失修，老房子已经变成了危房。2012 年，在政府部门的帮扶下，他们终于住进了新房。“政府给我们每户归侨补贴了 2 万多元人民币，还提供了一系列购房优惠给我们。”钟运兴说。

蕉岭华侨农场成立于 1960 年，先后安置印度尼西亚、越南、巴基斯坦、菲律宾等 14 个国家和地区的归难侨 4 800 多人。一直以来，由于各种原因，很多归难侨的生活比较贫困。有些归难侨的住房甚至是农场成立之初建的，现在已破旧不堪。

为改善归难侨的居住环境，蕉岭华侨农场从 2007 年开始实施归难侨安居工程，先后推出三期工程，至今已解决 379 户困难归侨家庭住房难问题。

“我们对归难侨的危房改造采取了统一规划、统一用地、统一建设、居住相对集中的原则，使原本分散居住的归难侨集中在我们华侨新村、侨心居、侨新苑三个点进行安置。”蕉岭华侨农场党委书记刘作昆说。为了丰富小区居民的文化生活，安置的小区内还设有老年人活动中心、图书室、活动室、文体广场和侨区公园等公共设施。

（中国新闻社梅州 2013 - 02 - 05/唐林珍　李天生）

四川四年来聘请 35 名海外高端人才担任引才顾问

“2013・四川高层次人才代表迎新春座谈会”近日在成都举行。四年来，四川省先后聘请 35 名海外华侨华人社团负责人、知名人士担任全省引才顾问，发现举荐海外高端人才 120 余人次。

2009 年初，四川省启动海外引才“百人计划”，分四批共引进 232 名海外高层次人才和 9 个顶尖创新创业团队。232 名引进人才中，电子信息、生物医药、新能源、新材料等产业领域 183 人，约占总数的 79%；企业引进人才 80 人，约占总数的 34%。9 个创新创业团队均属四川省战略性新兴产业领域，其中创新团队 4 个、创业团队 5 个，2012 年推动企业实现销售收入超过 100 亿元。

为服务好高层次人才，四川省委组织部、省人社厅分别设立引才专项办、“百人计划”服务窗口，开辟绿色通道，对引进人才实行跟踪服务，及时协调解决他们在工作和生活中的困难和问题。

（中新网成都 2013 - 02 - 20/乔轩）

天津市召开侨界暖侨敬老助困座谈会

2013 年春节前夕，天津市侨务办公室和天津市侨商会联合主办，召开“侨界暖侨敬老助困座谈会”。天津市困难归侨侨眷及 80 岁以上早期老归侨代表、捐赠侨资企业负责人及有关部门等约 70 人参加了活动。座谈会现场向困难归侨代表和 80 岁以上老归侨代表发放了每人价值 500 元的慰问品。此次捐赠经费由市政府侨办筹资和侨资企业捐赠，惠及全市困难归侨侨眷及 80 岁以上早期老归侨近 400 人。

据了解，目前天津归侨侨眷、在津华侨华人及港澳同胞有 40 多万人，其中五六十年代回国的早期归侨有 1 100 多人。按照规定，由市侨办向市财政申请专项救助资金给予，城镇困难归侨每人每年 1 000 元困难补助，农村困难归侨每人每年 1 800 元困难补助。另外，对早期回国定居、符合政策规定条件的归侨每人每月发给 100 元退休生活津贴，经费由归侨所在单位解决，无法发放的单位由市侨办统一向市财政申请专项经费解决。

（人民网 2013 – 02 – 05）

侨乡福建惠安县乡贤捐资 6 645.3 万建“美丽乡村”

记者 21 日从（福建省泉州市）惠安县政府获悉，自去年（2012 年）9 月惠安启动“美丽乡村”建设以来，广大海外侨胞、港澳台同胞以及当地企业家和社会贤达纷纷以捐资、捐建等多种方式，共同参与其中，至目前累计获得各界捐资达 6 645.3 万元。

2012 年 9 月以来，惠安大力推进“美丽乡村”建设。该县打算用 5 年至 10 年打造一批“美丽乡村”，力争到 2016 年，创建“美丽乡村”示范村 50 个、重点村 60 个，其他村均达到达标村要求。

（《福建日报》2013 – 02 – 21/何金　张鹏）

新疆侨联工作 2013 年将重在改善侨界民生

记者 27 日从（新疆维吾尔）自治区侨联六届六次全委（扩大）会议上获悉，2013 年自治区侨联将高度关注侨界民生，履行群众工作职能，关心侨界群众生产生活，为侨界困难家庭排忧解难。

会议提出，各级侨联组织要紧紧围绕自治区民生工程，充分发挥“侨爱心工程”项目品牌优势，进一步拓展侨联公益事业成果，以解决侨界群众最关心、最直接、最现实的利益问题为重点，帮助他们解决在学习、工作、生活中遇到的困难和问题。同时，各界侨联要发挥独特优势和作用，配合自治区“外引内联、东联西出、西来东进”的开放战略，做好牵线搭桥、穿针引线、引资引技工作，为区内侨资侨属企业服务，做好宣传推介和协调服务工作，争取更多侨资项目落地。

自治区党委常委肖开提·依明出席会议并讲话，他强调，自治区侨联要在服务经济建设方面实现新突破，要在切实维护侨益方面取得新成效，要在加强海外联谊工作方面再上新台阶，要在改善侨界民生方面取得新进展，为维护社会和谐稳定、实现长治久安作出积极贡献。

（《新疆日报》2013－02－28/杨萍）

海南省海口市政协港澳委员参观骑楼老街

2 月 27 日下午，参加海口市“两会”的 10 多名港澳政协委员，参观了位于海口老街水巷口泰和丰三楼的海口骑楼与侨文化展示厅。

据介绍，此次海口市外侨办组织港澳政协委员参观骑楼与侨文化展示厅，目的是要让港澳政协委员充分了解海口的骑楼历史和华侨文化，不断扩大海口的对外知名度和海外影响力，激发人们更加珍视和保护海口骑楼与侨文化，共同建设美丽海口、和谐侨乡。

政协委员饶有兴致地观看展览，听取情况介绍，并对海口市外事侨务办公室在挖掘骑楼蕴藏的历史文化和传承“爱国、开放、重商、包容、和谐”的侨文化所付出的努力和取得的成绩给予充分肯定。

据悉，海口保存着各个时期建设的骑楼共有 600 多栋，主要集聚在中山路、博爱路、新华路、解放路和得胜沙路五条老街。海口骑楼大多由海外侨胞所建，骑楼的兴衰复苏的历程不啻为一部海口近代侨史的缩影。

（中新网海口 2013－02－28/吴亮）

广西华侨爱心基金会2012年为140名贫困侨生圆梦

2012年广西华侨爱心基金会积极筹集21.9万元善款，为广西壮族自治区全区140名贫困侨生圆了上学梦。

这次资助活动得到了在广西投资兴业的澳大利亚、马来西亚、菲律宾、美国、日本等国的华商以及广西东兴创世纪房地产开发有限公司董事长何兴维、香港印尼归国华侨联谊总会、广西安得投资发展集团赵世福、广西钦州华信置业有限公司方福志、香港爱心人士陆水华、广西壮族自治区招商促进局投资项目处杨柳萍等广西侨界爱心人士给予的大力支持。

这140名贫困侨生生活在华侨农场、农村，他们家境十分贫困。广西华侨爱心基金会资助他们每人1 000~2 000元，作为上学的补贴。最近，广西各市侨联举行发放仪式，将资助款发到了他们手中。

受助学生纷纷给捐赠人写感谢信，并表示要努力学习，取得优异成绩，以实际行动回报社会。

（中新网南宁2013－03－04）

温州正式筹建华侨大学

温州900多万户籍人口中，有60多万分布在世界上130个国家和地区，温州是中国名副其实的侨乡。两天前，温州市委、市府办正式发文，宣布筹建温州华侨大学。“两办”在文件中说，创办温州华侨大学的目的是培养具有国际视野、经世致用的复合型和创新创业型人才，重点发展应用型特色本科专业，同时积极开展华文教育和中华传统文化教育。

创办一所面向海内外华侨子弟，向他们提供中华传统文化教育为主的高等学校，一直是温州许多华侨的心愿之一。在意大利某海滨城市创业多年的张女士告诉人民网记者，自己2013年夏天就准备将在国外完成小学到大学教育的女儿送回上海某名牌大学，系统学习中华文化。“女儿已经23岁了，中文基本上不会写。如果温州老家有一所这样的学校，我想，首先考虑的是将在海外成长的下一代送回温州接受教育。温州这样的人文环境中，这有利于孩子们更快地学习温州人的生意经和中华文化。”

据了解，在筹建阶段的温州华侨大学，以温州大学瓯江学院为办学基础，由瑞安市政府与温州大学合作举办，学校选址在瑞安丁山海上围垦区。2013年年底前接受教育部的验收和评估，并争取于2013年秋季开始招收华侨学生。到2014年，全日制在校生达到8 000人，并将于2015年积极创造条件，升格为温州华侨大学。

（人民网温州 2013－03－07/吴逢旭）

福建建瓯市涉侨维权成效明显

福建省建瓯市侨联与建瓯市人民法院合作建立的涉侨维权工作衔接互动机制，已成功调解两起涉侨案件，维护侨益成效明显。

据建瓯市侨联介绍，2012年3月，建瓯市人民法院、建瓯市侨联联合制定关于建立涉侨维权工作衔接互动机制意见，聘请涉侨案件特邀调解员4人，其中归侨1人、侨眷2人、律师1人。

涉侨维权工作衔接互动机制建立以来，建瓯市两起涉侨案件获成功调解：

一是2012年10月9日，积极促成建瓯市人民政府形成专题会议纪要——关于五户归侨侨眷宅基地置换问题。

二是2012年10月30日，帮助协调解决顺昌县鲁源水电有限公司发电机房（建瓯市境内）土地使用权纠纷相关事宜。

（中新网南平 2013－03－13/敏忠）

浙江温州市侨办与温州市民政局共同倡议侨坟绿化

日前，浙江省温州市侨办联合温州市民政局在中华民族纪念祖先、祭拜祖坟的传统节日——清明节来临之际，向广大海外华侨华人、港澳同胞、归侨侨眷们发出侨坟绿化倡议书。

倡议书指出，温州作为全国重点侨乡之一，拥有43万的海外华侨华人、港澳同胞和近43万的国内归侨侨眷。华侨在国内的祖坟是海外侨胞牵挂的“根”，是维系海外侨胞及后裔与祖（籍）国和家乡联系的重要纽带。侨坟绿化美化是党和政府对海外侨胞的关爱，通过绿化侨坟可激起华侨爱国爱乡的热情。开展殡葬改革、治理青山白化、保护生态环境，也是该市“六城九市”联创行动，建设“三生融合·幸福温州”的重要内容之一。

同时，倡议广大海外华侨华人、港澳同胞及归侨侨眷遵守各级政府“青山白化”治理规定，不得新建侨坟，不得翻新、刷白、修复、扩建侨坟，并做好侨坟的植被覆盖。要做到在“三沿五区”［沿公路（包括高速公路、国道、省道、县道）、沿铁路、沿通航河道（即三沿）两侧和住宅区、饮用水源保护区、农保区、风景名胜区、开发区（即五区）］视线范围内看不见侨坟。

（中新网温州 2013－03－15/金如）

返穗"海归"95%半年内可就业

2012年，广州留学人员服务管理中心同中山大学政治与公共事务管理学院一道，就在穗留学生作了调研。数据显示，截至2012年11月，在广州就业、工作、创业的"海归"总计4.3万人。其中，创业企业2 000多家，分布在穗14个留学生创业园中。在出国留学人群中，70%是学生，25%是在职人士。从学历水平上来看，57.6%的人是本科毕业后出国，20%是高中毕业后出国，留学的对象国及地区主要是英国、美国、澳大利亚、日本、法国、加拿大、中国香港和澳门等。

从就业来看，来到广州的归国留学生，大都在3个月内能够找到工作，6个月内的就业率可达95%以上。并且，学历越高，越容易找工作。数据显示，拥有博士学位或博士后研究的"海归"超过8成可以在3个月内找到工作，硕士研究生有65%可以在3个月内找到工作，学士则是58.4%。从专业上来看，学习自然科学、应用科学的"海归"有76.6%在3个月内找到工作，学习商科的"海归"则有62.7%，学习人文科学的有60.8%。

调查还了解到"海归"可以承受的最长待业时间。"如果3个月到半年还找不到工作，那么17.1%的'海归'会选择出国求职和学习。"广州留学人员服务管理中心副主任张一林表示，没有工作经验是"海归"主要的就业障碍。

回国就业的"海归"多数分布在外资公司、国企和私企。张一林透露道，有22.5%的"海归"在外企，18.4%的"海归"在国企，18.2%的"海归"在私企。而进入政府部门工作的"海归"仅有3.5%，比率非常低。从他们的工作职位来看，"海归"们多数是业务骨干，有7.4%位于部门领导层、17%属于单位高级技术或管理岗位、10.6%担任单位领导。

"海归"的收入也比国内高校毕业生高。在刚回国就业头3个月内，"海归"月收入的中位数为5 000元，平均数为7 235元。

（《羊城晚报》2013－03－21）

乌鲁木齐市唯一侨乡归侨侨眷占总人口33.7%

近日，记者从乌鲁木齐市侨联获悉，乌鲁木齐市唯一侨乡——阿克苏乡现有归侨侨眷1 170人，占总人口的33.7%。

"阿克苏"哈萨克语意为白色的水，阿克苏乡下辖四个行政村、两个牧业队，总户数为855户，人口3 475人，由哈萨克族、回族、汉族、维吾尔族、柯尔克孜族五个民族组成。

阿克苏乡位于乌鲁木齐市达坂城以北的博格达峰脚下，海拔1 400米。东南与吐鲁番交界，西连乌鲁木齐市，北和吉木萨尔县接壤。阿克苏乡离乌鲁木齐市区有130公里，全乡总面积1 565.48平方公里。

（中新网乌鲁木齐2013－04－08/马新龙）

国侨办赵昆司长了解广东侨捐工作

近日，国务院侨办国内司司长赵昆与广东省侨办、广州市侨办座谈广东华侨捐赠工作。

座谈会上，赵昆司长听取了省侨办副主任林琳、广州市侨办副主任莫景洪关于广东省和广州市华侨捐赠工作情况的汇报。赵昆司长对广东近年来开展的侨捐项目监管工作和举办“南方·华人慈善盛典”活动等给予高度评价。他指出，华侨捐赠工作是国内侨务工作的一项重要工作，也是侨务工作服务大局的一项重要工作。他强调，要深入调查研究当前侨捐工作存在的不足，抓政策、打基础、护侨益，继续做好华侨捐赠的引导、监管、宣传工作。

广东省是全国侨捐大省，改革开放以来已累计接受华侨华人、港澳同胞公益事业捐赠超过480亿元，约占全国的60%。近年来广东省保持了稳定健康发展，连续5年接受侨捐超过10亿元。

（广东侨网 2013－04－10/乔正）

太原市侨联制定“一事一表” 扎实推进各项工作开展

为认真贯彻落实太原市委、市政府指示要求，推进各项工作扎实有效开展，太原市侨联制定了重点工作目标，对群众工作、联系海外、基层组织、法律服务、侨界联谊五项重点按照“一事一表”的要求做了安排部署，具体责任进行了细化。

2013年太原市侨联将继续开展“办实事、解难事”，“三桥”工程服务侨界群众，侨界群众来信来访答复率要达100%；加强与海内外华侨华人社团及海外人员亲属联系，服务留学归国人员创业；坚持开展侨界联谊活动，要加强海外联谊，建立海内外侨商名人录，扩大对外宣传，服务招商引智；指导县区工作，年内基层组织达“五个一”标准；要建立侨联法律服务中心，为侨界群众和侨资企业提供法律咨询和法律援助等。

太原市侨联通过“一事一表”，明确了各项工作的分管领导、完成时间和工作要求；并指定了各项工作的督查人，进行全程督查跟踪，有助于及时发现实施过程中存在的问题，加以改正和落实。

（山西侨联网 2013－04－10）

新疆侨联将启动“新疆华侨华人历史研究所”工作

近日，记者从新疆侨联获悉，新疆侨联2013年将启动“新疆华侨华人历史研究所”工作。

新疆侨联重视加强侨联政策研究、理论研究、工作研究、侨情研究和华侨华人归侨侨眷历史研究，广泛收集新疆华侨华人历史资料和有关历史文献书籍，并逐步建立资料室。

2013年，新疆侨联还将开办“华侨华人研究论坛”，举办“西部华侨华人历史研究学术研究会”，并申报有关省部、地厅级科研项目，积极开展调查研究，为侨联中心工作提供理论支撑和咨询服务。

（中新网乌鲁木齐2013－04－16）

湖南湘西州侨联参政议政　提案惠及8 000农村教师

湖南湘西州侨联22日透露，该州教育局对湘西州政协侨界委员、州侨联驻会副主席杨启帆提出的《关于实施教育提质工程，办好人民满意教育的建议》的提案进行了回复，决定大幅度提高当地农村中小学教师的补贴标准。据悉，这份提案惠及该州8 000名农村中小学教师。

2013年年初，杨启帆通过深入调研，精心撰写了《关于实施教育提质工程，办好人民满意教育的建议》，重点突出了推进中小学教师均衡配置改革工作、建立相对稳定的教师培养机制、不断提高农村中小学教师经济待遇、切实加强中小学教师继续教育工作等内容。

此提案出来后，该州教育局专门召开了专题会议研究，责成州教育局教师工作科等相关科室调研落实，促成湘西州委、州政府出台了《关于建设教育强州的决定》，并明确提出“推行农村中小学教师适当补贴制度，补贴标准由县市自行确定”的举措，加强教师队伍建设，为全州农村中小学教师创造健康、和谐的成长环境。

根据答复，泸溪县农村中小学教师补贴标准，由2010年的每人每月600元，提高至每人每月1 200元。同时，在教师绩效工资中，给所有片、村小学教师每人每月再增加200元，使整个补贴标准高达每人每月1 400元。吉首市村、片小学教师每人每月则有600元特殊津贴，农村中心完小及农村中学教师每人每月有400元特殊津贴。

湘西州侨联表示，此举有效地稳定了农村中小学教师队伍，为农村中小学教师的工作和生活提供了坚实保障。

（中新网湘西2013－04－23/杨子晚）

超过200位“海归”人才在中国（南京）软件谷创新创业

中国（南京）软件谷23日举行新闻发布会宣布：不到两年的时间，中国（南京）软件谷吸引了20个国家的高科技人才，目前已成为国内海外人才集聚最多的软件园区。

美国、日本等国家客商带来18个项目到中国（南京）软件谷投资，总投资金额达55亿元人民币。不到两年时间，这个软件谷就吸引了来自20个国家的高科技人才，使园区软件人才达到8.8万人，成了国内最大的软件园区。谈到这样的发展速度时，软件谷管委会工委书记、雨花台区委书记张一新道出了其中的奥秘：“目前我们正在为国内的企业和人才提供一站化、全程化、全方位的服务，我们创造了全国第一个区级软件谷知识产权法庭，建立了江苏省唯一的软件人才交流服务中心，高效、专一、真诚、务实、保姆式的服务，这也是我们中国（南京）软件谷重要的软实力。”

据管委会副主任陆景文介绍，海内外凡是来中国（南京）软件谷落户的科研人员，从住房、研发资金，到孩子上学、配偶工作等都一一给予了安排。全区中小学校明确规定科研人才孩子优先考虑入学，同等条件照顾入学。财政拿出专项资金从100万到300万元不等划拨给科研人才创业。软件谷科技人才局局长孙雁飞说：“目前已经有超过200位的‘海归’人才在软件谷创业，已经入选南京市领军型科技创业计划的人数超过100人，目前软件谷是南京市在‘321人才计划’当中报名人数最多、入选率最高，也是落户企业质量最好的园区之一。”

（中国广播网2013－04－23/杨守华　朱荣康　谢群）

暨南大学成立华侨华人研究院口述史研究中心

近年来，随着相关学术研究的深入发展，我国华侨华人研究界认识到不仅要重视文献研究，更要加强田野调查研究。4 月 19 日，记者从暨南大学华侨华人研究院了解到，该院于近日成立了华侨华人研究院口述史研究中心。

中心成立后，将主要从事以下四项工作：一是收集整理 20 世纪 40～80 年代回国的海南、广东、广西、福建、云南等省区的归难侨口述资料，收集整理海归人员的口述资料，收集整理海外华侨华人口述资料和田野调查资料；二是分类整理、编辑、出版华侨华人口述资料丛书；三是建立华侨华人口述资料和田野调查数据库；四是在丰富的口述资料和田野调查资料的基础上，进行相关理论研究，发表相关学术论文和著作。同时，也呼吁广大归难侨和海外华侨华人积极参与和支持该研究中心的华侨华人口述资料的收集和整理工作。

（中国社会科学在线 2013－04－28/冯爱琴）

江苏省苏州市基层社区“微侨联”揭牌成立

昨天（2013 年 5 月 12 日）是母亲节，在（江苏省苏州市）双塔街道网师巷社区“颐寿乐居”日托所里，社区“微侨联”揭牌成立。今后，“微侨联”每年 9 月 9 日都将举办社区侨眷节，并组织社区志愿者走进侨眷家庭认干亲，通过人性化、长效性的服务，让侨眷感受到社区大家庭的温暖。

网师巷社区现有侨眷 76 人，年龄最大的已超过 90 岁，最小的 70 岁左右。这些老人的子女常年旅居海外，社区承担起照顾他们的责任：定期举办侨眷活动，帮助老人们排遣孤寂；每年春节、元宵、清明、端午、重阳等传统节日，社区工作人员都会上门看望。

在 2012 年重阳节的侨眷活动中，社区倡议的“把每年 9 月 9 日设为网师侨眷节”，得到大家的一致赞同。在此基础上，众人商量之后决定成立“网师微侨联，情牵大世界”公益组织，并将挂牌仪式选在 2013 年的母亲节，凸现“海外游子感恩祖国母亲”与“儿走千里牵娘心”的双重含义。揭牌仪式后，社工们向 30 多位侨眷母亲献花，辖区的苏州市非物质文化遗产代表性传承人陈巧文也闻讯赶来，搭炉架灶，现场为母亲们制作了苏州传统小吃梅花糕和海棠糕，并送到行动不便的侨眷家中。

（《苏州日报》2013－05－13/顾志敏　贾云）

海南琼海市外侨办处理涉侨来信　维护侨户权益

海南琼海市外事侨务办公室切实改进工作作风，取信于侨，使侨胞和归侨侨眷权益得到切实维护。

近日，琼海市外事侨务办公室接到新加坡华侨来信反映，其胞妹居住在博鳌镇中南村委会，现身有残疾，行动不便，希望政府有关部门为其办理“五保户”养老待遇。

接信后，琼海市外事侨务办公室积极派人调查处理，了解到博鳌镇政府已经按照有关规定为其办理了享受“低保”待遇手续，但因她健康状况较差，需要政府加大照顾力度。经会同博鳌镇政府磋商，按照侨务工作“十六字”方针，即“一视同仁、不得歧视、根据特点、适当照顾”，同意给予照顾，拟从原来的“低保”待遇改为“五保户”待遇，并由中南村委会逐级上报，经镇政府同意后报市民政局审批。

（中新网琼海 2013－05－14/张宏英）

四川眉山侨办发放“福慧助学金”　30名孤儿受助

近日，四川省眉山市侨办将2012—2013年度香港福慧慈善基金会资助的3.18万元助学金分别发放到了全市12名高中生、14名初中生、4名小学生手中。

香港福慧慈善基金会于2003年起在四川省眉山市捐助贫困孤儿，现已有近百名孤儿受惠。受助的学生表示，福慧慈善基金会为他们提供了帮助，一定会好好珍惜机会，认真学习，提高自己的各种能力，将来成为社会的有用人才。

（中新网成都 2013－05－14/高茜）

南宁东盟开发区首批155户归侨侨眷告别棚户区

广西南宁—东盟经济开发区消息，近日，南宁—东盟经济开发区举行棚户区改造工程（华侨城）一期搬迁安置房抽签仪式，首批155户归侨侨眷喜获新房，在办理相关手续后，首批归侨侨眷于6月搬迁入住华侨城新家。这标志着开发区“华侨城”棚户区改造工程整体搬迁工作正式启动。

仪式当天，来自各农场的老归侨们在家人的陪同下，早早来到了抽签仪式现场，怀着无比激动和忐忑的心情抽选新房房号。第二批抽签仪式也将于5月底完成，届时还有981户归侨侨眷入住华侨城。

近年来，南宁—东盟经济开发区大力实施华侨农场综合改革，并通过“以房换房”的方式让分散居住的归侨侨眷到开发区中心集中居住，使广大归国华侨和侨眷共享开发区改革开放成果，从根本上改善了归侨职工的居住条件，有效地解决了他们出行难、就医难、子女就学难等问题。目前，华侨城项目一期1 508套住房已经全部竣工。

（中新网南宁2013－05－20/徐曼）

高端“海归”医保待遇堪比局级

近日，武汉市举行2012年度“黄鹤英才计划”入选项目暨海外高层次人才社保政策发布会，会上公布了《武汉海外高层次人才社会保险工作暂行办法》（以下简称《办法》）。该办法在海外高层次人才的医疗报销、社保缴纳等方面都有所突破，相当多“海归”的待遇堪比局级干部。

医疗报销比例达95%

据悉，武汉目前包括入选国家级“千人计划”、国家“高层次人才特支计划”以及当地省、市、区等各种人才计划的“海归”高端人才约800人，其配偶和子女约2 400人。

大多数海外归国人员都不得不放弃国外优厚的社保待遇，但同时又无法享受国内社保。此次武汉市《办法》规定，海外高层次人才今后都可参加武汉市城镇职工基本医疗保险和大额医疗保险、失业保险、工伤保险和生育保险等各项社会保险，并按规定享受社会保险待遇。

海外高层次人才在职工基本医疗保险和大额医疗保险政策范围内的普通门诊、住院和在门诊治疗重症疾病（慢性疾病）的医疗费用，由基本医疗保险基金按规定支付后，再由补充医疗保险支付，报销比例可达95%。“这一报销比例相当于武汉市局级干部的标准。”武汉市人社局专技处处长曹启山说。

养老保险可一次性补缴

此次《办法》在养老保险缴纳年限上也有所突破。按照国家政策，不能花钱买工龄。但武汉市《办法》规定，赴武汉创业的海外高层次人才及其配偶、子女均可在武汉市参加企业职工基本养老保险。到退休年龄时，累计缴费不足15年的，可延长缴费年限或一次性补齐。高层次人才原在国家机关、事业、企业单位工作且符合国家政策规定的连续工龄可以计算为缴费年限，并与归国后参保的实际缴费年限一同计算。

从德国归国创业的康珞生物科技有限公司总经理胡康洪听到这个消息感到很兴奋。他告诉记者，因为自己已加入德国国籍，所以不能办理国内社保。2012年国家政策放宽，他所在的单位中科院，才给他办理了社保，但2013年已经49岁的胡康洪离退休只有12年了。这就意味着他将无法领到退休金。

此次武汉市出台的《办法》，让他看到了希望，“按照新政策，我可以一次性补齐15年，或延长支付期，这就一下子解决了后顾之忧”。

生育保险取消等待期

根据《武汉市高层次人才居住证管理暂行办法》，海外高层次人才不仅可以申请国外驾照换国内驾照、出入境及居留许可等，还有不少待遇比“市民”更优惠。比如此前的武汉市生育保险，普通市民按规定需要在缴纳费用半年后才可以享受。《办法》规定，海外高层次人才及其配偶、子女从参保次月起，就可享受生育保险待遇。

另外，海外高层次人才参加职称评定可直接申报相应等级职称，免除笔试；住房公积金自缴存当月起，即具备申请公积金贷款条件。而高层次人才子女就读中小学，武汉市教育部门将根据其意愿给予协调，保证其就读高质量学校。

（上海侨报网 2013－05－29/陈丽伟）

北京涉侨私房妥善解决　维权步入良性态势

经多年努力，在海内外影响较大的侨胞私房问题得到妥善解决。北京市侨界信访量逐年下降，归侨侨眷合法权益得到保障，涉侨维权进入了良性发展态势。北京市人大常委会副主任李昭玲30日在十四届市人大常委会四次会议上如是说。

2013年3月，北京市人大常委会成立执法检查组，利用1个月时间，深入归侨侨眷聚居较多的地区，听取了市政协港澳台侨委、致公党北京市委、市侨联等机构和侨界代表的意见和建议，形成了市人大常委会执法检查报告，以及市政府落实《归侨侨眷权益保护法实施办法》的书面报告。

该报告指出，近年来，归侨侨眷和华侨依法参政的权利得到有力保障，归侨侨眷和华侨担任市和区县人大代表、政协委员的人数逐年增加。据不完全统计，仅第十四届市人大代表中，归侨、侨眷代表就有18人，比上一届多了一倍。几年来，侨界人大代表先后提交议案700多件，涉及经济、教育、卫生、科技等领域，引起市政府的高度重视。

北京市人大执法检查组调研发现，《归侨侨眷权益保护法》实施至今已有8年，有的规定与当前首都新形势、新侨情不适应，有的缺乏实施细则，对于新近出现的归侨子女入学监护人身份认可、侨资企业合法权益保护、街道社区侨联建设等问题，该办法都没有作出明确规定，这导致执行中缺乏法律依据。

执法检查组建议，北京市政府应加强侨情调查研究，将东城区作为侨情调研示范区，通过调查摸底，对全市归侨、侨眷、侨胞和留学人员以及侨资企业等各类群体，有一个比较全面的掌握，并以此建立一个科学、系统、完备的北京侨情基础数据库。

执法检查组还建议，在归侨、侨眷和华侨聚居的社区，适时建立基础侨联组织，安排一定比例的社工参与街道、社区的为侨服务。在侨资企业、留学人员企业较为集中的区县，建立各类协会分会或留学人员联合会分会，把侨胞和留学人员组织起来，发挥其在经济和社会建设中的作用。

（中国新闻社北京 2013－05－30/于立霄）

广东涉侨立法先行先试　抓紧制定华侨权益保护法规

全国人大华侨委员会副主任委员令狐安、黄华华率调研组近日在广东调研归侨侨眷权益保护法及相关法律实施情况。从昨日（2013 年 5 月 30 日）的调研座谈会上获悉，广东省正在抓紧制定华侨权益保护的地方性法规，争取用 2 到 3 年时间完成全部立法工作。省人大常委会副主任雷于蓝主持召开座谈会，副省长招玉芳向调研组汇报了广东省归侨侨眷权益保护情况。

广东省有 23 个华侨农场，人口 30.6 万，占全国侨场的 49%，过去作为广东省归侨侨眷聚居的一种特殊模式。华侨农场目前产业发展态势良好，农场体制正逐步融入地方。

据介绍，广东省财政从 2012 年到 2015 年每年安排 3 000 万元重点用于扶持华侨农场产业结构调整。目前，广东省 23 个侨场已有多个设立镇（街道）或并入周边镇，部分设立管理（经济）区，其中两个分别设立国家级新区、省级经济开发区，1 个还改制成了企业。

数据显示，2012 年全省侨场区域实现工业总产值超过 1 200 亿元，比 2008 年增长 1.7 倍；华侨农场人均生产总值达 5 万元，比 2008 年增长 1.5 倍；人均纯收入达 11 066 元，比 2008 年增长 85%，略高于全省农村居民人均收入；侨场职工养老保险、医疗保险基本实现应保尽保。

“华侨农场改革发展已纳入省政府重点督办事项。这将推进侨场体制改革，确保到 2015 年华侨农场能实现体制融入地方、管理融入社会、经济融入市场，在财政、规划、政策上‘三统一’，把华侨农场建设成为统筹城乡发展的示范区。”招玉芳说。

（《南方日报》2013－05－31/辛均庆　彭晓慧　任宣）

南京等城市将成留学人员回国发展第二波集聚地

欧美同学会副会长、全球化研究中心主任王辉耀介绍，1978—2012 年，我国留学回国人数为 109.13 万人。2009 年，“海归”人数首次突破 10 万人，比 2008 年增加 50% 以上。近 5 年回国的留学人员达到近 80 万人，接近前 30 年的 3 倍。特别是 2012 年，留学人员回国数量达到 27.29 万人，同比增长 46.57%。对于这个现象，国家人力资源和社会保障部部长尹蔚民形象地称之为“有史以来最大的‘回国潮’”。

这批海外留学人员回国，直接带回世界领先科学技术。有数据显示，中科院 81% 的院士、中国工程院 54% 的院士都有留学经历；党中央、国务院、中央军委授予“两弹一星功勋奖章”的 23 人中，留学归国学者有 21 人。

留学归国人员回国创建了一大批高科技企业，直接推动国内在新技术、互联网、电子通讯等诸多领域发展。我国在欧美股市上市的高科技公司，绝大部分是由留学人员创办和管理的。目前，全国已建立留学人员科技创业园超过 160 家。以最著名的中关村科技园为例，已聚集“海归”人才1.5万人，创办高新技术企业超过5 000家，企业注册资金总额累计超过50亿元。

根据中国与全球化研究中心2013年对700多位“海归”的调查看，回国就业城市中，北京、上海、广州、深圳等大城市约占60%。由于中国一线发达城市人口急剧膨胀，加上大城市激烈的竞争环境和饱和的市场，包括南京在内的长三角等地将会是留学人员回国发展的第二波集聚地。

（《南京日报》2013－06－04）

企业“海归”人才有了新选择　萌生教书育人梦　退出商海进校园

近日，吉利集团副总裁、研究院院长赵福全正式宣布离职的消息让人大吃一惊。不久之前，稳健的“海归”派郐学斌也从北汽福田离职。许敏、祁国俊、赵福全、汪大总、郐学斌等诸多知名“海归”人士相继离开企业，这也引发业界关于“海归”归宿的争论。

有些“海归”退出企业以后很快找到了新的归宿——高校教育。虽然他们投身教育的方式各不相同，但都心存为社会培养更多高级人才的愿望。

赵福全曾表示，他选择的下一站是清华大学。他认为，虽然在企业一线能发挥自己的特长，但是跟高等院校合作能在更宽阔的空间和更高的层面继续为中国汽车产业作出自己的贡献。他说：“我不想再单单服务于某一个企业，而是想服务于全行业，甚至辐射到其他产业。”

更早离开奇瑞集团的许敏作出的选择更加明确，就是教书育人。现在他已经在上海交通大学任职多年，致力于汽车人才培养。许敏预测，在未来一段时间，汽车高端人才的需求竞争会更加激烈，人才将是我国汽车行业未来发展一个较大的瓶颈。

清华大学的相关负责人李主任表示，“海归”退出企业后与高校合作或者直接到高校任职，这种角色转变还没有形成成熟的模式，首先要看企业内的高级“海归”人才是否有这种意愿。如果他们希望到高校参加教育工作，学校当然热烈欢迎，会尽力提供教学和科研所必需的设备和条件。

在谈到学校引进企业内的“海归”人才重点关注哪些能力和品质时，李主任说：“这方面学校没有制定硬性标准，但是从之前引进的人才来看，他们都是在各自的领域内作出过突出贡献的杰出人才，亲自参与的重大科研成果在企业内部付诸实践时取得了较好的效果。”

同时他还指出，这种角色转变并不能普遍适用于所有教学领域。目前高校对企业“海归”人才的引进主要集中在建筑、机械工程、工商管理、土木水利工程等实用性更强的工科领域。

（《人民日报·海外版》2013－06－06/王静）

福建再次面向海外招聘高层次人才

福建省委组织部、福建省公务员局透露，福建将面向海外招聘高层次紧缺人才1 824人。这些高层次人才岗位中，最高年薪达500万元人民币，10万元及以上薪资的岗位有665个，高薪岗位数为历年之最。

福建这次招聘的高层次岗位包括电子信息、装备制造、生物医药、新材料、新能源等学科领域的技术和管理人才。除了薪资外，福建还将对高层次人才给予资金、股权等方面的资助或激励，并在住房、医疗、配偶子女就业等方面提供保障，对海外引进并入选福建省“百人计划”的高层次人才，将给予200万元人民币的补助等手段作为奖励。

据介绍，5年来，福建共引进海内外高端人才1万多人，对福建社会经济发展起到了积极的推动作用。为吸引海外各类人才来闽，福建2010年起还在美国、香港、澳大利亚等地区陆续建立了10个引进人才联络站，发布引进人才政策和需求信息，并适时组团赴海外人才密集的地区开展人才招聘活动。

（中国广播网 2013－06－07/陈定川）

北京市人大建议依法设立侨务专项奖

“以市政府名义设立侨务奖，重要的不是奖金，而是体现了党和政府对归侨侨眷的关心。”日前，北京市人大常委会在审议《归侨侨眷权益保护法》执法检查情况报告时，纷纷表示支持设立市级侨务专项奖励表彰这一建议。

这是北京市实施《归侨侨眷权益保护法》办法修订8年来，北京市人大常委会首次对执法情况进行检查。从检查情况看，全市共有40多万归侨侨眷和侨资企业1万多家，在京华侨华人专业人士及留学回国人员有10万多人。华侨归侨侨眷在首都经济社会发展中作出了重要贡献。来自107个国家和地区的35万余位华侨归侨侨眷共同为北京奥运会“水立方”工程建设捐资9.4亿元，侨界人大代表和政协委员为首都发展提交议案、提案700多件，市、区政府建立困侨帮扶机制，8年来共发放慰问金249万多元。

市人大检查提出，《归侨侨眷权益保护法》中规定的“对在社会主义建设中有突出贡献的归侨、侨眷，对维护归侨、侨眷合法权益作出显著成绩的单位和个人，人民政府应当给予表彰和奖励”这几条，各级政府研究和贯彻落实还不到位。市政府侨办表示，目前实际工作中主要是通过人事安排、媒体宣传等方式来体现奖励表彰，尚未设立专项表彰奖励办法，这是当前侨务工作中存在的一个重要问题。另外，困侨帮扶、归侨侨眷升学等方面具体的执行措施，也有待在下一步工作中完善细化。

（《北京日报》2013－06－09）

山西“百人计划”引海外人才197人

近日，随着第六批62名海外高层次人才名单的审议通过，山西“百人计划”引才人数已达197名。这些海外人才除了获得省财政资助的最高100万元的生活补助费之外，还将作为山西特聘专家，跻身山西省委联系的高级专家之列。

2009年，山西省实施“百人计划”，引进重点领域急需的海外高层次人才，受聘于山西部分高校、高新技术开发区，每年累计在晋服务时间不少于6个月。这些一流人才的引进，将为山西经济社会发展发挥重要作用。

经过近4年的努力，山西人才引进不仅提前达到预期目标，而且在引才数量上实现了翻番。海外人才服务的领域涉及装备制造、社会事业、煤化工、医药卫生、服务、动漫、能源电力等关键产业和领域，几乎覆盖了山西省所有传统产业、新的支柱产业和新兴产业。

（《中国教育报》2013－06－12）

张家界市侨联全面完成侨情调查工作

为全面了解和掌握张家界市新侨情，深入分析海内外侨情新变化，摸清张家界市的侨务资源，掌握重点侨情，更好地服务张家界经济社会发展，根据省侨联《关于开展侨情调查的通知》精神和要求，2013年3月份以来，张家界市侨联成立了课题调查组，通过对市直属机关单位和4个区县调查走访与座谈等方式，认真开展了在全市范围内的侨情调查活动，基本摸清了海内外侨情底子，并形成了《张家界市侨情调研报告》、《张家界市贫困归侨侨眷调研报告》、《张家界市侨联组织机构调研报告》3份调研报告。

张家界市现有海外侨胞2 041人、归侨侨眷10 309人（其中归侨4人）、港澳同胞459人、重点贫困归侨侨眷224人、特困侨眷5户、侨资企业8家。海外侨胞主要通过留学、劳务、移民、经商、婚嫁等方式出国定居，主要分布在美国、加拿大、澳大利亚、英国、日本、非洲等66个国家和地区，从事行业包括教育、科研、医疗、餐饮、建筑、金融、旅游、传媒、计算机等18个领域。

张家界市虽然是一个内陆地区，但华侨历史源远流长。特别是改革开放以来，广大海外侨胞十分关心和支持家乡建设，积极投资兴办实业和捐资支持公益事业，为全市经济社会发展作出了积极贡献。近年来，随着金融危机和欧债危机的影响，华侨在外经营的行业受冲击也越来越大，许多侨胞把眼光投向祖国，华侨要素回流已逐渐形成趋势。根据侨情调查分析，结合当前张家界市开展的“双联双解六攻坚”主题活动，吸引和促进华侨要素回流，积极利用侨务资源，将对张家界市经济社会发展起到积极的推动作用。

（张家界政府公众信息网2013－06－16）

上海松江区侨商会开展“侨商看侨商”活动

据上海市松江区侨办介绍，上海松江区侨商会日前在此间组织10余位会员开展了“侨商看侨商”活动，参观了两家会员企业——上海乔佩斯时装有限公司和上海天喔食品（集团）有限公司。

活动首先参观了乔佩斯时装有限公司，公司总经理、侨商金敏详细介绍了企业的基本情况和业务特色。中共松江区委统战部副部长、区侨办主任、侨联主席徐明对公司目前的良好发展状况表示了赞扬，他说：“乔佩斯时装有限公司在金敏总经理的带领下，积极提升业绩，努力扩大产能，为其他企业发展树立了榜样。”

参观天喔集团时，公司董事长、侨商林建华热情接待并带领大家参观了研发中心、生产车间和包装车间，向大家介绍了公司的生产经营情况以及企业未来的发展方向。侨商们就企业发展瓶颈、企业转型发展方向以及未来企业创新发展交流了个人的思路和想法。

大家一致认为，参加“侨商看侨商”活动，更好地增进了会员间的互相了解和沟通，让广大侨商学习其他优秀企业的经营模式和创新思路，为侨企的发展创造了条件，提供了帮助，希望今后分会能够定期举办此类活动，更好地为广大侨商发展服务。

（中新网上海2013－06－17）

中关村一年吸纳“海归”1.6万人　对境外直接投资高速增长

中关村国家自主创新示范区吸纳国际化人才的能力逐步增强，2012年聚集的留学归国人员数量达到1.6万人，同比增长了17.5%，比5年前的2008年增长了一倍多。其中，拥有硕士及以上学历的留学归国人员数量增至1.2万人，占留学归国人员总数的比例上升至77.1%。

记者从北京中关村管委会获悉，随着人才特区战略的深入推进，中关村积极拓展高层次人才引进渠道，汇聚众多海外高端智力资源。截至2012年底，中关村人才特区共有604人入选“千人计划”，较上年增加114人，占北京地区入选总人数的78%，占全国入选总人数的21%。

与人才“回流”同步的是企业“走出去”。受国际金融危机和主权债务危机影响，欧美市场复苏乏力，为中关村企业的海外并购提供了新的市场契机。2012年示范区海外并购案例数达到14起，较2011年增加5起，其中并购加拿大企业4起，并购香港地区和美国的企业各3起。中关村对境外直接投资也连续两年有高速增长。2012年示范区有296家企业开展境外直接投资，较2011年增加了108家，对境外直接投资额高达331.9亿元，较2011年增长了1.1倍。这在2011年迅猛增长基数较高的背景下，仍保持持续快速上升态势。同时，2012年，示范区143家企业在境外设立的分支机构共计457家，较上年增加了186家。

（人民网2013－06－19/余荣华）

海外新侨崛起　厦大设“新侨研究院”

厦门大学海外教育学院/国际学院院长郑通涛教授20日向中新社记者透露，厦大已批准依托该院设立新侨研究院。

当前，中国海外侨情发生一系列变化，尤其是新华侨华人数量剧增、分布更广，他们同当地华裔新生代一起，正逐步成为华侨华人社会的主体。

郑通涛教授表示，新侨研究院将整合全球新侨研究力量，专注这一特殊群体的发展，开展专门针对新华侨华人群体的构成特点、分布状况、发展趋势、具体案例等的调查研究与理论探索。

目前，该新侨研究院已组建了一个由该校20余名专家学者及技术人员组成的新侨侨情信息资源数据库平台系统建设的研究团队，按世界五大洲和不同区域国家新华侨华人群体的特征、构成与分布现状分组展开工作。“首届新侨国际论坛”也在加紧筹备，将于2013年9月举行。

近年来，新侨投资在中国各地引进利用的外资中占有的比重越来越大；在海外高端人才引进方面，新侨更是独占鳌头。

郑通涛表示，该院近期主要着手开展新侨侨情的调查研究，建立新侨侨情数据库、新侨人才资源库和新侨侨团机构库；设立一个新侨研究专业网站，每年推出《新华侨华人发展研究年度报告》，出版《新侨研究》专刊；服务于新侨的教育，包括学历与非学历的教育、来华留学与远程教育。

据透露，新侨研究院面向东南亚新侨开展华文远程本科学历教育的方案，最近已获国侨办批准，首批将招收200名学员。新加坡南洋理工大学目前正与该院探讨合作开展网络远程学历教育的相关事宜，将面向新加坡三四十万各类新侨人员开放，开设的专业将不限于华文，还包括商贸、金融、管理、国际商务、酒店/旅游管理等专业。

（中新网厦门2013－06－20/杨伏山）

广东省茂名市侨胞助村建设捐款超亿元

近日，（广东省）茂名市“万侨助万村”工作会议日在高州召开。会议交流了各地开展“万侨助万村”的工作经验，强调要把此项活动作为全市外事侨务系统服务经济建设的重要抓手，进一步擦亮这个工作品牌，不断扩大外事侨务工作的社会影响力。

据了解，自开展“万侨助万村”活动以来，茂名市发动侨胞用于助村建设的捐款超过1亿元，在高州、电白、茂南等县（市、区）相继建成了“侨爱运动场”、“侨爱幼儿园”、“侨爱学校”、“侨爱路”等。到目前，全市累计建成“侨爱项目”8个，其中，在全省率先建设以整村推进为特色的“侨爱新村”高州五里岭村。2013年茂名市重点推进的“万侨助万村”项目落实为曹江镇凤村村委会竹坑村建设“侨爱新村”项目。竹坑村经过全面规划现已显现出一派现代新农村的景象。

（《茂名日报》2013－06－25）

江苏盐城年度综合考核突出“人才引进”权重

据盐城侨办消息，近日，盐城市委、市政府制定出台年度目标任务综合考核意见，进一步突出人才在综合考核中的权重。

意见规定，县（市、区）综合奖将人才专项资金占上年公共财政预算收入比重、申报入选省“双创”人才等具体指标量化纳入考核内容。同时规定，县（市、区）引进国家“千人计划”人才前来创业和所引人才入选国家“千人计划”的，每一人等同引进一个投资5 000万美元外资项目，予以加分。

近年来，盐城不断完善“一把手”抓“第一资源”工作机制，在全国率先评选表彰“人才工作好领导”，组织县（市、区）党政主要领导与市委书记签订2013年度《党政正职履行人才职责目标责任书》，并进行人才工作专项述职。得益于“一把手”的高度重视和优先推进，盐城人才工作保持了加速发展的势头。

2012年，盐城首次赴美国、加拿大招才引智，人才国际化取得重大突破，引进并成功申报国家“千人计划”专家两人，打破“零”的纪录；引进外籍院士3人，建成一家跨国技术转移中心。全年引进各类高层次人才2.6万名，其中获省以上重点人才项目资助的人才147名，获专项资助2 759万元，为沿海开发和科学发展提供了有力的人才智力支撑。

（中新网盐城2013－06－28/刘高山　马桂龙）

《世界侨情报告：2012—2013》在暨南大学首发

由暨南大学国际关系学院/华侨华人研究院研究人员倾力撰写、暨南大学出版社出版的《世界侨情报告：2012—2013》首发式2日在暨南大学举行。

中国国务院侨办副主任何亚非、五邑大学副校长张国雄教授、中国全球化研究中心主任王辉耀教授、新加坡南洋理工大学人文学院院长刘宏教授等30余位专家、学者参加了首发式。

与2012年报告相比，2013年报告不但增加了10余个国家的侨情报告，还增加了专题板块，涉及华人认同、移民治理、华人参政及华侨华人专业社团与中国创新体系建设等内容。该书作者基本是暨南大学和中国国内其他研究机构的专业研究人员。该书为中国政府部门和相关研究学者了解世界范围的侨情，为新时期中国侨务工作相关政策的制定提供了专业性参考。

据了解，暨南大学是中国内地华侨华人研究的重镇。随着全球化时代的到来，世界各国华侨华人群体在数量上不断增加，其生存状况也变得越来越复杂和多元化。为了更好地反映这些变化和发展，研究新情况、新问题，暨南大学华侨华人研究院决定从2012年起每年出版一本《世界侨情报告》。

（中新网广州2013-07-02/郭军）

小卡片大作用　郑州管城侨联零距离服务侨眷

近几天来，对河南郑州市管城区的侨眷侨属来说，他们一直在沉浸在幸福和感激中。记者在采访中得知，他们日前都收到了一份特殊的礼物——由管城区侨联发放的《便民服务卡》和《为侨服务手册》。

今年已70有余的王师傅是早年的泰国归侨，得知笔者是采访的记者时，他赶忙拉着记者的手，连声说：“这下好了，有了这个服务卡和服务手册，就像侨联的同志时时刻刻在我们身边一样，以后办事就更方便了。”

在采访现场，记者见到了郑州市管城区侨联副主席陶琼，问及此事，陶告诉记者：“针对近年来我们区老归侨年龄逐渐增大、行动不便，新侨分布较为分散、难以集中的情况，为更好、更便捷地为他们提供服务，我们就为归侨侨眷、海外归国人员制作和发放了这种《便民服务卡》和《为侨服务手册》。”

交谈中她随手拿出一份服务卡和服务手册向记者介绍说：“这些服务卡是小区分片包

干的社居委干部特意上门发的，上面印有区侨联服务电话、社区服务中心的电话等，有什么需要拿起电话就能联系，不用再跑腿了。目前已开展的预约上门服务有维修、体检、家政等，随叫随到，非常贴心。”

记者翻阅了《为侨服务手册》，发现这个服务手册不仅印刷精美，而且内容丰富实用。内容涉及中华全国归国华侨联合会章程、管城区侨联的基本情况、涉侨身份确认知识、优惠政策、法规，政府招商引智服务指引，工商、税务环保服务指南等。整个手册实用性强，海外华侨、华人及其新生代关心的大多数问题，都能在这本服务手册中找到答案。

（中新网郑州 2013 -07 -05/李朝栋）

庆祝“侨批档案”入选“世界记忆名录”　江门五邑银信邮展开展

为庆祝“侨批档案”入选“世界记忆名录”，7 月 7 日上午，江门市集邮协会在市集邮旗舰店举办江门五邑银信专题邮展系列活动。

本次活动特邀五邑大学副校长张国雄教授、刘进博士到场作专题演讲，向与会者诠释“五邑银信”文化底蕴。同时，由获得“珠海 2013 第三届东亚集邮展览”大镀金奖的作者罗达全介绍其创作的获奖邮集《广东五邑银信（1885—1949）——邮政寄递的侨批》。这部作品是我市集邮史上获奖最高的邮集，也是以江门五邑地区为题材的邮集中所获得的最高奖。活动期间，主办方还举行了一场协会内部小型邮品拍卖会。

这次邮展共展出 7 框侨批（银信）精品，内容丰富，特色鲜明，向广大市民展示了每件邮品所蕴含的文化底蕴及深刻内含，同时让市民从中学习到更多的邮品和集邮知识。

（《江门日报》2013 -07 -08）

广东华侨农场土地招商推介会在港举办　签约外商投资超 44 亿

昨日（2013 年 7 月 10 日）下午，由广东省人民政府主办的广东省华侨农场土地招商推介会在香港举行，省委常委、常务副省长徐少华出席推介会并致辞，全省 21 个地级以上市和顺德区政府、各华侨农场负责人参加了活动。香港工商企业界近 500 名客商参会，现场达成投资项目协议 28 个，逾 80 亿元人民币，其中现场签约 17 个外商投资项目，投资额达 44. 6 亿元，最大项目投资额超 10 亿元。

徐少华指出，广东是全国华侨农场最多、安置归难侨最多的省份。广东省历来高度重视华侨农场的改革发展，特别是 2008 年以来，省政府因地制宜创新思路、积极推动出台政策、不断加大资金投入，推动华侨农场体制改革实现重大突破，经济社会发展取得了长足进步，整体呈现出良好的发展势头。

徐少华表示，广东华侨农场集区位交通优势、土地资源优势、劳动力资源优势、投资环境优势于一体，发展潜力极大，发展前景广阔，成为海内外客商投资兴业的新平台。区位交通方面，所有华侨农场均与已建和在建的高速公路相连，距离区域主要枢纽港不到30公里，内河航运通达率达90%；土地资源方面，广东23个华侨农场用地总面积超过110万亩，是目前全省国有土地储量最大的特色区域，适宜进行统一规划、统一开发、统一管理，实行集约化发展经营；劳动力资源方面，侨场适龄劳动力纳入农村劳动力免费职业技能培训，实现“一户一技能”，劳动力素质得到明显提升；投资环境方面，华侨农场的开发建设才刚起步，生态环境良好，可投资的领域广泛。希望广大港澳企业家和侨商通过推介会，进一步加深对华侨农场的了解，积极参与到项目建设中去，在促进华侨农场改革发展的同时，不断获得良好的经济回报。

（《南方日报》2013－07－11/黄颖川　符信　吴苗）

浙江宁波镇海区侨情调查力求做到“三个全覆盖”

为认真贯彻浙江省宁波市和镇海区关于开展基本侨情调查工作的通知要求，镇海区就侨情调查工作提出了“三个全覆盖”的工作要求。

宣传工作全覆盖。在《今日镇海》开辟专版，宣传侨情调查工作，普及相关侨务知识。各镇、街道和村（社区）则利用墙报、电子显示屏及悬挂横幅、分发告知书、召开座谈会等形式，深入广泛地开展侨情调查宣传工作，使侨情调查工作家喻户晓，也为下阶段群众，特别是侨界群众积极配合侨情调查工作打下良好基础。

培训工作全覆盖。该区在3月初就召开了全区基本侨情调查工作动员大会，并组织各镇、街道宣统委员，侨联主席等到浙江鄞州实地学习。5月初举行了100人参加的全区侨情调查工作培训会，本次培训会还邀请了镇海炼化、石化三公司、宁波石化经济技术开发区等单位参加。6月底又召开机关事业单位侨情调查培训会，全区60余家机关事业单位负责人事的干部参加了培训。侨情调查工作领导小组成员还应邀到重点街道、机关如招宝山街道、住房和建设交通局等地开展针对性的培训和座谈。各镇、街道都分层、分类开展了培训活动。

调查工作全覆盖。针对该区省部级大工程单位多及机关事业单位人员上班在镇海、居住在宁波等地的特点，及时进行沟通并指导在镇大工程单位开展调查。要求机关事业单位人士干部对本机关涉侨人员进行全面排摸，基本构成了区、镇、村，大工程单位，机关人员三层基本侨情调查工作网络，涉侨人员宁可重复也不要错过，基本保证了侨情调查工作信息不遗漏。6月下旬，各镇、街道完成了全面排摸工作，入户调查工作已经全面铺开。

（浙江侨网2013－07－11）

甘肃省出台规定规范留学回国人员落户问题

昨日（2013年7月11日），记者从省人社厅获悉，近年来随着我国（中国）经济、社会的快速发展，大量留学人员选择回国发展。为切实做好部分人员的落户工作，妥善解决以往出国（境）前已注销常住户口，且未在国（境）处入籍、定居的留学人员的回国落户问题，甘肃省重申并明确有关政策，规范留学回国人员落户问题。

对于回国后欲在原户口注销地恢复户口的留学人员，辖区派出所可以凭回国留学人员最后一次回国时持用的中国护照，依据原户口注销登记直接办理恢复户口手续；理由正当，需要在本市、县内其他派出所辖区登记户口的，落户地派出所可以凭回国留学人员最后一次回国时持用的中国护照及原户口所在地派出所出具的户口注销证明（证明中应载明户口注销前户口登记的详细内容），办理落户手续。在具体程序上，对于已在当地取得产权住房的，可在原住房所在辖区派出所恢复户口；对于没有产权住房的，可以其本人在当地按直系亲属、旁系亲属、朋友以及原工作单位的先后次序，凭有关当事人或单位出具的同意该申请人迁入本户的书面证（声）明材料以及申请人的相关材料恢复户口；对于不具备上述条件的申请人，准予其凭上述证明在当地保存其档案的人才中心落户。

（中国甘肃网 2013 - 07 - 12/张萍）

陕西西安侨资企业超1 700家　大批“海归”创业项目落户

昨日（2013年7月12日），陕西省西安市人大常委会执法监察组对西安市贯彻实施《归侨侨眷权益保护法》的情况进行执法检查。记者获悉，西安市现有归侨侨眷、华侨华人眷属13万余人，全市现有侨资企业达1 700余家。

据了解，西安市现有海外华侨华人13万余人，主要分布在四大洲的62个国家和地区。海外留学人员来西安创业和工作的有2 600余人，主要集中在西安留学生创业园和省属大专院校。近年来，西安市认真贯彻实施《归侨侨眷权益保护法》，依法为归侨侨眷办实事。市教育局在学生义务教育阶段，华侨适龄子女按当地居民子女对待为其办理入学手续，归侨学生、归侨子女、华侨子女学生在中考时按特殊考生降低10分录取，现已先后为26名“三侨考生”办理了升学优录手续；市外侨办坚持走访侨资企业，主动帮助华侨华人解决回国定居、子女教育等实际问题，每年为270余名归侨和贫困归侨侨眷发放生活补助救济金和慰问金50余万元。2012年，西安市加大了扶贫力度，发放慰问金达86万余元。

全市组织“侨资企业西部行”，邀请海内外华侨华人近万人次来西安参观访问和洽谈经贸合作，达成一批合作协议和合作意向，促进了海外侨胞同西安的合作与交流。高新区“西安留学人员创业园”的建立促成了大批海外留学人员创业项目落户西安。目前，已累计引进美国、加拿大、德国、英国等20多个国家的846名留学人员，创办留学人员企业680家，正在孵化的高科技项目达400多项，大部分处于国内领先水平，其中30%的项目达到了国际先进水平。近年来，共有460家留学人员企业项目被列为国家和省市各类科技计划，获得支持资金累计1.8亿元，800余项创新项目得到技术支持。

同时，西安市还引导海外侨胞参与捐资助学和公益事业活动。目前，海外华侨、港澳同胞已为西安捐赠70多个项目。其中，捐建侨心小学33所，捐建图书馆、科技楼共9处，提供奖（助）学金和扶困助残公益金项目25个，累计捐助资金达5 685万元人民币。

（《西安日报》2013－07－15/拓玲　邢文捷）

山东省东营市朝鲜归侨热心公益　累计捐资超600万

近日，山东省东营市侨资企业——东营华侨橡塑有限责任公司向侨益助学中心注资5万元，用于资助贫困学生。东营华侨橡塑有限责任公司是朝鲜归侨李云章创办的侨资企业。据不完全统计，目前李云章已累计向社会公益事业捐资600多万元，吸纳了800多名归侨侨眷就业。

2002年，为帮助贫困归侨侨眷子女上学，他出资筹备成立了“东营市侨益助学中心”，资助贫困归侨侨眷子女学生近200名，还主动吸收安置三峡移民13名，向希望工程、灾区捐款总计100多万元。

几年来，李云章先后投入资金300多万元支持家乡的新农村建设。在“万侨助万村”活动中，他主动联系经济发展较慢的两个村，为村里完成了路面硬化、三网绿化、文化设施建设等多项工作。2013年他为李桥西村等3个村庄安装了纯净水机、健身器材、建设了农村文化娱乐中心等。

（山东侨务网2013－07－18）

广州招才引智成效显　3.5万“海归”创业产值超10亿

广州留学回国专业人士已经达到3.5万人，创办企业1 700多家，留学人员回国创业创办的高新科技企业产值已经超过10亿元。

这是记者昨日（2013年7月18日）在广州市人大代表视察侨务招才引智工作时了解到的。

禾信质谱是广州开发区引入的国家“千人计划”创业企业。团队负责人介绍，其研发的质谱仪器对灰霾等污染现象可以做到实时监测，不仅可快速锁定污染源，还能准确判断出是“谁干的”。以2013年4月他们对萝岗区龙光小区散发多时的臭气进行溯源为例，不仅追出“罪魁祸首”是旁边的兴丰垃圾填埋场，还“揪出”另一污染源是一电缆厂。

广州市侨办表示，下阶段将借鉴国内其他城市的成功经验，加强经费资助，设立“海外引智工作站”，引入专业中介机构，对“海归”创业者提供全程贴身服务，解决创业者的后顾之忧。

（《南方都市报》2013－07－19/李拉　李家燕）

2013年上半年浙江宁波市获侨界捐赠额达2 218万元

2013年以来，浙江省宁波市侨办以“夯实基础、涵养资源、延伸服务、创新举措”为目标，积极引导海外华侨华人和港澳同胞参与宁波市经济和社会发展建设，极大地激发了他们爱国爱乡热情，呈现出较强的捐赠势头。截至6月30日，海外华侨华人和港澳同胞捐赠该市教育、卫生、社会公益业项目达49项，捐赠额达2 218万元人民币。

捐赠工作是一项利国利民的重要工作，也是弘扬侨胞爱国爱乡、造福桑梓的优良传统，是建设美丽中国不可或缺的有生力量。当前，宁波市侨务系统捐赠工作主要有三个特点：一是华侨华人和港澳同胞捐赠热情依然强劲，捐赠额继续保持在稳定水平；二是教育领域的捐赠仍然占据主导地位，上半年49个捐赠项目中，教育项目有18个，占36.7%；三是捐赠的社会效应扩大，海外华侨华人和港澳同胞不仅出资救灾济贫、捐赠社会福利项目，而且还积极参与捐助新农村建设和文化事业发展项目，对该市的社会发展和美丽乡村建设起到了积极的推动作用，取得了良好的社会效应。

（浙江侨网2013－07－23）

河南洛阳侨联组织117名老归侨免费体检

为深入把握开展党的群众路线教育实践活动总体要领，日前，河南洛阳市侨联机关人员组织117名老归侨进行免费体检。

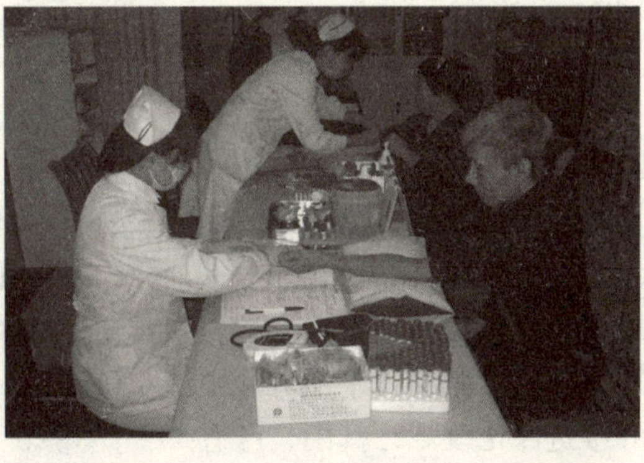

当日，117名老归侨在洛阳市侨联机关人员的陪同下进行了血检、腹部B超、胸透、内科、外科、五官科、心电图等多种体检项目，为老归侨掌握自身健康状况提供了切实可行的帮助和指导。体检活动结束后，洛阳市侨联有关负责人还为老归侨们安排了可口的营养早餐。

老归侨们一致认为，洛阳市侨联一直都关注他们的健康情况，每年都为他们精心安排一次健康体检活动，让他们感受到了侨联组织的关爱，这也是洛阳市侨联真心实意惠民生的具体体现。此外，老归侨们对洛阳市侨联多年来对他们的关心和照顾表示感谢，他们将继续保持身体健康，为侨联事业的发展多作贡献。

身体是革命的本钱，健康是幸福之源。洛阳市侨联有关负责人希望老归侨保护好身体，以健康的体魄为洛阳市的发展献计出力。此外，他们将继续做好为侨服务工作，充分发挥侨联的桥梁纽带作用，积极推动“爱侨、助侨、护侨”活动的开展，切实维护好归侨侨眷的合法权益。

（中新网洛阳 2013－07－25/王秋兰）

10 名华侨受聘为杭州侨村永安村海外顾问

“祖国正在大力建设美丽中国，杭州正在开展‘美丽杭州、你我共建’活动，这一切都需要牢固树立环境优先战略，新侨村的建设尤其如此。”

正在慷慨陈词的王春和是在德国慕尼黑从事餐饮业的一名华侨。7 月 26 日这天，他被自己的家乡——桐庐县瑶琳永安村聘为新侨村建设海外顾问，同时被聘用的还有王惠珍等其他 10 位在海外创业的村民。

走进永安村，26 幢欧陆风情的联排集聚房尤其引人注目，这是农户集居点建设项目，现已全部建好，有的农户已开始搬进新居。该村党委书记江高平介绍说，在顾问团筹备期间，王春和等侨胞就积极为新侨村建设建言献策，当时房子的设计图都出了好几种，目前，这 20 多幢房子成了当地的标志性建筑，甚至有不少外村青年慕名而来，把这里作为拍摄婚纱照的取景地。

永安村是杭州市唯一的侨村，全村现有旅德（德国）、旅奥（奥地利）、旅意（意大利）、旅西（西班牙）等国的华侨 73 人，侨眷 300 余人，基本上都从事餐饮业。作为此次海外顾问团团长的王春和是永安村第一个出国到海外谋生的人。1972 年，他赴德国慕尼黑从事餐饮业，从给别人打工，到几经艰辛创立了永安村民在海外的第一家餐馆，此后几年，王春和陆续带领亲戚、村民到德国一起创业。

（《杭州日报》2013－07－29）

广西华侨农林场改革发展取得新进展　实现属地管理

广西华侨农林场改革发展取得新进展。自广西壮族自治区人民政府出台《关于进一步加快华侨农林场经济社会发展的决定》以来，广西华侨农林场不断加大工作力度，创新工作方法，按照“体制融入地方、管理融入社会、经济融入市场”的目标，深入推进华侨农林场改革和发展工作，取得了新的进展和突破。

——体制融入了地方。广西全区 22 个华侨农林场已全部下放所在地实现属地管理，并推进深化改革，其中，已有 17 个华侨农林场设立华侨管理区或经济开发区，两个纳入周边乡镇管理，1 个设立瑶族乡。2013 年 3 月，国务院正式批复南宁—东盟经济开发区升级为国家级经济技术开发区，并更名为广西—东盟经济开发区。

——管理融入了社会。分离办社会职能工作全面完成，社会保障基本实现应保尽保。至2012年12月，华侨农林场职工参加养老保险人数为4.45万人（含离退休职工），占应保人数的97%；有12.32万人参加了医疗保险，占应保人数的97.7%；符合城乡低保条件的居民全部纳入低保范围；农林场农业生产人员纳入农村扶贫救济补助范围。

——经济融入了市场。2012年华侨农林场经济增长保持较高水平，产业开始向高附加值、集约化、规模化发展。2012年，全区华侨农林场实现社会总产值257.5亿元，农场生产总值（农场GDP）89.11亿元；年人均纯收入7 953元，归难侨年人均纯收入7 784元，比全区农民年人均纯收入分别高出1 945元和1 776元。

——政策已全面惠及。各项农机、农业生产用油补贴等已覆盖华侨农林场；对于符合政策规定的华侨农林场土地治理项目和农业综合开发项目给予择优扶持。渠黎等4个华侨农林场的农业综合开发项目已列入自治区2013年计划，中央和自治区补助资金2 000多万元。

——产业正制定规划。自治区层面确定了武鸣、来宾、丽光、渠黎、十万山5个华侨农林场作为产业规划示范，按"宜工则工、宜农则农、宜林则林、宜游则游"的原则，制定产业发展规划，以点带面，统筹推进，目前5个场的产业规划已接近完成。

——危房按计划改造。华侨农林场的归难侨危旧房改造已于2010年完成，共完成改造13 492户。17 459户非侨危旧房改造纳入了全区"十二五"保障性住房建设规划，将在2015年前完成改造。2012年已下达危旧房改造计划9 626户，至2013年6月，已开工3 494户，竣工1 628户。2008年以来共下达危旧房改造补助资金36 027万元，其中中央下拨21 616万元，自治区补助14 411万元。

另外，广西各地华侨农林场道路纳入了"十二五"广西农村公路建设规划并逐年安排建设；至2012年底，共投入1.6亿元，解决了12.3万人的安全饮水问题，占华侨农林场常住人口的97%，华侨农林场安全饮水问题基本得到解决；供电已实现全省同价，华侨农林场的供电已全部纳入广西农村电网改造范围并已全部完成了改造，华侨农林场职工用电实现了与当地农村同网同价。

（广西侨务办公室网2013-07-28）

移居海外的深圳市民可继续领取养老金

据深圳市社保局4日介绍，在深圳，已参加社保的市民移居海外并加入外国国籍后可申请终止养老保险关系，也可以选择继续保留养老保险关系。保留养老关系者，符合领取养老金规定时，可按规定享受相应养老保险待遇。

根据规定，个人在达到法定的领取基本养老金条件前离境定居的，其个人账户予以保留，达到法定领取条件时，按照国家规定享受相应的养老保险待遇。虽居住在国外但保留中国国籍和深圳户籍的，可以保留社保个人账户，等到符合法定领取条件时，按照国家规定享受相应的养老保险待遇。

根据深圳市社保局的解释，已取得外国国籍者可在其离境时或者离境后书面申请终止职工基本养老保险关系。社会保险经办机构收到申请后，将书面告知其保留个人账户的权利以及终止职工基本养老保险关系的后果，经本人书面确认后，终止其职工基本养老保险关系，并将个人账户储存额一次性支付给本人。

如果移居海外者再次回到深圳，出国前若终止社保的话，回国后缴费年限要重新累计。如果参保人回到深圳重新工作，没有终止社保的话，在未达到中国法定退休年龄之前，在深圳取得《外国人就业证》和提供本人有效护照的，可以继续参保，累计参保满15年，到法定退休年龄就可在深圳领养老金。

按中国目前的政策，男性职工在年满60岁，女性职工满50岁，社保缴费满15年后就可以办理退休，领取养老金。这意味着，到退休年龄，即使拥有别国国籍，参保人仍可回国申请办理退休，领取养老金。据悉，办理退休后，退休人员在国外，社保经办机构可以将其每月的退休金寄给参保人。而每年一次的领取养老金资格认证也可以在当地的中国大使馆进行认证，之后寄送回国即可。

（中新网深圳2013－08－05/沈涉）

山西太原“海归”调查报告出炉　逾9成人不满国内薪资

“海外归来一族”被国人称为“海归”，在当前国内就业市场供需矛盾突出的情况下，“海归”们的发展现状也并不乐观。太原“海归”俱乐部从303名会员中匿名随机选取了100位来自太原市的“海归”人员作为研究对象，8月初，这份调查报告刚刚出炉。报告通过诸多数据分析了目前“海归”人员归国后的就业选择、对国内就业现状的看法，以及国内就业满意度。

一个非常有趣的现象是，“海归”们在选择就业时，进入外企的人员非常少。调查数据显示，被调查的100人中，仅有两人在外企工作。这也跟山西外资企业相对较少有很大关系。

在接受调查的“海归”中，有三分之一的人正在从事着教育或者与教育产业相关的工作。这一点也比较容易理解。因为在调查者中，有近六成的海归留学选择的是英语国家。大家都表示“有英语基础，好过语言关。英语是世界语言，适用范围广”。

在参加调研的100名“海归”中，仅有约占36%的“海归”取得了硕士及以上学位，约60%的“海归”都是取得本科学位。大多数拥有硕士学历的“海归”月工资都高于本科生。约56%的本科生月工资在3 000元以下，仅有约44%可以拿到3 000元以上的月工资。

“海归”们找工作的信息来源80%以上是自己父母和朋友提供的，从媒体、公共招聘会上寻找就业信息的只有6%。可以得出“海归”获取相关招聘信息的渠道相对比较封闭，获取招聘信息的主要方式依然依靠家庭关系。

据调查数据显示，仅有5%的人对国内薪酬的合理性表示认同，83%的“海归”更倾向于国外薪资制度。绝大多数“海归”都赞同海外职场中的薪资和人才培养模式。大家普遍认为在国外工作所得还是相对比较公平的。有超过90%的“海归”人员认为国外的工作环境要好于国内，国外各项指标都高于国内。“海归”们觉得，国外的工作环境和工作制度更能激发人的工作热情。

“海归”们普遍认为，国内单位人才选拔机制缺失，按资论辈现象比较严重。因此，即使有真才实学的“海归”也只能“熬年限”，这样不仅抹杀了“海归”人员自身的价值，同时也是对本单位，乃至对全社会人力资源成本的浪费。

（《山西晚报》2013－08－09/李雅丽）

中国最大规模华侨史志编纂工程抢救大量珍贵史料

美国旧金山广东会馆清代以来的会议记录、夏威夷政府档案馆的华工契约合同原件、海外华人会馆的收支簿、原荷兰殖民地有关华侨的档案材料……于16日于广州举行的《广东华侨史》出版框架协议书签约仪式上，这一批在世界范围内被梳理和抢救出的珍贵华侨历史文化遗产被相关专家一一列举出来。

“这是迄今为止国内开展的最大规模的地方性华侨史志编修工程，甚至可以说是最大的华侨史编撰工程。”长期研究中国华侨史的广东省侨办副主任林琳告诉记者，“《广东华侨史》出版工程启动以来，得到了世界各地众多华侨华人、侨社组织的鼎力支持。”

广东是中国第一侨乡，据不完全统计，海外粤籍华侨华人人数大约为3 000万人，占海外华侨总人数的六七成，分布在160多个国家和地区。

2012年，广东省委、省政府决定组织编修一套系统、科学、权威的《广东华侨史》，并将其列入广东省“十二五”规划文化强省重点工程希望系统。据悉，整个编史工程将用8至10年时间完成，期间还将出版一批新发现的中外文献、档案、图录及相关研究的专著和论文集。

《广东华侨史》主编、暨南大学华侨华人研究院副院长张应龙说：“这项工程将全面地总结梳理广东华侨海外移民、谋生、发展、融入、贡献的历史和规律，最终形成一部3卷本、约200万字的中英文版广东华侨通史。”

（新华网2013－08－16/王攀　陈寂）

海南贫困归侨侨眷近3万　盼完善涉侨救助体系

海南省人大常委会华侨外事工委8月19日至23日对海南7个市县的困难归侨侨眷生产生活情况开展专题调研，并实地走访看望困难归侨侨眷。

侨乡万宁市有困难归侨侨眷8 404人。万宁市外侨办主任钟晓平表示，“多数万宁市散居农村贫困归侨侨眷家庭人口多，劳动力少。这是万宁市散居农村的贫困归侨侨眷中存在的普遍现象，他们上有老，下有小，老的体弱多病，小的正读书。一个家庭六七口人，仅靠一两个劳动力的收入维持生活，生活较困难”。

据统计，海南省有归侨侨眷114万余人，有65万余人生活在农村，主要从事农业生产活动，经济收入和生活水平偏低。截至2012年底，海南省贫困归侨侨眷有近3万人。

因病致贫的归侨侨眷不在少数。在彬村山华侨农场一间不到20平方米的房子里，78岁的归侨孙大妹因患大肠癌卧病在床。“我们俩每月退休金2 000多块钱，打针买药就要花完这些钱。”同样患病在身的丈夫严成章说。

2011年以来，海南省外侨办利用180余万元难民培训资金，对华侨农场、农垦农场归难侨及其子女4 500人进行生产技术培训。但是记者跟随调研组走访发现，散居在农村的归侨侨眷仍存在着就业难的问题，部分有生产岗位的归难侨由于生产成本和生产技术跟不上，造成收成不好或亏本。

在国务院侨办和海南省财政厅的支持下，海南自2011年以来共安排近300万元扶持150户困难归侨侨眷发展种、养项目。海南省外侨办充分利用外专局引智渠道，通过项目示范带动归侨侨眷发展生产。

在此次调研中，多数市、县反映，希望设立支持归侨侨眷发展生产的专项扶持资金，并完善涉侨救助体系。

（中新网海口2013－08－24/张茜翼）

粤华侨农场新一轮危房改造已开工超过1.6万户

记者从28日在广州召开的广东省华侨农场危房改造工作会议上获悉，2012年启动的广东华侨农场新一轮危房改造，目前已有16 331户开工，超出总任务量的四成。

广东省侨办副巡视员李仲民说，广东在2010年底全面完成全省侨场16 932户归难侨危房改造任务的基础上，2012年省政府启动华侨农场新一轮危房改造工作，计划至2015年底前完成全省华侨农场3.8万多户非归难侨危房户和新增归难侨危房户的改造任务。至2013年7月底，全省华侨农场危房改造累计开工16 331户，占总任务量的43%；其中已竣工或基本建成9 975户，占总任务量的26%。国家和省安排危房改造补助资金及配套基础设施补助资金约6.6亿元。

据了解，广东各地根据侨场特点及危房户自身经济承受能力和生产生活需要，采取集中建房、原址新建、加固维修、购买新房等灵活多样的方式，积极推进华侨农场的危房改造。珠海红旗、梅州蕉岭、惠州潼湖、揭阳大南山侨场等建设金山华侨新村，陆丰华侨农场采取中心区建设“按揭房”、特困群众维修加固原住房、孤寡留守老人安置保障房等方式，满足不同危房户的需求。

（中新网广州2013－08－29/ 郭军）

上海揽留学人才“雏鹰归巢”　累计纳贤逾10万

由上海市外国专家局组织，上海国际人才交流协会驻英国伦敦联络处承办的“2013年英国牛津等五所大学中国留学人员上海职业见面会”9月4日在上海举行。

英国牛津大学、剑桥大学、帝国理工学院、伦敦政经学院和伦敦商学院五所大学毕业的350余名博士、硕士和学士报名参加此次活动，与上海40家用人单位进行人才交流与对接。专业主要涉及电子信息、生物医药、数学科学、工程、金融、会计、管理和社会科学等领域。

到场的用人单位有20家国有大中型企业和20家跨国公司，包括中国商飞公司、中航商用航空发动机有限责任公司、中芯国际、联影医疗科技有限公司、复兴集团、上海实业东滩投资开发（集团）有限公司、交通银行、渣打银行、联合利华、麦肯锡咨询公司等。

上海正积极吸引优秀海外留学人员来此创新创业，加大力度推进实施“海外高层次人才集聚工程”和“雏鹰归巢计划”。8月底，意大利“米兰博士沙龙”考察团的留学人员也到访沪上，了解产业发展势头及相关政策，为归国创业“投石问路”。

上海市人力资源和社会保障局提供的数据显示，截至2013年9月，来上海工作、创业的海外留学人员已达10万余人；来沪留学人员实际创办企业已达4 500多家，注册资金6.4亿美元。

（中新网上海2013－09－04/许婧　郑莹莹）

留学回国人才　外籍配偶可永久居留

记者昨日（2013年9月6日）从（武汉）市人社局获悉，武汉市将为引进海外高层次人才提供签证、居留等出入境便利。其中，首次规定中国籍高层次留学回国人才的外籍配偶和子女也可办理长期签证、居留许可或永久居留。

据悉，比照中央“千人计划”创新人才，在武汉市工作、创业且纳入省“百人计划”、市“黄鹤英才计划”（含东湖新技术开发区“3551光谷人才计划”、武汉经济技术开发区“高端人才聚集工程”、武汉临空港开发区“金山人才计划”）的人或中国政府友谊奖、市“黄鹤友谊奖”、武汉市荣誉市民等荣誉获得者均可享受签证和居留特惠政策。

与目前外国人办理长期签证和居留的时限一般在2年以下为主相比，现在规定外籍高层次人才可办理2年至5年的长期多次签证和居留。

据武汉市人社局相关负责人介绍，拟申请签证和居留便利的外籍高层次人才可在市人社局网站下载填写《永久居留人才登记表》，将《永久居留人才登记表》与相关证明材料于9月10日前报送市人社局，外国专家报送市外国专家局进行办理。具体办理程序可登录市人社局网站查询。

（《长江日报》2013－09－07）

北京市侨办为清华大学教授学者送“归侨证”

9月3日上午，国务院侨办、北京市侨办、清华大学以及中央和北京市有关媒体共同组织开展“聚焦首都侨界代表人士·走进清华”活动。国务院侨办副主任任启亮、北京市侨办主任李印泽、清华大学党委副书记韩景阳等出席座谈会。

会上，韩景阳介绍了清华大学归侨侨眷和“海归”人才的情况。清华大学侨界代表施一公、邢新会、李景虹、钱小军、李树华、安雪晖等“海归”纷纷发言，介绍自己在海外求学和工作的成长历程，表达了自己愿意参与祖国建设、实现“中国梦”的爱国之心。

座谈会后，北京市侨办为施一公、钱小军、王守清、郭玉凤等教授学者送上《归侨证》。据悉，从2000年以来，北京市侨办已经为清华大学138名归侨办理《归侨证》。

（《人民日报·海外版》2013－09－09/肖列）

北海市奖励优秀“三侨”学生　资助贫困归侨子女

广西侨办消息，近日，北海市外侨办、侨联共同举行2013年奖励优秀“三侨”学生暨资助贫困归侨子女活动，对在2013年高考中考取二本以上院校的12名“三侨”学生进行奖励，并对其中家庭贫困的学生给予资助，一次性发放了奖学金和助学金。

座谈会上，北海市外侨办主任蓝伟对在2013年高考中考取大学的“三侨”学生表示祝贺，他语重心长地告诫即将走进大学的学子们，要珍惜机会，加倍努力，为今后走出社会打牢基础；要学以致用，不仅要学习理论知识，更要注重社会实践；要学好知识，更要学会做人的道理，做一个对社会真正有用的人才。

韦梓幸代表获奖学子发言，她感谢侨务部门一直以来对归侨子女的关心和帮助，表示今后一定要珍惜机会，努力学习，以优异的成绩报答社会各界的关心与厚爱。

自2002年以来，北海市外侨办、侨联每年都会对考上大学的归难侨子女进行奖励和资助，以激励他们刻苦学习，努力提高文化水平和综合素质。据统计，2013年北海市共有12名归侨子女考上二本以上院校，其中，钟振、欧成明等同学以优异的成绩被同济大学、中国农业大学等全国重点高校录取。

（中新网北海2013－09－10）

致公党海南省委资助困难归侨侨眷子女圆大学梦

9月18日，致公党海南省委“助侨工程爱心助学计划”助学金捐助仪式在万宁市兴隆华侨农场举行。

按照“助侨工程爱心助学计划”，从2013年至2015年，致公党海南省委会与中国致公党中央联合资助海南各华侨农场当年考上大学本科的困难归侨侨眷子女每人5 000元，帮助他们圆大学梦。2013年共资助11名贫困学生，发放助学金55 000元。

在此之前，致公党海南省委还与各华侨农场领导召开座谈会，围绕如何从危房改造、发展特色产业、招商引资等方面切入帮扶进行了深入探讨。

据悉，针对归侨侨眷的生活现状，致公党中央社会服务部联合致公党海南省委会于2013年1月深入海南各华侨农场进行调研，并决定把海南省列为助侨工程项目合作对象，对海南5个华侨农场进行长期帮扶。“助侨工程爱心助学计划”是助侨工程具体实践项目之一，助侨工程相关帮扶措施今后将相继出台。

（中新网万宁2013－09－18/符林杰）

湖南娄底市开展涉侨企业普查工作

为深入了解侨资企业的实际状况，帮助侨资企业破解难题，促其进一步发展，9月至10月，湖南娄底市侨联联合市政协社工委在全市范围内对侨资侨属企业情况进行普查。

娄底市统战部部长雷绍业表示，开展侨企普查工作，不仅是切实转变干部作风、落实党的群众路线、为侨企服务的需要，更是实施“同心工程”，将侨联工作融入市委、市政府工作大局的有力举措。

在此次普查工作中，娄底市成立了侨企普查领导小组，娄底市委副书记徐文龙亲任组长。

据了解，这次普查对象范围广，不仅包括全市范围内所有侨资侨属、港资企业、留学生创业企业等，还包括娄底籍侨商在市外、境外注册的有关企业。普查将采取召开座谈会、个别走访、问卷调查、电话访问等多种形式，以及书面普查与实地普查、面上普查与专题普查相结合等方法进行，广泛收集涉侨企业对行业发展的建议，征询侨资企业对参政议政的要求及建议等。

娄底市侨联表示，首先是调查，采取“由上而下，从总到分”的方法进行，逐一走访调研侨资企业，澄清底子。其次是督查，将由市领导带队，市普查工作领导小组到各县市区督查，召开座谈会，现场解决侨企实际问题，并着重调研各县市区1～2家重点侨资侨属企业，以及全市3～5家有代表性的市外、境外娄底籍侨商企业。最后是总结，撰写高质量的调研报告，供市委、市政府参考决策。

目前，此项工作已在娄底市全面展开。

（中新网娄底2013－09－18/李迎春）

华侨来闽定居办理工作启动　各设区市侨办将设立办证窗口

针对当前侨界比较集中反映的华侨来闽定居问题，福建省侨办把制定和出台华侨来闽定居政策列为群众路线教育实践活动“立说立行”事项，受到广泛赞誉。

根据《中华人民共和国出境入境管理法》和《国务院侨办、公安部、外交部关于印发〈华侨回国定居办理工作规定〉的通知》的要求，省侨办会同省公安厅、省外办，经认真研究和沟通协调，9 月 2 日，联合下发《关于印发〈华侨来闽定居办理工作暂行办法〉的通知》。

为实施好《华侨来闽定居办理工作暂行办法》，9 月 5 日，省侨办组织召开部署贯彻落实《华侨来闽定居办理工作暂行办法》工作会议。各设区市侨办分管领导、业务科（处）长、平潭综合实验区管委会侨办、公安厅出入境管理局、福建省侨办业务处室等有关同志参会。会上，福建省侨办侨政处和公安厅出入境管理局对《华侨来闽定居办理工作暂行办法》进行逐条解读，各设区市侨办结合实际就如何落实《华侨来闽定居办理工作暂行办法》提出了意见和建议。

福建省侨办巡视员叶康勇强调，华侨来闽定居办理工作是一件政策性强、影响面大的侨界大事。一要高度重视，搭好为侨服务的新平台。各设区市侨办要及时向有关领导专题汇报，并主动做好与公安部门的沟通协调工作。二要尽快启动，营造全省办理华侨来闽定居工作又快又好的新局面。各设区市侨办应尽快设立窗口，告知具体的申请流程，全面启动华侨来闽定居办理工作。三要提高效率，树立侨务干部真情服务的新形象。在办理华侨来闽定居过程中，应严格按照《华侨来闽定居办理工作暂行办法》规定的时限办理，务必要态度诚恳、服务周到，让华侨满意。

（《福建侨报》2013－09－22/沈乔）

江苏省高层次“海归”人才可领“江苏绿卡”

江苏省政府网站公布了《创新型省份建设推进计划（2013—2015 年）》。计划明确指出，到 2015 年，万人发明专利拥有量将达 8 件，科技进步贡献率达 60%。同时，战略性新兴产业增加值占地区生产总值的比重达 10%，高新技术产业产值占规模以上工业总产值的比重达 40% 以上，高新技术企业达 1 万家。

此外，居民科学素质达标率超过 7%，现代教育发展水平达 85%，信息化发展水平达 83%，环境质量达省定小康标准，人均预期寿命达 77 岁。其中，在人力资源发展水平方面，支持高校创新人才培养机制，加快引进高端人才、拔尖人才和紧缺人才，高层次人才占人力资源总量的比重达 5.1%，对符合条件的海外高层次人才发放居住证（江苏绿卡）。

（中新网 2013－09－22）

河南近两百老归侨欢聚　纪念回国参加建设六十周年

在23日下午召开的老归侨回国参加祖国建设六十周年座谈会上，近两百名老归侨代表欢聚一堂，他们共话与祖国共同成长的岁月，并祝愿祖国的未来更美好。

据了解，此次座谈会由河南省侨联、郑州市侨联共同举行，河南省委副书记邓凯，省委常委、郑州市委书记吴天君，河南省人大民侨外事委员会、河南省外侨办、河南省政协港澳台侨外事委员会、致公党河南省工委的领导出席会议。

郑州市委副书记王璋发表了热情洋溢的致辞，向广大归侨侨眷和海外侨胞致以节日的问候和崇高的敬意。

随后，老归侨代表余恒、苏文辉发言，分别讲述了自己与新中国共同成长的故事，畅谈了实现“中国梦”的美好前景。座谈会上老归侨争相表达了要围绕中原经济区建设和郑州航空综合经济实验区建设发挥自身优势和作用的愿望，并祝愿祖国的未来越来越美好。

此外，部分归侨侨眷还表演了精心编排的文艺节目，将会场的气氛推向了高潮。

（中新网郑州 2013－09－24/王秋兰）

广东省首个以生态文明为主题的新区吸引400亿元投资

广东省首个以生态文明为主题的云浮新区备受海内外客商关注，在28日云浮大西关建设经贸活动中共吸引63个签约、动工和竣工重点项目，总投资436.19亿元。

现场获悉，该新区是广东省内首个以生态文明建设为主题的新区，目前规划建设 4 个森林公园和 4 个湿地公园，并配套实施生态景观林带、森林碳汇、森林围城等 3 大林业生态工程，成为广东省森林公园和湿地公园最多的城市。

云浮市委书记黄强表示，该市抓住广东省审议通过云浮新区发展总体规划的契机，按照“四年打基础、八年见新城、十八年大发展”的“三步走”战略目标，全力加快云浮新区建设。

据了解，在当日举行的经贸活动上，共有投资额 5 000 万元以上的签约、动工、竣工项目 252 个，涉及电子机械制造、化工、建材、商贸服务及基础设施等，总投资额 1 289. 8亿元。其中云浮新区共有签约、动工、竣工项目 63 个，投资总额 436. 19 亿元。其中包括动工项目 38 个，计划总投资 266. 02 亿元；竣工项目 11 个，总投资 37. 17 亿元。

客商远大集团总裁胡凯军称，云浮为企业发展提供发展平台，让企业对投资充满信心。

（中新网云浮 2013 - 09 - 28/黄耀辉　梁宇）

广西 400 户归侨侨眷告别旧房入住“华侨城”

9 月 30 日国庆前夕，广西—东盟经济技术开发区“华侨城”迎来首批归侨侨眷共计 400 户，均为华侨农场搬迁户。搬迁户相继领取新房钥匙，告别偏远低矮的旧房子，正式搬迁入住“华侨城”新家。

广西—东盟经济技术开发区辖区原为成立于 1960 年的国营华侨农场，特殊时期曾安置了印度尼西亚、越南等 9 个东南亚国家的归国华侨 12 000 多人，现仍居住着归侨侨眷 7 000 多人，与东南亚、港澳台、欧美、澳洲、新西兰等 29 个国家和地区有着密切的亲缘关系。

1960 年归国的印度尼西亚华侨陈金安夫妇原先住的房子是当时国家给的安置房，每户只有 50 平方米，尽管上级有关部门多次帮助维修，但历经 50 多年的风吹雨打，如今已残破不堪。

“这个新家对我来说，意义真的非常大，主要考虑下一代，”陈金安老人感慨万千，“通过‘以房换房’的形式，不用花一分钱就住上了 110 平方米三室一厅的电梯楼房。”

一直以来，开发区归侨侨眷、农场职工的房屋普遍破旧简陋、安全隐患突出，大部分住户为低收入和住房困难家庭。2012 年，广西—东盟经济技术开发区实施华侨农场综合改革，投入 12 亿元启动了“华侨城”项目建设，通过“以房换房”的方式引导分散居住在 153 个生产队的农场职工自愿到开发区中心集中居住。

广西—东盟经济技术开发区管委会主任胡志崇介绍，把这些归侨相对集中安置，一方面可以解决开发区内的企业劳动力不足问题，让第二产业有一个支撑；另一方面是让归侨们能够享受到这里优质的医疗和教育环境，能够享受到城市的公共服务、城市配套生活的便利。目前，位于广西—东盟经济技术开发区大帽山城市休闲广场西侧的一期总投资为5亿元的“华侨城”住房及商业配套设施已经完工，达到入住条件。2013年底前一期项目归侨侨眷已全部入住，二期工程也已启动建设。

（新华网2013－10－08/汪军）

温州华侨回国定居现在要到侨务部门办证

温州市侨办昨天（2013年10月9日）透露，根据2013年7月实施的新《出入境管理法》的规定，回国定居的华侨，要向所在地县（市、区）级侨办提出申请，办理华侨回国定居证。华侨凭此证再到当地公安部门办理身份证和户口落实。本月20日起，全市各县（市、区）侨办正式受理申请。

市公安局出入境管理局透露，公安出入境部门已于2013年6月30日后停止办理此项业务。此前，华侨申请回温州定居，申请人入境后在拟定居地连续或者最近一年内累计住满70天才能向拟定居地的公安机关提出申请，再由省级公安机关核发回国定居证明。

新法实施后，要求回国定居的华侨要向所在地县（市、区）侨办提出申请，县（市、区）侨办需征求县级公安局意见后，上报市侨办审核审批，审批通过，才发给华侨回国定居证。

本月8日，温州市重点侨乡——文成县作为先行试点单位已正式办理华侨回国定居业务，在文成县行政审批中心专门设立“侨办窗口”，安排4名工作人员。目前已受理相关申请30多件，办理时间约为35个工作日。

市侨办侨政处有关负责人说，申请人不需在国内住满70天即可申请，但在办理华侨回国定居审批期间不得出境，出境需重新办理。申请人申请时需要填写《华侨回国定居申请表》和《自愿放弃国外居留资格声明书》，提供护照、国外居留证明、拟定居地房屋所有权证明、国内正常生活的经济收入证明、照片等相关材料。

（温州网2013－10－10）

泉州市村级侨联组织达1 400多个

9日至11日，福建省侨联调研组来泉州，就《关于进一步加强和改进新形势下侨联工作的意见》的贯彻落实情况开展调研，召开座谈会，并实地走访了惠安、安溪等地。

泉州市委市政府高度重视侨联工作，多方面提供支持。目前，全市已有12个县（市、区）、114个乡镇（街道）、1 400多个村（社区）成立了侨联组织，“市—县—乡—村”四级组织网络日益健全完善。侨联组织的优势也得到进一步发挥，泉州市成立了全省首个国家级高新园区侨联（泉州台商投资区侨联），全省第二个地级侨商组织（泉州市侨商联合会），在全省率先启动“百侨助百村，共建美丽乡村”活动，率先设立“侨界群众来访接待室”；多次赴外赴台举办“百家姓族谱展”、“泉州花灯展”和“亲情中华”文化活动；多次举办华裔青少年文化寻根夏令营、海外侨生“美丽泉州行”等活动；侨博展览、侨史研究均走在福建省前列。泉州市各级侨联组织联系的海外、港澳地区社团超过 2 000 个，台湾地区社团超过 200 个，海外联谊和对台交流不断拓展深化。

（《泉州晚报》2013 - 10 - 13/赵轲　陈忠锋）

国内经济发展归国华侨增多　“新难侨”安置成问题

广州市侨联目前举办侨情座谈会。越秀区侨联主席罗仲哲反映，随着国内经济发展，归国华侨群体增多，广州出现了“新难侨”群体，这一群体早年出国，在国外境遇不好，近期回国后由于种种困难无法再次出国，其自身生活成为难题。由于户籍原因，现如今如何安置、帮助他们成最大难题。

华侨，属于尚未加入外籍的中国公民，但长期居于国外，包括已取得居住国永久居民身份者，仍保留本国公民身份，仍然受到本国法律保护。

个案 1　归国母亲患精神病，外籍智障儿难自理

黄姨（化名）是一名早期出国的广州华侨，她于 20 世纪走出国门到了阿根廷，在阿根廷结婚，儿子生下来后患有智障。几年前，黄姨与丈夫离婚回到国内，由于国内户籍取消了，经济状况也不好，侨联出面为她上了户口。可不久前，阿根廷的家人将她智障的儿子送回国内，丢到了她老房子前。黄姨心力交瘁导致精神分裂。街道只好出面将其 19 岁的孩子送入三九脑科医院，但黄姨的儿子是阿根廷国籍，无法享受国内低保等政策，如何处理每月的医药费用成为难题。

个案 2　带女回国看病没钱再回智利

20 世纪 80 年代梁婆婆（化名）就去了智利，她在智利生了 2 女 1 子。两年前，她陪智障加腿部残疾的女儿千里迢迢回到国内治病，可不但女儿病没看好，母女二人也因无钱办理签证难以回智利，而在智利的儿子也迟迟不发邀请信。

母女二人只能栖身在物业公司为救济她们提供的 10 平方米小屋子里。梁婆婆很渴望回到智利，但面对高昂的担保金，只能暂居国内，如何安置梁婆婆也成为当地侨联“头疼”的事。

罗仲哲说，华侨拥有中国国籍，但由于出国时间太长，很多人国内的户籍已经被取消，想要重新上户口也困难重重，如何处理这批“新难侨”成为一个新问题。

（《羊城晚报》2013 - 10 - 15/薛江华）

澳中工商联合会向广东贫困家庭捐价值90万元的奶粉

由澳大利亚华人创业者、企业家和工商界人士联合组成的澳中工商联合会25日在广东惠州博罗县举行“澳婴宝爱心之旅”慈善捐赠仪式，向该县捐赠了2 400罐总价值90万元人民币的奶粉，以帮助有需要的贫困家庭。

据了解，目前澳中工商联合会正在开展向中国国内经济困难家庭赠送奶粉的计划，每年挑选一个省或市，无偿为100名有需要的困难家庭提供0至3岁婴幼儿的奶粉。此次慈善捐赠，是该会继在河源市、汕尾市等地捐赠奶粉后的又一次爱心捐赠。

博罗县妇联、民政等部门将根据实际，把此次受捐的2 400罐奶粉分配给有需要的困难家庭和相关福利院。

据悉，澳中工商联合会由澳大利亚华人创业者、企业家和工商界人士联合组成，旨在促进中、澳两国工商业界的交流合作。自2012年8月成立以来，该会先后开展支持四川雅安地震灾区的赈灾项目，及在云南昆明开展“关爱100家”慈善项目等，慈善足迹遍布中国。

（中新网惠州2013－10－25/康孝娟　刘海翔）

无锡“海归”10年增70倍　硕士以上占46%博士占5.6%

2008—2012年的无锡市留学归国人员认证数据分析报告近日出炉，数据显示，“海归”人才回流率迅速增加，无锡进入了“智力回流期”。

2008—2012年间，无锡市国际人才交流服务中心共受理国（境）外学历学位认证申请3 664例，申请人数呈逐年递增趋势，仅2012年就受理国（境）外学历学位认证申请超过1 400人次，是10年前的70倍。

海外留学人员总体回流倾向明显，而高层次“海归”人才的回流尚未形成气候。数据显示，无锡留学回国人员中硕士以上学历约占46%，博士仅占5.6%。业内人士分析，目前无锡的留学回国人员主要为在国（境）外一年期硕士毕业生或硕士以下学位毕业生，而获得博士学位又有相应研究或其他工作经历的高层次留学人才的回流率，仍处于较低水平。

对于“海归”们来说，哪里是理想的事业起航地？报告显示，考虑到工作机遇、经济发展水平、生活环境等因素，超过九成的“海归”将就业意向区域锁定于东部地区，上海是最受无锡籍学生欢迎的城市。有超过80%的学生回国就业首选外资企业，其他依次是政府事业单位、国有企业。

（《新华日报》2013－10－29/马薇）

改革开放以来汕头累计接受侨捐近70亿元

记者近日从汕头市外事侨务局获悉，改革开放以来，截至2012年底，汕头累计接受华侨华人、港澳同胞捐赠款物总值达69.6亿元人民币。

汕头是中国著名侨乡。目前在海外的同胞约340多万人，遍布世界40多个国家和地区。汕头特区成立30多年来，由于各级领导和侨务部门高度重视，汕头侨务工作取得了显著的成绩。这有力地维护了海外华侨、港澳同胞在汕头的合法权益，充分调动了海外华侨、港澳同胞支持和参与汕头家乡建设的积极性。一大批海外侨胞、港澳同胞热心兴办公益事业，为家乡发展作出了特殊的贡献。其中用于教育事业的捐款赠物达56亿元，捐建、修建学校和扩充教学设备1 900多宗；医疗卫生事业1.7亿元；城乡基础设施3.6亿元；社会事业及救灾5.3亿元；文化体育事业3亿元。2008—2013年，海外华侨华人、港澳同胞捐赠汕头市兴办公益事业项目281个，资金达14.2亿元。

据了解，闻名全国的汕头大学，就是由香港李嘉诚先生独资捐赠31亿多港元创办的，至今已投入42亿港元。海外乡亲还捐建了潮汕体育馆、谢慧如潮剧艺术中心、胪溪教育村等一批公益项目。李嘉诚基金会、潮汕星河奖基金会、汕头教育基金会、潮汕贫困地区助学基金会及各级教育基金会，凝聚着港澳同胞、海外侨胞兴学育才的赤子情怀，推动了汕头经济、社会各项事业的发展。

此外，海外侨胞、港澳同胞纷纷来汕投资办企业，侨资成了汕头市利用外资的主要来源。改革开放以来汕头直接吸收的84亿多美元外资中，近九成是侨资。

当前，汕头正在规划建设以“中国华侨经济文化合作试验区”为核心的汕头海湾新区，以及承办第五届粤东侨博会。汕头将借此契机，一如既往地做好维护侨权侨益的工作，进一步聚侨心汇侨智，充分挖掘侨资侨力，吸引包括侨资侨力在内的各种资源参与汕头建设，积极引导海外潮籍侨胞抱团反哺家乡建设，再创改革开放新优势。

（中新网汕头2013－10－31/李怡青　赖培漩　汕宣）

重庆市首家“归侨侨眷定点医院”正式挂牌

10月28日，重庆市首家归侨侨眷定点医院在九龙坡区第一人民医院正式挂牌，标志着九龙坡区广大归侨侨眷将拥有更加方便、快捷、优质、优惠的就医环境，能够享受到更多、更好的医疗保健服务。市侨联专职副主席、秘书长刘松勇出席挂牌仪式，并对九龙坡区为侨服务举措进行了充分肯定。

此次“归侨侨眷定点医院”挂牌后，将为居住、户籍在九龙坡区范围内的归侨侨眷及在辖区内工作和投资的华侨华人提供各项优惠医疗服务。承诺凡持有《九龙坡区归侨侨眷定点医院就诊卡》者，在医院门诊就诊免挂号费；门诊检查陪检，安排专家诊疗，患急危症和需住院治疗的患者，医院5公里以内免费接送，为急诊急救患者开通绿色通道，先治疗后付费；凡在医院体检中心进行健康体检的归侨侨眷，给予总体20%的优惠。

（重庆侨联网 2013－10－29）

连云港市出台授予荣誉市民称号办法

2013年10月30日，连云港市十三届人大常委会八次会议通过《连云港市授予荣誉市民称号办法》（以下简称《办法》）。《办法》共15条，对授予荣誉市民称号的依据条件、对象、审批程序，举行授予仪式，以及获得荣誉市民称号者享受的礼遇等作了详细的规定。

《办法》第六条、第三款明确规定“被推荐人是华侨、外籍华人向连云港市人民政府侨务办公室申报”。

《办法》自2014年1月1日起施行，《办法》的正式实施，对为连云港市经济社会和各项事业的发展作出积极的贡献，产生良好的社会影响的外国友人、华侨华人、港澳同胞等以及其他非本市公民授予荣誉市民称号，这是对他们为连云港作出突出贡献的认可和褒扬，有利于他们更好地为连云港市经济社会发展服务，有利于引导和影响更多的人关注和投身于连云港的建设与发展，也有利于进一步加强对外开放和国际交流交往，提升连云港市的知名度和美誉度。

（江苏侨网 2013－11－02/于广举）

十六字“粤侨精神”表述语在澳门正式对外发布

经过近一年半的全球大讨论，凝聚了海内外100多个国家和地区粤籍侨胞集体智慧的“粤侨精神”内涵表述语11日在澳门正式对外发布。该表述包括“念祖爱乡、重信明义、敢为人先、团结包容”十六字。

在当天上午举行的第七届世界广东同乡联谊大会交流大会上，广东省侨办主任吴锐成表示，粤侨精神是对海外粤籍乡亲移民史、奋斗史、贡献史的深刻总结，是中华文化、岭南文化和广东精神的传承和发扬，也是世界粤籍乡亲建设侨社、共赢发展、共圆“中国梦”的共同思想基础。

2012年下半年，在时任广东省委书记汪洋、省长朱小丹的提议和推动下，广东省委、省政府先后启动粤侨精神全球大讨论和《广东华侨史》编修工程，总结粤侨的历史发展规律和精神特质。

吴锐成指出，当前，国际国内形势以及海外侨情都在不断地变化发展，不论是侨社建设还是侨胞事业发展，都面临很多机遇和挑战。希望乡亲们继承和发扬前辈们的优良传统，把粤侨精神进一步发扬光大，努力建设一个“和睦相融、合作共赢、团结友爱、充满活力”的和谐侨社，共写世粤乡亲共赢发展的新篇章，为实现中华民族伟大复兴的“中国梦”作出更大的贡献。

（中新网澳门 2013－11－11/郭军）

广东人大华侨委称广东华侨权益保护存在四大问题

广东省人大华侨民族宗教委员会主任委员戎铁文19日在省人大常委会会议上作报告称，广东是中国第一大侨乡，但在保护华侨权益方面与华侨期待的还有差距，存在涉侨法律政策认识不到位、依法护侨意识淡薄，保护华侨权益政策法规有待完善，保护华侨各项权益落实程度不高，侨务部门机构不健全四大问题。

受广东省人大常委会调研组委托，戎铁文当天就该省华侨权益保护情况作了调研报告。该报告指出，广东一些地方和部门对依法护侨的责任意识不强，导致一些华侨的合理诉求长期得不到有效解决；在制定、执行有关政策措施时，没有考虑华侨身份的特殊性，将华侨等同于华人，导致华侨合法权益得不到保障，享受不到平等的国民待遇。

这份报告显示，近年来，广东出台保护华侨权益的法规政策相对滞后，没有专门的综合性、地方性法规。现在的很多保护华侨权益政策，由于没有上升到法律层面，在执行中缺乏权威。现行涉侨法规政策出台较早，一些内容难以适应侨情发展新需要，存在操作性不强、配套衔接不够等问题。

报告称，广东对华侨的政治、投资、捐赠、私有财产、回国定居等方面权益保护力度有待进一步加大。如近年来，华侨参政议政意识有了很大提高，但不少人因在国内没有户口和工作单位，无法确定选区进行选民登记，而无法参选人大代表。

报告称，随着改革推行，广东各地政府侨务机构出现设置不统一、不健全等问题，全省21个地级市以上政府侨务机构中，只有广州单独保留设置侨办；县级侨务部门设置五花八门，有外侨合一的，有合在统战部的，有设在政府办里面的；一些县、区侨务部门，由于人少、经费少，难以开展工作。

报告建议，广东要探索拓展侨务工作新举措；加快制定《广东省华侨权益保护条例》；打破仅依靠侨办、侨联两个部门开展侨务工作的局面，合力推进华侨权益保护等。

（中新网广州 2013－11－19/程景伟）

江西5年引进侨资89.2亿元　落实投资项目158个

近5年来，江西省各级归国华侨联合会累计邀请海内外侨商两万余人次，落实投资项目158个，引进侨资89.2亿元人民币。江西省侨联主席周锦在19日举行的第七次江西归侨侨眷代表大会上透露了上述数据。

19日，第七次江西归侨侨眷代表大会在南昌开幕。中国侨联主席林军、中共江西省委副书记尚勇，澳大利亚前新南威尔士州上议院议员曾筱龙、法国华侨华人会执行主席王加清、菲律宾福建总商会副总会长姚金镇、澳门缅华互助会常务副主席翁伯昌等来自38个国家和地区的侨界代表500余人参会。

林军在会上表示，广大归侨侨眷和海外侨胞素有情系中华、热爱中华、振兴中华的爱国传统，拥有资金雄厚、人才荟萃、人脉广泛的独特优势，具有恋根念祖、热心公益、向往统一的可贵品质。希望江西侨联立足侨胞之家大本营，发挥优势，积极牵线搭桥，引导侨胞来赣投资兴业，帮助驻赣企业“走出去”开拓国际市场。

中新社记者从会上获悉，本次大会选举产生江西省侨联第七届委员会，聘请江西省侨联第七届委员会名誉主席、顾问。

（中新网南昌2013－11－19/范文娟）

北京开始选拔第十批“海聚人才”　共分为七大类

记者从北京海外学人中心了解到，北京市第十批“海聚人才”选拔工作于近日启动，申报工作正在进行。入选者将被推荐参评中央“千人计划”。

北京海外人才聚集工程第十批海外高层次人才共分为七类：全职工作类、青年项目、短期项目、外专长期项目、外专短期项目、创业类、创业团队项目。申报材料要于2013年12月6日前按申报程序要求报至北京海外学人中心和北京市外国专家局。北京市海外学人工作联席会将根据专家评审组评审情况，择优推荐申报人参评中央“千人计划”。

自2009年6月北京“海聚工程”认定首批海外高层次人才以来，至今共认定九批共511名海外高层次人才。据统计，入选“海聚工程”的海外高层次人才在京创办的高科技企业已经达到162家。“海聚工程”人才和企业已成为推动首都经济社会转型发展的一支重要力量。

（《光明日报》2013－11－19/罗旭）

湖南湘潭侨联5年累计争取海内外公益捐赠逾700万

据湘潭市侨联消息，湖南省湘潭市第七次归侨侨眷代表大会近日召开。

近年来，湘潭市侨联在凝聚侨心、汇集侨智、发挥侨力、维护侨益上取得可喜成绩，先后获得20多项国、省、市级荣誉。

5年来，湘潭市各级侨联组织和广大侨联工作者分别从促发展、献良策、护侨益、搭“侨”梁等方面入手，逐步形成“服务大局有新成就、参政议政有新贡献、为侨服务有新举措、宣传联谊有新拓展、队伍建设有新风貌”的浓厚氛围，为加快“两个率先”、建设幸福湘潭作出积极贡献。

据统计，5 年里，湘潭市各级侨联共争取海内外公益捐赠 700 多万元，发放慰问物资 60 多万元。

据悉，今后 5 年，湘潭侨联工作将按照“借势发展，打造品牌；借力发力，形成合力”的工作思路，坚持一个核心、围绕一个目标、抓好两项建设、打造三个品牌、搭建四个平台，充分发挥侨联优势，推动湘潭侨联事业再创佳绩。

（中新网 2013 - 11 - 20）

湖北省“百人计划”吸引 137 名“海归”争相竞逐

19 日，来自美国、英国、法国、俄罗斯等 10 多个国家和地区的 137 名海外高层次人才来汉参加终审答辩，竞选湖北省第四批引进海外高层次人才“百人计划”。“百人计划”启动于 2009 年，省财政给予入选者每位 50 万至 100 万元的补助，授予“湖北省特聘专家”称号，并在出入境、居留、子女入学等方面给予相关优惠政策。目前，已分三批引进了 172 名“海归”。

2013 年 4 月，湖北省启动第四批“百人计划”，吸引了 246 名海外高层次人才申报，是历年人数最多的一批。

与前三批不同的是，此次终审答辩邀请了知名高校专家型领导、科技型企业家、财务管理及风投专家等各领域的顶尖专家担任评委，确保评审更加公平、公正；根据湖北省高新技术产业发展需要，在最终人选的确定上，参加答辩的创业类人才中，“百人计划”入选率控制在 80%，创新类人才入选率则控制在 40% 左右。

（《湖北日报》2013 - 11 - 21/刘娜）

南京市侨办为企业退休归侨购买家庭意外伤害综合险

2013 年 11 月，南京市侨办出资为全市 1978 年前回国、60 周岁以上的 255 名企业退休归侨统一购买家庭意外伤害综合险。该综合险已于 11 月 15 日正式生效，保险金额共计 7 038 000 元。

为企业退休的老归侨购买保险，是南京市侨办落实党的群众路线教育实践活动向群众承诺的具体举措，旨在为侨界老年人增加养老保障渠道，减轻个人家庭负担，提高侨界老年人抵御风险的能力。

（南京侨网 2013 - 11 - 21/张伟）

浙江省杭州市基本侨情调查工作全面展开

侨胞中蕴藏着丰富的人力、物力和智力，是重要的资源宝库。为充分发挥侨务资源的独特作用，更好地为侨服务、为浙江省杭州市经济社会发展服务，12 月 1 日起，杭州市正式启动基本侨情调查工作，全面掌握归侨侨眷、海外华侨华人和在杭工作的华侨华人的基本情况、区域分布以及从业特点，掌握海外重点社团、重点人士和专业人士情况，建立和完善以新华侨华人、专业人士等项目为重点的侨情数据库。

据了解，此次侨情调查，涉及范围之广、参与部门之多、技术要求之高，都创历次侨情调查之最。为打好这场“攻坚战”，杭州市从 8 月初就开始精心准备。杭州市委、杭州市政府给予了高度重视，由市侨办牵头，会同市侨联、市统计局、市委统战部、市公安局等部门，组织成立全市基本侨情调查工作办公室，并由市委人才办、市教育局等 20 多家成员单位配合开展此次调查工作。

12 月 1 日起，杭州市基本侨情调查工作将全面进入入户调查阶段，以户为单位，逐人逐项填写侨情调查表，发放涉侨家庭服务联系卡；以企业为单位，按要求填写侨资、港澳投资企业调查表。杭州市基本侨情调查办公室将组织相关人员对调查数据进行深入分析，形成杭州市基本侨情分析报告。整个调查活动将持续至 2014 年 6 月份。

（《杭州日报》2013 - 11 - 28/徐墉）

河南省侨资企业达 5 614 家　河南籍海外侨胞 150 万

目前，河南籍海外侨胞约有 150 万名居住在世界各地，河南省的国内归侨侨眷约 150 万人。昨日（2013 年 11 月 27 日）召开的河南省十二届人大常委会第五次会议，听取了省政府所作的“关于侨务工作情况的专项工作汇报”。在河南省的外资企业中，侨资发挥了重要作用，截至 2013 年 6 月底，河南省已累计设立侨资企业 5 614 家。

据介绍，经过查阅相关历史资料，并根据前期掌握情况和海外侨团回复进行综合评估后，现已基本确定，目前河南籍海外侨胞约 150 万人，国内归侨侨眷约 150 万人。河南籍海外侨胞遍布世界 70 多个国家和地区，集中分布在美洲、欧洲、大洋洲和东南亚地区，并呈现出新移民增多、从事职业区域性差异大等特点。而河南省的归侨侨眷大多数是河南籍，主要分布在郑州、开封、洛阳、新乡、南阳、平顶山、安阳、焦作、鹤壁、三门峡市等中心城市，其中郑州、开封、洛阳市较为集中。

在河南省的经济发展中，侨资也发挥了重要作用。在河南省的外资企业中，侨资成分占了很大比重，截至 2013 年 6 月底，河南省累计设立侨资企业 5 614 家。

（《郑州晚报》2013 - 11 - 28/裴蕾）

海南归侨侨眷逾114万人　部分生活困难需社会救助

记者28日从海南省五届人大常委会第五次会议上获悉，海南省已有归侨侨眷114万余人，其中归侨11万余人。一些归侨侨眷生活困难，需要社会救助。

2013年8月19日至23日，海南省人大常委会华侨外事工作委员会与省外侨办、省侨联、致公党海南省委组成调研组，对海南省困难归侨侨眷生产生活情况开展调研。

据统计，海南归侨中，集中安置的有5.5万余人，其中安置在农垦农场的有4.3万余人，安置在5个华侨农场的有1.2万余人，其余5.7万归侨主要散居在海口、文昌、琼海、万宁等地城乡。海南省归侨侨眷有65万余人生活在农村。截至2012年底，海南省在最低生活保障线范围内的贫困归侨侨眷有近3万人，其中农垦系统4 704人，华侨农场1 067人，散居城乡的有近2.4万人。

调研组了解到，海南省困难归侨侨眷养老保险、医疗保险和低保问题基本得到解决，海口、文昌、琼海等市县主动维护华侨合法权益。在实施侨居工程方面，海南省集中安置归难侨危房改造工作于2010年基本完成后，在同等条件下，优先解决贫困归侨侨眷的住房困难问题；扶持地少无岗位的归难侨职工发展种养业，改善归难侨的生产条件；帮助贫困归侨侨眷子女完成学业；对华侨农场、农垦农场归难侨及其子女进行生产技术培训，扩大其就业门路。从2010年1月1日起，对收入较低的归侨退休职工的生活补贴由每月50元提高至100元。省外侨办为南侨机工及其遗孀发放补助和生活补贴累计12万元。同时，对归侨侨眷集中的乡镇、华侨农场、农垦农场等基层单位开展“侨爱工程——送温暖医疗队”活动，为归侨侨眷送医送药并提供健康咨询服务。

调研组还发现一些存在的问题：一是部分困难归侨侨眷收入和生活水平均低于当地平均水平；二是一些归侨侨眷生活困难，需要社会救助；三是一些涉侨政策在部分市县还没有得到重视和落实，市县对当地散居归侨侨眷的生产生活情况掌握不全面，一些困难归侨侨眷不能按相关规定接受社会救济；四是华侨农场在社会保障方面存在一些遗留问题。

（中新网海口2013－11－29/付美斌　魏巍）

南方华人慈善盛典举行　十大慈善人物捐赠逾10亿

11月29日晚，由广东省侨办和广东南方电视台主办的“2013南方·华人慈善盛典”颁奖典礼在广州中山纪念堂举行。广东省人大常委会副主任雷于蓝、广东省副省长招玉芳、广东省政协副主席唐豪、国务院侨办国内司司长赵昆出席慈善盛典颁奖典礼，并为获奖者颁奖。参加“感恩侨爱·海外慈善人士广东行”活动的30位慈善家也出席了颁奖典礼。

招玉芳副省长在颁奖典礼上致辞，代表朱小丹省长和省政府对长期以来关心支持广东发展特别是慈善公益事业的海外侨胞、港澳同胞表示衷心的感谢。她指出，本届“南

方·华人慈善盛典”以“圆梦”为主题，宣扬“用梦想照亮梦想”的感人故事，必将以善心带动善行，鼓励更多的人加入到公益慈善的队伍中来，共同汇聚和传递奉献爱心、助推梦想的正能量。

本届慈善盛典表彰了10个慈善人物和集体，分别是马观适（中国香港）、刘杰夫（中国香港）、李有权（中国香港）、何世柱家族（中国香港）、张锦程（泰国）、陈明（美国）、郑开德（中国香港）、萧依钊（马来西亚）、龚俊龙（中国香港）、蓉子（新加坡），他们均为长期以来身体力行参与公益慈善事业，影响并带动一个群体持之以恒地开展慈善公益活动、传播慈善公益风尚的华侨华人、港澳同胞，他们合计捐赠逾10亿元。

据广东省侨办资料显示，据不完全统计，改革开放以来，广大海外侨胞、港澳同胞热心支持广东省各项社会慈善公益事业，在广东省捐赠款物超过500亿元人民币，占全国侨捐总数约六成。广东省接受华侨、港澳同胞捐赠1 000万元以上的镇（街道）共有248个，受赠额1亿元以上的镇（街道）有29个。华侨捐赠兴办公益项目3.2万宗，捐建教育、卫生、体育、基础设施、扶贫济困等项目逾2.4万个，建立各类公益基金近3 000个。作为侨务大省，海外侨胞、港澳同胞是广东慈善公益事业健康发展的一支主要力量，他们不仅为家乡捐巨资，更为广东输入了先进的慈善公益文化和经验。

从2008年开始，广东省侨办和广东南方电视台联合举办的“南方·华人慈善盛典”每年举办一届。前五届共表彰了71名慈善人物、3个慈善集体和2个慈善项目，对鼓励和推动广大侨胞、港澳同胞参与广东省公益慈善事业发展发挥了十分积极的作用。近几年来，广东省侨捐资金每年均超过10亿元。

（广东侨网 2013－11－29/文静　金流）

广东出台实施办法落实华侨回国定居

侨务大省广东1日起实施《关于华侨回国定居办理工作的实施办法（试行）》（下面简称为《办法》）。该办法规定，华侨申请回原户籍注销地定居的，应当符合申请之日起前两年内在中国连续居住满3个月或者连续6个月内累计居住满90天这一条件，同时要有稳定的住所、有稳定的生活保障等，经审批后可获发有效期为6个月的《华侨回国定居证》。

广东省侨办和广东省公安厅联合发布的该《办法》是根据《中华人民共和国出境入境管理法》第十三条和《国务院侨办、公安部、外交部关于印发〈华侨回国定居办理工作规定〉的通知》制定的。该《办法》规定，华侨回国定居是指华侨要求恢复已取消的户籍，回到原户籍注销地长期居住、生活，或符合条件的华侨回国在非户口注销地长期居住、生活。

《办法》规定，华侨申请回国定居，原则上应在原户籍注销地申请。确有特殊情况的，也可在非原户籍注销地申请定居。原注销户口为普通高等院校、普通中等专业学校学生集体户口的，在入学前常住户口所在地申请。华侨申请回原户籍注销地定居的，应当同时符合申请之日起前两年内在国内连续居住满 3 个月或者连续 6 个月内累计居住满 90 天、有稳定的住所、有稳定生活保障等条件。而符合这些规定的华侨在具备其他一些条件的前提下，也可向非原户籍注销地侨务部门提出定居申请。

《办法》表示，申请回国定居的华侨在办理相关手续时，需签署“本人自愿放弃国外居留资格声明书”，并同时提供申请前两年的出入境记录等文件。

《办法》规定，申请回国定居的华侨通过审批后，相关单位可签发《华侨回国定居证》；不予批准的，除法律法规另有规定外，应当说明理由。《华侨回国定居证》的有效期为 6 个月，而该实施办法的试行期为一年。

2008 年至 2012 年，广东公安机关共审批华侨回国定居 3 485 人次；共有 12 207 人次的华侨子女回国接受义务教育。

（新华网 2013 - 12 - 01/王攀）

15 万海外藏胞帮助青海经济建设

“青海省在中国并不属于侨资源丰富的省份。”青海省侨联主席高永英在接受记者专访时坦言道。然而，青海 20 万侨胞中，尤其是其中 15 万藏胞，都为青海的经济建设和发展作出了巨大的贡献。

青海省 20 万侨胞中有 15 万是藏胞，他们主要是从尼泊尔、印度、巴基斯坦、瑞典等国家回到青海。共同的宗教信仰是凝聚海外藏胞的重要纽带。高永英说：“为了吸引更多的藏胞回国，青海侨联举办了众多宗教文化方面的交流会，如绿色经济投资贸易洽谈会、藏毯国际展览会等活动，鼓励他们在青海洽谈商贸、投资兴业。这些活动成功吸引了不少藏胞回到故乡投资，促进了青海的经济发展。”

除了吸引侨胞们“走进青海”外，青海侨联还组织了许多“走出去”的活动。高永英表示，虽然大部分的青海侨胞的凝聚力较强，但是不少第二代侨胞对于藏传佛教的了解已经大不如前了。为了让身处海外的第二代侨胞能接触到故乡的宗教、文化，青海侨联不仅在春节到藏历新年之间派出了亲情中华艺术团到藏胞聚集国演出，还组织了活佛出国宣讲等活动，这些都取得了巨大反响。

（人民网北京 2013 - 12 - 04/王泽）

杭州侨情普查：非正规出国出境人员可自愿申报

浙江历来都是中国重要的侨乡，但是多年来也有以“非正规”渠道出国的公民，他们的亲友面对侨情调查员有所顾虑。

浙江省侨办副主任王通林告诉记者，本次调查对象为调查时居住在浙江省的浙江籍涉侨人员以及常住浙江的外省市户籍涉侨人员（团体），包括归侨、侨眷、港澳同胞眷属、归国留学人员、海外留学人员眷属；浙江省的华侨华人、港澳同胞在省内、省外及国（境）外投资企业；海外浙江籍侨（社）团及华文学校、华文媒体等。

以正规或非正规渠道出国（境）、现在国（境）外工作、学习和生活的浙江籍（包括原籍和原户籍地在浙江）涉侨人员（华侨华人、港澳同胞及海外留学人员）都属于调查对象，可以自愿申报。

（《钱江晚报》2013－12－04/陈雷　韩琦）

温州文成法院通过网络视频为“海外和事佬”授课

为进一步加强海外调解员队伍建设，提高“海外和事佬”解决涉侨纠纷的能力和业务水平，方便侨民诉讼，提高办案效率，日前，浙江省温州市文成县远在意大利米兰的海外特邀调解员及文成同乡会民商事调解委员会调解联络员等“海外和事佬”通过网络视频接受文成县法院为他们举办的业务培训课。

培训中，法官详细地讲解了运用网络视频跨国审理涉侨案件的审理程序和一些具体规定，并对实际操作过程中出现的一些问题做了相互交流与探讨。同时，还讲解了婚姻法及相关司法解释等一些内容。

自2010年6月开始，文成县法院为解决华侨诉讼难，特别是认证难问题，探索由特邀海外调解员见证代替领事馆认证、运用网络视频跨国审理涉侨离婚案件的模式。至2013年11月，该法院运用这种模式通过“海外和事佬”已成功办结的涉侨案件有53件。

（中新网温州 2012－12－17/包小荣）

“海归”求职三障碍：专业不符、期望高、缺人脉

专业不符、薪酬期望高、缺乏人脉关系等成为影响“海归”求职成功率的关键因素。这是某公司日前发布的《2013年海归就业力调研报告》的结果。调查显示，“海归”被企业拒绝的理由排在第一位的是专业不符合，占30.5%；并列第二位的是薪酬要求过高和不清楚原因，占15.3%；第三位的是缺乏国内人脉关系，占13.6%。

调研显示，“海归”人才呈现了年轻化的趋势，25岁及以下人员所占比例从2007年的16.5%上升到2013年的27%，增加了近1成；同时，女性归国人员所占比例在不断上升，2013年与2007年相比，女性比例从38.8%上升到59.3%。“海归”留学的国家和专业依然扎堆，在留学国家分布上，虽然美国、加拿大、英国、法国等北美、西欧国家仍然是留学人员的首选（占49.2%），但日本、韩国等东亚国家，尤其是韩国的“海归”人数增长了近一倍。在调研中还发现，海外短期就业或实习的“海归”人才数量增多，2013年和2007年的数据比较发现，有过实习和1至2年工作经历的“海归”人才数量增加（6个百分点），而且他们更加注重实习或工作经历与所学专业的一致性。

调研显示，海外留学除了提高语言能力外，开拓适应能力、决策判断能力、人际沟通、创新能力和可迁移能力等也得到了锻炼和提高；而且海外实习或工作经历为留学生提供了契约精神（意识）、专业技术能力、组织适应能力、职业技能、社会适应能力的培养。

在企业的特征选择上，“海归”人才所看重招聘企业的特征分布各有不同，排在第一名的是良好的薪资福利，占22.4%；并列第二名的是品牌知名度及完善的发展晋升机制，占14.1%；第三名的是清晰的组织战略目标，占12.8%。

该公司有关专家认为，“海归”人才的成功再“落地”，需要个人、企业和政府作出共同努力，才能实现共赢。为此，建议归国留学人员出国留学前对国内和国外的经济、行业发展、就业前景、个人兴趣等进行综合的分析，并制定可行的规划。如果回国的可能性比较大，则需要在留学期间注重对国内市场、资源等的关注和联系，确保“安全”返航。在求职过程中，应该适应企业的需求，在明确企业在专业、能力、资源方面的需求前，不要轻易“报价”，应结合个人的职业目标，制定可行的目标选择和薪酬职位协商原则。

（《北京晚报》2013－12－19）

四川省侨办帮助困难归侨侨眷温暖过冬

近日，四川省侨办积极筹集资金和捐赠物资，采取对困难归侨侨眷实施救助等形式，帮助他们温暖过冬。

在开展的“走基层、暖侨心”活动中，四川省侨办向4户南侨机工遗孀发放年度生活补助金8 000元/户，对205户贫困归侨侨眷发放生活补贴1 200元/户；向遭受洪灾的广元市、甘孜州、宜宾市、达县市困难归侨侨眷发放救灾款10万元；为广元市利州区、凉山州喜德县、泸州市古蔺县困难归侨侨眷发放棉被786余床；组织30余名医生先后对洪雅县、木里县、马尔康县和康定县的归侨侨眷、农牧民群众进行免费健康体检；办领导分别带队，到各市（州）慰问70余户困难归侨侨眷，送上慰问金和慰问品，带去党和政府的温暖与祝福。

（中新网 2013－12－27）

凝侨心聚侨力　江苏苏州市侨界捐赠累计近8亿元

据苏州市侨办消息，12月27日下午，苏州市海外交流协会三届五次常务理事会和苏州市侨商投资企业协会二届二次理事会召开。

今年，苏州市海外交流协会共接待来苏交流考察的海外侨胞2 150人次，分别在丹麦和芬兰新增3个“苏州市海外华侨华人联系点”。还积极鼓励侨胞捐赠公益事业，截至目前，苏州市侨界捐赠累计近8亿元，2013年促成华侨捐赠8 000余万元。

目前，全市有侨（港）资企业近万家，占外资企业三分之一强，遍布各行各业，其中80%以上是高新技术企业，85%以上是外向型经济。苏州市侨商投资企业协会2009年成立后，积极促进侨资企业间交流合作，搭建侨资企业与政府沟通交流的平台，为会员提供政策法规咨询、排忧解难、维护会员的合法权益。今年，在市公安局的大力支持下，形成了可由侨商会统一组织报名，由市侨办和侨商会与车管所协商，适时组织苏州侨商专场更换驾照考试的方案，解决许多侨胞换证难的问题。

苏州市委常委、市委统战部部长周向群感谢各位侨胞对苏州经济社会发展所作出的贡献，并对关心、支持苏州发展的海内外侨胞和朋友们表示衷心感谢和诚挚的问候。她指出，海协会和侨商会在创新服务、吸引人才、服务侨企、联谊侨胞、合作交流、维护侨益等方面取得了一定的成效，为加快苏州市海外人才集聚、经济转型升级、社会公益事业发展作出重要贡献。

（中新网2013-12-30）

（本栏目责任编辑　徐云）

热点时评

本栏目内容是对本年度涉侨时评的选登，以对具有普遍意义的新闻事件和迫切需要解决和解释的问题直接发表意见或表达鲜明观点的报道为主，按媒体报道时间升序排列。

美国华人2013年的参政远景

皮尤研究中心最新民调显示，2012年美国总统选举中，非裔美国人的投票率历史上首次超过白人。这是非裔美国人在1965年获得全面参政权利后47年来的第一次。

根据皮尤研究中心的资料，1992年美国大选总统选举时，白人的投票率超过70%，而非裔美国人的投票率仅为58%。2008年美国大选总统选举时，白人和非裔美国人的投票率分别为66.1%和65.2%，差距不到一个百分点。也就是在这一年，美国选出了历史上第一个非裔美国总统。

美国2010年人口普查结果表明，美国人口族群结构已经发生很大变化，白人人口在过去10年间从1.946亿增加到1.968亿，增长率仅为1%，在美国人口总数中所占比例从69%下降至64%；而拉丁裔人口从2000年的3 530万猛增到2010年的5 050万，增长率达43%，拉丁裔人在美国总人口中比例已占16%；原为美国第二大族群的黑人人口为3 890万，占美国总人口比例的13%，已经让位于拉丁裔美国人。

拉丁裔美国人的踊跃投票在2012年大选发挥了超乎以往的作用，大选结束后，许多媒体评论都把拉丁裔的支持视为奥巴马连任的关键因素。如果说拉丁裔美国人是通过绝对人口数量的增加来扩大政治影响力，那么非裔美国人则是以高投票率（占总人口比例的13%，而投票率超过占总人口比例64%的白人）来扩大政治影响力。非裔美国人的高投票率说明，人数多寡固然重要，但是积极投票，才是扩大影响力的有效办法。

那么华人呢？美国亚裔人口约1 800万，占总人口5.75%以上，其中华裔超过400万，约占美国总人口的1.2%。和拉丁裔、非裔相比，华人的人口数量确实小得多；但与占美国总人口1.7%的犹太裔相比，华人的影响力可以说是很小的。犹太人在美国参政历史悠久，政治分析家米切尔·巴德曾说过，犹太人是以一种宗教式的热情参与政治，他们的投票率比其他任何族裔都高。犹太裔在美国政治上影响之大，固然还有经济等其他因素，但积极投票却是犹太裔能够发挥影响力的极重要的因素。

美国华人近年参政热情较之以往有所提高，2012年的大选，选出了三名华裔女民主党联邦众议员也可作为佐证之一。在地方一级的议员、教委等选举中，华人亦取得很好的成绩。如今华人移民的素质较数十年前已大为提高，但华人社会投票率不高的现状却始终未能得到根本改善。在美国这样一个民主制度较为完善的国家，华人要改变被边缘化的现状只能是普遍积极地参政，像非裔、拉丁裔、犹太裔选民那样积极投票，除此以外没有任何捷径。

在美国多元化社会中，人口结构不再像早先那样黑白分明，除了非裔美国人，拉丁裔美国人、亚裔美国人这样在种族、文化上与欧洲裔美国人有很大差别的族群，所占人口比率越来越大，美国正面临多种族间经济、政治利益关系的磨合，以及“文化鸿沟”的跨越与调适等问题。

在这样的背景下，华人应该对自身的定位有清楚的认识，既是美国人，同时又身为华裔，族群的利益和自身的利益已经牢不可分。如果有一天，美国华人也像拉丁裔、非裔和犹太裔美国人那样为提高自身的地位而积极踊跃地投票，那么美国华人社会就会有更好的鼓舞人心的远景。

（［美国］侨报网 2013－01－02/一娴）

襟怀坦荡　有容乃大

20世纪80年代在美国和中国出生的华人，他们在美国为自己的理想努力拼搏时的心态，与18世纪最初来美国的华人移民相比，已经发生了很大变化。他们的一个心声就是：这个世界什么地方更有助于他们实现自己的理想，他们就愿意到什么地方去发展，而不是拘泥于必须成为美国公民。

笔者仅以在微软总部西雅图工作的这样一群年轻人为例来阐释如此迥异于前辈世界的公民心态。年轻的微软华裔工程师们早已超越了追求房子、车子、位子、票子的寻常“美国梦”，他们几乎每个人都有自己的创业构想和美妙的人生理想，共识之一就是“美国梦”实际上不一定必须在美国实现。不断实现自身的价值，就是一种“美国梦”，而这种梦想可以在全世界的任何一个适合的地方实现。他们的自信来源于他们知道自己是最出色的专业人才。这些聪明的华裔工程师，不仅感受到微软以人为本的爱护和关怀，同时也对微软作为一个成熟企业有待改进的地方有着清醒的认识。但他们不做愤青，而是一直在默默地努力着，改进可以改进的地方，让微软的明天更为出彩。

在谈到是否在工作中感受到种族歧视的问题时，参加人才招聘多年的微软资深管理人员陈恺说，至少在他经手的人才招聘中，没有出现这样的问题。在微软的人才招聘之中，能力至上的标准是无可撼动的，因而每一位微软华裔工程师都知道自己是经过层层选拔之后的不二人选。微软确立的这条标准让每位华裔工程师感受到了平等的竞争机会，因而他们在进入微软之后，一旦有权为微软遴选杰出人才，就会同样秉持能力至上、公平竞争的原则，从而确保了微软能不断补充到最为出色的新鲜血液。

玛利亚是一位微软前华裔女工程师，刚刚创办了自己的公司，该公司所有工作人员都是中国人，这让她感到特别自豪。而此前她在微软的工作经历，不仅让她自己积累了足够多的实践经验，而且拥有了良好的人脉，结识的全都是最顶尖的一流人才。

笔者近年采访的华人，年龄层从20多岁到80多岁都有，从这跨度长达60余年的记录之中，从这些受访者身上，笔者看到了华人群体的整体跃升。不管历程是多么地苦乐交织，这上升的势头却是无可阻遏的。愿在美华人继续携手前行，不断荡涤自身存在的问题和缺憾。牢记屈辱的历史是为了更好地发展，真正的主人心态一定是襟怀坦荡，有容乃大。

（《人民日报·海外版》2013－01－07/枫渔）

菲律宾华人面临夹缝中的两难

核心提示：他们是处在夹缝中的侨民，当故国与自己当下所处的国家发生争端时，他们面对矛盾摩擦处境两难，只能期望争端早日结束一切恢复平静。

“如果生父和养父吵架，你支持谁?”或“如果娘家和婆家吵架，你支持哪家?”这正是黄岩岛对峙事件后，困扰着菲律宾华人的问题。一直以来，菲律宾华人都把祖（籍）国中国说成是自己的生父，而居住国菲律宾则是养父。周恩来总理曾经说过：我们视旅居海外的华人、华侨为嫁出去的女儿。依照周总理的这种说法，那么中国就是菲律宾华人的娘家，菲律宾则是婆家。不论是生父和养父吵架，或是娘家和婆家吵架，作为子女的华人如何选边站呢？这是所有为人子女都不想做的决定。

黄岩岛对峙事件后，那些居住在菲律宾的华人的心情也是相当复杂的，尤其是在菲侨领们，他们可能随时都得面临面对媒体要如何对这个事件表态的问题。在这种情况下，大多数侨领会选择躲避媒体。因为在他们看来，不论支持菲律宾还是中国，都可能会惹另外一方不快，甚至会影响到他们与两边的关系。这就是被困在黄岩岛争端“夹缝中”的菲律宾华人面对的两难问题。

在黄岩岛争端持续升温后，中国旅行社宣布取消赴菲律宾旅游团，中国也对进口到中国的菲律宾香蕉采取更严格的监管措施，致使大量菲律宾香蕉未能通过中国的检验、检疫，最终烂在中国的码头。令人意外的是，因这些制裁措施而受到最大伤害的竟然是菲律宾华商。就拿取消旅游团来说，旅游团取消，首当其冲的当然是航空公司，而目前飞中国至菲律宾航线的三家菲律宾公司——菲律宾航空公司、宿务太平洋航空公司和飞龙航空公司，其老板都是华商。受取消旅游团的政策影响的还有旅行社和酒店，负责接待中国旅游团的旅行社，几乎全部都是华商公司，而中国旅游团赴菲旅游，下榻的酒店大多也是华商开设的酒店。因此，取消旅游团的措施，其实，到头来受到伤害的皆是华商。

加强对菲律宾香蕉的监管，受到影响的仍然是华商。菲律宾工商总会名誉理事长蔡聪妙透露，菲律宾人经营的香蕉出口公司，大多出口到美国、日本和中东国家，只有华商经营的香蕉出口公司的市场百分之百是中国。面对大量香蕉在码头腐烂，华商只能把苦水往肚子里咽，寄望两国纠纷早日平息。

中菲纠纷，也令菲律宾华文媒体处于两难的境地。华文媒体在法律上算是菲律宾媒体，然而，在报道上要做到平衡，既要遵守菲律宾国策，又不能不顾及大多数华人读者的感受一面倒地倾向菲律宾政府。

就拿菲律宾总统阿基诺签署行政令，把“南中国海”更名为“西菲律宾海”一事来说，本来大家都明白这是阿基诺政府在玩文字游戏，可是行政令一发出，菲律宾华文媒体也只能依法在报道中使用“西菲律宾海”一词来取代“南中国海”。不过为了不被读者误解为他们已完全屈服于政府行政令，有些华文媒体使用“西菲律宾海（南中国海）”，这样两边都顾及的策略。华文媒体在评论上也大多以劝和为主，很少提及归属问题，尽量避免被误解为在选边站。

黄岩岛对峙以来，南海问题以及可能的中菲冲突，成为菲律宾华人社会的主要话题和华文媒体报道的焦点。对中菲黄岩岛对峙的原因，华界有着共同的认识，都认为这是美国重返亚洲和菲律宾政府采取亲美政策的结果，其目的在于打压中国的崛起。

华商在菲律宾政界和商界都具有举足轻重的地位和作用，过去中菲之间不管在政府层面或是民间层面出现矛盾或摩擦时，通过华商这个特殊管道出面沟通和协调，都能够做到大事化小，小事化了。但这次黄岩岛问题由于可能涉及美国和菲律宾外长的私人利益，让问题更加错综复杂，难以解决，如今，就算是重量级的华商在帮助解决时也觉得难度比以前大大增加。很多华人也寄望总统阿基诺在明年中期选举后，更换外长，让中菲关系能早日迎来柳暗花明的一天。

（《国际先驱导报》2013－01－09/华怡）

印度华人低调生活不参与政治

华侨华人遍及世界各个角落，但身处印度的华侨华人似乎较少被关注。2012 年底，《印度教徒报》记者安纳亚·杜塔走访了加尔各答的华人社区，他了解到印度华侨华人的人数已经大幅减少，并且自 1962 年中印边境冲突以来，印度华侨华人的处境日渐艰难。

日前，《国际先驱导报》记者走访了加尔各答的华人社区，这座英国殖民时代的首都、现今印度第三大都会，是在印度居住的华侨华人最多的城市。在加尔各答市中心维多利亚纪念厅里，有一些早期市井生活的画作，其中有一幅 1836 年至 1842 年间创作的制鞋华人的肖像水彩画颇吸人眼球。

这是早期印度华人生活状态的缩影。从 19 世纪中期到 20 世纪初，有大批中国人为逃避战乱来到印度。后来的抗日战争时期和国共两党内战时期，又有大批中国人涌入印度。

时间似乎停滞在民国时代

现今的加尔各答有两条唐人街：一条是位于市中心、广东（籍）人占多数的老唐人街——蒂瑞塔市场；另一条是郊区的塔坝唐人街。前者华侨华人群体较为分散，如今几乎已完全融入印度社会；后者则较为集中，但更趋内向和保守。

在老唐人街，时间似乎停滞在民国时代。孙中山先生和印度“圣雄”甘地的画像被并置高悬，民国时代的许多教学内容、传统文化和宣传内容竟毫无改变地被保留下来。街区内分散着几所老旧会馆，会馆中都设有供奉关帝、观音等中国神像的寺庙，让人能从中感受到几分中华文化的气息。

然而，年轻一代的华人对此已经感到陌生，他们的生活方式已经非常印度化。走在老唐人街上，只能零星看到几张华人面孔，大多数都是印度人。广东省会宁会馆会长陈耀华告诉《国际先驱导报》的记者，老唐人街的达姆森巷、黑焦巷和孙中山路两旁的商铺和房子，以前都是华人居住，如今大部分租给了印度人。

另一条唐人街位于加尔各答市东部郊区的塔坝，居住着约一千名华裔居民，是印度境内华侨华人最多的地区，以祖先来自广东梅县（今广东省梅州市）的客家人居多。

正如维多利亚纪念厅那幅古老的画作所描绘的，早期的华侨华人多从事印度教民众不愿从事的制革业和衍生的牛皮鞋业。1993 年，印度政府以清除污染为由，强迫塔坝所有皮革厂迁移到 25 公里之外的郊外工业区，造成塔坝区内华人原有的 180 家皮革厂剩下不到 50 家，塔坝许多华人也因此被迫移民或转行——如开餐馆。

目前塔坝已经以中华客家饮食闻名于加尔各答地区，当地高中低档中餐馆约有 35 家，来就餐者不仅有印度人，也有驻印度的外国使节和外商，尤其是中国人。而当地华侨华人最爱去的是装潢简朴的“锦华餐馆”，其爆炒牛肚等地道的客家菜吸引了不少回头客。

加尔各答华人很少参与政治

当地华人最盛的时期是 1962 年之前，那时加尔各答的华人人口曾一度达到四五万人之多。1962 年，中印发生边境冲突，印度政府出台一系列排华政策，并发布禁令，不允许在加尔各答的华侨华人离开该市一步。华人在行动、就业、购物等诸多方面受到限制，还有很多华人失去了家园。“印度政府对我们有些敌视，那时有一个专门关押华侨华人的集中营——拉贾斯坦邦迪奥利集中营，约有三千名华侨华人被关押在里面。”华人皮革商李千（化名）说。1962 年的中印边境战争仅持续一个月，但很多人却一直被关押到 1967 年才陆续被释放。据华侨刘佳（化名）介绍，当局抓人的理由是，这些人对印度的安全构成威胁。“后来印度政府发现没有一个被抓的华人参与反印活动，现在这批受害人想在联合国控告印度政府当年所为，并要求其道歉。”不过，50 年后的今天，印度政府仍无悔意。

当时，数千华侨华人在印度政府的迫害之下，不得不选择离开印度，少部分富裕或有海外亲戚的华侨华人迁徙到了欧洲、大洋洲、北美洲等地，大部门华侨华人则陆续返回中国。此外，也有少部分受各方面条件限制的华侨华人不得不继续留在印度。目前，在印华侨华人除了有一些在新德里、孟买、海得拉巴、班加罗尔等地零散分布外，余下的华侨华人大部分居住在加尔各答。

20 世纪 90 年代以来，中印关系也在不断缓和与改善，加之中国经济的腾飞，印度华侨华人的地位也不断得到提高。印度政府调整了政策，废除了一些限制华侨华人的法律，印度华侨华人有了有利的发展条件和宽松的发展环境。

即便如此，加尔各答的华人也很少参与政治，他们虽然也参与投票但从不参与竞选，最直接的原因是华人数量较少，因而无法获得足够的选票；另外，中印的历史恩怨也让在印华人处境尴尬。加尔各答市所在的西孟加拉邦的国大党政府，对华侨华人群体一直采取自生自灭的态度。塔坝地区的道路、排水沟渠、路灯乃至垃圾清理等基本设施服务，全部由华人自费兴建和清理。

（《国际先驱导报》2013－01－16/陈雪莲）

缅甸局势与华人命运

日前，缅甸政府军与克钦邦在缅甸东北果敢地区的军事冲突倍受关注，不仅因为战事发生在中缅边境，还因为战事一方——克钦邦主要是由华人构成。

中国政府如何面对这场冲突？这是个难题。一方面，这毕竟是另一个国家的“内政”，而中国曾深受治外法权之辱，奉行着“不干涉别国内政”的对外政策；另一方面，很多海外华人呼吁中国政府施以援手，希望利用中国政府和缅甸政府的良好关系向缅甸政府施加压力。

华侨在其他国家属于处于弱势的少数派，在一个公正的政治框架内，少数派往往容易妥协，接受政治解决而不愿诉诸战争，因为战争中强弱力量的对比，少数派受到迫害和不公平对待的可能性更大。如果在一个追求公平、正义的法治国家，“不干涉”政策也许是对的，但如果就目前缅甸的情况来看，“不干涉”政策不但可能损害中国的国家利益，还可能纵容更多的国家政府对华人进行迫害。海外华人不仅和我们血脉相连，更是为中国的革命和建设作了巨大贡献，对海外华人我们难以不管不顾。

孙中山先生曾亲笔题字：华侨为革命之母。

1894 年 11 月，孙中山先生在檀香山一个华侨的住宅中宣告兴中会成立，第一批参加者有 20 多位华侨。至 1905 年同盟会成立，兴中会有姓名可查的会员共有 325 人，其中华侨和在侨居地入会者占 70%。

广州黄花岗起义，被孙中山先生誉为“碧血横飞，浩气四塞”，“与武昌革命之役并寿”。在这次起义中，共有 86 位勇士为之英勇献身，其中华侨就占 29 人。

而孙中山先生当年革命筹款的首要对象也是华侨。他领导的第二次到第八次武装起义所用 20 万元经费主要来自南洋华侨。第九次和第十次起义的经费主要靠美洲华侨的捐献。仅辛亥一年，南洋华侨就捐助了五六百万元。

南京临时政府成立后，海外华侨了解到南京临时政府的财政窘境，马上捐款支援。尤其是缅甸华侨组成“缅华国民捐总局”，发起劝募“国民捐”、“爱国捐”运动，组织募捐小队，沿街逐户上门劝捐。而马来西亚华侨吴世荣和归国华侨到南洋募集到的资金达三百多万元，准备与上海银行家沈缦云共同组建“中华实业银行”，以推动华侨投资和参加国内的实业建设。

“华侨为革命之母”于史有据。

中国的抗日战争，更是得到海外华侨的巨大支持。

抗战期间共有华侨团体 3 500 多个。为祖国抗战捐款的华侨有 400 多万人，约占当时全世界华侨人口的一半，遍及亚洲、南北美洲、欧洲、大洋洲和非洲华侨的家家户户。国民政府财政部统计资料显示，华侨捐款达十三亿多元。同时，海外侨胞向国内汇回数十亿元侨汇。华侨还向国内无偿捐献了大批战需物资如飞机、坦克、汽车、衣物、药品等。而全国歼击机飞行员中华侨占 3/4；当时国内缺乏汽车司机和维修工人（简称机工），仅以陈嘉庚先生为首的南侨总会，就在南洋华侨中招聘了 3 200 多名机工回国服务，在滇缅公路上服务的机工有一半以上是华侨，他们为滇缅公路的畅通，作出了突出贡献，被誉为

“神行太保”。

中国改革开放后，华侨的投资也成为中国经济起飞的动力之一。

从1978年底至2005年底，我国累计吸收外资约6 224亿美元，其中华商或由华商主导的投资约达4 170亿美元，约占投资总额的67%。相比之下，印度在经济改革初期，就缺少这种投资，中国华侨对中国的资本输入让印度的几任领导人都十分羡慕。有人戏称，邓小平打“侨”牌。

海外华人如此恩重于我们，我们是不是也应珍惜这些写满血泪史但仍旧珍贵的海外华人呢？同时，也反思一下我们的对“华”政策呢？

柬埔寨红色高棉曾得到中国的支持，但红色高棉对华人却是残酷无情的，普遍宣传“华侨都是资产阶级，有史以来都是吸柬埔寨人的血”的观点。他们不仅抢光华人的财产，而且对华人大肆屠杀，在红色高棉执政期间，华人在柬埔寨人口由之前的60多万人减少到之后的不足30万人。

在印度尼西亚，由于中共援助过苏加诺，苏哈托上台后，印度尼西亚华人就成了他报复的对象。在他统治期间，发动排华运动上百次，针对华人的暴力事件更是难以计数，50多万华人被屠杀。而最近的一次竟然发生在1998年，针对华人的抢劫案数万起，强奸案5 000多起，华人死伤1万多人。

而这时，中国已经不是一个弱国，GDP已经跻身世界前四。

在缅甸，华人曾为缅甸立国和建设立下汗马功劳。缅甸现代经济的基础，可以说完全是华人缔造的，缅甸首任教育部长、经济部长都是华人，但在奈温独裁统治的年月里，华人工厂被没收，华人被禁止经商，华人不得上大学，华人至今仍不能从政，不能当兵。华人聪明勤奋，积累了不少财富，但奈温发动了3次针对华人的废币运动，华人的财富瞬间化为乌有。

我们经常听到这样的话：“天下华人是一家。”海外华人也都有这样一个理想预设：祖国强大了，就没人敢欺负咱华人了。1978年1月，在接见仰光华侨代表时，邓小平曾指出：“保护侨胞的正当权利，鼓励华侨与住在国人民搞好友好关系，这是我国发展与住在国友好关系的重要一环。”

（第一财经网2013－01－18/张赋宇）

携款闯关与华人困境

“帝王行动”后，华人在西班牙媒体掀起的舆论风暴中，备受打击，无论是自身形象，还是经商环境都急剧恶化。如今巴塞罗那的大规模查税行动，更是让已有的困境雪上加霜。面对着一轮又一轮声势浩大的专项打击，旅西华人已经陷入一场前所未有的危机之中。

现在，巴塞罗那的查税风暴仍没有结束。可就在风暴中轰响的炸雷声犹在耳畔回响之际，巴塞罗那机场又传来了一个让华人无言以对的消息：机场警方于近日又拦截了一位违规携带55 000欧元巨款，企图蒙混过关的华人女子。

携款闯关作为一种逃税手段，早已被西班牙警方所熟知，而在华人中更不算什么新鲜事。在马德里、巴塞罗那等地的机场，每年都会发生几十起携款闯关的案件，而且违法者几乎都是华人。虽然华人携款闯关已是很平常的一件事了，但面对目前风头正紧的查税风暴，以及华人的空前危机，巴塞罗那这名华人的行为不仅为西班牙打击华人的行动提供了及时的佐证，同时也让众多同胞在遭受沉重打击后，再次陷入有口难辩的尴尬境地。

“明知山有虎，偏向虎山行”

近日，在巴塞罗那普拉特机场被查获的华人女子，原正准备乘机前往中国的温州。据介绍，这名住在巴塞罗那当地塔拉戈纳的37岁女子把55 000欧元分成五份，在自己提包的卫生巾中夹藏了10 000欧元，在胸罩中塞了10 000欧元，在行李的夹层中又掖了10 000欧元。此外，在两件夹克衫的衬里中还夹了20 000欧元。而剩下的5 000欧元，她则公开放在了自己的钱包里。

为了防止自己偷藏的现金在安检中被扫描设备发现，这名华人女子把所有夹藏的钱都用锡纸包了起来。谁知“魔高一尺，道高一丈”，在检查中，她偷藏的现金还是被机场安检给发现了。

从这名华人女子用锡纸包钱，甚至把现金藏到自己隐私部位的举动来看，她是明知故犯。可以说，她对当前违规携款闯关的困难，有着充分而深刻的认识。尽管如此，她还是绞尽脑汁，机关算尽。最终的结果却应了一句话：“机关算尽太聪明，反误了卿卿性命。”

其实，这位华人女子携款闯关的举动并不特别，无论是对于机场警方还是华人来说，也都不算什么新鲜事。然而，考虑到目前旅西华人的困难处境以及所面对的严重形象危机，此次“不合时宜”的携款闯关事件，就显得尤为特殊、影响恶劣了。

自从“帝王行动”以后，面对西班牙媒体的毁誉风暴以及社会上越来越多的排斥，华人一直在努力改善自己的形象和处境。然而，西班牙政府似乎并不给华人以喘息的机会，仅仅在三个月后，又进行了第二次具有针对性的打击行动。而此次，在华人尚未做出反应的时候，我们的同胞就立刻用携款闯关的行为，给西班牙政府的重拳出击提供了非常好的借口。这“配合”可谓是及时而贴切，令华人尴尬不已，乃至哑口无言。此时，无论华人强调什么“少数”，以及撇清什么“关系”，面对同胞“明知山有虎，偏向虎山行”的行为，一切解释都显得苍白无力。

其实，华人以自己的行为，为西班牙政府打击行动“背书”的事并不少见。就在去年十月的“帝王行动”刚刚结束，华人备受西班牙媒体攻击和丑化的时候，一位同胞也以携款闯关的方式，对警方的打击予以了“肯定”，并为西班牙社会对华人的污蔑和排斥添柴加火。

以查处偷漏税和洗钱犯罪为主的“帝王行动”是在2012年10月16日发生的，半个月后的11月5日，西班牙宪兵就在接近西葡边境Caya的公路上，查获了一位违规携带10万欧元巨款，欲驾车出境的中国男子。这位华人面对打击，顶风而上的行为，不仅使已经沸腾的舆论火上浇油，而且也让众华人在无言以对中颜面扫地。

“携款闯关”华人危机的导火索

据了解，携款闯关现象是随着华人百货批发业的发展和兴盛而开始出现的。2005年前后，华人批发业走向鼎盛，华人携巨款闯关遭拦截的消息就不断出现了。

而自那时起，华人就渐渐引起了西班牙海关、税务、金融管理等部门的注意：从过海关登机，到驾车出境；从银行监管，到税务检查，不断在生活中感受到了来自西班牙有关执法部门的“特殊对待”。

随着时间的推移和西班牙经济危机的加重，如今，携款闯关不仅让华人在相关执法中感受到了“特殊对待”，更让华人批发业陷入了越来越猛烈的打击风暴中，并且很可能会使华人的这一支柱性行业陷入一蹶不振的境地。

从目前的情况来看，轰动西班牙，并且影响深远的“帝王行动”就是因“携款闯关”而起，也因它到达顶点的。

据西班牙媒体介绍，“帝王行动”最初源自一起“携款闯关被劫案”。2009 年，马德里一华商企图用汽车运送 500 万欧元的巨款离开西班牙，但在路上遭到抢劫。在侦查过程中，被抢华商无法说明这笔巨款的来源。于是，警方开始怀疑这 500 万背后一定有违法行为的存在。从此，警方就开始秘密调查相关华人及其企业，最终掌握了许多华人偷税和洗钱的相关线索。

正当警方的调查越来越深入而明晰，并准备收网之际，2012 年 10 月 9 日，西班牙警方在靠近西法边境的 Girona 地区截获了一名驾车携带 200 万欧元现金、企图蒙混过关的华人。这名华人使用伪造的意大利居留证，将 200 万欧元巨款分装在 102 个真空塑料袋中，藏在汽车的油箱里。同月 15 日，在西葡边境，西班牙警方又从企图驾车前往葡萄牙的一名华人身上搜出了 60 万欧元现金。

这两起金额巨大的携款闯关案，立刻引起了西班牙警方的重视。据介绍，正是由于这两次事件，才促使警方决定立刻对涉嫌洗钱的华人展开大规模抓捕行动。而在“帝王行动”结束不久之后，也恰恰是华人在 11 月 5 日的又一次携款闯关行为，为该行动做了很好的“后注”。

如今，三个月后，面对巴塞罗那势头正盛的查税行动，华人再一次以“携款闯关”为针对自己的行动来“祭旗”，这真可谓是越挫越勇，前赴后继。如果照这种势头发展下去，华人的进出口批发业将最终断送在“携款闯关”上。

“携款闯关”不绝，华人困境不止

目前，华人不仅因“帝王行动”和巴塞罗那天价处罚事件陷入困境，而且遇到了生存和发展的危机，而这种困境和危机的导火索就是“携款闯关”。今后，只要它不断地在机场和边境出现，华人就会持续地受到专项查处。可以说，“携款闯关”一日不绝，华人困境就一天不止。

其实，携款闯关只是一种表面现象，其背后是华人的守法意识和行为，以及华人进出口批发企业的发展模式存在问题。旅西华商只有在这些方面做出努力，才能根治携款闯关的行为，并最终改善自己在西班牙社会中的形象，摆脱目前所面临的危机。

（［西班牙］欧华网 2013－01－25/凌锋）

感受“海外春节”的正能量

盘点华人“海外春节”的精彩——有万人空巷观“游神”的壮观，有演出、展览的色彩斑斓，有法中政要云集的档次与面子，有中华传统文化在异国的荣耀……这些基本因素，都不容忽视。

但除此之外，对于海外华侨华人来说，每年的春节活动，都有不少“正能量”的释放，都有不少潜台词的蕴含。

比如，无论在美国还是在欧洲国家，无论是总统还是市长，在发表拜年讲话时，无不突出三点：一是华人为当地经济社会发展作出了巨大贡献；二是华人能成功融入当地社会、融合当地文化；三是看好华人作为发展对华关系的桥梁作用。这三点看似老生常谈，其实都不是“送礼”的客气话，而是经过“筛选”的“肺腑之言”。这是对华人勤俭创业、吃苦耐劳取得经济成功的肯定；是对他们既保持了自身文化又能融入居住国文化的素质的肯定；是对他们背靠中国这棵大树，未来亦可为世界带来浓荫的“利好”的肯定。

据说，现任法国总统奥朗德，既不像希拉克那样热爱中国文化，也不似萨科齐那样长期“亲近”亚裔，在意识形态上更与“亲华”无缘。他上任9个月，尚未曾踏足中国的土地。但他却是这三位总统中，把中国的春节过得最为隆重、和谐与亲民的总统。他的拜年话长达20分钟，在他的旁边，他的女友、外长、亚裔女性部长、前参议长、议员一字排开，阵势前所未有。他讲完话又花了近半小时与几乎每一位客人寒暄，接受所有亚裔的照相要求，还郑重其事地接受了亚裔赠送的“寿桃”。他在表达期待法中关系之新契机时，首次提及他与习近平都是“新一代”领导人。

第二股令侨胞最为感动的正能量，来自他们的“娘家”——祖（籍）国的侨务部门。今年“四海同春”欧洲巡演到荷比卢这样的小国时，都是“夜场”；卢森堡站的演出居然是子夜12点正开场。个中缘由很简单，等着做餐饮业的侨胞下班。侨务官员们等，大腕明星演员们等，中国大使也等。“以侨为本”在这里体现得细致入微。这是祖（籍）国的变革之中的“正能量”。散场的点仍可以看戏，这是什么待遇？是下厨的家人等着加班的家人吃年夜饭的待遇。当带着一身中餐烟熏火燎味道的海外游子，12点坐在剧场欣赏乡音国剧之际，他们岂能不为此动容？

春节作为中华民族最重要的节日，正因祖国的崛起、华人的努力，日益成为一个世界性的节日。在这个现象背后，又有多少正能量蓄势待发？

（［法国］《欧洲时报》2013-02-21）

用心道歉才是真道歉

日前从加拿大卑诗省议员处传出消息，卑诗省府拟定于 2013 年 3 月底，就其历史上针对华裔所作出的歧视及不公平政策在省议会上道歉。

卑诗省华人社区长期以来一直努力推动省府就历史上的排华行为道歉，自 2006 年 6 月 22 日，哈珀总理代表联邦政府在联邦议会上就“人头税”道歉，以及 2010 年 9 月 20 日，新西敏成为首个就史上歧视华裔政策道歉的加拿大市政府以来，这种呼声就更加高涨。面对这些呼声，省府却一直“一慢二看”，动作迟缓，去年 7 月在华社的一再追问下，也只拿出“stay tuned”的含糊词句敷衍搪塞，对此，华人社区不满已久。此次农历春节刚过，省府方面终于传出“拟道歉”这个期待已久的消息，按照一些华裔代表的话，“迟做总比不做好”。

卑诗省是华裔进入加拿大最早的地方，早期华裔先民的努力，对卑诗省草莱的开辟居功至伟，华裔工人的勤勉，更是太平洋铁路得以修通、卑诗省得以和加拿大联邦融为一体的坚实基础。但卑诗省却是省一级出台针对华裔歧视性政策最多的加拿大行政区域，诸如限制华裔就读大学、限制华裔成为公务员或从事特定专业职务、限制华裔拥有不动产等等，如今看来，令人喟叹不已。今天的省府固无须为昔日省府的作为负责，但正视历史上省府针对华人所犯的错误，是民选政府应尽的责任，也是对历史负责、对选民负责的表现。

卑诗省华裔人口如今已逾 40 万，每 10 个本省居民中，就有一人是华裔，这一人数还在不断增加中。因此，正视省府历史上对华人所犯的错误，向华裔社区作出“前事不忘，后事之师”的积极姿态，坦然面对历史，正确、客观地描述和评价历史，更有助于新、老华裔移民心无滞碍地融入卑诗省这片新家园，真正地将这里当作自己的寄托和归宿。

然而道歉是要用心的。所谓用心，是指省长、省府、省府官员、省议员，以及执政和在野党派的政要们，不能仅把道歉当作一种选举武器，一种吸引华社好感和选票、打击政治对手形象和支持率的工具，而应该是发自肺腑地、真正深刻地认识到昔日省府的排华情绪、心态、逻辑和作为，都是基于种族主义歧视偏见的，是绝对不公平和完全错误的。他们须知道，今日之卑诗华人之所以汲汲于历史，执着于道歉，真正在意的首先不是“故事”，而是今天的事——如果在朝、在野的卑诗政党、政要，没有真正发自肺腑地认识到历史上的排华是错误的，以及为什么是错误的，谁又能保证，一旦土壤适宜、时机成熟，这段排华的历史不会以某种形式在卑诗土地上重演？

尽管省府和省自由党人士再三否认，但省选时间是 5 月 14 日，而道歉时间不早不迟，恰被安排在省选前夕、拉票的关键时刻，而其披露的时间又适逢华人最看重的春节；加上此前省新民主党党领狄德安曾公开表示，一旦胜选将立即推动省府就排华道歉，所有这一切，不能不给人以“选举考量”、“拉票需要”的观感（当然，省新民主党的表态也可作如是观）。目前选情胶着，执政党民调又看低，这样的观感自然更强烈。

即便真是“选举考量”、“拉票需要”也无可厚非，就华人自身而言，能让执政党和在野党双双为选票而作出这等姿态，至少表明自己的存在和力量得到正视、自己的诉求不再被漠然视之，这也是一种进步。但就省府及各政党、政要论，用心道歉才是真道歉，才能真正让40万华裔省民心悦诚服。

不投之以桃，何来报之以李？如果政府、政党和政要仅在选举时才想起华人社区，缺乏归属感的华人社区或许在选举时也不会想起他们来。

（［加拿大］《环球华报》2013－02－22）

揪出“裸官”华人亦有作为

近日两则新闻拨动了海内外关切“裸官”的神经。在新近发布的十八届中纪委二次全会工作报告中，中纪委书记王岐山指出，将加强对配偶、子女均已移居国（境）外的国家工作人员的管理和监督。随后，一位国家行政学院教授援引数据称，中国已有“裸官”118万。中共的态度让人欣慰，非官方的“裸官”数据令人震惊。

事实上，上述消息并非“新闻”。加强“裸官”管理，在2009年的中纪委会议上就已首次被提出，次年更是出台了专门的管理规定；而“裸官”数据，也是在2010年全国“两会”上由中央党校的一名反腐学者首先爆出，迅即掀起一阵波澜。

“旧闻”依然有新意。此次中纪委的表述，从此前的“加强管理”变为“加强管理和监督”，这意味着，以往“裸官”汇报情况上级仅对其加强出入境等方面管理的方式，将增加对“裸官”的主动“监督”方式，一词之添，显露出新一届中共领导层针对“裸官”的新思维，虽然舆论早已念兹在兹，熟稔不过。

“裸官”身在国内，家在海外，被称为“白心红旗”。对内，表面上是在为中国工作，实质上却是为外国作贡献，其虽不能直接等同贪官，但“心系外国”，如何能“为人民服务”？对外，家人移居之地，虽受官方欢迎，但民皆抱怨。近些年来，洛杉矶、纽约涌入的中国买房大军，非富即贵，房价的飙涨，自有这一群体之贡献。

对“裸官”，应如何“加强管理和监督”？

首先，是建立官员信息公开制度，即从“裸官”家庭信息到家庭、个人财产应做到公开。目前，广州已率先在南沙区试点“领导干部重大事项申报公示”；在此前召开的地方两会上，也有不少官员公开表态，如有要求，愿意公开财产。民众的殷殷期待集聚成巨大的制度需求，“要不要公开”不再存疑，而是什么时候公开，怎么样公开，如何把官员的子女亲属纳入到公开的范畴中去。

其次，加强监督，不仅应有来自权力阶层的监督，还应当借助外部监督，尤其是来自海外华人的监督。华人监督得天独厚，这一群体监督对自身损害影响小，而且能接触“裸官”家人生活，了解其经济活动状况，居所价值、汽车财产等等信息皆可获得。一旦掌握“裸官”家庭信息，若有不法行为，举报监督，不啻为对“裸官”的杀手锏。

（［美国］侨报网2013－02－27/钟海之）

推行“侨民证”：回娘家不应“见外”

中国“两会”即将召开。在中国政府换届之际，民生议题最受海内外瞩目。给海外华人颁发“侨民证”就是一个与海外华人利益密切相关的议题。为此，包括美国在内的海外华人团体正在积极推动这一方案。在2010年底，侨报就曾发表社论，提出中国应借鉴印度，推行“侨民证”。现在看来，这一议题的必要性并无减少，而且随着形势的发展，迫切性反而增加了。

颁发“侨民证”，最重要的考虑是对华人身份的认可；除了血缘、亲情、文化的天然联系，海外华人对中国的贡献，已经彪炳史册。不论是中国革命的成功，还是中国改革的推进，他们都居功至伟。近年来，中国不断推出许多便利华人回国的政策，如给杰出外籍人士提供“中国绿卡”，给国外出生的中国血统儿童提供旅行证等等；但“中国绿卡”门槛太高，旅行证范围受限，已经跟不上形势的发展。以美国为例，近年来，在美华人的数量猛增，经商、投资、探亲、讲学，每日穿梭于大洋两岸的人潮如过江之鲫。给他们提供来去祖（籍）国的便利，不仅会推进中美两国的经济、文化、科技、教育和民间交流，更会维系在美华人对祖（籍）国的感情，并加深下一代对中国的认识和对中华文化的认同。因此，如何从整体上认可海外华人的身份，给他们提供旅行的便利及其配套的措施，应该提到议事日程。

同时，颁发“侨民证”，也是人才争夺战之必须，海外华人是一个人才库、资源库。美国目前的移民改革紧锣密鼓，共和党和民主党都在酝酿提案，给在美国获得高学位的外国留学生绿卡，给持有者来去美国的便利，这是美国人才争夺战的重大举措。目前，中国正在谋求经济转型，对技术与科学人才求贤若渴，应在制度上予以海外人才便利，方便他们来去中国，这对中国而言，肯定利大于弊。

如何维系与海外侨民的联系，是一个世界性的问题。一些国家采用“双重国籍”制度来解决这一矛盾。由于历史原因，中国不承认“双重国籍”。我们也认为在现阶段，实施“双重国籍”牵涉面太广，政治敏感度高，不一定符合海外华人的现实利益，比如说，同时持有中国国籍，反而不利于华人在美国的求职。因此，对实施“双重国籍”应持谨慎态度，但中国完全可以考虑次优方案，即推行“侨民证”，给海外华人发放不具有国籍性质的身份证明，避开法律和政治上的难题，这完全可行。

在这一领域，许多国家都走在前面，印度就提供了范例。从观念上，印度不再把海外印度人视为“可有可无的印度人”（Non-required Indians），而是视为“不在印度居住的印度人”（Non-resident Indians）；从政策上，印度给海外原印籍人士发放海外印度公民身份证（OCI卡），持证回印度可终生免签，基本享受公民待遇。这种做法，避免了双重国籍带来的政治风险，却带来了吸引人才、维系侨心的好处。印度实施“侨民证”后，海外印度人以各种形式回国效力，效果很好。

同是人口大国，印度与中国不仅国情类似，“侨情”也十分类似。海外印度人多达2 500万，是仅次于海外英国人和海外华人的第三大移民群体。中国海外华侨华人多达4 000万，如能正确对待这个巨大的人才库、资源库，中国未来的发展将注入新的动力，中华文化在世界上的传播也将踏上新台阶。

周恩来说过，华侨入了当地国籍回中国，“就像出嫁的女儿回娘家一样”，而为回娘家的华人提供便利，不是“见外”，是在情在理。当然，“侨民证”的实施牵涉面广，有关部门应将其提到议事日程，广泛征求海内外意见，将“侨民证”的好处最大化，并尽可能减少其带来的弊端。而中国新一届领导人上任后的第一次“两会”，“侨民证”事宜是否能取得进展，应该是值得海外华人期待的事情。

（［美国］侨报网 2013－02－28）

海外华人：融入主流　不能“忘本”

近年来有一种说法：唐人街没落了。从某种程度上说这是对的。因为唐人街确实不像以前那么红火了，有些唐人街的店铺更是因为“门前冷落鞍马稀”而关门歇业，而近十几年住在唐人街的华人比例继续呈现减少之势。

以美国为例，二十三年来，唐人街“没落”的同时，主要大都会的近郊区兴起了一大批华人聚居卫星城，这些新兴卫星城更具规模，也更繁华热闹。比如，在加利福尼亚州洛杉矶附近的一个区，过去十年间亚裔人口从30%上升到39%，在纽约法拉盛，亚裔人口从1970年时的7%上升到现在的60%左右，在这些地区，华人已经成为足以影响当地选情的主要少数族裔之一，因此，更多的华人开始融入普通的美国社区，呈现分散居住的特点。

其实这种趋势并非代表海外华人的衰落，恰恰相反，这正是华人在海外不断获得社会认可、不断融入主流社会的表现，是华人在海外主流社会地位提高的折射。

几十年来，西方维持社会公平和反种族歧视的行动取得了长足的进步；与此同时，华人移民的构成发生了变化，从当年主要是受教育程度较低的劳工，变成了以高学历、高技能的移民为主。新一代移民社会地位较高，经济状况较好，并不断拓展自己的社交圈以及在住在国的生存空间和话语权，当然也就不会再住在唐人街里，而会选择住在环境较好、房价较高的社区。

但是，凡事过犹不及。积极融入住在国主流社会本是好事，但是少数海外华人则走上了另一个极端。

据西班牙《欧华报》报道，有不少华人反映，在他们的身边有一些华人对中国的社会现状和旅西华人的生活动态漠不关心。还有些华人认为吃中餐不高级，彻底改吃西餐，还以自己有多少西班牙朋友为傲。另外，还有不少华人老板和华人白领讨厌中国人，认为只有为西班牙人服务和在西班牙公司工作才算体面。

其实，这种身份认同危机主要是因为一个人从原来的身份改变成另外一个身份时，对自身认识产生迷茫和混乱所致，在经过内心的纠结之后，他会特别强调和认同自己的新身份，所以，可能做出比平常表达要过激很多的行为。一些华侨在中国时默默无闻，名不见经传，但来到海外后却当了老板，成了企业家，在这些人的心中存在着怕被人瞧不起的焦虑。因此，他们就把自己想象为一个成功的“外国人”，然后鄙视和排挤所有的中国人，鄙视“曾经的自己”。

海外华人在不断融入住在国主流社会的同时应该“不忘本，不忘根”，在不断为住在国社会作出新的贡献的同时互相扶持、互相帮助，在不断取得新的成就的同时积极传播优秀的中华文化。只有这样，才能为自己，也为中国赢得更多的尊重和认同。

（《人民日报·海外版》2013－03－08/杨宁　张国成）

公德与习惯是这样练成的

初到日本的中国人，对日本人遵守社会公德的自觉性和自制力都十分钦佩，诸如不随地吐痰，不乱扔垃圾。大街人行道上、公园露天休息场所等，极少痰迹；甚至大街上、地铁站里、超市里，虽人潮如涌，但大声咳嗽的人都极少，更见不到随地吐痰的人，人们普遍使用自带纸巾来处理并且将自己的垃圾随身携带，而不是随手扔掉。

每家每户的生活垃圾，不仅用不漏的袋子装得严严实实，而且仔细分类投放：可焚烧处理的垃圾扔在一处；洗刷干净的塑料瓶之类放一处；玻璃瓶放一处；可回收利用的纸盒放一处；碎玻璃、灯管等易刺伤人的物品严格包装并以文字注明“危险品”并放在指定地点。

为什么日本人在社会生活中有如此的自制力？笔者认为，除了健全的社会法制规章外，良好的社会生活习惯也是一个重要原因。中国古语说：习惯成自然。人生活在社会之中，如果从小到大养成了某些不良习惯且久而不改，就会成为一种终生恶习。有此恶习的人，会要求全社会的人都服从他一个人的习惯，将全社会人都遵守的规章规范视为限制其自身自由的枷锁和绑绳，总以去掉枷锁绑绳为快，一有机会，就想肆意妄为、我行我素，结果搅得整个社会不得安宁。

相反，如果从小到大养成良好的社会生活习惯，那么，严格遵守社会公德、遵守规范规章就不再成为行为人的一种精神负担和约束，而是成为一种条件反射般的自然反应，此时，你让他去主动违反公共规章，他也会觉得不舒服、有压力。笔者曾经注意到两次小事件：一次是一位妈妈牵着自己3岁左右的儿子等红灯，在绿灯即将亮起的一瞬间，妈妈向前迈了一步，儿子却紧紧地向后拽着妈妈，并指了指信号灯，意思是说：不能过，绿灯还没亮。还有一次是一位奶奶推着婴儿车，带着一岁多的孙子坐在长椅上晒太阳，孙子坐在婴儿车里，用吸管喝光一瓶小包装牛奶后，随手将塑料空瓶丢在地上。当时奶奶身后就是垃圾箱，她捡起空瓶，本可回身投入垃圾箱里，但她却将空瓶塞在孙子的小手中，推着婴儿车绕了一圈，来到垃圾箱旁，对着孙子的小脸，说了很长一段话，之后扶着孙子的小手，将空瓶投入垃圾箱中。

以上两件事例说明，日本人遵守社会公德的习惯，是从小养成的；也说明，良好的社会生活习惯，是良好的社会生活秩序和全社会自然人自觉遵守社会公德和规章规范的根本基础。

（［日本］《中文导报》2013－03－15/张飞龙）

华人“草根慈善”微爱铸大义

儒家文化讲究“仁者襟怀”，追求“鳏寡孤独废疾者，皆有所养”的大同思想。如今，承载“大同思想”的海外华人慈善之举，受到颇多赞誉。近日，菲律宾总统阿基诺三世对以华商联总会为代表的菲华人社团的慈善行为表示感谢，并认为华人对菲律宾慈善事业的贡献是全方位的，甚至做得比菲律宾政府还要高效。

受到如此殊荣的华人团体不仅仅是菲律宾华商联总会。近年来，越来越多的海外华人投入到公益活动中来，在提升华人形象的同时，也得到了多方的肯定。

2013 年 3 月 20 日，华裔慈善工作者关惠群获“影响世界华人大奖”提名。在此之前，关惠群就因救助无家可归的弱势群体而获得奥巴马颁发的“2010 年美国总统公民奖章”。

同样身处美国的华裔慈善家黄锦绍也因慈善而获得了殊荣。2013 年 3 月 8 日，洛杉矶政府为表彰黄锦绍对华裔小区乃至整个洛杉矶的贡献，以其名字命名了一个广场，以此表达对其慈善事业的认同与感谢。

海外华人因慈善而得到如此多的认可，荣誉的背后是华人团体日渐成熟的慈善风气。以往华人慈善工作总是“自扫门前雪”，华人慈善的焦点多集中于华人团体或家乡。而如今，华人团体的慈善风气则更为“博爱”些。

华人慈善事业已从原来的以华商为主流、以捐赠为主体的“贵族慈善”，转变为民间化、多样化、年轻化的“草根慈善”。

慈善之于华人，不再是一种施予，也不是财富的角力，而逐渐成为一种生活。

华人慷慨解囊的背后，自与华人乐善好施的传统美德有关。很多华人都有着背井离乡的经历，尝试过异乡漂泊的苦楚，深知他乡奋斗之不易。因此，对弱势群体怀有悲悯之心，愿意尽其绵薄之力帮助弱者。

“爱多一点是雪中送炭，少一点是锦上添花。”其实，华人的慈善之举，不论是“雪中送炭”，还是“锦上添花”，在助力于当地公益事业发展的同时，也提高了华人的声誉，可谓“积小善铸大义”。

（《人民日报·海外版》2013－03－29/孙少锋　胡琎心）

当选市议员却无法上任引发的三项启示

南加州华人聚居城市之一的圣盖博市，这几天备受华人民众的关注，因为当选市议员的廖钦和被人质疑其居住地址是否在该市地界之内而在宣誓就职典礼上被拒之门外。这种尴尬局面实属罕见，同时也引发了华人参政的诸多启示。

启示之一：参选之时就要想到政敌或者竞敌会在哪些方面攻击自己，最好事先做好防范，留有为自己辩解的证据。好在廖钦和拿出其在圣盖博市租屋以及在其租赁公寓生活等诸多证据，不过，在这方面有些情况是防不胜防的。奥巴马在第一次当选美国总统之后，不是也曾被人怀疑其出生地有问题吗？

启示之二：没有政党资源容易吃亏。政党资源包括竞选筹款的优势以及在选民中的号召力，尤其在选战最后的关键时刻，由某个党派的领袖站出来登高一呼，确实能招来不少选票。廖钦和显然对此不屑一顾。像他这样的无党派人士参选，在美国政坛活跃的两党都不会伸出援手，单凭个人的人格魅力争取选民的支持，实在太辛苦。现在出了这件事，旁观者众，襄助者寡。或许在两党的华人资深政治人物眼里，廖钦和就是个“姥姥不疼、舅舅不爱”的参选人和当选人。

启示之三：民主社会也有荒唐事。民主社会，选票决定政治人物的沉浮。在议员当选后，仅仅凭着一封匿名信就无法宣誓就职，真是咄咄怪事。当年小布什和戈尔争总统，靠的是一张张选票来决定谁最后坐上总统宝座。如果说一封匿名信就能颠覆选举的结果，那何苦费这么大的劲？

（［美国］侨报网 2013－03－30/郭剑）

西班牙华人有了纠纷该找谁？

前一阵子，我们报社接到一些侨胞对一家华人公司服务内容与合同不符的投诉。这些侨胞希望能够通过报纸曝光对方的“恶行”，替他们伸张正义。出于社会责任感，我们找到另一方了解了相关情况。而对方的解释，从其角度来看，也是非常有理的。如此“公说公有理，婆说婆有理”，的确让人感到有些为难。

现代社会，无论是在中国，还是在西班牙，国家都为每个人维护自身的权益提供了许多的渠道和保障。尤其是在西班牙，各种社会监督和保障制度相当完善。当我们侨民自身以及相关权益在日常生活中受到侵害以后，要学会通过运用相关社会制度和机构来维护自身的权益。例如，侨胞们若在购物或接受商业服务时遇到纠纷，可以向西班牙消费者和相关服务接受者协会进行投诉；如果遇上了医疗纠纷和事故，就可以求助于医疗事故受害者协会，或者人权机构；而一旦在工作中发生了劳资纠纷，则可以寻求劳工监察和工会组织的帮助，等等。所以，我们侨胞作为长期生活在西班牙社会中的一分子，一定要对这些制度和机构有最基本的了解，否则工作生活将会困难重重，举步维艰。

对于前文所提到的服务合同纠纷，在协商不成、认为自己相关权益受到侵害的情况下，当事侨胞本来应该首先想到求助于消费者保护部门，但他们首先找的却是报社。对于侨胞们的信任，我们在此表示衷心的感谢，并且也愿意尽自己的绵薄之力为大家提供帮助。但是，媒体的力量毕竟是有限的，更不能越俎代庖，处理一些超出我们能力范围的事。所以侨胞们遇到难以自我处理的纠纷以后，应首先与相关的社会职能部门联系。这些专业受理相关纠纷和问题的组织，再加上内部的各类专业人士，可以在很大限度上保护受害者的权益。

这种遇到纠纷后不知找谁来处理的情况，说明了侨胞在西班牙的社会融入程度还是亟待提高的。目前，我们华人在生活中遇到相关权益受到侵害时，往往投诉无门，只能自认倒霉。殊不知，在很多情况下，大家所遇到的问题，相关社会制度和组织早已为你准备了投诉的渠道和解决办法，只不过是我们还不知道，或是还不会利用这些资源来维护自己的权利。

对此，广大侨胞要积极学习西班牙语，打破只在华人圈中封闭生活的习惯，积极了解当地社会的一些基本常识，只有这样我们才能真正融入这个社会，才能在矛盾和纠纷发生后，不至于手足无措，一筹莫展。

（［西班牙］欧浪网 2013－04－07）

在海外，你的名字叫“中国”

中国的国家形象由谁决定？说一千道一万，总也离不开一个个黄皮肤、黑眼睛的独立个体。或许，有些人是带着某种“逃离”的心态踏上了他国的土地。但是很快他们就发现，自己的命运早与中国紧密融合，无法分割。在海外工作生活多年的侨胞最深的体会之一是：无论你自己有怎样的想法，在他人眼中，你代表的就是中国。所以，有句话在他们的圈子中广为流传：在海外，你的名字叫“中国”。

“国际社会对中国的了解往往始于身在海外的华侨华人。”国务院侨办主任裘援平曾在接受本报记者采访时这样说，“海外的华侨华人是怎样的精神面貌、怎样的道德风范、怎样的待人处事方式，直接影响着中国和中国人的形象。”

在海外，你的名字叫“中国”。这一点已经成为共识。海外的华侨华人已经开始自觉地用自己积极向上、开放开明的态度和风范为树立中国的国家形象作出自己的贡献。

前不久，习近平主席访问刚果共和国时，在演讲中提到了当地侨胞令人感动的义举：2012 年 12 月的一天夜里，布拉柴维尔突降特大暴雨，郊区一些房屋被淹。3 位受灾的中国华侨本已脱离险境，但当他们发现邻居对险情还毫无察觉时，又毅然冒着生命危险游到快被淹没的房屋边，奋力扒开屋顶，救出了 12 名刚果邻居，其中包括 5 名儿童。他们的义举得到了当地居民的交口称赞。

这样的点滴，这样的温暖，最能感动人心。

海外华侨华人不仅意识到自己肩上的担子，更渴望与国内同胞分享自己多年海外生活的经验，希望海内外华人共同努力，向世界释放属于中国的正能量。

今年列席全国政协会议的海外侨胞张纯就提到了以色列人的做法。在以色列机场，以色列人离开国境前会看到这样一句话：出了这个门，你就代表以色列。这样一句简单的提醒或许就能在一个人心中播下一颗种子，并最终成长为一种强烈的国家形象意识。

树立良好的国家形象，需要从自己做起，从细节做起。这是海外华侨华人带给国内同胞的信息。同时，他们还用自己的切身体会告诉所有人：破坏远比建设容易。有时候，一个不经意的、不负责任的小动作或许就能毁了许多人长久以来建立起的良好形象。

在海外，你的名字叫“中国”。等到这样的意识深入骨髓，良好的国家形象便指日可待了。

（《人民日报·海外版》2013－04－10/张红）

从华侨到华人：拳拳爱国心不变

著名华裔历史学家麦礼谦曾写过一部历史巨作《从华侨到华人》，系统而全面地将早期中国移民从华侨过渡到华人的历史演变过程介绍给世人。让广大侨胞和中国人民知道早期移民美国的中国人在异国他乡工作和生活的艰辛。1937 年可以说是一个分水岭，此前赴美做工挣钱的中国人多为华侨，此后的中国移民渐渐从华侨转身为华人。

1848 年美国人在加州和内华达州发现金矿，很多人从世界不同的国家与地区纷纷来到美国旧金山淘金，中国广东省沿海民众在 1850 年后也开始大量涌入。后来，美国修筑横贯美国东西海岸的铁路时，又从广东省沿海大量招工，很多人因为签署劳工合约来到美国，俗称“卖猪仔”。约 14 000 名中国劳工参加了东西铁路的修建。

这期间绝大多数的中国人没有想过移民异国他乡，他们仍然秉持落叶归根的传统，希望从在美国掘金或修筑铁路工作中挣一笔钱，然后衣锦还乡。一些中国人达成了他们的愿望，将挣到的钱寄回中国，在家乡买田，兴建房子，有些给家乡的亲人居住，有些则是自己回去享用，这就是广东省沿海一带，特别是集中在开平的碉楼之由来。

东西铁路于 1869 年通车，修筑铁路的中国人也纷纷跟随铁路迁移至美国各地发展。19 世纪 70 年代，美国经济衰败，不少美国人将失业归罪于中国人抢夺了他们的工作饭碗，反华排华运动纷纷出现在美国各地，叫嚣着“不要中国廉价劳工”（No Chinese Cheap Labor）。美国国会于 1882 年通过《排华法案》，10 年内禁止中国人入境，也不许中国人入籍美国。该法案在后来的一段历史时期内数度延期，1882 年至 1943 年间，在美国的绝大部分中国人仍旧是华侨身份。

为了抱成一个团，相互扶持，抵御外侮，在旧金山的中国人自 1851 年起就开始成立不同的会馆组织，随后而来的广东劳工抵达旧金山后首先纷纷找到自己所在地域或姓氏的会馆、公所等团体。部分挣到钱的中国人在离开美国前，须先到会馆交钱，领取“出港票”，才能离境回国。会馆将收到的钱作为对无力返乡乡亲的资助。

为了达成乡亲落叶归根的心愿，旧金山一些侨团从 19 世纪 60 年代开始，提供一项特殊的服务，就是将乡亲的遗骸送回故土。这些乡亲在旧金山去世后，遗骸暂时在坟场内存放一段时期，提供该服务的侨团每隔 10 年左右将遗骸收集、编号，用铁箱（后改用木箱）运送回国。宁阳总会馆和番禺昌后堂等侨团大量提供这方面的服务。这些遗骸经香港转送回广东省沿海各县。香港的东华义庄（东华医院前身）等团体也应运而生。

1937 年，中国爆发全面的抗日战争。日军占领并封锁了中国东南沿海以及香港等地，运送遗骸的工作也因此终止，在旧金山去世的中国人就在旧金山入土为安，长眠于此。

1943 年，美国由于需要中国这样一个盟国拖住大部分日军，减少日军在太平洋给美军的压力，因此终止了《排华法案》，中国人可以入籍美国并可成为美国公民。于是旅美的中国人纷纷入籍成为美国人，当年的华侨也就变为华人。

经过一个多世纪的演变，移民来美的中国人从早年的落叶归根转变为现在的落地生根。刚过去的清明节及之前一个星期，旧金山侨社很多社团组织乡亲或宗亲会员到旧金山湾区寇马（Colma）的多个坟场扫墓，纪念和缅怀他们的先人。

“华侨”和“华人”虽然身份有别，但其拳拳爱国心、桑梓情怀从未曾改变过。无论是早年支持孙中山推翻清朝的革命斗争，还是后来支持中国人民的抗日战争；无论是参与并协助祖国家乡的经济建设，还是捐款支援灾区的赈灾重建，海外华侨华人从来不落人后。在追逐“中国梦”的道路上也有海外华侨华人的身影。

（［美国］侨报网 2013-04-11/金山客）

从华人参与白宫网站联署说起

日前，有华人组织在白宫网站“We The People”发起签署，要求白宫就《排华法案》进行道歉。在此之前，美国国会参众两院已通过对《排华法案》的道歉案。按白宫网站的要求，30 天内参加签署的人数达到 10 万，白宫就会对此作出回应。这个网站原先要求的签署人数是 2.5 万，大概白宫认为这个门槛太低，很容易迈过，故提高到 10 万。

坦率地说，不是重大议题，30 天内签署人数要达到 10 万是很难的。华人组织要求白宫对《排华法案》作出道歉，白宫要求的签署截止时间是 4 月 20 日。到 4 月 13 日，有 3 315 人签署，离所需要的 10 万数字还差 96 685，仅剩下一周时间，要有那么多人签署，估计很困难。2012 年以来，华人发起联署的比较有影响的事情有两件：第一件是 2012 年 3 月全美亚裔教育基金会发起民调书，请求亚裔家长们就联邦最高法院审理以“族裔”理由来提高亚裔进入白人高校入学门槛的做法是否违宪一案表明立场，当时需要在几周内征集 5 万签名，再把此结果写入 Amicus Curiae（“法庭之友”的文书）作为证据资料递交最高法院。当时全美各地的华裔家长为了自己的孩子能够得到公平的竞争机会，很踊跃地上网签名，最后联署的人数超过 5 万，其中大部分是华裔的功劳。

第二件是 2013 年 1 月，有华人在白宫“We The People”网站发起联署，要求把中国春节作为美国联邦的法定节日，这项提案反应也比较热烈，签署的人数超过了网站当时所需要的 2.5 万人。后白宫对此作出了回应，称将春节作为法定假日需要联邦国会采取行动，但是白宫会乐于作出保证，确保这个重要的节日庆祝活动会得到广泛认可和尊重，就像犹太新年、复活节或古尔邦节一样，即使没有成为联邦假日，也是丰富美国文化的好机会。

与这两项联署相比，要求白宫对《排华法案》道歉的签署人数不尽人意，原因很多，一方面，这样的议题对华人来说，既不像大学招生那样是切身利益的问题，也不像春节那样因为是传统文化涉及面较广。例如，有些华人认为，国会道歉就行了，白宫道不道歉不是重要的问题；还有些人认为道歉案已经过去了，现在应该多向前看，有更多更重要的关乎华人切身利益的事情需要关注等；另一方面，在美华人组织众多，各组织之间协调关系也有待加强，其实对这件事有不同看法是正常的，关键是参与，如果有更多的华人社团组织参与和号召，参加联署的人数会更多。

在美华人，总体来说缺少一种黏合剂。由于历史原因，意识形态常常成为华人之间隔阂的因素，华人有来自中国大陆和中国台湾地区的，台湾地区来的又有蓝绿之分，这种现象在短期内不太容易有改观。有人将华人与犹太人或西语裔如墨西哥裔比较，认为犹太人和墨西哥人有宗教的传统，作为一种精神寄托，宗教组织起了黏合剂的作用。在犹太人和西语裔中，教会有相当的号召力和凝聚力。在美华人中其实信教的也不少，除了信佛教等中国传统宗教，信新教的较多。教会影响华人的例子，比如关于加州8号案的投票，就是一个典型。在其他方面，则很少看见华人教会发挥影响力。

如果在美华人的各种组织包括教会组织能够互相联系协调，遇到有关华人切身利益的事件，动员和号召华人参与，华人的力量就更能显示出来，像这样关于要求白宫为《排华法案》道歉而联署的事就可能争取到更多人支持。华人作为少数族裔，要克服各种不利因素，团结起来，重视自己的力量。希望在不久的将来，能看到华人社团和组织联合起来发挥更多的作用。

（［美国］《侨报》2013－04－17/一娴）

海外华人子女教育如何走出“围城”

日前，美国纽约大学举办了第七届幼儿园至12年级教育博览会，美国华人家长踊跃参加。华人家长的热情也让华人子女教育的问题再次受到关注。

如今，华人家长对美国教育体制既普遍认同，但也有所担忧。一位家长表示，她最担心美国弹性自由的教育方式导致孩子基础教育不够扎实。她的担忧并非个案，很多华人家长都有着相似的焦虑。另一位家长说，她所在社区的美国孩子放学后很多都去户外结伴玩耍、跑跑跳跳，但是自己对孩子却不敢放松，要求他们在家学中文、练钢琴、补算数。

面对西方的教育模式，很多华人家长都希望通过中式家庭教育的“施压”来平衡。然而，貌似非常圆满的解决之道，却又产生了更多问题。

西方国家的父母看重让孩子享受童年，做自己喜欢的事，而不是一门心思学习，这与华人父母对孩子的严格要求迥然不同。相比之下，不少华人子女认为自己的家长不民主，甚至心生怨恨。华人家长的良苦用心，虽然提高了孩子的成绩，却流失了孩子的亲情。很多华人子女无法接受中国式的家庭教育，这已成为海外华人社会普遍存在的问题。对宽松的西式教育放不了心，而严厉的中式家庭教育又会引起孩子的逆反心理，华人家长面对子女的教育问题，就像走进了“围城”一般。

应该说，很多华人选择去海外生活，很大程度上是为了子女的教育。据2012年第一期《中国国际移民报告》的统计显示，近年来超过80%的申请人将子女教育作为最直接的移民原因。其实，“围城”处境的产生，正与华人家长对子女教育的高度参与密切相关。有教育专家指出，中西方教育的最大差异在于家长的参与程度，中国家长比较积极，他们表现好于西方家长的驱动力在于，希望孩子通过努力学习，日后能够获得较好的职业发展。“望子成龙”的心态无可厚非，却在无形之中放大了对异国教育方式的怀疑，促使华人家长转向中国的教育传统来寻求安全感。

这也反映出文化差异是华人子女教育问题的根本症结。华人家长和子女在文化印记上有很大不同。很多华人父母从小在中国接受传统教育，又在竞争激烈的教育环境中长大。在他们看来，对孩子严格要求，让他们在保持优异成绩的同时多才多艺是非常自然的事情。而华人子女在异国文化中成长，对异国的价值观念具有天然的认同。带有中国色彩的华人家长，面对已经“去中国化”的子女，难免会产生文化上的碰撞。在教育问题上，这种碰撞既难为了家长，也苦了孩子。

（［日本］日本新华侨报网 2013－04－17/仲平）

海外华人企业家面临接班难题

2013 年福布斯华人富豪榜日前发布，整体上华人亿万富豪规模实现了人数和财富额的双增长；“超人”李嘉诚继续蝉联华人首富，自 1999 年超越李兆基以来，这已是他居榜首的第 15 个年头了。不过，作为海外最成功的华人第一代企业家普遍年事已高，面临着第二代甚至第三代接班的问题。

这是福布斯中文版连续第三年发布华人富豪榜，其中世界各地成功华人企业家均来自当年公布的福布斯全球富豪榜。

华人亿万富豪队伍再度扩大。经历了过去一年的经济萎靡，2013 年净资产在 10 亿美元以上的华人富豪人数增加 47 人至 245 人，净资产合计增加了 1 627.1 亿美元至 7 184.6 亿美元，增速分别为 24% 和 29%，财富增长略快于人数增长，也就是说财富有加快集中于更富有的人的趋势。华人亿万富豪中中国大陆富豪的占比也从 48% 上升至 50%，成为华人亿万富豪组成和增长的主力。

2013 年，在最富有的 10 个华人里，有 6 位已经年过八旬，其中李嘉诚已经 84 岁，李兆基已经 85 岁，耄耋之年的亿万富豪们大多已从单一的产业经营转型到多元化经营；最年轻的亿万富豪是来自中国大陆的宗庆后和泰国的苏旭明，但两人也已分别为 67 岁和 68 岁，同为食品饮料行业的两人分别通过软饮料和酿酒这两大类快消饮品积累了巨额财富，可谓是舌尖上的富豪。此外，过去一年，除了新世界的郑裕彤外，其他 9 位亿万富豪都实现了财富的增长。

从过去 3 年来看，由于股价下跌，百度的李彦宏和三一重工的梁稳根从华人前十大富豪中滑落，2013 年，宗庆后取而代之跻身其中。

从地域及行业的分布特征来看，大陆盛产房地产和制造业富豪，不过最有钱的却是食品饮料业的宗庆后；香港也有超过 1/3 的富豪来自房地产行业，比如位列前 10 位的恒基兆业的李兆基和新鸿基的郭炳江、郭炳联；台湾地区是制造业和科技，相加所占比重接近一半，鸿海精密的郭台铭和联邦建设的林荣三是其中代表；印度尼西亚的华人主要来自能源行业和多元化经营；10 位美籍华人亿万富豪有 4 位在科技行业；新加坡的亿万富豪则有超过一半经营着房地产和食品饮料公司；马来西亚和菲律宾都是多元化经营的亿万富豪较为集中的国家；泰国的 4 位亿万富豪分别来自不同行业；其他 7 个国家仅有 1 位华人亿万富豪，但其中又有 3 人经营着房地产业，2 人经营着制造产业。

通过对比最近 3 年的华人亿万富豪，还有一个有趣的现象：每年均有 65% 的富豪集中于排名前 5 位的 5 个行业中。从纵向来看，2012 年，食品饮料超过医疗保健成为亿万富豪集中的第五个行业，科技业的亿万富豪人数缩水明显；2013 年，多元化经营的亿万富豪所占比重明显下降，因为往往多元化经营的亿万富豪的诞生需要更长时间的积累，从上榜到迈进前10，新生的上榜亿万富豪还有一段路要走。

（《中国青年报》2013-04-22/周凯）

旅日华人领取低保遭遣回国的背后

最近，日本东京入国管理局以“领取低保”为由，拒绝延长一名在日中国人居留签证，并要求该男子全家在一个月内回国的案件，引发了在日华人社会的广泛关注。不少华侨华人表示：“东京入管局做出这样的决定不可思议，不知道凭据的是什么法律法规。”

对此，法务省入国管理局称：“个别案例的处理理由不能公开，但这是在考虑到各种因素的基础上，做出的综合判断。”这样一个模棱两可的“考虑各种因素”的答复，能让人信服吗？事实上，日本政府机构做出这样匪夷所思的决定，倒是有很多重要因素没有考虑到。

据悉，该男子72岁的母亲如今居住在日本，她是日本侵华战争后遗留在中国的孤儿。从这个意义上说，这名被要求回国的中国人属于“战争遗留孤儿”的后裔，身上具有日本血统。现在，这位曾经是战争遗留孤儿、已经年过七旬的老母亲，不得不面临母子分离的局面。日本政府机构今后在处理这类案件时，是否都要“强拆家庭”呢？

日本在20世纪30年代发动的侵华战争失败后，把4 000多名战争孤儿弃置在中国。中国千千万万善良的养父母们收留了他们，在生活极度困难的条件下养育了他们。但是，他们回到日本以后，却遭到日本政府的冷漠对待。由于缺乏相应的帮助和支持，他们中很多人无法融入日本社会，其后代甚至成为黑社会组织的成员。今天，日本政府机构可以不感谢中国的养父母们，但至少应该对这些战争遗留孤儿及其后裔尽责补偿，而不是将他们拒之门外。遗憾的是，从东京入管局决定中的“回国”二字可以看出，日本政府机构正在运用行政权力手段，将这些拥有日本血统的战争遗留孤儿的后裔看作是“外国人”。

东京入国管理局给出的理由是“他（该男子）说要工作，但仍持续领取低保，努力不够”。该男子今年已经43岁，是2012年2月受回到日本的日籍母亲的邀请，携妻儿来到日本的。他原来打算在东京的企业工作，但因不懂日语只好先到语言学校学习，领取低保以求生存。在经济持续低迷、失业率高居不下的日本，很多拿着文凭的大学生都感觉处在就业的“冰河期”，一个到日本才一年多、不懂日语的中年男子，到哪里能找到可以“充分努力”的饭碗？是否只有从事那些不怎么需要日语、没日没夜的机械劳动，才算得上“努力”呢？不知东京入管局做出决定时，考虑过这个因素没有？

同样在日本领取低保的一位华人认为：“做出这样的决定，是明显的歧视。我们中国人干的很多活，都是普通日本人不愿干的苦活、累活，很难有稳定性质的。而且，为了找到工作，很多领取低保的华人自己得东奔西跑，到处求人，但日本经济这么不景气，很多日本人都难以找到工作，怎么就说是我们不努力呢。如果这样说，那领取低保的日本人，是不是都是不努力呢？”

日本的低保发放有着非常严格的审核制度。随着日本近年来不断减少财政开支，领取低保的门槛也越来越高。东京入管局做出这样的判断，是否意味着日本发放低保的行政部门玩忽职守，让很多“努力不够”的人坐吃低保呢？如果入管局对日本人这样说，恐怕就要吃官司了；而这些理由却堂而皇之地被作为要求在日中国人回国的依据，会不会让人认为东京入管局在审查时持有“双重标准”？

（［日本］日本新华侨报网 2013－05－01/王鹏）

“帝王行动”致旅西华商形象受损

自从2012年秋季的“帝王行动”以后，西班牙有关执法部门又在巴塞罗那和瓦伦西亚等地，对旅西华商进行了多次大规模的针对性查处行动。而西班牙媒体借机所进行的大规模炒作，让华人的声誉和形象一落千丈。现在，在西班牙一些执法机构和执法人员的眼中，华商似乎已经变得疑点重重，好像都是有着违法乱纪行为的“坏分子”，只要出现了有关华人商家的事件、举报或是案情，那么相关华商几乎都要受到严厉的全面检查。

不仅是在执法部门那里，在许多普通西班牙民众的心目中，华商现在也成了偷税漏税、销售假货、违规经营等的代名词。于是，一些西班牙人，尤其是华人商家的竞争对手只要看到华人有了“破绽”，就会立刻举报。而随之而来的，就是相关执法部门“细致入微”的严厉检查。而这些部门的闻风而动，又会让那些“热心”的举报者看到举报立竿见影的功效。于是乎，从2013年以来，马德里越来越多的华人商家遇到了一次又一次的举报。

华商面对举报潮，不得不频频奔波于律师楼、行政管理部门以及法院等司法机构之间。那些不断袭来的警告、罚款、封门等等处罚决定，更是让他们疲于应对、苦不堪言。对此，有业主感慨地说：“现在要在这里赚点钱，可真是难啊。”

对于自己所遭遇的告发潮，一位在马德里市内开酒吧的华人业主介绍说，自己开了六年的酒吧，一直以来和顾客以及周围的邻居等等几乎都是相安无事。可是近段时期以来，他能明显感受到普通西班牙人对自己的“敌意”。对此，他说，以前本不会成为问题的事，现在都成了“问题”，并且对方最终的处理手段都是“告发”。

例如，对于酒吧客人夜间在门口外吸烟、聊天的事，六年多来楼上的邻居始终都没有表示过什么不满，可在近几个月内，却频频成为他们抗议的借口。尽管这位华人酒吧业主多次嘱咐自己的客人要注意，但毕竟不能禁止对方在门口吸烟，让他们走得远远的。于是在这种情况下，外面客人的聊天声音稍微大一些，或是烟气稍浓一点，邻居就会报警。如此三番五次，最终连辖区的警察都认识华人店主了。

而警察来了以后，可谓是什么都查，证照、居留、卫生等等。过不了几天，市政府的卫生和环保部门又登门了，原因还是“有人告发”。由于频频被举报，这位店主现在每看到有客人出门吸烟，就叫其到街对面远点的地方去，生怕因屡屡被告，而最终像检查人员所说的那样，被迫封门。可因为到街对面去吸烟相当不方便，许多客人陆续都不再到这家华人的酒吧来了。生意日渐萧条，华人店主也非常无奈。

面对越来越多的华人商家遭遇频频举报的状况，很多华商都表示，目前，华人在西班牙的境遇已经不再像以前那样宽松了。特别是在相关执法机构紧盯华人进行查处的情况下，大家一定要注意自己的行为，要遵规守纪和依法经营，只有这样，才能从根本上应对不断增多的举报和日益严厉的检查。

（［西班牙］欧浪网 2013－05－06）

旅西华商如何应对高风险时代

1 月份，西班牙警方和税务部门对巴塞罗那仓库区展开了大规模行动，当地税务部门的新闻发言人说，这些被查处的华人批发商在从中国进口货物的过程中，通过虚假申报等方式偷税漏税。税务局表示，从 2007 年到 2011 年，这些华人批发商共隐瞒了 2.4 亿欧元营业额，涉嫌偷税漏税 6 400 万欧元。在此次大规模处罚行动中，共有 23 家华人批发仓库被查出问题，43 人受到指控。此外，税务部门还没收了 84 处物业，冻结了 240 个银行账号里的大笔现金。

随后瓦伦西亚华商也遭受到了相同的命运，一场大规模清查行动也降临到那里，当地华商损失惨重。而就在最近这几天，由西班牙税务稽查官员和国家警方组成的打击偷税漏税行动组，在埃尔切（Elche）地区市的 El Carrús 工业区针对当地工业区的华商做出大审查行动，共搜查 6 家批发仓库，拘捕了 10 个华商，缴获现金 55 万到 60 万欧元。该工业区是西班牙华商的批发业基地，聚集了大批以经营箱包、皮鞋以及皮革品为主的华商。据政府宣称这个行动依然没有结束，之后打击力度会更大。

可以看得出来，西班牙对于华商可谓是铁了心要清查到底了。对于之后的路，应该怎么走呢?

对于批发行业来说，避税已经是公开的秘密了。在前些年，税收对于西班牙不是问题，因此也没人重视这一块，如果不是问题很严重，或者是特别倒霉，一般没人会被查。但是在“帝王行动”之后，西班牙政府很明显地想把偷税问题上升到国家层面。

对于这一点，华商要做一个心理准备，之后的西班牙税收可能就会从几年前的“可查可不查”转变为“有税必查”、“查到必罚”。面对这样的后果，华商恐怕一方面只能从完善自身来着手，将税务的漏洞补上；另一方面也要尽快转变经营理念，转变传统的经营方式，适应新时代的经营方式。

现在的西班牙并不平静，但塞翁失马，焉知非福。浪来了总要走，留下的将是生存和适应能力更强的种子。所谓大浪淘沙，适者生存。

（中新网 2013－05－10）

华商仓库屡屡被烧的思考

在意大利经济危机日趋严峻的背景下，华商企业无一幸免地受到了不同程度的冲击和影响。屋漏偏逢连夜雨，令人震惊的是，2013 年 5 月 7 日，罗马一华商企业约一万平方米的仓库，被一场突如其来的熊熊大火吞没。这显然是一件蓄谋已久的人为造成的特殊案件，具有很强的针对性。这场火灾不仅给华商企业造成了巨大的经济损失，更深深地刺痛了广大旅意华侨华人的心。

我们还清楚地记得，2012 年底，米兰 Monza 市的两家华商企业仓库相继被烧，在当地乃至整个华人社会引起轰动。究其原因，同样是人为所致。那么，谁是罪魁祸首？为何要烧毁华商仓库？谜团重重，至今案件未破，我们也无法指望当地警察能破获此案。因为在意大利，别说是华商企业的仓库被烧，就是前不久发生在米兰至科莫高速公路上的抢劫银行千万欧元的大案，也无果而终。可见，意大利政府和执法机关在维护人民财产安全方面是何等的无能为力。

近年来，随着中国经济的快速发展，旅意华侨华人的各项事业也在不断壮大。特别引人注目的是服装零售业和餐饮业（指大型 WOK）发展迅速。据不完全统计，在过去的三年里，米兰地区新开一千平方米以上的服装、百货超市有 150 多家，新开大型 WOK 快餐店 30 多间。

华商企业的快速发展，为繁荣当地经济起到了积极的推动作用。然而，树大招风。在欧债危机背景下，意大利国民经济每况愈下，失业率越来越高。而我们华商企业却越做越大，大有遍地开花之势。这样的反差和对比，不仅引起了意大利政府和有关部门的关注，同时也招来了一些意大利民众的忌妒。少数犯罪分子把罪恶的目光聚焦在我们华人身上，焚烧华商仓库、抢劫、敲诈、偷盗等刑事案件接二连三发生，这些案例都无疑给广大华侨华人的事业发展蒙上了一层挥之不去的阴影。

面对持续低迷的意大利经济形势和日趋严峻的创业环境，华商企业如何走出困境，促进事业平稳发展，是大家共同关注的问题。变危机为商机需要策略和胆识，变消极为积极需要勇气和毅力。凭借我们华侨华人善于吃苦耐劳，勇于创业的优良传统，只要我们增强忧患意识，树立信心，相信一定能够克服困难，把握机遇，走向未来。

（［意大利］欧洲侨网 2013－05－10/周建煌）

“华人政治海啸”会不会发生在美国？

刚结束的马来西亚大选催生了一个新词——“华人政治海啸”，华人选民首次在各国媒体上被聚焦。

占马来西亚人口数 25% 的华人，一度被认为是海外唯一能够左右大选形势的华人群体。在这次大选中，华人选民 80% 转向反对党人民联盟，导致长期执政的执政党国民阵线仅以过半数获胜，改变了过去大选时国阵压倒性的取胜状况，为此国阵领导人纳吉布将华裔选民的行为称为“华人政治海啸”。和此前有人担心国阵是否秋后算账相反，纳吉布要求国阵国会议员不要发表任何指责华人没有支持国阵的言论，同时，要探讨“华人政治海啸”的原因。

这些都说明了华人的觉醒和手中选票的力量。在马来西亚，华人作为第二大族裔，并没有享受到和马来族同等的国民待遇，华人、印度人都被视为“外来迁民”，在居住、教育等方面受到一定的限制，而执政的国阵在划分选区时采用的方法，也不利于华人选民发挥作用。

此次，大马大选华人的表现值得关注的点有二：其一是积极参政，大胆发声。有人认为大马华人多年来政治热情不高，这次爆发虽然猛烈，但来得太迟，因此没有得到预期的结果。实际上，大马大选的情况较为复杂，没有得到预期结果的原因不在“太迟”，华人的参政觉醒如亡羊补牢也永远不会太迟；其二是大马选举仍然显露华人参政的弱点，即华社的凝聚力不够，内耗严重。历史悠久的马华公会竟得不到大多数华人的支持，不免给人以一盘散沙的感觉。

联想洛杉矶圣盖博市最近发生的涉及华人选举的廖钦和事件，廖最后是在以联邦华人众议员赵美心为首的华人民选官员和华社代表的力挺下，才得以宣誓成为市议员。圣盖博市议会改变了过去对廖钦和气势汹汹的刁难的态度，不能不说与以赵美心为首的华人民选官员的力挺有很大关联。这一方面说明华人在遇到权益受损时据理力争的重要性；另一方面也凸显华社的影响力不够，在这件事上华社本来应该发挥更多作用。

这是在美华人群体的一个老问题。近日知名脱口秀演员北美崔哥在谈到参政问题时，提到在美华人社团，光东北同乡会就有300多个。这句调侃反映了在美华人社团多如牛毛的事实。社团间的协调一直得不到各方重视，因此真正发挥作用的并不多，涉及华人权益的许多事都要靠诸如赵美心这样有影响力的人物出面才能引起注意。这种被政治学者称为“平面结构”的社会，即靠少数有影响的领袖争取华人权益的现象，不重视族群团结，不重视华社的协调而形成力量，这不是一个好现象。

在美华人是否会在未来大选时出现“政治海啸”现象？

笔者认为不会。首先，美国华人数量少，只占总人口的1.2%；其次，美国是较为成熟的民主社会，华人和其他族裔都享受一样的国民待遇，不存在公开的歧视现象；另外，美国华人参政意识的觉醒和积极性的提高一直在稳步上升，所以不会出现像大马华人那样被压抑多年后的爆发。

美国华人虽然人数较少，但在未来大选中也能发挥重要的作用。在美国大选中，当两党基本盘已经确定不变时，少数族裔就可能被视作一股能够起决定作用的力量。只要看共和党在2012年大选后开始投入资金和人力开展争取少数族裔支持的工作，就可以知道在未来大选中少数族裔的作用。作为亚裔中人数较多的华人，应该认清这种形势，有人争取便意味着手中的选票被重视，发出的声音也就能被重视。在未来的大选中，在美华人不会像大马华人那样形成政治海啸，但完全有可能成为起关键作用的“救命稻草”。

（［美国］《侨报》2013-05-13/一娴）

北美华裔的“围城”新趋势

改革开放以来，北美（美国，加拿大）成为中国大陆知识分子移民的首选地区。不但自费留学生基本上有来无回，而且公费留学生也有不少留下不走的。到美国、加拿大自费留学的人数逐年大幅增加，而且出国年龄逐步出现低龄化现象。多数人念完大学便留下来工作，办了移民。这种基本上“单向流动”大幅增长持续多年，达到了“高峰”。据统计：1980—2010 年 30 年间美国华人增长 325%，达到 400 万人。2012 年加拿大批准中国永久居民 32 990 人，中国成为加拿大最大移民来源国（前几年一直居第 2 位）。在加华人达到 140 多万人。

2008 年国际金融危机爆发，美国债务达到惊人数字，中产阶级受到很大打击，下层雇员大批失业受冲击更大。加拿大金融体系虽较稳健，但进出口受美国影响，实体经济出现滑坡。与此同时，进入新世纪以来，中国经济一直保持较高增长率的发展，成为世界第二大经济体。在此大背景下，华裔回国发展的队伍逐年增长，有的全家回国发展，有的男士先回国发展，女士留北美看管小孩坚持下来，成为“一家两制”。如底特律汽车公司一批专家，被中国汽车工业招聘团招走，在中国几家汽车公司分别负责重要工作。一批在美国负责经济管理的高级人才已回国应聘。在加拿大任职的多位科技专家也选择回国发展，找到满意岗位。老一代中年移民选择回国发展，出于经济和地位等多方面原因的考虑。早年来美国、加拿大，找不到专业对口的工作，由于种种原因（语言、环境不熟悉）大多充当下手。因经济收入，生活质量水平高于国内，故安心定居，而把希望寄托在下一代，为“海二代”铺路。现在时过境迁出现新形势，回国若遇好机会，带回国外先进经验技术，有竞争优势，可能成为领军人物。此外，最近有关专家对比美元与人民币实际生活比价是3:1（美国、加拿大华人平均年薪 6.5 万美元大体相当于 20 万人民币）。可见回国后经济收入差别不太大，而职业地位与发展前景却大不一样了。上述情况导致人口双向流动增加。但大多数老移民仍喜欢在北美，回国发展还是少数。中国人口多，发展不平衡，沿海较富裕，内地欠发达，2013 年大学毕业生 690 多万，达到历史最高峰，解决就业有困难，因此仍有不少青年人移民到美国、加拿大发展。总之，向北美移民“单向流动”高峰期已经过去，今后将呈平稳增长态势，有来有往“双向流动”的“围城”现象将成为常态。

（［加拿大］《北美时报》2013－05－17/沈博）

西媒抹黑令华人形象受损　走出危机侨胞须自我完善

曾几何时，华人一谈到马德里华人仓库区，总是充满了赞美，多数人都认为马德里 Fuenlabrada 仓库区是一个充满了奇迹的地方，也代表了华人在西班牙的奋斗和成功。确实，在经济危机之前，马德里仓库区从无到有、从小到大，最终成为西班牙小商品的集散中心。而这一切都是华人创造的，这也直接地促进了中西两国的贸易、经济、文化以及民间友谊的发展。每谈至此，大家总是充满了自豪之感。但是时至今日，仓库区似乎已经“变了味道”，每有提及，华人或者西班牙人更多谈到的是“帝王行动”、“洗黑钱”、“偷税漏税”等负面新闻。仓库区，似乎已经成了一个问题集中之地。而之前那些神话创造者也都一一走下神坛，甚至锒铛入狱，华人的成功也成为华人不愿谈及的话题。

确切地说，变了味道的不仅仅是仓库区，而是整个华人群体。在几年前，西班牙人谈到华人的时候，大多都没有负面的印象，相反，很多人对华人都抱有好感。但是在最近这几年里，随着一些事情的发生以及当地媒体对华人的肆意抹黑，华人的声誉一落千丈，甚至被“妖魔化”了。

当然，这些事情往往是由华人自身行为不端所引起的，比如说华人的偷税漏税问题，比如说卫生问题等等。但是在这之后，某些别有用心的西班牙媒体为了一己之利而大肆对华人污蔑，歪曲报道甚至是制造假新闻，从而给华人带来了很严重的负面影响。面对这些问题，华人必须站出来，与污蔑我们的人进行坚决的斗争，维护我们自己的合法权益。而这种维权措施绝不能只是说说而已，要通过各种途径来扩大影响，如果只是几个人去交涉，起到的效果是极其有限的，只有很多华人参与到这件事情上来，才能引起主流社会的重视，比如说华人可以发起针对电视五台的抗议，比如说可以成立一个小组专门来代理侨胞对电视台或者主持人的起诉等等。人多力量大，相信只要参与的人多了，量变最终会引起质变。而给他们一次疼的教训，相信下一次的报道，他们会慎重很多。

但是问题的根源始终是在我们身上，一两起这样的案件没有什么，但是如果这样的事情多了呢？这就说明我们自身确实存在问题。而且就目前的情况来看，这些问题爆发的时机可以说是最糟糕的。

正是西班牙遭遇最严重经济危机的时候，华人却接连被爆出一连串负面新闻，比如说“帝王行动”的涉案华人潜逃，比如说各地的偷漏税大检查和大量无法说明来源的现金等等，这些事情让本就艰难度日的华人感到雪上加霜。当然，笔者也怀疑这其中有人一直在把矛头指向华人，这样做的好处是显而易见的，既可以拿到钱，又可以得到民众的支持。但是归根结底，华人自身确实到了需要反省的时候。

为什么有关华人这样的新闻前几年很少出现，这段时间却频繁被爆出呢？不少侨胞将这个问题归咎为西班牙政府对华人的打压。但是，我们反过来想，为什么偏偏是在现在出现这么多的问题？之前没有问题仅仅是因为环境比较宽松，政府对这些行为不查。但是现在是什么时候？是经济危机时期。西班牙政府为了减少开支伤透脑筋，这个时候再去偷政府的钱，那肯定会有大的问题出现。所以之前没有问题并不代表问题不存在，问题一直都在那里，只是看有没有查而已。

经济危机还会持续多久？谁也不知道，可能两年，也可能四年。可以肯定的是，如果有些华商还像以前那么做生意，肯定行不通。危机越持续，环境将会越严酷，这类的检查也将越来越频繁，当地华人华商所面临的形势也将越来越严峻。

因此，华人必须尽快完善自身，企业和公司要把握最后的时机，将做生意的方法调整过来，无论是卫生还是税务方面，都要经得起检查。而在日常生活中，我们的侨胞也要注意不要引起当地人的反感，应奉公守法，低调行事，不要炫富，共同应对严峻的形势。

（［西班牙］欧浪网 2013－05－17/劲鹤）

慎言“得华裔者得天下”

加拿大卑诗省选大翻盘，几家欢乐几家愁。官场事后诸葛亮、媒体评论“马后炮”纷纷登场，指点迷津、把脉大势、分析利弊、总结结果。其中，最匪夷所思的一条，就是“得华裔者得天下”。

“得华裔者得天下”这种结论的另外一层暗语便是：“失华裔者失天下”。既有不到位的吓唬又有招人嫌的霉腐气，既拍不到执政党的马屁，也容易招致反对党的反感，更与现实一百个不搭。

根据温哥华某报的一篇报道分析：“本届大选自由党和保守党在温哥华、列治文、本那比等华人聚居选区的得票率，与2011年人口普查中选区内以华语为母语人数交叉比对，不难发现在不少选区中，省自由党的支持率与选区华语人口增加成正比，而省新民主党却呈现反比之势。”把人口增加简单地理解成华裔投票率的增加，进而推演出某一政党支持率的增加，这是非常牵强的。人口的增加无法立即转化为支持率，更无法替某一政党的胜利寻找简单理由，这应该是常识。

某报的分析文章继续说：华语为母语比例皆超过30%的列治文三个选区，省自由党的得票率皆过半，而新民主党的得票则少于三成。另外，在温哥华，华语为母语人数超过30%的四个选区，其中两个选区为省新民主党胜出，但在这些选区自由党的支持率皆在35%以上，其中还包括狄德安所在的温哥华京士威选区。《温哥华太阳报》也分析，卑诗省华人比例最高的11个选区中，有7个选区被省自由党拿下。其实，这些结果只能说明在华裔聚集区，自由党获得了比较多的支持。而且需要特别说明的是，这种格局已经存在了多年，并非瞬间发生或者因为华裔大面积的介入而改变。

鉴别华裔支持单一政党并最终左右大局的标准，一是看华裔投票率是否大幅度上升，二是看华裔政党倾向变化指数。假若这两项关键指标没有变化，就一定要给某个政党套上是否受到华裔拥戴，本身观点就不够严肃并充满悖论。

况且，“得华裔者得天下”这种说法具有一定的族裔优越感，容易遭到其他族裔的反感。在加拿大这样一个多元共融的国度，任何自我膨胀的族裔认同，最终都会给自己带来负面的影响。

（［加拿大］《环球华报》2013－05－24/黄河边）

中餐馆频遭污蔑的背后

近段时间以来，中餐馆频频成为一些西班牙媒体和个人污蔑的对象。先是四月初的时候，在北部桑坦德市，一些别有用心的西班牙人利用网络散布当地华人WOK餐馆卖狗肉，并且有人因为吃狗肉而患病，甚至吃进了狗芯片的谣言。

对于中餐馆频遭污蔑这件事，除了一些别有用心的排外分子觉得华人软弱可欺之外，一些西班牙公众能够轻易受到谣言的影响，也是此类事件频发的重要原因。其实，那些有关华人餐馆的谣言都是子虚乌有，甚至是相当低劣的，稍有头脑的人都可以轻易识破。例如，在桑坦德发生的食客吃到狗芯片这件事，别说纯属无中生有，就是真有狗芯片，那么指甲大的芯片，再粗心的客人在吃饭时也应该能感觉出来，怎么可能会囫囵吞到肚子里呢？可就是这样简直是天方夜谭式的谣言，很多西班牙人也会深信不疑。对此，主要原因是西班牙公众对华人餐馆乃至整个华人群体的不了解。

一直以来，旅西华人和西班牙社会以及公众之间始终缺乏有效的沟通。华人相对封闭的生活方式，不仅使当地社会难以正确地了解和认识华人群体，在很多时候，更会产生误解和偏见。在这种情况下，一些别有用心的人就会加以利用，挑起公众舆论对华人进行伤害和打击。

旅西华人在西班牙的大规模发展也有二十几年的时间了，但西班牙的许多民众，对华人的情况仍然不是很了解。对于华人的生活以及其他方方面面的情况，他们的感觉始终可以说是雾里看花。造成这种情况的原因，主要是华人相对封闭的生活方式。由于与当地社会的隔绝，实际上，很多西班牙人对华人群体的有限认知，几乎全部来自西班牙媒体的报道。而一直以来，当地媒体对华人的报道基本是以负面为主。这种媒体本身的非公正性，势必会导致西班牙民众对华人潜移默化的偏见。如此，一旦出现有关华人的谣言，西班牙民众就会不加考量地轻易接受。

面对这种状况，一个非常现实的问题就摆在了我们每一个华人的面前，那就是旅西华人要通过各种途径，向当地社会正确而有效地展示和宣传自己。如果当地人能够全面而正确地了解我们，那么许多的误解也就不会产生了，而各种有关华人的谣言和污蔑也会不攻自破。

自从“帝王行动”以后，在西班牙媒体的污蔑和炒作之下，旅西华人的声誉和形象受到了很大的打击。一些排华的人也把其攻击的矛头对准了华人的中餐馆。对于各种欺辱和不公对待，华人能够勇于维权，这对于维护旅西华人的合法权益，以及华人的尊严和形象，固然是至关重要的。但我们在积极维权的同时，也更要积极地通过各种途径，与当地社会进行联系与沟通，向他们展示自己的良好形象，让当地人充分了解我们的生活方式，以及有关思想和观点。只有这样才能有效避免误解，以及避免一些别有用心的人利用这些误解，对我们进行指责和攻击。

（［西班牙］欧浪网 2013－05－26）

个别华人为何不受待见

记者在博茨瓦纳西北部城市马翁采访时，当地侨领反映：“在博境内，华人最近不受待见。”最典型的体现是，博茨瓦纳主流媒体，如 *Daily News*（《每日新闻》）等，几乎每天都有涉及华侨或者华人的负面新闻，有时甚至在头版头条。

在哈博罗内与记者见面时，中国驻博茨瓦纳临时代办梁碧真直言，当地华侨“面临转型”。而少数中国人引发的负面新闻，也不止出现在博茨瓦纳，其近邻南非也出现“中国小商户偷税漏税、同胞之间恶性竞争”等问题。

过去很长一段时间，华人在博茨瓦纳等非洲国家的形象一直不错，问题集中出现在近两年。目前，在博茨瓦纳的华人主要从事三种行业，除了建筑业，还有小商户、服务业。华人小商户的商店遍布博茨瓦纳全境，他们留给当地人的印象是：为赚钱能吃苦，不懂当地法律，语言不灵光，有时还逃避纳税。服务行业则不同于小商户，它包括援助医疗队、饭店、汽修厂等，其中援非医疗队以其敬业精神和精湛的医术，获得极佳口碑。

当地中国人也有人致力于改变现状。如《非洲华侨周报》社长南庚戌创办华文报纸，向侨民介绍当地法规；办英文报纸，让当地人全面了解中国人；办语言学校，帮助侨民融入当地社会；办慈善基金，做慈善活动等，以图改变当地主流社会对中国人的印象。通过做慈善，他曾多次出现在当地主流电视台上，并与当地政府和社会相处融洽。他说：“当地比较认可慈善捐款，企业做了慈善，就有利于开展工作。”

（《人民日报·海外版》2013－05－27/陈振凯　赵永琦　刘曼军）

中国人在海外如何树立文明形象

改革开放30多年来，越来越多的中国公民走出国门，仅2012年出境同胞就超过8 000万人次，世界每个角落几乎都有中国人的身影。中国人走向世界，把古老而优秀的中华文化传播各地，为中国的对外交流和许多国家经济社会的发展作出了贡献。然而，中国公民在出国时也存在一些负面现象，极少数国人在海外不经意地随地吐痰、插队、闯红灯、公共场合大声喧哗等行为引起了所在国民众反感，给中国国际形象带来了负面影响。“中国人勤劳、节俭，而且尊老爱幼，但同时外表邋遢和不讲卫生的习惯也最令人反感。”俄罗斯伊尔库茨克国立大学一项民意调查就曾如此描述海外中国人的形象。

常怀尊重之心

“敬人者，人恒敬之”。尊重他国语言文化，尊重所在地风俗习惯，这是海外中国公民赢得所在国或地区人民尊重和欢迎的前提条件。人们常说“入乡随俗”，只要我们稍加留心，完全可以展示大方得体、不卑不亢的良好风貌。各国社会习俗不同，宗教信仰不同，民族历史不同，只有“问俗”和“学俗”，才能真正做到文明处事、以诚待人。如在泰国不能随意摸小孩的头部、随便给人拍照；到印度尼西亚人家里做客，进门要脱鞋等。为了避免误会或失礼，一定要事先多了解、平时多观察、遇事多询问。

常树守法意识

遵守当地法律法规是海外中国公民长期生存发展的必要条件。当今世界，任何一个国家都不会允许在本国的外国人有凌驾本国法律之上的权利。我们倡导海外中国公民加强守法意识，既关系到个人安全与便利，同时也关系到国家的形象。

在当前外交部和驻外使领馆每年处理的大量领事保护案件中，虽然因自然灾害、突发事件引发的领保案件仍属主要组成部分，但部分国人因缺乏守法意识而导致的案例也数见不鲜。例如，2009年，一名中国公民从埃及离境回国时，因携带的超量硬币、工艺品、纪念章等未事先申报，被埃及海关以涉嫌走私查扣，后被判处有期徒刑2年并处罚款。

常怀感恩之心

学会感激，常思回馈，才能赢得当地民众的真心尊重与爱戴。作为旅行者，我们带走的是美好的记忆，感受到的是当地民众的友好，留下的应是主人对我们的赞美。作为商人、企业家，我们应感谢当地的资源与市场，让我们的事业不断发展壮大，同时要学会拿出一部分利润回馈当地社会，共同营造更好的生产经营外部环境。作为侨民，要学会融入当地，多与当地民众沟通交流，在与当地人民打交道的同时让当地人民更好地了解中国人。“风起于青萍之末”，海外同胞的言行举止往往更能影响当地人对中国的看法。因此，个人要树立良好的形象，就须在为人处事时注意每一个细节；公司要塑造良好的企业形象，经营活动就应始终保持诚信。

一个国家和民族的形象，很大程度上是其国民个人形象的积累。每一位在海外的中华儿女都肩负着树立和维护中国形象的责任。让我们从自己做起，从身边做起，做礼仪之邦的使者，做中华文化的传播者，以中华传统美德结交五湖四海的朋友。

（《人民日报·海外版》2013-06-01/沈靖斐）

华裔新移民促文化传承　美移民改革或使唐人街失味

旧金山拥有除亚洲外最大的唐人街，众多华人和亚裔移民居住在这里，新移民也将这里视为在美落脚的第一站。正因如此，美国移民改革的任何风吹草动，都会在这里引起轩然大波。

据哥伦比亚广播公司旧金山站（KCBS）报道，唐人街上各组织组成联盟，团结起来反对有关削减亲属移民配额的改革方案。唐人街居民认为，这些改革措施将改变华人社区的历史文化。

正义与平等组织（Organization for Justice and Equality）的弗兰克·李（Frank Lee）也对此深感担忧。弗兰克·李称：“如果国会大肆取消亲属移民的权利，唐人街会遭受巨大冲击，人们都心怀忐忑。目前，参议院的提议是取消90 000个亲属移民的配额，相当于削减了40%的亲属移民名额，这对我们的影响太大了。”

唐人街社区联盟（Chinatown Neighborhood Association）主席派厄斯·李（Pius Lee）称：“新移民对社区建设至关重要，在杂货店和华人市场工作的工人都是新移民。”

美国华人历史学会（Chinese Historical Society of America）负责人李闰屏（Sue Lee）称，中美文化的相互影响是唐人街保持活力的重要因素。

“我是第三代华裔移民。因为长期来美，我家已经逐渐丢掉了很多中国文化的标记，正是华裔新移民教会了我很多有关中国语言、文化和传统的东西，对此我心怀感激。”

反对者称，拒绝亲属移民，会使整个移民体系向就业倾斜，而家庭不再是重心。对于等待家人团聚的人来说，这有失公允。

“三四十年后，唐人街将会变成什么样？没有新移民，这里会彻底改变。”派厄斯·李称。

（［美国］侨报网 2013－06－03/马柯斯）

在日中国研修生持刀行凶事件凸显心理危机

日本警方相关人员表示在3月发生的广岛县江田岛市水产加工厂死伤案中，因涉嫌杀人被捕的中国籍技能实习生陈双喜供称，事发前不久听到同事聊天时提到自己的名字。

广岛县警方认为陈双喜可能误会同事在说自己的坏话而行凶。警方相关人员透露称，陈双喜3月14日早上出海打捞牡蛎，下午称身体不适请假休息。陈某供述称，从加工厂2楼的房间出来时听到同事说话提到“陈某”、“小陈”等，以为在说自己的事。

陈双喜涉嫌在当天下午4点半前后，在江田岛市川口水产公司内持菜刀行凶，刺中社长川口信行胸部并致其死亡。

陈双喜还杀害了该公司女员工桥下政子，用铁铲殴打另外6人并致其受伤。

分析人士表示，中国籍研修生陈双喜持刀行凶事件在日本社会和旅日华人社会中产生了很大影响，再一次引发了关于研修生制度的讨论。

一些研修生告诉记者，虽然陈双喜的行为肯定是错误的，但也理解那种孤寂之下疯狂的心理。在日本当了3年研修生的肖旭告诉记者，当研修生，心理素质很重要。去日本之前，妈妈就对她说：“你到日本的目的是什么，搞清楚了就行了。”

最近几年中，恶性犯罪事件在中国研修生、实习生中时有发生。除了日本的实习、研修制度存在问题等许多客观原因外，记者在采访中还发现，他们面临着一个共同的问题，那就是突然进入陌生的文化环境、陌生的语言环境，以及廉价的工资所带来的自卑感和行动上的不自由状态。

从精神上讲，研修生们进入了一个心灵世界的“缺氧空间”，他们有了苦恼无处倾诉，又不能用钱去娱乐以消解精神上的焦灼。无论周围的人对他们怎么好，他们的经济与文化状况都会使他们有一种自卑感，这种自卑感和焦灼感使他们的自尊心变得极度敏感、极度脆弱。平时根本用不着放在心上的事，他们也会胡思乱想。任何一个微小的刺激，都会使人做出激烈的反应。深陷心灵缺氧的心理状态，犹如时刻拿着专门放大不愉快事情的“放大镜”。

（［日本］《新华时报》2013－06－06）

“加纳淘金悲剧”告诉国人什么

导读：加纳政府近期开展大规模地打击非法采金行动。截至6月6日，共有169名中国非法采金人员被抓捕、扣押。中国驻加纳大使馆已前往探访，对被扣中国人进行了身体检查，暂无人员伤亡，同时确认他们为非法移民，没有在加纳采金的相关许可证件。在中方使馆协调下，这 169 人已在 6 月 10 日全部获释。

据报道，加纳政府近期开展治理非法开采金矿行动，抓扣 124 名中方人员。外交部发言人称，驻加纳使馆负责人已紧急向加纳总统府高级官员提出交涉，要求加方在治理行动中务必文明执法，并制止当地居民的抢劫行为，切实避免中方人员安全与合法权益受损。同时再次提醒广大旅加中国公民严格遵守当地法律法规，不做违法的事情。

在加纳的中国淘金者遭遇洗劫和扣押后，国内涌起一片焦虑、担忧甚至愤怒之情。这是人之常情，无论淘金者是合法开采，还是非法打工，毕竟都是华人，在海外遇到问题，总是让人揪心。

据国际在线报道，有逃脱者回忆说："走在山里的话，他们从外面用 AK47 扫射躲在里边的中国人。"还有网上流传的一些图片，都让人为那些同胞担心。加纳对非法劳工进行"严打"可以，但执法行为至少应该是文明的、非暴力的。希望如外交部交涉所要求的，加方在后续的治理行动，能够文明一些，不管是对华人还是其他国家的人。

加纳淘金悲剧，给国人海外拓展的第一个教训是，要多考察前往国家和地区的现实状况。千万不要有"乱世出枭雄"的浪漫和"浑水摸鱼"的侥幸。不管你是去淘金、开餐馆，还是搞企业、做贸易，到了一个陌生的环境，都会面临不同的生产、经营环境。能否适应那里的环境、文化，是需要重点考量的。

说是"悲剧"，另一层值得反思的教训在于，我们自己的腰杆是否坚挺，行为举止是不是符合国际社会公认的基本准则。前去加纳淘金的中国人，很多是拿旅游签证进去的，并没有得到工作许可证。这实际上是对他国的不尊重，是蔑视他国法律的行为。既然是非法，人家执行法律，从某种角度来看无可厚非。所以说，无论是去欧美，还是非洲、拉美，具有遵纪守法的意识，是走出的"通行证"。

也有一些消息称中国淘金者在当地还有一些让人反感的言行。比如，一些淘金者为了钱，可以不顾人家的环境状况，可以用行贿手段来谋利，甚至用黑社会的做法来保证自己的安全。如果这些恶习是真的，无疑不仅让自己的安全受到威胁，而且损害了中国人的整体形象。

要避免"加纳淘金悲剧"的重演，除了期待加纳方面文明执法、保护华人合法权益，还须做到"身正不怕影子斜"，保证我们自己所有的言行都是合法的，充分尊重他国的风俗和法律。要知道，尊重，不仅包括入乡随俗，还包括自己做到行为检点和体面。

（《新京报》2013－06－07／陈冰）

华人移民"断手足"之痛

近日，美国有来自 20 个州的亚太移民维权社团发起"全国亚裔行动日"，在国会山庄前集会，针对不久前参院司法委员会在通过的移民改革法案中未通过《美国成年公民兄弟姐妹和已婚子女移民的修正案》一事，要求国会在移民改革中认真考虑亚太族裔关注“家庭团聚”的因素。华人国会众议员赵美心等到场支持。亚裔中华裔占有多数，由于文化传统的缘故，依亲以移民对华人来说很重要，华人素来就有称呼兄弟为“手足”的传统，而把兄弟姐妹不能团聚则形容为“断手足”之痛。

华人移民的百年血泪史

其实华人移民何止“手足痛”。华人移民美国至今已有百余年。据记载第一批中国人到美国的时间是在1785年，3名中国水手随着美国商船到达马里兰州的巴尔的摩，但3名水手最后下落不明。第一名移居美国的中国人叫范罢览，原在荷属东印度公司工作，美国独立后移居美国并在次年成为美国公民。

华人移民潮则开始于19世纪40年代。1848年，第一批华人乘坐“玛丽”号从中国广东来到旧金山，加入当时的西海岸淘金大潮。百余年来，华人移民在美国经历了无数伤痛，令人记忆犹新的远有旧金山天使岛华人的斑斑血泪，近有纽约“金色冒险号”的偷渡惨案。那些被羁押的华人屈辱血泪，和那些绝望惨死在海里的同胞，是华人心中永远的伤痛。

华人吃苦耐劳，一步步走到今天。如今，在美国的华人，很多已经进入主流社会，取得相当高的成就，聚集了华人精英的百人会是一个重要的标志，在政坛上也有了三位国会众议员以及美国驻中国大使等高官。两岸三地的大多数华人移民也都事业有成，生活安定。华人以自己的聪明才智、勤劳刻苦以及克己忍耐被称赞为“模范族裔”。但华人在整体上依然不受重视和被边缘化。比如《排华法案》，自1882年国会通过《排华法案》，到2012年国会才对此案表示道歉，与其他针对少数族裔的道歉案不同，白宫至今对此仍无表态。

依亲移民不应被忽视

在最近的移民改革热点中，华人的非法移民数量虽然远远少于拉丁裔，但这些同胞的境遇令华人痛心，很多生活在最底层的华人非法移民没有生活保障和医疗保障，在“金色冒险号”中幸存的一些华人偷渡者至今仍未取得合法身份。20世纪90年代滞留美国的一些华人，二十多年来从未回过中国，儿女长大成人也不得一见。那些在美国长大的无身份青少年，更是感到前途渺茫。

可以说，依亲移民是华人移民美国的主要方式，很多早年来到美国的华人通过依亲移民，使家庭甚至家族的很多人都移民美国，在异国他乡的打拼中，家庭团聚所带来的温暖给了很多移民支持和力量。对华人来说，兄弟姐妹和已婚子女都是重要的家庭成员。美国要振兴经济，需要各种人才，而家人能够团聚，是人才能够留在美国的重要因素。

等到对“断手足”之痛感到无奈的时候，这些过去从不关心政治的华人才发现以往完全忽视自己手中选票的行为是多么错误。亡羊补牢，犹未晚也。希望更多的华人能够正视这一问题。

（［美国］《侨报》2013－06－10/一娴）

浅谈国人不团结

想到写这个题目，源自参观一位好友的足球联赛。朋友是多伦多一个半专业足球队的队员，那夜载我们到比赛场地去观战，对手是一个由纯“北京爷”组成的球队。一出场，“北京爷”队来势汹汹，队员皆身穿黑色运动服，昂首阔步走到赛场，大有胜券在握的架势。我向朋友递个担心的眼色，朋友摆摆手，表示毫无压力。结果如其所料，九十分钟的比赛，朋友队的“杂牌军”们顺利踢进四球，而“北京爷”们只进了两球。在即将进入尾声的时候，一些不和谐的现象陆续上演。几个“北京爷”围住朋友队里的一名外籍选手阴招陷害，朋友的队友们理论，双方便进行了几次小规模的群殴对骂。甚至到比赛结束后，身边退下场来的“北京爷”们还振振有词，语言粗鄙，脏话百出。

事后，我向朋友抱怨足球这项运动的暴力本质，朋友不屑地说：“北京人就是如此。总是瞧不起咱们这些五湖四海的人组成的队伍，认为他们皇城来的，就该赢。跟在中国的时候一样装爷。十足可恶！”我说：“看来在你们这些队伍里，别的省市区的人和北京人形成了两个圈子。”他摇摇头，道：“也不是那么简单。我们这个队算是海纳百川，有南方的，有北方的，也有外国的。也有一些队伍只收广东的、福建的……”这段谈话继而谈到了国人的不团结问题，朋友大发一阵感慨，叹道：“北方人有三种最可恶，‘京油子、卫嘴子、保定的狗腿子’。南方人里面就数广东人最难处，上海人特小气。我倒是最佩服人家福建的，除了团结，还能干吃苦，你看看多伦多的华人超市有几家不是他们开的？唉，咱们中国人的本性说白了，就是四个字——一盘散沙！”

当时听了朋友的论述，心里不免酸溜溜的。我们的国家从清末到民国，纷乱百余年，先被西洋人欺负，后为小日本戕害。你抢一把，我烧一片，闹得不亦乐乎。而我们自己似乎被揍得不够疼，或各地军阀，或国共两党，乃至江南江北，河东河西，彼此争个头破血流，像一个个“国中国”似的。于是一些上了年纪的人便时常叹息这个国家的人民就爱窝里斗，不团结，转而对日本的大和精神投以艳羡的目光。我有时不服气，对这些前辈们反唇相讥，我说：“小日本团结，那是因为他们地小，环境恶劣，时不时来个火山、地震、飓风，当然要抱成一团。咱们中国地大得很，物丰得紧，什么地方都能混口饭吃。此处不留爷，自有留爷处。你给我白眼看，我给你拳头吃，难不成怕了你？”然而这毕竟是负气之言，心中究竟没底。听了朋友的话，愈加惊怕。惊怕时至今日，国人还是这样互不相容，互有成见。难道“一盘散沙”真是我们中国人的劣根性？

前些年号称“海派清口”代表人物的周立波掀起了一场南北艺术的大火拼。当有人问及其是否会和京津名嘴郭德纲合作时，他笑称自己为喝咖啡的，不太适合与吃大蒜的坐在一起。此言一出，顿时就激怒了江北广大地区拥护郭德纲相声的人，有人甚至把周立波的不当言论解读为汉奸思想，提升到了爱国主义的高度，于是国内外骂声一片。我身边有不少大学同学就认为周立波的言论是反爱国主义的，而且认为他用心不良，意欲挑起南北事端。这些同学都是郭德纲相声的爱好者，也大多是北方人。从此便对上海人产生了厌憎情绪。网上甚至出现河北青年自录的驳斥辱骂周立波的视频，为了证明自己言论的正大，这位青年搬出了孔夫子、黄帝等中华历史上的伟人，指出他们都是北方人杰；中华文明的诞生地在北方，南方跟北方比只是儿孙而已；污蔑北方文化，就是不敬祖宗云云。

这件事情告诉我们一条很重要的信息：所谓的南北差异，扩及省地区间人民的隔阂，实际上都来自对彼此生活习俗的戏谑。而这样的戏谑有时是不经心的，很自然的，亦无关轻重的。好像人们平时聚在一起谈笑，一个人突然对另一个人说：“老王，明天某某过生日，去西餐厅吃牛排。你就不要来了。你吃饭爱嚼嘴巴，声音太大，会搞得某某女朋友很不舒服。”分析起来，只能怪说话这个人不重涵养，不懂谈话艺术，是他个人问题。可若是这样的言论被加以某某主义的分析，那就不得了，会像周立波那样被戴上一顶挑动南北是非的帽子，进而引申出一系列针对上海人的异样看法，觉得上海人就是高傲，瞧不起北方。

如是观之，这根本和团不团结挂不上钩，只不过是几个或一批能说会道的人因为发生口角或矛盾，发泄个人情绪而已。这在历史学和社会学里是个常见的问题，可不怎么受到大家的关注。比如，我常引用的东方主义印象的例子。欧洲人和中国人接触的几百年，产生出不同的中国印象。早期旅行家、传教士看到的是一个文明高度发达、人民富庶有礼的国家，羡慕非常，以为到了天国。马可·波罗就是这样一个叙事者，他的故事让欧洲人梦想出一个完美的中国，以致启发了哥伦比亚等人的大航海探索。后期还有一个门多萨神父，穿着儒教的冠冕衣服回到欧洲，宣扬孔子的高明教义。这都是他们个人的印象，传播给不了解真相的大众后就普及成了文化现象。后来的情况走向另一个方向，除了学者、外交官们不断报道中国的落后和贫穷，一些水手、商人在和中国人产生矛盾后，就对着自己的乡亲们肆意抹杀中国人的良好形象和传统，用最污秽的语言抒发一腔怨愤，遂造成另一种印象。无论是哪一种，都是不符事实的，而且带有极端个人化色彩和以偏概全的性质。我认为，我们国人彼此不屑、对立甚或仇视的缘由也是如此。而一些好事的文人在不假思索的情况下，听取耳食之言，擅自运笔成章，对这些不实印象多加渲染，塑造成绘声绘色的鲜活形象，就更加深了我们民族所谓的“劣根性”，诸如马虎、差不多、一盘散沙等等。

事实上，如果我们用这样的标准去审视西方国家，会发现他们比我们中国人“团结”不到哪里去。我们都知道欧洲国家疆域狭小，整个欧洲加起来也就和中国一般大，却分成了五十几个政体。单说民族的问题，就不下千百个了。有的到了60年代才开始慢慢接受外来变化，而此前与外界的接触真是微乎其微，乃至相隔十几英里外的村镇，风俗习惯竟迥然而异，人们绝少找到共同话题，完全像是生活在两个国家里。这样看来，你能说西方人很团结、很开放吗？因此，我认为，只有在现代化都市中的青年人群之间才能够找到相对程度的团结。这是因为这几代的都市年轻人在网络等科技的影响下破除了绝大多数的束缚，风俗习惯等乍一看来都变得不甚重要了。可是，这个团结不是精神的团结，而只是区区话题的团结。大家可以很和平地聊天，找到一些互相感染的话题，或者创造几句得意的时髦话。可真到了认真做事的时候，还是逃不出物以类聚、人以群分的禁锢。基于此，我认为国人不团结一说是不存在的。

（［加拿大］《北美时报》2013－06－16/郭朴文）

海外安身立命　身心和谐才是成功本钱

健康的身体是革命的本钱。如果没有好的身体，不要说事业成功、名利双收了，连正常的工作、学习、生活也将受到很大的影响。很多在海外打拼的侨胞们，总以病小而不医、总以工作太忙而拒绝健身和保养，却忘了健康的身心是高效率工作的前提，是把握人生成功机遇的根本，是一切成就的根源所在。

旅西侨胞也普遍存在着对自身的健康状况不了解、不关心的情况。直至病发甚至病倒了才去医院检查，发现自己患病才惊呼：我这么年轻，怎么就得上这样的病了呢？

平时大家无病无痛、身体健康的时候，很少有未雨绸缪、强身健体的生活理念，总觉得医院和自己无关。平日忙着工作、创业，在国内就没有上医院例检的习惯，到了西班牙，加上语言不通，即便拥有了免费医疗保险卡，也不会好好利用，也懒得上医院。别说没病的时候去做做身体检查了，就算是有病，也就自己在家吃点国内带出来的药应付而已。

很多侨胞的小病小痛，觉得都能自医，个个都是半个郎中，家里也不乏各类抗生素、中成药、民间小偏方。但是，病急怎能乱投医呢？经常听闻身边某朋友因为吃坏了东西，自己在家随便吃了点消炎药想着就能好起来的，结果腹泻症状不但没有缓解，反而更严重了，最后不得不请假去医院治疗，前后折腾了好几天。

记者做了个小小的调查，询问了一些华人，有没有每年至少体检一次，10 个被访问的人中没有一个人有肯定的回答。当记者再问如果有病会不会去西班牙医院就医的时候，6 个回答小病不会去，1 个回答根本不会说西班牙语，不知道去了医院怎么和医生沟通。还有 1 个回答除非是急病才去。

要知道，病来如山倒，健康的时候也需要未雨绸缪。当然，有的同胞可能会质疑西班牙医院的“办事效率”，真要得了病，挂个急症都要等半天。所以这更要自己为自己的健康做规划，即便平时没时间做健身做保养，那么在回国的时候，抽空去医院做个全身检查也不错。没病预防，总好过等大病真找上门来，不是吗？

此外，健康不仅指身体健康，而且包括心理健康。

在背井离乡的异国，面对不同的文化、语言、工作的困难和挑战，很大一部分侨胞会感到心情沮丧、失落。可能他们在国内有着令人尊重的职业和社会地位，但是，来到国外后，由于不能及时发挥他们的技能和长处，或因语言问题无法获得同等的尊重；又可能他们原先事业小成但因为经济危机、汇率浮动、当地政府各色检查，让好不容易积累的资产大幅缩水，这些客观原因造成了巨大的心理压力，长期的压抑、孤独和沮丧必然危害身心的健康。长期的压力会导致身体不健康，主要表现有：过度的消极情绪，长期不愉快、恐惧、失望，会抑制胃肠运动，从而影响消化机能。情绪消极、低落或过于紧张的人，往往容易患各种疾病。旅西侨胞、留学生，由于生活、学习压力过重而选择自杀来逃避的事件不在少数。

对此，如何自我排解压力、调整心态，树立积极乐观的生活态度，也是值得大家重视和关注的。只有保持乐观的心态，才有利于身体健康，功成名就才有可能实现，也才有实现的意义。

（［西班牙］西班牙侨网 2013－07－05/贯赦）

海外华商为何屡屡“中枪”

近日，纳米比亚的多个执法部门针对华人商铺进行了突击搜查。当地执法人员没收了华商的大批货品，并拘留了20名中国人。据当地华商介绍，纳米比亚首都和北部省份所有华人店铺都遭到了查抄，而当地人经营的店铺却没有遭此厄运。

经济危机以来，华商的生意已经迅速降温，而华人店铺屡屡成为执法人员查处的对象，更让惨淡的经营雪上加霜。

屡遭“突袭”伤不起

2012年年底西班牙的“帝王行动”给华商带来的阴影还未散去，一波又一波的检查让旅西华商惊惶不已。日前，西班牙帕尔玛市警方对当地多家华人商店进行了集中的风暴式大检查，查封了34 343件商品，没收了1 791件商品。这次大检查让当地华商十分不解，因为同样规模的突击检查在一个月前刚刚上演过。

除了大规模的突击检查，华商还因一些警察的恶意执法而叫苦不迭。开零售店的华商陈先生就因为晚上拒绝了两位警察的检查而收到了高达21万多欧元的罚款单，罪名竟然是袭警。

这样的遭遇每次都给华商带来巨大的经济损失。从长远来看，华商也因此类事件层出不穷而遭遇“形象危机”。西班牙帕尔玛市是一个面积较小的海岛城市，这样兴师动众的大检查在当地极具轰动效应。华人早已成为负面新闻的焦点，华人商家的形象受到了巨大的打击。

被人“盯梢儿”为哪般

华商在海外做点买卖不容易，却频频被“为难”，到底是为什么？

经济危机后，许多人的经济情况不尽人意，经商富起来的华商显得分外扎眼。法国律师弗朗索瓦·盖瑞认为，在社会经济低迷的情况下会寻找各种办法“开源节流”，商人由于最好控制常常成为最大的目标，而华商又是商人群体中发展比较快的，因此很容易被盯上。在西班牙经商的吴先生也这么认为，他说大多华商到西班牙都是白手起家，现在住更好的房子、开更好的车，当地人心里当然不太平衡。

不过，华人商铺自身存在的种种问题也导致麻烦找上家门。据悉，目前不少西班牙华商在进行现金交易时存在少开发票甚至不开发票的现象，有的商户从来不以自己公司的名义进口，造成仓库货物和发票严重不符。而这些恰恰是当地执法部门要规范的对象，拿华商来“杀一儆百”再合适不过。

更有甚者，一些华商在经营店铺时法律意识淡薄，涉嫌违法经营，这样华商就更成了执法部门眼中的重点查处对象。近日，阿根廷劳工部在例行检查中发现一家华人超市使用童工，根据当地法律，这家超市的华人老板将面临1～4年的有期徒刑。

改善自身为“上策”

被人盯上的华商难免会遭到不公正待遇甚至被侵权，华商们学会用法律保护自己显得极为重要。许多华商仍然抱着“多一事不如少一事”的心理，这样更无益于情况的改善。旅法华人律师孙先生建议华商在权益受到侵害时要迅速反映、快速处理，并向专业的律师寻求帮助。

不少华商反映，在遇到不公待遇时，缺乏成熟的应急机制而拖延了解决问题的时间，他们希望成立专门维护华商权益的组织，在遭遇侵权时，可以向其求助，与有关部门进行沟通和交涉。西班牙侨界的经验证明事实确实如此，在遭遇“帝王行动”之后，西班牙侨界就发起成立了维权小组，与警方、媒体、政府等部门进行谈判和交涉，挽回华商的经济和形象损失。

不过，无论是遭人“暗算”，还是自己“撞上枪口”，华商都需要规范经营、依法经营，这样才能赢得认可和尊重。专家认为，富起来的华商也要懂得回馈当地社会，尊重当地的风俗和文化，真正地融入当地社会，而知法、懂法、用法正是融入当地社会的第一步。

（《人民日报·海外版》2013－07－15/刘园园）

从“纸儿子”看华人移民之路

在美国排华时期，很多华人采取认美籍华人为父的办法达到移民目的。他们付钱给男性美籍华人，由该华人充当“父亲”，出面向移民局申请将“儿子”移民美国。这些人通常被称为“纸儿子”（paper son）或者“契约儿子”。这种做法可以追溯到1882年的美国《排华法案》。《排华法案》被废除后，华人又开始了移民美国的路程。差不多直到20世纪60年代，华人才开始另一个移民潮，加上中国改革开放后的移民潮，据不完全统计，目前在美华人已逾400万，约占美国总人口的1.3%，成为美国亚裔中的多数。

这一路的移民，来美的方式已经多种多样：有台湾地区20世纪50—60年代的留学生潮以及中国大陆从20世纪80年代末至今的留学大潮，不少学子学成留美的，有通过依亲移民的，有通过经商移民的，有偷渡移民的，有通过婚姻移民的，还有通过政治庇护移民的。众所周知后两部分造假者不少，申请婚姻绿卡的当事人也得经过像当年“纸儿子”那样的严格甄别过程。政治庇护的手段更是五花八门，不少拿到政庇绿卡的人去中国后再回美被取消绿卡，被取消的理由是对美国政府说谎。而偷渡来美的非法移民，目前正在等待国会通过对他们有利的移民法案。

近年投资移民渐受瞩目，根据美国国务院2012年10月公布的EB－5签证使用量，截至2012年10月，已经使用7 641个，其中中国投资人6 124个，占80%之多。这些在中国经济崛起过程中致富的投资者，因将大笔资金投资美国、给美国创造了就业机会而广受欢迎。值得一提的是，自费的中国留学生以及购买力旺盛的中国游客，虽不是移民，但同样受美国欢迎。

100多年以来，从淘金做苦工，被排斥、受屈辱，到后来开餐馆、洗衣店，再到后来到美国求学，做律师做医生做工程师，以及从商和投资移民，华人一路经过了从“纸儿子”移民到职业移民和投资移民的阶段，地位的改变令人感慨。这既要归功于几代华人自身的不懈努力，也归功于中国从贫穷积弱到飞速崛起这一强大背景的支持。

（［美国］侨报网 2013－08－01/一娴）

欧洲月亮不圆　中国偷渡何不绝?

西班牙和法国警方近日宣布联手捣毁一个涉嫌向欧洲和美国运送中国偷渡者的网络，逮捕75名嫌犯。该团伙一般向偷渡者收取4万至5万欧元费用。在经济飞速发展和日益开放的中国，富人移民已经不再是新鲜的话题，也有不少国家的公民偷渡到中国淘金。但是，在欧美经济不景气、中国经济增长受瞩目的背景下，还有中国人铤而走险偷渡到欧洲，这让西方媒体、舆论大为不解。

西方媒体关注到了当下中国的现实。中国经济飞速发展，更多的中国人走出国门。在移民问题上，越来越多的富人选择移民海外，他们是为了教育或者是为了追求更好的生活环境；而普通人却只能通过偷渡到国外打工来赚更多的钱，因为，在他们看来，海外的钱更好赚。

偷渡的中国人大多是一些低收入群体，他们还停留在“外国的月亮比中国圆”的观念中。由于在中国收入微薄，他们在蛇头的蛊惑或身边人的影响下，便借取高额的费用选择偷渡，却不知欧美国家正值经济低谷期，欧洲国家深陷金融危机，失业率居高不下，当地人尚且艰难；更何况还有偷渡本身的巨大风险、外来非法劳工的逼仄空间、异域文化的排斥隔阂等等困难，“进一步不是天堂”。这就是西方舆论对中国偷渡客们感到诧异的原因。

伴随中国的经济发展，偷渡去海外打拼的人虽然在逐渐减少，但仍未根绝，一方面这固然与经济发展本身的不均衡、贫富差距严重有关，但另一方面又与“信息的获取”不均不无关系。传播学上有“信息鸿沟”的理论，富人不仅掌握更多的社会资源，也具有更多的信息资源，更能适应和掌握社会变动的信息，变得更富；穷人因为得不到信息，无法应对世界的变化，变得更穷，如此，就会盲目地选择偷渡去海外。

在中国，网络用户虽然持续增长，但农村的网络普及率远远落后于城市是不争的事实。信息鸿沟造成的差别正在成为中国继城乡差别、工农差别、脑体差别之后的“第四大差别”，其本身已不仅仅是一个技术问题，而正在成为一个社会问题。

在治理偷渡问题上，中国政府可从信息传播上入手。为低收入群体提供各种政策支持、扩大信息的有效传播，消除信息不全扩大的不平等，为穷人能在本国改变命运创造更多机遇，如此，中国的偷渡现象才会被进一步遏制。

（［法国］《欧洲时报》2013-08-14/雅西）

没分当地人一杯羹

自从“帝王行动”以后，旅西华人越来越多地感受到了来自西班牙当地社会的反感和排斥。对此，大家都能或多或少地有亲身感受。其实，早在这次行动之前，西班牙人对华人的负面态度，就已经不断加深。而时至今日，则变得越发严重。对此，华文媒体在最近也开始集中关注这一状况，并开始探讨：“华人屡遭排斥，到底为何?”

其实，说西班牙排斥华人，这个说法有些不太准确，因为牵涉范围太广。从目前的情况来看，对于不少来西班牙投资的中资企业，如华为等，西班牙不仅没有排斥，反而还持极其欢迎的态度。此外，在西班牙媒体和公众舆论中，似乎也从没有看到对这一部分华人企业或是华人的负面报道，以及丑化、污蔑等。对此，我们华人也要自问：这到底是为何？

日前，谈起旅西华人现在所遭受的越来越多的反感和排斥时，大家都认为主要原因是西班牙人并没有从旅西华人的发展中受益，相反，在一些行业中却频频吃亏。如此，西班牙人自然会渐生反感，并且随着有关华人违法违纪案件的发生，以及媒体大量的负面报道，已有的这种反感也就会越来越严重。而这反过来又推动了当地媒体和政府部门对华人的“敌意”，于是更大的丑化和打击就铺天盖地而来。

实际上，西班牙社会与移民的关系，归根到底是一种利益关系。在这种关系中，双方只有互惠互利，才能不发生问题。而现在旅西华人和西班牙的关系是：华人占尽便宜，生意越做越大，腰包越来越鼓，而西班牙当地人不仅便宜和好处没得到多少，而且，一些传统的零售行业和小商户反而深受其害，叫苦连天。

华人在西班牙不受欢迎，屡遭反感和排斥，对此，很多人都说，这是当地人看到华人有钱后，开始妒忌，眼红了。其实，西班牙人的“红眼病”，也是可以理解的。中国有句俗话叫“做人要讲理”。你华人在人家西班牙人的国土上拓展、掘金，不仅不让人得点好处，而且还经常卖点假货，偷点关税，甚至把当地商人挤得没了饭碗，人家肯定不高兴。那么，你得了便宜也就罢了，还偏偏要在西班牙人面前显摆一下，如此作为土生土长的当地人怎么能不眼红？又怎能慷慨大方地让你继续如此行事呢？你华人是勤劳，是节俭，可别忘了你是在西班牙这里淘金，让你赚钱的矿床是广大的西班牙公众。在这种情况下，略作表示，也是必需的、合情合理的。

华人不受欢迎，说白了，还是自己的发展途径和模式有问题。自己在赚钱的同时，最起码也要叫当地人分一杯羹。

（［西班牙］欧浪网 2013－08－20）

“老华协”是否该撤销?

“温哥华老年华人协会”闻名遐迩，倒不是因它为老年人的福祉作出了什么成绩和贡献，而是因为它成立不足8年，主要领导人之间争权夺利，闹矛盾搞分裂，就长达7年之久，且纷争愈演愈烈，这是让华人蒙羞的一个老大难问题。纷争的影响之坏，正如资深媒体人黄河边先生的文章所分析的：“这场旷日持久的分裂乃至剑拔弩张的诉讼，老年人很受伤，华人社区很受伤，加拿大司法也很受伤。”八年了，难道这样纷争的局面还应继续下去吗？天怒人怨，是到了必须解决老华协纷争问题的时候了。要解决这一问题，首先要搞清楚造成纷争、分裂的原因。

2005年北京联谊会被撤销后，原长青组的老年人成立了个“温哥华老年华人协会”。来自中国的这些老人们，大多是各行各业的精英，也有为官者。但有些人思想比较保守固执，来到加国后不注意学习加国民主法制价值观，固守某些陈旧观念，受斗争哲学的影响颇深，民主自由、宽容友善及法制观念淡薄；有的人领袖欲极强，争当侨领，要在海外风光风光。会长虽是民主投票产生的，有人却很不服气。所以这个组织一开始就不是“君子和而不同”，而是“同而不和”。领导们各有想法，勾心斗角，一年后矛盾分歧越来越大，有人则拉帮结派。当年北京联谊会是因为换届选举产生新会长后，上一届会长却赖着不交权，僵持争斗互不相让，最终导致被撤销。而老华协则是，还不到换届的时候，就有3个巨头急不可耐要抢班，遂编造材料，罗织罪名，密谋策划，就宣布把创会会长给罢免了，因而造成了分裂。分裂之后，纷争逐步升级，非要把对方置于死地而后快，遂编造大批材料，于2010年9月把被罢免的会长告上了法庭。这才有了省高院的公正判决及联合选举。

老华协旷日持久的纷争，引起了社会各界的忧虑和关注，最近社会舆论趋向一个共识：既然一派的领导人拒绝劝诫调解，不能化解矛盾达到团结，与其这样纷争下去，让广大华人受害，倒不如解散了，废弃这个早已臭名昭著的“老华协”，另起名号，各自重新组建，开创新的天地。我们认为这一共识和建议虽是被逼无奈之策，但对被困扰多年的大温地区的老年华人精神上将是很大的解脱，是解决这个老大难问题的对症良方。为了稳妥周全，我们还建议：①召开两派主要领导会员代表参加的听证会，敬请省社团处的负责人到会听取双方的陈述，由社团处最后裁决；②会员是协会的主人，协会的命运不应由几个领导人任意摆弄。所以建议，在真正中立公正的社会贤达和媒体代表的监督下，召开两派会员参加的会员特别会议，通过陈述和辩论，投票决定协会的前途。

我们本是炎黄子孙，老年人在海外是弱势群体，会有这样那样的困难，要互帮互助还犹恐不及，怎么还能相煎太急！人生几何，耄耋之年，别做骨肉相争的傻事了。让我们进行深刻的反思，接受沉痛的教训，丢弃一己私利，摆脱身上的污泥浊水，运用华人的智慧，广交朋友，宽容友善，团结互助，在这好山好水最适宜人居住的地方，生活得健康快乐，颐养天年！让子女不忧心，让祖国的亲人放心！在加拿大树立华人的良好形象！

（［加拿大］《环球华报》2013－08－22）

华人走了，西班牙人为什么“不送”

华商撤离西班牙的新闻每天都在上演，当地民众的标志反应则是“走好，不送”。金融危机背景下，原住民对移民的排斥显得并不理性，曾经由华商参与带来的经济繁荣被忘得一干二净。治安环境的恶化像催化剂一样加速了华商的离开。

据西班牙媒体日前报道，西班牙统计局公布的一组数据显示，中国人离开西班牙的人数在不断增加，远超来西班牙的人数。但很多西班牙人的反应则是“走好，不送”。

离开西班牙

据西班牙统计局这份7月中旬发布的统计资料，中国人移民西班牙的数量自2008年以来就开始急剧下降。2008年初，有2万多人来西班牙，而年底的数字则为1.2万。此后，这一数字不断走低，至2012年初，则减少为9 583人。

与此同时，离开西班牙的中国人人数则不断走高。从2008年初的5 000人，一直上升到2012年初的17 827人。其中在2010年中，离开西班牙的华人人数首次超过来西班牙人数。

而在2008年之前，西班牙是华人的“掘金热土”。即使在金融危机逐步恶化的2008年至2012年，华人在西班牙创业当老板的人数依然暴增了83%。

然而，这都是明日黄花，华商经济的“强劲”只是一种表面繁荣。越来越多的人觉得“撑不下去”，即使成功的华商也认为在西班牙发展的“好日子”已经过去，见好就收，伺机而动。

据一些公开的信息报道，旅西华商在离开西班牙后，大多数是回国发展，或是前往南美等国继续淘金，现在也有许多人辗转到墨西哥和波兰寻求发展。

冷漠的人情

人情之意，在于一个“礼”字。尽管部分西班牙人对华商的离开表示出了一定程度的遗憾和担忧，但更多的人还是愿意无视华人的“回家”，甚至是冷冷地送上一句“走好，不送”。

对于西班牙统计局不久前所发布的有关华人的统计资料，绝大多数当地主流媒体都选择了无视和沉默。有的媒体的报道也和往常一样，突出华人自营业主人数在近年的增加程度。但对于华人的离开，都刻意避而不谈。

经济萧条造成的损失还有数可数，但人情隔阂导致的伤害则无法估量。

诚然，旅西华商在最近十多年的飞速发展中，自身确实存在着一些问题。但近些年西班牙的某些做法也施之不当。

声势浩大的“帝王行动”击碎了旅西华人的淘金梦。西班牙媒体更是推波助澜，一再地诋毁华人形象。数百家媒体对“帝王行动”等进行铺天盖地的报道，并口径出奇一致地将涉案华商称为“黑帮团伙”。西班牙新闻电视台、私立电视五台日前播出的一档暗指中餐厅用人肉做菜的节目，更是“妖魔化”华人形象，严重误导民众。

虽然在华人侨团和中国外交部门的抗议和交涉下，西班牙政府有关机构开始低调处理华人案件，并对媒体进行有选择的噤声。但是，华人受到的排斥和歧视并未因此消除，紧张的社会关系加之萎缩的市场，使得更多的旅西华人萌生去意。

得到了好处？

据美国政策全国基金会和国家风投协会共同发布的最新研究显示，移民创业可以带动经济发展。

以美国为例，自2006年以来，在接受风险投资资金的创业公司中，有1/3的公司是由移民创建的，在全球范围内，移民利用风投资金创立的公司雇用了60万职员，这些公司的市值达9 000亿美元。而这在很大程度上反驳了某些宣称移民占据就业岗位，消耗社会福利的论调。

现实情况是，还有很多国家为限制移民采取措施。如新加坡当地的居民就怨声载道，数千民众示威要求限制移民。荷兰呼吁欧盟应采取措施应对盟内大量移民造成的负面效应，并改革人员自由流动的相关政策。

西班牙的举动在这种背景下显然可以理解。不过西班牙专家警示：旅西华人通过他们“亲友凑钱开店”、“超长时间劳作”等独有方式，在这里进行商业拓展，客观上对西班牙的经济复苏出了力。在这个意义上，华商的离开对西班牙来说是个巨大的损失。

更大的损失在于，中国人因为危机和安全问题离开了，那么西班牙的形象，也会因此在中国这个世界上最重要的经济体面前受到相应的损害。

（《人民日报·海外版》2013－08－23/杨子岩）

低价竞争不是唯一出路

2013年初，美国联邦政府责令纽约唐人街颇受欢迎的低价巴士公司停止运营，导致后续24家巴士公司倒闭，由此引发的争论至今仍未平息。

说起唐人街巴士，在美国生活的华侨华人一定不会陌生。唐人街巴士通常以唐人街为起点，以低廉的票价把乘客送往附近城市。唐人街巴士公司多为华人开办，由于票价远远低于竞争对手，吸引了不少华人、留学生和其他族裔的乘客，但也被贴上了“低价、汽车老旧、不安全、司机缺乏训练”的标签。

长期以来，唐人街巴士在摇摇晃晃的薄利之旅上，编织出一张以纽约唐人街为中心，连接美国东部各州的客运网。在市场竞争中，唐人街巴士公司唯一的竞争优势就是价格，恶性竞争导致票价越压越低，除去柴油费用、车辆维护费用、保险、折旧成本等，留给吃苦耐劳的华人可赚的利润并不多。

这种竞争手段健康吗？答案显然是否定的。当竞争发展成为以低价平本经营拖垮对手，而不是在提高质量、改善服务上下功夫时，这对消费者、对公司、对市场都是有害的。汽车运输服务安全才是第一位，压低价格的同时，在汽车保养和更新、司机培训水平等方面不免要打个折扣。

2011年，美国国家运输安全委员会在一份报告里指出，唐人街巴士已经成了“城市杀手”。在路边随时让乘客上车的巴士公司，每发100次车就发生1.4起致命事故。相比来说，只在固定地点上下客的巴士，例如灰狗巴士，每发100次车的事故发生次数仅为0.2起。

其实，由唐人街延伸开的廉价公交运输网络，给追求性价比的乘客们带来了许多方便，这些如雨后春笋般冒出来的巴士公司正是满足了市场的需求才能如此迅速地发展。但由于巴士上下车地点随意，票价恶性竞争，低成本运作，在安全方面带来了许多问题。唐人街巴士公司被勒令停运事件的发生也说明，巴士公司是时候转变运营方式、提升服务质量了。

（《人民日报·海外版》2013－08－26/高双骥）

人才开始东流　中国准备好了吗？

越来越多的西方面孔出现在中国大地上，除了旅游者、外企驻华代表、政府驻华官员、留学生等传统赴华群体，其他一些过去少有外国人涉足的行业也开始频现“洋面孔”。

三十年河东，三十年河西。当经济放缓的西方遭遇历史上第一次人才逆流时，富有生机、充满机遇的新兴国家迎来了“人才的春天”。这是经济发展重心转移的必然结果，也是全球化过程中人才自由选择和流动的结果，甚至可以说是如“人往高处走，水往低处流”的规律一般自然而然。

如果说良好的经济前景是吸引人才流入的首发因素，学术科研环境则是能否留住人才并持续引进人才的关键因素。随着越来越多外国学者加入中国高校教研队伍，能否带来一股锐气，产生“鲶鱼效应”，推动中国学术科研机制的改革，值得期待。

当然，并不排除有的外籍学者一时难以适应，必须做好充分的、长期应对的心理准备；或者某些洋学者的引入不过是一些高校“与国际化接轨”的门面工程，沉迷于“外来和尚好念经”，这样拿着高薪却不学无术的伪学者只会引起中国人的反感，也迟早会在中国混不下去。

从构成看，有大陆教育界人士指出，目前赴华的西方学者主要是年轻学者和退休后的老年学者，而正处学术科研生命力最旺盛期的中年学者偏少；商学院的居多，而需要深厚积淀的人文社科类的少。而从报道看，中国对外籍飞行员的引入也存在门槛低的弊病。可见，中国对西方精英的吸引力仍是“微弱”的，中国科研院校、各行各业对“外脑”的引入还需要精益求精，更有规划性和长远眼光。

不管是过去中国人移民美国追寻“美国梦”，还是现如今“洋面孔”涌向中国追寻“中国梦”，都源于人类对更好生活的追求和对个人价值最大化的渴望，都应该得到肯定与祝福。更重要的是，中国应借助这股势头，兴利除弊，营造一个对外来人才有持续吸引力的环境。

（［美国］侨报网 2013－08－26）

华人打“黑工”不可取　生财有道勿忘回馈当地

中国“淘金者”，是一类容易被社会忽略的群体。作为海外华人群体的一部分，他们分散在世界各个角落。

近几年，各国政府都加大了打击非法采金、采矿行业的力度，中国“淘金者”屡屡成为政府打击的重点对象，有些人因此付出了沉重的代价。

关于各国政府逮捕、遣返中国“淘金者”的新闻屡见不鲜，引起了社会各界的高度关注。

据菲律宾《每日问询者报》报道，当地时间 7 月 13 日，菲律宾南阿古桑省圣弗朗西斯科警方以涉嫌非法采矿为由，逮捕了 6 名在当地淘金的中国人。

8月25日，新加坡《联合早报》报道，印度尼西亚东爪哇玛琅市的移民局官员逮捕了两名涉嫌非法采砂的中国人。他们涉嫌在东爪哇卢马姜岸外非法采集用来制造铁和钢的铁砂，然后送往中国。

政府打击外籍非法务工人员的行动本身无可非议，但在具体的措施、手段上却存在很大的争议性。如果不能妥善处理，很容易激化各民族之间的矛盾冲突。

针对打击非法采矿的行动，加纳政府动用了警察、军队及移民官员等各种力量。仅在6月和7月，就有4 592名中国非法淘金者被驱逐出境，包括被逮捕者在内。该国移民部门还称，打击非法采矿行动仅走完第一步，未来还将继续。

有媒体评论称，大批中国非法移民涌入加纳从事非法淘金，的确触及当地政府、地方和社区的“食物链”，激化了当地人和中国人之间的矛盾。

这些淘金者只在同乡、同行圈中活动，而对包括其他当地中国同胞在内的人自我封闭、排斥，无形中又增加了隔阂。

另据英国《卫报》报道称，中国采金者的离去给加纳当地采矿业带来了巨大影响，尽管不少人赞扬政府的取缔行动，但也有当地消息人士称，因为中国人的离开，原本为金矿提供设备的加纳人不得不中止开采活动，当地人抱怨说：“现在一切都停滞了。”

自“专项整治”以来，加纳政府收紧了原本在西非地区就偏紧的入境签证审批，给需要合法进入加纳境内办事的中国同胞平添了不少麻烦。

不论官方还是民间，暴力执法和趁乱报复的行为必须制止，中国公民的海外合法权益和人身安全也理应得到保护。

但是，作为在异国他乡打拼生存的华人来说，合法入境、合法居留和经营，是任何一国侨民的最基本义务，也是每个当代文明人的基本素质。另外，华人只有遵守当地法律、风俗文化，尊重当地社区和民众，更好地融入当地、回馈社会，才能够更加和谐地发展。

（海外网 2013－08－27）

婚姻不是移民的“阳关大道”

近日，一对温州夫妻双双来到法院，请求结束各自有名无实的跨国婚姻。大约10年前，这对夫妻为移民外国，先假离婚，再各自与外国人结婚，计划移民外国成功后，分别离婚再复婚，以实现二人的“移民梦”。结果，中间人和外国“伴侣”人间蒸发，精心编织的“移民梦”到头来是枉费心机，还有法院的罚单。

“移民梦”，有钱者通过投资，钱少者则利用偷渡、假婚姻。以法国为例，2011年公共当局批准的入籍人数为6.6万，通过婚姻入籍者就有2.2万，占据三成多。温州的这对夫妻与其说运气不好，碰上了骗子，不如说是与偷渡一样，注定是一场输多赢少的赌博，其背后更充斥着人生的苦涩悲凉。

借假结婚进行移民的行为正在遭遇越来越严厉的打击。2012 年 2 月，一名英国教区牧师因涉嫌虚假结婚帮助非法移民定居，敛取钱财，被判入狱 14 年。2012 年英国出台新规定，英国人年薪必须 18 600 英镑才能让非欧盟国家配偶移民英国。法国政府更是在 2009 年决定成立打击假结婚的特别机构，严苛的核查包括让与法国人结婚的外国人必须接受语言测试，并能背诵法兰西共和国的基本价值观，还有详尽的夫妻双方各种隐私的核查。

假结婚移民更让本应美好的婚姻面临更多的不确定因素。婚姻、爱情是神圣的，当其沦为谋取利益的工具时，神圣性已经消损而变得世俗化、脆弱化。很多夫妻在办理假离婚再假结婚的过程中，经不住折腾，夫妻感情支离破碎，假离婚变成了真离婚。

而更现实的是，移民国家的假结婚配偶，多为社会底层人士，借假结婚移民者因此或将面临更大风险。除中介的欺诈外，假结婚者在他国异乡，无法律保障，被威逼、人财两空者更不少见。灰色空间中，只能凭运气豪赌人生。

移民可以有合法的途径。如果选择非法移民，请放弃，成功永远属于行大道之人。

（［法国］欧洲时报网 2013－08－29/雅西）

“洛阳大叔”在美国为什么能够成功

还记得那个来自河南孟津的“洛阳大叔”谢云峰吗？不懂英文的他，在美国纽约哥伦比亚大学门口摆小摊，卖肉夹馍、凉皮……既当厨师又当售货员，生意好时每天有七八百美元收入。近日，他又被网友盛赞在打造“中国版肯德基”。

“洛阳大叔”的生意做得风生水起，一是传统中国小吃本身的魅力，二是“洛阳大叔”手艺不错，又诚实守信，坚持保证质量，保住了传统中国小吃的牌子。但是，不能否认，如果他也像我们这里常见的那样，被城管赶来赶去，他的肉夹馍、凉皮、花生米做得再好吃，也卖不出去，更遑论打造“中国版肯德基”了。

据称，在美国纽约的大学门口摆起小摊，并非没有“美国城管”来管，而是“美国城管”并不管占道经营。“美国城管”其实就是“地方卫生管理官员”，“纽约市政当局对小摊贩的卫生管理情况非常严格。如果做法不符合卫生局的要求，就要遭遇高昂的罚款”。

也因此，“走在纽约街头，无论在曼哈顿还是遍布中文招牌的法拉盛，随处可以见到街头餐车兜售各种吃食、水果、衣物和旧书，这些受到纽约居民和游客的极大欢迎。最重要的是，街头小贩不仅价格便宜，而且，他们的存在也成为纽约街景的一部分”。

确实，这样的景象是有点杂乱，但城市也因此生动、繁荣，充满情趣情调和生气，而小贩们价廉但不失物美的商品、手艺，包括已成为一种民俗形式的吆喝，也氤氲出一座城市的文化氛围。对于流动商贩，这是生计所在，市民也获得了极大的生活便利，因此，确实有市场的需求。而对于城市经济的贡献，更显而易见。

街头摊贩的占道经营确实有影响交通乃至造成环境的脏乱差的一面，但这并非无法克服，换一个思路，管理就得心应手。比如，即使在闹市区，也可以采取诸如划定区域和时段的方式，让其有序经营。

显然，占道经营并非城市管理的洪水猛兽，而是城市一道不可或缺的风景，对于摊贩，更是生存乃至致富的空间。因此，催生更多的“洛阳大叔”，其实也应是城管的责任。

（《中国青年报》2013-09-05/钱夙伟）

争内容还是拼渠道？欧洲华媒困惑并期许

“到底应该‘内容为王’还是‘渠道为王’？相信很多同行都有跟我一样的困惑。”在第七届世界华文传媒论坛的第五分会场，意大利《欧洲侨报》总编辑吴杰的一句发问，引起了在场代表的共鸣。

在8日的分组讨论中，第五分会场的大多数华文媒体代表来自欧洲。在欧洲发达国家经营少数族裔语言的媒体，他们面临着相似的境遇。提升内容品质不易，开拓营销渠道同样艰难，如何让二者协调平衡、相互促进，更是许多欧洲华媒努力探寻的目标。

在吴杰看来，海外华文媒体必须依靠内容来立足，必须加强原创的内容，而不能依靠编发网络新闻。“读者早上一起床就刷微博，网上的新闻一览无余，你的报纸再把网上的新闻抄一遍，那就是对读者的不尊重。”吴杰说。

吴杰的观点得到不少欧洲同行的赞同。西班牙欧华传媒集团社长陶辛夷说，要努力把优质的热点新闻、深度报道、观点评论呈现给读者，用专业眼光和敬业精神赢得读者的信任。保住一批忠实的读者，纸媒才能在新媒体的冲击下稳住自己的一席之地。

她同时也认为，在信息碎片化时代，单靠纸媒生存就会“一棵树上吊死”。欧华传媒今年推出微信公众平台，使新闻能够更便捷地传输，同时拓宽了营销的渠道。

近几年，受欧洲债务危机的影响，在欧洲的华商也遭遇巨大冲击，连带冲击了华文媒体的广告市场。广告市场的萎缩，使华媒在提升内容品质时缺乏资金支持；而内容质量无法保证，又会进一步失去广告客户。不少华文媒体在这样的双重压力下黯然离场。

西班牙《欧洲侨声报》社长戴华东说，不少华文媒体的目的并不是赚钱，而是希望传播中华文化、改善华人地位，但报纸首先要生存，如果无法解决自身的生计问题，何谈履行社会责任。

“内容固然重要，但现在再也不是‘酒香不怕巷子深’的时代了。”德国《欧洲新报》社长陈茫说，海外华文媒体身在异国，经营的方法也不能“太中国”，要以与世界接轨的态度，充分利用最新的技术手段，最大化地传播华人的声音。

“我们不仅要强调‘内容为王’或者‘渠道为王’，也要重视‘技术为王’。”陈茫说。

面对种种困境，不少华媒力图向新媒体转型。但法国欧洲时报传媒集团总裁张晓贝认为，这种转型过程没有现成的经验可以借鉴，而且各媒体自身状况存在很大差异，不能一概而论。虽然新的媒体形态层出不穷，但很好的赢利模式还没有被创造出来。

尽管面临很多不确定的因素，未来的前景也并不明朗，但与会的代表们大都认为，度过目前的摸索阶段，华媒就会找到属于自己的发展路径。

（中新网青岛2013－09－08/周兆军）

华人何时摆脱“钱多人傻”的尴尬？

近期，关于奢侈品的一则报道引发网民关注。报道中称，一位消费者去年以单价45万元人民币的价格在欧洲爱马仕专卖店购买的6个包中，经验证，其中4个为假货；北京某女明星在英国旅游时，花费70万元人民币，却买回一款爱马仕A货女包。一向崇尚信誉、品牌的奢侈品竟然出现如此“漏洞”，顿时令人大跌眼镜。

作为全球第一奢侈品消费群体的中国人，2012年买走了全球1/4的奢侈品，其中六成在境外市场购买。而与消费额猛增形成鲜明对比的，却是“不同假冒等级”商品的流通。

生活水准的提升带动了消费能力的增强。衣香鬓影、华服翩翩；珠光宝气、美酒名表，成了中国富豪奢华生活的写照。但这珠光宝气并不等于生活质量的提高，也不等于社会身份和个人品位的提升。相反，中国消费者在海外血拼，往往给人留下“钱多人傻”的印象。这也给不良商家造假留下了空隙。

过去一向标榜“诚信”的海外商家，今天为何也卖起了假货？或许这是“看人下菜”吧。行骗者之所以敢为，在于消费者不懂。

中国的一些消费者们确实如此。不少人的消费带有盲目性，不了解鉴别产品品质的方法、制作周期、流通数量，不关注品牌与使用者之间的气质契合度，更不考虑产品文化，一味追求价格和名牌，自然容易被别有用心者带入消费的“李鬼陷阱”。

除此之外，更在于这些远隔重洋的消费者们拿这些不良商家没辙。对当地法律常识的匮乏、跨国官司、为那么点钱不愿惹麻烦的心理，都让欺诈者逃脱了法律制裁，而且屡试不爽。

“吃一堑，长一智”。如果不想在选购奢侈品时处于被动地位，华人消费者就应多学习，了解相关消费知识，学会识别奢侈品，提升自身品位。同时，更要告别“面子文化”，在奢华面前保持理性、冷静。

（［法国］《欧洲时报》2013－09－09/张乐儿）

华人方兴未艾的参政之路

政治明星，冉冉升起

据悉，新西兰将于2013年9月20日举行地方政府选举，在本次三年一届的地方政府选举中，将有几位“80后”华裔年轻人参选。

新西兰天维网报道称，在奥克兰选区就有Howie Yin（警察），Bevan Chuang（奥市政府民族事务顾问）和Jiajia Chen（护士）这3位年轻、富有朝气并具备社区工作经验的华裔参选议员。

这几位年轻才俊表现出积极的参政热情，表达了新一代华裔参政议政的诉求以及为整个社区乃至奥克兰地区居民和社会服务的良好愿望。

无独有偶，在今年澳大利亚的选战中也不乏华人活跃的身影，并且得到了主流社会的认可。

据澳大利亚《星岛日报》消息，前总理霍克9月2日接受工党候选人李逸仙的邀请，在麦觉理公园与该选区选民举行茶聚，并向当地居民热情地介绍了李逸仙。

澳大利亚前总理陆克文在日前接受悉尼华文媒体的联合采访时也称赞李逸仙是一位“值得信赖的人”。据悉，此前澳参议院曾有黄英贤这样一位华人议员。

此外，在今年的纽约市政府换届选举中，也有一位候选人为华人社会所牵挂，他就是刘醇逸。刘醇逸不仅是首位参加纽约市长选举的华裔，也是百年以来第一个参加纽约市长选举的亚裔。从今年年初决心参选到现在，刘醇逸经历了许多的辛酸苦涩，但是他不言放弃的精神，成为鼓励美国华裔参政的正能量。

据报道，旅荷华人也拟成立荷兰华人党以鼓励华人参政议政，并提议将荷籍华人何天送作为参选欧洲议员代表参加全国竞选。

积极参政，回报同胞

海外华人日渐踊跃地在政界发声，首先是由于他们参政议政意识增强，希望能发出华人自己的声音。

李逸仙表示：“虽然竞选很艰难，但是现在是澳大利亚华人在政府中有真正代表的时候了，应该发出自己的声音。”

在此前的一次新闻发布会上，他说：“15年来，我积极参与政治，从未放弃为澳大利亚同胞服务并提供支持的愿望。过去10年我经营企业，现在是我来服务社区的时候了，是我和我的家人回报给予我们那么多机会的国家的时候了。”

他还表示，现在澳大利亚的华人越来越多，在议会中需要华人的声音，更要有华人的面孔，特别是年轻一代希望在议会中看到华人的代表参政，这会增加他们的信心。

其次，是由于许多华人协会社团的组织动员。他们不仅组织选民登记，举办活动为候选人站台背书，鼓励选民用手中选票发声，还积极将选民团结起来，搭建支持华人参政、鼓励华人发声的平台。

巴黎某华人团体在2011年底就成立了助选联盟，通过拍摄宣传短片来呼吁华人参与投票。英国的“华人参政计划”则在伦敦市长选举前组织义工团队，在英国各地提醒华人登记选民以及按时投票，并举办多次讲座、辩论会，来引起华人社区对选举的讨论，并提高对自身权益的关注。

长路漫漫，凝聚力量

目前，虽然海外华侨华人总数很多，但是政要人数与人口数量之间不成正比，反映了多国华人参政并非尽善尽美的现实。

华裔在管理层岗位的缺失的现状，几乎涵盖了教育、科技界甚至企业界。这使华人在参政过程中面临着来自多方面的阻力。更何况整个华人群体参与选举投票的热情并不是很稳定，这使得华人参政仍面临着比较大的劣势。而且，对于从政的华人来说，常常要付出较大的物质代价。

有专家指出，仍有很多人用种族主义的眼光看待华裔，许多人对华裔抱有怀疑态度。“我们能相信华裔吗?”仍是不少人的疑问。

曼哈顿下城联合民主党部创办人刘毛淑卿表示，要想让移民的华人对所在国家产生认同感和归属感，需要有人参政、从军、从警，不然华人永远会觉得自己是一个过客，“我们带着希望和梦想来到美国，却听闻某些华人政治人物被安上莫须有的罪名，真的是太不公平”。

此外，随着海外华人参政积极性日渐提高，参选人数越来越多，不可避免地出现同为华人竞争同一职位的现象。有专家称，华人候选人之间的竞争极有可能分散票源，使其他族裔候选人“坐收渔翁之利”。同时，竞选人之间如果出现恶意抹黑等竞争手段更有可能为华人参政造成负面影响，因此，华人需要团结起来，共同前行，才能使手里的选票真正成为政坛影响力。

（《人民日报·海外版》2013－09－11/孙少峰　王艳磊）

在美国社会应该据理力争

聊起在美国的生活，纽约的“超市大王”、美国华商会会长邓龙会告诉你，在美国社会应该据理力争，自信的态度不仅能让你避免损失，还能尝到甜头。

邓龙是“龙胜行”的负责人。这家集农场、食品贸易、超市一条龙经营的华裔龙头食品公司，每年进口量达2 000余个集装箱，营业额达数亿美元，是全美以亚洲食品为主要进出口业务的大型食品公司之一，邓龙也因此在华裔商界颇具影响力，被称为“超市大王”。

他在美国打拼了二十几年，有些故事至今仍不能忘怀。他记得刚到美国不久，有一次开着新买的二手破车到华人社区一个加油站加油。这个加油站有两个车位，其中一个旁边的牌子上写着：如果前面车位是空的，应该到前面去加油，把后面的位子留给别人。而当时的邓龙英语不太好，根本没看懂牌子上的内容，就直接把车子停到最近的位子上开始加油。

这时一个白人跑过来骂他："你们中国人连英语都不明白，滚回中国去！"邓龙听后非常气愤，因为从口音上判断，这个白人应该也是移民。他立即用英语回道："那么谁是美国人呢？你，你爸爸，还是你爷爷？滚回欧洲去！我们都是移民，美国既不是你的，也不是我的，是印第安人的。"这个白人听后惭愧地说："哦，你是对的，对不起！"

这次经历让邓龙体会到了在美国社会据理力争的甜头，也让他在今后的经商路上更有理性。

做进出口贸易时，有一次，邓龙从中国进口米粉，米粉外包装上写着"dry noodle"，直译为"干面"。当时美国主管机构认为这种写法不够清楚，于是查封仓库的全部货物，要求重新贴标签。于是，邓龙询问主管人员应该怎么写，得到的答案是："oriental style noodle"（东方面条）或者"Chinese style noodle"（中国面）。邓龙觉得这是一种歧视，因为意大利面和日本面条进口到美国都不会在产品名称里特别加上产出国。他选择了打官司，请律师、上法庭，直到最后终于和解，货物被放行，"dry noodle"的名称得以保留。

邓龙感慨道，来美国之前，心目中的美国好像是好莱坞电影里的天堂，每个人都过着富足的生活，但到了美国后才发现，这里和想象中完全不同。对中国人来说，这里的生活充满了艰辛和挑战，不过，这些磨难和辛苦都不能阻挡他在美国拼搏和奋斗的激情，因为，他对自己充满信心。

（新华网 2013－09－14/刘莉）

华人公园打牌抽烟再惹麻烦

在公园内下棋、烧烤、健身都是在美华人们平日喜爱的休闲活动，然而在进行这些活动时，一些不经意的细节却违反了公园的相关规定，有的人甚至因此吃了罚单。

在纽约布鲁克林华人区的多个公园内，常常可以看到十几个华裔老人围坐在圆桌旁打牌或下棋，脚下却满是烟头。不少老人叼着香烟吞云吐雾，烟味四散，全然不顾身边玩耍的儿童。尽管身旁几步之遥的地方就有垃圾桶，他们仍随意把烟头扔到地上。这种行为遭到了周围居民的投诉。有民众表示，这种行为不仅污染环境，而且影响到华裔的民族形象。

根据纽约市公园局的相关规定，市内的公园已全面禁烟，违反者将遭到50美元的处罚，任何人也不得在公园内随地乱扔垃圾。而有部分华人却不了解法规，以为室外都可以随处吸烟，按照自己原本的生活习惯行事，造成了不良影响。

其实，不仅仅是公园吸烟，华人的一些其他行为也被开罚单，甚至升级至警方介入。有居民在公园非烧烤区内烧烤，被罚数十美元；日落公园的华人舞蹈队因音乐音量过大，居民多次投诉未果后，最终报警，使得负责人被警方铐走并开出传票。

到底是文化背景、生活习惯不同带来的误解，还是这些不经意的行为违反了公园相关规定？一直以来，华人都有跳舞健身、下棋聚友的习惯。一位西语裔居民也表示，这些传统文化的确为公园增色不少。

然而，一味遵循传统习惯却不遵守法规，就会给自己惹上麻烦。实际上，美国对于公共场所，特别是公园有着严格的管理规定。公园是人们休闲娱乐的公共场所，不妨多了解一些相关法规，适当约束自己的行为，才能共同维护和谐美好的公园环境。

（［美国］美国中文网 2013－09－18）

打架打到海外不仅是丢脸

中国人到海外旅游，除了领略异国风情、游览名胜之外，再就是要增长见识。据《侨报》报道，最近，一对第一次到美国旅游的广州老年夫妇，在美国的国会山庄前因拍照位置问题发生争执，夫妻俩大打出手，惊动了在国会执勤的警员，结果被十几位警员当场制服，还被关进拘留所，与毒贩、妓女同住了一个晚上。说得好一点，这对老年夫妇这趟美国之行没有白来，起码比同行的旅行团团员多了一个增长见识的机会，领教了在美国被警察逮捕、被关进拘留所是什么滋味；说得惨一点，这对老夫妇丢脸丢到国外了，对中国人的整体形象大有损毁。

这对耆老夫妻被捕后，所有的团队游客都受到惊吓，在华盛顿游览行程也受到影响。因为之前并没有处理过相关事宜，旅游团立刻求助纽约法拉盛街头守望互助队队长朱立创，朱立创则立刻安排一名在华盛顿工作的互助队队员前往警局和法院了解情况。

这对夫妇后来讲，他们被捕后被转到华盛顿的一个拘留所内等待第二天法院过堂。夫妻两人戴着脚铐，分别被关入男监和女监。而被关在一起的还有毒贩和妓女。当地导游说，次日，他们立刻前往当地法庭等待相关结果，幸运的是，这对夫妇先后获释。获释后，被捕的妻子控制不住情绪，在法庭门口抱头失声痛哭，称从来没有遭遇过这样的羞辱，情绪久久不能平静。而被捕的丈夫也情绪跌落到谷底，一声不吭。

这不仅仅是件丢脸的事儿，还给我们很多启示，而最大的启示是提醒来自中国大陆的游客，到了一个陌生的地方，不要以为还在自己家的后院，想干什么就干什么，想发脾气就发脾气，想吵架就吵架，想动手就动手。到了人家的地盘，就要尊重人家的文化，遵守人家的规矩。特别需要提醒的是，美国警察抓人的依据是执法对象已经违反了当地法律法规，被执法者不能以不了解当地规矩为脱罪的理由。说白了，不懂法，不能当作为自己的违法行为辩护的理由。

另一个重要的启示是给组织旅游的旅行社和导游的，尤其是国外旅行团，出国前有必要对旅行团的团员介绍旅游线路途经各地的法律法规和风俗习惯。这是一堂不可缺少的课。缺了这一课，就有可能出现意想不到的事情。在华盛顿特区带团的导游还算机敏，遇到这种从未遇到的意外事件，知道向纽约法拉盛街头守望互助队求助。由当地华人社团出面交涉，结果就好得多。

中国游客、在美国当地的华人，在警察面前吃亏的事情屡有发生。前几年，旧金山湾区的一位华人工程师，晚餐的时候喝多了酒，回到家的时候，在自家前院舞动一支扫把，结果被执勤警员开枪打死。警员开枪的理由是感到自身受到威胁。

再看看这对老年夫妻在国会山庄的表现，大声吵架、情绪激动、动手打人。当地警员听不懂老年夫妻说的广东话，真没准警员当中有人觉得好像是李小龙的师傅来了呢。美国的警员如果认为当时的情形使他们受到了威胁，真有可能拔枪射击。要知道，警员如果在这种情况下开枪打死闹事者，是不需要负任何责任的。

（［美国］《侨报周末》2013－09－22/郭剑）

旅美华人当兵换绿卡?

据美国《侨报》报道，自10月1日起，美国陆军的“MAVNI（Military Accessions Vital to the National Interest）紧缺人才募兵计划”将面向旅美华人以及工作签证持有者开放，符合条件的参与者可以快速入籍成为美国公民。

MAVNI征兵计划规定，年龄在17～34岁之间的合法非移民签证外国人，拥有F1和F2学生签证、J1和J2签证、H1－B工作签证，在过去两年中有合法身份且没有离开美国超过90天，并且身体条件符合者，均可递交申请。

几天前，王晓泽在网站上了解到MAVNI征兵一事，就义无反顾地递交了申请表格。“参军几个月就可以解决工作、就业、身份三件大事，对我们来说挺方便快捷的。”

据悉，MAVNI计划招收的新兵人数不多，但迫切希望入籍且符合条件的旅美华人众多，竞争非常激烈。去年美军计划征收120名中英双语新兵，后来名额缩减为60名左右，仅仅两个月就满额了。今年美军发放了多达135个中英双语新兵名额，被录用者首先要和部队签署3～6年的雇佣协议，在入伍前就可以提交入籍申请，最快在十周之内就可以获得美国绿卡。

在竞争如此激烈的情况下，专家建议想要参军的旅美华人：一来要密切留意与征兵计划相关的政策消息，尽可能多地了解军队分工，明确自己在军队中能够胜任的角色；二来要加强体能训练，以便顺利通过军队体能测试。此外，如果学生所学习的专业跟部队中所要求的岗位相关度较大，能够增加应征的获胜率。

大约每30名美国士兵当中，就有一个人没有美国绿卡。在美国三军当中，这些通过服兵役3到6个月便可跳过绿卡障碍成为美国公民的士兵组成了阵容庞大的“绿卡兵团”。丰厚的待遇背后，“绿卡士兵”的安全问题也令人担忧。美国政府规定，这些非美国公民只能当士兵，不能担任军官或者电子情报部队等机密职位。大多数时候，他们只能在战争前线冲锋陷阵。在伊拉克战争里阵亡的士兵当中，有1/10是“绿卡士兵”。参军不仅要考虑安全问题，还容易引发身份认同危机，因此，决心通过参军获得绿卡的旅美华人需要三思而后行。

（《人民日报·海外版》2013－09－26）

中国人真的富了吗？

近几年，国外媒体对中国消费者的报道日渐增多。随着生活水平的提高，中国人在境外的消费也与日俱增，旅游、投资、炒房等。中国消费者出手“阔气”，令老外惊叹，对于商家来说，似乎哪里有中国人，哪里就有商机。

据联合国世界旅游组织介绍，2012 年，中国人在海外旅游消费额达 1 020亿美元，比 2011 年的 730 亿美元增长了 40%。可以说，中国已超越美国成为世界第一大国际旅游消费国。

另据咨询机构麦肯锡发布的报告指出，中国消费者在奢侈品上的支出每年增长 18%，到 2015 年预计达到 270 亿美元，届时将位居世界第一。

不仅如此，中国人也日渐成为海外房地产市场的重要生力军。中国招商银行和贝恩咨询公司的数据显示，在中国人的可投资资产中，大约有 6 550 亿美元的资产分布在海外房地产市场。此外，据环球网报道，目前，不仅富人圈热衷海外购房，中国有 6 000 万名中产阶级也对海外置业感兴趣。

无论是旅游消费还是海外置业，种种数据显示，中国人似乎的确是富了。然而，当我们为中国经济的腾飞摇旗呐喊，为自己变得有钱而高声欢呼时，是否也该冷静想想，现实是否真如数据所显示的那般“招人喜欢”？

据新华网报道，中国人均储蓄全球最高。不过，不是中国人太有钱，而是不敢花钱，为了未来牺牲眼前。存钱防老、存钱防病是难言隐衷，为房子倾注一生积蓄更是现实之痛。因此，储蓄太高，反而折射出中国人的安全感不高。

另外，中国老百姓真有钱消费吗？据 CCTV 证券资讯频道总编辑钮文新介绍，截至 2012 年底，中国人的储蓄高达 40.6 万亿元。但按照银行存款“二八定律”计算，中国 80% 的人仅仅占有 20% 的储蓄。若按 14 亿人口计算，也就是说，11.2 亿人口仅拥有 8.12 万亿元储蓄，平均每人 7 250 元。这是何等可怜的数据。

所以说，去海外旅游、买奢侈品、购豪宅等高消费的中国人，这绝不是大多数中国人的代表，更不能以此证明中国人富了。要想使国民人均收入普遍提高、生活水平更上一层楼，中国经济还需要一番“苦心经营”。

正如北京大学国家发展研究院名誉院长林毅夫表示，如果中国能维持每年百分之七点多的增长，那么到 2020 年的时候，中国人均收入水平很可能达到 12 700 美元。按照联合国的指标或者世界银行的指标，一个国家人均收入达到 12 700 美元就是高收入国家的标志，所以到 2020 年，中国有望会变成一个高收入国家。

（海外网 2013 -09 -26/邢若宸）

美国华人的国外习惯　带回中国竟被嘲讽

不少中国大陆新移民对美国居民的文明习惯羡慕不已，尽量在行为举止上模仿学习。部分人在美国生活久了，也自然而然对美国习惯习以为常。近年，部分返回中国探亲访友人士返美后表示，已习惯的美国生活行为，有部分在中国却行不通，甚至引起亲友及居民嘲笑。譬如，有人说话轻声细语，被嘲笑“到美国后健康变差了”；有人进出百货公司为后面的客人推着门，结果当了半小时“门童”。因此，这些人感叹，中国经济虽进步，但人们文明习惯却不见长进，实在受不了。

在美国公众场合鲜见有人旁若无人大声喧哗，华裔也养成公众场合低声说话的习惯，不愿影响他人。日前，从中国东北吉林返美的冯女士表示，她返乡探亲按照在美习惯低声说话，反遭亲友嘲笑，认为她在美多年竟然说话力气都没了，低声下气，“是不是身体虚弱不健康”。

冯女士说，她在南加生活近十年，因经常参加主流社区活动，受到美国居民的行为习惯的影响，但在家乡保持在美国的习惯得到的效果却大相径庭，让她很纳闷，认为中国经济进步，人们的文明水平也该随着社会进步而进步。

冯女士表示，也许国人思路不同，表现方式也与美国不同。国人在公共场合大声喧哗习以为常，很多华人来美仍改不了这个缺点，这也让部分美国主流居民侧目，认为华人很不文明。

她表示，在美国如走在街上，对面过来行人，常常互相微笑道好，以示友好尊重。在中国家乡她也照做，却招致对方冷眼，认为她可能“脑子有问题”或另有目的，亲友提醒她万不可这样做，会被对方认为可能要行骗或是传销者，因而招致反感。

在美国旅馆或超市常会看到顾客进出大门时，前一个人会为后面的人把门以方便后面的人进出，这是一种文明行为。返回中国探亲的廖先生抱怨称，他在家乡商场也照做，他为后面的人把门时，竟无人把门接应，他一个人站在那里竟然当了近半小时的“义务门童”。廖先生说，在公共场合家乡人一般都无把门习惯，开门时将门一甩就离开，很容易给身后跟进的人造成不便。

在美国喜欢助人为乐的华人返乡时也闹出笑话。奇诺市谷先生近日从中国家乡返美，他表示，在家乡与友人同行时看见路边有乞讨老人，他觉得很可怜就上前给了十元人民币，令他意外的是，这名年长乞讨者一下子给他跪下，说不远处还有两个孩子请求他帮助，随后又来了几个乞讨者将他围住，在他面前齐齐跪下乞讨，有的还上前拉扯，让他不知所措，多亏朋友帮忙自己才脱身。谷先生说，以后如果再遇到这种情况，再也不敢贸然施舍。友人对谷先生说，这些乞讨者在当地形成团伙被人控制，很多人并不贫穷，有些乞讨者白天乞讨，晚上出入夜总会或高级餐馆。

（海外网 2013－10－14）

靠“捷径”取得合法身份有风险

移民无证进入美国虽然属于违法行为，但很多无证移民多年来安分守己地工作生活，很多已生儿育女，何况全美无证移民人数达上千万，全数遣返既不可能，也有违美国所标榜的人权精神。

加州的无证移民以西裔为主，华人无证移民主要是20世纪80年代后期以后进入美国者，有偷渡的，也有滞留的。有少数无证移民靠其他方式，例如申请政府庇护取得合法身份，但华人政庇造假已经是公开的秘密，移民官对华人造假现象已有高度警觉，被拒率直线上升，也才会发生类似于去年纽约警方扫荡帮华人造假以获政庇的律师楼的行动。

最近有个案例，某个从中国大陆来的人，宣称自己遭受迫害，打动移民官获得政庇，但此人又耐不住长达数年的等待，于是又找人假结婚，获得婚姻绿卡，此后等够5年，申请入籍获准。不料东窗事发，不仅被取消公民资格，绿卡也随之被取消，所谓骗人害己，自食其果。

还有极少数华人无证移民获得U签证（给犯罪受害人提供的签证）。最近有报道，几位华人无证移民因为遇到抢劫案，挺身而出并配合警方破案，取得U签证而获得合法居留身份。但一般来说华人无证移民不愿意冒这类风险，即使遇到抢劫、家暴，也因为担心身份问题宁可隐忍而不去报警来维护自身权益。

因此大多数华人无证移民还是寄希望于奥巴马政府的全面移民改革，尽管这样的改革今年已经不大可能实现，但是赵美心的移民改革提案和加州州长布朗签署的关于无证移民的九项法案，还是向包括华人无证移民在内的全美无证移民展现了可期待的前景。

（［美国］侨报网 2013－10－23/一娴）

从垃圾事件到旅西华人国民素质

考察一个国家的国民素质，往往不是看这个国家的民众对民族、政权的向心力，也不是爱国情绪勃发时产生的激情与破坏力，更不是大学毕业生的数量与质量，而是一些生活中很小的细节。所谓大道至简，见微知著，一场国庆升旗仪式堆成的垃圾山，恰恰是群体无意识之下显露的国民素质。与之相映成趣的是与我们比邻而居，一海相隔的所谓“日本鬼子”，从20世纪90年代延续至今的日本富士摇滚音乐节，即使是在大雨过后泥泞异常的音乐节现场，也看不到一只塑料瓶，十万参与音乐节的民众无不自觉地贯彻环保理念，宁可排队一个小时去主办方规定的垃圾丢弃处，将垃圾按照其分类定点投放。这怎么不令整个中华民族汗颜？

三天前，笔者在下班后回家的路上，亲眼看见一对西班牙人父子对一件小事的处理方式。爸爸给四五岁的小儿子买了一袋零食，儿子边走边打开零食的包装，里面掉出来一张小卡片落在地上，小孩子浑然不知。这时，爸爸对儿子讲：“去把那张纸片捡起来，你不喜欢它，可以把它丢在垃圾桶里。”小孩子边走边吃零食，根本没把他爸爸的话当回事儿，爸爸轻轻地拉住他，声音柔和但却严厉地命令道：“你应该把那张卡捡起来，以后不许再发生这种事情。如果每个人都像你一样在回家路上丢一片纸，那么我们每天回家的这条街会变成垃圾场的。”小孩子懵懵懂懂的，似乎听懂了爸爸的道理，立刻回身捡起了落在地上的纸片，转手扔进了不远处的一个垃圾桶。

子曰：“不以善小而不为，不以恶小而为之。”想不到在远隔中国一万公里的这块异国他乡的土地上，西班牙人民正在身体力行地实践。孟子说过，君子之道在于“慎独”，其意思是就算没有人看到，没有人指责你的行为，你仍旧恪守一个公民的道德良知而约束自己的行为。这就是西班牙人的国民素质的一个缩影，而且是一种传承，爸爸教儿子，儿子教孙子，生生不息。

与之大相径庭的是一个月前，笔者去 Parla 办事，途经一家华人百元店的时候，看见百元店老板娘正用双手托着自己的小儿子，在其店门旁边当众小便。同时，有一位西班牙老太太几乎与我并立而行，我听见老太太嘴里嘟嘟囔囔，眼中还有鄙夷的神色，顿时自惭形秽。作为一个中国人，那种民族自豪感荡然无存，这比被人抽了两个大耳刮子还难受。毋庸置疑，那位百元店老板娘根本就没意识到她的行为有问题，她把中国的陋俗照搬到西班牙来，仍然可以旁若无人地行此事，而毫不在乎给西班牙人留下的不良印象。这种国民素质如何能避免非议与歧视？

（［西班牙］欧华网 2013－10－25/司徒希夷）

从纽约血案看美国底层华人生活

发生在美国纽约的华人家庭灭门血案震惊了华人社区，人们无法理解什么样的仇恨会导致这一惨绝人寰的悲剧发生，人们也无法理解为何连无辜的孩子也不放过。杀人嫌犯的表亲在他走投无路之时，收留了他，而他却在表亲家大开杀戒，是精神错乱还是有心理疾病？曾几何时，中国某地区的农村成了“老人村”，年轻人纷纷偷渡到美国，而村中老人居住的新房都是靠在美国打工的子女寄钱回来才盖起来的。在金钱的召唤下，偷渡美国成了产业，而那些偷渡到美国的华人在美国过着最底层生活的真实情况，却在大把大把美元和赞美声中被忽视。一些底层华人尤其是偷渡客尽管过着犹如“地狱”般的生活，但在家乡人眼中美国仍是“天堂”，或者说是一个可以让他们亲吻美元的“天堂”。

来自福建长乐的陈闽东 2004 年乘飞机来到美国，当时他只有 16 岁，进入美国后他立即开始申请政治庇护，但一直未获移民局批准。《华盛顿邮报》的报道称，2013 年 6 月 17 日，芝加哥联邦移民法官对陈闽东下达驱逐令，而陈闽东为了留在美国，开始四处躲藏，以避免被驱逐出境。美国移民与海关执法局在一份声明中说，陈闽东从芝加哥住址“潜逃”后，已经成为一个“移民逃犯”。直到他在纽约被逮捕前，移民局一直没有他的下落。

美国的华人非法移民至少有 20 万人，2013 年等待被遣返的华人非法移民就有近4 000人。华人非法移民处于美国华人社区的最底层，他们是被人们“遗忘”的群体，得不到社会的福利，也无法保障自身的权利。纽约华人灭门惨案多多少少揭开了华人非法移民生活状况的神秘面纱，从陈闽东在美国9年的生活，至少可以看出那些在美国社会最底层的华人的一些生活特点。

第一，华人非法移民只能打黑工、赚钱不易。在美国的9年间，陈闽东由于无合法身份，可谓成了“黑人”。由于不懂英文，只能在华人圈里混日子，打工也只能是打黑工。一般而言，为了到美国赚钱而去美国的中国人，如果是通过各种“合法”的、非法的方式进入美国，支付中间人或是“蛇头”的费用是在5万至10万美元之间。很多华人非法移民到美国后，首要的任务是还债，头几年赚的钱除了吃饭，多数都给了“蛇头”。由于打黑工也不容易，一些女性只能去卖淫，男性则去干体力活。几年熬过去了，攒下一些钱，又要寄给家乡的父母和亲人，这才算是熬出点头。

第二，容易染上恶习。人们说到恶习，常用吃喝嫖赌来形容。美国华人非法移民吃喝不能说是恶习，花天酒地是有钱人的事，但在美国嫖和赌却是地地道道的恶习，而且嫖和赌在华人社会底层人群中司空见惯。美国中文媒体报道称，陈闽东喜欢赌博，还抽大麻，经常到一些大的赌场和华人地下赌场赌博。而陈闽东性格又非常易怒，在赌场玩老虎机输钱后常会猛砸机器泄愤。

第三，娶媳妇不易。华人非法移民一则没有身份，二则收入不高，有几个女人愿意嫁给这样的人？倒是有一些来到美国的大陆女性，就为了一个绿卡，千方百计地要嫁给美国人，七老八十无所谓，穷光蛋也行，但关键得有身份。在陈闽东杀人案中，有一种说法是，被害的表嫂李巧珍两年前给陈闽东介绍了一个女朋友，在陈闽东与女友举行婚礼后，该女子卷走了包括婚礼礼金在内的所有财物逃跑。有媒体称，陈闽东本来经济状况不佳，为了结婚，借了不少钱作为聘金送给女方，女方骗婚对其刺激很大，此后其精神开始变得不好。一些非法移民为了有个家，无奈只好花钱“买媳妇”，一旦遇到婚变就是人财两空。

第四，容易产生心理疾病。一些偷渡来美的中国青少年，来美之前，觉得在美寄钱回家的亲友风光无限，因此往往会对美国产生不切实际的美好幻想，以为自己到了美国就会变成一个“淘金客”。但来美之后，发现亲属们原来赚钱如此辛劳，幻想很容易破灭。而一旦要自食其力时，才发现在美国打工赚钱相当艰难，身份不合法，就得像“隐形人”一样生存。在巨大的经济和生活压力下，这一人群很容易产生心理问题，由抑郁转向极度敏感或是情绪暴躁。有心理学家评论陈闽东案时表示，一些华人移民有喜欢和周围亲属攀比的心理，总觉得自己无能，产生愧疚自责的情绪。久而久之就会产生心理问题，走向极端，一旦被伤及自尊，行为失控难以避免。

第五，亲帮亲是好传统，但家庭隐私全无。很多华裔移民都一个特点，对于后来移民到美国的亲朋甚至是好友都会帮一把，不论是提供住宿、帮助找工作都讲亲情。但有时这种亲情却被一些亲朋滥用甚至被看成是天经地义，最后造成家庭的正常生活秩序被打乱，甚至发生了陈闽东杀人这样的惨剧。陈闽东被并不富裕的表哥收留，人家这样做是念及亲情，但这毕竟是人家的家，即使再亲也得守点分寸。有报道说，在案发前两天，陈闽东和他的“表妹”于家中在“一起”的时候，被家中的孩子撞见并说了句“表叔和表姑要结婚了”，结果陈闽东很生气，随后将穿着短裤短袖衣的孩子赶出门。孩子的母亲李巧珍回到家看到孩子被拦在门外后，就质问陈闽东这是她的家，为何不让孩子进门。案发当天，李巧珍打电话向婆婆（陈闽东的姑姑）“投诉”陈闽东把孩子赶出门的事情，而婆婆听到李巧珍的最后一句话却是那样的恐怖：“他去拿刀了。”

（［美国］侨报网 2013－10－30/乔磊）

在美国，退学不是失败

“中国赴美名校留学生每4人就有1人退学”。这几天，这条新闻在海内外传得沸沸扬扬。名校当然指的是哈佛、耶鲁之类如雷贯耳的常春藤校。这条新闻强调，这些退学者都有一个共同特点，他们都曾经是高分考生。所谓的专家纷纷指出，中西方教育体制、语言环境的不同，会导致留学生学习跟不上，出现“留学中途失败”的现象。这条新闻用心良苦，想说明“中国式高才生”的不足，从而反映出中国教育制度的问题。

但有两点值得追问：一是数据的出处是否可靠。经我们查阅，出处是哥伦比亚大学韩裔学生 Samuel S. Kim 的2008年的博士论文，里面提到，在常春藤大学中，韩国学生的退学率（drop-out rate）是44%，而美国学生为34%，中国学生为25%，印度学生为21%。由此，中国学生的退学率不是最高的，而且远低于美国本土学生，仅仅略高于印度学生（印度学生的英语能力大大优于中国学生，数学也强）。

更重要的一点是，把退学等同于失败，思维就太中国化了。在中国，学生从大学，尤其从名校退学，可以说是灭顶之灾，但在美国是寻常事。不用提比尔·盖茨、乔布斯、扎克伯格这些辍学生的名字，他们的共同特点是被远大的抱负所激励，主动选择退学。对于没有这么伟大的学生，退学也有其正当理由：对学校不满意或对学校不适应，转一个更适合的学校，选一个更适合的专业，这也许能开启一扇更为成功的人生大门。对于一个年轻人而言，选择的自由，是最重要的自由。相比之下，中国大学生不仅一考定终身，而且一校定四年，这是其教育体制僵化的表象之一。因此，实行退学转学机制，应是未来中国教改应考虑的内容。

当然，学生退学，也有的是因学业跟不上，还有的则是违反校规，被学校开除，美国教育实行宽进严出，高退学率再正常不过。但这并不是说，中国学生没有适应问题。相反，问题还不少。学业关、文化关、语言关，关关要过。还有就是制度关，值得指出的是，因作弊被退学的中国学生越来越多，这倒是一个值得各方注意的警示。

（［美国］侨报网 2013－11－04/萧冬）

从历史维度看广场舞的中国大妈

以中国大妈为主要参与者的广场舞正引发越来越多的争议，继在美国被报警驱逐、引来传票惹得中国人一阵讨论后，近日在中国再次引发关注。在不同的地方，反感大妈的市民，或以泼粪抗议，或以鸣枪放藏獒冲散大妈们表示抗议。种种极端方式，展现出同样的中国大妈所遭遇的不同国民。

广场舞活动往往制造出较大噪音，而且，大爷大妈们往往在居民区内或周边空地上即开始“大鸣大放”，自然会对周边住户造成比较大的滋扰。泼粪等对抗行为算是比较极端的，由广场舞引发的报警驱逐及各种纠纷等事端并不鲜见。

毫无疑问这是一种扰乱公共秩序的行为，引发反对并不意外。值得注意的有两个现象：广场舞参与者年龄往往在50岁以上，大多属于退休年纪；参与者往往强调该活动的正面意义，而对扰民等负面后果不予理会。

有必要探究这一群体的经历。他们经历过那场十年浩劫，彼时正是红卫兵的年纪。

文化大革命期间恰恰是法制秩序遭到践踏、毫无私权可言、公共秩序极为混乱的时代。经历过的一代人，往往缺少尊重公共秩序的观念，更对自身权利被公权侵犯的事情抱一种得过且过的态度。这一代人作为独立个体时往往很难维护自己应有的权利，但在作为一个群体的一员时却有底气维护自己的权利，甚至侵犯别人的权利。而计划经济则凸显出私人产权与国有产权界限的高度模糊，它滋生出诸如“公家东西不拿白不拿”等将偷窃合理化、常规化甚至道德化的错误观念。

这些特殊的时代背景造就出当下50岁上下的老一代人一些独特的行为方式：在公共花园里开垦私人菜地；在公共楼道里摆放私人物品等。广场舞更是一种典型，而且是一种聚众侵犯别人权利且毫不悔改的典型。

中国对文化大革命的拨乱反正及改革开放、计划经济转轨等大历史背景造就了这一连串历史节点前后的两代人截然不同的观念分野，商品及市场经济背景下成长起来的人更多地理解产权、私人权利与公共秩序之间关系等理念，往往可以在一个公共空间内自律的同时也不侵扰别人。但深受文化大革命及计划经济影响的老一代们头脑中往往缺少这种观念。

而新时期中成长起来的一代，正加速脱离上述观念。这种观念分野并非严格遵循本文设定的年龄界限，前后两代人的行为方式也并非都各自整齐划一。从地域上看，脱离传统大家族及父母而在异地打拼的年轻人与留在家族和父母身边的年轻人又有着类似的观念差异。遵循不同的维度，这种观念差异都有着类似的体现。只不过，历史背景直接熏陶作为第一因素，时间维度所体现的影响最为明显。

这在很大程度上解释了大爷大妈们在集体侵犯私人空间时的顽固。既然是观念差异如此，那么解决起来也确实不那么容易。如果可以提供更多活动空间，让二者互不打扰，那是再好不过。只不过在当下中国，这种问题解决起来并不容易。

（［法国］欧洲时报网 2013－11－09/方梁）

对“孔融让梨”的不同理解

近来，在网上看到一个段子，讲的是在中国家喻户晓的故事“孔融让梨”在美国中文学校学生中的理解。这些生长在海外的8~12岁的华裔子弟，听完老师讲的故事，有了如下不同的解读：孔融不诚实，可能他不喜欢吃梨，却编出冠冕堂皇的理由；孔融对别人不公平，剥夺了其他兄弟选择和表现的机会；孔融这种扭曲自己欲望去赢得赞扬的做法是一种不健康的心理行为；孔融的爸爸让4岁的孔融分梨是不负责任，是鼓励主观武断……当老师问学生，若处在孔融位置会怎么做时，他们回答：“把梨放在桌子上，谁吃谁拿好了。”老师语塞。

语言是否影响思维一直是学术界争论的问题之一，在此不做评判。但学习语言能够潜移默化地学习和接受语言所承载的文化则是不争的事实。为什么一个作为儒家思想典范的小故事却被这些孩子理解成了主观武断、践踏平等和假心假意呢？其实，这与生活在海外的华裔孩子，既缺乏大的中文环境，更缺乏对于中国文化和社会方方面面的了解和理解有关。有专家认为，特定语言形式在某种情况下更容易接受某些思想，而不容易接受其他理念信条。如果人们长期生活在一种特定的语言环境中，就会在习惯和潜移默化中受到它们的影响。

这些生长在海外的华裔子弟对于“孔融让梨”的不同理解，既表现出他们受西方文化影响所具备的独立思考、存疑和批判能力，也折射出他们与中华文化的隔阂。作为海外中文教师，应该引发思考。在教学中渗透中国文化内容，把中国人的尊老爱幼、家庭观念、消费观念、待人接物方式等内容，通过不同年龄段学生可以理解的方式传递给他们，使得他们的中文水平和中国文化理解水平能够一起提升。

（《人民日报·海外版》2013-11-11/刘菲）

从“杀光中国人”看美国的种族歧视

10月16日在ABC的脱口秀节目中，当一名美国儿童说“杀光中国人”时，主持人吉米·基梅尔说“这是很有趣的想法”。这节预先录制的节目公开播出后，在美华人表示强烈不满。美国逾26个城市部分华人抗议ABC辱华。10月30日，基梅尔本人在洛杉矶现场向华人连鞠两躬，并承诺永久性停播涉事节目中“儿童圆桌会议”的环节。但部分华人的愤怒仍未平息，要求ABC公开道歉，并解雇基梅尔。

美国的脱口秀节目很好看，我16年前去美国工作时，一晚上要换几个台，轮番看不同的脱口秀节目，顺便练习英语。但这些节目每每涉及中国时，总少不了冷嘲热讽，让人笑过后很不舒服。不过，看看他们也这样讽刺白人和美国总统，反而不敢讽刺、调笑黑人，也就算了。

这次ABC节目中“杀光中国人”出自孩子之口，本不是大事，中国网络上“杀死小日本”、“血洗白宫”的成年人言论不在少数，可是，ABC 作为一个全球电视平台，公然播出这样的言论，就非常不恰当，涉嫌种族歧视。当地华人站出来，维护自己的权益，展示族群实力，是非常必要的。

但一些国内的媒体和评论人在报道这件事时，显然有些跑题，甚至小题大做，越过了“常识”的界限。

例如，某位评论员从此事件得出结论：美国的华人境遇堪忧，处境危殆，需要 13 亿同胞伸出援手。另一位播音员宣称美国华人依然遭遇百年来的种族歧视，并没有多少好转。还有一位央视播音员得出了结论：只有中国强大了，华人在美国的地位才能真正提升，不再受到歧视……

种种言论，让人哭笑不得，难怪一些中国大陆网友激动万分，呼吁外交部出手阻止美国迫害华人，顺便帮他们办护照、签证、买张机票，方便他们飞到美国去支持受苦受难的华人同胞……

美国的确是世界上种族歧视比较严重的国家，而过去百年来华人遭遇了种种不平等，这也是事实。但放眼世界，美国也是对外来族群最平等与公平的移民国家之一，世界上有几个国家能像美国一样，给那么多来自不同国家的民众宪法保护与公民权利？福建早期偷渡到美国纽约的偷渡客如今大多都是“纽约客”，成为美国公民，而当初到上海、北京打工的你，混到今天，是否已经拿到北京、上海的居民身份证呢？

消除种族歧视、提高华人在美国的地位，同中国的强大没有多大关系，也不应该有太大的关系！如果华人的地位需要中国的强大来提高，那对世界其他民族来说，不但是不公平的，也是最严重的歧视。请问：新加坡、日本比中国弱小吗？他们的民众在美国遭遇了比华人更多的歧视？还有，印度尼西亚、越南等一些小国家排华（甚至直接杀害华侨华人，把他们赶进大海）最严重的时候，中国不比这些国家强大吗？更不用说，非洲裔美国人地位的提高并出现了一位黑人总统，身后有哪一个非洲大国在支持？

消除歧视得靠民众自己的争取与努力，这一点华人应该多学非洲裔移民与犹太人，该出手时就出手，该上街就上街，充分利用民主国家的宪政民主制度，提高自己的政治地位，消除种种歧视。

据说，在美国、澳洲等西方国家，华人已经成为最富有的族群之一，但他们却很少从政，关心集体权益的也不多，大多仍然集中在经济领域，要么就是做生意，要么就是挤进收入最高的律师与医生行列。这些年，西方国家消除种族歧视、提高少数族群地位固然有华人的努力，但说实话，华人更多的是沾了非洲裔等勇敢站出来的族群的光。

从这个意义上说，抗议 ABC 脱口秀辱华事件举行聚会很有必要。但也要注意界限，因为一个非国家电视台某一个脱口秀节目中的一句话辱及华人，就扩展到“华人地位堪忧”、“百年来歧视没有变”这些事实判断，甚至一些大陆网友号召国家出手，大陆同胞去声援，这就不太符合事实了。

辱华事件发生后，华人能够依据美国宪法、充分享受自由权利而走上街头，连续多日举行抗议活动，这本身不正说明了华人在美国的地位要比他们在世界绝大多数国家的地位高出很多吗？如果一些人借此进一步上纲上线，违犯“常识”地贬低美国的种族环境与华人地位，稍微有点脑子的人势必会进一步追问：在那些连抗议的权利都没有的国家，华人受到侮辱与欺负时，又该如何是好？

当然，对于任何“歧视”，我们都不能姑息，不能手软。不能因为我们华人在一些国家（例如古巴）生孩子受限制、买房买车受限制、在居住地区拿身份证受歧视、投票权与被选举权被剥夺，就对在美国享受的这些宪法权利感激不尽，那样的话，我们华人的权利迟早会萎缩甚至被剥夺。权利是争取来的，即便在美国也是一样。

以我对美国与西方制度的了解，我相信，当地华人只要能够依照所在国宪法与法律，勇敢站出来保护自己的权益，消除歧视只是早晚的事。中国大陆政府如果有不适当的介入，反而会使事情复杂化。

至于广大的中国网友，可以出去看看，如果没有条件出去，认真读一下我的文章，应该能意识到，世界华人在世界各国地位的提高，是依仗逐渐弥漫开来的“人人平等”的普世价值与宪政民主制度，而不是依赖另一个国家的大炮和军舰。不平等与歧视不仅仅在美国有，世界各国，尤其是我们身边也有，甚至更严重，我们不妨一起关注，从身边开始。

不管我们生活在什么地方，不管我们是海外华人还是海内华人，当我们遭受歧视，遭到不公平的待遇，尊严受到损害的时候，就应该依照宪法赋予的权利，勇敢地站出来，大胆地走出去，大声地说出来！

（《人民日报·海外版》2013－11－11/杨恒均）

赴美生子，曲线移民“美不美”？

2013年3月热映的《北京遇上西雅图》将“赴美生子”带入了更多人的视线，而自2012年香港实行“双非”后，准妈妈们更是将视线投到了美国，毕竟美国是世界上为数不多的提供无条件“出生公民权”的国家。

据报道，近日，业内最大的中介机构——“美宝之家”统计称，近两年来赴美生子的人数几乎呈几何级数上升。2009年经由其介绍至美国月子中心的人数只有100多人，而去年则已达上千人，今年有望突破1 500人。“估计大陆去年赴美生子总人数已经超过1万人，预计今年将增至1.5万~2万人。”

准妈妈们缘何偏爱赴美生产呢？“孩子在美国出生后即可以获得美国国籍，往后回到中国居住时还可以使用中国旅游证”，洛杉矶某月子中心的张女士表示，“别人花钱买的是豪车豪宅，而我花钱买的是孩子的未来。”事实上，相关专家表示，选择赴美生子，就是选择曲线移民的一种形式。孩子在美国出生后，可享受13年义务教育，而且由此进入美国大学，不仅门槛相对较低，而且学费也比出国留学来得划算。对于张女士们来说，这当然是“一个长期投资”。

但是，一个同样需要慎思的问题是，花费这么多心血真的值吗？耗财耗力尚且不说，非个人能力所掌控的法律政策、医疗保障等问题也是摆在华人妈妈们面前必须考虑的问题。赴美生子虽然没有法律明文禁止，但依旧困难重重。

据报道，目前深圳卫计委的相关法规是：在国外产下二胎或者多胎的家庭，如果孩子取得中国国籍，或者在国内定居超过一定时间的，超生一胎则罚款21.9万。

不仅是政策上有风险。“到了美国后，万一进了黑医院就很麻烦。美国对黑医院查得很严，如果中介逃脱，孕妇就会被当作非法进入美国者处理。”相关人员介绍道。而且依照中国生育需坐月子的传统，寻找合适合法的月子中心，在美国也是一道难以跨越的坎。2013年上半年以来，美国加州圣伯纳迪诺县齐诺市的华人月子中心就引起了轩然大波，导致当地官员们纷纷表示希望取缔月子中心。不久后，洛杉矶县政委员就支持加州众议员起草法案，对月子中心进行立法监管。

因此，面临赴美生子日渐升温的热潮，为与不为，这或许也是一个值得思考的问题。

（《人民日报》2013－11－15/付琼）

“利”与“贪”致奶票滥用　华裔需警醒以免得不偿失

联邦和纽约各级执法部门20日在纽约曼哈顿、皇后区以及布鲁克林三区突击行动，查封了数家店面，逮捕了超过20人，其中有16名华人被起诉涉嫌奶票欺诈。而涉案的16人兑现的奶票总金额超过3 000万美元。这一事件在华人社区引起一片哗然。

据美国中文电视报道，华人社区街头时常可以看到有商家店面挂着“接受奶票”的标识。不少商家在收取奶票的时候兑换给顾客现金而不是奶粉或指定用品，一张奶票100多美元，商户从中可以赚20%～25%的差价，就是十几美元，积少成多，一个月下来就有几千美元。更多的奶票进入商店，利润就会像雪球一样越滚越大。这些商户还可以继续销售应该用奶票兑换出去的奶粉或指定用品，赚取额外利润。

所谓一个巴掌拍不响，有供有求才能形成市场。福利系统漏洞大，很多华人家庭以低收入报税，冒领政府福利。在纽约州，奶票福利为每三个月领取一次，一岁以下的婴儿，每三个月可以领到300～400美元的奶票补贴，一岁到五岁期间的儿童，每三个月可以领到150美元左右的奶票补贴。有家庭在领取奶票时就开始钻空子，比如已经把小孩送回中国寄养，不符合领取奶票的条件，但还继续冒领福利。

社区人士直言，华人在美国社会想要落地生根，有很多法律的东西不懂没有关系，但要试图去了解，懂法守法，不要贪图小便宜，去赚取非法利益，游走在法律的边缘。否则，酿成的后果会让自己得不偿失。陈铁辉还说，不单是华人社区存在这样的现象，福利制度的弊病、漏洞在各个角落、各个社区、各个族裔里面长久以来都存在，现在被曝光出来的只是冰山一角。

（［美国］美国中文网2013－11－21）

最勤奋的中国人缺啥？

国际就业咨询公司“巨兽”与调研公司捷孚凯集团合作，调查多国民众对“勤奋度”和经济复苏的看法，结果显示，中国位居“勤奋度”榜首。面对此调查结果，很多人莞尔一笑：勤奋的“桂冠”能不戴在中国人头上吗？这是中华民族的传统美德，早已融入中国人的性格里，在一段时间里甚至成为众人津津乐道的优点。

按照调查报告的解读，“勤奋度”作为一个重要衡量指标，显示一个整体经济体努力、创新以及发明新想法、新产品的能力。

这种能力一旦充分发挥，效果显而易见。在海外人士看来，华人在学业和商业上取得的巨大成功，很大一部分原因是靠勤奋，有人甚至还曾发出“没有人能够和这些连星期天也不愿休息的华人竞争”的感慨。

依靠中国人的勤奋，中国发展成世界第二大经济体，一批批“中国制造”诞生于“世界工厂”的流水线上，高铁营运里程发展成世界第一……此时，勤奋的付出和丰厚的收获，令人惊叹和信服。

但勤奋并非一个十足的褒义词。一味低头蛮干，如同老牛，不带着智慧行事，不追求创新，如堂吉诃德般不顾一切地与大风车、羊群“勤奋”搏斗后，其身后扬起的将是一股荒谬的尘埃：中国学生考高分，但创造力却堪忧，诺贝尔科学奖迄今与中国人无缘；华人辛苦打拼创造财富，却始终摆脱不了“中餐馆”服务生的职业标签；中国经济快速发展位居世界第二，但其粗放的经济模式，让雾霾成为中国当下最令人沮丧的事情。

创新就是国力竞争的根本，而创新的关键就是智慧（不是小聪明）。中国古话说：勤能补拙，笨鸟先飞。勤奋是中国人的宝贵财富，应该传承，但若真正想在这个地球村重新屹立，勤奋之外，更需智慧。

（［法国］欧洲时报网 2013－12－01/张乐儿）

意大利火灾背后的思考　华人该怎样进行“危机公关”

12月1日，意大利普拉托市一家华商服装加工厂意外失火，据中国驻佛罗伦萨总领馆了解，火灾已经造成7人遇难，3人受伤。这是普拉托市华人企业首次发生造成员工死亡的火灾。这场火灾不仅在当地华人中引起强烈反响，同时也受到意大利各界关注，聚集在普拉托市的华人纺织业乱象再次引发争议和反思。

综合媒体报道，多年以来，这些中国企业一直被当地媒体指责为“雇用黑工”、“血汗工厂”。西班牙《国家报》在报道此次火灾时就曾指出，自从1995年第一批中国纺织企业从佛罗伦萨迁到普拉托以来，已经有4 000家服装企业落户马克罗洛托工业区，合法雇佣的中国员工有1.6万人。普拉托市长罗伯托·琴尼说，实际雇用的人数可能是这一数字的3倍。他说："问题是这一事件不过是揭露了我们早就知道，并且曾经加以谴责却徒劳无功的现实：这里，在我们中间，生活着数以千计的奴隶。他们没有身份，没有培训，只得到一份微不足道的报酬和勉强充饥的食物。"

对此，普拉托市华商会执行会长周荣景在接受媒体采访时指出，无论是在工作时间还是工作环境上，不少中国企业都存在问题。社科院意大利研究中心主任研究员罗红波则指出，在普拉托的中国企业，多数规模很小，"两三个人都能组成个企业，也不受当地行业法律的约束，比如，不给工人交养老金、保险金等"。

罗红波介绍说，意大利警察每年都会在托斯卡纳地区对中国企业进行检查。2011年6月，意大利警方在普拉托以及周边的佛罗伦萨、比萨等地针对华商进行了较大规模的整肃行动。据警方的声明，行动查封了70家华商企业，扣押了价值2 500万欧元的财产，理由是"这些企业涉嫌通过低价雇用未经登记的劳工和销售仿冒品获得高额利润，并将非法所得汇回中国"。

罗红波认为，华商目前正处于一个两难境地。这场火灾之后，意大利警方将会对当地华商企业展开更严厉的检查。周荣景则认为，警方加大对华商的治理力度并非全是坏事，至少对当地用工、生产不规范的华商，有一个警醒作用。

纵观近几年，从西班牙的"帝王行动"到如今的火灾事件引发的黑工及违规争议，华人在海外的生存状态都可能因此受到牵连甚至拖累，面对这些负面影响，海外华人该如何应对以及如何树立更好的形象呢？这种思考，在中国人频频跨出国门之际，就显得尤为重要了。

（[法国]《欧洲时报》2013－12－06）

外交部：中国人自身原因造成纠纷多　过度维权影响坏

埃及卢克索神庙刻字、法国卢浮宫前水池泡脚……中国游客在海外的不文明行为近期引起民众的热议和社会的思考。中国外交部领事司司长黄屏近日介绍，在中国公民不文明出游的案件中，过度维权行为数量最多。此外，文化差异也是中国公民海外旅行中遇到尴尬的原因之一。

中国人不文明出游案件　过度维权数量最多

北京国际在线18日报道，在中国外交部领保中心今年处理的近4万宗各类领保案件中，有一半以上是由于中国公民自身原因造成的。而在不文明出游的案件中，过度维权行为数量最多。

中国外交部领事司司长黄屏近日介绍："中国公民过度维权是最多的，尤其是在机场，当出现航班延误，只要超过4个小时，我们就开始紧张，可能会引起群体性事件。比如，有一次在肯尼亚，一些游客采取了非常不理性的做法，站到传送带上，不让人家托运行李，把执行其他航班任务的机组拦住，抢了人家的行李，不让人家飞，有的是站在柜台上大吵大闹。过度维权、非理性维权引发的群体性事件很恶劣，影响特别糟糕。"

目前，中国国家旅游部门已经行动起来，把文明旅游的内容明确纳入旅游合同中。黄屏则呼吁，文明出行绝不是政府一家可以包打天下，全社会都要积极参与。

数据显示：中国公民出境人数激增，2012 年，中国出境公民人数超过 8 300 万人次，2013 年这一数字可能突破 9 000 万。而从 1949 年新中国成立到 1979 年改革开放前的 30 年间，中国出境总人数还不到 30 万。

外交部短信推送 增加文明出游提示

“请尊重当地的宗教习俗”，“一定要注意水上活动的安全”，“请不要非法携带象牙、犀牛角等野生动物及制品”……黄屏介绍，目前中国外交部领保中心在向出国公民推送海外安全提醒短信服务的基础上，针对重点旅游目的地国增加了文明出游的提示内容。

从 2013 年 9 月开始，在到达目的地的一刻，赴海外旅行的中国公民收到安全提醒短信的同时，也可以收到内容丰富、各具特色的文明旅游提示内容了。

文化差异致尴尬 外交部吁出游前了解当地风俗禁忌

作为从事了十几年领事工作的资深外交官，黄屏见证着中国人“走出去”的步伐越来越快，也对中国公民在海外遇到的一些小插曲所折射的文化差异深有感触。

黄屏说：“有的时候觉得小费就是给两块钱就行了，比如你到美国去吃了一个大餐，花了 200 美元，你只扔两个硬币，人家觉得是侮辱他，我们的人就说‘我已经给你啦’，也感觉很冤。小费是有一定标准的，晚餐是 20%，午餐是 10% ~15%，这就是文化上的差异。我们太需要了解对方的文化，中国要适应世界，世界要适应中国，这是不同文化的融合，某种程度上我们成长得太快了。”

弥合文化上的差异不是一朝一夕就能做到的，而培养良好的生活习惯也要从小抓起。黄屏建议，中国家长应该使孩子们从小就养成排队、不在公共场所大声喧哗等良好习惯。

黄屏还表示，新的一年，中国外交部领事司将把提升中国游客文明素质和维护中国游客安全与合法权益有机结合，并提醒有计划出行的中国公民增强风险防范意识。

黄屏说：“我特别想提醒中国公民，海外是有风险的，无论你去的是哪个地方，都是有风险的，希望大家能够有风险防范的意识。希望大家能上上中国领事服务网，关注你要去的国家和地区存在哪些安全风险，存在哪些法律法规和风俗禁忌，你做好这个准备，就可以规避风险，减少损失。”

海外出游：“过度维权”不是“权”

在一些重点旅游目的地国的媒体中，针对中国游客不文明行为的抱怨层出不穷，其中许多也同样涉及“过度维权”。

所谓“过度维权”，其所维护的自身权利有的正当合理，有的不正当合理（或不完全正当合理）；所使用的方式有些的确违法或违反当地风俗，有些本身是合法的，只是“过度”而已。

首先应该肯定的是，在海外旅行时仍保持维权意识，这本身是中国公民对自身权利意识的认识、觉醒，是一种观念的进步。

然而也必须认识到，中国公民在海外之所以较频繁出现“过度维权”现象，最主要的原因，是对自己在海外的正当权利、义务，对当地法律制度、道德规范、风土人情了解有限，对维权的方法和尺度认识模糊，遇到让自己不快、不解的事，既不知自己有没有权维权，也不知该怎样“适度维权”。而要解决这一症结，最根本的办法，是帮助他们尽快了解、掌握这些海外旅行、生活的基本常识和“防身技巧”。

此外，也有一些人在海外“过度维权”，也是因为在境内习惯了这样的处理方式。在中国境内，一些乘客遇到航班延误，动不动就占领柜台、跑道，维权意识压倒了法律意识，而一些执法机构的法不责众心理，也纵容了“过度维权”。

中国官方把文明旅游内容明确纳入旅游合同、向出国公民手机推送海外安全提醒短信服务等措施可在一定程度上缓解“过度维权”频繁发生的问题。但无论从覆盖面还是从内容的广度、深度来说，上述措施都不足以让每一位出境游的中国公民迅速了解在当地有哪些正当权利和适度维权渠道。

此外，要杜绝“过度维权”，外交部门、使领馆和驻外外交人员也应切实落实各项领事保护义务，让海外中国公民感受到自身正当权利的存在和“适度维权”的可行、有用。

（海外网 2013－12－20）

（本栏目责任编辑　徐云）

华教视点

本栏目内容是对境内外有关华文（侨）教育、双语教学、孔子学院等新闻报道和评论的选登，以媒体报道时间升序排列。

35位华裔青少年获华文教育基金会“金辉”奖学金

11日，中国华文教育基金会“金辉”奖学金颁发仪式在北京华文学院举行，来自印度尼西亚、泰国、蒙古、日本、意大利等国家的35位该校大专班华裔学生荣获该项奖学金。

中国华文教育基金会副秘书长卢海斌在致辞时对资金赞助方金辉集团表示感谢，他希望海外华裔学生怀着感恩之心，珍惜宝贵的机会，认真学习，深刻领会中华传统文化的内涵，回国后，把在中国的所见所闻告诉亲朋好友，与他们分享自己在中国学习期间的收获。

获得一等奖学金的印度尼西亚华裔学生刘婷婷在刚入学时“连一句汉语也不会说”，然而，她当天用流利的汉语发言时说：“如果把学习比作爬山的话，对于我们来说，金辉集团和中国华文教育基金会的支持就像是我们学习之路上的一个强大的助推器，使我们在学习上不敢有丝毫懈怠。”

北京华文学院2012—2013学年度第一学期结业典礼暨春季大专班毕业典礼也在当日举行。有13名华裔学生获得“优秀奖”、32名华裔学生获得“全勤奖”、24名华裔学生获得“表扬奖”；有19位2011春季大专班学生获得汉语专科班毕业证书。

北京华文学院院长周锋对完成学业和获得奖学金的同学们表示祝贺，并为同学们颁发毕业证书。他说，本学期，有来自20多个国家的180名海外华裔留学生在长期班学习。希望同学们在即将开始的“冰雪冬令营”活动中，到东北体验冰天雪地的生活，检验自己的汉语水平。

据统计，中国华文教育基金会作为非营利全国性的公募基金会，自2004年成立至今，设立的各种奖学金项目已经惠及海外华裔师生达1 700多名。其中，“金辉”奖学金立项以来，已惠及来自泰国、印度尼西亚、日本等20多个国家的海外学子超过200人。

（中新网北京2013－01－11/张冬冬）

中国华文教育基金会 2012 年到账捐赠款达 7 511 万

中国华文教育基金会副理事长兼秘书长左志强 1 月 16 日在北京透露，2012 年，面对全球性金融危机持续蔓延、国内外经济形势不容乐观、资金募集极其困难的局面，该基金会全年实际到账捐赠款 7 511 万元人民币。

16 日，中国华文教育基金会第二届理事会第八次会议在北京举行，左志强代表基金会秘书处作《2012 年工作报告及 2013 年工作计划》时作上述表示。

左志强称，基金会 2012 年开展各类工作项目 67 个，在项目参与人数、举办规模、创新品牌和发挥社会效益等方面都较 2011 年有大幅提升；以项目为依托，有步骤、有计划地深入国内外华文教育第一线，开展了形式多样、针对性强的调研活动。

据介绍，2012 年，中国华文教育基金会从五个方面对海外华文教育师资进行了培训，受益教师达 3 263 名。中国华文教育基金会在中国内地华文教育基地院校设立奖助学金，共向海外华裔优秀大专生、高中生及部分贫困生发放奖助学金 116 万元人民币，受益学生达 378 名。

谈及 2013 年的工作思路，左志强表示，基金会秘书处将进一步加大筹资力度，拓宽渠道，大力开展募资工作，并为此提出了坚持以海外华侨华人为主要募捐对象等 8 项募资工作计划；努力培育有基金会特色、效果好、影响大的自主品牌项目；继续加强对资金和项目的监管力度。

（中新网 2013－01－17/张冬冬）

福建省侨办第三次向南非“闽侨书屋”赠送图书

近日，福建省侨办副主任邓伦成向南非“闽侨书屋”赠送了福建省侨办捐赠的第三批图书共 1 200 册。

南非目前有 30 多万华侨华人，其中约半数在约翰内斯堡。福建 2010 年在南非成功实施“闽侨书屋”工程，并由南部非洲华侨华人工商联合总会会长、南非华文图书馆馆长庄斌官先生出资创办，深受当地华侨华人的欢迎。

自落成以来，“闽侨书屋”已销售和借阅中国图书逾万册。书屋的场所以及日常管理和维护均由当地华侨华人商会和民间组织负责。福建省侨办累计已向南非“闽侨书屋”赠送图书近 2 000 册。

（中国华文教育网 2013－01－21）

海外侨胞建议广东多向东南亚输送华文教师

广东省政协海外侨胞专题座谈会25日在广州举行。来自印度尼西亚的华侨胡建章建议，希望广东的大学能向东南亚国家输送教师人才，他说，现在很多东南亚的“侨二代”都不会说中文了，呼吁广东继续推进海外华文教育。

胡建章表示，海外华文教育和中华文化的传承教育需要大量教师，但在东南亚国家，尤其是印度尼西亚，华文教师较少，且他们的年龄大多在60岁以上，使得印度尼西亚的年轻华裔缺乏足够的中文教育。

胡建章称，广东拥有很多知名高校，希望中山大学、华南师范大学等学校能与东南亚国家签订合作意向书，定期对外输送教师人才。

座谈会上，“侨二代”的华文教育问题备受关注。“我的儿子上大学前一句中文都不懂，后来，我把他送到内地读书，结果，他现在中文说得很好，还喜欢上了内地的生活，不愿意回泰国了。”泰国华人青年商会会长李桂雄笑着说。

李桂雄说，华文教育能使海外“侨二代”了解中华传统文化，如果内地学校能给回国读书的“侨二代”提供住宿及学费等方面的优惠，那就更好了。

广东省侨办主任吴锐成接受记者采访时称，侨办自2004年起便向海外选派华文教师，至今共外派华文教师600多人次。其中，广东每年会选派60至70名教师到印度尼西亚，华南师范大学也曾在当地参与开办亚洲国际友好学校。不过这些都满足不了“侨二代”对华文教育的需求，“我们会认真考虑这些建议，尽快解决他们的担忧”。

（中新社广州2013－01－25/奚婉婷）

学粤语还是普通话　旧金山中文沉浸教育陷尴尬处境

据美国《星岛日报》报道，旧金山中文普通话沉浸式教育因为家长对质量的期待与实际状况出现落差，引发转学潮；中文粤语沉浸式教育因为学校告知父母先学粤语再学普通话是自然与简易的学习途径，引起专家异议。旧金山中文沉浸式教育在历史传统与时代趋势需要的交替中，出现连连阵痛。

送孩子到粤语沉浸式教学为主体的外语学校，有些不懂中文的家长在接受访问时表示，一方面，他们的印象是，普通话与粤语“都是中国方言”，粤语是“中国南方的主要语言”，而普通话是“中国北方常用语言”，所以，孩子学成粤语之后还是可以在中国通行无阻；另一方面，粤语使用甚广，比说德语或爱尔兰语的人要多，而学校告诉他们学完粤语之后再学普通话“比较轻松自然”。

对于非中文语系父母普遍认为的先学粤语再学普通话是学习的快捷方式，加州大学柏克莱分校东亚研究所全美国K－16中文教学中心执行主任郭誉玫（Stella Kwoh）说，普通话是在中国与世界各地被普遍认知与使用的最主要中文（Priority Chinese），粤语是中国方言之一，据她所了解，并没有所谓先学粤语再学普通话的快捷方式理论。

旧金山中文倡导协会创办人顾迎明（Ming Gu）指出，中文沉浸式学校应该在父母选择学校以前，厘清提供的中文教学究竟是地方方言——粤语，还是官方的中文普通话，并说明使用地区，才不至于误导父母。她说，产生混淆的不仅是不懂中文的父母，就算懂中文，也会因为学校没有交代清楚而产生混淆。她强调，方言的使用在中国越来越弱，因为中国政府大力推行普通话成效卓著，说普通话以及学普通话已是大势所趋。

（中新网 2013 - 01 - 30）

孔子学院“走出去”　能否“融进去”

自 2003 年走出国门，不知不觉间，400 多所孔子学院和 500 多所中小学孔子课堂已在 108 个国家和地区响起读书声。气功、熊猫、麻婆豆腐等拉近了外国民众与中国的距离，但包括汉语在内的中国文化能否真正融入他们？记者日前走进比利时首家也是欧洲第二家孔子学院布鲁塞尔孔子学院，旁听一节课一探究竟。

学生目的更偏实用

“同学们，请翻到第三单元第二部分，复习一下字怎么写。”张国宪话音刚落，教室里便响起窸窸窣窣的翻书声。张国宪是布鲁塞尔孔子学院的院长，同时也一直担任教职。课堂上都是女学生，其中有三个退休老人和两个青年人。张国宪挨个查看，“她们是二年级学生，至少认识 150 个汉字”。

2012—2013 学年，学院招收的 300 多名学生从 8 岁到 70 岁不等，共开设了 20 多个语言班。记者去采访的当日下午，只开设一堂课，而晚上 6 点则有三个班。“主要是为了方便白领学生下班后学习。”

张国宪介绍说，以前班上的学生大多只想了解中国文化，而且年龄也偏大，有点像“老年兴趣班”。现在，孔子学院的学生更多元、更年轻化，有许多中学生和大学生把汉语当作一种技能，留学或求职时更占优势；公司白领也是这里的常客，因为学习汉语便于跟中国客户开展经贸合作；学院还为一些去中国旅游的人开设短班，教授一些日常口语和基本礼仪。“学生目的更明确，也偏向实用性了。”

喜欢学习中文的欧洲孩子也多了起来，学院开设了四个面向 8 ~ 15 岁儿童的启蒙班。跟国内许多孩子被迫补课不同，中文班上的孩子兴趣十足，学汉语的理由五花八门：有孩子特别喜欢中国美食，梦想成为中餐厨师；有个孩子的妈妈是老挝人、爸爸是法国人，但他却一心要学汉语，最大心愿是去看中国长城。

世界学堂老师犯难

今天上课的内容是情景对话，学生跟着老师逐字逐句地学。布鲁塞尔孔子学院授课时，每节课基本都会设置一个情境，让学生看幻灯片了解故事背景，同时听录音复述具体对话。但不同的孔子学院有各自的教学方法，“不能说谁的更好，但有点各自为战”，张国宪介绍说。

据悉，目前，各国孔子学院采用的汉语教材五花八门。有些学院借鉴国内汉语教材，有些采用国外学者编著的教材，也有靠老师自己备课准备教材的。“要推行统一的教材也不现实，大家都在摸索最有效的途径。”

布鲁塞尔是欧盟总部，孔子学院可以算是世界学堂了，本学年的学生来自40多个国家。母语不同的学生在学习中文时难点各异，这就对老师提出了挑战。“最开始我们还会研究法语学生和荷兰语学生有什么不同，但后来发现众口难调。”姜宁在学院任教多年，能讲一口流利的法语。“现在我们会用中文加英语帮助学生入门，到高年级还是得用法语或者荷兰语。”

文化推广尚需发力

但中文学习并不能留住所有人。“我离开学校时根本没有机会练习中文，除非是去中餐馆。”一位年轻女孩开玩笑道。姜宁说，见过很多学了不到一年就放弃的人，“中文毕竟是一种知识，我们也在努力寻找其他了解中国文化的途径”。

姜宁说的是太极拳、书法、水墨画等，这些文化课根据报名人数决定是否开班，但频次不高，“最近我们还打算推广腰鼓秧歌”。

尽管孔夫子声名在外，但孔子学院目前还远未走到弘扬中国传统文化思想那一步。“譬如中国的许多古文，国外汉学家觉得非常优美，但目前只有进修班里的个别‘中国通’才能理解。”姜宁无奈地说，“一步步来吧。”

（《解放日报》2013－03－04/王钰深）

国侨办副主任马儒沛：动员各界力量做好华教工作

全国政协委员、国务院侨务办公室副主任马儒沛3月11日表示，华文教育目前正处于历史上最好的时期，世界范围内“汉语热”持续升温，但相对于华侨华人子女学习汉语的需求和经济全球化进程而言，发展仍显滞后。

他表示，华文教育的经费投入亟待增加，同时动员各界力量做大做强“中国华人教育基金会”。

据统计，目前华侨华人总数约为5 000万，他们学习汉语和中华文化的热情日益高涨，需求十分巨大。近年来，世界希望更加了解中国，不少国家开始鼓励、支持甚至要求本国民众学习汉语，在华文学校就读的非华裔学生持续增加；同时，由于华侨华人已从“落叶归根”向“落地生根”转变，华裔青少年中华文化“断根”现象日益普遍，其华文教育问题显得尤为突出。

马儒沛说，由于当前华文学校一般由华侨华人自己筹资兴办，且大多未被纳入当地国民教育体系，因而面临诸多困难。

他建议，国家应继续逐年增加华文教育经费的投入，为开展工作提供强大保障，同时，着手试点支持政府或民办教育机构，在海外华侨华人后裔和中国外派人员较集中的国家，创办其学历可以获得所在国和中国共同承认的中文学校，并研究制定这些人来华后入学的衔接政策。此外，应动员社会力量，做大做强“中国华人教育基金会”，发挥其民间公益组织的作用，作政府主渠道工作的有效补充。

目前，中国对外推广汉语、传播中华文化主要有两个渠道：一是以孔子学院为平台，向非华裔人士推广汉语。截至2012年底，中国已在108个国家建立了400所孔子学院和500多家孔子课堂。二是以海外华人社会自行创办的华文学校为基地，面向华侨华人及其子女开展民族语言学习和中华文化教学。据不完全统计，目前，有各类华文学校2万余所，华文教师10余万名，在读学生数百万人。

（新华网 2013－03－11/李志晖　林晖）

中国今年拟派出5 500名国际汉语教师志愿者

广西2012年赴泰国汉语教师志愿者回国座谈会3月17日在广西民族大学举行。中国国家汉办志愿者中心项目官员在会上介绍说，今年国家汉办将继续扩大规模，拟派出汉语教师志愿者5 500人。

于2004年开始实施的国际汉语教师志愿者项目是中国为帮助世界各国解决汉语师资短缺问题而专门设立的志愿服务项目。2012年，国家汉办向世界近100个国家派出了4 000名汉语教师志愿者。

据悉，国家汉办组织的2013年汉语教师志愿者选拔工作已于2013年1月启动，通过选拔考试、综合能力培训和拓展训练等考核的志愿者，将于5月启程赴世界各地开始汉语执教之旅。

目前，中国已向108个国家、400个孔子学院、500个孔子课堂派出约18 000名汉语教师志愿者。

（中新社南宁 2013－03－17/黄艳梅）

410所孔子学院遍布110个国家

记者日前从“2013年度孔子学院奖学金项目工作会”上获悉，据最新统计数据，目前，已有410所“孔子学院”在110个国家“开花结果”；同时，还有74个国家的266个机构在排队申办孔子学院。

胡志平表示，2013年奖学金项目招生将拓展专硕奖学金生源，鼓励拉美、非洲地区学生来华进行“一学年＋专业硕士”连读，并对欧美孔子学院的推荐名额不做限制。此外，孔子学院总部还将设立“孔子新汉学计划”、孔子学院核心教师岗位、全球孔子学院“汉语日”等项目，帮助世界各国优秀青年深入了解中国文化。

此次召开的“2013年度孔子学院奖学金项目工作会”由孔子学院总部国家汉办主办，湖北省教育厅、湖北经济学院协办。

（《光明日报》2013－03－18/夏静　刘小英）

孔子学院奖学金将提高申请者的成绩要求

15日，2013年度孔子学院奖学金项目工作会在湖北经济学院召开。2009年设立的孔子学院奖学金项目，意在资助外国学生、汉语教师到中国高校进行较高层次的汉语学习，培养各类汉语人才。

据介绍，2012年，奖学金项目实际招收了来自116个国家的3 125名学生，同比增长12.1%。2013年，奖学金项目招生将进一步提高对申请者学习成绩的要求，同时拓展专项奖学金生源，鼓励拉美、非洲地区学生来华进行“一学年+专业硕士”连读。此外，孔子学院总部还将设立“孔子新汉学计划”等项目，进一步扩大孔子学院的影响力。

此次工作会由国家汉办、孔子学院总部主办，省教育厅、湖北经济学院协办。

（《湖北日报》2013-03-19）

国家汉办将派1 500名以上汉语教师志愿者赴泰任教

国家汉办驻泰国代表陈永山19日表示，国家汉办将于2013—2014学年选派1 500名以上汉语教师志愿者赴泰国任教，同时，加大对泰国本土汉语教师的培养力度，进一步支持泰国的汉语教学事业。

当天，国家汉办驻泰代表处联合泰国教育部各教育委员会在曼谷举办了欢送在泰国教授汉语的教师志愿者离任回国大会，国家汉办2012年5月派出的第十一批1 270名汉语教师志愿者圆满完成本学年的汉语教学工作，启程回国。

国家汉办驻泰代表陈永山在会上对泰国教育部高度重视汉语教学、积极与中方开展合作表示感谢。泰国教育部高等教育委员会副秘书长阿蓬·甘翁感谢国家汉办对泰国汉语教学的支持，称赞志愿者老师是中国的语言文化大使。她说，在中国志愿者教师的辛勤努力下，泰国学生的汉语交际能力和水平都有了很大提高，泰国的汉语教学事业取得了令人满意的成绩。

国家汉办驻泰国代表处表示，预计第十二批汉语教师志愿者将于 2013 年 5 月抵达泰国。

（国际在线 2013－03－20/柳青）

成龙赴马来西亚义演支持当地华文教育

著名华人影星成龙 23 日晚在马来西亚东北部重镇关丹市参加了“龙情厚谊献关丹”慈善演出活动，并现场募集资金，支持马来西亚华文教育事业。

成龙在马来西亚拥有超高人气，他的到来让现场一片沸腾。成龙在晚会现场表示，只要自己没在拍电影，全世界任何一个地方的华人只要有要求，他都会全力以赴为大家解决问题。他说，慈善事业没有国界，只要有爱心，就可以点燃希望。

本场慈善义演募集到的善款将作为关丹中华独立中学的建校基金使用。关丹中华独立中学由马来西亚政府批准建立，被众多华人誉为争取华文教育平等的重要标志。据校方透露，总建校预算为 3 000 万林吉特（约合 1 000 万美元），截至 24 日晚，已成功募捐到超过 1 300 万林吉特（约合 430 万美元）的资金。

（新华网吉隆坡 2013－03－24/王大玮）

华侨大学与昆明华文学校合作开办华大昆明教学部

华侨大学与昆明华文学校日前签署协议，合作开办“华侨大学昆明教学部”。根据协议，华侨大学将与昆明华文学校进一步利用地域优势，重点面向泰国、越南、缅甸、老挝、柬埔寨等东南亚国家，就联合开办海外学生大专班、本科班及设立昆明研究生教学点等方面开展深入合作。

据了解，华侨大学与昆明华文学校于 2004 年合作开展预科班预科教学，昆明华文学校预科部先后为华侨大学输送了华侨华人学生近 400 名。华侨大学鉴于与昆明华文学校的合作已涵盖了学历教育与非学历教育，决定成立“华侨大学昆明教学部”。在昆明华文学校的协助下，实施华侨大学对云南周边国家的相关招生、教学与管理工作。华侨大学与昆明华文学校的深化合作旨在进一步促进我校在云南周边国家的学历招生，对推动东南亚的华文教育、培养华文师资和侨务服务起到积极的作用。

（中国华文教育网 2013－03－26）

南非第四所孔子学院揭牌

福建农林大学27日向中新社记者透露，南非当地时间27日上午，福建农林大学与南非德班理工大学合作建设德班理工大学孔子学院的执行协议签约仪式及孔子学院揭牌仪式在德班理工大学里特森校区举行。

南非当地时间26日上午，在中国国家主席习近平和南非总统雅各布·祖马的共同见证下，孔子学院总部总干事、中国国家汉办主任许琳女士与南非德班理工大学校长艾哈迈德·巴瓦教授在南非首都比勒陀利亚共同签署了双方合作设立德班理工大学孔子学院的协议。

德班理工大学孔子学院成为中国新一任最高领导人首次外交出访见证签约的第一家孔子学院，也是南非夸祖鲁·纳塔尔省的首家孔子学院，它是中国国家汉办与南非高校合作设立的第四所孔子学院。

（中新社福州 2013－03－27/黄子瑄　叶方捷）

哥伦比亚大学孔子学院成立　美高校已设立近百所

为提高汉学和中国问题研究的国际地位和影响力，美国哥伦比亚大学孔子学院9日正式成立。至此，在美国高等院校设立的孔子学院已接近百所。

美国哥伦比亚大学孔子学院院长刘乐宁在接受中新社记者采访时表示，该校孔子学院不授予学位，主要从事汉学和中国问题的研究工作。首先，将研究汉语作为第二外语的教学理论与实践，根据在美国的汉语教学特点，探讨最适合美国学生的教材、教学方法和教学模式。培养适合美国学生的汉语教师。

其次，重点提高中国问题研究和汉学在美国及世界学术界的影响和地位，并培养一批致力于汉学和中国问题研究的学者和教授。让“汉学”成为一门显学。让国际上更多的优秀人才对汉学和中国问题感兴趣，增强中国问题研究的吸引力，将汉学和中国问题研究工作持久地开展下去，而不仅仅满足于普及汉语和中国文化。

同时，还将组织召开相关领域的国际学术研讨会，翻译出版当代汉学著作，增进中美之间在汉学研究方面的交流。

中国国家汉办主任、孔子学院总部总干事许琳9日在举行的挂牌仪式上表示，哥伦比亚大学是美国最优秀的研究型大学之一，美国哥伦比亚大学和中国人民大学联合创建的研究型孔子学院，必将对促进汉语教学与研究发挥重要作用。

哥伦比亚大学校长李·博林格在致辞中表示，哥伦比亚大学与中国在文化教育方面的交流源远流长，与中国人民大学联合创建孔子学院将为两所学校带来新的发展机遇。

据悉，为传播中国语言和文化，自2004年孔子学院在韩国首尔一所大学开办以来，至今，全球已有孔子学院400所左右。自2004年以来，已经有91所孔子学院设立在美国各地。根据规划，到 2015 年，中国孔子学院在全球的总数将达到 500 所。

（中新社纽约 2013－04－09/阮煜琳）

美国休斯敦首家孔子学院揭牌　中医为抓手特色办学

美国第四大城市休斯敦的第一所孔子学院 12 日在得克萨斯南方大学正式揭牌成立。由得州南方大学与北京交通大学合作设立的孔子学院，除了着力于语言和文化研究外，还将为中美青年交流搭建平台，并以中医为抓手在特色办学上下功夫。

中国国家汉办副主任王永利、中国驻休斯敦副总领事李桂喜和得州南方大学校长约翰·罗德里（John M. Rudley）、北京交通大学党委书记曹国永，当日共同为孔子学院揭牌。

南方大学的孔子学院虽是全得州第四所，却是目前大休斯敦地区唯一的一所。据罗德里校长介绍，该学院今后将辐射整个休斯敦地区，9 月份开始正式招生，更多当地学生有机会学习中文、了解亚洲文化。学院还将提供亚洲历史、中国历史、中国文学翻译等课程供学生选读，丰富南方大学华语教学。

据悉，为传播中国语言和文化，自 2004 年至 2013 年，已有 400 多所孔子学院落户全球 110 个国家。美国已有 90 多所孔子学院相继建成，是世界上孔子学院最多的国家。

（中新社休斯敦 2013－04－12/王欢）

温州在海外设立首批 12 个温州华侨大学工作站

为协助做好温州华侨大学前期筹备工作，配合开展筹建需要的各项调研工作，进一步加强宣传力度，扩大温州华侨大学在海外的影响，日前，温州市侨办确定 9 个国家的 7 个温籍侨团、3 所温籍华校、2 家温籍华文媒体为首批温州华侨大学海外工作站。

首批 12 个温州华侨大学海外工作站分别设立在西班牙华侨华人协会、意大利普拉托华侨华人联谊会、意大利佛罗伦萨中文学校、意大利米兰温州华侨华人商会、荷兰乌特勒支中文学校、法国华侨华人会、法国南方华人总商会、希腊华侨华人总会、奥地利维也纳中文学校、加拿大温州同乡总会、南非《非洲时报》和斯洛伐克《斯中商报》。

据悉，温州华侨大学海外工作站成立后，将协助开展温州华侨大学筹建工作有关问题的调查，力求全面、真实地了解海外温籍侨胞的需求和愿望；负责开展温州华侨大学在当地的招生宣传工作，为当地学生就读温州华侨大学牵线搭桥。

温州市侨办主任鲍卫翔表示，今年，市侨办还将在温籍华侨华人相对集中的国家和地区，设立第二批温州华侨大学海外工作站。同时，市侨办将根据温州华侨大学建设需求和侨胞建议，更加有针对性地开展工作，加快推进温州华侨大学的建设。

（中新网 2013－04－12/刘时敏）

2013年“华文教育·校长研习”泰国班在辽宁开班

近期，由国务院侨办、中国海外交流协会主办，辽宁师范大学国际教育学院承办的2013年“华文教育·校长研习”泰国班正式开班。

在开班典礼上，辽宁师范大学国际教育学院副院长徐笑一为来自远方的客人作了精彩而诙谐的欢迎词，他说，此次辽宁师范大学国际教育学院有机会承办国侨办的泰国校长研修班，感到非常幸运和荣幸。为了让大家对东北的文化有所了解，学院还特意安排了文化考察活动。通过大家的努力，在海外留住炎黄子孙的民族根，留住中华民族的血脉。

泰国华文教师公会副主席李继寿说：“本次研修班的开办，就是国侨办对泰国华侨华裔留根意识的热切回应，是在为泰国华教的健康成长注入源头活水，这也必将助推泰国华侨走向继续发展、内涵发展的科学之路。”泰国教育局民教委黄淑环主任先对校长研习班受到的热情招待表示衷心的感谢，并祝愿中泰两国友谊常青，期盼通过学习能带回新的教育技巧、教育知识。

本次研习班共有来自泰国不同地区的46位华文学校校长参加，他们将在为期12天的研习期内听取校长管理艺术、学校教务管理、教育管理学、教育心理学等方面的课程。

（中国华文教育网 2013－04－14/冯俊杰）

海南两个华教基地与国外近百所院校建立合作

4月23日上午，海南省人大常委会华侨外事工委华文教育调研组在海口召开座谈会，听取海南省外侨办和省教育厅相关负责人介绍海南省华文教育工作情况及汉语国际推广工作情况。

记者从座谈会上获悉，近年来，海南省华文教育事业取得长足发展，基本形成“以基地为依托，以培训和派出为主体，内外联动相结合”的发展格局。海南大学、海南师范大学两个华文教育基地，利用海南侨乡和区位优势，挖掘侨务工作资源，确立“立足海南，面向东南亚，辐射世界”的华文教育工作目标，拓展华文教育和汉语国际推广工作空间，取得了明显成效。

海南大学、海南师范大学两个华文教育基地与近40个国家和地区的近百所院校、科研机构建立了长期合作关系，互派学者访问讲学和师生交流培养，开展合作办学，推动海南省高校教育国际化进程。近两年，两个基地共招收各类外国留学生1 235名，其中华侨华人子女约占20%；培训各类人员2 500多人；外派汉语教师、汉语志愿者300多人。

近两年，国务院侨办先后从海南省选派了近 20 名教师赴泰国、印度尼西亚和柬埔寨等国家任教，开展中外文化交流，获得所在国家校方的欢迎和赞誉。至今，海南省配合国侨办共举办了 15 届（次）海外华裔青少年“中国寻根之旅”冬（夏）令营海南营活动，共有 1 000 多名海外青少年参营，其中大部分为琼属华裔后代，成效显著，涵养了一批批认知祖（籍）国、认知家乡的新生代人脉资源。

（中新网 2013－04－24/张茜翼）

广西桂林首家市级华文教育基地揭牌

5 月 9 日上午，广西桂林市少年宫“桂林华文教育基地”正式揭牌成立，这是桂林首家市级华文教育基地。桂林市侨办副主任余治水、副调研员周丽芬，桂林市团委副书记、市少年宫主任丁小琦等出席揭牌仪式。桂林市侨办干部、职工，桂林市少年宫教师、工作人员等 30 人参加了揭牌仪式。

丁小琦表示，桂林市侨办把桂林首家华文教育基地设在桂林市少年宫，是对少年宫教育事业的大力支持，为少年宫更好地做好华文教育工作搭建了新平台。桂林市少年宫将按照桂林市侨办的要求，充分发挥自身优势，认真做好海外华裔青少年夏（冬）令营、海外华文教师培训、华教教师选派等工作，努力把华文教育基地打造成为特色鲜明、广西一流的示范基地，为促进海外华文教育发展，弘扬中华优秀文化作出新贡献。

余治水说，华文教育是面向海外华侨华人特别是华裔青少年开展民族语言教育和中华文化传承的工作。加强海外华文教育，对涵养侨务资源、增进中外友好、推动中华文化走向世界、增强中华文化的影响力具有重要意义。他表示，桂林市侨办将在华文教育等方面加强与桂林市少年宫的合作，加大对少年宫的支持。他希望少年宫以此为契机，发挥自身特色和优势，扩大对外交流与合作。

（中新网桂林 2013－05－10/陆汉宝）

裘援平视察北京华文学院　对学院发展提出要求

5 月 8 日上午，国务院侨办主任裘援平莅临北京华文学院回龙观新校区，与在校师生亲切交流，受到北京华文学院师生的热烈欢迎。

裘援平首先听取了周锋院长的工作汇报，对北京华文学院的历史、生源、师资、教学、科研、软硬件设施等情况有了基本了解。裘援平主任边听边耐心细致地记录、询问，对北京华文学院目前的办学条件、方针和发展目标以及遇到的瓶颈等问题十分关心。

裘援平向北京华文学院提出两点要求：一是从世界范围着眼，探求华文教育与华侨华人住在国主流教育的关系与对接途径，深入了解和分析他们真正的需求和困惑，从而找到有针对性的解决方法，从具体入手，如师资培养、教材开发等，切实满足海外华侨华人的需求；二是从侨办系统内着眼，探求系统内几所院校之间的联动机制，从不同层面发挥每所院校的功能作用，整合资源，形成覆盖所有教育层次的、连贯的华文教育体系，使华文教育成为国民教育中独特的环节和有益的补充。

随后，裘援平巡视了北京华文学院新校区。她对学院的教学环境、生活环境和服务管理表示赞许；她走进课堂，饶有兴致地观摩了泰国华裔学生的语言课，并关切地询问他们的学习和生活情况，当了解到学生们对学院的教学和生活非常满意之后，露出了舒心的笑容。

北京华文学院院长周锋，副院长郭熙、易红英，院长助理吕亚东、曹正国及各部门负责人等陪同。

（中国华文教育网 2013 - 05 - 10）

澳大利亚侨团再向中国华教基金会捐赠两千万

继 2010 年向中国华文教育基金会捐赠 900 万元人民币之后，5 月 14 日，澳大利亚中澳企业家联合会再次在北京捐出 2 000 万元，用以支持发展海外华文教育事业。

捐赠仪式在北京华文学院举行，中澳企业家联合会会长王雷蒙宣读了该会向中国华文教育基金会捐赠的决定，并向中国华文教育基金会理事长林文肯递交了捐赠支票样本，中国国务院侨办副主任马儒沛向王雷蒙颁发了捐赠证书。

马儒沛在致辞中表示，中澳企业家联合会连续两次向中国华文教育基金会捐款，充分体现了侨资企业家们的远见卓识和高度的社会责任感，他们用行动践行了对中华优秀传统文化的热爱，充分表达了热切关心祖（籍）国实现中华民族复兴的赤诚之心。

中国华文教育基金会自 2004 年 9 月成立以来，着力推动华文师资培养、华裔青少年中华文化传承、华文教师暖心、传统节庆文化拓展、华文教育现状调研等“六大工程”的实施，受到海外华侨华人的关注和支持，2012 年，该基金会全年实际到账捐赠款 7 511 万元。

（中新网 2013 - 05 - 15/张冬冬）

国侨办今年外派教师超 800 人

记者 21 日从中国国务院侨务办公室文化司获悉，2013 年国务院侨办拟派出汉语教师 800 余人，目前，赴泰国、菲律宾、印度尼西亚的外派教师已进入选拔阶段，部分教师已赴海外任教。

据了解，1987 年 8 月国务院侨办从原广州华侨学生补习学校（现暨南大学华文学院）选派了两位教师，赴马达加斯加邹省塔马塔夫华侨学校教授华语，自此开启了国务院侨办长期开展的外派教师工作。

2011 年，国务院侨办派出教师 400 余人，2012 年，派出教师 700 余人。目前，外派教师遍布五大洲的近 300 所华校，主要集中在华校规模较大的东南亚国家。2013 年，欧美地区的一部分华校也向国务院侨办申请教师，派出国的教师预计将有所增加。

据文化司介绍，国务院侨办坚持对外派教师进行严格的选拔和规范的行前培训，外派教师选拔工作主要委托各省市侨办和当地教育部门开展。各地主要通过面试、笔试和课堂讲解等形式，对外派教师进行全面的考核。

文化司透露，针对目前海外华文教师短缺这一现状，国务院侨办提出“造血”与“输血”双管齐下的计划，这一计划在菲律宾等地取得较好反响。国务院侨办在菲律宾选派有教学和管理经验的老师作为督导教师，巡回了解各校的办学情况，提出改进意见，为提高学校的办学水平起到了积极作用。

（中新社北京 2013－05－21/范超）

64 位海外华文教育志愿者和教育专家在深圳受表彰

深圳市政府侨办和深圳市海外交流协会近日在深圳表彰了 64 位海外华文教育志愿者和教育专家，并为新增的 13 所“深圳市华文教育基地”中小学校授牌。

深圳市侨办主任、深圳市海外交流协会会长钟荫腾，深圳市海外交流协会常务副会长蓝粤春，深圳市海外交流协会秘书长苏新建等分别向为海外华文教育作出奉献的个人和单位颁发荣誉证书暨牌匾。

蓝粤春表示，自 2009 年以来，深圳市先后与马来西亚等 12 个国家开展华文教育合作，与海外华文学校缔结了 12 对姐妹校关系，派出海外华文教育志愿者 19 批 59 人次，华文教育专家 4 批 10 人次，建立“深圳市华文教育基地”4 个，举办了校长班、园长班、教师班、夏（冬）令营、中华文化大乐园—沙巴营等活动。同时向海外捐赠 6 万多册华文教育书籍，以及大量文教用品等，还派出 5 个文艺演出团体赴海外进行慰侨演出。

蓝粤春说，未来三年，深圳市海外交流协会将继续培训海外华教师资，实施华裔青少年文化寻根计划（“寻根之旅”）夏（冬）令营活动；同时，每年将选派 30 名优秀华文教师到海外开展华文教育工作。

（中新网深圳 2013－05－22/陈文）

港胞捐款 10 万元设立温州华侨大学奖教奖学基金

日前，香港温州工商会执行会长许征通过温州市慈善总会侨爱分会，向温州华侨大学捐款 10 万元，用于设立奖教奖学基金。这是温州华侨大学筹建后，收到的第一笔爱心款。

在温州市侨办举行的捐赠仪式上，温州市侨办主任、温州市慈善总会侨爱分会副会长鲍卫翔对许征捐资助学义举表示感谢。他高度评价了许征的赤子情怀和强烈的社会责任感，并代表侨爱分会接受捐款。

许征表示，作为一个温州人，能为家乡的教育事业出点力，是自己义不容辞的责任。设立奖教奖学基金，一是鼓励广大教师爱岗敬业，献身温州华侨大学；二是希望更多的华侨新生代到温州华侨大学接受教育。同时，也希望此举能起到抛砖引玉的作用，让更多的爱心人士加入到温州华侨大学的建设中来。

（中国华文教育网 2013－05－22）

国侨办、中海协开展海外华校情况摸底调查

为了准确掌握海外华校的基本情况，了解海外华校真实需求，有的放矢地为海外华校提供优质服务，促进海外华文教育科学、健康发展，国侨办以及中国海外交流协会将在 2013 年开展海外华文学校基本情况摸底调查。

此次调查拟定于 2013 年 9 月底结束，并将根据华校反馈信息建立海外华校情况动态数据库，为今后开展华文教育工作提供重要依据。

（中国华文教育网 2013－05－22）

马来西亚华文学校校长聚长春研修华文教育

2013 年“华文教育·校长研习”马来西亚班 26 日在长春开班，来自马来西亚各地的 65 位华文学校校长将在长春开启为期 12 天的研修学习。

2013 年“华文教育·校长研习”马来西亚班由中国国务院侨办、吉林省侨办主办，东北师范大学承办。

据了解，马来西亚华裔人数达 620 多万人，是中国大陆和港澳台地区以外，全世界华文教育最为发达之地。马来西亚全国拥有华文小学达 1 280 所，是拥有小学、中学、大专完整华文教育体系的国家。

根据日程安排，这 65 位华文小学校长，在为期 12 天的研习期内，将听取中华传统文化、华文课程设置、校长管理艺术、学校教务管理、教育管理学等方面的课程，并将和长

春当地知名小学的校长、汉语硕士研究生等进行经验交流、座谈。

“此次校长研习班除学校管理、办学理念、课程设置等方面外，还将增加一些文化交融方面的内容，以促进华文教育与当地文化的交融，让世界更多地了解和理解中国。”国务院侨办文化司副司长汤翠英说。

“国侨办依托国内的华文教育基地，每年培训海外华文教师超过1万人次。”汤翠英介绍道，2013年年底将对海外华文教师试行培训、考核、认证“三位一体”的机制，对其进行培训考核，并将颁发相应的认证证书。

（中新社长春2013－05－26/贺宝庆）

《温州市华教基地管理办法》在浙江省率先出台

日前，温州市侨办、市教育局在浙江省率先联合出台《温州市华文教育基地管理办法》，标志着温州市华文教育基地管理工作步入规范化管理轨道。

《管理办法》明确指出，华文教育基地是根据海外华文教育工作的目标和要求，充分发挥学科优势和地域文化特色，承担华文教育理论研究、华文教材研发、华文教师培训、华裔青少年夏（冬）令营等方面工作的机构。华文教育基地要充分认识华文教育对象的层次性，充分考虑华人社会情况的多样性，华文教育基地要发挥本市教育资源优势，针对不同特点，因地制宜，因材施教，通过多种途径和方式，尽可能地满足海外华侨华人及其子女对华文教育的不同需求，努力成为向海外传播中华民族语言文字和文化的摇篮。

《管理办法》明确了华文教育基地的基本任务、华文教育基地管理机构的职能、华文教育基地的建设与管理要求及华文教育基地的评估奖惩机制。同时，还对温州市华文教育基地的申报条件、命名程序、项目资金、项目管理等内容进行了全面规范。

据了解，温州市自1999年开展海外华文教育工作以来，目前，已创建18个华文教育基地，形成由3个国侨办华文教育基地、5个省级华文教育基地和10个市级华文教育基地组成的国家、省、市三级华文教育基地网络。三级华文教育基地在华文教育理论研究、华文教师培训、华裔青少年夏（冬）令营、选送外派华文教师、促进海内外华教界合作交流等方面发挥了积极作用，成为温州开展海外华文教育的坚强后盾。

（中国华文教育网2013－05－28）

第六届“汉语桥”济南开赛　老外现场PK中国话

6月4日，由中央电视台、国家汉办、孔子学院总部主办，山东大学协办的“第六届CCTV‘汉语桥’在华留学生汉语大赛济南赛区分赛”在山东大学举行。来自山东大学、山东师范大学、中国海洋大学、青岛大学、山东科技大学、山东理工大学6所省内知名高校的数十名在华留学生参加了此次比赛。

本场比赛分为自我介绍、才艺展示、评委问答三个环节，各位选手按照抽签顺序依次亮相，只有得到全部绿灯的选手才可以进入下一轮比赛。与以往不同的是，本次比赛特别增加了“推广复活”环节，现场发挥欠佳的选手可以通过新浪微博、人人网、腾讯视频、微信等互动平台为自己积攒人气，在综合审定之后搭上直通北京的末班车，继续角逐“汉语王者”之冠。

比赛过程中，来自不同学校的“汉语高手”们怀揣着“中国梦”齐聚济南，地道的汉语、敏捷的才思、精彩的才艺表演将现场气氛瞬间引向高潮。在选手们的“自我介绍”环节中，“中国梦”几乎成为了所有选手介绍内容的关键词。来自智利的阿诺介绍自己时说，他怀揣着汉语梦与武术梦来到中国，回国之后，要将这个中国梦传递下去；而来自山东大学的麦乐龙则表示，自己为了梦想一直在战斗，即便经历再多的风雨也坚信能够迎来成功的一刻。

此次比赛不仅考验留学生的汉语语言能力，更是语言逻辑性、语言组织能力和舞台表现力的综合较量。经过激烈的角逐，来自山东大学的莫德（喀麦隆）、来自中国海洋大学的马佳睦（英国）和来自山东师范大学的毕立功（蒙古国）获得了“进京通行证”，可以在8月份参加在北京举行的第六届“汉语桥”决赛。

（大众网 2013－06－04/姜洋）

2013欧洲部分孔子学院联席会议在意大利召开

2013欧洲部分孔子学院联席会议7日在有“欧洲大学之母”美誉的意大利博洛尼亚大学举行，意大利前总理普罗迪、意大利教育部长卡罗扎、中国驻意大利大使丁伟等出席了开幕式。

来自欧洲19个国家的72所孔子学院或孔子课堂的大、中学校校长、中外院长以及部分中国合作院校的领导汇聚一堂，互相交流办学经验，共商孔院发展大计。

孔子学院总部总干事、国家汉办主任许琳在开幕式致辞时，高度赞扬有着深厚文化底蕴的欧洲各合作院校在发展各地孔子学院过程中所表现出的热情与智慧，表示下一阶段将同欧洲各国院校一起加强汉学研究，联合培养高端人才，突出各地孔院发展特色；同时注重对欧洲孔院本土教师的聘用和培养。

卡罗扎在发言时表示，孔子学院所推动的文化交流，也将为欧中加强科学和技术等领域的合作发挥基础性作用。

本次会议为期3天。在之后的分组讨论中，各地孔院院长就如何实施发展规划、打造孔院文化品牌项目、核心教师选聘及本土师资队伍培养、落实孔子新汉学计划等议题展开了深入讨论。

截至2013年6月，孔子学院总部共与世界上113个国家合作设立了420所孔子学院、591个孔子课堂，2012年全球孔子学院注册学员达到65.5万人。其中，在欧洲35个国家开设了140所孔子学院和126个孔子课堂，欧洲孔院的注册学员达到17.2万人。

（新华网2013－06－08/宋建）

沪侨办首创华文师资远程培训　为华教注入新活力

“今天我讲课的题目是‘汉字故事’。首先问一下，我这样的语速你们听得清楚吗……”来自上海市静安区教育学院的华芳老师正通过远程视频为澳大利亚墨尔本新金山中文学校230多位老师授课。此举也标志着上海市侨办海外华文师资远程培训系列活动正式启动。

据上海市侨办相关负责人介绍，海外华文教育蓬勃发展，最缺的是老师，但实际上不是数量缺，而是合格老师的缺乏。面对这样的情况，如何发挥现代高科技优势助力海外华文教育工作，我们也在不断探索。目前，在上海电视大学的支持下，在侨办系统内，上海市侨办率先开展海外华文师资远程培训系列活动，内容将涉及中文教学与文化讲座等方面。

新金山中文学校作为上海市侨办设立的“海外文化推广中心”，有辐射和凝聚的功能。上海市侨办将根据实际情况，通过远程视频方式“连接”彼此开展各类活动，让“海外文化推广中心”起到更大的文化传播与交流作用。

在当天举行的启动仪式上，上海市政府侨务办公室副主任蔡建国指出，海外“汉语热”持续升温，华文师资培训仅依靠传统“走进来”、“送出去”的方法是有限的，上海华文教育工作应是立体式、多层次发展，因此，我们适时开展了这样大容量且高效的培训班，让海外华文教育的受众更多、更广，相信可以在一定程度上缓解资源不足的情况。

中国驻墨尔本总领事馆副总领事黄凤文在“屏幕”那端表示，远程视频这种培训方式真的是为海外华文教育增添了新手段，为华文教育能及时接收国内先进、全面的教学内容与方式起到了极大的推动作用。

（中新网上海2013－06－09/叶艺勤）

中国国家汉办主任许琳在保加利亚获荣誉博士学位

保加利亚大特尔诺沃大学11日授予中国国家汉办主任、孔子学院总部总干事许琳荣誉博士学位。

大特尔诺沃大学校长普拉门·列格科斯图普称赞许琳为中保文化教育事业的发展以及推动两国人文交流作出的卓越贡献。他表示，在许琳领导下，中国国家汉办过去几年内建立了数百所孔子学院。中保汉语教学，在中国国家汉办、孔子学院总部的大力支持下，已

取得一定成果。

许琳对大特尔诺沃大学授予她荣誉博士学位表示感谢，并强调这份荣誉承载着中保两国人民之间源远流长的传统友谊，寄托着大特尔诺沃大学对加强中保两国教育、文化交流的热切期望。

中国驻保加利亚大使馆文化参赞刘永宏致辞说，加强两国教育、文化及民间交往，增进两国人民相互了解，不仅有利于培养两国具有国际视野的一代新人，也有利于两国长远发展，并祝愿大特尔诺沃大学今后在汉语教学和文化交流方面取得更辉煌的成绩。

由中国地质大学（武汉）和大特尔诺沃大学合作承办的大特尔诺沃大学孔子学院是保加利亚第二所孔子学院。大特尔诺沃大学位于保加利亚古都大特尔诺沃市，于1993年开设汉语专业。目前，汉语专业已成为该校最热门的专业之一。

（新华网 2013－06－12/陈航　杨习英）

暨大代表团走进捷克　冀华侨华人子女积极报考

暨南大学副校长陆大祥率队6月12日在此间会见了捷克中华学校的师生，向他们介绍了暨南大学情况和华侨华人子女招生政策，希望有志于回国读书的华侨华人子女积极报考暨南大学。

陆大祥说，暨南大学是中国第一所由国家创办的华侨大学，也是目前全国境外学生最多的大学，直属国侨办领导。建校至今，共为世界136个国家和地区培养各类人才20余万人。几天来，通过对国外华人学校及海外社团的走访，他认为，暨南大学将来在服务华侨华人方面还有很多工作要做。

在捷克访问期间，就如何帮助海外华侨华人子女回国读书问题，陆大祥还与捷克华商联合会会长汪万明达成共识并签署合作协议。

（新华网 2013－06－13/王义）

刚果共和国首座孔子学院开班　首批学生超170人

刚果共和国首座孔子学院11日正式开班，首批学生超过170人。

这座孔子学院由中国济南大学与刚果（布）恩古阿比大学共建，位于首都布拉柴维尔市恩古阿比大学图书馆内，设多间多媒体教室和一间藏书近万册的阅览室。

孔子学院中方院长王永康告诉记者，学院自上月启动汉语班首批招生以来，已有170多人报名，包括高校学生和对汉语感兴趣的普通市民。

他说，不少刚果（布）人对中国传统文化很感兴趣，特别是中国武术。学院打算先立足于汉语教学，今后陆续开设武术、书法和绘画等特色课程，以丰富教学内容，更好地推广中国文化。

两校当天早些时候签署学分互认协议，为师生今后进行校际交流提供便利。

（新华网 2013－06－13/刘锴）

广西出台《外派华文教师管理办法》

据广西侨办消息，为进一步加强海外华文教育工作，规范和加强广西外派华文教师工作的管理，广西壮族自治区侨办和广西壮族自治区教育厅联合制定了《广西壮族自治区外派华文教师管理办法》，该《管理办法》于 2013 年 7 月 1 日起执行，将作为广西海外华文教育工作的新举措，助力海外华文教育事业这一海外华侨华人的“希望工程”，同时，为广西外派华文教师的管理工作提供了制度保障。

该《管理办法》根据国家海外华文教育工作发展部署和国务院侨办《外派教师工作管理条例及工作流程》，结合广西海外华文教育工作实际制定。《管理办法》对外派华文教师的选派和管理、任教时间、基本条件、工作职责、在外纪律、待遇和有关费用、档案管理、表彰奖励等事项作了明确规定。

20 世纪 90 年代末，广西开始接受国务院侨办委派，从广西华侨学校及广西各地中小学选派教师赴东南亚国家华文学校援教，但规模小、人数不多；进入 21 世纪，特别是近几年来，随着国家对这项工作越来越重视，派出人数不断增加，工作规模越来越大，据统计，截至 2012 年底，广西各级侨办通过多个渠道先后共选派了华文教师 560 人次到泰国、老挝、柬埔寨、印度尼西亚、菲律宾、马达加斯加等国家援教。2012 年，通过自治区侨办本级外派的华文教师达 94 人，为历年最多。目前，广西全区 14 个市均有老师选派到国外援教。

（中新网南宁 2013－06－14/姚远忠）

温州华文教育基地与日本两所高校缔结姊妹校

近日，日本广岛县音户高校校长武田刚司、大柿高校校长小林泰崇等一行 4 人来到温州市华文教育基地乐清国际外国语学校，交流国际教育经验，并与该校签订了缔结姊妹学校协议书。

据了解，去年 11 月，经乐清市外侨办牵线搭桥，乐清国际外国语学校与日本广岛县音户高校、大柿高校签订了合作意向书，达成了师生互访、资源共享等合作意向。此次，正式缔结为姊妹学校，双方将进一步加强合作、互通教育资源，组织教职员工培训，交流先进教育经验，组织学生参加夏令营、短期留学，学习和考察对方国家的民族特色、民俗文化等。

双方还将深入探索扩大合作以推动中日教育文化交流，增进两国民间友好往来。

签约仪式后，日本客人饶有兴趣地观看了乐清国际外国语学校精心准备的民乐演奏、中国武术表演、英语剧和传统文化歌曲等精彩的文艺节目，并交口称赞。随后，客人们参观了校园，美观大气的建筑、优美整洁的环境，给他们留下了深刻的印象。

乐清国际外国语学校校长朱广安表示，与日本两所高等学校的友好合作，在丰富办学内容、拓宽学生发展渠道、加强学校对外交流等方面，都具有重要意义。

武田刚司、小林泰崇一致认为，与乐清国际外国语学校签署姊妹学校协议，为促进双方未来的合作与发展提供了良好的平台。他们希望双方尽早实现师生互访，让双方的孩子都能看到窗外更美的风景。

（中国华文教育网 2013－06－18）

让汉语之花在东南亚开得更灿烂

《东盟教育》的姊妹篇《东盟华文教育》出版了。它是全国教育科学“十一五”规划中教育部重点课题“面向东南亚对外汉语教育模式的创新研究”之一。

近年来，随着“汉语热”在世界范围内不断升温，东盟国家华侨华人学习中文、传承民族文化的热情空前高涨。同时，东盟国家的华文教育形势喜人，但仍然任重而道远。当前，搞好海外华文教育是传播中华文化的前提条件，随着中国政治地位不断提高和经济持续高速发展，海外华侨华人以及外国友人对汉语教育的需求迅速增长，全世界对汉语人才的需求也不断增加，海外华文教育出现了喜人的局面。大力开展海外华文教育，必将推动中华文化在全世界的传播。

如何推进东盟华文教育的跨越式发展？东盟华文教育的发展前景如何？如何让汉语之花在东南亚开得更灿烂？这些都是值得我们深思和研究的课题。

在该书里，编者们回顾历史，分析现状，给东盟各国的华文教育作出了扫描，阐明东盟各国的国情决定了东盟各个国家在发展华文教育方面有自己的特色和存在的问题，通过对东盟各国华文教育现状、教育政策以及如何加强海内外相关机构的交流与合作等方面进行深入探讨，对华文教育的发展趋势和前景作出了展望。

据了解，该书由广西师范大学副校长蔡昌卓带领广西师范大学10余名研究团队成员，在广西教育厅及东盟国家有关教育部门、华侨社团的大力支持下，经过3年努力编写而成。近年来，蔡昌卓因工作和学术研究关系经常往返于东盟10国，对其中几个国家的访问多达十余次，结识了许多东盟友人，建立起了牢固的合作关系，这对蔡昌卓团队了解东盟国家、研究东盟各国文化教育提供了极大的便利。

当今世界在变，东盟也在变，东盟的华文教育又有了新的发展。东盟各国华侨华人数量巨大，中华文化的根基深厚，近年来，跟中国往来又十分密切，“汉语热”在这片美丽富饶的土地上随处可见，让人感动。然而，在东盟各国，专门从事汉语言文化的研究机构和专业人员寥寥无几，在中国专门研究东盟华文教育的机构和人员也是屈指可数，这不符合当今汉语言文化国际发展与传播的需求。

诚然，东盟华文教育有着悠久的历史，历来都是海外华文教育的主体和汉语言文化推广的重心。东盟各国虽然千差万别，但各有千秋；虽然，他们都在快速发展，但道路依然曲折且困难重重。追古溯今，及时研究东盟各国华教历史，对不同时代进行梳理与总结，分析华教起伏根源，深刻吸取过去的教训，把握其发展动向，结合当地实际情况，探索新的途径，找到切实可行的办法，这对东盟华文教育健康持续发展将起到积极有效的作用，从而更好地促进我国跟东盟各国的交流与合作，不断增进中国与东盟各国人民的友谊。

（《广西日报》2013－06－19/林涌泉）

暨南大学举行 2013 华教、汉语言函授本科毕业礼

日前，暨南大学 2013 年华文教育、汉语言专业函授本科毕业典礼在华文学院隆重举行。中国华文教育基金会卢海斌副秘书长，暨南大学华文学院院长、北京华文学院副院长郭熙教授，暨南大学海外各函授教学点负责人，暨南大学教育学院、华文学院的领导和老师们，与来自印度尼西亚和泰国的近 100 位毕业生及其家属欢聚一堂，共同见证了学位授予的神圣仪式。

典礼上，卢海斌副秘书长首先致辞。他代表中国华文教育基金会对获得学士学位的印度尼西亚、泰国学员们表示热烈的祝贺，对提供“雅居乐”助学金的雅居乐地产控股有限公司的无私赞助表示最衷心的谢意，对长期热心于海外华教事业的海外华教人士致以最诚挚的敬意。

暨南大学华文学院院长、北京华文学院副院长郭熙教授在会上致辞，并逐一为毕业生颁发学位证书，行拨穗礼。郭院长首先代表学院，对中国华文教育基金会、雅居乐地产控股有限公司的无私赞助表示真诚的感谢。

曾毅平副院长在会上宣读了优秀毕业生名单，共 9 名毕业生获此殊荣。

暨南大学 2013 届华文教育、汉语言函授本科专业的印度尼西亚、泰国毕业生共 80 名，他们平均年龄在 35 岁左右，分布在印度尼西亚和泰国各华文学校与教学机构，从事不同层次的华文教育工作。

（中国华文教育网 2013－07－03）

全国政协召开海外华教研讨会　议华教创新思路

全国政协港澳台侨委员会 7 月 4 日在京召开海外华文教育研讨会，与从事华教工作的专家、学者和一线工作者就新形势下海外华文教育的价值内涵、工作现状、存在问题及未来发展的创新思路等展开座谈。

全国政协常委、政协港澳台侨委员会副主任喻林祥，全国政协常委、政协港澳台侨委员会委员李葳出席研讨会。会议由全国政协委员、政协港澳台侨委员会副主任、原国务院侨办副主任赵阳主持召开。

赵阳介绍说，今年5月，他率调研组赴浙江省就“海外华文教育模式创新”开展了专题调研。在考察了典型地区的华文教育工作基础上，为了更全面地了解目前海外华文教育的发展情况，发挥全国政协参政议政的优势，进一步提升国家层面对华文教育工作的重视，在现阶段召开华文教育研讨会，探讨华文教育工作的创新思路十分必要。

国务院侨办文化司副司长汤翠英指出，华文教育是面向海内外华侨华人，特别是华裔青少年这一庞大的特殊群体开展的民族语言学习和中华文化传承的留根工程。近些年来，国侨办在华文教育工作方面取得了一些成绩，但新老问题交织、华校整体实力较弱、政策不够宽松等问题依然困扰着华文教育发展。

与会者针对成立华文教育专家委员会、建立华文教学标准体系、培养华文教师、教材本土化建设、实现海内外院校更好对接等问题交换了意见和建议。华侨大学校长贾益民教授表示，应将华文教学大纲建设系统化分类，做到教师、教材、评估以及学科层面上都有纲可依。

（中新网 2013－07－08/范超）

裘援平在金边走访全世界办学规模最大华文学校

7日，正在柬埔寨访问的中国国务院侨办主任裘援平，走访了位于金边的全世界办学规模最大的华文学校之一的柬埔寨潮州会馆公立端华学校，并对柬埔寨侨界为当地华文教育所做的努力深表赞赏。

端华学校是柬埔寨潮州会馆创办的一所历史悠久的学校，其初期是先辈潮侨设立的私塾式学堂，经数十年的经营发展渐具规模。截至2012年，该校开设有小学、初中、夜学华文补习班及电脑会计专修班等，学生人数达14 000多名，其中华裔子女约占80%以上。

裘援平指出，多年来，以杨启秋为代表的柬埔寨柬华理事总会及侨界热心人士，慷慨解囊伸出援手支持华文教育事业的发展和华文学校的建设，从事华文教育的工作者和教师员工无私奉献结下满园桃李，为柬埔寨社会培养了一代又一代有素质的人才。

当日，裘援平还代表中国国务院侨办向端华学校赠送80 000美元善款用于促进当地华文教育的发展。她还特别指出，海外华文教育和华文学校的发展建设，要靠侨界自身的努力和侨校师生员工无私的奉献，同时，也需要住在国政府给予更加开放和开明的政策支持。

（中新网 2013－07－08/张冬冬）

华文教育关系华人社会和谐及可持续发展

中国国务院侨办主任裘援平3日在北京指出，海外华文教育是延续海外华侨华人中华民族之根、中华文化之魂的基础性工程，关系海外华人社会的可持续发展及和谐华人社会的构建。

她在此间举行的“2013 年海外华裔及港澳台地区青少年‘中国寻根之旅’夏令营”上接受记者采访时表示，华文教育是海外华人社会的“留根工程”和“希望工程”，各方面都有义务共同支持这项事业，促进它更好、更快地发展。

据裘援平介绍，目前有 5 000 万华侨华人遍布在海外 170 多个国家和地区，各国的华侨华人为了留住中华民族的根、中华传统文化的魂和对祖（籍）国的情，创办了形式不同的华文学校。目前，全世界已有约 2 万所华文学校，数百万华裔学生在校接受华文教育。

她说，国务院侨办作为中国政府主管侨务工作的职能部门，多年来高度重视海外华文教育的发展，通过编写中文教材、加强海外师资培训、向海外华文学校选派优秀教师等形式，对海外华文教育和华文学校给予力所能及的支持。

裘援平认为，弘扬中华文化、在海外推广中文与实现中华民族伟大复兴息息相关。而华文教育作为海外基础最雄厚、范围最广泛、教育最规范的中国语言文化教育体系，对帮助海外华侨华人学习中文，了解中国文化，自觉地做中外文化交流合作的促进者效果最为显著。

裘援平也指出，当前，海外华文教育已不单具有传统意义上传承和弘扬中华文化及保持华侨华人民族特性的功能，还蕴含了更为丰富的时代特色。她说，当前，中国已成为世界第二大经济体，各国都掀起学习中文的热潮，学习中文对于侨胞子弟事业发展也极为有利。

她举例说，目前，中国国务院侨办选派到海外的华文教师已达 700 ~ 800 人之多，在各国华文学校中发挥了骨干作用。“不仅是海外华侨华人有这方面的强烈愿望，包括各国的主流社会，也提出了加强华文教育的各种要求。”

（中新社北京 2013 - 08 - 03/张冬冬）

国侨办与厦门大学共建华文远程教育项目启动

由国侨办与厦门大学携手共建的华文网络远程学历教育项目 8 月 8 日在厦门启动。这是厦门大学新设立的、当天同时揭牌的厦门大学新侨研究院的首个教育项目。

全国政协港澳台侨委员会副主任赵阳、福建省侨办主任杨辉、厦门市侨办主任黄娇灵、厦门大学副校长邬大光等一起为新侨研究院揭牌，并共同按下项目启动球。

赵阳在揭牌仪式上致辞称，厦大新侨研究院的成立，势将更好地推动对新侨这一特殊群体的深入研究，为国家和地方各级侨务部门制定侨务政策、开展侨务工作提供咨询服务和智力支持。

由爱国侨领陈嘉庚创办的厦门大学，历来与海外华侨华人有着广泛密切的联系。当前，中国海外侨情正在发生一系列变化，尤其是新华侨华人数量剧增，分布更广，与当地华裔新生代一起，逐步成为华侨华人社会主体。厦门大学海外教育学院国际学院院长郑通涛表示，华文网络远程学历教育项目旨在服务海外华侨华人及华裔新生代的华文教育，搭建包括新侨在内的广大华侨华人与两岸同胞在华文教育与中华文化传播领域的合作交流平台。

他披露，该项目2013年度首批招收200名学员，由国侨办“中国华文教育网”负责招生，厦大海外教育学院负责教学与管理。

（中国华文教育网2013－08－09/杨伏山　李静）

广东侨办召开座谈会　肯定外派华文教师工作

8月5日上午，广东省侨办组织召开印度尼西亚棉兰亚洲国际友好学院外派教师座谈会，刚刚圆满完成2012—2013年度支教任务的教师和下个月即将赴任的教师代表共23人参加。广东省侨办副主任郑建民在会上充分肯定了外派华文教师为海外华文教育所作的贡献。

省侨办副主任郑建民及文教处有关负责人与教师们充分交流并听取了他们的意见和建议。

郑建民代表广东省侨办感谢已归国的教师们在过去一年为国侨办、广东省侨办外派教师工作所做的努力，并对即将赴任的教师们提出了殷切期望。在座谈中，教师们汇报了支教期间的情况、取得的成果并反映了所遇到的一些问题，对亚洲国际友好学院在教学管理、毕业论文指导及学生活动方面提出了建议，并对广东省侨办外派教师工作给予了肯定。

据悉，此次回国的教师中有6位已是连续两年在亚院支教，其中，来自华南师范大学国际文化学院的张林林老师下学年还将开始第三年的外派任务，而来自嘉应学院和嘉应学院梅州师范分院的吴忠伟、陈梦媛老师已分别连续在亚院支教了四年和三年。

（中国华文教育网2013－08－09/严力为）

美国使用汉语人数达290万　30年增长360%

据《国际财经时报》8月9日报道，随着中国持续在全球经济和政治上扮演举足轻重的角色，表现为文化输出的中国软实力在美国也势头强劲。美国政府数据显示，过去30年间，美国使用汉语的人数增加了近360%。

美国人口普查局8月6日发布的报告显示，2011年美国有近290万人说汉语，比1980年的统计数据增加了360%。继英语和西班牙语之后，汉语已成为美国第三大语言。

美国人口普查局称，汉语使用者主要说普通话，同时说方言的人也很多。汉语使用人数上升反映了美国移民趋势的变化，亚洲移民日渐增多，而欧洲移民在减少。

在美国，并非只有移民才说汉语，很多母语不是汉语的人也开始试着学习汉语，希望汉语能成为自己的一技之长。纽约曼哈顿上东区多尔顿学院是一所私立精英学校，和众多学校一样，该学校也开设了普通话课程。虽然汉语课在学校不是最受欢迎的，却正在迅速引起学生的兴趣。

此外，在美国使用其他几种亚洲语种的人数也有增加。在 2011 年，讲菲律宾语、越南语和韩语的人数均超 100 万人，跻身美国十大常用语言之列。

（中国日报网 2013 - 08 - 12）

肯尼亚掀“汉语热”　学习汉语人数已超过 5 000 人

近年来，随着中国的快速发展，汉语日益成为国际上的热门语言。据不完全统计，全球学习汉语的外国人数量目前已经超过一亿。在非洲的肯尼亚，“汉语热”同样十分流行。

肯尼亚内罗毕大学孔子学院是中国在非洲成立的第一家孔子学院。这家学院的飞速发展正是当地汉语热急速升温的一个绝好证明。学院中方院长撒德全在谈到此事时，言语间充满了自豪。

据了解，在 2005 年，内罗毕大学孔子学院成立之初，这里的学员只有寥寥数十人，汉语也仅仅是学生们单纯出于兴趣而选修的课程，而当时整个肯尼亚正式学习汉语的人还不到 150 人。现在情况发生了很大变化。仅这家孔子学院的正式学员就已经超过 500 人，比初创时增加了十几倍，学院的汉语课程也发展成为涵盖选修课、必修课、学位课程和培训班等多种形式的教学体系。而在整个肯尼亚，登记学习汉语的人数已超过 5 000 人，这一数据还不包括为数众多的通过广播孔子课堂和其他方式自学汉语的肯尼亚人。

迄今为止，肯尼亚已建立了两所孔子学院、一所广播孔子课堂以及多个汉语教学点，肯尼亚的汉语教学事业正在蓬勃发展。

肯尼亚只是非洲人“汉语热”的一个缩影。随着中国和非洲国家友好关系日益加强，尤其是经贸合作的飞速发展，整个非洲大陆学习汉语的热情必将越来越高涨。

（国际在线 2013 - 08 - 23/陈永华）

刘鸣杰：华文媒体整合是大势所趋

“华文媒体在协助中华民族伟大复兴中扮演着不可或缺的、非常重要的角色！”采访印度尼西亚《星洲日报》总编辑刘鸣杰时，这位马来西亚华裔对第七届世界华文传媒论坛主题“中国梦——世界变局与华文媒体的新使命”作如是评论。

在被问及印度尼西亚华文媒体如何报道展示多元文化中的“家国情怀”时，刘鸣杰说，印度尼西亚华文媒体要多报道除中华文化外的其他民族文化，同时，也不应忽略弘扬中华文化，毕竟五千年的华夏文化，其精髓是所有海外华人应该了解的。所谓“海纳百川，有容乃大”，当大家更了解本民族和其他民族文化的时候，便能减少各种误解和冲突。

他说，中国也是一个多民族的古老国家，中国少数民族和文化值得海外华人去了解。海外华人除效忠“生于斯、长于斯”的国家，对祖（籍）国也有深刻的情怀，都希望祖（籍）国越来越好、越来越强大，因为，只有这样，海外华人才能获得所在国的重视，才能更好地弘扬华夏文化。

面对全媒体态势下华文媒体的创新与转型，刘鸣杰认为，传统纸媒走向多媒体是未来必经之路，但也面临巨大的风险。短期内，纸媒必须在内容上有所突破，做到比电视、网站等拥有更丰富的内容、更精辟的分析、更中肯的评论、更精美的排版，才能吸引读者。中期内，电子报和电子杂志是选项之一，以便充分利用现有的资源，发挥更大的效用，开拓新的收入来源。长期而言，华文媒体整合亦是大势所趋。

在刘鸣杰看来，西方老牌纸媒的衰落是海外华文媒体的警钟，百年老店关门大吉，除了不敌新媒体这个普遍被认同的原因外，没有创新和编务方针一成不变也是主要原因。吸取这些教训，华文媒体必须顺应所在地读者的要求，并配合世界趋势，灵活作出改变，而非刻板地坚守既定方针。

他说，在转型时，寻找适当的战略伙伴是比较可行的方法，借助引进战略伙伴的长处和优势，可减少转型时出现的问题，并节省时间。

（中新社雅加达 2013－08－24/顾时宏）

140 多名外派汉语教师南开集训　将赴十余国授汉语

记者 28 日从南开大学获悉，该校承办的孔子学院总部、国家汉办 2013 年外派汉语教师岗前培训班圆满结束。来自全国 90 多所学校的 140 多名外派汉语教师在南开大学接受了为期一个月的集中培训。

南开大学跨文化交流研究院院长陈洪教授向学员们颁发了结业证书。学员代表孟娜在发言中，感谢南开大学为学员们提供了一个集中学习的平台，通过这次培训，不仅全方位提高了自身的综合素质，提升了对外汉语教学的能力，增强了跨文化交际能力，也增强了大家更好地充当中华文化交流使者的信心。

培训营先后邀请了近 10 位在美国、加拿大从事汉语教学的学者为学员们授课，加强学员们的课堂实战训练。在提升学员们汉语教学水平的同时，还安排了太极拳、书法、剪纸、中国结等中华文化技能的培训，使每一位学员切实掌握数种中华文化技能，从而使他们在海外讲授汉语的同时，还能通过外国友人喜闻乐见的方式成为中国文化、语言的积极传播者，将“中国风”吹送到世界各地。与以往培训不同的是，此次培训加强了外事教育、安全教育、心理疏导、自我防护、反恐训练等内容。

据悉，此次培训是南开大学承办的第二十期孔子学院总部、国家汉办培训项目。学员将被派往美国、加拿大、墨西哥、巴西、阿根廷、智利、秘鲁、哥伦比亚等十几个国家。

（中新网天津2013－08－28/张道正　李英姿）

老挝家长热衷送孩子学中文　华文学校受欢迎

随着中老两国经贸往来日益频繁，越来越多的中资公司和机构来到老挝投资兴业，也使得老挝人学习汉语的热情空前高涨，不少家长热衷于将孩子送到华文学校就读，从小就开始学习汉语。

28日是老挝规模最大、学生最多的华文学校——万象寮都公学新学年学生报到注册的第一天，记者在现场看到的几乎全部是老挝人面孔，连华侨都很少见到。

据校方提供的数据，2012—2013学年，学校在册学生共有2 207人，其中，老挝籍学生有2 158人。

“很多老挝政府官员都把自己的孩子送到我们学校，”寮都公学董事长林俊雄告诉新华社记者，“这在东南亚地区的华校中都是极为少见的现象。”

始建于1937年的寮都公学至今已有76年历史，最早是由当地华侨华人集资兴建的供华人子女学习中文的学校，后来，逐渐加入了老挝文教育，并形成现在华文和老挝文并重的双语教育。学校教授华文和中小学的数、理、化、英语等科目，完全使用从中国购入的中国中小学教材。同时，学校也教授老挝中小学的全部必修课程。由于中国中小学课程要求高于老挝，所以，学习两套课程，学生并不需要花费双倍的时间和精力。据了解，在老挝国内5所华文学校都是如此，而学生构成也基本一致。

目前，寮都公学已经成为老挝首都万象地区首屈一指的学校，甚至比一般的老挝公立学校名气还大。该校目前得到中国国务院侨办的大力支持，是国侨办确定的老挝3所华文教育示范学校之一。学校常年有30余名从中国公派来的老师协助进行中文教学，使学校中文教学质量一直保持稳定。

（新华网2013－08－29/荣忠霞）

近百名外国政府官员华侨大学学中文

2日，来自泰国和印度尼西亚的近百名政府官员佩戴上华侨大学校徽，成为华大的一员，他们将在华大师生的陪伴下度过一年的学习生活。

华侨大学第九届外国政府官员中文学习班于当天上午举行了开学典礼。“9年来外国政府官员中文学习班已培养300多名来自泰国、印度尼西亚和菲律宾三个国家的政府官员。”华大校长贾益民介绍说，他们学业完成后回国，不但成为各个政府部门的专业骨干，更成为中泰、中印及中菲之间的友谊使者，为推动经济发展和国家间的友好往来作出了重要贡献。

贾益民希望，新的学员能好好学习中文，在一年时间里快乐学习、快乐生活，了解中华文化的博大精深以及闽南文化的特色，将来成为华大的优秀校友。

国务院侨办文化司副司长汤翠英称，国务院侨办非常重视中文培训班的举办，开学典礼的顺利举行凝聚了三个国家机关人员的努力和心血，相信在各方的共同努力下，外国政府官员中文培训班会越办越好。她希望全体学员珍惜学习机会，在这一年里，抓紧时间努力学习；希望华大热情为班服务，在教学、生活方面创造良好环境；希望学员利用一年时间更多地接触社会，在学习语言之外学习中国文化、福建文化。

中泰文化经济协会副会长威七上将表示，很高兴泰国能够作为联系者，联系东盟各国来华大学习。“泰中文化经济协会已经换了五位会长，但是学习汉语的方针始终未变”，他坚信在华大会见到更多来自泰国政府的学生。

来自泰国的学员代表陈天龙告诉笔者，他将珍惜机会、努力学习，取得优异成绩，为泰中友好交流作出贡献，做好泰中交流的使者。来自印度尼西亚的陈丽娅则“终于完成了来中国学习的愿望”，她希望能在一年的时间里学好汉语并了解中华文化。

（中新网泉州 2013－09－03/孙虹　吴江辉　高承）

马来西亚华文小学超千家　马华总会长吁政府增加拨款

马华总会长蔡细历表示，政府对华文小学的拨款不应只是维持，反之，应该增加，以保障华小的发展。

他指出，华小在去年获得 1 亿令吉拨款，今年的拨款额维持不变，这个数额和淡米尔文小学获得的拨款是一样的，然而，华小已超过 1 200 间，数量远远多于淡小，因此，华小应该获得更多的拨款。

“除了拨款，当时马华也提出政府必须解决华小师资短缺的问题。”

另一方面，他说，马华领袖曾于今年 3 月会见副首相兼教育部长丹斯里慕尤丁，针对《教育大蓝图》提出马华的立场。

他重申，马华今天的立场和当时一样，就是，必须确保母语教育处在国家教育的主流地位。

“但马华也强调，华小的马来语水平虽然有必要提升，但不应跟国小的马来语水平同等。因为，华小学生必须掌握 3 语，上课节数的分配应与国小有所不同。”

（［马来西亚］马新社 2013－09－05）

乡土教材《温州童谣》走进海外温籍中文学校

《温州童谣》是温州市侨办为海外温籍华裔青少年编印的第一本乡土教材，旨在使海外温籍华裔青少年通过诵读家乡童谣、品味家乡童谣，提高基本的诵读技巧，了解瓯越民俗文化的丰富多彩，培养他们学习中国语言文化的兴趣和深入理解中国文化的能力。《温州童谣》一书收集了《打珓杯》、《吃馄饨》、《十二月令》、《姆姆，你真早》等43首易懂易记、广为流传的童谣作品，内容贴近儿童的生活，尤其符合儿童快乐的天性，所用的语言浅明俚俗并结合游戏，配以民俗童趣图片，力求寓德于教、寓教于学、寓学于乐。

座谈会上，温州市侨办主任鲍卫翔代表市侨办向意大利佛罗伦萨中文学校赠送了100册《温州童谣》。

据悉，近年来，温州市侨办积极挖掘本土资源，把温州非遗文化、温州童谣等乡土文化引入海外中文课堂，鼓励和支持海外温籍中文学校开设瓯越文化课程，推动中华文化"走出去"。截至目前，温州市侨办已向意大利、西班牙、荷兰、葡萄牙等4个国家的7所海外温籍中文学校赠送了近千册《温州童谣》、《东瓯遗韵》等乡土文化书籍。

（中新网 2013－09－06）

刘北宪：海外华文媒体趋向本土化和国际化

中国新闻社社长刘北宪7日在此间表示，华文媒体在海外大部分国家和地区属于少数族裔媒体，可喜的是，近几年，华文媒体更多地尝试以所在国语言作为传播媒介，或与主流媒体展开多方面合作，其本土化的趋势愈发明显。

第七届世界华文传媒论坛7日在山东青岛开幕，刘北宪在论坛上作了《"中国梦"——世界变局与华文媒体的新使命》的主旨报告。

报告提及：西班牙《欧华报》从2005年起就创办了《欧华报·西班牙语版》，在西班牙免费发行；意大利《世界中国》杂志为中意双语月刊，主要读者为意大利政界、商界人士；2010年5月，《新西兰联合报》的全英文姐妹报 *The United Press* 诞生，开创了新移民华人在新西兰创办英文报纸的历史。

在日本，华文媒体人已深刻意识到，要进一步发展，就必须把影响力转向所在国的主流人群，这种尝试在近两年出现了新的飞跃。日本首家华文电视台——CCTV大富从2011年底开始了24小时无间断的日语同传播出；日中通讯社和中国新闻社合作出版了《中国news》日语月刊杂志，2013年1月改名为《月刊中国》，让日本主流社会看到第一手新鲜的中国深度报道；《东方时报》也于2011年开始推出日文版。

本土化的同时，华文媒体也更加趋向国际化。刘北宪指出，这显示了华文媒体视野的逐渐开阔和对机遇的有效把握。

刘北宪说，一方面，华文媒体与祖（籍）国中国各方面的合作互动加深，随着中国国际地位的提升，华文媒体对中国的关注度也越来越高。另一方面，华文媒体的国际化也体现于对地域、国界等局限的突破，实现跨区域的信息传播。

（中新社青岛2013－09－07/谢萍）

吉尔吉斯斯坦掀“汉语热”　1.5万人学习中文

中国驻吉尔吉斯斯坦大使齐大愚日前在接受本报记者采访时表示，中国国家主席习近平即将赴吉进行国事访问，这次访问具有承前启后、继往开来的意义，将强化两国关系。

据介绍，目前，在吉尔吉斯斯坦学习的中国留学生有1 400多人，在中国学习的吉尔吉斯斯坦留学生约2 000人。中国在吉共开设有3所孔子学院，第4所也正在筹划之中。在这个人口仅540多万的国度，汉语在学人数已达1.5万人。“上合组织”框架内多边以及中吉两国双边的人文合作已为吉尔吉斯斯坦带来不少实际利益。

齐大愚表示，随着中国综合国力不断提升，中国经济保持平稳快速增长，特别是“中国梦”的提出，对于包括吉尔吉斯斯坦在内的中亚国家都有着不一般的影响力和感召力。吉尔吉斯斯坦希望能分享这些成功经验；同时，吉方也希望借助中国的技术和资金优势来拉动本国经济发展。

（《文汇报》2013－09－10/董立斌）

美中文学校致力教学研究　多元方式提升学习兴趣

据美国《世界日报》报道，自2006年美国大学理事会宣布在高中开设汉语课程后，中文热度虽持续升温，却也导致中文学校日渐流失部分高中生源。中文难学、不好应用，占用周末时间造成学生反感，成为“弃学”的原因，也让中文学校不得不多加思索变相激发孩子学习语言热情的妙方。

“功课太难了，我真的不会写”，陈姓家长指出，孩子从小学习中文时最常抱怨的不是功课艰涩，就是课业繁重；其间，虽多次想要放弃，但考虑家中长辈都说中文，身为华人后代不会中文说不过去，“就算用逼的也得继续学习”。

只是随着年龄增长，中文难度提高，部分学生选择在高中修读汉语，也让正统中文学校高年级班人数不如以往。专门教授拼音简体字的华夏中文学校校长关丽华认为，与其在意招生人数的增减，不如鼓励学生从小扎根，奠定汉语基础，在同一体系环境下学习，将较高中单一语言选修课程来得更深更广。

而为帮助孩子潜移默化地领略实际应用中文的技巧，休斯敦中华文化服务中心中文学校自今年开始推行的“文化课程”，便是沉浸式教学，在原定两小时的课程之外，增加一小时的分组练习，以中文教授数学、科学、体育、美术等科目，并借话剧、歌唱等趣味方式展现成果，加强学生、家长与教师三方互动，体验不同于高中的制式化教学。

（中新网 2013-09-11/周予婷）

新加坡华族儿童用华语频率下降

新加坡华文教研中心的一项调查显示，本地华族儿童使用华语的频率或有下降趋势，在家中与父母用华语沟通的幼儿仅占 40%，大部分儿童用英语与兄弟姐妹及同伴沟通，所接触的华文读物、卡通节目和电脑游戏时间也远不及英文的多。

这项调查以 327 名新加坡籍华族幼儿为对象，幼儿的父母其中一人必须是新加坡籍华人，其中 199 人是 6 岁儿童，另外 128 名年龄介于 3~4 岁。他们来自 18 所邻里、私立及教会幼稚园及托儿所。

主要从两大方面对儿童的语言环境和使用情况展开研究，一是儿童在各个不同的环境对不同对象所使用的语言，二是儿童在学校外所接触的语言来源。结果发现，大部分幼儿多以英语与兄弟姐妹和同伴交谈，而这个情况在年纪较小的幼儿身上更为显著。

华语接触率偏低的问题在幼儿最爱看的卡通片上更为明显，每周接触英语卡通节目三至九小时的六岁儿童超过 80%，接触华语卡通片的为 46%，而每周接触英语卡通片三至九小时的三至四岁儿童达 87%，接触华语卡通片的仅有 27%。在阅读习惯上，两个年龄层则没有太大差异，但都显见对英文读物的偏爱。36%~38% 的幼儿每周接触华文读物至少一次，接触英文读物的则占 65%。

（[新加坡]《联合早报》2013-09-12/陈秋华）

2013 马来西亚对外汉语教学研讨会举行

由马来西亚大学孔子学院主办的“2013 马来西亚对外汉语教学研讨会” 18 日在首都吉隆坡举行，与会者共同探讨汉语教学发展方向等课题。

出席本次研讨会的学者分别来自当地多所知名大学和汉语培训机构，与会者分别就汉字教学、语法教学、汉语学生流失现象分析、教材选择和汉语测试与评估方法等课题展开讨论。

马来西亚大学孔子学院中方院长陈忠表示，马来西亚对外汉语教学工作者共同分享教学经验，探讨解决教学过程中遇到的问题很有必要，这对促进汉语在马来西亚的发展十分重要。

陈忠说，马来西亚是一个多元文化、多元语言并存的国家，使用汉语环境良好。他希望，本次研讨会可以解决汉语教学过程中遇到的难题，提高教学效率，培养学生学习汉语的兴趣，推进马来西亚整体汉语水平的提高。

（新华网 2013－09－22/王大玮）

意大利佛罗伦萨各界欢迎国侨办外派华文教师

10月7日晚，意大利佛罗伦萨中文学校举行宴会，欢迎4名国侨办外派的教师到校任教和3名温州大学选派的交流生到校交流。意大利佛罗伦萨领事馆领事季钢、王健、王晨彪，意大利协助发展中国家协会主席 Fabio Laurenzi、亚洲部主任玛丽娅，托斯卡纳大区中意文化交流联盟学校校长，保罗莰落学校校长及教师代表，佛罗伦萨学生学者联谊会吕伯阳主席及学联代表，佛罗伦萨侨团代表等各界人士共80多人出席了宴会。

意大利佛罗伦萨中文学校校长潘世立在致辞时感谢杭州学军中学、温州市体育运动学校、温州市实验中学和温州大学，选派优秀教师和学生到学校任教、交流，感谢佛罗伦萨各界对华文教育事业的大力支持。

意大利佛罗伦萨领事馆领事季钢在讲话中高度评价佛罗伦萨中文学校为华文教育事业和中意文化交流作出的贡献。他说，这些成绩的取得与潘世立校长夫妇的努力付出、意大利政府的支持、外派教师的奉献和在意大利华人的关爱是分不开的。各种合力会让意大利华文教育的路越走越宽阔，越走越好。

（温州侨网 2013－10－11/刘时敏）

李克强总理参观泰国清迈崇华新生华立学校

13日上午，正在泰国访问的国务院总理李克强参观了具有110多年历史的清迈崇华新生华立学校。

在学校负责人的陪同下，李克强参观了校园。校长介绍道，学校用中泰两种语言教学，是泰北地区第一家汉语水平考试考点，并正计划筹建中文职高院校，建校以来为泰国培养了大量杰出人才，清迈很多侨领和各界精英都是崇华新生的校友。李克强对学校的成就表示祝贺，感谢他们坚持不懈地传播中国文化，为增进中泰友谊作出贡献。

李克强来到三年级教室，一位学生向李克强展示了他用硬笔描红的中文“我是泰国人，我爱中国”。随后，学生们背诵了唐诗《春晓》，并绘声绘色地表演了诗歌朗诵《咏鹅》。李克强愉快地和学生一起诵读。他赞扬孩子们中文说得好，并给在场的每个孩子赠送了大熊猫玩具，鼓励他们努力学好中国文化，练就更多本领。

旁边的教室里，高年级学生正在上中国古文讨论课。看到黑板写着“三人行，必有我师焉”，李克强兴致勃勃地和同学们讨论起这句话的出处和含义。一位学生说：“我们是泰国人，但祖先来自中国。您来学校访问，就像远方亲戚来了，我们感到激动和高兴。我今年高考，希望能到北京上大学，更好地学习中国文化。”李克强祝福她梦想成真。另一位学生说，自己最大的理想是当中文老师，希望这里有一所高等中文院校。李克强表示这个想法很好也很大，我们可以一起努力。李克强深情地对同学们说：一年树谷，十年树木，百年树人。人才成长起来，需要一代代老师的长期教育，这样，人类文明才能传承。希望大家学有所成，将来回报社会，成为中泰友谊的使者。

临别时，李克强向学校赠送了中文书籍和学习用品，并同学校慈善基金会及校董代表、清迈侨领和汉语教师代表合影留念。

（［泰国］新华社清迈 2013－10－13/陈二厚　明大军）

国侨办华教基地温州大学获准招收港澳台本科生

日前，从国侨办华文教育基地温州大学获悉，该校已经被批准列入教育部面向港澳台地区招生高校名单。

根据教育部《关于对浙江师范大学、温州大学面向港澳台地区招收本科生予以备案的函》（教港澳台办〔2013〕477 号），温州大学获准从 2014 年开始，通过“联招考试”招收港澳台本科专业学生。

温州是全国的重点侨乡，现有 60 多万温籍华侨华人、港澳台同胞分布在 131 个国家和地区。第二代、第三代温籍华侨后代的教育问题，一直是海外华侨关注的焦点，也受到市委市政府和教育部门的高度重视。作为华侨生本科教育重要基地之一，该校自 2009 年就已具备招收外国留学生和港澳台地区学生的资格，但由于没有被教育部列入“联招考试”，华侨生和港澳台地区生源一直不尽如人意。

温州大学国际合作学院相关负责人表示，此次被教育部列入面向港澳台地区招生高校名单后，将有力促进学校华侨生和港澳台学生招生工作的开展，特别是能够吸引更多的海外华侨子女回乡就读，不仅会推动海外华侨后代的寻根圆梦，促进海内外温州人的互动与交流，也有利于丰富温州的高等教育多样化和国际化。

（中国华文教育网 2013－10－15）

汉语在欧洲非小语种　法国 600 余所初高中开汉语课

“外语教学与中学国际化”研讨会昨天（17 日）在上海市光明中学举行。记者从会上获悉，在法国初中和高中阶段，越来越多的学生已经把汉语选定为第二、第三外语。统计显示：目前，法国已有约 600 所初中和高中开设了汉语课程，在读学生 3.7 万人。在法国本土，几乎所有学区都提供汉语教程。

“随着全球一体化进程加剧，世界范围内的人口流动正在改变着语言。过去所谓的‘小语种’，现在已经不存在了。或者更准确地说，小语种这种概念，已经落伍。”与会的一位来自法国教育界的专家在发言时说，包括法国在内的欧洲人曾长期将汉语定位于东方语系中的小语种或罕见语种，可过去10年，法国学习汉语的人数已翻了4倍。不仅如此，很多法国家长送孩子学习汉语的时间，也从过去的高中提前到初中甚至是小学阶段。在法国，学习和本国语言距离稍远的语种被视为是一种有益于个人未来发展的“投资”。

与“汉语热”在法国升温相应，国内的法语学习者也在逐年增多。以光明中学为例，目前该校高一、高二年级中有70多位学生在选择第一外语时青睐法语，今后将报考法国的高等院校，而其余学生也有机会在选二外时接受法语学习。

（《文汇报》2013－10－18/樊丽萍）

裘援平谈华裔新生代学中文：打开通往世界的窗口

22日，中国国务院侨务办公室主任裘援平率访问团抵临纽约华埠，对当地华侨华人机构和团体展开密集访问。这也是裘援平担任国侨办主任后首次到访纽约。

裘援平一行当日密集参访了纽约华策会人瑞中心、美东华人社团联合总会、美国中文电视台，走访了纽约唐人街，看望了当地华侨华人。

裘援平在接受记者采访时说，海外华侨华人子女学习中文，不仅是为了保住中华民族的根、中华文化的魂，维系侨胞与祖（籍）国的亲情和联系，而且具有更为丰富的内涵。

裘援平说，现在中国已经是世界第二大经济体，中华文化国际影响力持续提升，世界范围的“汉语热”持续升温。“现在外国人都愿意学中文，华侨华人的子女更应该学中文，学习中文将为孩子打开一扇通往世界的窗口。”

“同时学习中文和英文，同时了解美国文化和中华文化，可以让孩子未来有更广阔的发展空间，何乐而不为？”裘援平认为，海外华文教育有利于侨胞自身事业的发展，有利于促进侨胞住在国与中国多领域的合作与交流，蕴含了更为丰富的时代特色。

目前，全世界已有约2万所华文学校，数十万名华文教师，在读华裔青少年达数百万人。国务院侨办根据海外华裔新生代的特点和需求，近年来，有针对性地开展了大量卓有成效的工作，极大地调动了华裔青少年学习汉语、学习中华文化的热情和积极性，“作为中国政府主管侨务工作的职能部门，我们将一如既往地加大海外华文教育和华裔新生代的工作力度”。

在谈到海外华文媒体的作用时，裘援平表示，置身西方文化与中华文化碰撞交融的大背景中，海外华文传媒不仅肩负着将海外信息与中国信息互动交流的任务，同时更扮演着在海外华人社会中报道中国，与西方主流媒体对话的重要角色。

裘援平指出，华文媒体与中国有许多天然联系，最了解中国，涉华报道较为客观全面。华文媒体又融通中外，能够以住在国人民易于接受的方式积极介绍中国，更能全面、准确、有效地“说明中国”。

裘援平还应记者要求特别谈到今年 7 月 1 日正式实施的《出境入境管理办法》。依照法律规定，华侨在境内办理金融、教育、医疗、交通、电信、社会保险、财产登记等事务需要提供身份证明的，可以凭本人的护照证明其身份。长期回国定居的华侨，可申请办理回国定居手续，登记或者恢复国内户口。

（中新网 2013 - 10 - 23/阮煜琳）

384 位海外华文教育界人士聚北京开启“华夏行”

24 日，来自 32 个国家的 384 位华文教育界人士齐聚北京，参加由中国国务院侨办和中国海外交流协会共同主办的“2013 年华文教育华夏行”系列活动。

“广大海内外华文教育工作者是华教事业绵延发展、兴旺发达的力量所在、希望所在。”国务院侨办副主任马儒沛致辞时指出，华文教育源于华社、根植华社、服务华社，是侨胞们生存与发展的内在根本需求。

“在海外，侨胞们把华文教育形象地比作华侨华人社会和谐发展与繁荣进步的‘希望工程’，誉其为中华文化在海外传承与弘扬的‘留根工程’。”马儒沛希望华教界人士能通过此行，深入了解中华文化，亲身感受中国的勃勃生机。

活动承办方之一北京华文学院院长周锋表示：“大家身处不同的国度，却致力于同样一项伟大的事业，即传播中国语言、传承优秀的中华文化，我们是真正志同道合的人。”在他看来，此次活动对于加强各国华文教育工作者之间的交流与沟通具有重大意义。

长期从事华文教育工作的菲律宾华教中心主席颜长城在会上指出，中国与世界的交往和联系日趋广泛、深入。“汉语作为各国了解中国的重要工具和文化载体，受到越来越多的国家政府、教育机构、企业以及传媒的重视，汉语作为一种重要商业语言的实用价值和潜在价值也不断提升。”

颜长城认为，全球“汉语热”传达了世界人民渴望了解中国文化的讯息，这已经成为无法阻挡的势头。然而，当今海外华文教育仍存在很多问题，比如，合格师资的严重短缺、专业统筹机构匮乏、办学资金不足等，致使海外华校追不上国际汉语热升温的步伐。

“我们作为教育工作者，虽身在海外，仍心系祖（籍）国，对于积极推进汉语教学，帮助各国学习者更快更好地学习汉语、了解中华文化，有着义不容辞的责任。”他坚定地说。

据国务院侨办文化司司长雷振刚介绍，这是文化司在国内举办的教师类活动中规模最大的一次。该系列活动包括华校校长华夏行、华校校董华夏行、华文教育杰出人士华夏行、优秀教师华夏行等。

（中新社北京 2013 - 10 - 24/杨凯淇）

近40名海外华文教育杰出人士相聚山东

10月28日，2013年“华文教育·杰出人士华夏行”的参与人员抵达济南，开启山东之行。山东省侨办举行欢迎仪式，省侨办主任刘方会出席并致辞。

刘方会在致辞中讲到，此次国务院侨办邀请大家来山东，为大家认识山东、感受山东、体验齐鲁文化，提供了良好的机会。广大海内外华文教育工作者是华教事业绵延发展、兴旺发达的力量所在和希望所在。尽管目前海外华文教育还面临着这样或那样的困难或挑战，但是有海外华社的不懈努力，有国内各级侨务部门的鼎力相助，华文教育事业一定能够蓬勃发展，博大精深的中华文化一定能够在海外发扬光大。

此次活动由国务院侨办主办、山东省人民政府承办，共有来自缅甸、日本、韩国、朝鲜、马来西亚、菲律宾、美国、德国、丹麦等9个国家的近40名为海外华文教育作出贡献的杰出人士来鲁。在接下来的一周时间里，访问团一行将到泰安、曲阜、枣庄、青岛等市进行文化考察并赴山东省内各级华文教育基地参观交流。

（中国华文教育网 2013－10－31）

首届华文教育教案比赛专家评审会于湖南举行

10月31日至11月1日，由中国海外交流协会主办、湖南师范大学承办的首届华文教育教案比赛专家评审会，在湖南师范大学国际汉语文化学院举行。

评审会上，来自北京语言大学、湖南师范大学和湖南省教育科学研究所的6位专家，将通过两天的评审、讨论，从初评、复评入围的、来自26个国家和地区的128份教案中，评选出特、一、二、三等奖共 64 个。

国侨办文化司副司长汤翠英表示，当前，教师年龄参差不齐、师资短缺等现象，制约了华文教育的发展。为此，国侨办通过研究培训大纲和课程等举措，推动海外华文教育有序发展。

作为评审专家，湖南师范大学国际汉语文化学院院长杨玲说，因华文教育在不同国家和地区的水平不同，教学性质与教学层次有异，评选时的标准不能用绝对来判定，而应相对判定。

据悉，此次华文教育教案比赛自 2012 年 12 月开始征稿，得到了广大海外华文教师的热烈响应，共收到各类教案近 700 份。

（中新网长沙 2013－10－31/唐小晴）

159 名海外华校校董开启新疆之行

10 月 29 日，来自 21 个国家的 159 名华校校董来到新疆师范大学华文教育基地考察，这是由中国国务院侨办和中国海外交流协会共同主办的“2013 年华文教育·华校校董华夏行”系列活动之一。

“华文教育是侨胞们生存与发展的内在根本需求。在海外，侨胞们把华文教育形象地比作华侨华人社会和谐发展与繁荣进步的‘希望工程’，是中华文化在海外传承与弘扬的‘留根工程’。”新疆外侨办副主任艾力·阿不力米提说。

据了解，活动承办方之一新疆师范大学于 2010 年起开始承接国侨办委托的“新疆籍华侨及其子女来华接受华文教育培训”项目，2011 年 6 月 16 日国侨办“华文教育基地”落户新疆师范大学。先后已培训来自哈萨克斯坦、吉尔吉斯斯坦、巴基斯坦、土耳其、沙特阿拉伯和日本等国家的 127 名学生，还有正在就读的 250 名新疆籍华侨华人子女。

新疆师范大学校长卫利·巴拉提说：“语言作为桥梁纽带对经济有很大的促进作用，重视中亚国家的华文教育，对构建‘丝绸之路经济带’有重要意义。”

长期从事华文教育工作的荷兰华教中心的 65 岁华校校董王霞莉说：“我们作为教育工作者，虽身在海外，但心系祖国。这是我第一次来到亚洲的中心——新疆，这里的歌舞、美食让我得到享受，多元的民族文化让我精神得到了升华，我离开的时候，除了会带葡萄干和大枣，还要将这多元民族文化带回居住国。”

（天山网 2013－11－04/屈蓉）

东南亚华文教学研讨会落幕　各国分享教学经验

为期两天的第十届东南亚华文教学研讨会 11 月 10 日在缅甸曼德勒落下帷幕，与会者对本地区华文教学取得新发展充满信心和期待。

与会代表在研讨会上就当前东南亚国家华文教育政策、发展现状、教材开发等进行了广泛交流，分享了各国华文教育的发展经验。

大会主委、曼德勒福庆孔子课堂董事会荣誉董事长李先瑾表示，东南亚地区的海外华人有个共同点，就是热爱教育，坚持弘扬中华文化与传统。东南亚华文教学研讨会的举办，为热爱华文教育者打造了一个交流经验、互相学习、信息共享的平台。

本届研讨会由曼德勒福庆孔子课堂主办，来自文莱、印度尼西亚、马来西亚、缅甸、菲律宾、新加坡和泰国等国的代表出席。中国一些高等院校和有关机构代表应邀出席研讨会开幕式。

第一届东南亚华文教学研讨会于1995年在新加坡举行，其宗旨是推动东南亚地区华文教学发展和交流，为东南亚各国华文教育工作者提供交流平台，共同传承中华文化。

（新华网 2013－11－11/张云飞）

2013年首届新生代海外华文教育管理人员研习班正式开班

11月11日上午，由中国华文教育基金会主办，香港大龙华同乡总会赞助的“2013年首届新生代华文教育管理人员研习班”在暨南大学华文学院学术报告厅正式开班。华文学院党委书记李世云、副院长曾毅平，以及来自20个国家和地区的60位华校校长、华人社团负责人出席了开班仪式。

泰国华文教师公会副主席、曼谷仁爱学校校长徐创业先生代表学员致辞，他自豪地谈起自己数十年如一日坚持在泰国从事的华文教育工作，他认为这是一项功德无量的事业。欧洲比利时青田商会中文秘书兼中文教师燕小明女士作为年轻的新生代教师代表，向一直以来为华文教育服务的管理者们致敬，她认为，培养新生代华文教育管理人才是迫切的，是时代发展所必需的，海外华文教育管理人员是中华文化及华文教育在海外最有力的推动者。他们表示将珍惜这次学习机会，把握好每一天，为发展海外华文教育尽自己的一份努力。英国中文教育促进会会长伍善雄先生从自身几十年来开展华文教育工作的经验出发，说明了目前海外华人学习汉语的现状，指出华裔和外国人学汉语并不完全一样，需要把我们的后代当作真正的华族后裔来培养，谨记中华优良传统，传承中华文化。他特别强调了培养高素质新生代华文教育管理人员的重要性。

此次新生代华文教育管理人员研习班共有来自英国、美国、日本、印度尼西亚、泰国、蒙古、越南、瑞士、比利时、菲律宾、新西兰、意大利、加拿大、西班牙、葡萄牙、澳大利亚、毛里求斯、厄瓜多尔、马来西亚、中国澳门等20个国家和地区的60多位华校校长、社团负责人参加，活动为期两周，研习内容涉及社团服务、学校管理、教学管理、海外侨情、当代中国、世界华文教育等。

（暨南大学华文学院网站 2013－11－12）

中文热词走出国门引关注　不该仅是“土豪”和“大妈”

一种语言要融入世界语言体系，不是一两个词被人津津乐道就行，它本身应该作为一种载体，蕴藏着最丰富的文学，最先进的文化，最优秀的文明。

近日，英国广播公司制作了一个小短片，专门介绍时下在中国流行的热词Tuhao（土豪），包括它的词源、词义以及风靡一时的原因。今年年初，“大妈”的汉语拼音“dama”也登上了《华尔街日报》，被称为“影响全球黄金市场的一支生力军”。越来越多的中文词汇出现在西方话语体系中。

在漂洋过海之前，“土豪”已在国内流行，成为“时髦”词。热词最大的特点是与时俱进，就像曾经出现过的“给力”、“山寨”一样，它们通常借由互联网风驰电掣的传播效力，成为生活中一时“抬头不见低头见”的“老熟人”。热词频出，一定程度反映了一个社会的更新与变化。新词汇、新句法反映新事物、新情景，只要语意合理，既可表征时代的特色，又能丰富语言的内涵，姑且听之即可。

热词走出国门，根本原因是国家影响力的提升，西方国家对中国从漠不关心到不可忽视，改革开放几十年，西方人看中国的视角也在发生转变，由宏观的国家意识形态转向微观的百姓市井家常，由务实的财经政治动向转向更深层的历史文化品位。当我们仔细考察这些留洋热词时，无论是“土豪”、“大妈”，还是过去的“功夫”，它们都有相似的特征，都带着一点猎奇、一点偏狭，还有一点揶揄。这就是为什么我们不能简单地将“热词热”等同于“汉语热”、“文化热”的原因。

钱钟书曾在《围城》里讽刺过留洋学哲学的褚慎明，“罗素请他喝过一次茶，问了他几个‘什么时候到英国、有什么计划、茶里要加几块糖’之类的问题，到了他嘴里便成了‘承他瞧得起，请我帮他解答了许多问题。’”由自卑进而自欺，这是旧中国失掉文化自信的表现。现代中国不是旧中国，中华文化走出国门首先就要建立在文化自信上。

另一个例子是，牛津英语词典近年收录过一个汉语衍生词“taikonaut”，专指中国宇航员。“taikonaut”是中国航空航天技术大发展，并为世界公认的又一见证，也是真正洋溢着自豪感的中国热词。它兼具典雅和入世，是庙堂之上一丝不苟的法典，也是江湖之远盘桓荡漾的情怀，中国需要更多像“taikonaut”这样积极的、有分量的热词。

（《光明日报》2013－11－12/陈佳冉）

试点项目获成功　中文将正式成为荷兰中学选修课

据商务部援引荷兰ANP新闻社11月12日报道，荷兰教育国务秘书戴克尔表示，中文作为荷兰中学选修课程的试点项目已获成功，中文即将正式成为荷兰中学的外语选修课程。

报道称，全世界的人口有五分之一是中国人。随着中国经济的发展，法国、德国等许多欧洲国家均已将中文设为外语选修课。荷兰自2010年开始进行中文选修课试点，试点计划为期三年，共九所学校参与。项目重点在于考察中文在荷兰教学中的可行性，即中文作为一门语言课程在听、说、读、写等四种技巧方面的可测试性。目前，已有四十所荷兰中学有意将中文设为外语选修课。

（中新网 2013－11－13）

温州市政协专题调研海外华文教育工作

11月13日，由在温部分市政协港澳海外委员、特邀委员和相关涉侨部门、部分华文教育基地、海外温籍华校负责人组成的调研组一行40多人，在温州市政协副主席徐育斐率领下，就温州市海外华文教育工作开展专题调研。

调研活动内容丰富，收获颇丰。调研组首先来到温州少艺校，参观了校史馆，观看了华文教育特色班学生的才艺表演。随后，在温州大学召开了华文教育工作专题座谈会。会上，调研组听取了温州大学副校长薛伟对学校发展历程以及开展海外华文教育概况的介绍，听取了市侨办副主任许捷关于我市开展海外华文教育工作的介绍，并观看了《温州华文教育纪实片》。市教育局、部分华文教育基地、海外温籍华校负责人就有关华文教育的工作进行汇报并提出意见及建议。政协委员代表纷纷就海外华裔回国就读、对国外华文教育进行统一认证等问题建言献策。调研组一行还实地考察了温州肯恩大学。

徐育斐对我市海外华文教育工作予以高度评价，并提出三点要求：一要进一步加强对海外华文教育工作重要性的认识；二要进一步整合海内外有效资源，协同推进华文教育工作；三要进一步发挥特色优势，不断创新我市海外华文教育工作。她希望政协港澳海外委员发挥作用，积极为海外华文教育发展建言献策，牵线搭桥。

（中国华文教育网 2013－11－15）

裘援平冀望暨大华文学院开创海外华教新局面

暨南大学华文学院16日迎来60华诞。中国国务院侨办主任裘援平在当天的庆祝大会上致辞时表示，希望暨南大学华文学院稳步推进海外华文教育正规化、标准化、专业化建设，为海外华文教育事业的发展创造更加坚实的基础环境，提供更加有力的支撑和条件，努力开创海外华文教育工作新局面。

裘援平说，60年来，暨南大学华文学院努力向海外华侨华人传授中华语言，传播中华文化，在办学层次、科研实力、校园建设、师资队伍、教学质量、教材编写和海外办学等各方面都取得了长足进展，培养的学生遍布世界100多个国家，让中华语言文化在全世界传扬。

她指出，华文教育是延续海外华侨华人民族之根的重要基础，是在海外华人社会弘扬中华文化之魂的基础性工程，关系着海外华人社会的可持续发展以及和谐侨社的建设，有利于海外侨胞长期生存、发展，有利于中国与侨胞所在国家的友好交流合作，有利于增强国家文化软实力，促进中华民族伟大复兴。

据了解，1953年，暨南大学华文学院前身——广州归国华侨学生中等补习学校在广州石牌成立。成立之初，补校的开拓者们筚路蓝缕，克服重重困难，在短短几年间修建校舍，扩充校园，使之迅速成为海外华侨学子归国求学的重要基地。1956年，港澳补校并入，学院更名为广州华侨港澳学生补习学校，6 000余名学生汇集校园。1965年，补校迁址广州瘦狗岭，正式更名为“广州华侨学生补习学校”。在新校园里，学院先后共安置和接待了来自60多个国家的数万名归侨学子。1993年，华侨补校并入暨南大学，暨南大学华文学院正式成立。

目前，暨南大学华文学院已成长为一所面向海外和港澳台地区开展华文教育、对外汉语教学及预科教育，以语言教学与研究并重的专门学院，为海内外学子提供包括华文教育在内的从华语学习到本科、硕士、博士研究生教育的系列课程。该院每年招收近4 000名五洲学子，来自世界上90多个国家和地区，并在欧美、东南亚等8个国家招收兼读制研究生及华文教育、对外汉语、汉语言本科生。

（中新网2013－11－16）

暨大华文学院举办“华文教育国际学术研讨会”

11月15—16日，作为暨南大学华文学院60周年院庆活动的重头戏之一，“华文教育国际学术研讨会”在暨南大学华文学院举行。来自全球23个国家和地区的140多位专家和学者齐聚一堂，就“华文教育发展研究”这一主题进行深层次、多角度、全方位的深入探讨。暨南大学林如鹏副校长出席开幕式并致欢迎词。

在为期两天的研讨会上，与会人员认真听取了北京语言大学李宇明教授《大华语的发展趋势》、香港中文大学冯胜利教授《汉语二语专业和教学的几个前沿问题》以及新加坡南洋理工大学吴英成教授《茶越冲越淡：华裔不同世代双语能力衍变进程》等会议主旨报告，并围绕华文教育历史与未来发展、华文教材与教学法研究、华文师资培养与资格认证研究、华语与华文水平测试研究、国别语言政策与华文教育当地化研究、华裔汉语习得与教学类型研究、两岸华文教育研究等专题进行分组讨论。

华文教育是全球华侨华人的共同事业，一代代华文教育工作者为传承中华文化、传播中华语言默默奋斗、无私奉献。作为国内华文教育领域的重要教学和研究机构，暨南大学华文学院在建院60周年之际，举办“华文教育国际学术研讨会”别具意义，在提供多层次、多形式、多途径的中华语言文化学习和教育，开展华文教育研究的同时，努力为海内外华文教师和华文教育研究者搭建研讨和交流的平台，以期促进不同国家华文教育同行之间的沟通与交流。与会人员通过对不同国家和地区华文教育的特点、存在的问题，以及华文教育的教学方法、手段，华文教育的教学水平评估等问题各抒己见、畅所欲言，充分交流研究成果，积极开展合作，努力开拓华文教育的研究领域，共同为推动华文教育事业的发展贡献力量。

（中国华文教育网2013－11－18）

41 名外籍华文教师海南结业　回国为汉语传播作贡献

今天下午，2013 年华文教师语言文字教学技能海南培训班结业典礼在海南师范大学举行，来自泰国、乌克兰的 41 名华文教师喜领结业证书。

本次培训班由中国华文教育基金会主办、海南省政府外事侨务办承办，为期一周。课程涉及汉字、词汇、语言、语法等各个方面的教学，旨在通过培训学习，使华文教师了解华文教育的最新动态，具备更完善的汉语教学专业知识，从而有效地提高个人的汉语教学水平。

典礼上，学员们纷纷感言，此次培训收获巨大。泰国华文教师代表瓦拉波表示："我在泰国教了 13 年华文，这次培训让我学到很多对外汉语的教学理论，还有很多有趣的教学方法。回国之后，我要努力实践这些新教学方法，继续为汉语的传播和交流作贡献。"

据悉，海南师范大学是国务院侨务办公室首批批准设立的华文教育基地，自 2000 年成立以来，积极参与对外汉语国际推广工作，已为印度尼西亚、菲律宾、柬埔寨、泰国等国家培养华文教师超过 4 000 名。

（《海南日报》2013－11－22/金昌波）

中国华教基金会抵葡　检查验收远程华教工作

11 月中旬，中国华文教育基金会项目二处主任李晓梅和北京华文教育定点校——北京燕京文化专科学校副校长潘汉亮抵达葡萄牙，检查验收远程华文师资培训项目在葡萄牙的开展情况。

李晓梅一行听取了葡萄牙里斯本中文学校关于远程华文师资培训项目的汇报，与参加培训的华文教师进行了座谈，并与该校华文教师一起进行了远程平台测试。看到远程华文师资培训项目在葡萄牙取得的实际成效，李晓梅对该项目的开展给予了充分肯定，希望北京燕京文化专科学校和葡萄牙里斯本中文学校再接再厉，根据葡萄牙华文教师的实际需求不断进行完善，真正造福葡萄牙华文教育。

在葡萄牙期间，李晓梅一行还拜访了中国驻葡萄牙大使馆，拜会了政务参赞龚韬和领事部主任王硕伟。龚韬参赞饶有兴致地听取了李晓梅关于中国华文教育基金会的介绍，表示一定会对基金会在葡萄牙开展的项目予以支持，并希望基金会继续一如既往地支持葡萄牙的华文教育事业。

（中国华文教育网 2013－11－25）

国侨办公布第三批海外“华文教育示范学校”名单

为了帮助海外华文学校改善办学条件，优化办学环境，提升办学水平，国务院侨办近日遴选出第三批华文教育示范学校，2013 年华文教育示范学校共有 88 所海外华文学校入选。

据介绍，“华文教育示范学校（单位）”的评选活动已举办两次，之前，共有 104 所华校入选。目前，通过在教材编写与提供、教师培训与培养以及华裔学生活动组织等方面加大支持力度，示范学校的办学水平、办学规模和办学影响力均得到了明显的提高。同时，通过发挥示范学校的榜样作用，还带动了当地其他华校提高办学水平，进一步促进了所在国家和地区的华文教育发展，受到了海外华校和广大师生的广泛赞誉。

（中国华文教育网 2013－11－26）

支持海外华文教育广东创造多个第一

广东省向来十分重视海外华文教育工作。多年来，各级侨务、教育部门采取多种形式支持海外侨胞开展华文教育。

据广东省文教处调研员黄林炎介绍，“南粤华教情”系列活动计划包括：华文师资培训计划；华文教师支教计划；校际交流合作计划；华裔青少年寻根计划；文化用品捐赠计划；共建“‘中华文化传承基地’计划”。

“自 2011 年开始，受中国国侨办委托，广东率先组织国内中华才艺教师团先后赴美国、巴西、西班牙举办中华文化大乐园夏令营活动，共培训海外华裔青少年 950 余人。”黄林炎说。

2001 年，广东省侨办组织了第一个汉语专家团赴印度尼西亚培训华文师资。此后，中国连续 5 年支持广东派出 7 个培训组赴印度尼西亚，培训华文师资达 3 500 名。

最近 5 年，受中国国侨办委托，广东相继派出培训团赴印度尼西亚、菲律宾、泰国、葡萄牙、西班牙培训华文教师 1 000 多人。

除了“送出去”，广东还大力聘请海外教师组织专业培训。2004 年，广东举办了首期海外华文幼师培训班，得到中国国侨办的重视。目前，已举办至第 10 期，为海外培养了 694 名华文幼儿师资。

此外，广东还举办了华文中小学教师班、华文校长研习班、华文幼儿园园长研习班、华文教师中华文化才艺研习班、印度尼西亚小学华文教师班等一系列短期培训班。

2003 年，广东开始从社会上征募“海外华文教育志愿者”，并陆续从全省各地派遣“志愿者”到海外华校任教。

“广东省外派志愿教师最初派往的国家是印度尼西亚，随后扩展到菲律宾、泰国、马达加斯加等国家。”黄林炎介绍，派往国外的志愿者人数逐年增长。2008 年至今，广东每年选派的华文教师均达百名以上。目前为止，共派出教师 737 人次。

在海外华教教材编写方面，广东也一直走在全国前列。

制度建设推动发展

为帮助海外华人推动华教发展，广东近十年来，还制定了一系列相关政策与规划。

2005 年，广东省侨办与省教育厅联合下发了《关于进一步加强海外华文教育工作的通知》。

2008 年，经广东省政府批准，该省侨办制定了《广东省海外华文教育发展三年规划(2008—2010)》，实施支持海外华文教育的“十百千万工程”。

2009 年，广东省侨办与广东省教育厅颁布了《广东省外派教师管理办法》，该省侨办制定了《外派教师工作程序》，规范外派教师工作。

2012 年，广东省侨办又制定了《外派教师管理与服务实施细则》，对外派教师的管理和服务提出了更高、更规范的要求。

2012 年，广东省侨办与教育厅联合出台《广东省海外华文教育发展五年规划(2011—2015)》，以组织实施“南粤华教情”系列活动计划为主要任务。

“海外华教发展，离不开广东的大力支持。”泰国乌汶华侨学校二校校长尹愔说道，并建议广东多派遣年轻教师到该国工作，“海外很多孩子的母语不是华语，年轻教师适应快”，她说，泰国的孩子活泼、率真，更容易和年轻教师有更多的互动和沟通。

（《南方日报·海外版》2013－11－26）

上海侨办与上海远程教育集团达成华文教育合作

11 月 22 日，上海华文远程教育中心签约仪式通过视频在上海和蒙特利尔同步举行。中国驻蒙特利尔总领馆副总领事覃展鹏、上海市政府侨办主任徐力、副主任蔡建国、上海远程教育集团副主任顾晓敏、上海电化教育馆馆长王民、加拿大佳华中文学校校长荣萌等出席仪式。仪式由上海市政府侨办文宣处负责人主持。蔡建国副主任和顾晓敏副主任代表双方签约。

签约仪式上，徐力主任与覃展鹏副总领事发表了热情洋溢的致辞。徐主任表示，上海市政府侨办与上海远程教育集团共同组建“上海华文远程教育中心”，就是希望将现代化信息技术应用于华文教育，为海外的希望工程提供更多的资源和智力支持，让更多的华文教师能够迅速及时地接受有针对性的培训，走出网络师资培训的新路，使之成为华文教师来华培训的有力补充。他赞赏佳华中文学校作为上海“海外文化推广中心”，为上海和蒙特利尔两地的教育文化交流起到了积极的作用。覃副总在致辞中强调，华文教育是延续海外华侨华人民族之根的重要基础，是海外华人社会弘扬中华文化之魂的基础性工程。他感谢上海市侨办等单位对蒙特利尔地区华教工作的大力支持，以及佳华学校为促成此项工作所作的努力，相信远程培训课程的开展将使更多的教师受益，对蒙特利尔地区华文教师专业水平的提高和本地区华教的发展将起到非常重要的促进作用。

据悉，上海市政府侨办于2011年命名了首批上海“海外文化推广中心”，在传播与弘扬中华优秀文化、促进中外教育文化交流方面进行了许多创新与尝试。今后，上海市侨办将借助“上海华文远程教育中心”这一新平台，与上海远程教育集团在电子课程研发、远程师资培训等方面进一步加强合作，把中华文化的优秀成果、优质的教育资源介绍到海外，为推动“中华文化走出去”作出新的贡献。

（中国华文教育网 2013－11－28）

海外华文教育是华侨华人的“留根工程”

日前，由国务院侨办主办，青岛市侨办、青岛大学承办，青岛华文科技专修学院协办的“2013年华文教育教师研习——马来西亚普通话正音班”正式在青岛开班。来自马来西亚的73位华文教师参加了开班仪式。

据悉，此次培训班已是第五届马来西亚华文教师培训班的开办，随着工作的不断深入开展，培训班的效果也是一届比一届好，规模也越来越大。

优秀的中华文化不仅是联系海外华侨华人的纽带，对开展海外华文教育推广工作也意义重大。目前，世界上学习汉语的人有三千多万，随着中国在世界上的影响力越来越大，华文华语越来越为世界所认同，华文华语将成为一种强势语言文字工具。

青岛市侨办主任尹明琴表示，海外华文教育是广大华侨华人学习汉语、传承中华文化、保持民族特性的“留根工程”和“希望工程”，具有重要而深远的意义。而此次的华文教师培训班不仅能够为马来西亚的华文教师们提供最纯正的普通话正音训练、汉语教学方法等，而且为华语和中华文化在世界范围内的传承、发展提供了良好的基础和环境。特别是通过这些华文教师能够把最先进的文化教学方法带回去，应用到海外华文教育中，这项工作的意义深远。

据了解，海外华文教育一直是青岛市侨办大力推进并发展的重点工作之一，而国务院侨办2006年在青岛大学设立国家级华文教育基地以来，青岛将海外华文教育更是推向了一个发展高度。

山东本就有着深厚的文化底蕴，而青岛多彩的山海文化也是令不少海外华侨华人向往的。在20天的学习时间里，马来西亚华文教师们除了接受普通话正音训练、汉语教学方法和技巧学习，以及玄真养生拳、脸谱书画等中华文化课程学习外，还将利用学习之余的时间，到青岛各地走走看看，把中国悠久的历史和青岛的山海文化介绍到世界各地，把青岛的巨大变化及切身感受带回居住国，为中马间的文化教育交流作出贡献。

（凤凰网青岛 2013－12－02/周雨京）

暨大首届新生代海外华教管理人员研习班结业

近日，由中国华文教育基金会主办、香港大龙华同乡总会赞助的“2013 年暨南大学首届新生代海外华文教育管理人员研习班”结业典礼在华文学院学术报告厅隆重举行。华文学院院长郭熙教授、常务副院长邵宜教授、海外教学部温明亮主任，以及研习班全体学员出席了结业仪式。

郭熙在讲话中提出了许多作为华文教育管理者需要注意的工作和值得深思的问题，对大家热心华文教育事业表示赞许，也对日后华文教育在海外的蓬勃发展寄予殷切期望。英国博士中文专业教学中心顾钧校长、新西兰实验学校刘文影校长代表全体学员发言，两位校长对本次研习班的赞助方、主办方、承办方表达了深厚的谢意，并结合自身经历、体验分享了参加这次研习班的收获与感悟。教师代表王慧与大家分享了本次研习班学习与生活中的点滴，离别之际，大家觉得分外感动与不舍。

本次研习班开设了教育管理学、中小幼学校管理、中国教育体制、当代中国概况、海外侨情、世界华文教育、华人社团组织与发展、海外华人社团概况、社团服务与管理等课程，让来自 20 个国家和地区的 60 多位学员对祖（籍）国最新的国情、对世界各地的侨情和华文教育的实际情况有了具体的了解和认识。

在课堂教学之外，结合学校教育和管理情况，研习班的学员还走访了广州市荔湾区协和幼儿园、华侨小学，与两所学校的教师及管理人员详细座谈。在协和幼儿园，听取了园长对幼儿园的发展历程、师资队伍、办学理念以及在教学管理方面探索成果的介绍，并参观了校园、课室、活动场地等。在华侨小学，学员全面了解了学校的发展状况、学生来源结构和颇具特色的管理模式，并观看了学生合唱团的表演以及学生参加国际赛事的获奖作品展。

（中国华文教育网 2013－12－05）

广东省启动 2014 年外派华文教师推荐工作

记者 12 月 7 日从广东省侨办获悉，为支持海外华文教育的发展，广东省已启动 2014 年外派华文教师的推荐工作，计划在全省范围内选拔 100 余名在职教师或应届毕业研究生赴海外多个国家和地区从事为期一年的华文教育。

广东省侨办和广东省教育厅已联合发文要求省内各地市侨办（外侨局）、教育局、有关院校等机构积极物色符合条件的在职教师，作为赴印度尼西亚、菲律宾、泰国、马达加斯加、荷属库拉索等国家和地区华校任教的外派教师候选人。

外派教师将在海外中文学校从事幼儿园、中小学及高等院校的中文一线教学等工作；外派教师还承担示范教学、当地师资培训、协助学校开展教学管理和组织各项文艺活动的工作。符合条件的应届毕业研究生由毕业院校推荐，经考核合格，也可酌情适量选派。

据介绍，外派教师需具有幼儿教育、中文、对外汉语、汉语国际教育或其他中文类相关专业本科以上学历；在国内单位从事一线教学，任教幼儿园课程或语文课，业务精通，教学经验丰富；具有教师资格证书或汉语教学能力证书；普通话水平需达到二级甲等以上。

在岗位设置方面，预计招聘幼儿教师40余名，中小学语文教师40余名，大学中文教师15～20名，小学音乐、美术教师2～3名。

广东省侨办将于明年2月至3月通知符合条件的候选人赴广州参加统一面试、考核，入选教师将接受为期一周的培训，并于明年5月起分批派出。

广东省侨办表示，随着中国国际影响力的提升，“汉语热”正在全球范围内升温。2011年至2013年，广东省共外派华文教师382人次到海外华校支教。

（新华网2013－12－09/张建华）

中山市华侨中学荣为国务院侨办“华文教育基地”

12月7日下午，中山市华侨中学建校59周年庆典暨国务院侨办“华文教育基地”授牌仪式在华侨中学大礼堂举行。国务院侨办文化司司长雷振刚、华文教育发展中心副主任邱立国、广东省侨办副主任郑建民、中山市副市长冯煜荣、全国政协教科文卫体委员会副主任、香港新华集团主席、中山市华侨中学校董会董事长蔡冠深博士等领导和嘉宾出席授牌仪式。

国务院文化司雷振刚司长致辞，首先，对中山市华侨中学成为国务院侨办“华文教育基地”单位表示祝贺，并对该校在对外友好合作交流及传播中华文化方面的成效给予肯定。雷振刚司长称，华文教育是面向海外数千万华侨华人的民族语言教育和文化传承工作，是中华民族在海外的“留根工程”，对于涵养侨力资源，提升中华文化在海外的影响力具有重要意义。目前，国务院侨办在全国各有关院校已确立43个华文教育基地。

中山市华侨中学是广东省首批一级学校，首批国家级示范性普通高中，广东省“中华文化传承基地”。该校依托校董会及蔡冠深对外交流基金会，已与美国、加拿大、英国、日本、韩国、新加坡等国家和中国港澳地区名校建立了友好合作交流关系；多次承办国家、省市侨务部门组织的华裔青少年夏、冬令营等文化交流活动。同时，还承办广东省教育厅、中山市政府、市教育局等分派的与韩国京畿道、日本兵库县、美国旧金山等地的名校交流和对英国、塞舌尔、香港等地的支教活动，广泛传播中华文化。为回馈华侨，学校还开办侨生班，在创新育人及弘扬中华文化，涵养华裔新生代等方面取得较好成效。

适逢59周年校庆，中山市华侨中学对作出突出贡献的师生进行颁奖，当天颁发的奖金累计共达300多万元。校董和校友们也纷纷慷慨解囊，蔡冠深博士再次为对外交流基金会捐赠100万元港币，副董事长刘锐谦再次捐赠100万元港币给教师发展基金会，新任副董事长苏杰开先生捐资50万元港币给校董会，2000届校友许文杰捐赠30万人民币给校友基金。

（中国华文教育网2013－12－11）

中国华文教育基金会2013年项目工作会议在广州召开

12月11日，中国华文教育基金会2013年项目工作会议在广州召开。省（市、区）侨务有关部门和华文教育基地近70人参加了会议。国侨办副主任马儒沛、广东省侨办主任吴锐成出席了开幕式并作讲话。国侨办文化司副巡视员汤翠英，中国华文教育基金会副理事长兼秘书长左志强、副秘书长李献国、卢海斌等列席会议。

开幕式上，广东省侨办吴锐成主任致欢迎词，介绍了广东省侨办近年来开展华文教育工作的情况，重点介绍了与省教育厅联合制定海外华文教育发展三年和五年规划以及承办基金会华裔青少年南粤文化行，尤其是禅武文化项目的情况。国侨办副主任马儒沛结合党的十八大相关内容，对华文教育基金会接下来的工作提出了配合主要渠道、加强项目实施、提高工作能力、做大做强品牌项目、发挥民间公益组织优势、挖掘潜力募集资金等方面的要求。

随后，左志强副理事长对基金会2012年整体工作进行了回顾和总结，介绍了在全国侨务系统、基地院校和我驻外使领馆的配合下开展工作的情况，并对2013年工作做了展望。他强调，2013年，中国华文教育基金会将重点培育各类优势品牌项目，精心打磨形成若干个项目群；进一步建立和完善项目管理制度，推进规范化、制度化、标准化；加强对项目实施过程的监督检查，保证公信力，对捐赠者负责；加强自身队伍建设，注重对项目管理人员提升外语、财务等方面能力的培养；开展海外华文教育调研；推动品牌项目创新；总结经验，进一步加大宣传力度；密切与项目合作方的沟通与联系等。

随后，广东、江苏、福建三省和上海市侨办以及暨南大学、北京华文学院和昆明华文学校等七家单位先后介绍了各自项目开展的情况。其中，广东省侨办重点介绍了在禅武的特色项目和以项目带动宣传、项目带动募捐方面的努力和成绩。大会还安排了交流和研讨环节，与会代表们畅所欲言，积极沟通，为进一步做好华文教育工作提供了许多新设想和新思路。

（广东侨网 2013－12－12/严力为）

马来西亚华文教育研讨会在上海召开

上海华文教育研究中心专家年会暨马来西亚华文教育研讨会11日在此间召开。活动邀请了来自马来西亚华文学校的30余名校长及教师、上海市教委、上海华文教育研究中心专家、上海华文教育基地学校等相关人士与会，为进一步推广“成功教育”，提高马来西亚华文教育水平出谋划策。

“成功教育”是由上海闸北第八中学校长刘京海创导并坚持了20多年的教育改革，其有效地转变了大批学生学习困难的情况，被原国家教委列为向全国基础教育重点推广的三个教育科研成果之一。近年来，经上海市政府侨办牵线搭桥，“成功教育”在马来西亚等国家的华文学校试点获得了良好的反响。

马来西亚华侨华人众多，拥有从小学到大专完整的华文教学体系。为了加强中马教育文化交流，帮助华侨华人传承弘扬中华文化，推动华文学校走出师资不足和生源薄弱的困境，自2009年起在国务院侨办和上海市教委的支持下，上海市政府侨办每年派遣优秀教师赴马来西亚作学科教学培训。至今，共派出十多批校长和骨干教师到马来西亚进行交流，支持马来西亚华文教育改革。

“马来西亚现有华文独立中学约60所，其中，三分之一的‘独中’正在推行‘成功教育’。”马来西亚砂拉越古晋中华第一中学校长叶宗元此番与其他30位华文学校校长与教师专程来沪考察“成功教育”。

叶宗元告诉记者，据统计：2013年马来西亚约96%的华族子弟在华小接受基础华文母语教育。“虽然现在华文教育在马来西亚仍然面临许多危机，但是，在华社锲而不舍、坚持不渝的捍卫下，还是能够在艰难险阻的环境中屡创奇迹的。”

“2009年我去马来西亚考察的时候，就是被当地华社和华侨华人为了华文教育的传承、为了弘扬中国文化而做的努力和贡献所深深感动，加上我也想在学术上有所突破，所以一直做到现在。”在谈及为何如此支持海外华文教育时，刘京海如是说。

他透露，“成功教育”团队已为马来西亚华文独中开发了语文、数学、生物、化学、物理5个电子平台（包括PPT课件与详细的电子教案），目前，正与董总商洽开发高中版本的电子平台。

（中新网上海 2013－12－12/叶艺勤）

40名马来西亚华校幼儿教师齐聚福州学习中华文化

12月9日，由国务院侨务办公室主办，福建省人民政府侨务办公室承办、福建幼儿师范高等专科学校协办的“2013年‘华文教育·教师研习’马来西亚华文幼儿教师班”在福建省幼儿师范高等专科学校拉开帷幕。福建省人民政府侨务办公室党组成员、纪检组长闵蕙君、福建幼儿师范高等专科学校副校长郑健成等出席了开班仪式。

闵蕙君代表福建省人民政府侨务办公室，向来自马来西亚的华校幼儿教师表示热烈欢迎。她说，文化是民族的血脉，海外华文教育是海内外中华儿女世代自强不息、团结奋斗的强大精神支柱，是海外华侨华人留根的“希望工程”。马来西亚华文教育之所以取得今天令人瞩目的成果，是因为马来西亚先贤们的卓绝奋斗与抗争，是因为一代代华文老师们的执着耕耘与无私奉献。马来西亚华人一口流利纯正的华语，是马来西亚华侨华人的骄傲，更是马来西亚所有华文教师的荣耀。她希望各位学员多到中国、到福建交流学习，促进中马文化交流和中华文化的传承。

本次研习活动为期 15 天，共有 40 名学员参与，设置的课程有中国文化、不同文化背景下的华文启蒙教育、幼儿园健康课程与汉语教学法、幼儿园实地观摩与交流等。

（中国华文教育网 2013－12－13/叶晓珊）

第七届全球孔子学院大会在京召开

12 月 16 日，第七届全球孔子学院大会开幕式在北京国家会议中心举行，中央政治局委员、国务委员、孔子学院总部理事会主席刘延东出席并致辞。开幕式由教育部部长、孔子学院总部理事会副主席袁贵仁主持。

刘延东指出，2012 年汉语国际推广事业实现新发展，已建立 400 所孔子学院、500 多家孔子课堂，注册学员 65 万人，为各国人民开启了认识中华文化和当代中国的窗口，对培养人民与人民之间的情感与友谊、促进不同文明间的交流互鉴发挥了重要作用。刘延东强调，高举和平、发展、合作、共赢的旗帜，尊重人类文明多样性和发展道路多样化是中国共产党十八大的重要精神，中国政府将积极支持孔子学院稳步发展。

刘延东表示，孔子学院总部明年将启动 7 个重点项目，包括与各国高校合作设立汉语师范专业，建立国际汉语教育专业硕士海外实习制度，实施国际汉语教材工程，加强网络孔子学院建设，扩大开展“汉语桥”中文比赛等。

刘延东在开幕式上表彰了 26 个先进孔子学院、4 个先进孔子学院课堂、30 个孔子学院先进个人和 10 个孔子学院先进中方合作院校。

开幕式结束后，嘉宾观看了山西艺术职业学院表演的舞剧《粉墨春秋》。

第七届全球孔子学院大会以“促进孔子学院融入大学和社区”为主题，将于12月16日至18日在北京举行，来自全球108个国家和地区的2 000余位中外大学校长和孔子学院院长将围绕这一主题进行交流。大会将举办校长论坛及分组研讨会、孔子学院总部项目咨询会及国际汉语教材资源展等。代表们将围绕“孔子新汉学计划”、孔子学院制定发展规划、汉语师范专业、汉语教师培训基地建设和孔子学院专职教席、孔子学院质量评估与示范孔子学院建设等议题进行深入讨论。

（人民网北京2013－12－17/郑青亭）

第六届华教国际论坛在云南举办　畅论华教发展

近日，第六届华文教学国际论坛在云南师范大学西南联大博物馆报告厅开幕。云南师范大学副校长原一川教授，原国家汉办副主任、对外汉语教学专家姜明宝先生，新加坡教师总会理事长连慧英女士，云南华文学院、国际汉语教育学院院长武友德教授，以及来自新加坡、马来西亚和中国国内的参会代表及嘉宾共70余人出席了本次开幕式。

开幕式上，主持人魏红教授首先向参会代表们介绍了出席论坛的领导和嘉宾，并对所有来宾表示了亲切的问候和热烈的欢迎。原一川表示，本届论坛是一次华文教学国际交流的盛宴，将会为世界各地前线华文老师和专家学者提供一个交流切磋的专业平台，希望与会者畅所欲言，共商华文教学事业的大计。连慧英对云南师范大学主办和积极支持本届会议表示感谢，并希望通过此次会议，华文教学事业及研究成果能得到进一步的交流和推广。

此后，云南师范大学国际汉语教育学院张鹏老师宣读了北京大学陆剑明教授的贺信，陆教授预祝“第六届华文教学国际论坛”圆满成功举行，他就当前华文教学存在的问题提出了自己的想法，并对积极推动华文教学的发展表达了殷切的希望。最后，新加坡华文教师总会与云南师范大学互赠纪念品，并集体在田家炳教育书院门前合影留念。开幕式在与会者热烈的掌声中圆满结束。

仪式后，三位主题演讲嘉宾分别作了大会交流：原一川教授作了《在昆高校外国人汉语学习动机实证研究》的报告、新加坡德明政府中学符传丰校长作了《21 世纪学校领导与学校文化交流》、中山大学周小兵教授作了《基于教材库的新加坡华文教材分析与思考》的报告。三位专家的报告内容具有针对性、远见性和开拓性，讲演者机智、幽默，交流形式轻松、愉快。在随后的两天会议期间，参会者还就自己在华文教学领域的理论与实践研究成果进行总结交流，探讨华文教学的研究前景，促进华文教学积极发展。

（中新网 2013－12－18）

首届“华语与华文教育”硕士研究生班在菲开班

华侨大学华语与华文教育专业菲律宾研究生班 12 月 19 日在菲律宾马尼拉开班。该班是华侨大学在菲律宾开办的第一个硕士研究生班，所招的 18 名学生均为当地华校一线教师。华侨大学华文学院承担为期三年的培养任务，将采用非脱产密集型授课方式，选派优秀教师赴菲律宾授课，帮助其完成学业。

菲律宾华教中心副主席沈文、黄端铭，华侨大学研究生院常务副院长王丽霞，华文学院党委书记纪秀生等出席了开班仪式，并为学生颁发华教基金会完美奖学金。

近年来，华侨大学高度重视海外华文教育事业的发展，采取多种措施推动与海外华教机构的合作，开办华文教育研究生班，力求通过培养一批高素质华教教师来提升促进华文教育的发展，为华文教育事业添砖加瓦。菲律宾研究生班是华侨大学继日本班和昆明班之后所开办的第三个华语与华文教育专业硕士研究生班。中国华文教育基金会和完美（中国）有限公司为该班提供奖学金赞助，此次奖学金奖励总额达 95 000 元人民币。菲律宾华侨、华侨大学董事会副董事长陈永栽也对该班给予大力支持，提供教学场所、教学设施和部分生活便利。

（中国华文教育网 2013－12－23）

海外汉语教学：培养本土汉语教师是根本

教师、教材、教法，是对外汉语教学的三个关键点。其中教师排在首位。刚刚闭幕的第八届孔子学院大会着重提出，要加强各国本土汉语教师的培养。

现在，国家汉办每年都会选派几千名汉语教师和汉语教师志愿者，为世界各地 1 000 多所孔子学院（课堂）带去“原汁原味”的汉语教学，他们的功劳有目共睹。但同时，外派的汉语老师也有短板，那就是对当地情况了解有限。虽然在出国前，外派汉语教师都需要经过跨文化交际方面的培训，但文化的差别、思维方式的不同、教学方法的差异、语言水平等问题，并不是靠短时间培训就能解决的。何况根据目前有关规定，外派汉语教师的任期一般为 1 到 3 年不等，具有临时性，师资队伍流动性很大，学生刚适应了某个老师的教法，老师的任期也快结束了。这些都制约着孔子学院的进一步发展。

相比之下，本土汉语教师有着诸多先天优势，他们了解当地风土人情，了解学生的思维方式，了解学生的学习习惯，没有语言障碍，没有任期限制……虽然在汉语和中华文化传播方面可能不如外派的中国老师，但经过有计划的重点培训，他们完全能够逐渐克服自身的劣势。

其实，在汉语国际推广领域，许多有识之士已经认识到培养本土汉语教师的重要性，并开始着手这方面的工作。北京语言大学校长崔希亮介绍说，北语正在打造“双万师资计划”，即在 5 年内，不仅培养出一万名高素质的本土师资，还要培养出一万名国外汉语教师。通过多种方式提高他们的语言能力和教学能力，争取把他们培养成稳定的海外汉语师资力量。北语还在泰国、韩国、新加坡等汉语学习者人数众多的国家开办了分校，主要目的就是培养当地专业的汉语师范人才。

面对迅猛发展的世界“汉语热”，对外汉语教师师资不足的情况会不断凸现，长期持续。“授人以鱼，不如授人以渔”，我们有必要转换工作思路，多渠道、多形式地加大培养本土汉语教师的工作力度。让每一所孔子学院，不仅成为教授汉语和中华文化的课堂，也成为培养本土汉语教师的基地。只有当越来越多的本土汉语教师和中国外派的汉语老师并肩工作、共同教授汉语、传播中华文化时，才能突破“瓶颈”，从根本上解决制约孔子学院发展的师资不足问题。

（《人民日报·海外版》2012－12－24/刘菲）

昆明华文学校海外“华文书苑”落地越南河内

12月10日，昆明华文学校海外“华文书苑”挂牌仪式在越南河内第二师范大学举行。昆明华文学校张明军校长、越南河内第二师范大学阮文线校长及两校相关人员等30人参加了挂牌仪式。

近年来，在国侨办的大力支持和帮助下，昆明华文学校的海外华文教育工作取得了一定的成绩，为进一步开展好海外华文教育工作，最大限度地发挥了外派教师在海外学校的“母机”作用，使其在海外学校当教师的同时，又能带动海外学校教师教学整体水平的提高，提升海外学校的办学水平，更全面、更具体地了解海外学校的切实需求，有的放矢地对他们进行帮助和提高。结合海外华文（中文）教育工作现状，昆明华文学校充分发挥毗邻东南亚、南亚的地缘、业缘、亲缘优势，同海外学校合作，积极开展海外华（中）文教育工作。从去年开始，已先后在缅甸、老挝、越南、泰国、印度尼西亚等国家建立了13个“华文书苑”。

越南河内第二师范大学“华文书苑”挂牌后，外派教师将担任书苑的主任，帮助河内第二师范大学与国内相关机构开展丰富多彩的文化交流活动；开展中文教育教研、调研活动；开展招生宣传工作；组织海外学校教师、学生到中国学习，参加夏（冬）令营、教师培训等工作。书苑的建立，将进一步扩大两校间的校际合作，使两校的合作进一步规范、稳定开展，进一步提升河内第二师范大学的中文办学水平，同时促进两国文化友好交流。

（中国华文教育网2013－12－24）

东南亚国家华校骨干教师交流团在福建开团

由国务院侨办主办、华侨大学承办的2013年东南亚国家华校骨干教师交流团日前开团，共有来自印度尼西亚、马来西亚等国家的30名华校教师参加。

欢迎仪式20日在位于福建泉州的华侨大学陈嘉庚纪念堂举行。华侨大学招生处处长吴春安介绍了华侨大学与印度尼西亚华侨之间的历史渊源，并对印度尼西亚在校学生的学习生活状况及学校对印度尼西亚的特殊招生政策作了具体说明。

欢迎仪式后，交流团团员还与印度尼西亚学生座谈交流，了解在校印度尼西亚学生的生活学习状况，并参观校园环境、在学生餐厅体验华园美食等。

12月20日至30日期间，交流团团员将观摩华文学院华文教育专业课程，体验华侨大学的课堂，并将听取教学法分析、青少年心理健康教育、太极拳、剪纸艺术及灯笼制作等讲座。

除精彩丰富的课程外，团员们还将参观泉州、厦门当地的人文景观，感受闽南丰富文化与历史积淀，并赴江苏进行人文考察与学习。

（中新网泉州 2013－12－24/吴洋）

“华文教师证书等级标准研制”项目通过验收

由暨南大学承接的“《华文教师证书》等级标准研制”项目经过为期两年半的努力，日前正式完成并顺利通过国务院侨办验收准予结项。

为了顺应海外华文教育师资专业化发展需要、提升海外华文教师综合素质和教学能力、规范海外华文教师培训工作，在前期预研基础上，国侨办于2011年2月正式设立了“《华文教师证书》等级标准研制”项目，并委托暨南大学完成。暨南大学随即遴选了相关专业15位富有海外师资培养经验的教学、科研骨干组成课题组，投入项目研究工作。

在国侨办文化司和学校领导的大力支持与关心下，课题组分工合作，经过为期两年半的努力，终于完成全部研制工作，项目研究成果包括：《〈华文教师证书〉实施方案》、《〈华文教师证书〉考试样卷及答题卡》、《〈华文教师证书〉考试试测报告》、《〈华文教师证书〉考试调研报告》。

（中国华文教育网 2013－12－25）

广东省侨办官员慰问该省部分外派华文教师家属

近日，广东省侨办文教处汤泗昌处长、黄林炎调研员及有关工作人员一行4人分赴梅州、河源、惠州、江门、云浮、茂名、湛江、肇庆八市慰问2013年外派华文教师家属，并与当地侨务、教育部门、教师派出单位等座谈交流。

慰问团一行分为两组，先后赴兴宁县、梅州市区、新兴县、云城区、河源市区、茂名市区、电白县、惠州市区、雷州市、肇庆端州区、江门市等地，与各市、县侨务、教育部门领导一起，慰问了22户外派华文教师家庭，为家属送上慰问品，感谢家属对外派华文教师工作的支持。在走访慰问中，慰问团介绍了相关海外华校情况和外派教师在外的生活工作情况，并了解了家属们目前的生活情况及有无生活困难等问题。据悉，今年广东省办根据国侨办文化司的任务及海外华校的需求，从广东省内19个地市推荐的候选人中选派了72名教师赴海外任教。加上去年留任的40名教师，目前，广东省共有112名教师在海外学校从事华文教学和管理工作。

慰问团还分别在各市与部分市、县侨务教育部门及学校召开了外派华文教师工作座谈会，当地侨务、教育部门和派出学校领导、回国探亲教师及家属代表等参加座谈交流。文教处领导代表国侨办文化司、广东省侨办领导向当地教育、侨务部门及派出学校和家属对外派华文教师工作的支持表示感谢，并介绍了省侨办自2004年开展外派华文教师工作以来的工作成效及近年来的工作情况，希望相关部门进一步提高对外派华文教师工作的认识，共同为推进薪传中华文化而努力。此外，双方还就外派教师的管理、安全、工作模式、内容等进行了交流，并与部分学校就通过外派教师渠道促进海内外学校开展校际交流及组织海外华裔青少年夏（冬）令营活动等进行了探讨。

（中新网广州 2013－12－27/朱萍　严力为）

北京市侨办举办华教座谈会　征求华教工作意见

元旦前夕，北京市政府侨办举办华文教育工作座谈会，就华教工作征求各学校意见。

首都师范大学、北京语言大学、华北电力大学、首都体育学院、汇文中学、海淀实验中学、十一学校、三十九中等学校主管华教工作的负责人与会。

座谈会上，北京市政府侨办文宣处处长张于成报告了 2013 年华文教育工作的相关情况，对各承办单位的大力支持表示感谢。他希望各承办学校根据承办华文教育活动的经验积极建言献策，为“北京华文教育工作意见”的出台提供智力支持。

海淀实验中学书记董红军、汇文中学副校长武京学等纷纷发言，就学历教育、远程教学、课题研究、教材编写等提出意见及建议，并希望能承接更多华教活动，对华教的规律特性开展研究。

据悉，元旦后，北京市政府侨办还将赴北京各类型学校进行调研，深入了解各学校的需求，为“北京华文教育工作意见”的出台做准备。

（中国华文教育网 2013－12－27）

暨大华文学院赴台湾地区世界华语文教育学会交流

近日，应世界华语文教育学会秘书长董鹏程的邀请，暨南大学华文学院师生一行 12 人赴台湾地区世界华语文教育学会（简称“华文会”）中心访学交流并举行座谈。

座谈会上，董鹏程秘书长向暨大师生介绍了华文会的历史、发展、传承与展望，分享了自己从事华文研究事业的心得与体会。董老先生为华文教育事业倾注了毕生心血，他的敬业精神深深地打动了暨大师生。座谈会之后，董老先生热情地邀请暨大师生参观华文会的图书收藏室。他表示，在华文教育研究与中华文化传播的道路上，对外汉语教师作为交流的窗口，承担着传承与创新中华文化的历史使命，要在多元文化融合与交汇的背景下致力于中华文化的继承与发扬。暨大师生表示，在董老先生的谆谆教诲下，他们愈发感到华文教育与文化传承任重而道远，要向老一代的华文教育工作者学习，不辜负前辈们的殷切希冀。

（中国华文教育网 2013－12－31）

华人新生代崛起　成侨务工作关注焦点

“年轻人既是今天海外华人社会发展的中坚力量，更是明天的创造者和希望所在。”2013 年履新的中国国务院侨务办公室主任裘援平在其任内首次赴海外访问期间如是说。

近年来，海外青年一代华侨华人在整个华人社会中发挥的作用举足轻重，而且在主流社会也渐露头角，涌现出政治、经济、社会、文化等方方面面的精英。而尤为难得的是，他们不仅拥有自己的事业，还积极从事社会活动，注重回馈当地，融入主流。

对于日渐成熟的海外华人社会来说，“青年一代”无疑是“早晨八九点钟的太阳”，象征着朝气，预示着希望。裘援平在接受中新社记者采访时曾表示：“广大海外侨胞在旅居国繁衍生息、创业拼搏，大都融入了当地主流社会。其中，海外华裔新生代人才辈出，不少人成为社会精英和各界翘楚，成为华人社会可持续发展的生力军。”

中国国务院侨办一直以来都高度重视海外华侨华人青年的工作，2013 年更是被国务院侨办确定为“侨界青年交流年”，这显示出中国侨务工作视角的转变，以“青年一代”为重要内容的侨务资源涵养成为侨务工作的重中之重。

裘援平履新后的首次出访中，在泰国、马来西亚两国三次与华裔青年亲切见面交流。在她看来，“海外新生代们已经成长起来，而且在一个高起点上开始了各自事业的发展”。

如其所言，华裔新生代不仅继承了父辈留下的事业，接受了良好的教育，而且积极融入当地社会，得到了广泛的认同和赞誉。2013 年 5 月，国务院侨办以“绽放青春光彩·共圆共享中华梦想”为主题举行了“第九届世界华裔杰出青年华夏行”，来自 74 个国家和地区的 500 名华裔杰出青年围绕“华裔青年未来与中国”、“华裔青年责任与世界”两个主题进行讨论和交流。

在这些华裔杰出青年中，20 世纪 70 年代后出生的占 68.4%，甚至还有一些“90 后”青年。他们受教育程度高，近 30% 拥有硕士、博士学位；从业领域广泛，包括金融保险、科技教育、医疗卫生、新闻媒体、法律咨询、动漫设计、职业赛车、地产珠宝、商业贸易、酒店餐饮等行业；还有许多代表有参政和担任政府职务的经历。

裘援平说：2001 年，“华裔杰出青年华夏行”创办之初只有三四十人参加。如今，这一活动为海外华裔后代搭建了平台，让其回到祖（籍）国，了解中国和中国文化，以维系其祖辈、父辈同中国之间剪不断的、深厚的血缘感情。

在海外华侨华人的社团建设与发展中，“青年一代”因与主流社会的良好融合，对华社和侨团的和谐发展贡献良多。为增进青年海外华侨华人社团负责人对侨情和中国国情的了解，提高社团领导和协调能力，引领广大侨胞努力构建和谐侨社，国务院侨办举办了多期海外中青年侨领研习班。

值得一提的是，海外华裔青年企业家作为海外华人经济的新生力量，同样获得了中国侨务部门的重视。2013 年，国务院侨办分别在北京、成都、广州、厦门四地举办了“海外华裔青年企业家中国经济高级研修班”，共有来自 35 个国家和地区的近 200 名学员通过学习、考察，加深了对中国政治体制、经济形势、发展机遇和传统文化的认识，提升了在中国投资兴业的信心。

由此可见，“侨界青年交流年”正是通过访问考察、联谊交流、培训研习等方式把各国、各地区华裔青年联络起来，搭建起世界华裔青年联系的网络。

裘援平说：“我们有理由相信，广大海外华裔青年一定会成为中国精神的传承者、中国力量的拓展者、中国形象的宣传者、中国机遇的受益者，在共圆共享‘中国梦’的历程中，绽放出绚丽的青春光彩。”

（中新网 2013－12－31/娄晓）

（本栏目责任编辑　徐云）

专题报道

本栏目内容是对本年度华侨华人社会中某些具有典型意义和较高新闻价值的人物、事件、问题、社会现象等进行调查评述的选登，以期客观反映其发生、发展和结果及影响的全过程，揭示主题的深刻意义。以媒体报道时间升序排列。

华人到底为何“排华”？

您有没有发现我们身边生活着这样一些“高人一等”的华人：他们远离华人社会，对中国的社会现状和旅西华人的生活动态漠不关心；他们认为吃中餐不高级，应该吃西餐，这才叫“融入”，以自己有多少西班牙朋友为傲；还有不少华人老板和白领，讨厌中国人，认为只有为西班牙人服务和在西班牙公司工作才算体面。这些“崇洋媚外”的华人让绝大多数爱国爱乡、具有强烈民族意识的侨胞们感到极不舒服。那么，这些华人到底为何“排华”呢？

2012年，西班牙政府针对华人的“帝王行动”给旅西华人的声誉造成了极坏的影响，“偷税漏税、剥削员工，低价竞争，封闭狭隘，视命为财”成了西班牙媒体形容旅西华人时使用频率最高的词汇。除了西班牙媒体大肆炒作，对华人社会进行污蔑和抹黑，损害华人形象之外，一些历来对华人有偏见的西国百姓也从暗中跳了出来，造谣诽谤，中伤华人。圣诞节前夕，就有人印制并发放“华人用泰铢代替欧元找钱”的传单，诋毁抹黑华人。

从20世纪80年代初第一批中国人远渡重洋来到西班牙至今，西班牙华人新移民历史已经超过30年。2012年对于旅西侨胞来说无论从经济上、政策上、舆论上，都面临着前所未有的压力。面对这样的压力，所有华人侨胞理应团结一心，不离不弃，共渡难关，通过自己的努力而得到西班牙民众的平等待遇，真正融入西班牙社会。可在侨胞当中，偏偏有一部分人以自己的黄皮肤、黑眼睛为耻，希望与华人彻底摆脱关系。在采访中，笔者就收到不少侨胞的投诉。

是为了商业机密还是瞧不起华人？

晓雨是一名留学生，在马德里读硕士学位。圣诞节期间，她和几个同学一起去南部旅游。玩了两天，一直吃的是西班牙餐，肠胃很不舒服。这天，几个人忽然发现一家中国人开的日本寿司自助餐，有寿司和炒菜，正好可以换换口味。几个人边吃边聊天，在餐馆里坐了将近2个小时。临结账时，餐馆的老板娘冷冰冰地说：“我们这家餐馆是不做中国人生意的，我们只招呼老外。你们进来坐下时，招呼你们的服务员都是新来的，我不知情，所以，你们才能在这吃了这么长时间。以后不要来了！”几个人被老板娘的无理搞得莫名其妙，晓雨还试图和她解释，他们是留学生，来这边旅游的，不是来窥探商业机密的。没想到越解释越受伤，老板娘依旧一副高高在上的表情：“不管你是干嘛的，我们这里就是不招待中国人，你们赶快走吧，把我们餐馆的档次都拉低了。”

为了不影响旅游的心情，晓雨没有让同伴和那个老板娘继续争执，但被同胞歧视的经历让他们既生气又伤心。事后，晓雨告诉笔者，我们一行人都是女孩子，就算拼命吃，也吃不过那些西班牙女孩子。我们都受过高等教育，有素质，讲礼仪，吃饭时没有作出任何有损华人形象的事，老板娘凭什么用这样的言语伤害人。况且，作为餐饮业，打开门做生意，来的人都是客，中国人去吃饭又不是不给钱，他们为何把同胞拉入黑名单呢？最近因为“帝王行动”，华人在西班牙生活已经够被动的了，没想到中国人还排挤中国人，真是太受伤，太悲剧了。

像晓雨这样被华人老板赶出来的事件不是第一次发生。此前，在巴塞罗那、塔拉戈纳、巴伦西亚等城市都曾发生过类似的事件。不单单是餐馆，华人的百元店、服装店、美甲店都出现过这类“华人排华”事件。比如，在巴伦西亚某个华人鞋店，就专门找一个营业员挡在门口，但凡看到华人顾客打算进店，就前去阻拦。在马德里著名的服装批发基地 TIRSO DE MOLINA，也有华人商家贴出了“华人免进”的启事。一般侨胞到华人服装零售店里，如果不买点东西，就会被视为刺探商业信息的奸细，遭受老板们冰锥一样的冷漠眼神，甚至是毫不掩饰的冷嘲热讽。

其实，根据西班牙相关法律，店家拒绝顾客进门购物，是一种违法的行为。对于这种拒绝同胞入内的店主，被驱逐的华人完全可以控告对方。

如果说，有些餐馆、服装店担心华人同行了解抄袭他们的经商机密，把所有华人都挡在门外，那么晓雨就餐的那家自助餐又是为什么呢？

是为了更好地融入还是从根本上的排华？

来自浙江的林先生开了一家服装批发公司，他所有的顾客都是西班牙人，因为他从来不欢迎华人。他非常自豪地告诉笔者，和西班牙人做生意、打交道，让他觉得非常舒服、体面。为了让家人更快地融入西班牙社会，他很少去中国货行买东西，也鲜少参加华人亲朋的聚会。他住在西班牙人的高档小区，周围没有华人邻居。在家里，他与孩子、妻子都用西语交流，基本上不吃中餐，吃饭全部都用刀叉。林先生的西语也因此说得非常地道，他告诉他的西班牙人朋友，他的前世是个西班牙人，只是投胎时阴差阳错地生在中国。每当说起西班牙时，林先生就有由衷的自豪感，可提起中国和他的家乡时，他便一脸不屑，甚至狠狠地抱怨鄙夷一番。

留学生燕燕从马拉加转到马德里读书。她说，他们班上有 3 个华人女孩。但这三个女孩从来都不说话，见面时如同陌生人一般。但和西班牙人甚至黑人同学个个都打得火热，有求必应。这几个女孩分别和燕燕炫耀过与西班牙同学如何要好，有外国朋友多么骄傲。他们告诉燕燕，出了国就不要和中国人接触，否则，出国就没有意义，就算谈恋爱，甚至一夜情，也只找外国人，中国男人都特别大男子主义，没情调。

不久前，侨胞小赵到一个朋友家做客。朋友 10 岁的儿子刚刚从国内来西班牙一年，朋友把儿子介绍给了小赵，在做完贴面礼之后，孩子把父亲叫到一旁，非常生气地用西班牙语说：“爸爸，你为什么把我的中文名字告诉他呢？我现在已经不用中文名字了。”后来吃饭时，小赵试图和孩子沟通，但小赵用中文提问的问题，孩子均用西语作答。整个聚会上，孩子的表现和西班牙男孩如出一辙，完全看不出中国孩子的特点。这个刚刚来西一年的孩子，把他身上与生俱来的中国元素清除得一干二净，而这个“去中国化”的过程，还得到孩子父母的全力支持。孩子和朋友一家的“心理排华”让小赵异常心酸。

华人到底为何“排华”?

有人说，部分旅西华人排华的原因是源于自卑。经过在西班牙努力，他们的生活状况改善了，这种自卑就转化成了一种厌恶和歧视，厌恶和歧视那些与自己有一样经历遭遇的新移民。

其实，“华人排华”情绪的滋生来自身份认同危机。那么什么是身份认同危机呢？就是当一个人从原来的身份改变成另外一个身份时，他就不清楚自己到底是谁了。在经过内心的纠结之后，他会特别强调和认同他的新身份。所以，他会作出比平常表达要过激很多的行为。比如，有些侨胞在国内时生活特别苦，家里非常穷，来到西班牙后，赚到钱就喜欢买豪宅名车，热衷于炫富，就是因为他们要努力显现自己有钱人的新身份，与原来那个穷困潦倒的旧身份彻底隔绝、区分开来。还有一些华人在中国时默默无闻，名不见经传，但来到西班牙后却当了老板，成了企业家，在这些人的心中就存在着一种焦虑，怕被人瞧不起的焦虑。因此，他们就把自己想象为一个成功的西班牙人，然后鄙视和排挤所有的中国人，鄙视“曾经的自己”。

几年前，韩国曾经作了一个民意调查，询问民众来世是否还愿意做韩国人。测试结果出人意料，竟有70%的民众放弃了做韩国人的愿望。这个调查就反映了韩国民族身份认同缺失的现象。和生长在韩国的韩国人相比，生活在西班牙的华人接触了更多欧洲生活方式，各种西班牙资讯充盈视听，所以，他们否定自己华人的身份就不足为奇了。

忘记过去就等于背叛，这些数典忘祖的华人可以把自己装扮成一个西班牙人，但在西班牙人眼中呢？连自己的同胞都瞧不起的人，还有什么可以让人尊敬的呢?

（［西班牙］欧华网 2013－01－09/湛卢）

“持剑经商”在非洲——中国人在非洲的安全攻略

2013年1月，有两则消息在不到一周之内便传入国人耳中。

1月12日，中铁十八局4名中方员工在苏丹北达尔富尔州首府法希尔附近遭绑架。目前，搜救工作正在进行中，其他中方人员已撤至安全营地。

马里反政府武装近日发动新的军事攻势，致使马里局势动荡，中国驻马里使馆开始尽全力为中国公民提供相关保护。

中国人在非洲怎么了?

2012年6月的一天，埃塞俄比亚一处中国工地，十几名壮实的黑人青年手持步枪，整齐列队射击，枪声响处，远方目标应声而倒。中方经理从身后走来，与带队的黑人青年亲切握手，然后签约。

这是一场中国公司聘请当地保安力量的仪式，当地保安公司要拉出队伍来给中国朋友看看实力。第二天，保安队正式上班执勤。来的五六个保安身材不一，年龄各异，远非昨天那些壮实的汉子，而手拿的枪支也只是破旧的样子货——“广告”过后，真实的情景原来如此。

中方经理苦笑，但至少，他们与当地可能图谋不轨的人语言相通，甚至有可能间接相识，有事时可以发挥点作用。

据不完全统计：2007 年以来，类似苏丹绑架案这样的事件有 13 起，其中 7 起发生在非洲，遇袭的多是石油、工程建设、矿业公司的外派人员。

前驻卢旺达经济商务参赞王勤曾在非洲几个国家工作多年。他说：“一般在非洲的中国公司都雇用当地持枪保安，尤其在安全程度相对差一些的国家，比如尼日利亚、卢旺达、刚果（金）、刚果（布）等，都有当地人开办的保安公司。”

非洲，已经是中国第二大工程、劳务承包市场和第四大海外投资目的地。数万名中国工人在非洲四处扎根，参与建设和生活，领域涉及电力、通信、交通、港口等。

在非洲，有中国商人可以从南到北认识这国司令那国情报局长，可以乘坐军用飞机跑生意，也有中国商人被普通劫匪拿枪逼着交出多年辛苦所得的积蓄，还有中国人被自己同胞开设的娱乐场所敲诈勒索甚至绑架撕票。

外交部领事保护工作视野中，最常见的 6 类需要提供保护的情况是：出入过境受阻、被扣押、发生意外事故、家人在外失踪、家属国外亡故、犯罪分子侵害。

在非洲这片神奇的大陆上，无征兆阵发的群体性华人受侵害现象让人揪心，掺杂着中非双方都存在的法律和管理不完善、致富渴望、文化冲突和利益纠葛。

2012 年 10 月 11 日，在加纳淘金者中，16 岁的中国陈姓少年在加纳军警的枪下毙命。两天的执法行动中，加纳警方一共逮捕了一百多名涉嫌非法淘金的中国公民。这些人绝大多数没有在加纳的合法居留许可和工作签证。

2012 年 8 月 25 日在安哥拉，37 名中国籍犯罪嫌疑人被公安部通过包机押解回国。他们涉嫌对中国公民进行绑架、抢劫、敲诈勒索、拐骗妇女强迫卖淫等违法犯罪活动。

内战后开始十年重建的安哥拉，有近 30 万中国公民随着各种机会而来，怀揣梦想的淘金者、冒险家、大小国企，以及规避本土和欧美激烈竞争的“蛰伏者”向非洲集中，鱼龙混杂。家族势力、同乡会等发展如当年上海滩的“青红帮”。

横行一时的“福清帮”嚣张之时，安哥拉首都的华人商店每天在警察吃午饭的时间都不敢开门。一年中，帮派针对中国人下手的绑架案竟达 20 起，绑架成功率高达百分之百，被绑人质遭到百般折磨，身浇汽油、殴打、挖坑活埋、在野外被蚊虫叮咬等，重伤死亡事件不断出现，单人赎金最高达到 50 万美元。

“摸着石头过河”

如同在国内跨省打工一样，一些中国人来非洲淘金，并未考虑太多跨国法律因素，甚至根本无此概念。

不同的安全环境、不同的法律制度、不同的华人群体、不同的利益诉求，使得中国人在非洲的安全状况变得十分复杂。

显然，看上去简单的违法开采、非洲居留工作事件，牵扯着太多复杂因素。问题并不能靠任何一方坚守死板的法律条文就能解决。

目前，公安部已向我国在美国、泰国、土耳其、吉尔吉斯斯坦等19个国家的驻外使领馆派驻了30名警务联络官。但在非洲，只有南非有警务联络官。

保护海外公民安全，中国还是个“新手”，中国应对利比亚危机的一“撤”了之模式，不是长久之计。解决之道，在于切实深入非洲社会，增强与当地各派、各人群的认同与信任。

中国应对此类挑战的方针，遵循了那句历久弥新的实用主义格言——“摸着石头过河”。

对于正在经历全球化的中国，保护海外公民的问题将变得更加紧迫和复杂。

2012年11月6日，前一年在湄公河上杀害13名中国船员的糯康一伙在昆明被判死刑。与在安哥拉的黑帮被抓捕回国一样，中国通过国际合作惩治了真凶。

但实际上，糯康与安哥拉“福清帮”伏法都只是个案。

对任何国家而言，保护海外公民都是个难题，但对于不情愿当超级大国、希望在国际上保持低调形象的中国来说，这或许更难。

以民族心态看待，“中国人都是好人，外国人都是坏人”的思路不可取；以受害者心态看待，“中国人走到哪里都受欺侮，怎么也没人出面管”的思路不可取；以暴发者心态看待，“现在中国有实力了，不管是什么原因，只要中国人受欺侮就得狠狠打”的思路也不可取。

“持剑经商”？

“像是工人被劫持事件的营救行为，根本不涉及干预主义，中国走到海外国家，对方国就有责任进行保护。”新加坡国立大学东亚研究所所长郑永年说。

全球不同的安全环境，给中国人的海外生存带来不同境遇。各国不同的体制、与中国地理位置的远近、中国人在不同国度的聚集程度以及各国对中国的认同程度等等，决定了中国应采取不同的对策。

中国与周边新兴力量距离近，可以施加有效的地缘影响，在中国，现实的军力威慑与应急反应机制下，综合运用政府交往、法律沟通、民间交流、媒体造势，可以明显改善中国人在这些国家的安全处境。

然而在遥远的非洲又该如何给予当地中国人持久、全面的保护呢？这需要更加长远、全面的战略筹划。

中国人在非洲要争气、自强，同时加强够得着、用得上的安全保障力量。一位不愿具名的专家指出，雇用当地保安公司、寻找中资海外安保新机制等办法都亟待探索实行。

利用民间保安机构来保卫本国侨民和驻外企业机构的安全，已是国际通行的做法，但中国在这方面还处于初级阶段。目前，中国国内的保安公司仍不健全，规模不大，服务范围仍以国内为主。

中国在海外没有成熟的私人安保队伍，譬如美国黑水保安公司那样由退伍军人组成的队伍。

“安全方面的投入绝不是浪费，因为从以往案例来看，一旦发生安全事件，后期处理事件的花费往往高于预先采取防备措施的成本。”中国驻苏丹大使馆经济商务参赞郝宏社说。

更加长远和可靠的做法，是通过软实力建设不断赢得海外认同，同时尽量做实国际安全合作机制，使尽可能多的国家承担起保护中国公民的义务，使其认识到中国公民的合法权益必须保护。

中国不想侵犯别国主权，不想替急功近利、以身犯险甚至以身试法者保驾，军事力量在维护海外中国人安全时，只能非常有节制地使用。

中国人已经走出去，不可能再退回来。中国人走出海外是为了发展，而不像五百年前西方殖民者那样是为了征服和掠夺。这要求中国人在当地生根发芽，实现从实利到文化的兼容，与当地人共生、共富、共乐。

什么是最终能维护中国人海外安全的根本对策？对个人来说是需要自尊自重，对国家和机构来说是需要协作统筹，以“巧实力”取胜。

（《南方周末》2013－01－17/严岳）

难民的尘封岁月

2013 新年的第一个星期六，英国依旧是“黑云压城城欲摧”、适合“妖魔鬼怪”出没的“好”天气，《英中时报》编辑部的热线电话“叮铃铃”地突然响起。

“我是卡迪夫中餐外卖店的老板，有个问题向您反映一下。现在卡迪夫吃福利的难民越来越多，特别是带着孩子的女的。这个社会现在不一样了，我们过去都是靠自己打工才有了今天的生活，为什么现在的人都靠吃福利呢?”

要抱怨“吃福利”的不仅仅是这位打进热线电话的外卖店老板，英国人（坊间称为“鬼佬”）也借着这个话题，游说大家伙儿，要求提高养老金，他们把以下文字写在邮件里，以求阅读和转发。

“如果你非法入境朝鲜，将会被抓去做苦役；

如果你非法入境伊朗，将会被终身监禁；

如果你非法入境阿富汗，将会被枪杀；

如果你非法入境委内瑞拉，将会走上间谍之路；

但是如果你非法入境英国，将会得到工作、驾驶证、信用卡、养老金卡、房租、房贷、免费教育、免费医疗。”

非法入境英国的日子，真如邮件中描述的这样吗？本期《英中时报》再次关注这一类人群，揭开“黑下来”的尘封岁月。

“鬼佬”本是一部分中国人形容西方白人的称呼，但对于在英国食品工业链中的无证工作者来说，他们“见不得光”，同样像“鬼”一样隐形于我们周围。

根据英国政府的统计，2011 年在英国申请庇护的人数共 19 865 人，至 2011 年底仍有 12 435 件申请悬而未决。来自中国的申请数量居世界第六位，排在利比亚、叙利亚、苏丹、索马里之前，伊朗、巴基斯坦、阿富汗之后。

在英国各地区中，在威尔士居住的难民比重相对较高。自 2001 年，英国内政部把卡迪夫选为接收难民的重点区域（Official Reception），卡迪夫的难民数量就开始呈现快速增长状态。根据 2001 年英国人口普查数据估算，威尔士的难民数超过 10 000 人，暂低于威尔士人口数的 0.4%。到威尔士求庇的难民主要集中在卡迪夫（49%）、纽波特（17%）、斯旺西（33%）。这些人中 75% 的来自中国、阿富汗、伊朗、伊拉克等国。在这里，威尔士政府为难民提供免费的住宿、法律咨询、医疗服务。

“这就跟赌博没什么两样。”

2012 年 12 月 26 日，Boxing Day（节礼日），各大百货公司里，中国顾客摩肩接踵。可是李女士只想去卡迪夫市场，给过生日的女儿买个有意义的生日纪念品。

李女士六年前通过蛇头偷渡到英国，刚到时就申请了庇护。在英国，李女士辗转过很多个城市，纽卡斯尔、利兹、伦敦，最后听朋友说卡迪夫环境好且对申请难民有利，才带着孩子到了英国西南小城卡迪夫。现在 24 岁的她已经是一个 3 岁孩子的母亲，依靠政府一个月 80 英镑的福利生活。

李女士至今仍不能忘记她刚到英国的苦难日子。“当时我的生活压力真的很大。因为我才 18 岁，又第一次离家那么远。我出来的钱也是家里东拼西凑借来的。你想想，30 万人民币都需要靠我在这里打工赚回来，这就跟赌博没什么两样。”

根据英国的移民政策，在难民申请期间不允许工作，只有拿到工作许可或者一年后还未收到内政部的任何回应的寻求庇护者才能打工。“对我来说，打工的那段时间真是我人生最黑暗的时期。因为，我们都是晚上工作，白天睡觉，所以说我们是‘打黑工’，几个星期都见不到太阳。”

李女士申请了庇护以后，她可以每星期从邮局领到 36 英镑的救济金。“36 镑对我来说完全不够，因为我身上还有 30 万的债。所以我必须打工，即使这是不合法的。”

打工期间，李女士把女儿寄放在当地英国家庭中，隔几个星期才有时间见女儿一面。半年下来，连 ABCD 都不认识的女儿开始说起连母亲都听不懂的英语。

“把女儿寄放在英国人家里，不仅仅是女儿说话我听不懂这个问题，主要是这个英国人家里没有子女，他们想领养我的女儿。”

“领养应该是很好的选择吧？你可以专心打工了。”

“那怎么可以，有孩子和没孩子的福利是不一样的，而且，没有孩子我的难民申请下不来。”

为了能继续留在英国，李女士带着女儿“逃”出了英国家庭。身边多了一个孩子，李女士便没有时间继续在中餐馆打工了。不依靠中餐馆，没有了经济来源和住房的李女士向卡迪夫的难民事务委员会（Refugee Council）申请难民身份。申请期间，Refugee Council 安排李女士和小孩住在难民办公室旁的临时旅社里。

在这栋两三层楼的旅社里居住的是来自全世界的寻庇者。他们的肤色比黄皮肤的李女士要深很多，大多是三五个小孩和一两名妇女成团围坐在一起，成年男性屈指可数。他们似乎有事等待商议，但又只是你看看我，我看看你，四目无光。

晚饭时间，Refugee Council 统一向寻求庇护者发放饭食。李女士抱着女儿坐在饭桌前，对面坐着一对夫妻，女人头上戴着希贾布（Hijab，穆斯林妇女戴的面纱或头巾）。

“Why are you here，my dear sister？What your country has done to you？（你为什么来这儿，我亲爱的姐妹？你的国家对你做了什么？）”戴希贾布的女人问李女士，她接着说：

"I come from Afghanistan. We can't go back because the Taliban hate us. They will kill our family. Now I have been pregnant for six month. （我来自阿富汗。我没法再回去，因为塔利班仇恨我们，会杀我们全家。现在我已经怀孕6个月了。）"

李女士抿嘴笑笑，客气、礼貌地点头，眼神落在餐桌中央，无声地回答着：你好，谢谢！我听不懂你说什么。

李女士的生活是在卡迪夫求庇的一种样式。但是，那些没有通过求庇申请的中国"难民"，他们的生活注定居无定所。

"这真是我这辈子最大的耻辱了！"

申请难民的周期一般为六个月，但实际情况却不是这样。2006年，英国内政部边境署被爆出仍积压着450 000件的难民案件未处理的新闻。为了清理这些案件，英国政府实施了"五年遗案"的政策，截止日期为2011年7月。据英国《每日邮报》报道，截至2011年4月，仍有25 000件案件等待解决，郑先生的案子就在其中。

"你好，你是移民局的吗？我这里有个案子需要向你反映一下。"当记者第一次遇到郑先生的时候，他误以为我是移民局的工作人员。他看上去20多岁，抱着一叠几年来申请庇护的证明，匆匆走进卡迪夫三一教堂（Trinity Methodist Church），准备向我反映情况。见到郑先生时，"五年遗案"还有一个月便截止办理了，这就意味着郑先生解决身份问题的最好时机还有一个月倒计时。

郑先生第一次接到难民申请被拒的通知后，第二天就去了律师事务所，准备上诉。"我每天一醒来就去找律师，但是那个律师楼里挤满了要找律师翻案的'难民'，像我这样的案子堆积成山，并且只有一个律师，等轮到我的时候上诉期早就过了。"

过了上诉期，郑先生便成了当地中餐外卖店的无证劳工。但因没有合法工作许可，于2010年6月被英国移民局的工作人员逮捕，送到了奥金顿拘留中心（Oakington Detention Centre）。

因为奥金顿中心已经在2010年年底关闭，郑先生和他的"狱友"被转送到了布鲁克拘留中心（Brook House）。这个拘留中心位于英国第二大机场盖特威克机场（Gatwick Airport）旁边。"如果你是一个游客，根本就不会注意到在这个机场旁边还有一个像监狱一样的拘留中心，它的出口就正好对着机场的跑道。"郑先生加重了他的语气。

在布鲁克拘留中心，郑先生算是最幸运的。2010年8月26日，郑先生被作为英国人权试点范例，从拘留中心释放，否则，他将面临遣返或者继续拘留。"那里的监狱长告诉我，我非常幸运，因为这样的例子很罕见，平均1 000个案子里才会出现一个。"

从布鲁克拘留中心释放以后，郑先生又开始申请难民身份——找律师，定期到移民局报到。但是在这期间，郑先生再一次被拘留。

在拘留中心，郑先生见到一位来自俄罗斯的朋友。"根本没有人知道他在这里待了多久。他整天就是机械地起床，然后就绕着操场一圈一圈地走。人一旦走到那个地步，思想就已经完啦。我想我一定要出去，不能走到那一步。"

"但我想我这一次不会像以前那样幸运地被释放了，我也不能忍受监狱里的生活，我必须出去打工赚钱！为了出去，我联合在拘留所里的50个中国人一起绝食抗议。但是，他们居然出动150名防暴警察来镇压我们，他们还让我们脱光检查，这真是我这辈子最大的耻辱了。”

从那次绝食抗议以后，郑先生每天试图以自杀的理由要求释放，终于在 2011 年 4 月重新获得“自由”。

现在郑先生只想配合内政部的工作，每星期去报到，等待着他的难民申请。但是这段时间，郑先生和英国的流浪汉（Homeless People）一起睡在政府提供的旅社（Hostel）里，依靠教堂的救济生活。

当我问郑先生对未来有什么打算时，他反问我：“你说有什么打算？我从来就不明白什么叫未来。我们年龄相差不大，你已经为你未来的事业打好了基础，有一个优越的生活条件，但是这一切都不会发生在我身上……”

采访后记

采访结束后，我突然觉得无比惭愧，仿佛郑先生的挣扎和痛苦都是我造成的，仿佛从一开始我就没有权利去调查在英国的无证华人的生活现状，以一种猎奇、怜悯以及兼济天下的心态。

我试图用意念让时空发生逆转，在那一刻，我也会变成和李女士、郑先生一样的寻求庇护者，为自己的一个“合法身份”忙碌着。

（［英国］《英中时报》2013－01－18/何泱子）

中国赴美小留学生让人操心　每年费用四五万美元

十六七岁，第一次独自离家就是到大洋彼岸的美国求学。随着中国新富阶层的壮大，越来越多的中国家庭开始将未成年孩子送到海外求学，希望美国高中的“金门槛”能让子女接受最好的国际教育，帮他们踏入美国名校的大门。由于美国公立高中招收外国学生受到限制，不少家长把孩子送入私立学校。《华尔街日报》转引美国联邦机构的数据显示，目前，就读美国私立高中的中国留学生有 23 795 人，较 2008 年的 4 503 人有大幅上升。然而，刚刚经历青春期的中国孩子孤身在海外读书，除了青春期常常遭遇的彷徨、叛逆，他们还必须独自面对陌生的文化和生活环境。是否能适应新生活，成为他们人生路上的一大考验。

私立学校每年费用四五万美元

美国加利福尼亚州圣马力诺市西南中学是著名的私立寄宿中学，茵茵绿草环绕着几座西班牙风格的建筑，校园显得十分清幽。学校招生部主任约瑟夫布拉克向《环球时报》

记者介绍说，西南中学有两个校区，占地8英亩的加州校区创立于1924年，有134名学生、22名教职员，相当于每6名学生便有1名教师；亚利桑那州校区规模小一些，只有来自5个不同国家的28名学生、8名教职员，但占地面积达到185英亩，有游泳池等先进的教学设施。

西南中学加州校区从20世纪30年代开始招收外国小留学生，目前，75%在校学生来自亚洲、欧洲、非洲、中东、北美洲、中南美洲的20个国家，其中40%来自中国，约50名学生来自中国内地、1名来自中国香港、5名来自中国台湾地区。西南中学开设从6年级至12年级的课程，该校中国留学生中最小的13岁，最大的19岁。

“不论是外国留学生，还是美国学生，入学后的最大挑战都在于学会自我激励，因为，他们面临的首要问题便是想家。这对寄宿学校的学生来说是个问题，但当他们逐渐适应后，便会把这里当成第二个家。”布拉克曾就读于私立寄宿学校，做过9年私立学校教师。他说，在人口3 000万的加州，像西南中学这样的私立寄宿制学校不到20所。加州私立寄宿学校的平均学费在每年4.8万美元，西南学校的学费为每年4.1万美元，杂费2 000美元。一般而言，美国私立高中的学费及食宿费用加在一起，每年为四五万美元。

美国私立高中大多低调

中国学生正逐渐成为美国私立学校中的常客。美国《华尔街日报》日前报道称，由于经济状况不佳，近年美国私立高中的学生人数锐减，财务状况陷入困境。然而，亚洲学生特别是中国留学生人数的激增帮助私立高中，特别是宗教学校获得了急需的收入。

“在美国，上世纪90年代后才大量出现中国自费留学生，主要是来念硕士和博士学位的。最近10年开始大量出现本科留学生，而小留学生是最近5年才加入这股大潮的。”洛杉矶华人律师邓洪对《环球时报》记者说，此前曾有很多台湾地区小留学生为逃兵役而到美国读书，1997年之前又有不少香港居民把孩子送到美国留学，为自己移民做准备，但数量都不是很大。如今，本科以下的中国小留学生数量越来越多，绝大多数接受10至12年级的高中教育，9年级以下的小留学生还不多见。

刘女士是美籍华人，她有3名中国亲友的孩子在私立寄宿学校读书。刘女士告诉记者，为了保证教学品质，美国的私立寄宿学校规模都不大，一般每年级的中国小留学生只有十多人，全校也就几十人。此外，并不是所有私立学校都强烈渴望招收中国学生。美国私立寄宿学校往往以精英教育著称，大多靠在精英圈子里的口碑招生，绝大多数学生家庭都对隐私要求极高。近几年来，不少私立寄宿学校开始刻意躲避华语媒体的注意，因为，在领教了中国富人的实力之后，不少学校担心知名度太高，中国小留学生会如潮水般地涌来，冲击校园里的种族和文化多样性。

“中国学生基本都是好学生，都有很好的基础，希望成功。”布拉克对《环球时报》记者说，去年西南中学共收到193份新生入学申请，但只招收了38名学生。今年刚到2月份已收到84份申请，估计报考人数将超过去年。仅春节前后，该校已接待了大约40个前来了解学校情况的中国家庭。

目前，中国的小留学生大多通过中国中介公司进入美国私立寄宿学校，但不少中介口碑不佳，有些甚至是“黑中介”。一些中介公司把并不优秀的学生“打扮”得出类拔萃，骗取学校的信任。比如，有的中介公司称某个15岁的中国孩子3岁起便开始学说英语，让学校误以为其英语早已滚瓜烂熟，但实际上她的英语一塌糊涂，3 岁时只会用英语说“再见”。更有甚者，一些中介公司在学生简历、成绩等方面公然作假、以次充好，导致后来许多成绩确实优秀的中国孩子，也被学校持怀疑的目光看待。

学生自身素质最重要

中国一些家长以为“私立学校有钱就能上”，但美国的私立学校规模很小，因此，校方非常在意每一个学生的个人素质，如果学习达不到校方要求，就有可能被开除。去年西南中学就开除了 2 名学生，其中 1 人来自中国。相比之下，学生入学时的英语能力倒不那么重要，因为校方的课程安排可以帮助不同英语水平的留学生尽快适应美国课程。

此外，和中国、英国的寄宿制学校学生都住在集体宿舍不同，美国有集体宿舍的私立学校其实不多，很多学生要寄宿在当地人家中。即使有的学校存在集体宿舍，往往也只能满足一部分学生需求。由于寄宿的同学中往往外国学生居多，不乏来自日本、中东等富裕国家和地区的学生，十多岁的孩子们在一起难免攀比，出了 iPhone5 就立即换掉手中的 iPhone4S 是常有的现象。再加上很多小留学生的父母不能守在子女身边，心中存在较强的负疚感，便用金钱来弥补遗憾，孩子要多少给多少。一名当地华人告诉记者，有的小留学生只有十六七岁，到了美国就买 20 多万美元的豪车，违规驾驶也毫不在乎。

在华人聚居的加州亚凯迪亚等城市，有时会撞见小留学生们闹事的事例，邓洪本人就接手了很多此类案件。有的孩子家里比较富有，经常在同学中请客吃饭，便可能成为一群小留学生的“首领”，因此，小留学生很容易形成群伙，稍有言语不合就打群架。2012 年 11 月，一名刚刚高中毕业的中国女孩在洛杉矶参加派对时与人发生口角，拿起烟灰缸砸向对方的头，然后扬长而去。她丝毫不当一回事，圣诞节时照样回国度假，而警方在此期间以“用致命器具攻击他人罪”对她发出通缉，结果她元旦后一回到洛杉矶便被逮捕，目前正等待法庭审理。

邓洪表示，在当地有亲友的孩子，周末时往往去亲友家住，而无人投靠的孩子们则可能成群结队地聚在一起从事非法勾当，比如喝酒、吸烟、赌博等等。有个女孩子刚刚十六七岁便怀孕了，根本没有处理经验，最后给律师所打电话问怎么办。还有的小留学生，只要家长不给钱就玩失踪，长期不与家里联系。

在美国接受精英教育，未必都能变成精英

小留学生不像成年留学生那样经过一番努力和奋斗才走上留学之路，基本上是家长的选择决定了他们的留学生涯，很多人心不甘、情不愿。有的孩子本身并不愿意来留学，因此，并不害怕做了违法的事情后遭到驱逐，甚至还有孩子专门非法驾车，就是要给自己留下不良记录，“争取”递解出境。有的学生在国内时结交了很多不三不四的坏朋友，家长为了帮孩子摆脱这些损友，才把他们送到国外读书，本来想把留学当作对他们的一种管束和惩戒，没想到实际上成了“纵容”和“奖赏”。

记者在采访中了解到，美国的教育体制并不是专门给这些小留学生设计的。美国学校里没有班主任，也没有班长，完全是自由式、开放式的教育模式，教师不干涉学生的私生活。青春期的小留学生抗压能力不强，常有孩子因一时失意便寻死觅活的例子。这些小留学生绝大多数是独生子女，在国内得到父母、祖父母和外祖父母 6 个人的呵护，可谓在温

室里长大，这一点与传统留学生很不一样。

刘女士强调，美国的私立寄宿学校属于精英教育，要不要送孩子来读书，一定要看孩子是不是真的出类拔萃。如果孩子本身在国内调皮捣蛋，或者表现平平，希望送他们到美国精英学校学习就能被“培养”成精英，那最后只能收获失望。

（《环球时报》2013－03－01/陈一鸣）

大洋洲华人文化生活之困

随着“文化中国·四海同春”艺术团外出18天，去了4个城市访演，每到一处，一直抱着一个问题：生活在海外的华人究竟需要什么样的中华文化？他们所处之地，中华文化的生态如何？这可能不是一个好问题，因为生活在异国，本身就对住在国的文化有所亲近。这也不是一个容易回答的问题，在多元的文化语境里，很难保存一种文化的“纯洁”。

文化夹层中的华人

潘佳在阿德莱德生活了7年，除了生活、工作，她坦言在阿德莱德能看到的像“文化中国·四海同春”这样国内顶级剧团的演出并不多。

其他演出也有，但作为新移民来讲，老外的演出她们并不感兴趣，而国内演出团体来的机会也不多。

中国的文化传统在文化夹层中的这些华人中产生了特别的意味。“其实春节对于生活在中国的人来说可能已经习以为常，但对异国他乡的海外华侨华人来说，意义非比寻常。”潘佳是北京人，刚来南澳没多久时，“独在异乡为异客”的滋味就让她体会到了中国传统节日对海外游子的重要性。

阿德莱德虽“贵”为南澳首府，但规模并不大，人口也就100万人左右，华侨华人只有五六万左右，华人社团有20多家。虽说平常也有不少文化生活，但很多是自娱自乐性的活动，难登大雅之堂。

埃瑞克·冯也在南澳生活了7年多，“一年中能看到的演出也就这么一两次。”他印象中上一次是谭盾来这边演出。

南澳也曾有过中文书店，但两年前就已经关闭。华文媒体有一些，但有影响力的是《澳洲日报》、《星岛日报》等为数不多的报纸，大多华文媒体还是靠赠阅。“华人要想了解有关中国的信息，主要是依靠华文媒体。”南澳潮州乡亲会副会长李介仁告诉记者。

新西兰的和志耘从事了多年类似“四海同春”这样团体的组织工作，据他的印象，专给华人的演出并不多，一年中最多也就三四次。其中有一部分是港台歌手来大洋洲开个人演唱会。

向东还是向西

范锴锐，在南澳留学的一位中国学生，是北京人。我问他，毕业后准备移民吗？小伙子一口京腔，“那肯定不行，得回去，北京多好玩儿！这边没意思。”

同样的感慨也发自珀斯的王相凯，在那儿生活了几年，相凯感叹，国外的生活是“好山好水好无聊”。

珀斯被称为“世界上最孤独的城市”，因为西澳首府与全球任何一座大城市都不相邻，与悉尼也有4 300公里的路程。130万人口中，华人有10多万。

虽然生活在这里20多年，大家的圈子还是局限于华人。彼此之间十分熟悉。“老外的生活方式从根本上还是不适合中国人，华人也被‘同化’，相互之间往来不多，只要一有聚会，就十分开心。”中华会馆的副会长陈挺介绍。

听珀斯其他华人介绍，陈挺是少有的公派留学后又移民至此的化学博士，在外国人的大型企业工作。很显然，他只把那儿当作工作之地，骨子里还是对外国人有些排斥。

有人分析，华人的这种生存状态，是明显的一种缺失感，是对于富含民族特点的中华文化环境（即母文化）的失落感。

在珀斯的演出现场，西澳福建同乡会秘书长丁少平看节目看得喜笑颜开。这种演出对他来说，已好久没有看到。

看到这些，听到这些，华人艺术家林祥培的举动就很容易理解，为什么他一来到西澳，第一件事就是开一家卡拉OK茶楼，专放中文歌曲，这本身就是排遣乡愁，保留对中国文化的那份记忆。虽然身在西方，但心仍向东方。

华裔下一代的担忧

早前看过一则文章，对骆家辉之语印象深刻。他说：“我以我的中国血统而自豪，我以我的祖先而自豪，我以华裔为美国的贡献而自豪。但我是百分之百的美国人。”

在大多数中国人听来，这很刺耳，但确是事实。与一位澳洲的朋友聊天，他说话更为偏激：“让海外华人传承中华文化，这本身就是一个伪命题。”他的话也能理解，也是像骆家辉这样的华裔二代、三代，他们没有像祖辈、父辈那样与祖（籍）国有密切的联系，接受的又是异国的教育，如何对中华文化产生文化认同？

林祥培有一个小孙女，“现在在上中文班，学习汉语，在家我们也和她说汉语。”林祥培说。但随着她长大，华文教育的问题又凸现出来，在西方国家，还没有专门为华人设立的中学、大学。

这是个问题。

有人分析，中国人之所以为中国人，美国人之所以为美国人，并不取决于他的血统、种族，而是取决于他的文化。

这是有见地的认识。所以，文化中国的重建非常重要，因为，海外华人最大的问题是没有“华人之所以为华人”的精神世界。

（《人民日报》2013－03－18/杨子岩）

“八格牙鲁”语境下的中国技能实习生杀人事件

一、震撼中日的江田岛杀人事件

2013年3月14日，日本时间下午4点过后。这一天，广岛县仅仅有100平方公里的江田岛，最高气温11度，樱花在树枝头星星点点，含苞欲放，正在迎接着春天的到来。这一刻，江田岛上50多家水产公司，陆续开始做收尾工作。他们大都从清晨3点、5点开始牡蛎的打捞、加工工作，现在准备下班休息了。

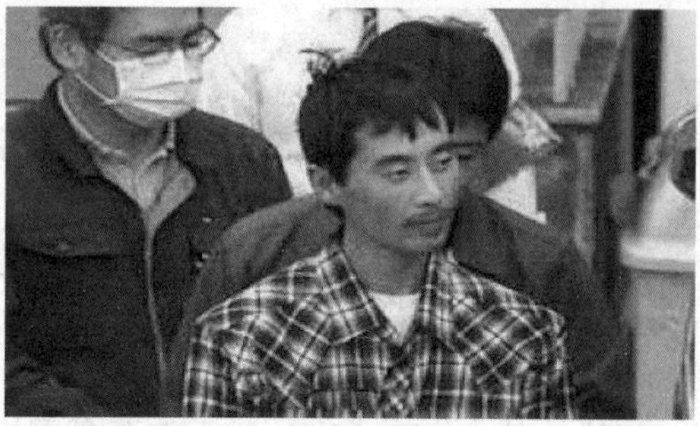

一位长期从事中国技能实习生翻译的中国人正在从广岛县江田岛市开车前往吴市一家企业。突然，他发现对面的车道上从不同的路口开进来一辆又一辆风驰电掣的警车，红色蜂鸣笛闪烁，警察用麦克呼喊：“请马上把道路让出来！”他感觉不对劲，立即给在家里的妻子打电话，说：“可能出大事了，你打开电视看看！”

就在此时，仅仅有26 437人的江田岛上空，出现了五架直升飞机，螺旋桨低空盘旋产生的巨大轰鸣声让在当地水产公司工作的几名中国技能实习生都出来望着天空发呆，“到底出了什么事情?”看着直升飞机身上涂写的“警察”、“急救”、“报道”的字眼，他们感觉出大事了，有的甚至吓得两腿瑟瑟发抖。

就在此时，正在外出的安芸水产加工协同组合理事长橘隆信接到电话，说：“打起来了，打起来了，川口水产公司的中国人和日本老板打起来了！”他心里一沉，正在想：“还真的打起来了，那个中国人不是说3月份要回去了吗?”这时，电话里又传来急促的声音：“不是打架，是那个中国人把日本老板杀了！”

就在此时，那位中国翻译的妻子也打来电话，告诉他：“电视里正在播放呢，一个叫陈双喜的中国人把日本老板给杀死了，还用刀捅伤了好几个人！”他马上问：“这是哪家公司的?”当妻子告诉他“是川口水产公司的”后，他心里一块石头落地，因为他所在的组合不曾向这家公司派遣过中国人。

广岛物品制作协同组合事务局长加美礼治告诉记者：“事件发生的那一天，我正在越南招收技能实习生。回来后，我妻子满脸惊慌地告诉我：‘江田岛发生了中国技能实习生杀害日本老板的事情。’我真的大吃一惊。在广岛县，还从来没有发生过这种事情啊。我想，这件事情会有很大影响的。”

日本各大平面和立体媒体滚动播出消息——下午4点半左右，在江田岛市川口水产公司的牡蛎加工厂内，30岁的中国技能实习生陈双喜用铁铲和菜刀分别杀死了公司55岁的社长川口信行和68岁的女员工桥下政子，另外刺伤了6名男女员工。这是近年来极为罕见的一起中国技能实习生杀人事件。

二、亟需外国劳动力的小岛

江田岛，昔日日本海军兵学校所在地，不仅打造出军国主义的“江田岛精神”，更是对军人进行封闭式训练的场所。现在，这个小岛是日本全国牡蛎的盛产地，但劳动力严重不足。一个曾有 35 000 人的城市，到今年 2 月底，只有 26 437 人了。其中 65 岁以上的老人有 10 050 人，高龄化比率为 38.78%。

江田岛，从来没有像今天这样渴求过“外国技能实习生”——单纯的劳动力。记者从江田岛市政府市民生活科获得的资讯表明，截至 3 月 21 日，这个岛上有 247 名中国人，其中绝大多数是中国技能实习生。当地水产业一家老板告诉记者：“如果没有了这些中国人，我们的牡蛎打捞加工业将全部破产。”

就是这样一个亟需外国劳动力的小岛，去年曾发现一名中国技能实习生清晨 3 点与日本老板一起驾船出海打捞牡蛎，到达目的地后，日本老板发现中国人不见了，最后推测是这名中国人乘船打瞌睡掉进大海了。事后，当地水产组合发出通知：要求各家老板驾船时必须让中国人技能实习生坐在身旁。

就是这样一个亟需外国劳动力的小岛，去年还出现过一名中国技能实习生上岛一个星期后“逃跑”的事件。究竟这名中国人是“有备而逃”，还是不能够忍受近乎残酷的劳动条件，现在有不同的说法，但“逃跑”的事实让当地水产业加强了对外国技能实习生的“管理”，其人身自由度远远不能跟在国内时相比。

就是这样一个亟需外国劳动力的小岛，3 月 14 日下午 4 点半左右，发生了中国技能实习生陈双喜杀死刺伤 8 名日本人的恶性事件。现在，对于陈双喜杀人的原因，特别是对于杀死 55 岁日本人社长川口信行的原因，众说纷纭。作为华文传媒工作者，我们不想因为杀人者是一名中国人而去“忽略”事实真相。

三、还原陈双喜的真实生存环境

3 月 18 日，日本共同社以“广岛行凶案证人称遇害社长对陈双喜照顾有加”为题进行报道，指出川口信行今年 1 月曾带陈双喜去宫岛旅游。3 月 14 日中午，川口信行还给附近一家餐饮店女老板打电话，让她“分 10 公斤米过来”，准备照顾陈双喜的伙食。还有人称“这附近公司中那儿是最照顾中国人的了”。

3 月 21 日，日本地方报纸《中国新闻》报道指出，据川口信行的妻子透露，丈夫生前虽大声训斥过陈双喜，但为了让他振作精神，也曾几次带陈双喜出去旅游；去年秋天，还把陈双喜邀请到家中吃饭喝酒；事件发生那天上午 10 点左右，在干完活以后，丈夫还给了他一个面包，他含泪紧紧地攥着回到自己的房间。

日本各家媒体报道川口信行生前“善待”陈双喜的事情大致就是这些。但是，曾经与陈双喜有过多次往来的中国技能实习生崔进喜、何中则给记者讲述了另一番情景。有一天，陈双喜下班后来到何中他们的房间，伸出自己的双手给他看。当时，何中惊叫起来，问：“你的手指怎么会都肿得跟大脚拇指一样?”

崔进喜告诉记者：陈双喜曾经这样问：“你的日本老板对你好吗？我的日本老板对我特别不好。因为我日语不好，很多话听不懂，他动不动就骂我是‘八格’，我只能生闷气。”有的时候，陈双喜说到日本老板对他不好，眼睛里都闪动着泪花。他还曾经充满怨气地说过，“我的老板从来都不把我当人使唤。”

那是冬季的一天，崔进喜和何中一起到陈双喜的宿舍去，发现他每天都窝在一个电热炕桌下睡觉，桌子上面还盖着一条毛毯。他们问：“你怎么就这样睡啊，太冷了，为什么不用空调?”陈双喜回答说：“我不会用啊，我怕一按按错了，那个日本老板又要向我发火了。”显然，陈双喜的精神一直处于紧张状态。

川口水产公司有人介绍说，陈双喜平时基本不多说话，有一点“神经质”的感觉。川口信行社长递给他一杯热咖啡，他喝完了以后，会双手捧着杯子恭敬地还给社长。社长请他到家里吃饭，无论怎么劝，他都是既不多吃也不多喝。但是，他对川口信行常常挂在嘴头上的“八格牙鲁”，是时刻记在心里的。

崔进喜介绍说：陈双喜只有谈到母亲和自己儿子时，脸上才会出现笑容。据了解，陈双喜的父亲已经去世，他时常惦念着家中的母亲，想多挣钱给家里翻新房子。说到儿子，陈双喜更是眉开眼笑，说：“老爹吃了这么多苦，将来一定不能让儿子再吃苦。我这儿子有出息，刚刚考了双百！以后，我要送他读大学！”

异国他乡，思念绵绵不断。当陈双喜不像其他中国技能实习生那样拥有一台电脑的时候，当他这种思念无法倾诉、传递的时候，我们可以知道他内心的纠结。在川口水产公司里面，只有陈双喜一个中国人，从他已经被警方扣押的45个物品中，我们知道有他的学习笔记本，上面记满了日语单词。

除了偶尔能够见到在另外一家金波水产公司的中国技能实习生崔进喜、何中以外，孤独的陈双喜没有任何倾诉对象。远在中国大连的派遣公司，早把他当成“被爱情遗忘的角落”，近在江田岛市的派遣机构“日中友好经济协同组合”即使派人来，也是例行公事，一味敷衍，从来就没有帮助他解决过问题。

四、文化冲突中的历史“负能量”

现在，我们可以知道的是，陈双喜每天就是在“八格”的呵斥中生活的。对于这样一个词汇，我们注意到日本共同社中文网报道里面将其翻译成为“笨蛋”。应该说，这种翻译是没有错误的，但是，他们不知道，在中国的抗战影视剧里面，“八格”、“八格牙鲁”从来是以一种音译的、侵略者的语言形式出现的。

“八格”、“八格牙鲁”在日文汉字里写作“马鹿”、“马鹿野郎”。这句日语的“口头语”，原本出自中国古典名著《史记》“指鹿为马”的典故。在日本人看来，连鹿和马都分不清的人，就是一个笨蛋（“八格”）、一个混蛋（“八格牙鲁”）。日本人用此语，或表达愤怒，或传递侮辱，或开玩笑，有时还是一种亲昵的表现。

文字、语言，都是文化的一种表现。但是，文化的差异、隔阂和冲突，一旦被赋予了历史的“负能量”，它就会成为一种凝结的认知、一种难解的心结、一种屈辱的积淀、一种反抗的积蓄。绝大多数日本人，包括那些日本媒体里的“中国通”们，对此都没有深刻、透彻的领悟，他们没有从“文化”里面走出来。

或许正因为如此，时至今日，许多日本媒体不能理解，为什么陈双喜被警察逮捕以后，会不断地诉说“老板总骂我是‘八格’、‘八格牙鲁’”。对于性格不能说完全健全的陈双喜来说，每听到一次“八格”，都是一次怨念的积累；每听到一次“八格”，都会点燃一次心中的怒火。当冲动变成魔鬼时，悲剧就发生了！

站在陈双喜曾经工作的川口水产公司前面，透过广岛县警方拉起的“禁止入内”黄色条带，可以看见公司里面张贴的“大家用笑脸打造阳光、快乐的职场”的标语，看着墙上悬挂着写有遇害者桥下政子姓氏的出勤表，看着办公室内无人接听的电话却一闪一闪地亮着提示灯的时候，我们不由得扼腕长叹。

站在陈双喜曾经居住过的宿舍外，可以看到他挂在窗外随风摆动的两件外套，可以看到他宿舍入门处安置的临时简易厕所。此刻，他心中最想念的应该是他6岁的儿子，但是，距离见到他的儿子，可能还需要6年、16年，甚至可能永远见不到儿子了。在囹圄之中，他能够想得明白究竟谁是罪魁祸首吗？

日本的“外国技能实习生制度”，可以称作是一个“挂羊头卖狗肉”的劳力进口制度，实际是想解决国内劳动力不足问题。的确，这项制度仅仅在日本国会就几经修改，但每一次修改的背后，都有着沉重的代价，这其中包括许多中国技能实习生付出的鲜血和生命。当然，其中也不乏日本人的鲜血和生命。

对于日本的“外国技能实习生制度”，联合国人权、女性组织曾经进行过多次调查，将其称为一种新时代的“奴隶制度”，直接向日本政府提出“整改”建议。但是，日本政府仅仅做过一些“新瓶装旧酒——换汤不换药”式的修改。

今天，我们呼吁：日本，是废除“外国技能实习生制度”的时候了！

（［日本］《日本新华侨报》2013－03－25/蒋丰　张桐）

中国移民越来越年轻

2013年3月，一则白领为移民而卖房卖车奔赴新西兰卖水果的新闻见诸报端。这位80后作为白领移民样本广为流传，移民的脚步越来越轻。

招商银行和贝恩管理顾问公司联合发布的《2011中国私人财富报告》显示：个人资产超过1亿元的大陆企业主中27%已移民，还有47%正在考虑移民；而胡润研究院与中国银行私人银行联合发布的《2011中国私人财富管理白皮书》称：个人资产超过1 000万人民币的高净值人群中，近60%的人士已完成投资移民或正在考虑。

北京资深移民顾问韩永亮如此概括当前中国移民的特点——“富人移民”。

中国与全球化研究中心和北京理工大学法学院于2012年发布的中国首部年度国际移民报告《中国国际移民报告（2012）》称，中国正在经历第三次“移民潮”，以精英移民为主要特点，主要群体是高学历、高净值人群。

中国与全球化研究中心主任王辉耀接受中国青年报记者采访时表示，尽管当前移民潮的主要人群是投资移民，但技术移民在数量上仍占据绝对优势。“从去年的数据来看，我国向主要国家技术移民和投资移民的人数比例在10：1左右。”

“大众阶层出现的投资移民现象，是此次移民潮不同于以往的最明显特征。”王辉耀说，当前的移民除了“有钱”，还呈现出“有学历”、“年轻化”的趋势。

从偷渡客到有学历、年轻的精英移民

王辉耀认为，新中国成立至今发生过三次移民潮。

第一次发生在改革开放之初。这一时期，大量的广东人和浙江人纷纷以“偷渡客”和“打工者”的身份，吃了移民的“螃蟹”；第二次移民潮发生在20世纪80年代末到20世纪末，其中以技术移民为甚；而目前，中国正处在第三次移民潮当中，“带着大量财富出国”，成为现阶段移民的最大特色。

根据《福布斯》杂志发布的《中国大众富裕阶层财富白皮书》，2012年末，中国的大众富裕阶层达到了1 026万人，其中近20%的人有移民意愿，即超过200万人的大众富裕阶层有移民的想法。

“1994年，加拿大对中国开放移民政策，但直到1997年，才迎来了第一个高峰。”尽管北京的移民顾问赵丹对中国移民阶段划分有不同理解，但他也认为，中国当前正经历着又一次移民潮。

30年前，移民加拿大的中国人三分之二是亲属移民；而如今，三分之二的移民是留学签证和工作签证申请者、技术移民和投资移民的技术人才、专业人士、投资者和企业家。

“我国的技术移民中，很大一部分是通过‘留学—工作—移民’这种路径留在海外的。”王辉耀说，他们绝大多数是国内的尖子生，至少会在国外获得学士学位，而且，大部分博士等高学历人才最后选择滞留不归。

根据美国橡树岭联合大学的统计，自2001年至2009年，有58%～62%的外国留学博士在毕业5年后仍然选择留在美国，其中在科学与工程领域，中国博士生滞留率最高，最高时达98%。

在赵丹看来，移民者的“高学历化”与“低龄化”并不绝对。

“技术移民的申请人相对年轻，25岁到40岁居多，学历高、英语流利，满足移民国家职业需求。”赵丹说，以加拿大技术移民的打分机制为例，21岁至36岁为满分，若超龄，每多一岁减一分。

至于投资移民，赵丹表示，由于对资产有很高的要求，并且需要一定的管理经验，所以年龄较大，多在35岁至55岁之间。

从主流发达国家到多元目标国

根据《中国移民报告（2010）》的数据显示，2010年，我国海外华侨华人数量已超过4 500万，绝对数量居世界第一。移民潮不仅带来移民数量上的空前增长，还带来“移民地图”的变迁。

“以前主要是沿海地区的人会移民，以福建最为突出，有些地方甚至出现了‘移民村’。”从业9年的移民专家张跃辉说，“在福建，如果你上学，可能借不到钱，但是如果想偷渡到国外，会有很多人借钱给你，因为后者的回报率大家都有较高的预期。”

而如今，除了沿海地区和北京、上海、广州等一线城市，“移民潮将逐渐向二、三线城市过渡”，张跃辉说。

现在，中国人的移民目标国仍以主流发达国家为主。根据《中国国际移民报告（2012）》显示，传统移民国家和高收入国家最受移民欢迎，在美国获得永久居留权的人数达87 017人，在中国国际移民总数中排名第一，其次是加拿大、澳大利亚和新西兰。

王耀辉认为，美国、加拿大、澳大利亚、新西兰之所以成为移民最热门的国家，与这些国家人才发展环境良好有关，而开放的移民政策，让向往这些发展环境的人才实现了移民梦想。

“以美国为例，美国所谓的自由、开放、多元的移民政策，都是建立在‘学历’和‘技能’限制之上的，写满了‘只欢迎人才’。并且，根据人才层次，有分别不同的待遇。这是典型的为人才竞争服务的移民制度。”王耀辉说。

实际上，尽管这几年来投资移民如火如荼，但近来，发达国家的移民政策已出现向技术人才倾斜的趋势。

2013年4月17日，美国参议院公布了30年来规模最大的移民改革法案。本次法案包含以下新措施：①增加创业签证；②将H－1B（临时工作签证）的上限从6 500提高到110 000；③取消对杰出人才的限额；④增发25 000个STEM领域（科学、科技、工程及数学领域）的高学历人才签证。

“如果这一法案最终通过，将极大地保证美国作为‘世界人才磁铁’的地位，对于我国高层次人才的吸引力也将明显加大。”王辉耀说，对技术移民来说，寻求更好的工作创新环境是其主要的移民原因。

“移民的原因，一般而言不会有太多的变化，但某个阶段发生某些事情，刺激了某种因素，使得某种原因更加凸显。比如，最近的雾霾天气、上海死猪事件，导致很多人对环境和安全有所忧虑，移民意愿更加强烈。”张跃辉说。

随着欧洲债务危机的出现，许多欧洲小国出于招商引资的需要，也成为“移民地图”的新成员。张跃辉称，当前许多欧洲国家推出的“买房移民”的低门槛政策，吸引了不少国人，比如，塞浦路斯、葡萄牙、西班牙、希腊等欧洲小国，让国人有了更多元的选择。

从自我封闭到主动参与公共事务

尽管当前的移民主体是“富人”，然而，近年来，普通人的移民意愿与日俱增。张跃辉甚至认为，当前普通老百姓的移民意愿更加强烈，只是因为缺少资金，有心无力。

事实上，不少都市普通白领开始钻研各国的移民政策，为此不惜孤注一掷。比如，34岁的葛今。

葛今是深圳的白领，有稳定的工作，也有房、有车。然而，葛今决定卖房卖车，选择新西兰的“创业移民”之路。如果你英语雅思平均4分，有一份150万元人民币的净资产证明，和一份足够打动审批官的商业计划书，就可以获得工作签证，继而转为永久居民。在葛今之前，有不少通过相同方式实现移民的“前辈”。为了获得“绿卡”，他们必须在当地有自己的生意，于是，很多人在当地卖水果、开杂货铺。

但是，王辉耀认为，我国移民的主流群体仍然是高层次留学人员和富裕阶层，白领阶层尚未成为移民主力。

根据《福布斯》调查中的标准，资产60万～100万元才算是大众富裕阶层，这部分人有1 000多万，而白领阶层的标准会更低。有研究将年收入6万元以上的人群都纳入白领阶层，计算出来的人数可能上亿。

“而我国移民的数量每年只有10多万人，这样的比例，实在不能说是普遍。”王耀辉认为，白领移民的案例确实存在，但毕竟只是个案。

韩永亮不建议白领卖房卖车去移民，“如果你的积蓄仅仅够移民的话，你在国外，仍然要面临生活、找工作的巨大成本，如果没有足够资金支持的话，很可能面临巨大的生存危机。”

王耀辉表示，普通人移民通常都会倾其所有，而带来的风险也不可谓不大。“如果选择投资移民，美国的投资移民是没有政府担保的，这样的投资是否能收回？到国外之后，能否适应国外的生活？普通人移民，需要提前考虑好这些问题。”

倾其所有是移民前的顾虑，而移民后，普通白领也要面对社会地位变化带来的心理落差。

赵丹认为，移民者不能把国外想象成天堂，既然选择了移民，就应该坚持，“第一年吃苦，第二年找苦，第三年不苦，经过几年的过渡，还是可以很快融入”。

王耀辉则认为，和早年的移民相比，新一代移民者的观念已经变得开放，“很多移民者的海外生活不再以谋生为主要生活目标，而是拥有了更强的融入意识和能力”。

传统的海外华人，往往专注于自己的行业，对政治漠不关心，很少参与移入国的社会事务。他们通常有自己相对封闭的华人社区，有着强烈的“过客心态”和“叶落归根”的情结，由于语言、文化差异以及欠佳的经济状况，不主动融入移入国社会，对于移入国的政治、文化，没有强烈的认同感，政治参与度低。

如今，海外华人的这种现状正逐渐发生转变。王耀辉说，如今的技术移民因其受教育程度高、语言能力强、职业层次高、经济状况好等特点，融入意识、参政意识与参政能力较之以往有了很大改观。

比如，2011 年 3 月，法籍华人吴振华就出任法国执政党——法国人民运动联盟政治局委员。在 2011 年 5 月举行的加拿大联邦大选中，22 位华裔参选，7 人胜出，参选者人数创下历史新高。而在英国地区议会 2011 年 5 月举行的选举中，共有 9 名华人参加，6 人获胜，其中 5 人以选区最高票当选。

“海外中国技术移民正在以参与投票、选举、关注社区建设、组建华人社会团体等多种方式，实现对移入国公共事务的影响。”王耀辉说。

（《中国青年报》2013－05－07）

如何吸引留学人才回国？66.7%“海归”首选健全法制

当中国经济总量排名世界第二时，未来的核心竞争力必须是高层次人才。被称为“第六代”的优秀留学人才，能为国家开启何种新气象，备受社会期待。

2013 年留学人员回国服务工作部际联席会议公布的数据表明，改革开放以来，我国留学人员回国总数已达 109 万人，其中，近 5 年回国的近 80 万人，接近前 30 年的 3 倍。特别是 2012 年，留学人员回国数量达 27.29 万人，同比增长 46.57%，成为我国有史以来最大的海归潮。目前，中央层面的“千人计划”已引进 3 319 人，各地也纷纷制定地方吸引人才计划，已吸引两万多名海外人才回流。

虽然我国留学人员回流率总体呈上升趋势，但是，获得博士学位又有相应研究或其他工作经历的高层次留学人才的回流率仍然处于较低水平。根据中央人才工作协调小组的报告，中国流失的顶尖人才数量居世界首位，其中科学和工程领域滞留率平均达87%。

哪些因素阻挡了优秀人才回国？怎样才能吸引更多“走出去”的优秀留学人才回流？近日，中国青年报社会调查中心通过智联招聘“智联调研”平台和“智引海外”全球人才招贤平台，进行的海归和留学生专项调查显示（1 223 名有海外留学经历者参与），66. 7%的受访者首选健全法制。

优秀人才回国主要从事哪类职业？54. 0%受访者选择“创业”

80 后留学生周然，从美国德克萨斯大学达拉斯分校微电子学专业博士毕业后，回到深圳从事模拟 IC 设计工程师工作。说起回国的理由，他表示：“在美国工作没有归属感，有回国大干一场的热情。”他认为美国自金融危机后，经济不太景气，失业率较高。美国的大环境虽然公平，但中国人还是很难融入美国主流社会，华人的圈子普遍较小。“在一些美国人眼里，中国产品还是廉价的代名词，我心里挺不舒服的，希望回国为改变现状作一点儿贡献”。

“真正想干事的人一定会选择回国。”智联招聘海外事业部总监孔晶晶也是一位 80 后，2011 年从加拿大回国。虽然在加拿大拿着高薪，生活比较安逸，但她还是感觉“好山好水好无聊”，再待 10 年回头看，无论工作还是生活都不会有太大变化。而在国内，有能力、有闯劲儿的年轻人很快会崭露头角，比如，一些上升的创业型公司不会让员工熬年限，有很多破格提拔的方式，她的一位朋友 33 岁就做到了上市公司的副总裁。国内富有挑战性的工作和热闹的生活，终于促使她回国。

日本冈山大学社会学博士贾铁，在河南省信阳市创办了一家留学培训机构。他选择回国主要是家庭原因，“父母年纪大了，就我一个孩子，我不可能在国外漂太久”。他认为，现在中国对海外人才的政策很有吸引力。比如，留学回国人员在河南创办企业有免税政策，还会根据企业科技含量和市场前景，给予一定的创业启动资金或银行贷款财政贴息。

调查显示，46. 6%的受访者感觉当前回国的优秀留学人才“较多”，21. 4%的人持相反观点，28. 9%的人表示“一般”。对于优秀人才选择回国发展的原因，“与亲友团聚”被排在首位（72. 5%）；其次是“看好中国经济增长潜力”（60. 3%）；再次是“很难融入国外社会”（53. 4%）。接下来依次是：国外找不到好工作（51. 9%）；心理归属与文化认同（49. 7%）；拿不到外国绿卡或国籍（45. 0%）；国内就业创业机会多（33. 9%）；国内生活舒适方便（24. 9%）；报效祖国（22. 2%）；“千人计划”等好政策的吸引（14. 8%）等。

清华大学公共管理学院院长薛澜在接受中国青年报记者采访时指出，总体来说这几年回国的人才越来越多，他们和之前的海归相比有很大变化，比如，原来学成回国去大学或研究所的人很多，而现在不少人选择去企业或者自己创业。他们在国外已经工作了一些年，看到国外市场的局限性，觉得凭自己的能力和经验在中国发展潜力更大，他们也看到中国这几年的发展比较快，有很多难得的机会。同时，我国也出台了“千人计划”等鼓励人才回国的政策，给他们回国提供了很好的条件。

优秀人才回国主要从事哪类职业？84. 1%的受访者首选“外企”；54. 0%的受访者选择“创业”；42. 9%的受访者选择“合资企业”；40. 2%的受访者选择“高校或科研机

构”。其他职业领域有：国企（29.6%）、国际组织（28.6%）、自由职业者（25.4%）、民企（19.1%）、党政机关（12.2%）、国内非政府组织（8.5%）、事业单位（6.9%）等。

北京留学服务行业协会会长桑澎认为，当前留学人才回国在职业选择上有一定局限性：一是一些有固定编制的科研机构或者事业单位，用人指标非常严格，没有出就不能进，留学生想进去很难。二是留学生出国前选择学校、专业过分集中，国内相应领域人才饱和。还有一些人没有把回国作为最初的方案之一，回来之后难免有“摩擦”。三是一些留学生的择业观有问题，只瞄准一线城市。实际上随着中国经济的发展，一些大企业会转移到二、三线城市，有的县级市求贤若渴，会给出非常好的待遇，但是这些地方很难吸引留学生。

调查显示，84.1%的受访者感觉当前优秀人才回国主要在北上广深等一线城市就业创业，12.2%的受访者认为是二线城市，2.7%的受访者认为是三线城市。

78.8%受访者认为人情关系复杂阻碍优秀人才回国

“中国改革开放是人类历史上前所未有的重大变革，能身在其中去观察、研究并影响这个变革进程实在太难得了。”薛澜在1996年从美国回国后，一直致力于公共管理学科的发展。目前，清华大学公共管理学院已有近50位全职教师，其中近一半是“海归”。

薛澜坦言，现在年轻老师回国比起当年的自己要难得多。“我刚回来时分到的是上世纪70年代建的40多平方米的老房子，在当时还算过得去，后来也分到了新住房。但现在有相当多的老师仍住在我当时住的老房子里。国内高校教师工资制度不合理，与其他国家相比差距较大，北京房价又这么贵，一般老师的收入很难买得起房子。这些情况阻碍了一些优秀留学人才回国。”他还指出，近年来，也有一些学公共管理的留学生，希望回国后能够进入政府部门发挥所长，但他们的知识结构与话语体系跟国内不同，参加公务员考试并不占优势。所以，不少人回国后不能从事真正想做的工作。

“国内的房子和汽车太贵，与工资不成比例，是大多数留学生不回国的最重要原因。”周然说，以集成电路行业为例，应届生在北京、上海的顶级外企里待遇一般在每月10 000元~12 000元，而在美国能拿到3~5倍的工资。更重要的是，大部分本土公司的技术与外国的差距更大，一些高端人才回国对职业发展不利。

哪些就业创业因素阻挡了优秀人才回国？民调发现第一是“薪酬待遇比国外低”（71.4%）；第二是“职业发展压力大、空间小”（60.3%）；第三是“所学专业无用武之地”（49.7%）。接下来依次为：公平竞争和投融资机制不足（47.1%）；企业文化不好（46.0%）；行业领域开放不够（41.8%）；政府干涉多服务不足（37.6%）；学术行政不分，科研效率低（37.6%）；对有关海归的政策缺乏了解（29.1%）；职称评定有瓶颈（26.5%）等。

即将从瑞士洛桑大学癌症与免疫专业博士毕业的程剑频，打算在欧洲其他实验室寻找做博士后的机会。她感觉80后博士生比以前的留学生更喜欢自由的科研环境和简单的人际关系。她有不少在国内从事研究工作的同学，普遍反映难以全身心投入科研项目，大量时间耗费在不相关的人际交往和行政事务上。另外，国内现有的食品药品公司极少自主研发，生物学博士进入相关领域工作的机会不多。从生活方面来说，欧洲福利健全，非常吸引人。以养育孩子为例，在芬兰女性带薪产假长达10个月，可领取正常工资的70%，并且工作位置最长可保留3年。还有，国内现在环境污染和食品安全问题较为严重，而欧洲国家整体环境优美，食物让人放心。

哪些社会环境因素阻挡了优秀人才回国？78.8%的受访者首选“人情社会，关系网复杂”；77.8%的受访者认为原因是“社会诚信度低”；75.1%的受访者感觉“生活质量低”。其他因素包括：法制不健全（67.7%）；食品安全问题严重（61.9%）；房价太高，买不起房（61.4%）；自然环境恶劣（60.3%）；户口档案限制过严（48.2%）；退休养老难以保证（40.7%）；子女入学难（36.5%）；个人所得税过高（30.7%）；计划生育政策缺乏人情味（30.2%）等。

“虽然很多人抱怨国内雾霾严重、环境不好等，但是真正想回来的人不会在乎。那么多老外都来了，可见中国的吸引力很大。”在孔晶晶看来，各地对优秀留学人才的政策非常优惠，问题是没有找到真正愿意回来的人。一些政府或者国企最看重头衔，但国外的管理者一般要到45岁以上，这些人在华人圈子里地位相对较高，子女也即将在国外接受高等教育，他们更希望陪在家人身边，没有太强烈的回国愿望。反而是35~45岁的人既有能力也有冲劲儿，相比之下更愿意回国，这些人需要的是平台。

42.9%受访者认为未来将有越来越多的优秀人才回国

“留学生并不全是人才。”桑澎提醒，当年高考落榜或者考不上好大学后选择出国留学的人不在少数；另外一些学生通过中外合作项目出国，很多学历都不被承认。他认为，优秀的海归一定能将国外先进的技术、思想和国际通用的行为规则等带回来，使国家产生向前迈进的动力。

“千人计划”首批国家特聘专家、清华大学生命科学学院院长施一公教授，在《中国未来核心竞争力：高层次人才》一文中强调，如何将我们的发展模式转变为低能耗、低污染、高技术、智力密集型？要靠人才，尤其是高端人才。而人才是指高层次的世界级人才，是那些在本研究领域、本行业具有战略眼光的高端领军人才。最简单的例子就是20世纪六七十年代由以钱学森、郭永怀、钱三强等为代表的一批杰出人才创造的“两弹一星”奇迹。如果没有这些高端人才，中国在尖端技术乃至国家安全方面可能会蒙受巨大损失！

施一公提到，当前不少人把项目人才与高层次人才混为一谈。项目人才往往只在狭小的本专业项目上有独到见解，而高层次的人才，尤其是大学的优秀教授，往往既能从事前沿的科学研究，也可以担当技术总监，促进高科技产业的发展。相比之下，国内往往把青年培养成专攻一面的项目人才。而千军易得，一将难求。现在是中国下决心真正重视高层次人才的时候了。

调查显示，40.2%的受访者认为中国需要更多像施一公那样的人才回国。42.9%的受访者相信未来将有越来越多的优秀人才回国。

在为各地政府和企业招募海外人才的这两年，孔晶晶感到其他国家对优秀人才的争夺特别激烈，“我们去一些欧美国家招聘经常遭遇拒签，他们就怕我们把尖端人才带回来”。不过，也有一些非常好的学生回国之后并不被认同，没有充分发挥自身的价值，让她觉得是巨大的浪费。

“吸引人才最好的办法是充分发挥现有人才的作用。”薛澜说，当前国内已经有大量学成回国的人才，如果能创造很好的条件让这些人才脱颖而出，就是最好的吸引力。如果优秀人才回国之后出不了什么成果，国外的人就会认为环境可能有问题，所以改善国内人才成长的环境至关重要。此外，美国的移民制度在吸引高技能人才方面起着重要作用。中国也可以通过制度建设一方面吸引自己的留学人才回来，另一方面也要能吸引更多国际优秀人才来中国。

中国人民大学新闻学院副教授陈阳认为，香港吸引人才的政策值得内地借鉴。香港最具吸引力的地方是自由——自由的经济、自由的人才流动，很多大公司、好公司的亚太总部都设在香港。所以，它能给人才提供好的就业前景，而且，人才与公司签了就业合同之后，雇主就会去帮忙办理香港的签证，在他们合法居住满 7 年之后，可以自动转成永久居民，能享有很多福利，这样既有就业前景又有生活保障。“人才是随着好公司流动的，好公司愿意在哪儿落地，人才就会流向哪里。”

中国怎样才能吸引更多优秀人才回国？66.7% 的受访者首选“健全法制”；65.1% 的受访者希望“改善自然环境，提高食品安全”；63.0% 的受访者建议“开放人才引进领域，促进体制内外人才流动”；62.4% 的受访者期待“实施与优秀人才配套的薪酬制度和考核机制”。其他建议：为留学归国人员提供住房、子女教育等政策性服务（52.9%）；建立与优秀人才的信息沟通渠道（47.6%）；完善科研管理体制（46.0%）；放宽户籍限制（45.5%）；进一步加强知识产权保护（42.9%）；缩小与发达国家在科技领域的差距（37.6%）；保持经济持续高增长（36.5%）；保持政治稳定（33.3%）；建立健全人才移民制度（32.8%）等。

（《中国青年报》2013－09－05/王聪聪）

隐性压力成杀手　华人新移民海外生存易遭“冷”遇

改革开放三十多年，中国人的物质生活水平有了质的飞跃，大众富裕阶层逐年递增。近年来，“××万人民币就可以投资移民拿绿卡”的广告信息更是敲开了许多人怀藏内心已久的“移民梦”，国人移居海外的步伐加快，华人新移民群体迅速壮大。

然而，外国的月亮未必圆，移民生活也并非看起来的那么美。由于语言、文化上的差异，许多华人新移民依然很难融入当地社会，交往的圈子也比较狭小。华人新移民海外生存常受隐性压力影响，易遭“冷”遇。

职场存隐性歧视　想同工同酬要等十年

选择移民海外，除了考虑子女教育因素外，许多华人同样也抱着寻找更好的生活、就业机遇等美好的愿望而来。作为新移民，他们所遭遇的重重挑战却让不少人都开始怀疑自己当初的选择是否正确。

加拿大安大略省一间非营利机构日前访问了大多伦多地区 450 多名新移民，71% 的受访者称年薪少于 3 万加元难以维持生活，有 50% 的受访新移民称他们是赚取工作后即付现款薪酬的工作贴补家用，同时，有 68% 的受访人士即使拥有高学历，也只能寻找到一些无须学历的工作。

现年49岁的施某2008年从上海移民多伦多，本身拥有计算机科学学位，移民前在上海任教师职务。移民多伦多后，他的首份工作是在工厂赚取每小时11.75加元的工作，工厂倒闭后，他换了一份赚取最低工资10.25加元时薪及没有福利的包装牛奶的工作，后因工伤而无法继续在此工作，他称自己只能向中国的亲人借款度日。

AMES的研究与政策部门经理布伦克（Jenni Blencowe）说，绝大多数移民在刚刚抵达澳大利亚的时候都会面临语言不通和工作难找的问题。“在澳洲，简历的格式与在中国是有很多区别的，面试时所要求的表现也不同。”布伦克说，“你可能有资历，但因为你没有在澳洲工作过，所以还是很难找得到工作。”她说，AMES的一些客户接连申请了50～100份工作都没有成功。

32岁新移民李宇杰虽已移民温哥华4年多，但英文会话仍不流利，找工作时，他只能选择一些华人公司，而多数华人公司支付的薪金都会较白人公司少。他举例说，同样是接待职位，公司只支付他最低时薪10.25元。根据一项研究指出，居住了10年或以上的移民，就业待遇可达到与加拿大本土出生的工人相近的水平。可是，对于像李宇杰一样的年轻新移民来说，10年可能太漫长。

文化差异大惹怒邻居　被投诉哭笑不得

近年来，中老年大妈跳广场舞在中国各地盛行，随着华人新移民来美后，广场舞也被带到了美国各大城市的公园。日前，一支华人舞蹈队在纽约布鲁克林的日落公园排练时，遭到居民报警，前来的警员将带头者铐起来并开传票，警方列出她被控罪的理由是“在公园内没理由地制造噪音”。

有华人认为只因跳舞、放音乐就被投诉、报警和开传票，是对华人与中华文化的歧视。有些华裔老人则认为：“美国是自由的，为什么不能放音乐？”

纽约大都会联盟执行总监李江华表示，腰鼓、高亢的中国音乐，并不是每个老外都能欣赏和接受。而依照法规，公园在早8点前就是不能吵嚷、不能放音乐，这是要遵守的基本法规。令人担忧的是，这种噪音与扰民不会减少，相反在增加，因为，迁入八大道和日落公园地区的华裔新移民越来越多。

华人新移民在公共场合或私人住家说话大声的习惯，也受到不少邻居的特别关注。无厘头的举报常令人哭笑不得。

据美国媒体报道，华人陈先生夫妇刚刚搬入美国圣盖博谷某市公寓楼不到半年的时间，已经两次被警察上门盘查是否发生家庭暴力。“一次是我在搬动家电时，失手摔了电饭锅，太太埋怨了我两句，两人说话声音有些大，遭邻居报警。”

陈先生说，另一次更是莫名其妙，他们正给国内打长途电话，因为信号不好，电话那头听不清楚，所以两人只能加大音量喊着说话。结果就被警察敲门，原因是邻居举报，听到从他们家传来激烈争执和砸家电的声音。

警方发现夫妻二人并不存在争吵证据后，仍将信将疑，直到把整间屋子都检查了一遍，又去左邻右舍进行调查，确定没有发生家暴才收工离开。虽然只是虚惊一场，但被邻居报警、警察盘查，还打扰了其他住户，陈先生夫妇表示这种投诉令他们很难堪。

初来乍到不懂法　成骗子头号目标

全美各州近期频频出现谎称是国税局、欺诈民众钱财的电话，且值得关注的是，该类欺诈电话专门针对新移民。受骗者们被告知，自己欠了国税局的钱，必须通过电汇或购买预付借记卡的方式立即偿还。诈骗电话还会在背景音中模拟呼叫中心的声音。

华人新移民由于初来乍到，找到一份稳定的工作成了不少人的期待。不法分子利用华人找工作的急迫心理，设“圈套”行骗。旅居美国的翁先生去年通过职介所找到一份在中餐馆打工的工作，但上工当天却没有人到车站接他，冰天雪地中翁先生被冻个半死。

西班牙一家公司则要求被录取的求职者接受15 天的培训，并缴纳总共 1 200 欧元的培训费。不少华人为了得到这份工作，只能先交钱。然而，培训过后，公司以各种理由辞退求职者，1 200 欧元的培训费就这么打了水漂。

加拿大警方发布一组数字显示，长者是不法分子欺骗的重要对象，当中又以新移民因不认识新环境较容易被骗。

一对中国新移民长者向警方报案，称信箱中收到一张刮刮卡中了100 万元美金，并附有一个电话号码查询。二老于是致电查询领奖方法，对方表示取奖金之前要先付 1 000 多元手续费。

骗子使用各种手段多次让其汇款，二老照对方提供账户汇钱后，再致电查询奖金问题，但已没有人接听电话，事件使他们损失约数万元。

心理压力大易受忽视　专家吁关注

半年前，14 岁的男孩小东随爸爸从中国大陆移民到美国。由于他所在的美国中学很少有华人面孔，英文蹩脚的他很快成为同学取笑的对象。有些同学不仅侮辱性地叫他“中国佬”、“书呆子”等，还会有意无意地推他、绊倒他、倒掉他的午餐等等。

作为新移民子女，一方面，父母在外国忙着打拼，忙于工作，没有精力顾及他们；另一方面，美国学校也不大管孩子上课以外的行为。在语言、环境的双重压力下，华裔新移民子女容易变得性格内向、沉默寡言，时间长了，也会给他们留下心理阴影。对于正在成长的孩子而言，极为不利。

日前，纽约布鲁克林区 8 大道发生的灭门惨案震惊纽约，华裔女子李巧珍和 4 名年幼子女被表弟陈闽东杀死。这一惨案的发生再一次引起了人们对于新移民心理健康的关注，一些心理专家和小区服务机构的负责人呼吁，要更多地关注新移民的心理健康，帮助他们及时缓解压力。

加州众议员白彼得华裔助理曲怡文也表示，华裔新移民心理问题大，有的人身上背负着债务而来，在餐馆几乎每天工作 15 个小时以上，想回家回不去，留下来又前途渺茫，因此，久而久之心理产生问题，这些都需要各级机构的关注与服务。

面对海外生活中的诸多压力，专家建议，华人新移民可自我调控以适应新环境，遇事与人分享，多和当地民众接触，增进了解。

（人民网 2013 - 11 - 30）

（本栏目责任编辑　徐云）

特别关注

本栏目内容选登了本年度引起广泛关注的涉侨事件和焦点问题的文章，并配之相关背景资料，以期读者全面解析文章内容的思想观点。

中国非法移民：从哪来，怎么走，到哪去

2013 年 1 月，美国总统奥巴马发表演讲，提出改革建议：非法移民必须向政府登记、通过相关审查并缴纳罚款以取得过渡身份。美国一直是中国非法移民的最热门目的地之一。究竟中国的非法移民在哪里最多、怎么出境、如何选择目的地呢？

20 世纪 70—90 年代，中国大陆年对外非法移民为 10 万～20 万人

按学者庄国土的估算，从 20 世纪 70 年代末到 90 年代中期，中国大陆、中国台湾地区和中国香港通过合法途径移民到发达国家的人数估计为 142.5 万，非法移民为 10 万～20 万人，非法移民大多来自中国大陆；另有到泰国、菲律宾、越南、马来西亚等欠发达国家的非法移民 10 万～20 万人，包括中国台湾地区、中国香港的海外移民，但不包括合法移民。按照这个估算，1978—1995 年，我国非法移民相当于当年合法移民的 21%，合每年 1.8 万人左右，显然这不包含流入到我国港澳地区的较保守估计。1997 年，美国学者戈德斯通在智库“战略与国际研究中心”的专著上撰文，估计 20 世纪 80 年代中国大陆的海外移民为每年 18 万，其中到美国的非法移民每年达 2.5 万人之多，与到美国的合法移民相当。

自 20 世纪 80 年代至今，东南沿海是中国对外非法移民的主要发源地

20 世纪 80 年代，随着中国改革开放和经济发展而实行的对外开放政策，加上海外华人回国旅游和创业的互动，偷渡活动便由此逐渐增多。当时的偷渡活动主要集中在南部沿海少数地区，北部沿海地区只是偶尔发生。继而随着海峡两岸关系的缓和，与台湾地区仅一水之隔的福建省沿海地区的一些人员产生偷渡去台湾地区和其他地区或国家打工赚钱的念头，这对福建的偷渡活动起着推波助澜的作用。美国学者迈尔斯在智库“战略与国际研究中心”的专著中估计 1990—1993 年每年仅福建就有 10 万非法移民到美国，1995 年以后有了明显的下降。

直至 21 世纪之后，东南沿海仍是中国对外非法移民的主要发源地。据 2005 年《法制晚报》报道，福建省外办一位不愿透露姓名的工作人员说：“目前，以旅游等形式出国的福建居民，有 90% 以上的游客都是逾期滞留打工的。仅福建省外办一个部门，处理在外滞留不归的福建人所引发的事件每年就达近百起。”2004 年 3 月至 2005 年 6 月，福建当地高校课题组对偷渡活动频发的福建省福清、长乐、平潭、莆田等地进行调查，通过访问、座谈、查阅

文献等方式获取相关资料，对福建沿海偷渡现象作了调研。调研报告中提到：“长乐市现有海外乡亲40万人。其中大多数人是通过非法移民出境的……”“平潭……全县38万人口，在国外打工的有2万多人”。

20世纪90年代后，对外开放的内地非法移民成功率有两到四成

进入20世纪90年代以后，由于整个中国更加开放，福建、浙江、广西、江苏、山东、辽宁等沿海地区发生多起人员集体乘船偷渡的案件，而在内地的北京、西安、重庆等有国际航班的地区也经常发生使用伪证非法出境的严重事件。1999年辽宁省查获偷渡案件，查破率为96.6%；但根据2000年《扬子晚报》的一篇报道，厦门抓获的偷渡组织者称，组织九次偷渡其中五次成功，第十次才被抓获。综合估计我国偷渡成功率约为20%～40%。根据2013年1月24日新华社报道，来自吉林公安边防总队长春边防检查站的统计数据显示，长春龙嘉国际机场2012年共查获偷渡案件46起，抓获偷渡人员63人，该组数据相比2011年的21起、21人分别增长了119%和200%。

20世纪末非法移民出境方式是“假证+集装箱+客轮”

20世纪末非法移民出境的主流方式大致有三种：首先，人口走私团伙从伪造证件处购得假护照，然后，直接闯关前往目的地。再一种方法是先安排非法移民以合法手段离开中国，经第三国辗转迂回，经多条海陆路线，最终到达目标。以这种方式出境的非法移民足迹几乎遍及全球各个角落。最危险的方式是从原住地直接坐船，赴公海转搭一艘较大的轮船，经过万里航行，直达目标国海岸，再用小船将人分批送往目标国内地。

福建人郑翠萍因经营1993年的300人偷渡船“金色冒险号”在美国搁浅事件而为各国政府所关注。她1981年取道香港偷渡到美国纽约，1982年开始组织家乡人偷渡。郑翠萍在20世纪90年代初期开辟的“福州—塞尔维亚—欧洲—美国”偷渡路线代表了当时典型的非法移民途径。据美国移民局估计，单是郑翠萍就安排了至少3 000多福建人偷渡到美国。2001年4月17日，郑翠萍在香港被捕。

2000年中国人偷渡去西欧要在密闭货柜中绕半个欧洲

根据2000年58名中国非法移民在集装箱里闷死的“多佛尔惨案”幸存者回忆，偷渡到西欧的路线通常为：从北京合法出境到塞尔维亚的“蛇头”基地，然后坐密封货柜车到匈牙利的布达佩斯，也可以爬山进入匈牙利，当时，这是通往西欧的非法移民的最大集散地。当非法移民达到一定数量之后，再被密封货柜车运到奥地利，然后转乘飞机到达法国的巴黎，再经由特快列车取道比利时到达荷兰的鹿特丹（法比、荷比边境没有检查），然后非法移民又通过密封货柜车经由比利时的磁尔布鲁克至英国的多佛尔港。走这种路线的大半时间都在密闭货柜中，途程曲折环绕，即使不被警方拦下，被闷死或病死的概率也很高。

21世纪后中国非法移民主要是“合法出境非法滞留”

新泽西州罗格斯大学教授陈国霖在撰写《偷渡美国》一书时发现，中国大陆区人民“偷渡”到美国的方式已经发生重大变化：稍有积蓄的大陆移民现在宁愿多花钱，非法为家人购买合法签证，坐飞机直飞美国达到团聚的目的，也不愿意让亲人冒险坐船偷渡。

据2005年《法制晚报》报道，中国公民因私出国护照放开后，改变了传统的“驾船渡海”的偷渡方式。现在中国非法移民的办法主要是“合法出境，非法滞留”，组织者一般以出国旅游或者商务考察的名义，为非法移民骗取合法的出国签证，非法移民持合法签证出境，到达目的地后再选择逾期滞留不归。近年来，这种非法移民方式在福建乃至全国相当普遍，还呈愈演愈烈的趋势，从而也使非法移民披上“合法”的外衣。

21世纪后中国对美非法移民每年大约20万，随经济景气程度波动

非法移民的最主要动机就是经济驱动，所以，首选经济最发达的国家。在“9·11”事件前，在美国的中国非法移民被发现数目是由移民规化局统计，现在由国土安全部统计。2012年12月，美国联邦国土安全部公布《2011年度移民执法行动报告》，数据指出，当年试图以旅游模式非法入境美国的中国籍移民被捕者共达1.6万多人，另有2 537名中国籍非法移民在移民执法行动中被捕。

非法移民总数则无法统计，只能估计。美国人口普查局将非法移民定义为“无授权移民”。这些人中有合法入境但尚未纳入官方数据的合法移民与难民，以及提出合法居留请求正在等候结果的“准合法”身份的移民。而美国移民归化局、国土安全部的估计范围则不包括“准合法”身份者。按较保守的国土安全部估计数据，21世纪以来，中国一直排在“对美非法移民最多的十大国家”之中。2000年，在美国的中国非法移民总数是11.5万，2005年这个数字是23万，2006年是19万，2008年是22万，2009年是12万，2010年是19万，最新的数据是2011年的28万。由此可见，中国对美非法移民人数实际上是一种经济景气指数，大体是经济危机年份人数暴跌，复苏年份人数回升，水平持续在20万上下。

西班牙因常大赦，当地中国非法移民数目倍于加拿大

在外的中国非法移民，一般是选择经济发达的国家和容易落脚的次发达国家。如果两者不能兼顾，容易落脚的次发达国家更受欢迎。例如，加拿大一直比西班牙发达。同为2010年公布的数据，加拿大移民局的报告《加拿大国籍与移民情况——非法移民部分》称当时加拿大全境非法移民总数预估介于8万到12万人之间。而西班牙中国人融入委员会主席在接受记者采访时说，目前，整个西班牙至少有20万中国移民，其中，合法移民只有13万人，另外7万全部都是没有居留证的非法移民。

之所以西班牙的华裔非法移民约等于加拿大全境非法移民的估计下限，是因为去加拿大的移民供过于求，而西班牙对非法移民大赦次数较多，从1986年到2005年西班牙有过6次大赦。中国非法移民大量进入西班牙的高潮就始于1992年巴塞罗那奥运会之前的大赦。当时西班牙政府赦免大约10万中国非法移民。之后的10年里，西班牙又实施过三次大赦，又有将近10万名中国非法移民被列入赦免范围。

每年被日本遣返的非法移民中，中国人占大约三成

由于经济发达，加之文化和地理上的相近，日本成为中国非法移民向往的地区之一。日本入国管理局的统计报告显示，截至2003年初，非法居留的外国人约22.4万人，其中来自中国的约3.8万人；2005年被日本入国管理局遣返的非法滞留者为5.7万人，其中，

中国人为1.7万人，占总数的30%。2009年被强制遣返的外国人人数达到32 661人，被强制遣送的中国人比例为29.2%，连续第7年居首位。

非法移民背井离乡，经过重重险阻才到达目的地，的确富有开拓精神。但他们既然规避了正常移民的准入门槛，就不会也不能享受正常移民的应有待遇。

（网易网2013－01－31）

侨民证梦想到现实需跨五道槛

近年，海外华侨华人群体希望中国推行“侨民证”的呼求日益强烈。大陆移民法学者刘国福认为，这些呼求与积极建议对落实中共十八大侨务政策的相关表态有非常积极的意义，但中国政府需多维思考推行侨民类证件面临的问题，寻求稳妥、有效的路径和方法。

有关方面出于发展和交流等方面考虑，提出了侨民证、华裔卡、海外公民证、华人证、海外侨胞身份证等侨民类证件（以下简称“侨民类证件”）的呼吁或者方案，希望以此替代部分附加在双重国籍政策的职能，赋予海外中国大陆移民中国国民待遇等。

无论推行哪一种侨民类证件，都需要从世界华侨华人、华侨华人各群体、华侨华人所在国家和地区环境、大陆居民的认可和接受、侨民类证件与相关法律的关系等角度，多维思考推行侨民类证件面临的问题，寻求稳妥、有效的路径和方法。

一、不同地区应推行不同侨民证

东南亚华侨华人与非东南亚华侨华人对推行侨民类证件有不同的诉求，即使在东南亚，不同东南亚国家华侨华人对推行侨民类证件的诉求也有所不同。任何关于侨民类证件的调研，都应扩展至全球华侨华人，而不是局限于某一地区的华侨华人。

有关统计显示，东南亚、美洲、欧洲华侨华人分别约占世界华侨华人的74%、14%、5%，印度尼西亚、泰国、马来西亚华侨华人分别约占世界华侨华人的22%、15%、14%，均超出了美洲、欧洲所占比例。缅甸、越南、柬埔寨、老挝华侨华人分别约为250万、140万、70万和30万。全球一体性推行侨民类证件，不利于区别对待不同地区华侨华人的诉求。区别不同地区推行不同的侨民类证件，则要论证地域适用范围的合理界定和界定的具体标准，以满足不同地区华侨华人的诉求。

二、外籍华人概念有待厘清

侨民、华裔、海外公民、华人、海外侨胞均不是法律用语，中国目前只是在有关规定中初步界定了外籍华人概念的群体适用范围，“外籍华人是指已加入外国国籍的原中国公民及其外国籍后裔”，但是没有解释“后裔”的含义，也没有在政策和法律层面准确界定其他概念的群体适用范围。

不加区别地适用侨民、华裔、海外公民、华人、海外侨胞等侨民类词汇，与汉语语意学和现行政策对其的理解不吻合。区别地适用侨民、华裔、海外公民、华人、海外侨胞等侨民类词汇，则要探究法律上合适侨民类证件词汇和区分的具体标准，例如，将海外所有中国人统称海外侨胞，还是划分为海外公民和海外华裔或其他，以几代以内为宜等，使侨民类证件制度具有更强针对性。

三、科学评估华侨华人所在地的外部环境

有研究指出，华侨华人聚居区几乎遍及全球各大洲的各个国家，尤其是近百年来，中国移民鲜至的拉丁美洲、非洲和中东各地，现在也出现了数以万计人口的华侨华人聚居区。大规模的中国新移民使美洲和欧洲发达国家的华侨华人激增，世界华侨华人高度集中于东南亚的格局开始改变。

世界各国和地区对中国政治制度和巨大经济成就有着不同的观点，这影响着他们对当地华侨华人的政策。

根据《宪法》第1条第1款，中国是工人阶级领导的、以工农联盟为基础的人民民主专政的社会主义国家。根据国家统计局统计，2011年国内生产总值达到47.3万亿人民币，由居世界各国第十位跃升居世界各国第二位。

有学者分析，东南亚一些国家在经济上继续谋求对华关系利益的同时，强化与域外大国的安全合作，以期抵御可能来自中国的影响。发达国家，尤其是主要大国试图利用其特权地位维护其既得利益，利用规制制约中国发展。

推行侨民类证件与华侨华人所在国家和地区有着千丝万缕的联系，科学地评估推行侨民类证件对华侨华人所在国家和地区的影响，有利于更积极地维护华侨华人权益。

四、认真考虑大陆居民的认可和接受

侨民类证件的主要功能是赋予海外华侨华人国民待遇或者准国民待遇，特别是出入境权，以及与国内居民经济、社会和文化方面权利类似的权利。有专家认为，在阶层分化和大陆城市新移民的户籍、子女入学、就业等问题仍没有得到公平对待和根本解决的情况下，开放海外华侨华人国民待遇或者准国民待遇，会塑造新的阶层，或将招致大陆居民的意见反弹。

主流媒体曾有报道，一些违法违纪分子已经秘密取得外籍身份或者双重国籍。民建中央在2005年的全国“两会”上提交党派提案，建议承认双重国籍，并提出让海外移民以公民身份参加人代会和政协会。此后，这一话题多次在“两会”上被代表和委员提出，但至今没有得到积极的回应。

推行侨民类证件离不开大陆居民的认可和接受。侨民类证件话题在美国和加拿大很热，但是，在大陆却少有人问津，甚至许多人一无所知。

促进大陆居民了解和理解，进而认可和接受侨民类证件，需要深入研究现状、问题，分析存在问题的原因，探究介绍和推广的渠道和方式，并且积极予以实施。

五、妥善处理与现行法律的关系

中国实行依法治国，建设社会主义法治国家。无论怎样解决推行侨民类证件面临的以上四个问题，都要妥善处理与现行法律的关系。实现“落实党的侨务政策，支持海外侨胞、归侨侨眷关心和参与祖国现代化建设与和平统一大业”的中共十八大阐述法律化，

需要时间和智慧。

如果以现行法律为依据推行侨民类证件，由于《1980 年国籍法》、《1990 年归侨侨眷权益保障法》（2000 年修订）、《2003 年居民身份证法》、《2006 年护照法》和《2012 年出境入境管理法》等海外华侨华人相关法律都没有关于侨民类证件的规定，而难以制定下一位阶的法规或规章。如果要修订海外华侨华人相关法律推行侨民类证件，则要审慎研究修订哪一部法律最合适、如何修订以及怎样启动修法程序。

假如另行立法推行侨民类证件像居民身份证和护照一样，因为属于身份方面的基本制度而必须由全国人民代表大会或者其常务委员会制定法律，而制定法律又必须先列入全国人大常委会立法规划。第十一届全国人大常委会立法规划，无论是第一类项目任期内提请审议的法律草案，第二类项目研究起草、条件成熟时安排审议的法律草案，还是其他类项目有关方面继续开展研究论证，视情况作出相应安排的法律草案，都没有列入侨民类证件的法律。第十二届全国人大常委会立法规划正在制定之中，由于缺少提请审议机关或起草单位的积极推动，侨民类证件法律被列入的可能性几乎为零。换句话说，未来五年，中国都很可能不会启动侨民类证件的立法工作。

除以上五方面问题外，侨民类证件的具体内容、立法原则、立法模式、制度建设、组织实施、技术手段等实质、立法和技术方面问题也有待理清。

（［美国］《侨报》2013－03－11/刘国福）

如何面对辱华言论

新闻背景：“我希望中国的高温能达到140度，把所有中国人都烧死”，“如果现在我面前有一个中国人，我会开枪打死他”。日前，丹麦赫尔辛格市议员弗阿特·亚朗的这些狂言乱语在丹麦掀起巨大波澜。面临党内外巨大的辞职压力，他轻描淡写地道歉，并拒绝辞职。

亚朗此番言论被中国《环球时报》报道以后在中国网络上也引发了网友们的激烈批评。有网友认为其言论已经涉嫌“辱华”，必须真诚地向中国人民道歉。近年来，国外各类“辱华”言论频频见诸媒体。究竟是什么原因让这些人越来越口无遮拦，面对这些“杂音”，中国人应该怎么办?

种族优越主义让不少西方人对中国人有先天的偏见

华人在世界各地安家、工作、生活，或多或少地遭受过各式各样的种族歧视。有声有形的，如辱骂暴力等给人切肤之痛；但无声无形的隐性歧视更可怕，例如：海关的盘查刁难，商家银行的不信任，雇主的轻蔑等。曾有美国华文媒体报道过华人就职遭遇“玻璃天花板”事件，就是指无声无形的、告状无门的歧视。“玻璃天花板”是上班族认为较普遍的歧视形式。在一家美资公司里担任编程师的冯先生说，不同族裔的同事平时相处都客客气气，但每到升职加薪时，一向业绩不错、努力肯干的华人同事迟迟不能获得提升，反而是朝九晚五准点上下班的白人或非裔同事，纷纷升职。值得深思的是，美国、加拿大这些中国移民青睐的国家一直推崇多元文化社会，支持消除种族歧视，但事实上，种族歧视在这些国家还是根深蒂固的。

有针对美国华人的调查显示，16% 的华人认为种族歧视是大问题，24% 的华人认为不是问题，56% 的华人认为，种族歧视是个问题，但问题不大。在各个移民团体中，华人在美国感受到的种族歧视最强烈，原因有二：第一，《排华法案》给华人留下烙印，认为美国人是歧视华人的。第二，时下美国经济不景气，仇外和反移民情绪抬头，在选举年到来时总有一些政客通过抹黑中国产品、华人形象来争取选民，在这种氛围下华人在日常生活中遭遇不友好对待的情形也许就更多一些，华人心中这根敏感的神经也就绷得更紧。

中国崛起令不少西方人感到焦虑

西方对中国崛起有恐惧心理，害怕威胁他们的大国地位和生活方式。20 世纪 90 年代苏联解体之后，中国取代苏联成为欧美的最大威胁。政治学里有关于“现状国家”和“修正主义国家”关系的理论，说的是地位上升的国家一定会威胁到占据霸主地位的国家，冲突不可避免。这个理论在 20 世纪 90 年代一度甚嚣尘上，到现在都还有人用这个理论来质疑中国“和平崛起”的可能性。最近几年，这种理论提得少了，西方关注批评的是中国的能源、环境问题，比如中国的人均温室气体排放量，是欧美的 1/4 到 1/5。西方一些人不是去设法改变自己的生活方式、将本国的温室气体排放量降到发展中国家的水平，而是认为中国、印度等国经济发展带来的环境问题对他们构成威胁。

在全球化的新阶段，中国将对西方的地位和价值观形成事实上的挑战。但西方显然还没有为全球化新阶段的到来做好准备，它们在价值观方面仍然保持着强烈的优越感，仍然希望全球化在它们设计的轨道中前进。正因如此，它们会有意或无意地给中国制造障碍。那么，中国如何将全球化推入新的阶段？在自身地位逐渐提升的同时，如何尽量避免与西方发生经济和价值方面的冲突，和平地向西方发出挑战？这又是中国将要面临的挑战。

中国人海外形象不佳的事实授人以柄

随地吐痰、乱扔烟头、衣冠不整、讲话嗓门大、吃自助餐狼吞虎咽……这种事看起来微不足道，影响却不可小觑。就个体而言，华人在公共场合不讲究礼仪、不注重形象会引发他人对其个人的厌恶；就整体而言，个别华人的不良习惯，会给华裔群体的形象抹黑，正所谓“一颗老鼠屎坏了满锅汤”。形象看似无形却有形，拥有它会处处受益，失去它则损失万千。虽然不是每个华人都在扮演“抹黑者”，华人群体的形象不佳却已经深深地影响了每个华人移民的生活。

在抱怨遭遇的偏见甚至歧视时，华人也应想到，别人对自己的态度也是一面认识自己的镜子，要让别人尊重自己，首先，需要自己树立值得尊重的形象。无论身处何地，华人都应谨记，形象是个“易碎品”，保持它的美好无暇虽不容易，毁掉它却只在举手投足之间。只有每个华人都在举手投足之间加以注意，彻底摒除不雅习惯，才能减少对华人形象的“抹黑”，增加对文明礼仪的“传道”。

反思自身言行：己所不欲勿施于人

当一系列“辱华”言论甚嚣尘上的时候，我们也应当反思自己的言行。如今在中国的网络上，“美国人是狗”、“杀光日本人”等极端言论仍然比比皆是。有些网友一面对他国“辱华”言论愤愤不平，一面却有过之而无不及地发表着侮辱对方的言论，甚至一些公众人物也是如此。

2011 年 6 月，孔庆东在网络电视评论节目中，两次辱骂新加坡记者是婊子，并引发当地报纸大篇幅报道。“对新加坡婊子们没什么好客气的，你们那些婊子们不是鼓吹民主自由吗”，“新加坡人很无知，基本上什么都不知道”。2012 年 1 月 19 日，孔庆东于第一视频网络电视台《孔和尚有话说》节目中，对香港网上一段内地儿童于香港地铁车厢进食的短片作出评论。孔庆东认为港人过去受到殖民主义影响，自我身份优越，在约 6 分半钟长的节目中，说了 3 次“香港很多人是狗”。随即引起许多香港人的强烈不满，同时，也引发了一些内地网友的指责，质疑其作为北京大学教授的素质。

摒弃受害者心态，不必对“辱华”言论反应过度

中国人从唯我独“中”、唯我独“大”的虚妄的大国情结中走出，继之以近现代史上苦难而悲情的经历，又成功地走上了大国崛起之道，其间的毁与誉、荣与辱，使得中国的民族性格处于一个异常敏感的成长期。在这一阶段，自信与自卑、理性与非理性交织缠绕，难以剥离，也自然而然地导致了一种以“受害者心理”为特征的“歧视敏感症”。

大国崛起呼唤大国国民，但我们却很难将一种“歧视敏感症”视为大国国民应有的表现。如何更加理性和从容地面对世界，既坚定地捍卫基本价值，又恰如其分地表达自身的诉求与立场，既充分了解世界的变化，也能够适时作出恰如其分的反应。如果说国人在日本政府“摁手印”政策上有什么值得反思的东西，那无疑正在于此了。

理性客观面对中国崛起进程中外界的各种杂音

当中国的经济规模稳步增长时，当中国的科学技术凸显实力时，当中国充满诚意倡导“和而不同”时，在西方某些人看来，这构成了对其传统优势地位的挑战。面对中国的和平崛起，他们不理解甚至不愿理解，他们不乐意看到被超越，甚至惧怕被超越。可以说，他们对中国的认识正在进入一个充满矛盾的阶段，交织着羡慕与敌意、惊奇与恐惧、犹豫与不安，那些说长道短的“软遏制”，便是这一心态的生动体现。

对于西方世界的“对华综合症”，中国所能做的关键还是要稳住阵脚，把自己的事情办好。既要听得进正确的批评与善意的建议，也要经得起偏见的考验和傲慢的挑战，更要以理性、健康的心态与务实、积极的努力，聚精会神搞建设，一心一意谋发展。改变他人的偏见很难，但改变自己，变得更加强大，让他人承认并习惯于中国的强大，用事实捍卫自己，则是完全可以办到的。

做更好的中国人，“辱华”者自然会闭嘴

正如郑永年先生所说，“当中国人把‘人’字放大到足够大时，西方大多数人就开始理解中国，接受中国。”

提升中国人在海外的形象，政府和每一个公民都有义务做到以下几点：加强精神文明建设，从思想根源入手。政府应加强在精神文明建设方面的指引，引导国民树立良好的行为习惯，对随地吐痰等不良行为和社会陋习除道德谴责外，更应辅以行政法规的约束，通过强制执行改变国民习惯，进而形成自觉遵守文明有礼行为的意识。社会各界应积极反应、大力配合，以期在不长的时间内能较好地完成这一基本任务。提升国人海外形象的另一个重要措施是加快我国公民社会的建设，增强公民参政议政的意识和能力。

（人民网 2013－08－12）

逾150万留学生出国未归　为啥不回来?

改革开放以来，我国出现了历史上规模最大、领域最多、范围最广的“留学潮”和“归国热”，也吸引了越来越多的外国留学生来华求学。然而，这背后有两个人才“赤字”似乎更值得人们关注：

截至 2012 年底，我国累计出国留学人数达到 264 万，留学回国人员仅为 109 万人——出、归“赤字”超过了 150 万人。

2003 年以来，我国每年出国留学人数从不到 12 万增加到了接近 40 万，而同期我国接收外国留学生人数从不到 8 万增加到了不到 33 万——留学“逆差”每年都接近或超过 4 万人。

归国人数增加，但高端人才继续“失血”

进入新世纪以来，随着中国经济实力的显著攀升以及欧美地区经济的持续低迷，我国出国留学人员回国的人数显著增加，尤其以最近 5 年最为明显。

统计数字显示，2008 年归国留学人员仅为 6.93 万，到 2009 年就急剧突破 10 万达到了 10.83 万，随后几年更是以近 40% 的增速提高，2010 年为 13.48 万、2011 年为 18.62 万、2012 年为 27.29 万。

但是，分析人士指出，虽然归国留学人员显著增加，但应看到“量”与“质”的区别，回来的人中占不小比例的都是近年来依靠家长出资到国外读书的一般性人员，他们很难说做到了学有所长更遑论是“人才”了，真正有专长甚至在国外拿到专利的高端人才归国的并不多，甚至有加剧流失的趋势。

中央人才工作协调小组办公室负责人曾表示，虽然中国已从人才资源相对匮乏的国家发展成为第一人力资源大国，但目前，中国流失的顶尖人才数量居世界首位，其中科学和工程领域滞留率平均达 87%。

欧美同学会副会长、中国与全球化研究中心主任王辉耀认为，在 20 世纪八九十年代的“出国潮”中以知识精英构成的公派留学和自费留学人员目前回归的太少，而新一代以技术和资产为依托的出国人员还在大量流失。

“在世界高科技产业中心硅谷，软件公司的技术主管和实验室主任中有 35% 是华人。”王辉耀说。

分析人士指出，虽然总数字显示有100多万留学人员回国，但150万滞留未归的“人才赤字”更令人忧虑。

外国留学生来华激增，但“出国潮”依旧高涨

1950年，新中国接收了第一批来自东欧国家的33名留学生，此后，由于冷战和国家国力、影响力偏弱等原因，一直到20世纪80年代来华的外国留学生一直不多。

进入新世纪后，中国的逐渐强大也吸引了越来越多的外国留学生来华学习、生活，每年都在以数万人的规模增长，从2003年不到7.8万人猛增到2011年的29.2万。到了2012年，我国共计有来自200个国家和地区的32.8万名各类外国留学人员分布在全国31个省、自治区、直辖市的690所高等院校、科研院所和其他教学机构中学习，其中，中国政府奖学金生28 768人，来华留学生总数、生源国家和地区数、我国接收留学生单位数及中国政府奖学金生数等4项均创新高。

然而，伴随着来华留学热的是我国依旧高涨的“出国潮”。

目前，在我国的一些高中毕业生中，选择到国外读大学的比例越来越高，其中，不乏同龄人中的佼佼者。中国校友会网不久前发布的最新高考状元调查报告称，高考“状元”在国内完成本科学业后，选择在国内直接就业或创业的比较少，他们大多数选择继续出国留学攻读硕士、博士学位，保守估计全国“状元”中出国留学比例高达60%。

数据显示，2003年我国出国留学人数为近12万人，此后逐年攀升，2011年突破30万达到34万，2012年达到创纪录的近40万。

分析人士指出，从出国留学和接收留学的统计数字看，我国其实一直处于“逆差”的被动局面，2012年最高“逆差”达到了近7万人，而同期美国一直保持“顺差”在二三十万人以上，“这其实就意味着，我国用大量的国家力量在完成基础教育后培养出的‘毛坯人才’，轻而易举地就被别的国家廉价地大量挖走并在成才后主要为他国服务，而我们较少在这方面直接获利，更何况我们目前的政策并没有为国外的尖子人才来华留学后留下创业、工作创造最佳条件”。

教育部国际合作与交流司负责人曾在接受媒体采访时指出，发达国家在培养人才等方面存在既有优势，这必然吸引智力资源向其流动，“我们对此应有充分的思想准备”。

中国该如何成为“人才热土”、“人才洼地”？

分析人士认为，持续的人才“赤字”导致的人才流失，特别是高端人才的流失将会对中国高速发展的经济产生影响，创新乏力是其中一个体现。在世界知识产权组织发布的2012全球创新指数中，中国仅排在141个国家中的第34位。

为了改变这种状况，我国近年来也加大了“引智”的力度，比如推行“千人计划”、在各地建设针对归国留学生的创业园、加强引进外国专家的工作等。

王辉耀说：“我觉得中国政府解决人才流失问题的决心是很大的，无论是‘千人计划’、‘青年千人计划’还是‘外国专家千人计划’、建立人才特区，这一系列的计划，包括最近还要出台‘万人计划’，这是一个中国特色但对于吸引人才的确起到了很好的效果。”

但同时有专家认为，这些以政府为主体的引进计划尚存改进空间。中山大学港澳珠江

三角洲研究中心副主任袁持平说，我国高端人才引进工作中注重“给钱给房”等物质条件，而忽视在创业环境配套方面和科研体制方面的改进。

专家认为，人才“赤字”对于发展中国家来说暂时还是一个无法彻底解决的问题。在保持经济持续健康发展的基础上，顺应人才国际化发展的潮流，改善我国人才发展的环境，积极为留学人员回国创造良好条件，建立以知识创新为主导的经济模式，是我国摆脱“人才流失”地变为“人才洼地”、“人才热土”的关键所在。

（新华网北京 2013－10－24/吴晶　管浩　郑天虹　张捷）

骆家辉辞职与中美关系的想象与现实

美国华裔驻华大使骆家辉宣布明年辞职回家，海内外一片惊呼。部分海外媒体揣测，美国前总统克林顿刚刚结束对中国的访问，美国驻华大使即宣布辞职，这说明驻华大使重任在肩，很可能与克林顿总统的夫人并肩竞选美国总统和副总统有关。但是，也有一些新闻媒体颇为八卦，认为辞职纯属个人原因，因为长期两地分居，夫妻两人发生了婚外情，为了不影响自己的政治前途，必须尽快回到家中弥合分歧消除影响。当然，还有一些新闻媒体报道，北京糟糕的天气，可能是这位驻华大使辞职的原因，因为他无法忍受北京的雾霾，以及为检测北京空气指数而与北京方面发生争执。总之一句话，无论是对个人还是对国家来说，主动辞职是最好的选择。

作为当事人，美国驻华大使骆家辉在公开的辞职声明中，对自己取得的成就进行了总结。他认为促进美国对华出口增长、开拓美国企业在华市场、推动中国企业对美国投资从而使美国国内就业机会增加，是他任期内取得的最大成就，除此之外，在担任驻华大使期间，简化了中国公民赴美签证的流程，从而使赴美商务签证和旅游签证审批时间从 70 天到 100 天缩短为 3 天到 5 天，也是其不可忽视的成就之一。作为历史上第一位美国华裔驻华大使，中国外交部给予他很高的评价，似乎在他任期内，中美之间发生的一切不愉快都已经烟消云散。其实，只有这位驻华大使清楚，随着他的到来，中美之间的外交关系已经发生了深刻的变化。

当初美国总统任命这位驻华大使，曾经在华人世界引起强烈反响。部分华人认为，这说明美国总统对中国高度重视，试图通过美国华裔驻华大使传递友好的信息，改善中美两国关系；但是，也有一部分华人认为，美国总统之所以选择这样一位驻华大使，是想在处理中美两国关系的过程中占据主动地位。美国华裔驻华大使可能会让中国人感到亲切，因而，在坚守美国利益与中国谈判的时候，可能会获得更加丰硕的成果。这位驻华大使轻车简从来到北京之后，立即在中国掀起了新闻狂潮，他的一举一动都成为新闻媒体炒作的热点。他的平民化作风以及对中国政府的批评，都给了中国新闻媒体无限想象和发挥的空间，新闻媒体连篇累牍地刊登这位驻华大使活动的消息，似乎想要用这种方式表现出家乡人的热情。然而，随着中美两国在一系列重大问题上的矛盾爆发，这位著名的驻华大使很快陷入尴尬之中。作为驻华大使他不得不代表美国政府发表讲话，而这样做必然会触及中美关系核心问题，必然会使中美之间的矛盾更加突出。换句话说，这位驻华大使的明星效应很快产生了副作用，中美两国之间的任何矛盾都可能会由于这位驻华大使的言论而变得不可调和。可以这样说，上任初期的美好想象很快被中美之间的紧张关系冲得七零八落，美国驻华大使似乎成为了烫手山芋，摸不得、吃不得。

中美之间的关系决定了作为世界霸权国家的美国绝对不会对中国的崛起坐视不管，一定会通过各种手段千方百计遏制中国的发展，从而保持自己的世界霸权地位。中国作为一个新兴的市场经济国家，为了保持自己强劲的发展动力，必须与美国建立正常的关系，并且积极利用自己的经济成就在国际事务上发挥更大的作用。正因为如此，中美之间的关系实际上是一种相互竞争的关系，甚至是此消彼长的关系。在这个大背景下担任驻华大使，不仅要捍卫美国的既得利益，巩固美国在亚太地区的战略地位，而且更重要的是，要千方百计地在中美两国关系发展中争取主动，充分利用中国的优势资源发展美国的经济，充分利用美国在国际社会上的话语权和主导权，把中国纳入到美国所建立的国际秩序之中。这是一个不可能完成的艰巨任务。中国愿意与美国保持良好的政治、经济、文化、军事关系，但是，美国不愿与中国保持健康的全面战略合作关系，因为，那样做就意味着美国承认与中国平起平坐，也意味着美国将会失去作为世界老大的地位。

正因为如此，美国驻华大使在处理与中国关系的时候，一方面，强调与中国发展战略合作关系的重要性，促使中美两国建立全面战略对话机制；另一方面，对中国发生的一切，特别是在政治、外交、军事等领域发生的一切保持高度的警惕，防止中国的崛起损害美国的利益，特别是在亚太地区的战略既得利益。

对于骆家辉的想象，很快变成了残酷的现实。在处理中美两国关于环境保护、人权、贸易纠纷问题的时候，这位驻华大使表现出来的强硬态度，令人感到不寒而栗。一个非常小的细节是，美国驻华大使馆居然动用大使馆的情报系统，将中国山东的一位盲人偷偷运送到驻华大使馆，然后将他送上飞机，运往美国。这说明美国驻华大使馆对于中国主权已经蔑视到何种程度。这种违反外交惯例的做法，也只有从来没有从事过外交事务的骆家辉做得出来。从美国驻华大使的职责来看，必须遵守国际外交的基本准则，必须尊重驻在国的政治和法律，必须在处理中美两国关系方面保持克制，因为只有这样才能为中美两国关系的健康发展铺平道路，也只有这样才能让中国政府对美国驻华大使给予高度的信任。令人感到遗憾的是，无论是美国驻华使馆对外公布北京的空气指数，还是美国驻华大使馆在处理成都总领馆中国官员叛逃案件中的一系列举动，都说明中美两国之间的距离不是在逐渐地缩小，而是在迅速地扩大，美国驻华大使可能是以这种方式向美国人民表明，他虽然是一个华人，却在忠心耿耿地捍卫美国利益。

这位驻华大使的平民作风给中国人留下了深刻的印象，因为其他驻华大使出现在中国的街头只能给中国人一种新奇的感觉，而这位华人面孔的驻华大使出现在中国的街头却能给人一种亲切的感觉。正因为如此，普通中国人对这位驻华大使给予了美好的想象，希望他能改善中美两国之间的关系，至少尊重和维护中国的利益。但是，美国在全球的战略布局以及在亚太地区的既得利益决定了这位驻华大使不可能在钓鱼岛及其附属岛屿问题上支持中国的立场，也不可能在处理中美两国企业贸易纠纷方面站在中国企业这一边。为了表明自己的政治立场，在处理中美两国纠纷的时候，骆家辉甚至还要作出比其他驻华大使更加强硬的姿态，因为只有这样才能让美国人充分相信，他是一个美国驻华大使而不是美籍华人。

中国人错误地以为美籍华人驻华大使可以为改善中美两国关系作出更大的努力，只有这位驻华大使内心清楚，只有表现出更加强硬的姿态，才能取得美国总统的信任，也才能得到普通美国人的谅解。这就是政治，残酷的外交政治。

在这位美国大使在任期间，对中美关系的发展进行全面的评估似乎没有实际意义，因为驻华大使充其量只是美国总统的白手套，在处理中美两国关系方面只能提出建议照章行事，而不能独立地决策。这位驻华大使安排了美国总统访问，处理了一系列棘手的问题，忠实地履行了自己的职责。但是，由于这位驻华大使在改善中美两国关系方面缺乏应有的想象力，在和中国政府打交道的过程中缺乏应有的亲和力，因此，在驻华使团中这位美国大使表现得并不出色。这其中有很大一部分原因是，美国驻华大使馆是世界上最庞大的外交机构，大使馆的许多工作不属于驻华大使的管辖范围，美国的情报机关以及美国军事部门在北京的分支机构表面上隶属于驻华大使馆，但是他们各自为政，根本不需要对美国驻华大使负责。更糟糕的是，由于骆家辉是著名的美籍华人，因此，或明或暗他们还必须监视这位美国驻华大使，防止他出卖美国的利益。正是在这样的氛围下，这位美国驻华大使表现得小心谨慎，在处理中美两国关系方面患得患失。除了奉命处理震惊世界的“成都总领馆”事件之外，在许多问题上这位驻华大使与中国政府沟通不够，特别是在处理人权问题上，这位驻华大使的手法非常粗糙，以至于人们很难想象一个驻华大使会在一些细枝末节上纠缠不休。在公布美国驻华使馆附近北京空气指数的问题上，表现得更是令人啼笑皆非。关心中国的空气环境无关宏旨，但是，不应该在中国的法律法规不允许的情况下对外发布有关信息。美国驻华使馆完全可以通过私下的方式，为在华的美国人提供相关帮助，也可以通过非正式的方式，提醒中国政府注意改善北京环境质量。但是，在一个极其不应该出现的北京环境指数问题上，美国驻华大使馆居然与中国政府官员唇枪舌剑，这足以说明美国驻华大使控制问题的能力有待进一步提高。

当然，当一个国家的大使只能对大使馆所在地的空气指数说三道四的时候，这位驻华大使的权利究竟有多大就可想而知。不要把所有的责任都推卸给这位驻华大使，因为在争取华人选票方面劳苦功高，美国总统将驻华大使“奖赏”给这位著名美籍华人。但是，对于这位著名的美籍华裔来说，这也许是一个苦差事。他没有光宗耀祖，因为他是代表美国人回到自己的故乡；他没有耀武扬威，因为他只是美国政府的白手套。在中美关系日益复杂的今天，他不能表现出对中国一丝一毫友好的态度，因为他那样做就会将自己置于十分尴尬的境地。当中国人以热情的姿态欢迎这位远方游子的时候，他们猛然发现，他们拥抱的是一个冷冰冰的“香蕉人”。这是一个残酷的现实，但也是必须接受的现实。

笔者曾经撰文指出，中国公民应该培养大国的公民意识，应当以平常心看待美籍华人，应当以理性的态度处理中美两国关系。中美两国关系是一种竞争的关系，因此，不要把中美两国之间的关系改善寄托在少数人的身上；中美两国关系也是一种合作关系，因此，不能淡化两国共同的利益而谈论所谓的战略关系。中美两国之间的友谊是建立在共同利益基础之上的，中美两国之间的合作是出于利益而不是感情，美国驻华大使代表的是美国人的利益，因为只有做到这一点，他才能对美国交代。这位驻华大使在中国表现得中规中矩，是因为他受到各方面的掣肘。我们祝愿这位著名的美籍华裔政治人物在美国的政坛上旗开得胜，我们也希望中美两国关系能够走过这段艰难的时期，真正建立平等合作竞争的关系。美国重返亚太地区，进行所谓的战略再平衡，中美之间的关系变得更加微妙，战争的硝烟正笼罩在东北亚的上空。如果美国在处理与中国关系方面缺乏建设性和积极的态度，那么，很可能会陷入东北亚的战争泥潭。正因为如此，我们希望美国能够派出一个负责任有担当的驻华大使，在中美两国关系出现困难的时候力挽狂澜。

（中评社北京 2013－11－30/乔新生）

（本栏目责任编辑　徐云）

人物聚焦

本栏目内容选取了本年度取得辉煌成就或具有突出影响力的华侨华人中的6位，摘编其荣誉和事迹。人物先后次序按中文姓氏笔画升序排列。

程正迪

——高分子材料领域的“华人领路者”

美国阿克伦大学高分子科学与工程学院教授、美国国家工程院院士、华裔科学家程正迪被誉为高分子材料领域的“华人领路者”。2013 年 3 月，程正迪被授予了当年度的 Polymer Physics Prize（高分子物理奖），以表彰他在结晶性高分子的结晶过程、亚稳定性和相转变的基础研究领域里所作出的开拓性贡献，Polymer Physics Prize 是世界上高分子物理学领域的最高奖项，得主均为世界高分子物理学的著名学科奠基人及学术领袖，程正迪是获得这一奖项的第一位中国改革开放后出国的留学生。

程正迪 1977 年毕业于华东师范大学数学系，后师从东华大学著名的高分子材料专家钱宝钧教授。从数学到高分子材料转变的背后是程正迪对工程的强烈兴趣以及学以致用的人生理想。程正迪 1985 年获得美国伦斯勒理工学院（RPI）化学系博士学位，师从著名高分子物理学家 Bernhard Wunderlich 教授，1987 年入职阿克伦大学高分子科学系，1995 年晋升教授。1996 年被聘为北京大学客座教授。

近些年来，程正迪以其丰硕的科研成果、严谨的科研作风以及高瞻远瞩的科研眼光荣获多个世界范围内极具影响力的专业奖项。此外，程教授还是 *Polymer* 杂志资深主编，并担任了美国物理学会高分子物理分会的副会长（2014）和会长（2015）。

程正迪一直关心和关注国内高分子材料科研领域的发展。在他看来，中国的高分子材料科研近年来发展很快，但也遇到了一些瓶颈。程正迪说，在高分子领域，要真正从一个跟随者变成一个领路者，必须经过艰苦的努力，做到三个“静下心”。一是必须要做跨领域跨学科的科研。只有静下心来多读书，才能不断拓展自己的知识面而达到学科交叉。二是对跨学科的研究课题要有非常强的敏感性，要抓住学术问题上瞬间的灵感和火花。只有静下心来多积累，才能使自己的知识不断升华而融会贯通。三是定下课题之后，要保证课题能够做下去并取得成功，在实践上和理论上经得起考验。只有静下心来多做实验多思考，才能使自己保持对科学的直觉和解决难题的能力。只有静下心来做到了这三点，才能搞好高分子材料研究。

2014 年 3 月于北京举行的“世界因你而美丽——影响世界华人盛典”中，程正迪荣获科学研究领域“影响世界华人大奖”。面对媒体，他希望中国的科研人士更多地关注对学生的培养，“80 年代培养的学生，那时候大家做科研都做得不太好，培养学生的质量比现在的学生质量要好。为什么？所以我提倡的是，教授要关心学生，要参加教学”。

（据新华网、人民网相关报道整理）

郭鹤年

——马来西亚华裔首富

据马来西亚《南洋商报》报道，根据《福布斯亚洲》最新一期统计大马富豪排行榜中，郭鹤年（Robert Kuok）以净资产 125 亿美元（约 386 亿令吉），连续第八年成为大马首富。胡润 2013 全球富豪榜发布，郭鹤年入选 2013 华人十大富豪。郭鹤年已成为财富和成功的代名词，享有“酒店大王”和“亚洲糖王”之称，可能是除了政治领袖外，最广为国际社会所知的马来西亚人。从白糖、酒店、地产、船务、保险到媒体，郭鹤年创造了无数的奇迹。他异常低调的作风，也为他的事业抹上了许多传奇色彩。

郭鹤年 1923 年出生在马来西亚新山一个华商家庭，祖籍中国福州。郭鹤年兄弟三人都毕业于新山英文学校及著名的新加坡莱佛士学院，良好的教育为他们日后的发展打下了基础。

郭鹤年是马来西亚最杰出的企业家，郭氏集团渗透到世界各地：在他的领导下，郭氏集团发展为一个庞大的商业王国。除在本国拥有众多企业外，新加坡、泰国、中国、印度尼西亚、斐济和澳大利亚等国家也是他的主要经营范围。经营的产业也极为多样化，从甘蔗种植、制糖、面粉、饲料、油脂、矿山，到地产、金融、酒店、种植业、商贸和船运等。郭鹤年控制了马来西亚原糖市场的 80%、世界糖市场的 20%。70 年代，郭鹤年将商业基地转移到新加坡，标志就是他在那里建立起第一个香格里拉酒店，成立了香格里拉酒店集团。香格里拉酒店集团已成为世界上最佳的酒店管理集团之一。80 年代郭鹤年又开始以香港为基地巩固自己的商业帝国，成为香港无线电视的最大股东；90 年代，从英国人手中收购香港英文报《南华早报》，成为举足轻重的传媒大亨。

他长居香港，而且积极开拓在中国大陆的企业版图。80 年代末期，绝大多数外资因政治因素放缓投资中国，郭鹤年反其道而行，在中国投下数以十亿计的巨资，成为马来西亚企业进军中国的开路先锋。郭鹤年对此的看法是：“危机就是机会。一名生意人必须保持对时势的敏感与警觉。”2012 中国经济年度人物获奖名单公布，马来西亚著名华人企业家、嘉里集团董事长郭鹤年获得中国经济年度人物终身成就奖。郭鹤年在接受《大公报》访谈中表示：“我的心分成两瓣，一瓣是爱我生长的国家，一瓣是爱我父母生长的家乡。”

晚年的郭鹤年是公益事业的积极倡导者。2005 年 1 月，郭鹤年通过其嘉里粮油（中国）公司，向主持“希望工程”的中国青少年基金会捐赠了 5 000 万元，从 2005 起，一连五年为经济困难的农民工子女每人每学年提供 600 元至 900 元的助学金，帮助他们完成学业。2013 年 10 月 5 日，郭鹤年宣布向厦大马来西亚分校捐赠 1 亿马币（约合人民币 2 亿元），建设厦大马来西亚分校的图书馆大楼。该楼为校区主要大楼之一。

（据［马来西亚］《南洋商报》、维基中文百科资料整理）

美丽克木·买赛地

——旅居意大利的维族天使

美丽克木·买赛地是旅居意大利的中国维吾尔族女医生、医学博士，因为美丽克木·买赛地多年来潜心医学研究并一直在为海外华人群体提供世界一流的医疗服务而贡献着自己的力量，因此，获得由凤凰卫视联合海内外十余家知名华文媒体和机构评选的“世界因你而美丽——影响世界华人盛典 2013—2014”公共事务领域大奖。

美丽克木出生于新疆维吾尔自治区，于新疆医科大学硕士毕业后，从事心血管方面的医疗工作，2005 年应邀以访问学者身份前去意大利进行心血管及高血压等相关课题的研究和临床医疗工作。她在中意两国正式注册、从事中国国内及意大利普通内外科及心脏病治疗工作，有将近 20 年的临床治疗工作经验，是意大利医学界心血管疾病治疗与研究方面的中青年专家。她曾获欧盟全科医生专业文凭并注册意大利医生协会，多次在国际重要期刊上发表文章，多次受邀参加国内外重要学术会议并发表演讲。

米兰大学附属 Policlinico 医院高血压中心已有 40 年的历史，是欧洲最有名的心血管疾病研究与治疗中心之一，特别是高血压研究治疗方面在全世界具有领先地位。美丽克木在 2005 年来到这家医院后，就开展心血管病与高血压课题研究及临床治疗。在行医过程中，她了解到许多华人在就医时存在语言方面的障碍，为了帮助和方便华人群体就诊，她在医院开设了医疗绿色通道，亲自接待华人患者，同时，还针对华人的实际情况，开设家庭病房，解决华人就医和工作间的矛盾。美丽克木医生的门诊不仅帮助了米兰华侨华人解除罹患高血压病的痛苦，更因为有华语医师亲自坐诊，为华侨华人减少了由于语言障碍带来的诊疗上的不便，受到了当地华人们的欢迎和赞誉。

也因此，Policlinico医院率先开展了中—意高血压研究课题，该课题具有较高水平的临床医疗以及科学研究价值，强调针对旅意华侨华人在高血压病史上的诊疗研究，是欧亚种族在高血压病史族群间发病规律比较医学研究项目，带有广泛的应用性与前瞻性。2012年Policlinico医院与上海交通大学瑞金医院合作，两院间设立了科学研究合作项目《心脏病危险因素发病率的流行病学研究：针对华人群的国内外对照》，美丽克木担任这一课题研究在意大利科研组的策划指导。

美丽克木医生在行医当中一直坚持“医者仁心”的理念，在她看来，医生是一个救死扶伤的职业，医生的任务是不管种族、不管身份把病人医治好。在这些年的临床工作中，她最深的一个体验就是，再高科技的医疗技术，也不如医生一颗博爱的心。

（据中新网、人民网相关报道整理）

施一公

——美国双院外籍院士

2013年美国当地时间4月30日，美国科学院发布消息，清华大学教授、生命科学学院院长施一公当选美国科学院外籍院士；此前的25日，他还当选美国人文与科学学院外籍院士。

同时，“千人计划”学者、耶鲁大学终身冠名教授邓兴旺和陈雪梅、Yang Wei等3名华裔美籍科学家，当选为美国科学院新科院士。30年来，有10位具有中国大陆教育背景的科学家当选为美国国家科学院院士。

美国科学院成立于1863年，由当时美国总统林肯签署成立。其聚集了每个时代最优秀的科学家，就科学技术相关问题作出独立建议。美国科学院现有院士约2 200位，外籍院士约400位，其中，约200位为诺贝尔奖获得者。2013年，美国科学院公布的增选院士名单包括84位美国本土院士和21位外籍院士，施一公教授当选外籍院士，也是21位入选者中最年轻的一位。2013年9月，施一公还获瑞典皇家科学院爱明诺夫奖，奖励他运用X－射线晶体学手段在细胞凋亡研究领域作出的突出贡献，是该奖设立35年来首次颁给中国科学家。

施一公，1967年生，中国结构生物学家，清华大学长江讲座教授，国家杰出青年基金获得者，“千人计划”首批国家特聘专家。1989年毕业于清华大学生物系，1995年获美国约翰霍普金斯大学医学院分子生物物理学博士。2003—2008年任职美国普林斯顿大学分子生物学系（终身）教授，2007—2008 年为美国普林斯顿大学分子生物学系 Warner – Lambert/Parke – Davis 教授。2008 年，施一公当选美国霍华德休斯医学研究院研究员，但因全职回国而婉拒了这个职位。

施一公 2006 年开始着手在清华大学建设实验室，2008 年回国做全职工作，现任清华大学生命科学学院院长。其领导的实验室主要运用 X – 射线晶体学，结合其他生物物理和生物化学方法研究生命科学的基本问题，在细胞凋亡调节机制、生物大分子机器组装与功能、重要膜蛋白结构与机理 3 个主要研究领域作出了重要的原创贡献。其团队取得的科研成果于 2010 年、2011 年连续两次入选“中国高校十大科技进展”，2012 年被《科学》“年度十大进展”重点引用并入选“中国科学十大进展”。

2013 年 12 月，施一公当选中科院新增选院士。2012 年 3 月因未能入选中国科学院院士而引发关注。施一公就此事接受采访时表示，在自己回国的目标中，从来没有当院士这一条，他觉得一个学者如果把当院士作为终极目标，未免太狭隘了。“我回清华的目的不只是为了做科研。我回来的根本目的是为了育人，教育一批人，育人在育心，做科研是育人的一个重要环节。”

（据《京华时报》、《新京报》、人民网相关报道整理）

袁祖谋

——在海外推广中国式摔跤

2013 年 3 月，法国中国式摔跤协会主席帕斯卡尔·玛丽·诺埃尔代表法国体育运动、青年、公民教育、民众组织部长瓦莱丽·富尔内隆，向国际手搏联合会主席、法国中国式摔跤会副主席袁祖谋颁发法国体育金质勋章，以表彰其在体育领域的卓越成就和对法国体育事业的贡献。这是旅法华人第一次荣获此类勋章。

荣获勋章的袁祖谋对法兰西民族文化的包容性、平等、博爱的精神表达了深切的敬意，并向法国中国式摔跤协会历届付出艰辛的成员及二十多年来为弘扬中国传统体育运动的积极参与者表示衷心的感谢。他说：“法国政府为我授勋，不仅是为我的体育人生画个符号，更是要激励我们共同努力：深化交流，继承人类宝贵遗产，改革创新，为现代体育发展作出新贡献。”

袁祖谋作为第一位荣获法国体育金质勋章的中国人，这不仅是表彰他二十多年在法国体育领域的辛勤努力，更是对他为国际体育运动发展融合多元化元素，在对抗性竞技体现中华传统文化内涵和执着进取的精神之肯定。

袁祖谋1940年12月10日出生于江苏省宝应县，曾就读于上海中学、上海体院，作为上海摔跤队队员，曾获古典式摔跤运动健将称号和自由式摔跤全国冠军；先后任上海体育宫和上海队教练，他的弟子黄彬、高平平等八人曾在中国全运会、全国摔跤冠军赛上夺得金牌。

1985年移居法国，从事中国传统体育教学和训练工作。曾任法国太极拳武术协会副主席，现任法国参议院文化体育协会太极拳教练、法国中国式摔跤会副主席、国际手搏联合会主席。1992年在原巴黎市长希拉克的支持下，创办了首届巴黎市长杯中国式摔跤国际邀请赛，以后每逢两年举办一届，成为当前国际中国式摔跤运动的最高赛事，是国际武术、摔跤运动爱好者相互交流、共同实践、改革创新的重要平台。

为了推广中国武术，袁祖谋创立了“现代手搏”运动。百年来，中国武术门派众多，称谓庞杂，无法统一标准。袁祖谋决定先从名称入手，为中国武术寻找一个既保留传统特点，又体现体育竞技的名称，袁祖谋从历史记载中找到了中国民间对于武术最早的称谓，它就是手搏，其最大特点就是以柔克刚，以弱胜强。到了清朝，手搏逐渐演变成摔跤，技术动作变得更加复杂难学，对练习者的身体素质有更高的要求。袁祖谋简化了脚下技术，加上拳脚动作，又从摔跤和散打动作中提炼出最常用的攻防招数，这样，更容易引起练习者的兴趣。袁祖谋还把手博比赛规则去繁就简，并统一了服装和仪式，将创立的“现代手搏”运动列为正式比赛项目。手搏运动现已发展至欧、亚、美、非四大洲的二十多个国家和地区。2006年中国体育总局为袁祖谋颁发了中国式摔跤重大成就奖。

（据［法］《欧洲时报》、中央电视台等资料整理）

余生清

——美国硅谷首位华裔陆军准将将官

美国陆军后备役军官余生清（Garrett Yee）2013年3月正式授衔晋升准将（Brigadier General），成为硅谷第一位华裔将军。

在美国军界，军人要成为将军，必须由总统提名，并由参议院批准。只有1%至1.5%的美军军官有机会成为将军。从“二战”时期开始，美军中就曾有晋升至将军军衔的华人。截至2011年，美军中总共只诞生了64位亚裔将军，包括3名女将军和20位华裔将军。对于亚裔将军稀少的原因，余生清指出，主要是因为亚裔军人的基数太少——亚太裔在现役和预备役军人中只占约4%。

余生清在1987年于圣他克拉大学就读期间，参加了后备役军官训练计划（ROTC），由此至今，他在陆军后备役服役已有足足25年。后备役军人通常有全职的工作，只需要每月在军队工作两天，而在伊拉克战争打响后，数以万计的后备役和国民警卫队员被派遣出征，全职在非牟利的加州工伤保险评级局担任经理的余生清也不例外。继2006年以中校（Lt. Colonel）身份在伊拉克服役半年之后，2011年10月，余生清再度换上戎装，赴中东战场服役一年。这一次，他作为上校，负责率领和指挥三个旅在阿富汗、伊拉克及科威特的美军基地安装计算机网络、卫星通讯系统和永久性的军事计算机网络系统。

多年来，余生清秉持着积极、努力的工作态度，一步一步登上了军旅生涯的高峰。至于在军中获得晋升的秘诀，余生清说，一方面要通过不断学习、进修来提升自己——他拥有旧金山金门大学工商管理硕士MBA学位、陆军战争大学策略研究硕士学位；另一方面，还要勇于挑战自己："在同级别的职位中，我会选择挑战性大的岗位。这些岗位要通过竞争性选拔，申请了不一定能获取，但如果你不争取，就永远不会有机会。"

促使余生清不断积极上进的是他父亲以身作则的教导——勤恳工作，用更好的方法，做更多的事。余生清的祖母于1906年旧金山大地震的前一年在华埠出生，祖父Sam是从广州赴美打拼的移民。余生清的父亲Gilbert Yee也是在华埠出生、长大。"二战"期间他应征入伍，参加了陆军。战后这位高中肄业、母语是广东话的退伍老兵重返校园，从小区学院读起，重新规划自己的人生道路，最终凭借着努力，成为菲蒙（Fremont）校区最受欢迎的小学老师之一，退休前曾获得"加州年度教师"的荣誉。

肩章上挂上一星的新准将余生清说，将军需要有更广的视角，更有能力进行战略计划、战略思考和战略决策，更高的道德准则，"肩上的责任比以前更重了"。

余生清在2002年首度当选菲蒙奥龙尼小区学院（Ohlone College）校董，分别于2006年在伊拉克服役期间及2010年两度成功连任。2010年6月，余生清曾竞选州众议员，在民主党初选中以47%的得票率惜败。他表示自己初次竞选州级职位取得了不错的成绩，今后还将积极地寻找机会，以便为公众做更多的事。

（据美国《星岛日报》相关报道整理）

（本栏目责任编辑　易淑琼）

海外华人新社团

本栏目内容是对本年度海外华侨华人新建社团的新闻报道的摘选，条目主体保留报道中的事实性资料（包括社团名称、成立时间、会长、宗旨等内容）部分；先按亚洲、美洲、欧洲、大洋洲、非洲地区顺序排列，同一洲内再按报道的时间升序排列，并注明信息来源。

亚　洲

日本东京台湾地区商会成立　会长钱妙玲

第一届日本东京台湾地区商会会长、副会长选举在出席超过60位以上的理事监事选举下，钱妙玲以过半票数担任第一届会长，副会长则由蔡翠文、尹世玲、河道台及林良育担任，东京台湾地区商工会议所也随着会长人选确定后，正式成立为日本东京台湾地区商会。

日本台湾地区商工会议所会长林懋镔、最高顾问罗王明珠等出席了会议。

（［中国台湾］《宏观周报》2013－03－27）

世界华人工商妇女企管协会新加坡分会成立　会长林俐莹

世界华人工商妇女企管协会新加坡分会日前举行成立大会，成为该协会第47个分会。总会长施郭凤珠，永久名誉总会长柯杜瑞琴，副总会长陈上春、黎淑瑛、李宗德以及来自全球各地60多名姐妹，一同见证新加坡分会的成立。

新加坡分会由林俐莹担任创会长，并集合众多华商精英妇女和专业人才。林会长自施郭凤珠总会长手中接受印信，驻新加坡代表谢发达监交，正式上任。

与会贵宾包含新加坡前国会议员何玉珠及多位政商名流。施郭总会长致辞时表示，新加坡分会成立后，在林会长的带领及大家共同合作的努力下，结合新加坡地区的华商精英妇女，在促进国家经济贸易繁荣发展和社会慈善公益上，一定能够发挥更大的影响力，并作出更大的贡献。

（［美国］《世界日报》2013－04－16）

日本甘肃同乡会成立　会长黎远宁

日本甘肃同乡会成立大会4月20日下午在东京中国文化中心举行，约80名会员、侨界人士、中日友好人士出席大会。甘肃同乡会会长黎远宁、中国驻日本大使馆参赞吕小庆、甘肃省侨联主席费亚夫等分别致辞。

黎远宁在致辞时说，甘肃籍旅日华侨华人常住人员约有1 100名，加上入籍者约有1 300名。虽说和祖国其他省区的旅日人员相比人数较少，但这并不影响我们为中日两国民间交流发挥一定力量的热情。我们的宗旨是：团结友爱、增进交流、亲情扶助、共同发展。甘肃同乡会将作为一个平台，逐渐汇聚旅日甘肃籍华侨华人的正能量，与故乡沟通互助，配合故乡政府提出的经济振兴战略项目的实施，努力发挥桥梁纽带作用，促进甘肃与日本的经济贸易、文化旅游、科学技术、人才培训等友好往来，为祖国和故乡建设贡献力量，为促进中日友好关系发展发挥应有的作用。

生活在日本的中国人近年来整体呈上升趋势，据日本法务省的统计，2006年在日本进行外国人登记的中国人约为56万，在2011年则达到了约67.5万。在日本也先后成立了北京、湖南、四川、山西等各个省市的同乡会。

（［日本］日经中文网2013－04－22）

日本台湾地区商会联合总会成立　会长石佳子

日本台湾地区商会联合总会（以下简称“日本台商总会”）于4月25日正式成立，在举行第一次的理监事联席会议之后，于当天晚上在东京饭店举行成立恳亲大会。会上除邀请多位在日侨界侨领出席之外，还包括专程到日本参加此次大会的亚洲台湾地区商会联合总会（以下简称“亚总”）总会长柯昭治、世界台湾地区商会联合总会青商会会长谢佳蓁、亚洲青商监事长张兆熊、香港台湾地区工商协会名誉会长张佐明、印度尼西亚台湾地区工商联谊会名誉会长庄丕龙等海外宾客，齐聚一堂庆贺日本台湾地区商会联合总会的成立。

在石会长主持下召开第一届第一次理监事联席会议，就三项议题提请讨论：一是同意该总会组织章程；二是依组织章程设立各工作委员会，于下次会议宣布各委员会主任委员名单；三是依组织章程规定，由总会长发表秘书长、财务长及监事长当选人士名单。三项议题在全体出席理监事无异议下，鼓掌通过。

在亚洲台湾地区商会总会总会长柯昭治监交下，在日台湾地区商工会议所会长李懋镔和日本台湾地区商会联合总会总会长石佳子进行印信交接。

（［日本］台湾地区新闻 2013－04－26）

新加坡浙商协会成立　会长李国生

新加坡浙商协会于5月1日正式成立。新加坡教育部兼通讯及新闻部高级政务次长沈颖为该会主持成立及首届理事会就职仪式。当天下午，该会还举办专题讲座，邀请浙江大学特聘教授郑明治主讲，介绍中国浙商这一正在迅速崛起的企业家群体。

新加坡浙商协会创会会长李国生介绍说，浙江籍商人来本地开拓业务，已有一百多年的历史。在新加坡的建筑、木器、百货、钢琴、眼镜、书店等行业，不难发现成功的浙江籍商人的身影，如早期的周来昌、王相贤、胡嘉烈，还有被称为影视界巨子的邵氏兄弟，他们在南洋闯出了一片天地，也为本地社会的进步和繁荣作出了贡献。

李国生1994年来自浙江宁波。已是新加坡公民的他，积极参与本地华社的活动，目前是新加坡三江会馆理事、宁波同乡会总务。他说："在创办浙商协会的过程中，得到许多本地前辈和乡贤的关心与支持。在创会成员中有不少新移民，也有土生土长的本地人，比如我们的副会长陶耀建。"

据统计，至20世纪80年代末，在新加坡人中，原籍浙江的有1万人左右，约占新加坡当时人口的1%。1990年，新加坡和中国建立外交关系后，先后有数万名浙江籍专业人士来新加坡工作和创业，其中不乏企业家。近十年来，随着中国经济的快速发展，有100多家浙江企业来新加坡拓展业务，其中，有不少浙江企业已成功在本地上市。

李国生说，浙商协会的宗旨是推广企业家精神，鼓励会员创新创业。该会即将组织经贸考察团访问浙江，希望通过考察活动给会员创造更多合作机会。他说，浙江以制造业为主，新加坡以国际贸易见长，在东南亚有良好口碑；如能加强合作，对于拓展国际市场将十分有利。

（［新加坡］《联合早报》2013－05－06）

马来西亚生肖属蛇公会成立　会长颜进明

马来西亚生肖属蛇公会总会（简称“肖蛇总会”）获选列入“马来西亚纪录大全”，荣获“马来西亚首创生肖属蛇公会”纪录。肖蛇总会总会长颜进明博士日前在万津会所召开的会员大会上作此宣布，理事与会员大为振奋。在大马8 000多个社团组织中，这项殊荣令“肖蛇总会”这一另类组织更为突出。

颜进明指出，肖蛇总会的使命以弘扬中华文化，推动全国各地肖蛇人士的联系，凝聚和团结肖蛇一族在政经文教各领域的交流，贯彻了肖蛇总会的理想和目标。颜进明在大会上也吁请还未加入肖蛇总会的各地“蛇友”们，积极加入总会，成为会员。

（［马来西亚］《南洋商报》2013－05－22）

日本河南同乡会成立　会长陈建军

6月23日，日本河南同乡会成立大会在东京中国文化中心举行，河南同乡会理事会成员悉数亮相。近150名在日河南同乡汇聚于此，现场充满了欢乐和谐的气氛。

中国驻日本大使馆领事王树凡、东京华侨总会副会长林斯福、日本新华侨华人联合总会事务局长许革、城西大学教授张纪浔及该报总编郭均成等日本各界华侨华人也亲临现

场，为河南同乡会的成立送来祝福。河南同乡会成立大会由同乡会副会长、太阳升集团社长吕娟主持。

作为日本河南同乡会首任会长，陈建军在致辞时表明了同乡会未来的发展规划。他说，在任期间，首先，要把刚刚成立的同乡会搭建成一个稳固并且深受同乡欢迎的交流平台。陈建军提出，要从“求学、求发展、促交流”三个在日华人最关切的方面开始着实地展开工作。其中，千叶商科大学教授赵军和城西大学教授张纪浔等教育工作者将指导留学生们如何更顺利地求学。陈建军和刘连成则将举办“中原塾”，为希望在日创业的同乡们提供经营管理的经验，共谋发展。此外，“鹊桥会”也将同时开展，为同乡们打造一个生活交流的平台。陈建军希望日本河南同乡会从此开始在大家的共同努力之下越办越好。

中国驻日本大使馆领事王树凡对河南同乡会的发展规划十分认同，他表示，同乡会的设立将海外同乡们聚集起来，凝聚力量，团结奋斗，意义非凡。陈会长从华人需求着眼设计发展方向体现了以人为本的精神。期待日本河南同乡会沿着正确的发展方向茁壮成长。

（［日本］《现代中国报》2013－06－25）

日本浙江总商会成立　会长马健

6月29日，日本浙江总商会在日本大阪成立。日本金华总商会会长马健先生担任首届会长。中国驻大阪领事赵荟、邹健出席成立大会并发表讲话。

日本浙江总商会是由日本企业、华侨华人企业，以及其他经济组织构成的民间贸易团体。现有建筑、机械、餐饮等各行业企业成员60多名。日本浙江总商会通过会员企业之间的交流和合作，旨在加强以浙江省为中心的中国企业和日本企业间的贸易合作往来，增进中日间的文化交流，为两国的经济繁荣和发展作出贡献。

（［日本］《关西华文时报》2013－06－30）

泰国广西总商会成立　会长李宇明

泰国广西总商会日前在曼谷举行成立庆典大会，广西柳州的泰籍华人、著名企业家李宇明当选为首任会长，柳州市外侨办发去贺电。

泰国广西总商会成立的宗旨是：凝聚乡情，促进本会会员间的交流和发展、会员与社会商业机构、企业和社团之间的联系；促进中泰两国之间的经贸往来和各个领域的交流与合作，为泰华社会的进步作出贡献。泰国广西总商会是根据形势发展的需要，和在广大桂籍乡亲强烈意愿下成立的。特别是广西南宁市成为东盟博览会永久举办地和东盟自贸区的实施，充分说明了成立泰国广西总商会的重要性和必要性，也为广大乡亲拓展事业和推动总商会会务的发展，奠定了坚实的组织基础。

泰国广西总商会现有会员两百余人、执委30人。会员企业涉及的产业有投资、贸易、房地产、物流、IT产业、餐饮、设计、传媒及文化产业等众多领域。商会执行委员会设有主席、执行主席、副主席、秘书长、副秘书长、主任、副主任以及总干事等职务，商会内部设有经济贸易促进部、事业发展部、同乡咨询服务部、翻译部、文化宣传部、教育部、体育部、新闻部、青年团等部门。

（中新网 2013－07－16）

阿联酋迪拜长兴商会成立　会长周晓东

经过两个多月的筹备，9月27日，浙江省湖州市长兴县第一家海外商会——迪拜长兴商会正式成立。县政协副主席、县委统战部部长张加强参加成立仪式。

迪拜是全球重要的货物中转站，随着近年来长兴外贸数量的攀升，长兴企业与迪拜的贸易往来也越来越多，迪拜长兴商会的成立，实现了会员企业信息、技术、人才、市场等资源的共享，形成组团发展的模式，更有利于长兴企业在海外的发展。19名理事采用举手表决的方式，选举产生了第一届商会会长1名、常务副会长1名、副会长5名和秘书长1名。

新任会长东鑫纺织董事长周晓东表示，接下来，迪拜长兴商会将继续吸纳会员，扩大规模，利用这个平台为会员企业谋取更大利益，也为长兴和迪拜的经贸合作牵线搭桥，为两地发展发挥积极的作用。

（中新网 2013－09－30）

印度台湾地区商会联合总会成立　会长张鸿钟

印度台湾地区商会联合总会于10月11日在新德里成立，并推选德里地区台湾地区商会会长张鸿钟担任首届总会长。

印度的台商目前已在德里、孟买（Mumbai）和清奈（Chennai）3个地区分别成立台湾地区商会。印度台湾地区商会联合总会成立大会今天下午在新德里召开，张鸿钟、南印度台湾地区商会会长潘兴华、孟买地区台湾地区商会理事曾小莉分别代表3个台商会出席活动。

世界台湾地区商会联合总会名誉总会长李芳信、亚洲台湾地区商会联合总会总会长施至隆专程自马来西亚和新加坡前来参加。中国台湾地区驻印度代表田中光、副代表李宗芬、代表处各组组长、德里地区台湾地区商会20余位会员出席大会。正在印度出席活动的经济部中小企业处副处长林美雪也应邀与会。

经组织章程讨论等程序后确认，印度台湾地区商会联合总会总会长由现有的3个台商会会长相互推选1人担任；另外两人则任副总会长。大会随即推选张鸿钟担任第1届总会长，并在李芳信见证下，宣誓就任。张鸿钟宣誓后致辞感谢支持。他强调，印度台湾地区商会联合总会的正式成立“只是第一步而已，未来服务台商的路还很长，希望各界继续协助会务，让印度台商总会成为在印台商最有力的后盾”。

目前德里地区台湾地区商会、孟买地区台湾地区商会、南印度台湾地区商会分别有逾100、40、40位会员。印度台湾地区商会联合总会的成立，将有助于壮大声势并更有效地解决台商所面临的营运问题。

（［中国台湾］《宏观周报》2013－10－16）

印度尼西亚闽南同乡联谊会成立　总主席许世经

印度尼西亚闽南同乡联谊会首届理监事就职典礼日前在雅加达举行，祖籍泉州、漳州等地的旅印度尼西亚乡贤约700人参加盛会。祖籍永春的许世经荣任首届总主席。

典礼当天，印度尼西亚国企国务部长余世甘、旅游与创意经济部长冯慧兰、中国驻印度尼西亚大使馆参赞兼总领事刘玉飞等人出席。

据了解，在印度尼西亚，闽南人的优良文化传统、风俗习惯、语言等都对当地的社会文化影响极深。早在多年前，印度尼西亚闽南同乡就有成立联谊会的心愿，今年终于在许世经、陈秀明、陈锡石等20多位闽南籍旅印度尼西亚乡贤的共同努力下达成所愿。

“联谊会的成立旨在联络与团结各地闽南同乡，增进同乡之间的友谊与互助。”新当选的首届总主席许世经说，“希望该会今后能够继续发扬闽南人‘爱拼才会赢’的精神，共同为促进印度尼西亚经济社会和谐，为推动中印度尼西亚两国关系的不断发展作出更大的贡献。”

（中新网2013－11－08）

同济大学日本校友会成立 会长吴潇娴

11 月 17 日，同济大学日本校友会成立大会在东京大学举行，中国驻日本大使馆教育处公使衔参赞白刚、北区议员椿邦司、同济大学校友总会、上海校友会、IT 行业校友会代表以及在日 100 多位校友参加大会。清华大学、北京大学、浙江大学等国内 14 所高校在日校友会代表到会祝贺。

会上，白刚公参致辞，希望同济大学日本校友会秉承以德为先、海纳百川、同舟共济的精神，广泛团结留日校友，利用在日校友的力量，不断推动两国关系向更加稳定正常的方向发展。同济大学常务副校长陈以一通过视频向校友会的成立表示祝贺，并希望通过校友会平台，为在日的同济人建立一个大家庭，为留日的同济学子提供帮助，共同为校友、母校、社会的发展作出贡献。同济大学校友总会秘书处秘书长郑晓蕾在致辞中说新成立的日本校友会是该校的 109 个校友组织。

大会还进行了校友会会旗授旗仪式，会议选举产生了同济大学日本校友会第一届理事会，推举 2004 级化学专业吴潇娴为会长。

（［中国香港］凤凰网 2013－11－17）

日本千代田国际语学院中国留学生学友会成立 会长杜超

近日，日本千代田国际语学院的全体师生迎来了一大盛事——中国留学生学友会正式成立。学友会为第一家日语学校成立的中国留学生学友会，计划以此为平台，增强留学生与祖国、留学生与老师、留学生之间的交流，为他们更好地在日学习生活作贡献。

100 余名优秀在校中国留学生和嘉宾齐聚千代田区岩本町区民公馆，欢庆学友会成立。中国驻日本大使馆公使衔参赞白刚以及日中教育界的数十名嘉宾列席会议。白刚在会上致贺词。他肯定了千代田国际语学院师生为学友会成立作出的各种努力，并对学友会未来发展提出期望：成为友好的桥梁，成为民间的大使，成为同学间相互学习、相互帮助的纽带。其他来宾也发表了贺词。现任学友会会长杜超代表学友会全体成员，感谢各位学生的支持和努力。各位干事都表示，准备阶段才是一个开始，今后，会在自己的岗位上不断努力，为学生作更多贡献。

（［日本］日本新华侨报网 2013－12－02）

日本浙江总商会成立　会长林立

12 月 1 日，日本浙江总商会在东京香格里拉大酒店举行成立庆典大会。中国驻日本大使馆经济商务公使吕克俭、日本前首相鸠山由纪夫等中日政经界友好人士纷纷到会表示祝贺。

日本浙江总商会主要由在日创业和经商的浙江籍人士组成，是以搭建中日两国间的商务桥梁为己任、促进日本与浙江省之间的经济贸易和友好交流的社团法人组织。

日本温州总商会现任会长林立出任日本浙江总商会首任会长。他在成立大会上表示，浙商在日本各地域、各行业积极拓展事业，成立商会这一中日间经贸友好平台，将更加有助于集中在日浙商的力量，整合资源发挥整体优势，建立更为广阔的商业人脉网络，不断提高浙江商会的凝聚力和影响力，为创建一流侨团组织作出更多贡献。

此外，以杭州侨办、宁波侨办、温州侨办和侨联为首的浙江省各地市的外事与侨务部门在得知成立消息后，也纷纷专程发来贺电祝愿大会成功。当天，共计 160 余名中日经贸和友好人士出席了日本浙江总商会的成立庆典大会，见证了本次盛会。

据了解，商会为非营利性的社团法人组织，经过一年的筹备于 9 月 20 日在东京注册成立，成员还包括曾在浙江生活、学习、工作过的人士。当天共有 150 多人出席。

（［日本］日本新华侨报网 2013－12－03）

美 洲

加拿大浙江同乡会成立　会长王芳大

加拿大浙江同乡会（Zhe Jiang Association of Canada）1月9日在列治文山钓鱼台国宴举办晚宴，创会会长王芳大宣布加拿大浙江同乡会正式成立。中国驻多副总领事吴冬梅，侨务领事钟洪糯、王健，安大略省陈国治厅长特别助理周昕，安省议员莫伟力先助理Matina Loo，多伦多市议员李振光，万锦市议员何胡景，列治文山市议员陈志辉、廖立辉，中加商业促进会主席胡子修，多伦多华人团体联合会主席魏成义等近百位华社侨届领袖、媒体友人出席晚宴。

王芳大会长介绍，浙江是中国东部沿海的一个重要省份，素有“鱼米之乡、丝茶之府、文物之邦、旅游胜地”之称。浙江商人勤奋务实、勇于开拓，浙江是目前中国私营和民营经济最发达的省份之一。加拿大浙江同乡会是非政治、非宗教、非营利的社团组织。其成立主要目的是服务浙江同乡、联络同乡，建立相互交流的平台，促进浙江同乡之间与企业之间的交流，互助与合作，维护同乡权益。帮助新移民安居就业，支持帮助在加拿大的浙商投资创业，发挥浙商优势，促进加拿大与浙江的科技、文化、旅游、经贸及人才等各方面的交流。加拿大浙江同乡会副会长由司徒良担任，秘书长陈鑫，理事黄昌辉。

（［加拿大］多伦多新闻网2013-01-10）

美国联合针灸中医公会成立　会长黄宣衡

联合针灸中医公会（UAA）于1月27日在蒙特利公园市林肯酒店举行成立大会，并举办首次学术讲座。当天，有100多位中医师或中医学院学生出席，成为该会的首批新会员。

创会会长黄宣衡表示，今年该会将以服务会员为优先会务工作，第一季的中医师在职进修教育学术讲座，都已拍板敲定，新入会会员可及早报名。

除推出学术讲座之外，该会筹划成立的“针灸中医仲裁委员会”将是服务该会中医师会员的另一大重点会务，且为目前南加州各中医公会之中率先推出此服务的公会。

该会“针灸中医仲裁委员会”的筹划由创会会员陈戴维主导，陈戴维曾任加州针灸局主席。陈戴维指出，过去有关针灸中医师与病患之间的医疗纠纷，加州针灸局的服务多倾向于病患权益的保障，许多中医师面临医疗纠纷常感到束手无策、孤立无援，该会未来将以客观中立的专业立场，为病患及中医师提供医疗纠纷的协调、仲裁及专业鉴定，医病双方均可委托该会的仲裁委员会，针对医疗纠纷个案的医疗行为、方式、诊断及疗程的适当、正确性，提供专业鉴定或诉讼前的协调、仲裁服务。

（［美国］《世界日报》2013－01－28）

美国得州奥斯汀山东同乡会成立　会长徐小飒

奥斯汀山东同乡会于2月2日在美国得克萨斯州州府奥斯汀市成立，奥斯汀市政府、美国山东同乡会、美南山东同乡会、圣安东尼奥山东同乡会及得州多个华人社团均派代表出席并祝贺。

在当天的成立典礼上，奥斯汀山东同乡会会长徐小飒说，奥斯汀山东同乡会开始筹备以来，得到了当地山东老乡的的热烈响应，也得到了市政府以及社会各团体的大力支持。奥斯汀山东同乡会将积极参与社会活动，成为山东省及奥斯汀市交流沟通合作的桥梁。

全美山东同乡总会会长孙铁汉先生以及美南山东同乡会会长张磊先生，圣安东尼奥山东同乡会副会长孙志泉先生先后对奥斯汀山东同乡会的成立表示了祝贺。张磊会长说，山东人自古以来就有“风风火火闯九州”的传统，奥斯汀山东同乡会的成立为闯荡到奥斯汀的山东人提供了一个很好的交流、合作平台。会上宣读了山东省人民政府以及中国驻休斯敦总领事馆的贺电。奥斯汀市政府的 Ben Ramirez 先生、得克萨斯州奥斯汀华商会主席沈中平先生等约100人应邀出席了当天的仪式。

（中新网 2013－02－05）

美国奥兰多华商经贸联谊会成立　会长郑竹芳

全球华商经贸联谊会大奥兰多分会日前成立，成为继迈阿密分会后佛州的第二个分会，首任会长由前大奥兰多台商会长郑竹芳出任。成立大会除选出会长外，另选出七位副会长徐美露、严培达、张浩、施红、康白玉、曹美凤、林哲光，秘书文楠楠，五位公关林淑惠、杨静、高辰、乔燕、乔丽，另聘任五位顾问杨乔生、王成章、黄毅敏、陈镇凯、徐

美婵。会长郑竹芳表示，她将承袭该会传统及福利会员的宗旨，并将开发与社区及主流间的互动，不定期举办活动，让会员联谊交流与学习，扩大生活空间、拓宽视野，让生活更充实、生命更丰富。

华商经贸联谊会大奥兰多分会由全球总会长吴毓萍、秘书长吴睦野亲自授旗成立，新任干部群阵容庞大。吴毓萍在会中表示，佛州幅员广大，很高兴大奥兰多华商经贸分会成立，将来可以更好地服务会员，促进联系，让生活更有意义。吴毓萍亦介绍了该会沿革及编制，表示全球华商经贸联谊总会涵盖六大洲，包括北美洲、中南美洲、亚洲、欧洲、非洲、大洋洲等，各洲均有各洲总会长，再由各洲选出全球总会长，吴毓萍为第 11 届全球总会长。各会除了在当地积极办理各种文教会外，每年亦组团回台湾地区拜会各组织，活动行程相当丰富。

该会目前全球计有 2 万多学员，早期多为侨委会训练班的学员、工商界会长及高阶领导精进班成员，近期则开放各种班别如商务、经贸、电脑、插花等，并欢迎各界认同该组织者加入，参与各种义工服务活动，服务社会。活动在严培达自宅举行，吴毓萍、吴睦野、郑竹芳等分别致辞。当天还有丰富餐点餐叙及歌唱联谊活动，京剧名家乔丽亦出席。

（［美国］世界新闻网 2013－03－01）

美国旧金山华人小区基金会成立　主席蔡流轮

为回馈华人小区，希望替华人小区服务团体争取更多经费，2 月 28 日，美国旧金山成立华人小区基金会。

华人小区基金会是全美首个专为华人小区拨款的华裔基金会，四位创会人都是华裔，分别是蔡流轮、李萱颐、Buck Gee、李宗志。四人在专业领域上有杰出成就后，决定出钱、出力，共同成立一个专为华人小区服务的基金会。华埠 40 多个非营利服务团体的行政主任及代表出席了创会庆祝活动，包括安老自助处的钟月娟、华协中心的方小龙、华人权益促进会的潘伟旋以及新侨服务中心的陈志刚等。

目前，湾区共有 385 个私人的华裔家庭基金会，却尚未有一个小区性质的基金会。为响应成立华人小区基金会，旧金山基金会先捐出 4 万元，蔡流轮捐出 100 万元。基金会聘请有丰富慈善基金会服务经验的袁诗钿担任行政主任，希望在未来三年内与旧金山基金会和硅谷小区基金会合作，为华人小区基金会筹到 500 万元。

蔡流轮担任基金会主席，副主席为企业家李萱颐、财务是科技创业家 Buck Gee、理事会主席是投资家李宗志。

（［美国］《世界日报》2013－03－05）

世界华人工商妇女企管协会芝加哥分会成立　会长吕瑞玉

筹备多时的世界华人工商妇女企管协会芝加哥分会（The Global Federation of Chinese Business Women）3 月 9 日上午在芝城西郊双树希尔顿酒店举行隆重的成立大会。世华工商妇女企管协会总会长施郭凤珠、永久名誉总会长柯杜瑞琴、副总会长陈上春、黎淑瑛以及全球包括台湾地区、美国各地分会的成员也都前来祝贺，共同庆祝芝加哥分会成为该协会第四十五个分会。

出席成立大会的贵宾包括瑞柏市市长 George Pradel，国际领袖基金会执行长董继玲、芝加哥侨教中心主任阎树荣、商务组长曹四洋、芝加哥台贸中心主任温月球、芝加哥中华会馆主席徐学明等。

芝加哥分会吕瑞玉创会会长、黄伍佩玲监事，副会长陈丽云，秘书长苏琪雯及财务长张玉霜及理事等人在柯杜瑞琴监督下宣誓就任。柯杜瑞琴并为分会送上“马上有钱”立体图像纪念品，祝芝加哥分会会务蒸蒸日上，其他分会代表亦在陈上春副总会长带领下，为芝加哥分会送上会务基金。董继玲代表颁发总统义工奖给吕瑞玉以及世华工商妇女企管协会，以肯定她们对社会的贡献。

（［美国］《世界日报》2013－03－10）

世界台湾地区同乡联谊会美东分会成立　会长陈惠青

世界台湾地区同乡联谊会美东分会日前在华盛顿正式成立，该会为全美第一个分会，由曾任全美台联会第 20 届会长的陈惠青出任首届会长。

世界台湾地区同乡联谊会成立于 2001 年 8 月 24 日，现任会长吴毓苹于 2011 年 10 月接棒，该会最初仅英国一个分会，日前新成立的美东分会，为最新加入的第 14 个分会。其他 13 个分会包括英国、法国、比利时、瑞士、意大利、澳大利亚、新西兰、日本、中国香港、中国澳门、巴西、巴拉圭和加拿大东安大略分会。

美东分会在世台会副会长巫和怡等人的全力支持下，推举陈惠青出任会长。陈惠青表示，该会将积极拓展会务，秉持世台联创会宗旨“心系台湾地区放眼世界、服务同乡联谊全球”。

（［美国］《世界日报》2013－03－13）

加拿大各界支持安省中医药针灸委员会成立 代主席张良

距离安省中医针灸行业今年4月1日正式实施规管时日逼近。一个主要由社区人士发起的“各界支援安省中医药针灸委员会”于3月13日正式成立。委员会呼吁华人团体和各界密切关注中医立法的“严重事态和危机”。委员会又宣布于18日晚举办首次会员大会暨“拯救中医，造福省民”筹款晚宴，为保护和弘扬中华文明瑰宝——中医而施以援手。

首批联署“各界支援安省中医药针灸委员会”的发起人包括社区人士近30人。委员会昨天发布联署声明表示，省府于2006年通过“中医法”并成立安省中医师针灸师过渡委员会。声明指出过渡委员会所制定的注册条例和各项法规违背“医疗法”和“中医法”，违背省府为中医立法的原旨、诚意及省民、中医界的意愿和权益。这些规管一旦实行，目前执业的安省中医师、针灸师中绝大部分将立即失业，行业将受到摧毁性打击。

委员会成立的宗旨在于联合社区各界认同和支持中医的有识之士集思广益、共商良策，确保省民尤其是华裔和亚裔继续得到真正的中医针灸服务。委员会的任务是支持广大中医针灸业者维护合法生存权利的合理抗争。委员会的目标是协助推动安省中医针灸规管朝着公众、业界、政府和管理机构多方共赢的方向发展，全力拯救中医，造福省民。

（［加拿大］北辰网 2013－03－14）

美国南加州台湾地区餐饮协会成立 会长梁承麒

为了推广台湾地区美食，让洛杉矶侨界及美国主流市场认识台湾地区美食，美国南加州台湾地区餐饮协会于3月19日在Arcadia荷家欢餐厅举行记者会，宣布美国南加州台湾地区餐饮协会正式成立。

许多华人餐饮界重要人士都到场支持，希望透过此协会结合华人餐饮打入主流的力量。现场包括多位有数十年台湾地区美食经营及管理经验的人士，一起大力推动该协会的成立。御素坊老板 Scott Huang，也是该会理事长、曾经担任李安《少年派的奇幻漂流》的餐饮总监、美国中餐发展协会会长林慧懿，以及美中连锁企业协会会长谢宗煌、名誉顾问范守文都到场表示支持。

召集人梁承麒会长也是洛城著名餐饮店梁妈妈家餐厅店长，他表示，许多台湾地区餐厅业者，在面对一些烦琐的开业程序与规则时常求助无门。因此，现在就要通过成立协会，打造出属于台湾地区餐饮界的资讯交流平台，让在美国打拼的台湾地区业者不再孤单，能够在美国推广纯正的台湾地区饮食文化。

美中连锁企业协会会长表示，中餐馆不应该再单打独斗、恶性竞争，常有随意开店、血本无归的悲剧。运用连锁企业经营管理，才是迈向成功的途径。并期许未来双方互相协力，成为南加州华人业者的强力后盾。

（［美国］《世界日报》2013－03－20）

世界华人工商妇女企管协会温哥华分会成立　会长曾志瑛

世界华人工商妇女企管协会第 46 个分会 19 日正式在温哥华成立，由新联华国际控股集团总裁曾志瑛任创会会长。曾会长从总会长施郭凤珠手中接受会印。

温哥华分会授证大会除施郭总会长及永久名誉总会长柯杜瑞琴自台北远道而来外，各地分会如多伦多和西雅图亦派代表与会祝贺。

施郭总会长表示，世界华人工商妇女企管协会为国际性妇女社团，自 1994 年创会至今已 19 年，目前在全球已成立 45 个分会，欢迎温哥华分会加入世华总会大家庭。她说："过去 20 多年，加拿大是台湾地区人、也是亚洲华人移民最多的国家，尤其温哥华更是全球最佳居住地，在温哥华成立分公司一直是总部工作的目标，引颈期盼十几年终于在曾会长勇于任事的精神下得以成立。"曾会长表示，未来将秉持会旨，结合温哥华地区的华商精英妇女，在促进侨居社区繁荣、国家经贸的发展及在社会慈善公益方面作出贡献。

与会祝贺的政要及业者还有台北官员黄正杰、吴丽珍，本拿比市长柯瑞根、市议员麦当诺、张境，华航温哥华分公司总经理王特芬，长荣航空美洲总分公司总主任曾义唐，世界日报社长陈敬贵及多位社团领袖和代表。

（［中国台湾］即时新闻网 2013－03－20）

美国河北工商总会成立　会长陶健民

美国河北工商总会12日在法拉盛成立。陶健民担任首届会长，贾战江担任理事长。

陶健民在致辞中表示，美国河北工商总会成立，是全体旅美河北工商业者经济生活的一件大事。工商总会成立也是促进美国与中国河北经贸合作、携手共赢的一件大事。

陶健民还表示，商会的会员分布广泛，会员企业经营范围包括金融、保险、会计、地产、餐饮、国际贸易、医药保健等。商会希望通过建立美国与中国河北工商企业之间的桥梁和商务平台，促进会员之间的经济信息交流与经济活动互助，推动相互之间的经贸合作。

中国驻纽约总领馆领事赵明、娄月，纽约州国会众议员孟昭文，纽约市议员顾雅明出席成立大会并表示祝贺，希望商会能够加强中美交流，推动相互间的经贸往来。

（［美国］纽约中文网 2013－04－13）

布鲁克林亚裔社团联席会成立　会长陈善庄

推动选民登记、支持华裔竞选市长近日成了布鲁克林多个华人小区组织的工作重点。这一契机使布鲁克林的华人团体比以往任何时候都走得更近，合作更加密切，在此基础上成立一个能凝聚布鲁克林华裔社团集体力量的组织便显得尤为重要。3月14日，布鲁克林华社团体代表再次举行会晤，商讨正式成立“布鲁克林华裔社团联席会”。

布鲁克林美国（香港）旅美华人总商会、布鲁克林社联会、布鲁克林华人联合总会、纽约海南同乡会、美东台山侨中同学会、台山联谊会、布鲁克林99号餐厅等多个社团代表经过开会讨论，将正式成立以推动小区发展、务实为小区民众解决问题为目标的社团联合组织“布鲁克林华裔社团联席会”。

这一联席会结合了布鲁克林各大亚裔社团的力量，未来发展令人期待。钟承楚、柳宝枝、费小莲等人出席会议。经过与会各方代表集体讨论，目前这个联合机构定名为“布鲁克林华裔社团联席会”（简称“BRACE”），分别设有团体会员与商家会员，与会的各团体代表推举（香港）旅美华人总商会会长陈善庄担任首任会长。

会上陈善庄表示，面对布鲁克林华社当前存在的问题，他认为改善小区的治安问题是当务之急。同时他还表示该联席会将着手解决小区内的其他重要问题，如继续推动华裔民众进行选民登记，为小区内人数众多的新移民提供法律等知识普及及教育工作，针对8大道小区商铺与居民多而带来的“脏、乱、差”的问题，进行卫生整治和街道美化等。

（［美国］《星岛日报》2013-04-15）

美国海外客家文化交流协会成立　会长罗焕瑜

在海外生活的客家人有上千万，为了更好地保留客家的传统并在海外发扬光大，成立文化交流协会十分必要。4月16日，酝酿已久的美国海外客家文化交流协会在洛杉矶成立，海宁、缅甸等8个同乡会的数百名客家乡亲欢聚一堂，庆贺交流协会的成立并欢迎中国中央电视台“客家足迹行”摄制组的到来。

同是客家人的中国驻洛杉矶总领事邱绍芳出席了本次成立典礼，并用客家话致辞。邱绍芳说，千百年来，客家人从中原南迁，由北向南，足迹遍及全世界，但客家人一直保留着自强不息、努力打拼的传统，同时又不断发展和丰富着中华文化。邱绍芳强调，美国海外客家文化交流协会正式成立是南加州客家人的一件大事，来自海峡两岸和越柬寮的客家社团为此进行了很长时间的准备工作，今天终于看到了成果。当天上午，邱绍芳总领事还首次拜访了位于洛杉矶的美国客家会馆。

美国海外客家文化交流协会创会会长罗焕瑜表示，成立这样一个协会是为了凝聚海外客家乡亲的力量。协会成立后，他将率领南加州的客家乡亲访问中国大陆以及台湾地区的客家聚居地，开展文化交流。梅州市归国华侨联合会副主席汤志平、中央电视台百集大型系列节目《客家足迹行》总导演孙宏峰等也在典礼上致辞。南加州华裔民选官员协会主席沈时康、核桃市市长苏王秀兰、蒙市市议员梁侨汉、蒙市前市长陈李婉若、加州众议员周本立的代表罗霈霆等出席了典礼和晚宴。

据了解，客家文化是指亚洲地区的客家人共同所创造的文化，包括客家话、戏剧音乐、舞蹈、工艺、民俗、建筑、人文、饮食等方面。客家人也被称为“丘陵上的民族”，其文化特色为：保守、稳重、节俭。客家人新春期间有特殊的活动，例如“天穿日”和新春团拜活动，客家乡亲齐聚一堂，边观赏客家大戏，边享用祭拜女娲的“甜粄”，彼此祝福新年平安顺利。根据传说，这天女娲会巡视天庭、检查修补，客家人为感谢女娲的辛劳和爱心，特地准备传统客家米食“甜粄”。这个活动，从形式到内容都体现了客家人在传承中华文化方面的独特方式。

（［美国］《侨报》2013-04-16）

美加青年华商总会成立　会长杨楠

美加青年华商总会日前成立，中国驻洛杉矶总领馆文化参赞车兆和参加成立仪式。

总会由部分加拿大华裔青年企业家发起，成员由美、加两地青年商业金融业界人士组成。首届会长杨楠来自中国东北，从事餐饮红酒业多年。

杨楠表示，本会将举办系列活动包括邀请美国著名摄影师赴中国举办摄影展，还将举办以中国与北美同商业交流发展为主题的商业论坛。

（［美国］《世界日报》2013－04－17）

台山端芬中学美中校友会成立　会长梅兆立

端芬中学美中校友会成立庆典于 7 月 4 日在南华埠隆重举行。美中地区的广东台山端芬中学校友们与主流政要代表、侨界友好以及各界嘉宾 600 多人欢聚一堂。端芬中学美中校友会首任会长梅兆立、理事长曹志恒呼吁校友们加强联系、团结合作，共同促进会务发展。

中国驻芝加哥总领事馆副总领事王永、侨务组长宋剑鸣、领事张庆新，伊州州长奎恩亚裔代表马静仪，芝加哥 25 区区长资深顾问李双振，华联会理事长刘红等各界嘉宾出席了当日成立大会。台山端芬中学美东校友会会长江长清、台山端芬中学美西校友会会长梁仲文，特地远道而来，向美中校友会的成立表示热烈祝贺。

端芬中学美中校友会会长梅兆立首先致辞，梅会长对出席成立大会的端芬中学校友、侨社友好、各界嘉宾表示热烈欢迎。梅兆立表示，母校端芬中学拥有百年历史，可谓桃李满天下。当晚端芬中学的师生相聚、同学重逢，大家心情激动。梅会长强调，岁月流逝并没有带走大家对母校的怀念，更没有带走大家深厚的同学情谊，他希望端芬中学美中校友会能成为大家回忆校园生活、交流工作与人生经验的家园，加深同学联络，团结互助、共同进步。

王永副总领事在当天的盛会上发表热情洋溢的讲话，热烈祝贺端芬中学美中校友会隆重成立。王永副总领事指出，广东是著名侨乡，端芬中学则更是一所拥有百年历史的中学，可谓人才辈出，桃李满天下。端芬中学美中校友会的成立，是广大侨胞饮水思源、怀念故土的体现。他勉励校友会职员及美中地区的端芬中学校友会们加强联系，加强与母校的联系，关心祖国家乡建设，为促进中美友谊作出贡献。

在当天的成立大会上，包括首届会长在内的梅兆立、梅兆民、梅兆芳三兄妹，各自捐赠500美元，用作美东、美中、美西端芬中学校友会的会务经费。梅氏三兄妹捐赠会费，旨在纪念其母亲生前对端芬中学校友会成立事务的关心。成立仪式最后，由端芬中学美中校友会理事长曹志恒致答谢词。当天余兴节目可谓精彩纷呈，歌舞表演、抽奖活动，让成立庆典始终洋溢着节日般的氛围。

（［美国］芝加哥侨学网 2013－04－21）

加拿大龙岩同乡联谊会成立　会长卢文贵

5月11日晚，加拿大龙岩同乡联谊会在列治文隆重举行成立庆典。加拿大三级政府代表、华人社团侨界嘉宾以及来自龙岩的政府代表和旅加龙岩籍乡亲代表近三百名人士共同出席了庆典晚宴，共襄盛举。

中国驻温总领馆侨务领事李玥，国会议员杨萧慧仪，列治文市长马保定（Malcolm

Brodie)，省议员候选人叶志明，黄运荣以及中国龙岩市人大常委会副主任黄伍金，龙岩市海外交流协会会长江棣章，龙岩市新罗区人大常委会主任林韶立，龙岩市永定县政协主席阙焕林和新罗区、永定县等市、县（区）领导及代表团全体成员出席了庆典活动。

加拿大政府总理哈伯、卑诗省省长简慧芝女士、中国驻温哥华总领事刘菲等发来贺信。黄伍金对加拿大龙岩同乡联谊会的成立和理事会成员的就任表示祝贺。她希望旅加乡亲继续发挥联系面广、信息量大的优势，一如既往地关心、支持家乡的建设和发展，多为龙岩开放开发、招商引资牵线搭桥，介绍、举荐海外朋友到龙岩投资创业、旅游观光，为家乡发展、为实现“中国梦”献计献策、出谋出力。龙岩市海外交流协会会长江棣章、加拿大龙岩同乡联谊会会长卢文贵、中国驻温哥华总领馆侨务领事李玥、加拿大列治文市市长马保定等也先后致辞。

据悉，龙岩人移居加拿大主要开始于20世纪90年代，早中期以技术移民为主，后期以投资移民为主。据不完全统计，目前在加龙岩籍移民有1 000多人，主要集中在大温哥华地区和大多伦多地区。加拿大龙岩同乡联谊会创立于2012年10月，其宗旨是联络乡亲、互通信息、促进团结、维护权益、互助合作、共同发展，以及充当家乡政府与加拿大交流合作的桥梁纽带。

（［加拿大］《环球华报》2013－05－15）

中国高校北美校会联盟成立　会长段云所

中国高校北美校友会联盟（CUAA），于当地时间6月8日晚于曼哈顿中城举行成立大会。该会以“相同的求学经历、共同的生活理念、构建友谊共赢的平台”为宗旨，致力于成为中国各高校北美地区校友会携手合作的机构。

该会组建于2月1日，是在美国注册的非营利性组织，总部位于纽约，目前会长为黄亚村。中国高校北美校友会联盟的目的是：搭建北美中国校友间交流和学习平台，构筑中美高校间交流、理解与合作桥梁，促进中美人文交流和中美友好关系发展，服务北美地区中国高校校友和当地社区。

中国高校北美校友会联盟的成立，得到众多中国大学的协助，也受到中国驻纽约总领馆及纽约中国留学服务中心的支持。

（［美国］《世界日报》2013－06－05）

亚太裔工程师协会华盛顿分会成立

大华府区联邦科研机构林立，从事工程与科学专业之亚太裔科学家比例比其他城市要高。为加强专业交流、增进同业互动，亚太裔工程师协会（Society of Asian Engineers & Scientists）的华府分会日前于北维成立。

前陆军研究实验室（US Army Research Lab）首席科学家华裔张敬义（Jim Chang）应邀在“亚太科学工程界的竹子天花板”专题论坛中担任讲员。他期许这个新构建的组织能提供资源、帮助亚裔并回馈社会。其他讲员有的强调融入主流但不能忘本，有的则从东西文化观之不同谈如何兼容并蓄、提升自我。

（［美国］《世界日报》2013－06－08）

加拿大安省中医公会成立　会长李灿辉

由安大略省注册中医师及针灸师组成的全新中医针灸团体“安省中医师及针灸师公会”（Association of Traditional Chinese Medicine Practitioners and Acupuncturists of Ontario，ATCMPAO，中文简称“中医公会”）于3月13日宣布成立。该团体由已在安省中医师及针灸师管理局注册并获得执业牌照的中医师及针灸师组成，旨在加强会员与管理局之间的沟通，为执牌中医师及针灸师争取权益，提供政策咨询、行业培训，以及组织社区活动等，共同促进安省中医行业的发展。公会将每年4月1日定为“安省中医健康日”，向不同族裔社群推广中医服务。

中医公会筹备一个多月，于2013年6月14日宣布组成首届理事会，选出李灿辉为会长，罗国池、苗理平为副会长，江润添为行政总监。

李灿辉认为同其他中医针灸团体相比，中医公会最大的特点是会员必须是已在安省中医针灸管理局注册、获得执业牌照的中医师和针灸师。中医公会的初衷即是为这上千名已注册的中医师和针灸师提供服务。他解释说，安省中医正处在由民间行医转变成正规医疗行业的转型升级过程中，发生文化冲突、利益冲突和认知矛盾都是在所难免的。现时已在管理局注册的中医师及针灸师，亦只是获得祖辈法临时牌照，未来五年亦将面临很多问题、困扰、困难和挑战。一些同业对规管条例的细节还不太清楚，对成为一名医疗专业人员后的责任不太清楚，许多同业更为如何获得永久牌照感到忧虑。

李灿辉表示，中医公会的主旨即以务实态度，致力于为安省中医师和针灸师解决这些实际问题，为会员提供政策咨询辅助，尽可能帮助会员顺利通过专业技能评估获得永久牌照，适应规管后的新工作环境，促进中医与主流医疗体系的融合。同时，中医公会将致力于为会员争取新的权益，包括尽早免除中医针灸服务的 HST 税项，游说中医针灸服务纳入教师、警察和公务人员的行业福利，以及尽早将中医针灸纳入政府医保体系等。

为纪念安省中医立法和新的中医公会成立，公会将每年 4 月 1 日订立为“安省中医健康日”，展开学术交流和义诊活动，向安省各族裔推介中医服务。公会官方网站是 www. atcmpao. ca，联系人：李灿辉，联络电话：416 – 818 – 1616，电子邮箱：info@ atcmpao. ca 。

（［加拿大］《世界日报》2013 – 06 – 14）

阿根廷中资企业协会成立　推动中阿经贸合作

6 月 18 日，阿根廷中资企业协会成立仪式在中国工商银行阿根廷分行总部举行，中国驻阿根廷大使殷恒民以及中资企业代表共 50 多人出席了当天活动，经济商务处参赞杨石翟主持了成立仪式。

殷恒民大使首先对阿根廷中资企业协会的成立表示祝贺，他指出，当前中阿关系发展势头良好，两国高层互访频繁，各领域合作全面开展。在此背景下，成立阿根廷中资企业协会，不仅非常必要，而且大有可为。此外，他还就中资企业协会如何做好未来工作提出具体要求，希望协会不断加强组织建设，完善规章制度，提升服务功能，重视形象建设，积极推动中阿经贸合作的互利共赢，为中阿经贸关系的进一步发展发挥更大作用。殷大使最后表示，驻阿使馆将一如既往地支持协会开展工作、扩大影响、发挥作用。

阿根廷中资企业协会是在原阿根廷中资企业联谊会基础上建立起来的。协会目前共有会员企业 39 家。中国工商银行、中石化国勘、中冶集团、中远集团和华为公司 5 家企业被推选为协会首届理事单位。

作为本次中资企业协会成立之后的首场活动，与会企业代表参加了“阿根廷经济金融形势研讨会”。来自中国工商银行的专家团队为与会者介绍了阿根廷当前的经济、财政和金融形势及特点，并就有关问题展开讨论和答疑。

（中新网 2013 – 06 – 19）

中国硅谷协会成立　会长徐丽雯

为沟通中国与硅谷的投资渠道和为中国企业向硅谷投资提供平台，中国硅谷协会于25日晚在圣荷西市举行揭幕仪式。许多圣他克拉县（Santa Clara）政界和商界人士到会，对协会的成立表示欢迎。众人希望协会成立后能吸引更多的中国投资，为该县的经济发展、就业等带来好处。

揭幕仪式在圣荷西市府大楼举行，来自硅谷政界、商界的数百人到会，包括圣荷西副市长阮麦迪和市议员朱感生、古柏蒂奴（Cupertino）副市长黄少雄、苗必达（Milpitas）市长艾和谐等，众人均对此协会的成立表示祝贺。圣荷西经济发展局局长 Kim Walesh 对促成该协会起到了重要的作用。她表示，在硅谷地区能够有这样一个协会非常重要，这个协会将是连接美国和中国的桥梁。

中国驻旧金山总领馆科技参赞董建龙在仪式上发表了讲话，称赞中国硅谷协会是一个沟通两国文化的桥梁，协会未来可以与中国的一些商会合作，建立覆盖面更广阔的平台。

近期前美国情报人员斯诺登泄密事件闹得沸沸扬扬，谈及此事是否会影响中国硅谷协会的工作时，朱感生表示，斯诺登事件只是个人行为，需要两国之间的协商处理，他个人希望此事不要影响地方之间的经济交流。

协会会长徐丽雯表示，中美两国有许多高科技公司已经建立战略伙伴关系，例如在电子游戏、数据库、生活科学及新材料等方面都有合作关系。而中国初创公司，更需要硅谷的科技支持。徐丽雯说："初创公司成立以后，就来硅谷这边寻求科技方面的合作，我们看到有不少成功的例子。"

预计协会未来能帮硅谷增加几千个工作机会，把硅谷变成中国在加州投资最多的地区。

（［美国］《世界日报》2013－06－26）

世界台湾地区同乡联谊会美南分会成立　会长杨淑惠

世界台湾地区同乡联谊会（简称"世台联"）美南分会日前在美国得州达拉斯成立，成立大会上选出会长杨淑惠，副会长陈世修、王嘉玲，秘书长曹利娜及财务长傅雪芬，并公推谷祖光担任荣誉顾问。

世台联总会长吴毓苹与秘书长暨"美西分会"会长吴睦野赴得州参加成立大会。

继2011年到2012年世台联在全球5大洲成立10余分会之后，今年又成立北美洲的第三个新分会。成立大会在美南侨界谷祖光医师、世界台商联合总会名誉总会长黄金森、当地台商会会长钟开瑞及侨领的见证与支持下顺利完成。吴总会长表示美南分会团队实力坚强，活动力在侨界数一数二，是世台联未来的重要支柱之一。

（［中国台湾］《宏观周报》2013－06－27）

合肥之友联谊会洛杉矶分会成立　会长蒋凤茵

2013 年 6 月 25 日，洛杉矶合肥之友联谊会成立。联谊会由蔡有芳任荣誉会长，蒋凤茵担任会长，孙旭东担任副会长兼秘书长。

安徽省合肥市政协代表团一行 5 人，在副主席许天锡带领下参加成立大会。据合肥市政协秘书长袁文长介绍，此次代表团来到洛杉矶的主要目的就是促成“洛杉矶合肥之友联谊会”。

合肥之友联谊会是经中共合肥市委、合肥市人民政府同意和民政部门批准，由政协合肥市委员会发起成立的地方性、非营利性社会组织，于2008 年12 月3 号正式成立。本会由国家部委有关领导担任高级顾问、顾问，安徽省、合肥市领导担任名誉会长、会长、名誉副会长、副会长。截至 2013 年 6 月，在中国的北京、上海、天津、江苏、山东、广州、深圳、杭州、绍兴、泉州、西藏、澳门、台湾地区，以及美国、英国、加拿大、日本、澳大利亚、希腊等国相继成立合肥之友理事会（联谊会），拥有会员 9 000 余名。

合肥之友联谊会秉承“宣传推介、联谊交友、招商引资、招才引智”的宗旨，联络、团结全国及海外各主要城市皖籍、合肥籍和曾在合肥学习、工作、生活过的各界人士以及关心、支持、参与合肥建设的单位和个人。他们都是“安徽合肥忘不了的人，忘不了安徽合肥的人”，共同努力把合肥打造成为“大湖名城、创新高地”，成为现代化新型中心城市和区域性特大城市。

（［美国］侨报网 2013－06－27）

台南大学美国校友会成立　会长叶敏芬

台南大学美国校友会近日在洛杉矶侨教中心举办成立大会，会议选出叶敏芬担任首届会长，以及第一执行副会长颜文雄、第二副会长兼秘书翁芬芬、第三副会长兼财务杨玟玙、第四副会长兼总务薛青岑等，并聘请台南大学杰出校友获奖人、皇佳银行董事长、2013 年盘石奖候选人张见习为资深顾问。洛杉矶侨教中心主任梁崇礼及副主任丘昌生等出席祝贺。

叶敏芬表示，台南大学的前身是 1899 年创建的台南师范学校，于 2004 年改隶，目前全美有近百位校友。校友会成立的目的就是联络校友感情、砥砺学术研究、促进校友事业合作，并协助母校发展。

（［中国台湾］即时新闻网 2013－07－05）

中美公共外交协会成立　会长林德宪

中美公共外交协会，于2013年7月5日经美国加州政府批准成立，为非营利性社团协会。该协会希望在中美建交35周年的年度里，开展更多活动，推动中美关系朝着更积极的方向发展。会长林德宪在揭牌仪式上表示，协会成立以后首先要致力于三个工程的建设：第一是形象工程，改变外国人眼中“中国土豪”和“中国大妈”的形象；第二是纠偏工程，改变外国人早已养成的对中国人的偏见理解；第三是深化工程，让对中国稍有了解的美国人继续加深对中国的了解，深化中美文化的交流。

协会的挂牌仪式在7月15日举行，首任会长由林德宪担任，施白榆担任执行会长，温桂芃任理事长。林德宪表示，政府外交常常囿于国家主权和利益的局限，致使很多民间往来受到影响；相比之下，民间外交则更为柔性，常常会产生意想不到的作用。例如20世纪的“乒乓外交”就起到了解冻中美关系的作用，促成了两国人民的友好往来。

温桂芃介绍说，目前中国的北京、上海、广州、温州、青田5个城市先后成立了民间“公共外交协会”。鉴于此，洛杉矶的“中美公共外交协会”也应运而生。该协会成立的目的是服务中美两国的民间外交，手心向下，做事、付出、奉献。

出席挂牌仪式的有专程来美的温州市政协代表团潘长旺副主席、吴朝骞副秘书长、市侨联副主席应凤娟一行。中国驻洛杉矶总领事馆孙卫东领事、赵守圣副领事也到场表示祝贺。

公共外交就是民间外交，从民间角度看，在多领域开展中美两国人民之间的友好往来，是对中美两国之间建立友好关系的一个补充。旅美华侨华人是中美两国友好关系发展的亲善大使。协会的成立能够更好地帮助中美之间搭建一个沟通交往的平台和桥梁，为中美两国人民增进理解、建立友谊起到积极的促进作用。

（环球网 2013－07－18）

美国芝加哥群英联谊会成立　主席沈如霞

美国芝加哥群英联谊会于7月25日正式在南华埠宣布成立。该联谊会以丰富华裔社区耆老多彩生活、促进社区团结和谐为宗旨，除了将推出插花艺术、京剧、烹饪、合唱团、舞蹈班、旅游等众多文娱活动外，还将陆续举办健康、医疗、金融讲座等知识性活动，让华裔老人家们享受快乐的退休生活，并且保持活到老学到老的积极生活态度。

芝加哥群英联谊会，由热心社区公益、84 岁高龄的沈如霞女士担任联谊会首任主席。在华裔社区人缘极佳的沈如霞女士，身体健朗、亲切和善，被大家称为“沈妈妈”。沈妈妈不仅热心捐助各种社区公益活动，而且还经常为社区庆典活动亲手制作绢花、胸花。由沈妈妈担任主席的芝加哥群英联谊会，得到了众多社区知名侨领、广大华裔老人家的积极支持与热烈响应。该联谊会在成立之初就拥有 120 多位会员。华联会理事长刘红，华联会名誉主席丘超廉、陈俊义，副主席赵健航、刘颖斌，美亚协会荣誉主席马森柱等华裔社区德高望重的老侨领们，当天都亲自前来捧场。

芝加哥群英联谊会职员包括：主席沈如霞，常务副主席何达权，副主席赵健航、丘伟辉，总干事张遂琍，财务郭一帆，核数赵健航，名誉顾问丘超濂、刘红。

（［美国］《世界日报》2013 - 07 - 26）

全美湖南同乡联合会成立　主席黄厚斌

7 月 28 日，全美湖南同乡联合会在旧金山南湾齐峰阁饭店宣告成立，与此同时，纪录片《从外交官到世界名厨》也隆重开拍。中国驻旧金山总领馆总领事袁南生大使和旧金山湾区湖南同乡会名誉主席钟武雄先生出席了晚会。

来自美国各地的湖南同乡会会长及特邀嘉宾参加了活动仪式。拉斯维加斯湖南同乡会会长言立先生代表全美湖南同乡联合会筹委会宣布全美湖南同乡联合会成立。第一任主席黄厚斌先生发表讲话，强调了联合会成立的重要意义。中国驻旧金山总领事袁南生发表热情致辞，并提出了五促的希望。主持人吴彤宣读了湖南省侨联、侨办、对外友协和美国各州市湖南同乡会发来的贺电。

会上，佛罗里达湖南同乡会余心宪会长宣布旧金山湖南同乡会名誉会长钟武雄先生生平事迹纪录片《从外交官到世界名厨》隆重开拍。钟武雄先生亲临会场畅谈富有传奇色彩的人生成长历程，并表达了对联合会的美好祝愿。到会嘉宾湖南外国语学校宁平董事长作了相关说明及规划。中方承办商长沙华艺文化传播有限公司总经理杨星明女士作了热情洋溢的讲话，并为纪录片当场捐赠 2 000 美元。

（［美国］《国际日报》2013－08－07）

海外华人土木与结构工程协会成立　会长肖强

海外华人土木与结构工程协会 17 日晚在西敏市举办成立大会，300 多人参加。该会选出首任会长肖强、荣誉会长张素久。

肖强指出，该会筹备才短短几个月，就招募到 300 多名会员，希望通过成立非营利性协会，替海外华人土木与结构工程的专业发展提供平台，并担任与中国大陆以及港台相关技术及学术交流的桥梁。预计未来每两个月举办一次活动，提供会员商业、就业及学术技术交流平台。肖强说，该会成员以来自中国大陆及在美定居已有一段时日的华人为主。协会邀请张素久担任荣誉会长，是因为她毕业于清华大学土木工程学系，并曾在天津大学任教相关课程 20 年，相信她可为该会发展带来宝贵意见。

当晚的成立大会有多位主讲人。目前在长堤市负责监督及管理建筑物等项目的殷泽民（Philip Yin）主讲“如何准备迎接可能发生的地震，及地震来时如何因应”。另一名主讲人、洛杉矶国际机场扩建工程总预算师北奥（本名赵乔治）说，扩建工程斥资50 亿元，第一期工程已完成。加州主计长江俊辉则分享了他任上工作，包括杜绝州政府浪费、避免公共基金被滥用，以及确保加州财务更透明化等。

（［美国］《世界日报》2013－08－19）

世界台湾地区同乡联谊会美国西南分会成立　会长林文龙

世界台湾地区同乡联谊会（简称“世台联”）美国西南分会日前在美国洛杉矶正式成立。世台联总会长吴毓苹表示，这是世台联在美国的第五个分会。美西南分会涵盖地区侨胞众多、人才济济，相信在分会创会会长林文龙与两位副会长王胜生、桑继伟的带领下，必然能成为世台联的支柱之一。

（［美国］《世界日报》2013－09－05）

美亚华人华商联合总会成立　会长陈长清

多年来致力于兴办中国慈善事业、倾力在中国吉林长春市创建华安福利院的陈长清牵头，联袂纽约地区爱国侨团的侨领、成功的工商界企业家和文化界的著名人士，为推动和促进中美两国经济和贸易关系的和谐发展，为推动和促进两国的旅游、慈善和文化事业的合作交流而创立美亚华人华商联合总会，并于8月16日在纽约布碌仑好旺酒家宣告成立。出席成立大会的中国驻纽约总领事馆陈劭毅领事致辞祝贺。

成立大会由秘书长伍俊生主持。常务副理事长李国良致辞，首先公布了该会的业务设想：一是推动中美两地的商务活动，包括货物进出口、投资置业、经商，并引介投资移民；二是进行文化艺术交流，包括组织夏令营活动、留学、旅游、两地文化艺术展览或演出；三是举办慈善公益事业，包括个人回中国投资慈善事业。他特别申明，该会属于非营利性机构，将以美国非营利法律为依据，力求做到决策民主、财政公开。总会每一个成员，在进行商务、旅游、慈善和文化等活动的时候，都要严格遵守中美两国的法律规定，决不能违法乱纪、营私舞弊。

会上，首届理事长陈长清、常务副理事长李国良主持颁发了顾问聘书。梅贤添、连志明、李炎榆、梅建国、李龙耀、伍雁婵、陈洽庭、邓锦源等侨团领袖欣然接受顾问聘书，表示对该会宗旨的认同和支持。据悉，以后将陆续聘请著名人士为顾问和理事，以壮大理事会的骨干力量。

（《南方都市报》2013－09－13）

波士顿中国和平统一促进会成立　会长李岱霖

波士顿中国和平统一促进会14日在波士顿举行成立大会。60多位侨学界代表见证了这个由爱国留学生发起成立的反独促统新生力量的诞生。

中国驻纽约总领事孙国祥大使为本次成立大会发来贺信说："波士顿中国和平统一促进会由波士顿地区的青年学子发起成立，具有特殊意义。青年昭示着未来，推动两岸关系未来发展归根结底要靠青年。"

在波士顿大学读本科二年级的波士顿统促会会长李岱霖以"社会责任与和平发展前景"为主题发表了演讲。李岱霖说，中华民族正处于民族复兴的关键时刻，国家统一则万业俱兴。作为海外学子，他们呼吁华人同胞共同为民族的复兴而努力。

出席成立大会的嘉宾包括美中农工商联合会主席张桃英、纽约统促会秘书长袁汉造、副秘书长焦圣安、联合国东亚事务司翟莹、波士顿华商会会长郑增华、波士顿书局首席执行官张静澄、波士顿中国校友联合总会会长龚家骊等多位为中国和平统一大业奋斗多年的前辈。另外，大纽约地区学联主席邵伟志、宾大中国学生会高级副主席李佰霖、哥伦比亚大学中国学生会高级副主席杨静竹、芝加哥地区中国学联主席任鹏、俄罗斯亥俄罗斯州立大学中国学生会代表、哈佛大学中国学生会代表等全美各地区学联主席、学生领袖出席了本次成立大会。

（［美国］波士顿华人双语网 2013－09－15）

美国纽约八闽联合会所成立　主席刘爱华

美国纽约八闽联合会所当地时间16日晚于曼哈顿华埠麒麟金阁举行成立暨第一届职员就职典礼。中国驻纽约副总领事钟瑞明、侨务领事魏有美受邀出席，来自美东侨界的代表们包括美东华人社团联合总会主席陈清泉、美国福建同乡会主席郑棋、美国长乐公会主席卢建旺、美国三山会馆主席王纲勇等到场致贺。

纽约八闽联合会所首届职员包括主席刘爱华，总顾问邱尚居、林长浩，常务副主席潘增潮、陈文、姜良书、刘增兰等。

纽约八闽联合会所主席刘爱华表示，八闽是福建省的别称。成立八闽联合会所的目的就是团结旅美的福建乡亲，希望能够团结更大的力量，发出更大的声音，在美国争取更广阔的生活和事业空间，为家乡建设和祖国发展以及推动祖国和平统一大业作出更多的贡献。

（东南网 2013－09－17）

委内瑞拉中华工商联合总会成立　主席冯永贤

10 月 12 日，委内瑞拉中华工商联合总会在经过一系列的组织、策划、注册等工作后宣布成立。当日晚，该会在委内瑞拉华恋社中华会馆举行成立暨首届领导班子就职典礼。当地政府及有关部门官员及工商界人士、全委侨领及侨胞等近 400 人到会庆贺。中国驻委大使馆、广东省政府侨务办公室、广东省电脑商会、江门市人民政府、江门市外事侨务局、江门市归国华侨联合会、恩平市人民政府、恩平外事侨务局等还专门发来了贺电、贺信。

据了解，华人自踏上委内瑞拉这片土地后，从耕种、洗衣开始一步步走来，又从咖啡馆、小餐馆开始一步步发展。而今，展现在大家眼前的杂货超市、日用百货、旅游餐饮、建筑建材、电脑家电、印刷装潢、塑胶制造、汽车修配、车辆销售、进出口贸易等华人行业，不仅涵盖工商业，而且逐渐呈现出一业多样的景象。

尽管华侨华人在委内瑞拉工商行业的经营还没形成主流，但超过 70% 的杂货超市，却早就在这一领域起到举足轻重的作用。日用百货、文具用品、五金交电、汽配汽修等行业的不断发展壮大，更使华商在委内瑞拉书写了神奇篇章。不久前被当地政府命名的巴埠唐人街，还有全国各地一些不是“唐人街”的唐人街的兴旺景象，让人惊叹，令人仰慕。

更可喜的是，不少眼光独到的华商，已逐渐将资金转向实业。目前，日益发展的塑胶、玩具、文具、纸盒之类的华侨华人工业，均已在各自的领域分得一杯“美羹”。这一切都表明，华侨华人多年来在委内瑞拉主要从商的局面，已被工商两业齐驱并进的现象打破。

（［委内瑞拉］《委华报》2013－10－13）

世界现代中医学会联合会成立　主席王英秋

为了推动中医走向主流社会，由国际医药大学校长王英秋运作组织的世界现代中医学会联合会13日在桑尼维尔举行了成立大会。担任联合会主席的王英秋指出，中医学会联合会是纯学术组织，希望促进中医的教育与地位，向主流社会展现中国医学的哲学与高度。

王英秋表示，中医在美国已经逐渐站稳脚步，很多人都认同中医，除了部分主流医院设有中医师以外，健保计划也承认中医。虽然美国已经俨然成为中医的第二个故乡，但仍有部分人士不了解中医，批评中医的疗效，从而阻碍中医继续茁壮发展，非常可惜。

王英秋认为，中医在美国能够有今日的地位很不容易，因此有必要成立联合会，维护现有的发展成果，并进一步拓展中医的空间，推动全球的创新发展。他回忆道，2008年10月在圣他克拉拉会议中心举行的"中医药全球大会"非常成功，当时有30多位来自世界各地的中医领袖参与盛会。又经过多年的筹备后，世界现代中医学会联合会终于成立，相信能将中医带上更高的层次。

"人体小宇宙医学、天体大宇宙医学，达成天人合一的境界。"王英秋介绍，中医是一种很高的境界，着重治疗的全貌，也是一种哲学。当然随着科技的发展，科学的仪器也能帮助中医更精确地量化诊断，以中医原汁原味的学理结合科技，相信能壮大中医的力量。

世界现代中医学会联合会最后发表宣言指出，中医仍面对挑战，各大学、研究团体都必须互相合作，共同推动中医向主流社会发展。而当中医师受到无理迫害时，联合会将联合中医界各团体及民间力量，维护中医师应有的权益，保护中医的发展。

（［美国］《世界日报》2013－10－14）

美国新罕州台湾华侨联谊总会成立　会长王丽文

由一群新罕布夏州华人组织的"台湾华侨联谊总会"（Overseas Chinese from Taiwan Association，简称"OCTA"），26日晚在纳施华市中心的千鹤餐厅正式成立。

OCTA会长王丽文欢迎与会的30名成员及来宾。驻波士顿台北"经济文化办事处"副处长陈铭俊致辞向新组织成员祝贺，鼓励大家把握缘分，多办活动。侨教中心主任郭大文也表示希望大家保持联系，使侨务更加茁壮地发展。

王丽文报告组织结构，并简略说明会章，感谢杨健台、陆孔台和殷尚坚三位董事的努力。目前，该会已经正式立案登记，拥有非营利性机构号码及银行账户。此外，她请大家在会员登记表上注明兴趣及乐于参加的活动，日后，将按会员兴趣安排活动，也希望能尽快组织义工团队，扩张活动项目，并积极吸收更多会员。她强调，该组织没有地域限制，欢迎其他各州曾在台湾地区居住，或曾持有台湾地区护照的侨民踊跃加入。

（［美国］《世界日报》2013－10－30）

美国闽商商会及美国莆仙（莆田仙游）同乡会成立　会长朱荣斌

美国闽商商会及美国莆仙（莆田仙游）同乡会于当地时间11月6日获得中国驻纽约总领事馆授旗成立。该会将于当地时间11月26日晚在曼哈顿华埠东方酒楼举行成立仪式及庆典。

美国闽商商会及莆仙同乡会首届成员包括名誉会长郭国富、郭加迪，总顾问李善杰，顾问黄升发，会长朱荣斌，执行会长郑开国，常务副会长李玉成、邹哲武、郭瑞尧、陈依清。

首届会长朱荣斌出生于四代医学世家，为中医博士、主任医师，福建莆田仙游人，毕业于福建中医学院，现为纽约州执照针灸师。据朱荣斌介绍，闽商同乡会的创会宗旨是团结友爱、互相学习、取长补短，搭建中美两地商人交流的桥梁，提供信息，创造商机，为中美两国人民的友谊及贸易往来作出贡献。此外，在美国的莆田仙游人有数千人，希望通过莆仙同乡会将旅美乡亲联系起来，团结侨胞的力量，互帮互助。

中领馆副总领事钟瑞明向闽商商会及莆仙同乡会授旗，并表示，希望该会今后服务好乡亲，团结乡亲，团结兄弟社团，共同推动华社的和谐建设，同时也向美国社会展现华人的形象，发挥桥梁作用，共同推动中美两国的关系友好发展。中领馆侨务组长周茂义、领事魏有美出席了授旗仪式。

（东南网2013－11－10）

美国达福地区浙江大学校友会成立　会长蔡谦

达福地区浙江大学校友积极筹措，于11月2日召开浙江大学校友会成立大会，超过百名校友、家属及来宾见证了浙大校友会成立这一历史时刻。达福地区浙大校友会的成立，得到了中国驻休斯敦总领事馆的高度重视。许尔文总领事发来了贺信鼓励达福地区浙大校友秉承“求是创新”的优良传统，为积极推动中美两国的交流作出贡献。达福台湾商会、美中商会、清华大学校友会、北大校友会、中国工程师协会、美中专业人士协会、中兴公司等社团、企业派代表出席了成立大会。

浙江大学校友会旨在加强校友之间的交流和联谊、连接校友与母校的感情、搭建信息交流平台，今后将不定期举办专题讲座、运动休闲聚会等活动，为下一代提供展示才艺的机会。由浙大85级校友蔡谦任总召集人的筹委会经过周密策划，短短两个月便吸引了超过百名的校友响应加入，并积极配合筹措举办成立大会。

成立大会在浙江大学校歌声中拉开了帷幕。蔡谦校友以“校友的凝聚力与亲和力”为题发表了演讲，他希望校友会能持续和健康地发展，保持校友之间的默契，使会务工作不断上升至新台阶。

大会向校友们说明了章程与今后的会务工作目标，得到校友的一致认可。参加成立大会的校友既有毕业很久的老校友，也有2012年毕业的年轻学弟、学妹，校友们共同回忆那青涩的年代里令人难忘的故事，现场气氛非常温馨。大会鼓掌通过成立理事会，确定了胡文雄等15名理事会成员，并推选蔡谦作为达福地区浙江大学校友会首任会长、赵建国为副会长、张潮为秘书长、范玉涵为财务长，并聘胡勇哉教授为顾问。

（［美国］《世界日报》2013－11－16）

加拿大大西洋文化艺术交流协会成立　会长李英杰

经过3年的认真筹备，加拿大大西洋文化艺术交流协会终于在2013年11月17日在多伦多成立。来自安大略省各界的60余位嘉宾，欢聚一堂，共同见证了这一令人振奋的时刻。

在成立大会上，大西洋文化艺术交流协会会长、著名的摄影艺术家李英杰先生宣布了协会成立。常务副会长于琮章宣读了协会章程。章程表明该协会将以秉承弘扬人类文化遗产，加强各族裔文化艺术交流为宗旨，为加拿大同中国及世界各地的文化艺术交流架起桥梁。大西洋文化艺术交流协会的最高权力机构为理事会。副会长王恢宣布了理事名单。副会长白岩方宣布了协会的境外联络员和多伦多以外城市的联络处名单。大会由副会长兼秘书长丁援主持。第一副会长段岳衡、副会长王增秀因事未能出席。

大会收到中国著名画家吴新德先生、美国华裔画家宁馨女士以及加拿大画家黄小央女士的祝贺画作，预祝协会事业蒸蒸日上，一年更比一年强。会后，与会者踊跃报名参加协会，气氛非常热烈，为大西洋文化交流协会的成立大会画上了圆满的句号。

（［加拿大］超级生活网2013－11－18）

美国华人文化艺术界联盟成立　主席于静江

2013 年 11 月 14 日晚，美国华人文化艺术界联盟（SUCAA）在艾丽斯顿酒庄举办成立大会，驻旧金山总领事袁南生应邀到场祝贺，来自湾区文化艺术界的 140 多名代表出席了活动。

袁总领事开场朗诵了一首自创诗词《水调歌头》，祝贺美国华人文化艺术界联盟成立。他赞赏旧金山湾区华人艺术家和文化工作者长期以来为丰富社区文化生活、传播中国优秀文化、促进中美文化交流与合作发挥积极作用，希望通过大家的共同努力，为湾区注入更多的中华文化活力，推动中华文化在美传承、弘扬、创新、发展，使湾区不仅是美国的科技中心，更能够发展成为崇尚和尊重中华文化的中美文化交流中心。袁总领事欣然接受邀请来担任联盟总顾问，并希望通过联盟的成立，进一步为华人艺术家发展事业服务，为传承和弘扬中华文化服务，为促进中美文化交流与合作服务。

美国华人文化艺术界联盟是由具有专业教育背景、从事文化艺术事业的华人艺术家以及专业文化艺术团体组成的非营利性文化社团，组织机构包括理事会、执行委员会、顾问委员会、艺术委员会和秘书处。其宗旨是以中华优秀文化艺术凝聚所有热爱中华文化的海外人士，通过组织和举办不同形式的活动，推动美中文化交流与合作，提高中华文化在美影响力。

（外交部官网 2013 - 11 - 19）

美国华人华侨联谊会成立　会长马树荣

美国华人华侨联谊会 22 日举行新闻发布会，宣布该会正式成立。中国驻洛杉矶总领事馆副总领事卞立新，联邦众议员赵美心，加州众议员周本立及侨团代表胡顺、鹿强、蔡成华、巫锦辉等出席了发布会。

联谊会由传统侨社代表马树荣发动，旨在成为联络新侨及老侨之间的平台。副主席为李扬、关健荣、张铁流、雷树钦、蒋郭慧珍及洪斌。

马树荣在致辞中表示，近年来移民人数日益增多，可是侨团数量并没有相应增加。他说，筹备新侨团的主要目的是希望可以帮助移民积极融入主流社会，团结各个侨团，为同胞争取更多利益。同时，他也希望侨团可以与总领馆增加沟通及互动机会，拉近彼此距离，以此来促进中美两国的经贸文化往来，为增进两国友谊尽一分力量。

总领馆副总领事卞立新接受采访时说，新成立的联谊会汇集了老侨、新侨、越柬寮华人团体，可以说是一个侨界的“群英会”，希望联谊会可以在这样的高起点上，建立成一个洛杉矶地区侨胞们互相交流学习、互帮互助的平台，也希望这个平台可以发挥力量，为中美的交流发展作出更大的贡献。

周本立表示，一直以来各个侨团都有各自不同的资源，新侨团的成立增添了一个大家互相交流资源的平台，使侨团们能够更好地为侨胞们服务。明年初，美国华侨华人联谊会将举办就职典礼及春节联欢晚宴。

（［美国］《侨报》2013－11－25）

美国华人优合单身联谊会成立　会长应持荣

由多个华人侨团联合组建的美国优合单身联谊会22日晚在圣盖博御珍楼举行成立大会暨首届单身男女联谊会，吸引了洛杉矶地区的200多名单身男女前往“脱光”。中国驻洛杉矶总领馆总领事刘健也到场表示祝贺，祝福华人单身青年能在当晚喜结良缘。

刘健幽默地表示，他和夫人已经单身几十年了，两人在不同的国家担任大使，长期两地分居。“没办法，为了祖国的外交事业，我们身为外交官的必须尽职尽责。不过还好，下个月我就能和夫人重新相聚了。”他祝福在场的200多位单身男女能尽快“脱光”，早日找到自己的另一半。

联谊会发起人之一应持荣介绍说，联谊会由多个华人侨团和宗教团体联合创建，目的是帮助南加州打拼创业、无暇顾及自己感情生活的单身男女早日找到自己的真爱。为此，他们设立了交友网站，所有会员的个人资料必须真实，并要经过两名会员以上的推荐才能入会。这样一来就大大提高了交友网站的真实度和可信度。

（［美国］《侨报》2013－11－25）

加拿大宝玉石协会成立　主席陈建春

加拿大自然矿产丰富，除了钻石矿产，优质的玉石更是受到华人喜爱。为了促进宝玉石交流和贸易，加拿大宝玉石协会于12月8日在温哥华正式成立，以“加强经贸合作，促进多元文化交流”为宗旨，希望能够弘扬宝玉石文化，推动行业的健康发展。

加拿大宝玉石协会是由加拿大华人倡议及各族裔发起的一个行业协会，并是由宝玉石行业的企业、相关机构及宝玉石界的专家和知名人士自愿组成的全国性、行业性、非营利性的社会组织。之后将在宝玉石探矿、采矿、加工、贸易及推广之间建立桥梁，增加同行业间的交流合作。

协会主席陈建春表示，加拿大作为全世界自然资源最为丰富的国家之一，拥有各种宝玉石矿产资源，其钻石原石产量占全世界第三，仅次于博兹瓦纳（Botswana）和俄罗斯；更值得一提的是，储量丰富的加拿大碧玉，甚至可与中国和田玉相媲美，受到亚洲特别是华人的喜爱，前景看好。他说，随着人们生活水平的日益提高，未来宝玉石市场潜力巨大。据统计，加中两国目前对宝玉石的消费额已经从2011年的500亿元增加到2013年的1 000亿元，增长速度飞快。陈建春指出，希望协会能够努力促进加拿大宝玉石行业的繁荣发展，加强加拿大与其他国家，尤其是中国的玉石文化交流。

当日，联邦长者国务部长黄陈小萍、多元文化事务国务部长厄普尔（Tim Uppal）亦到场宣读哈珀发来的贺词；国会议员戴伟思（Don Davis）、省议员李灿明、列治文市议员区泽光、香港驻加西首席代表黄洁玲等政要，以及社区侨领等近300人出席了成立典礼。

（［加拿大］加拿大家园网2013-12-09）

美国西雅图中华文化艺术协会成立　会长房苕蒂

西雅图中华文化艺术协会（Seattle Chinese Culture and Art Association，简称“SCCAA”）于12月8日成立，成立大会在西雅图华侨文教中心举行。

活动由台湾地区青年以大提琴演奏台湾地区民谣揭开序幕，创会会长房苕蒂致欢迎辞。她表示协会成立最重要的宗旨就是以推广中华文化为己任，并培植优秀年轻的领导人才。她强调，现在的第二代移民是主流，不论在语言沟通、网络信息上都比第一代移民占有优势，这些第二代遍布各个领域，皆有所长。该会希望把这些年轻的精英带出来，协助鼓励他们参与小区教育和文化交流活动，间接地把中华文化带入主流社会，慢慢地根植于我们的下一代。

房苔蒂会长接着邀请该会主要成员上台，除了介绍副会长杜世轩和刘琤外，还介绍了其他的年轻团队成员，期望他们彼此能增进交流，进而推广更多元和充满活力的活动。

西雅图中华文化艺术协会历经两年孕育而诞生，该会成员以推广中华文化艺术为己任，其宗旨为：建立会员之间横向联系平台，团结互助、凝聚力量；培植继起领导人才，协导融入主流社会，参与社区教育、文化交流等服务；以超越语言的文化艺术活动，扩展草根国民外交。该会的理事成员是由许多优秀的青年才俊组成，在主流社会上都有很好的工作。

（［美国］《世界日报》2013－12－13）

欧 洲

法国四川专业人士协会成立　会长倪金城

为了更好地凝聚在法国的来自四川及热爱四川的专业人士，为家乡四川的发展献计献策，四川专业人士代表倪金城、黄才莉和孔晓龙三人经过一年多的筹备和努力，在巴黎召开专业人士代表大会，与会的川籍专业人士经过充分协商、热烈讨论一致同意正式成立法国四川专业人士协会。

新成立的法国四川专业人士协会未来的使命是：积极促进法国与四川在经济科技文化方面的合作交流；积极牵线搭桥，为四川引进人才、技术和项目；为旅法专业人士赴川创新创业提供支持；为法国企业赴川寻求商机；为四川企业走出去到法国发展提供帮助；积极促进旅法四川专业人士的事业发展；积极增进四川专业人士之间的友谊。

与会代表一致推举倪金城为协会会长，黄才莉为副会长，廖于思为秘书长，孔晓龙、刘茜为财务长。

（［法国］欧洲时报网 2013－01－11）

德国北京大学校友会成立　会长杨晓冰

2013年3月25日，德国北京大学校友会（Peking University Alumni Association of Germany）在美茵河畔的法兰克福正式成立。校友会成立了第一届理事会，并选举杨晓冰博士为第一任会长，同时聘请北大校友、中国驻德大使夫人徐静华为名誉会长。

德国北京大学校友会作为一个非营利性、非政治性的公益团体，旨在继承和发扬“北大精神”，通过学术、文化和社会交流等方式加强校友会及会员同母校的联系，建立在德校友沟通互助的平台，努力提高校友在德国的社会地位及生活质量。同时，校友会还将举办包括学术研讨会、演出、旅游等多种形式的校友活动。

当天，包括北京大学常务副校长吴志攀教授、中国驻德大使馆教育处姜峰公参、中国驻法兰克福总领馆教育文化组刘小绿领事、法兰克福大学副校长 Lutz－Bachmann 教授及兄弟协会代表、旅德学者学生等150余位嘉宾到场祝贺并参与庆典。时值北大建校115周年校庆之际，德国北京大学校友会也发函祝贺母校115周年校庆。

（北京大学校友网 2013－03－28）

意大利曼托瓦华侨华人总会成立　会长叶建毅

意大利曼托瓦华侨华人总会于5月10日在曼托瓦正式成立，该会是意大利曼托瓦地区首家华人社团，也是意大利北部地区较具规模的华侨华人社团组织。曼托瓦华侨华人总会的成立得到了当地华人社会的积极响应，该会将为曼托瓦地区侨胞搭建一个相互沟通、合作发展、互利共赢的平台，并致力于推动中意之间多层次经济文化交流。著名曼托瓦地区青年华人企业家叶建毅当选为首任会长，叶正勤当选为理事长，陈炳南当选为执行会长，吴永富当选为第一常务副会长，张苏雄当选为秘书长。

曼托瓦省长阿雷桑多·帕斯达奇代表当地政府对曼托瓦华侨华人总会的成立表示祝贺，他说："曼托瓦迫切需要一个社团组织成为华人的代言人与我们作更多的交流，从而加快移民融入当地社会的步伐。美丽的中国是让人向往的国度，勤劳的中国人民是令人尊敬的民族，我希望生活在曼托瓦的中国移民能与曼托瓦人民加强多领域的合作交流，成为互惠互利的伙伴和深情厚谊的朋友。"

罗马华侨华人联合总会会长陈少敏、米兰华侨华人工商会会长周斌分别代表意大利罗马、米兰侨界对曼托瓦华侨华人总会成立、叶建毅当选为首任会长表示祝贺，并希望意大利各地区华人社团携手并肩，共同推动华人社会的健康发展。中国驻米兰领馆廖菊华总领事对曼托瓦华侨华人总会成立表示祝贺。廖菊华表示，曼托瓦华侨华人总会的成立，将有助于增强该地区侨胞的凝聚力和向心力；希望曼托瓦华侨华人总会在会长叶建毅的领导下，与时俱进，努力适应形势发展需要，为维护侨胞权益、弘扬中华优秀传统文化、促进中意两国民间文化交流、构建和谐侨社等方面作出积极贡献，为增进中意两国人民友谊作出不懈努力。

据悉，中国国务院侨务办公室、中华全国归国华侨联合会、浙江省侨办、侨联等中国有关部门，以及旅欧华人社团组织在曼托瓦华侨华人总会成立庆典大会前纷纷发来贺电，对该会的成立表示祝贺。

（［意大利］欧联通讯社 2013－05－11）

意大利西海岸华商总会成立　会长陈朝霞

6月14日，意大利西海岸华商总会举行成立庆典。中国驻意大利佛罗伦萨总领馆临时代办季刚到场祝贺。意大利参议院议员 Massimo Caleo 先生、萨尔扎娜市市长 Alessio Cavarra 先生及萨尔扎娜市政府主要官员、当地各界友人、意大利西海岸华商总会会长团成员等参加庆典。

庆典由意大利西海岸华商总会理事长金帮贺主持。意大利西海岸华商总会首届会长陈朝霞在致辞中首先对中国佛罗伦萨总领馆领导及各位来宾表示感谢。他说，意大利西海岸华商总会在去年就完成了法律注册，近年来，一直团结和组织部分华商积极与当地政府相互交流沟通，支持当地公益事业，配合中领馆进行地区救助、慰问侨胞工作，帮助意大利政府及企业家与中国政府、企业展开交流和合作，为中意两国缔结友好城市等作了大量的成效显著的工作，得到了当地政府及中领馆、中国相关部门的很高评价。

中国驻意大利佛罗伦萨总领馆临时代办季刚代表总领馆对意大利西海岸华商总会的成立表示祝贺。他指出，中国政府非常关心海外华侨华人的发展和海外华社建设，希望华侨华人在所在国家加强团结，进一步促进中意两国经济、文化交流和发展，为当地和中国经济、公益等事业多作贡献。

意大利参议院议员 Massimo Caleo 先生、萨尔扎娜市市长 Alessio Cavarra 先生等相继发言，他们充分肯定和感谢华人为当地公益事业、经济发展和促进中意两国交流所作的贡献，祝贺意大利西海岸华商总会成立，并表示今后会进一步加强政府与华社的互动，希望华商充分发挥优势，帮助意大利政府与企业在经济、旅游、文化等方面更好地与中国开展交流与合作。

（中新网 2013－06－16）

欧洲顺德联谊总会成立　会长伍善雄

6月24日晚，位于英国伦敦唐人街的中国城酒楼乡情浓郁，热闹非常，世界顺德联谊总会第67个成员——欧洲顺德联谊总会在此正式成立，作为顺德旅欧乡亲社团，该会将搭建顺德乡亲在欧洲的“家”。广东省佛山市顺德人民政府侨务外事局代表，英国、欧洲的顺德联谊会代表，中国驻英大使馆侨务参赞李辉及数十位英国新老侨领，共同见证这一时刻。

前法国总统萨科齐的亚洲顾问、法国知名华侨何福基代表法国、德国、比利时的顺德乡亲对欧洲顺德联谊总会的成立表示祝贺，同时也表示会对明年的恳亲大会给予最大的支持。英国顺德联谊会永久名誉会长、知名侨领、英国中文教育促进会会长伍善雄，在现场用顺德话亲切地与众人打招呼，并欢迎访问团一行人。他说：“顺德精神，跟侨界一样，都是艰苦奋斗，从无到有，从有到好，从好到美满。”

李辉参赞称，顺德是中国著名侨乡，顺德精神代表着海外侨胞在国外安身立业、爱国爱乡的精神。他相信欧洲顺德联谊总会的成立会成为海外、欧洲顺德乡亲发展的里程碑，可进一步增进欧洲顺德乡亲联谊，团结顺德乡亲和家乡的联系，能在参与和支持家乡的各项服务与建设方面发挥更加积极的作用。

据了解，在欧洲地区的顺德乡亲人才辈出、邑贤鼎盛，目前已成立了拥有数百名乡亲会员的英国顺德联谊会等多个旅欧顺德社团，在法国、德国、比利时、瑞典等地均有顺德乡亲组建的联谊会或同乡会。顺德区政府和世界顺德联谊总会着力筹组欧洲顺德联谊总会，旨在促进欧洲各社团会务发展和乡亲的团结联系，整合资源，形成更大更强的力量。

（［法国］《欧洲时报·英国版》2013-07-03）

西班牙中华体育会成立　会长周敏康

2013年7月6日，西班牙中华体育会在巴塞罗那 U. E. Sant Andreu 足球俱乐部大球场正式成立。此会旨在促进中西两国足球、网球等体育运动的交流，联系、团结两国体育运动及爱好者，努力发展体育事业，推动两国体育文化宣传及发展。首任会长为周敏康，常务会长为何建荣，执行会长为叶维梅。中国驻巴塞罗那屈生武总领事偕夫人，以及巴塞罗那市副市长 Maite Fandos 女士亲自到会表示祝贺。

周敏康说："成立中华体育会，不是为了挣钱，不是为了挣面子，而是为了在西班牙和加泰罗尼亚当地社会挣得我们全体华人应该有的尊严、社会地位以及良好的社会形象。我们中华体育会希望通过体育这个平台来促进、推动并实现我们的宗旨和目的。"

巴塞罗那副市长 Maite Fandos 女士、加泰罗尼亚华侨华人联合总会林峰主席、西班牙中华妇女联谊总会胡建平主席以及巴塞 Sant Andreu 足球俱乐部主席 Manuel Camino 先生分别发言，他们祝贺西班牙中华体育会成立，同时希望中西双方今后能通过各种体育项目加强相互的交往和沟通，促进华人移民在当地的发展和融入。

中国驻巴塞罗那总领馆屈生武总领事在致辞时表示，西班牙中华体育会成立的宗旨在于发挥中西两国体育资源与优势，推动双方体育交流与合作，同时鼓励当地华侨华人以体育为媒介，进一步融入当地社会，与不同民族、不同肤色的兄弟姐妹们一起在阳光下共享体育运动的无穷魅力，展现华侨华人积极向上、开放包容的形象。

西班牙中华体育会将于9月初带领 Sant Andrau 俱乐部少年队到中国与广州青少年队举行友谊赛。此外，中华体育会还将就网球等其他体育项目与当地俱乐部进行交流与合作。

西班牙中华体育会办公地点：Passeig Sant Gervasi，78，Barcelona。

（［西班牙］《欧华报》2013－07－16）

英国华人关怀癌症协会成立　总监岑伟鹏

2013年6月，英国首个专门关怀华人癌症病人及其家属的组织"英国华人关怀癌症协会"（Chinese Association for Cancer Care）终于成立。由于对癌症及英国医疗体系缺乏了解，许多华人癌症患者无法得到及时的治疗。随着首个华人关怀癌症协会的成立，这种情况将有所改善。目前协会已与英国当地癌症关怀机构展开合作，并与 NHS 联系，将在今年开展病患及家属救助工作。

协会总监岑伟鹏表示，他来英已33年，之前一直从事石油勘探工作。2012年一次到美国出差的机会，引起了他对华人癌症患者的关注。当时岑伟鹏到美国的华人社团参加活动，发现美国的华人社团对癌症患者的关怀很到位，不少患者都得到了帮助。回英国后，他就四处询问，想知道有没有类似的华人癌症关怀组织。结果发现，有很多英国政府部门或其他少数族裔成立的组织，但专门针对华人患者的却没有。基于种种原因，岑伟鹏下定了成立华人组织的决心。为了协会，他甚至放弃了原来的工作，把所有的精力都投入其中。在走访了英国各主要城市的相关组织后，经过一年的筹备，英国华人关怀癌症协会于今年6月正式成立。岑伟鹏表示，协会成立以来，已成功举办多场义工培训讲座，并且积极投入英国主流社会，参与癌症宣传活动，以提高英国医疗体系对华人患者的关注。除了对癌症知识的普及，协会还为病患在英国享受福利提供服务。接下来，岑伟鹏还将走访英国其他主要城市，进一步宣传协会，开展关怀工作。同时，他呼吁更多的华人能加入到协会中来。

（［法国］《欧洲时报·英国版》2013－09－13）

罗马尼亚江苏华侨华人联合会成立　会长张建军

罗马尼亚江苏华侨华人联合会17日在布加勒斯特举行成立仪式，中国驻罗大使霍玉珍等到场祝贺。

霍玉珍发表讲话说，江苏华侨华人联合会成立于传统的中秋佳节和国庆节来临之际，可谓三喜临门，希望在罗江苏华侨华人团结一心，并与其他社团携手并进，生意越做越红火。霍玉珍说，希望罗马尼亚华侨华人发扬创新精神，做出自己的品牌，把中国产品做强做大。

罗马尼亚江苏华侨华人联合会会长张建军说，长期以来，江苏华侨华人在罗马尼亚艰苦创业，谋求发展，凭借勤劳、智慧和勇气，取得了较大成就，并得到广泛的赞誉和肯定。他呼吁同乡们本着“团结、互助、发展与奉献”的精神，继续拼搏创新，为家乡、为祖国争光，同时致力于推动两国友好关系和商贸发展。

当天，罗马尼亚江苏华侨华人、旅罗各社团代表等近200人欢聚一堂，喜迎中华人民共和国64周年华诞。

（新华网2013－09－18）

意大利中华诗书画艺术联合会成立　会长潘仲骞

12月19日，意大利中华诗书画艺术联合会成立庆典在罗马意中天举行，82岁高龄的潘仲骞荣任首届会长。驻意大利大使馆文化处张建达参赞、领事部李帆主任，意大利教育部规划司司长 Giuseppe Marucci，市政府议会办公厅主任 Vitaliano Taccioli，以及罗马各侨团代表等一百余位嘉宾出席庆典。

庆典由周建煌主持，筹委会组长金冠军先生宣读意大利中华诗书画艺术联合会第一届理事会成员名单。意大利中华诗书画艺术联合会首任会长、当代著名的诗人、书法家、教育家，82岁高龄的潘仲骞先生就职时说，中国诗、书、画博大精深、源远流长，是中华民族的瑰宝，炎黄子孙的财富，弘扬祖国传统文化也是我们华侨华人的责任；意大利也是

文化古国，但丁、达芬奇为世人所熟知，是意大利人的骄傲。

驻意大利大使馆文化处张建达参赞说："今天我不仅看到了我们意大利中华诗书画艺术联合会会员对诗、书、画的热爱和追求，同时也看到了对祖国传统文化的对外展示、宣传和传播，驻意大利大使馆文化处将大力支持，希望你们越办越好。"意大利华商总会会长朱玉华代表罗马侨团对意大利中华诗书画艺术联合会成立以及潘仲骞先生荣任会长表示热烈的祝贺，并表示千年的诗书画艺术是中华民族的感情寄托，也是世界人民的精神财富，意大利中华诗书画艺术联合会的成立将有利于我们侨胞传承祖先的文明财富，有利于侨胞融入意大利艺术社会。

意大利教育部规划司司长 Giuseppe Marucci、市政府议会办公厅主任 Vitaliano Taccioli 先后上台发言，并表示祝贺，希望意大利中华诗书画艺术联合会能让更多意大利民众看到中国的传统艺术。在成立庆典现场，金冠军、周建煌、肖德权等众多书法家现场挥墨，并将墨宝赠予嘉宾。

（［意大利］《新华时报》2013－12－21）

荷兰华语导游协会成立　会长李洁

日前，荷兰华语导游协会在阿姆斯特丹举行庆祝成立大会。来自法国、德国、意大利、奥地利、匈牙利的华人导游业人士以及中国驻荷兰大使馆领事部秘书郑皓等 80 多人参加了成立仪式。

荷兰华语导游协会会长李洁发表贺词。她谈到了协会成立前的艰难和对今后协会工作的展望。在谈到今后的展望时她说，一定会在不断解决问题中壮大和规范导游行业，为客户提供满意的服务，也期待着将来与各国同行协会的合作，共同发展。

（中新网 2013－12－30/张亮）

希腊希中信息传媒协会成立　会长陈雪燕

12 月 29 日，希腊希中信息传媒协会成立大会在雅典举行。大会选举希腊欧联通讯社社长陈雪燕为希腊希中信息传媒协会第一任会长，邹勇、殷作雷等当选为常务副会长。中国驻希腊使馆领事部主任刘敬东、中国国际贸易促进委员会副秘书长杨复强、希腊华侨华人总会会长陈兵雷，以及雅典市政府代表、各界友好人士、媒体同仁应邀出席。

会长陈雪燕介绍，希中信息传媒协会是在希腊欧联通讯社的基础上由社会各界、侨团、希腊主流媒体广泛参与的新媒体协会，其宗旨在于弘扬中华文化，促进中国媒体与希腊媒体间的了解、交流与合作，推动希腊华人社会之间的团结合作与发展，倡导西方主流媒体客观公正地报道中国，让西方人真正了解一个真实的中国。

（［希腊］欧联通讯社 2013－12－30）

大洋洲

华侨协会总会墨尔本分会成立　会长王桂莺

华侨协会总会墨尔本分会 4 月 28 日在墨尔本正式成立，华侨协会总会理事长陈三井率领全球各分会会长前来祝贺，并举行授旗典礼，首任墨尔本分会会长为侨务委员王桂莺。

成立大会宾客云集，有驻墨尔本办事处人员、万年兴市市长杨千慧、维州州长办公室华人事务顾问廖婵娥及侨界领袖、媒体人士与会员等近 150 人。

翁瑛敏等嘉宾致辞祝贺墨尔本分会顺利成立，他们认为该会的成立对凝聚海外华侨向心，提高华侨在主流社会的地位，以及开创会务等必有帮助。陈理事长欢迎华侨协会总会墨尔本分会加入华侨协会总会大家庭，成为该总会第 22 个分会，共谋发展与华侨福祉。

（［中国台湾］《宏观周报》2013－05－04）

悉尼江门五邑青年联合会成立　会长吴锐谋

江门世界青年大会在海外成立的第一个海外联络分部——悉尼江门五邑青年联合会正式成立，由吴锐谋担任首任会长。该会也是澳大利亚目前最具规模的华侨华人青年社团。6 月 28 日，中国驻悉尼领事馆副总领事胡小兰、领事办主任江雷、纽省议员 Mark Coure 以及 400 多名当地各界青年才俊出席成立晚会。江门市政协党组书记、副主席谭继祖率侨务访问团到会祝贺，并鼓励该会努力做好敦睦乡谊、扶困解危、交流信息等工作。

吴锐谋说，世界各地主要华人聚居区的江门籍儿女都纷纷成立江门五邑青年联合会，悉尼是世界范围内的第一家，之后多伦多、洛杉矶将相继成立类似的组织。吴锐谋感谢悉尼四邑同乡会给予的大力支持和帮助，并表示青年联合会之后将举办澳洲青少年回访江门夏令营、工商界侨乡青年嘉年华等一系列活动，在团结乡里乡亲的同时，发挥五邑籍青年团结、合作、创新的精神，继续为澳中两国的经济发展作出贡献。

据介绍，旅居悉尼的江门乡亲有4万多人，近年来已有不少五邑籍青年精英活跃在悉尼的各个领域和阶层，成为推动当地经济和社会发展的重要力量。该联谊会区别于过去一般的传统乡亲社团，将参与到当地上层社会的活动当中，期望为澳大利亚江门五邑籍青年精英搭建一个相互沟通、团结互助、合作发展的平台，促进两地经济文化交流与合作。

（［澳大利亚］澳洲新快网 2013-06-27）

新西兰南岛纳尔逊华人协会成立

7月30日，新西兰南岛纳尔逊华人协会（Nelson Chinese Society）举行成立仪式，中国驻基督城总领馆谭秀甜总领事到场祝贺，并为该协会幼儿汉语班带去国侨办所提供的汉语教材。

谭总领事表示，第一位定居新西兰的华人就落脚于纳尔逊，华人为纳尔逊的经济、社会发展和中新友好作出了独特而又重要的贡献。希望协会今后在丰富当地华人生活、推广中华文化、展示新时期华人形象、推动华人和其他族裔和谐共处、更好地融入主流社会方面多做事、做好事。

纳尔逊地区经济发展局、多族裔协会、新西兰华联总会、新中友协纳尔逊分会等新西兰官方和民间机构、华社负责人也出席了成立仪式。

（［新西兰］《联合报》2013-08-03）

澳大利亚海南总商会成立　会长王人庆

澳大利亚海南总商会8月31日在悉尼正式成立。该会旨在团结活跃在澳大利亚工商界的海南侨胞，发扬海商“勤奋、坚毅、睿智、创新”的精神，为推动中澳经贸关系作出贡献。

澳大利亚海南总商会首届会长王人庆说，总商会的成立对澳大利亚海南籍侨胞来说是一件大喜事，可以把大家团结在一起，发挥海商的优良传统，积极开展海商之间的信息交流，开创优势互补、团结互助的新局面，为中澳两国人民的友好和经贸往来作出应有的贡献。

据悉，澳大利亚海南总商会是由澳大利亚海南籍商人创立，经澳大利亚政府核准并在澳大利亚注册的商业社会团体组织，以海纳百川、商机无量的思路指引，汇集了企业家、经贸人士和专家学者等，努力为推动澳大利亚和中国的经济文化繁荣和发展，特别是中国海南国际旅游岛形象的发展发挥积极作用。

中国驻悉尼总领事李华新祝贺该会成立，并希望该会发挥好桥梁纽带作用，团结乡亲、增进友谊，为推动中澳友好和经贸交往发挥积极作用。澳大利亚联邦政府代表、新南威尔士州政府代表、中国海南省代表团代表以及悉尼侨界代表等也莅临祝贺该会的成立。

（新华网 2013－09－03）

新西兰云南华人华侨联谊会成立　会长林屹松

新西兰华人团体又增新成员，云南华人华侨联谊会日前宣告成立。林屹松当选会长，黄玮璋被推选为名誉会长。该会欢迎广大在新西兰的云南老乡以及在云南生活、工作、战斗过的广大华人、华侨踊跃参加。

中国驻奥克兰总领事馆张芳芳、张志鸿领事，国家党议员杨健，工党议员霍建强，新西兰中国和平统一促进会会长黄玮璋，以及新西兰中国国际贸易促进会会长和志耘到会祝贺。

（［新西兰］《联合报》2013－09－13）

非　洲

非洲华人从政基金会成立　董事长黄清南

2月16日下午，“非洲华人从政基金会”在南非约翰内斯堡希尔顿酒店宣告成立。成立仪式上，来自两岸三地的华侨社团代表以及DA、IP政党国会议员等出席并对基金会的成立表示祝贺。

资深台侨黄清南在致辞中说，“非洲华人从政基金会”的成立正逢其时，南非华侨华人经过一个世纪尤其是近二十年的拼搏奋斗，经济成就显著，经济实力已经上升到一个崭新的层面，这时就需要在政治参与上有所作为。

他表示，70年代的印度尼西亚排华和1991年、1998年的莱索托暴动排华，使中国人在那里兢兢业业奋斗几代的努力成果化为乌有，我们要牢记这惨痛的教训。

黄清南指出，我们要用经济力量提升政治力量。此次成立从政基金会就是要加强在政治上的投资，积极培养、辅导政治人才，为华侨华人在南非的长期稳定生存发展奠定坚实的基础。

成立仪式上，基金会公布了常务班子成员，他们是董事长黄清南，副董事长吴少康、吴波，秘书长庄壮谋，副秘书长于海涛。

（［南非］侨网2013－02－20）

南非西北省中国和平统一促进会成立　会长林学华

10月6日，全非洲中国和平统一促进会南非西北省中国和平统一促进会在西北省罗斯敦堡市市政会议中心，隆重举行了第一届会长、理监事会就职典礼。

接过和平统一促进会徽章的南非西北省分会会长林学华在致辞中称，渴望中华民族伟大复兴早日到来已成为非洲华侨华人的普遍共识和美好愿望，作为中国和统事业的一分子，要努力团结其他侨胞，为实现这一愿望而努力。

罗斯敦堡市市长 Mpho Khunou 说：“中国和南非关系友好，中国和平统一事业非常重要，对非洲和南非都有着非凡的意义。在西北省，我们将会加强与华人社区的合作，并给

予最有力的支持。”

中国驻南非大使馆警务联络官王志钢参赞宣读了中国驻南非大使馆田学军大使的贺信，希望西北省中国和平统一促进会成立以后，广泛团结南非西北省华侨华人和社区，共同参与推动两岸关系和平发展、促进中国和平统一的伟大事业，为实现中华民族伟大复兴的“中国梦”作出应有的贡献。

（人民网 2013－10－07）

南非开普敦黑龙江商会成立　会长张延清

日前，南非黑龙江商会成立庆典仪式在开普敦举行。

中国驻南非开普敦总领事梁桅根、领事部主任李立蓓等总领馆官员，南非开普敦中国和平统一促进会会长胡建华，南非宋庆龄基金会会长陈清，南非上海总商会会长胡建民，南非之友协会会长区艳球，开普敦学生学者联合会主席武长虹，浙江商会会长张建新，福建同乡会会长郭永明，永久名誉会长陈朱金，西开普省齐鲁同乡会会长刘洋，南部非洲吉林同乡会会长刘杨，西开普省中华公会理事兼中文秘书祝瀛生等侨界代表应邀出席了庆典仪式，商会全体会员也同时参加了庆典活动。庆典仪式上梁桅根总领事、胡建华会长、李立蓓主任分别为当选的会长、副会长、顾问等颁发聘书。

张延清先生当选首届南非开普敦黑龙江商会会长，他在庆典致词中表示：“黑龙江商会全体会员将在总领馆领导关怀支持下为实现中国梦作贡献，将一如既往遵守当地法律法规，融入当地社会，积极参加公益事业、慈善事业等，为当地社会繁荣发展作贡献。”

南非开普敦黑龙江商会将以发展经济、服务会员、指导经营、壮大企业、开拓渠道、监督守法、塑造形象为责任，不仅会为来南非经商的黑龙江籍及其他东北籍的个人和企业提供最及时的服务支持，还会在积极塑造商会自身形象、全面提高商会在南非地区的社会地位的前提下，发扬黑龙江人开拓进取的精神，以更好地维护所有会员企业在南非的合法权益，帮助在南非经商的华人同胞解决困难，促进华人同胞有十足的信心在南非地区更好地发展华人事业。

开普敦黑龙江商会将会团结整合在南非奋斗的各界黑龙江省及各省市华人，加强政商互访，促进会员之间，商会与当地社团、政府机构之间，商会与国内相关部门之间的信息沟通，发挥商会团体在个人、企业、市场、政府以及国家间的桥梁纽带作用。

（［南非］《华侨新闻报》2013－10－29）

南非华人警民合作中心林波波省警民合作中心成立　主任高裕良

南非华人警民合作中心林波波省警民合作中心于 10 月 20 日，在波罗瓜尼市政大厅举行成立大会暨第一届理事会成员就职典礼。这也是继普省成立警民合作中心以来的又一个省级警民合作中心。中国驻南非大使馆警务联络王志钢参赞、中国大使馆领事部祝笛一秘、南非华人警民合作中心吴少康主任、全非洲中国和平统一促进会李新铸会长、林波波省警民合作中心高裕良主任等林波波省政府官员、警局代表及侨界侨领受邀出席当天庆典。

林波波省警民合作中心高裕良主任在致辞中表示，林波波省的华侨华人一直面临着严峻的治安形势，华人内部也存在着许多矛盾，成立林波波省警民合作中心是林波波省旅南华侨多年的心愿。他将带领理事会努力为林波波省的华侨们创造一个稳定安全的生活和工作环境。

南非华人警民合作中心吴少康主任表示，中心成立的目的是当华人遇到抢劫、敲诈勒索时为侨胞提供最及时、有效的帮助与服务，同时协助警方打击犯罪、铲除邪恶、预防犯罪，并为侨胞提供法律咨询服务。吴主任说："林波波省警民（合作）中心汇聚了一大批热心公益、敢于奉献的华人。在这里，我希望中心能够做到的有，第一，树立全心全意为侨胞服务的理念，团结广大侨胞，关心侨胞的疾苦，维护侨胞的合法权益；第二，充分发挥警民（合作）中心的职能作用，密切和当地政府、执法机关的联系与沟通，积极配合警方打击犯罪，广泛搜集犯罪信息；第三，与大使馆警务联络官保持密切的联系，取得指导和帮助；第四，遵守南非华人警民（合作）中心的章程中规定的各项规章制度；第五，加强各项宣传工作，引导侨胞自觉遵守南非的法律法规，尊重当地人民的风俗习惯，积极融入当地社会；第六，伸张正义，秉公办事。"

最后，吴少康主任代表南非华人警民合作中心向林波波省警民合作中心捐助 1 万兰特。

（［南非］《非洲时报》2013－10－29）

南非夸祖鲁—纳塔尔华侨华人工商联合会暨中国商会分会成立　会长林德斐

10月25日，南非“夸祖鲁—纳塔尔华侨华人工商联合会暨南非中国商会夸祖鲁—纳塔尔分会”成立大会暨第一届理监事会成员就职典礼在德班丝班牙酒店举行。中国驻德班总领事刁鸣生、德班市议长劳杰·奈度、德班中心警局局长巴拉·奈度及南非华侨华人各界代表等共200多人出席典礼。

夸祖鲁—纳塔尔华侨华人工商联合会首任会长林德斐先生在会上发言表示，该会是华侨华人自己的组织，将在总领馆的关心指导下，为华侨华人在南非及德班、夸纳省的发展作出积极努力。同时，他表示，就职期间将秉承“兼收并蓄，共谋发展；搭建平台，互利共赢；穿针引线，服务商家；广泛交流，增进友谊”的办会宗旨，致力于服务当地的华侨华人工商企业。

刁鸣生总领事在致辞中向新侨团的成立表示祝贺，表示相信联合会一定会团结广大侨民，积极推进华侨华人工商业的发展，严格遵守当地法律，脚踏实地，为中南关系的友好发展和祖国的繁荣富强作出自己的努力。同时希望该会能积极作出努力，为侨民带来福利，回馈社会，为当地社会创造就业机会，提升华侨华人的影响力。德班市议长劳杰·奈度、南非中国商会会长徐长滨等当地侨领也在会上发言致贺。

（中新网 2013－10－31）

南非华人警民合作中心东开普省警民合作中心成立　主任林秀林

日前，南非华人警民合作中心东开普省警民合作中心正式成立，并在东伦敦中国城举行成立大会暨理事会成员就职典礼。东开普省警民合作中心成立的目的是为省内侨胞提供最及时有效的服务，同时协助警方打击犯罪，并为侨胞提供法律咨询服务。

中国驻南非大使馆警务联络王志钢参赞、中国驻开普敦总领馆李庆领事、东开普省警察总局 Tinata 局长、南非华人警民合作中心吴少康主任、全非洲中国和平统一促进会李新铸会长、东开普省警民合作中心林秀林主任等东开普省政府官员、警局代表及侨界侨领受邀出席当天庆典。

东开普省警民合作中心主任林秀林在致辞中表示，东开普省的华侨华人一直面临着严峻的治安形势，华人内部也存在着许多矛盾，成立东开普省警民合作中心是东开普省旅南华侨多年的心愿。他也将带领理事会努力为东开普省的华侨们创造一个稳定安全的生活和工作环境。

南非华人警民合作中心主任吴少康表示，成立东开普省警民合作中心的目的，就是要为人身财产遭到犯罪分子威胁的省内侨胞提供最及时、最有效的服务，同时协助警方打击犯罪、铲除邪恶、预防犯罪，并为侨胞提供法律咨询服务；并祝东开普省警民合作中心成立大会暨第一届理事会成员就职典礼取得圆满成功。

（［南非］《华侨新闻报》2013－10－31）

南非豪登省中国和平统一促进会成立　会长杨斯淞

11月21日晚，南非豪登省中国和平统一促进会成立大会暨第一届理监事会成员就职典礼在此间举行。中国驻约翰内斯堡总领事孙大立、全非洲中国和平统一促进会会长李新铸、南非华人警民合作中心主任吴少康等数百名代表出席了典礼。

孙大立总领事作了热情洋溢的致辞，对南非豪登省中国和平统一促进会的成立表示祝贺。全非洲中国和平统一促进会会长李新铸在致辞中表示，任何时候，祖国统一都大于一切、高于一切、重于一切，并呼吁“为中国和平统一大业，我们团结在一起”。新当选的南非豪登省中国和平统一促进会会长杨斯淞发表演说称，“为成为中国和平统一的促进者而感到光荣”，全体会员在今后将努力做好五点工作。

豪登省意为“黄金之地”，是南非政治和经济版图中最重要的一个省份，行政首都比勒陀利亚和最大的城市、经济中心约翰内斯堡都在该省，有近20万华侨华人在这里生活和工作。同时，该省也是在南非的华人最集中的一个省份，近三分之二的南非华侨华人生活、工作在该省。

（人民网 2013－11－21）

（本栏目责任编辑　王华）

统计资料

2013 年华侨华人研究期刊论文一览

本栏目内容为2013 年华侨华人研究部分期刊论文，分大陆中文期刊论文、台港及海外中文期刊论文和英文期刊论文三部分。中文期刊论文检索源自“中国学术期刊网”、“维普期刊数据库”、暨南大学图书馆华侨华人文献信息中心“华侨华人文献信息专题数据库”、台湾地区华艺线上图书馆、台湾地区国家图书馆期刊文献资讯网等；外文期刊论文检索源自“美国社会科学引文索引（Social Sciences Citation Index）和艺术与人文学科引文索引（Arts & Humanities Citation Index）数据库”、新加坡国立大学图书馆 FindMore 检索系统；此外，境外出版的华人研究相关专业期刊如《华人研究国际学报》、《马来西亚人文与社会科学学报》、《南方大学学报》、*Journal of Chinese Overseas*、*Malaysian Journal of Chinese Studies*、《南方华裔研究杂志》（*Chinese Southern Diaspora Studies*）中补充了相关数据。论文以题名拼音升序排列。

大陆中文期刊论文

1. 1902—1928 中国留美学生学位论文选题分析/林晓雯//江苏社会科学. —2013（3）. —212 ~ 218

2. 1950年代留苏军事学生的群体分析/杨爱华//自然辩证法通讯. —2013(1). —69 ~ 75 + 86

3. 1950 年全国侨眷福利会议与福建省侨批业的管理/郑晓光//黑龙江史志. —2013（19）. —338 ~ 339

4. 1960 年代香港华人商会的政治分析——以香港中华厂商联合会与香港工业总会为个案/李培德//华中师范大学学报（人文社会科学版）. —2013（3）. —115 ~ 122

5. 1978年后福州向美国的移民及其发展变化/黄英湖//发展研究. —2013(2). —111 ~ 115

6. 19 世纪美国的华工及其佛教信仰/邓建新，杨健//青海民族大学学报（社会科学版）. —2013（3）. —98 ~ 101

7. 2012—2013 年世界侨情：背景、特点及应对/曹云华，文峰//东南亚研究. —2013（2）. —81 ~ 88

8. 20 世纪 70 年代台湾留美学生“中国统一运动”研究——以北京清华大学图书馆“保钓资料收藏研究中心”资料为中心/刘玉山//清华大学学报（哲学社会科学版）. —2013（6）. —25 ~ 35

9. 20世纪30年代海外华侨的家国认同建构：以《时事画报月刊》为例/刘敏//编辑之友. —2013（8）. —4～6

10. 20世纪50年代留苏知识分子若干问题研究/姜怀忠//周口师范学院学报. —2013（6）. —103～108

11. 20世纪上半期古巴侨团述略/袁艳，张芯瑜//八桂侨刊. —2013（1）. —28～34

12. 21世纪初马来西亚华商的经济地位/刘文正//东南亚纵横. —2013(7). —52～57

13. “21世纪的美国华人”和“‘后’新华侨时代的日本华侨社会”学术讲座综述/蒙奇//华侨华人历史研究. —2013（4）. —79～80

14. “308与505大选后的马华公会：回顾与展望”讲座综述/罗杨//华侨华人历史研究. —2013（4）. —75～76

15. 爱国华侨对抗美援朝运动的贡献/肖文超//忻州师范学院学报. —2013(5). —77～80

16. 爱国华商吴锦堂的历史贡献/刘艳萍//兰台世界. —2013（28）. —62～63

17. 澳大利亚华文报采编运营模式研究——以《澳华时报》为例/戚鸣//采写编. —2013（2）. —62～64

18. 澳大利亚唐人街免费报研究/戚鸣//今传媒. —2013（9）. —9～11

19. 澳洲华人的中产阶级地位及其参政诉求：2007年大选以来的变化/高佳//华侨华人历史研究. —2013（3）. —19～32

20. 巴基斯坦维吾尔华人述略/李德华//新疆地方志. —2013（3）. —58～61

21. 巴西华人社团的类型及发展特色——以20世纪80年代之后成立的社团为主/高伟浓，徐珊珊//八桂侨刊. —2013（2）. —48～53

22. 百年“中国梦”与“大同”传统——一位美国华人学者的反思/华世平//人民论坛. —2013（S1）. —48～49

23. 百年留学长卷，承载厚重历史——《中国留学通史》评介/李广超//课程教学研究. —2013（7）. —95～96

24. 保山侨乡文化资源性问题研究/杨一涛//中外企业家. —2013（17）. —246+248

25. 北美华文传媒的文化角色浅析/戴薇//名作欣赏. —2013（9）. —126～129

26. 奔向中南美洲：东莞凤岗镇黄洞村新移民研究/苏小美//八桂侨刊. —2013（1）. —48～53

27. “比较视野下的中国侨乡研究”学术研讨会综述/石坚平//华侨华人历史研究. —2013（4）. —77～78

28. 槟榔屿华人社会组织的历史演变/陈剑虹//八桂侨刊. —2013（1）. —35～39

29. 舶来的美国梦——中国第一代官派留美幼童的历史碎片/符号//社会观察. —2013（11）. —74～76

30. 博而蓄约　大而存精——李其荣著《国际移民与海外华人研究》及其《续篇》评介/吴金平//八桂侨刊. —2013（3）. —67～69

31. 采铜于山，独辟蹊径——评《同顺泰号——东亚华侨资本与近代朝鲜》/权赫秀//当代韩国. —2013(3). —124～128

32. 潮汕侨批：培养青少年高度责任感的重要教育资源/陈友义//侨批文化. —2013（18）. —72～76

33. 潮汕侨批史料:原生态“草根”文献——兼论侨乡教育/邓达宏//发展研究. —2013(3). —109~114

34. 潮汕侨批行业制度研究——以20世纪三四十年代的潮汕侨批档案为资料/路晓霞，陈胜生//档案. —2013 (6). —19~24

35. 陈兰彬与华工问题对外交涉（1873—1881）/姜萍，姜胜//淮北师范大学学报(哲学社会科学版). —2013 (1). —87~89

36. 陈兰彬与中国维护出国华工权利的起始/和平，陈君静//安徽大学学报（哲学社会科学版). —2013 (4). —58~65

37. 重构华裔新生代的文化认同研究/俞烨//湖南省社会主义学院学报. —2013 (6). —45~51

38. 冲突与均衡：欧债危机后意大利普拉托华侨华人社会的分化与重组/严晓鹏，郭保林，陈超颖//浙江社会科学. —2013 (4). —101~104+110

39. 冲突与融合：战前澳洲华人与当地民族关系研究/汤锋旺//理论月刊. —2013 (2). —92~96+131

40. 出国留学影响因素的计量经济学分析/李蓝翔//经济研究导刊. —2013 (24). —274~276

41. 出入境管理法及配套法规的涉侨制度创新/沈一波//侨务工作研究. —2013 (6). —13~15

42. 刍议华裔妇女的文化身份重构问题——以加拿大文化政策的变迁为视阈/徐丹//长春师范学院学报. —2013 (3). —190~193

43. 传统侨乡海外联系的新动向——潮汕地区磷溪镇、隆都镇个案研究/陈雍，黄晓坚//八桂侨刊. —2013 (2). —21~26

44. 此行有多远——徐悲鸿最后一次出游南洋考/华天雪//美术. —2013(5). —100~102

45. 从“失语”到“发声”：近年来英国华人参政探析/廖小健，周龙//理论月刊. —2013 (9). —183~188

46. 从2012年英国地方选举看英国华人参政/周龙//八桂侨刊. —2013(1). —54~58

47. 从福建南安的“炉内潘”到新加坡的“潘家村”:南洋华人宗族村落的个案研究/曾玲//闽台文化研究. —2013(3). —44~56

48. 从铁蹄下的“东兴汇路”试析侨批的世界意义/陈胜生//广东档案. —2013 (5). —38~41

49. 从跨文化传播视角探析中国传统表演艺术的海外推广——基于“汉唐乐府”的个案研究/向勇，范颖//北京舞蹈学院学报. —2013 (3). —31~35

50. 从美国华裔移民发展状况看中美关系变化/颜琼玲，刘丽珍，陈广//今日中国论坛. —2013 (13). —163+165

51. 从女儿墙装饰看五邑侨村建筑的艺术演变/朱蕙//五邑大学学报（社会科学版). —2013 (2). —6~9+18

52. 从欧洲到全球:国际移民组织的角色转型/郭秋梅//八桂侨刊. —2013(3). —6~14

53. 从侨批申遗成功看档案文化发展/林勤//中国档案. —2013 (8). —36

54. 从全球财富论坛到世界华商大会——“大事件效应”下的八个成都/中国政务舆

情监测中心//领导决策信息. —2013（39）. —18～19

55. 从文学视角看《零售商菲化案》对华侨社会的影响——以《二十世纪五十年代商报小说选》为主的分析/李天锡//华侨华人历史研究. —2013（1）. —68～73

56. 从中国留学问题的“前世”看“今生”——《近代中国留学史》导读/桑锦龙//教育科学研究. —2013（2）. —72～75

57. 从中华学堂到三语学校——论印度尼西亚现代华文学校的发展与演变/梁英明//华侨华人历史研究. —2013（2）. —1～12

58. 搭建中国与东盟各国之间文化交流合作的平台——中国—东盟传统文化传承与传播论坛综述/苏妙英//八桂侨刊. —2013（3）. —73～76

59. 《大公报》与反美续订华工禁约运动/祁晨//通化师范学院学报. —2013（4）. —89～91+95

60. 大华文教育背景下高校华侨华人学生武术教学对策思考/林奇盛//大众科技. —2013（1）. —87～88

61. 大领事时代——“保护海外公民：中国与欧洲的经验与视角”研讨会侧记/黄立志//国际政治研究. —2013（2）. —174～184

62. 大洋洲华侨华人研究综述/吴丹，张秋生//东南亚研究. —2013（1）. —80～85

63. 大众化留学时代的青少年出国现象/曾燕波//当代青年研究. —2013(3). —36～42

64. 当代留学潮成因及趋势分析/杭爱明//南阳师范学院学报. —2013(10). —58～61

65. 党的第一代中央领导集体侨务思想探析/陈云云，刘诚//宁波大学学报（人文科学版）. —2013（4）. —78～83

66. 当前华侨华人在厦投资经商权益的保护/张玲//经济研究导刊. —2013（6）. —182～183

67. 当前我国留学潮的发展与影响/田劲松//中国青年研究. —2013（3）. —93～97

68. 当前我国中学生出国留学热的思考/谭斯瑞//中国外资. —2013(14). —286+288

69. 当前新华侨出入境权益保护刍议/肖金发//经济研究导刊. —2013(17). —277～278

70. 邓小平侨务思想研究述评/路阳//八桂侨刊. —2013（2）. —73～78

71. 第八届海外人才与中国发展国际学术研讨会综述/喻良//八桂侨刊. —2013（2）. —79～80+47

72. “第八届华人心理学家国际学术研讨会”会议纪要/许燕，王瑞敏//心理学探新. —2013（5）. —479～481

73. 东南亚华文教育与我国文化软实力建设略论/詹双辉//创新. —2013(5). —107～110

74. 东南亚华裔青少年来华留学的动因分析——基于两广地区 15 所院校的抽样调查数据与田野观察/陈文，李钊，邓禹//世界民族. —2013（4）. —56～62

75. 杜鲁门政府对东南亚华侨的身份认定及行动/夏金玲,李振华//赤子(中旬). —2013(7). —42～43

76. 对东南亚校友资源的若干思考——以广西民族大学“2+2”模式毕业生为例/蔡其明//东南亚纵横. —2013（7）. —77～79

77. 对海外华文教学的多样性及其对策的新思考/郭熙//语言教学与研究. —2013(3). —1～6

78. 对海外华裔青年学生中华文化认同的调查分析——以泰国华裔学生为例/杨刚，朱珠//福建省社会主义学院学报. —2013（2）. —54～56

79. 对柬埔寨华文教育的几点思考/席静前//中国教育技术装备. —2013(3). —157～158

80. 对跨文化适应U型模式的新解——基于两名中国留美学生的个案研究/袁泉，赵一君//海外英语. —2013（12）. —275～277

81. 对外汉语教学在海外开展的现状分析——基于《中国文化印象调查》数据的分析/王丽雅//教育科学. —2013(3). —49～52

82. 对新华侨华人情况的思考/郭轶颖//中外企业家. —2013（3）. —260～262

83. 对中国近代华侨史研究的回顾与反思/苏全有，岳培红//大庆师范学院学报. —2013(1). —119～125

84. 对做好留学归国人员工作的思考/田文宝，张宝运，李洪华//经济研究导刊. —2013(15). —92～93

85. 多维度探讨华侨华人与中外人文交流——第八届"海外人才与中国发展"国际学术研讨会述评/曾艳梅，李其荣，周柳丽//东南亚纵横. —2013（6）. —78～79

86. 多维视野下海外华文传媒的文化身份危机/雷晓艳//编辑之友. —2013(8). —109～112

87. 多语背景下印度尼西亚华语教师语言态度调查——以雅加达地区华语教师为例/王衍军，张秀华//东南亚研究. —2013（6）. —89～95

88. 多元文化社会与教育——日本华侨学校的困境与发展方向/裘晓兰//中国青年研究. —2013（8）. —100～105

89. 俄罗斯中国移民社会适应与社会宽容问题研究/亚·格·拉林著；臧颖，于涛译//世界民族. —2013(2). —53～60

90. 二十世纪二三十年代南洋华侨在地观念发绪及其动因初探——以新马为中心/李章鹏//华侨华人历史研究. —2013（4）. —51～62

91. 二战后印度尼西亚华文教育发展的潜在动力——论华人文化认同对印度尼西亚华文教育的促进/田伟，宋兴川//陕西教育学院学报. —2012（4）. —6～10

92. 二战前新加坡华人基督教教育探析/陈晓蓉//华侨华人历史研究. —2013（2）. —63～70

93. 发展海外华文媒体　促进中南文化交流——访南非华人报社社长胥建礼/雷小毅//今传媒. —2013(2). —5～8

94. 发展华侨华人慈善事业的政策探讨/李云，陈世柏//五邑大学学报（社会科学版）. —2013（4）. —74～78

95. 泛北"海上丝绸之路"与移民文化/王元林//广西师范大学学报（哲学社会科学版）. —2013（1）. —6～8

96. "房子如何记忆？归侨、物质性和文化遗产"学术讲座综述/路阳//华侨华人历史研究. —2013（3）. —77～78

97. 非法移民及其遣返法律制度研究/郝鲁怡//河北法学. —2013（11）. —94～101

98. 菲律宾华人在中华文化传播中扮演的角色——以菲华人士及归侨侨眷访谈录为主要研究材料/陈衍德//海交史研究. —2012（2）. —48～64

99. 菲律宾华文学校的发展和现状探析/赖林冬//八桂侨刊. —2013（1）. —63～66

100. 分裂的认同：重新解读 19 世纪槟城国际港口的客家社群/王琛发//客家研究辑刊. —2013（1）. —123～133

101. 风景的重新发现——晚清对“南洋”的重新划界与定位/颜敏//东南亚南亚研究. —2013（1）. —74～79

102. 冯家升留美时期的学术活动概述/戴磊//新西部(理论版). —2013(20). —89+93

103. 佛光山在海外的传播及影响/石沧金，李群锋//东南亚研究. —2013（1）. —59～66

104. 福建华侨报人在辛亥革命中的地位与作用/刘琳//闽江学院学报. —2013（6）. —11～17

105. 福建侨批的收藏研究及其意义/李天锡//八桂侨刊. —2013（2）. —68～72

106. 福建侨批多元文化价值探略/邓达宏//东南学术. —2012（6）. —286～294

107. 福建省华侨农场养老保险改革评析/张赛群//社会保障研究. —2013(3). —42～48

108. 改革30年来中国留学生归国政策分析/张芬//当代经济. —2013(6). —90～91

109. 改革开放以来党的侨务理论新发展——邓小平、江泽民、胡锦涛侨务思想比较研究/路阳//福建省社会主义学院学报. —2013（6）. —13～17

110. 改革开放以来我国留学教育事业的回顾与思考/张晓郁//高校理论战线. —2013（1）. —78～81

111. 改革开放以来中国国际移民现象及对中国的影响研究/王玉红//赤峰学院学报（汉文哲学社会科学版）. —2013（10）. —1～2

112. 高等教育国际化背景下我国出国留学现状及分析/洪柳//河北师范大学学报（教育科学版）. —2013（2）. —29～33

113. 高丽社会中的华人移民(公元10至13世纪)/芦敏//黄河科技大学学报. —2013(4). —75～77

114. 高校出国和留学归国人员统战中现存问题与对策/李岩，张明//沈阳师范大学学报（社会科学版）. —2013（1）. —56～58

115. 高校归国留学人员统战工作问题探析/王娟//黑龙江省社会主义学院学报. —2013（2）. —16～18

116. 高校海外归国青年教师思想动态及政治倾向调查/常亮，杨春薇，李一鸣，王磊//高校教育管理. —2013(5). —69～74+79

117. 高校留学归国人员统战工作/刘俞余//曲靖师范学院学报. —2013(5). —30～33

118. 哥伦比亚大学归国留学生与中国现代高等教育/陈竞蓉//黑龙江高教研究. —2013(2). —18～21

119. 沟通与融合：新加坡华人宗乡会馆与中国新移民/王玉娟//东南亚研究. —2013（5）. —92～98

120. 构建“中国梦”对外传播的路径与策略——以海外意见领袖的观察解读为视角/贾敏//对外传播. —2013（7）. —8～10

121. 构建东南沿海侨乡女性生活史：侨批资料的价值与利用/惠芬//福建论坛（人文社会科学版）. —2013（7）. —103～110

122. 构建新形势下归侨侨眷青年的发展新路径——《西南边疆民族地区青年归侨侨眷发展问题研究》书评/李铭，吴东泽//八桂侨刊. —2013（3）. —70～72

123. 关于发挥侨汇作用的思考/陈昱昊，赵智杰//发展研究. —2013(11). —43 ~ 45

124. 关于富人移民现象理性思考/任荣，李雄伟//湖南行政学院学报. —2013(5). —32 ~ 36

125. 关于“海归”人才创业平台的建设构想/李壮//佳木斯教育学院学报. —2013(5). —72 ~ 73

126. 关于建立广西华侨博物馆的探讨/黄世棉，苏妙英//八桂侨刊. —2013(3). —20 ~ 26

127. 关于举办临时展览的几点看法——以“东南亚唐人街今昔图片展”为例/刘春艳//黑龙江史志. —2013 (17). —176 ~ 177

128. 关于勐库华侨农场果树发展生产的思考/陈雪莲//中国连锁. —2013(12). —117 ~ 123

129. 关于侨务工作服务“走出去”战略的调研报告/江苏省侨办//侨务工作研究. —2013 (2). —24 ~ 26

130. 管窥文化资本维度下的新移民融合问题——以加拿大华人为个案/徐丹，梁璐璐//东北大学学报（社会科学版）. —2013 (2). —216 ~ 220

131. 广东潮汕地区海外移民形态的新变化/黄晓坚//华侨华人历史研究. —2013(1). —20 ~ 30

132. 广东华侨博物馆功能作用概述/亓延坤//兰台世界. —2013 (S4). —148 ~ 149

133. 广东华侨华人与近代中国社会变迁/刘世红//玉林师范学院学报. —2013(6). —25 ~ 29

134. 广东近代华侨企业的历史作用/孙方一//中外企业文化. —2013 (4). —57 ~ 59

135. 广东近代华侨企业管理思想对中国近代企业的影响分析(1840—1919)/孙方一//甘肃联合大学学报(社会科学版). —2013(4). —8 ~ 21

136. 广东侨乡的历史变迁与社会发展——以高要市为个案/刘艳//前沿. —2013(18). —157 ~ 158

137. 广西容县侨汇庄的经营模式及网络初探/郑一省//华侨华人历史研究. —2013(1). —31 ~ 39

138. 归国留学人员文化再适应问题研究——从《非你莫属》刘俐俐的求职遭遇说起/黄远卿//泉州师范学院学报. —2013 (3). —124 ~ 128

139. “国际移民与客家文化”学术研讨会综述/冷剑波//客家研究辑刊. —2013(2). —196 ~ 198

140. “国际政治中的中非关系：历史、现状与展望”学术讲座综述/罗杨//华侨华人历史研究. —2013 (2). —75 ~ 76

141. 国家公派研究生归国后思想动态分析——基于大连理工大学的调查/常亮，杨春薇//思想政治教育研究. —2013 (3). —68 ~ 70

142. 国力为侨办华教　涵养资源促发展——广州市花都区巴拿马华人学生情况调研/刘平伟//侨务工作研究. —2013 (1). —42 ~ 43

143. 国人赴日留学史研究及意义/张玮屹//技术与创新管理. —2013(2). —169 ~ 172

144. 国外留学经历与大学工科生创造力的关系研究/郑尧丽，陈劲，周盈盈//高等工

程教育研究. —2013（1）. —122～126+138

145.“海归”回流：知识溢出及门槛效应——基于中国的实证检验/杨河清，陈怡安//人口研究.—2013(5).—91～102

146.“海归”精英成功的关键在于“土洋结合”——中国汽车“海归”精英发展环境报告/朱明荣//中国人才. —2013（15）. —54～55

147.“海归”科技人才创业政策吸引度、满意度与忠诚度/万玺//科学学与科学技术管理. —2013（2）. —165～173

148.“海归”人才创新创业现状及对策研究——以常州市为例/杨月坤//科技进步与对策. —2013（1）. —146～149

149.“海归”人员权益分层保护法律问题研究/裴斐//上海商学院学报. —2013（4）. —67～70

150.“海归”新生代企业接班人融入中国情境的对策研究——基于越商调研的思考/李生校，王智彩//绍兴文理学院学报（哲学社会科学）. —2013（2）. —32～38

151. 海南华侨在近代中国社会发展中的贡献/唐若玲//湖北社会科学. —2013（8）. —102～106

152. 海外潮人对故乡善堂事业的贡献/林俊聪//潮学通讯. —2013（6）. —71～73

153. 海外高层次归国人才创业成功影响因素研究——以杭州为例/甄月桥，朱茹华，聂庆艳//特区经济. —2013（11）. —44～46

154. 海外华侨对抗战的贡献/刘小宁//钟山风雨. —2013（6）. —48～50

155. 海外华侨华人的爱国活动与五四运动/刘芳彬//山西社会主义学院学报. —2013（4）. —65～68

156. 海外华侨华人助推中国经济转型的独特优势及路径依赖——《海外华侨华人与中国经济转型研究》摘编/李优树//侨务工作研究. —2013（3）. —30～33

157. 海外华侨回乡参政分析——以浙江省青田县华侨村官为例/吕鸿，陈轶//华侨华人历史研究. —2013（1）. —50～59

158. 海外华人跨国主义实践的模式及其差异——基于美国与新加坡的比较分析/周敏，刘宏//华侨华人历史研究. —2013（1）. —1～19

159. 海外华人网络如何影响中国引进外商直接投资：一个经验研究/阎大颖，孙黎，谢盈莹，王伟//南开经济研究. —2013（2）. —20～43

160. 海外华人新移民对崛起的中国国家形象认知——以华人新移民的中国认同为视角/林逢春//湖北社会科学. —2013（9）. —50～54

161. 海外华人新移民对崛起中国的国家形象认知——以海外华人新移民的中国认同为视角/林逢春//新疆社科论坛. —2013（4）. —31～35+50

162. 海外华人与中国侨乡现代化研究的最新进展——“华侨华人与中国侨乡近代化”国际学术研讨会会议综述/沈惠芬//南洋问题研究. —2013（4）. —96～98

163. 海外华商近年投资中国的强势成长与深刻变化/龙登高，丁萌萌，张洵君//华侨华人历史研究. —2013（2）. —30～37

164. 海外华文报刊的历史与现状研究/王华//长春师范学院学报. —2013（4）. —170～172

165. 海外华文传媒对华人文化认同的影响和作用/陈荣岚//侨务工作研究. —2013（4）. —32～33

166. 海外华文传媒与中国国家形象建构/徐明华//中州学刊. —2013(7). —172～174

167. 海外华文教师培训的策略选择——以印度尼西亚为例/徐天云//肇庆学院学报. —2013（1）. —89～91

168. 海外华文教师职业发展规律及启示/吴勇毅，华霄颖//侨务工作研究. —2013（1）. —40～41

169. 海外华文教育发展研究/耿红卫//海峡教育研究. —2013（1）. —47～49

170. 海外华文媒体对华人集体记忆的重构/岳广鹏，张小驰//现代传播（中国传媒大学学报）. —2013（6）. —155～156

171. 海外华文媒体对中国西部民族关系类事件的舆论引导研究——以新加坡《联合早报》为例/殷瑜，廖云路//新闻界. —2013（17）. —65～70

172. 海外华文媒体蓬勃发展呈多元化、本地化、国际化新态势——浅析海外华文媒体的现状与发展/萱文//侨务工作研究. —2013（5）. —24～26

173. 海外华文免费报刊的经营模式和发展思路/何结//青年记者. —2013(26). —90～91

174. 海外科技人才引进与中国高技术产业发展政策转型研究/冯梅//上海商学院学报. —2013（4）. —58～62

175. 海外客家华人婚俗研究——以印度尼西亚西加山口洋客家华人为例/赵敏，钟裕宏//东南亚研究. —2013（3）. —93～96

176. 海外漂泊七十年的爱国华侨黄仲咸的教育实践/于娜//兰台世界. —2013（31）. —137～138

177. 海外新华侨华人子女文化传承状况论析——以日本新华侨华人子女为中心/鞠玉华//东南亚研究. —2013（1）. —54～58＋72

178. 海外新移民与新农村建设——兼论新农村建设模式的多样化/孟庆梓//西北人口. —2013（5）. —40～43＋50

179. 海外移民慈善捐赠行为的系统构成及其运行/李云，陈世柏//求索. —2013（9）. —266～268

180. 海外移民的捐助与广州残疾人事业的发展/李云//牡丹江大学学报. —2013（8）. —109～112

181. 海外中国公民安全风险与保护/夏莉萍//国际政治研究. —2013（2）. —10～16

182. 海外中国公民领事保护的法律依据研究——兼评《领事工作条例》（征求意见稿）/颜梅林//华侨华人历史研究. —2013（4）. —11～22

183. 海外中国公民权益保护中的“领事通知权”研究——以中外双边领事条约（协定）相关条款之比较及完善为视角/颜梅林//福建师范大学学报（哲学社会科学版）. —2013（2）. —58～68

184. 海外中国游客安全应急机制研究/王丹桂//湖北省社会主义学院学报. —2013（3）. —88～91

185. 荷印吧城华人文化的传统与变迁——以“吧国公堂”的司法行政职能为视角/聂德宁//东南亚研究. —2013（2）. —93～99

186. 后苏哈托时期印度尼西亚华文报的发展——以《国际日报》为例/郑一省//东南亚南亚研究. —2013（3）. —54～58

187. 胡适留美经历与美援外交的渊源/陈永祥，林宝燕//广州社会主义学院学报.—2013(3).—80～83

188. 华侨的双重国籍问题分析/吕志云//法制博览(中旬刊).—2013(2).—310

189. 华侨华人对上海国际大都市文化的影响与启示/夏雪//上海市社会主义学院学报. —2013（2）. —61～64

190. 华侨华人事业与我国经济发展方式转变的相互作用/杨默如//侨务工作研究.—2013(6).—39～41

191. 华侨华人网络舆论信息资源的分布现状与特点/王华//山西师大学报（社会科学版）. —2013（2）. —79～82

192. "华侨华人研究相关学术期刊合作与交流研讨会"在京召开/火天//华侨华人历史研究. —2013（2）. —77～78

193. 华侨华人与建设中国国家软实力的内在关系/王志章，骆洋//郑州航空工业管理学院学报. —2013（4）. —1～7

194. "华侨华人与中国梦"学术研讨会综述/郑一省，王晓欧//八桂侨刊. —2013（3）. —77～78

195. 华侨华人与中国软实力：概念、方法及理论/汤锋旺//东南亚研究. —2013（1）. —73～79

196. 华侨华人在广州兴办教育探讨/李云//教育评论. —2013（5）. —135～137

197. 华侨华人在海外传播中华文化新探/李其荣//广西民族大学学报（哲学社会科学版）. —2013（2）. —117～123

198. 华侨楷模司徒美堂的爱国历史活动/吴敏//兰台世界. —2013（25）. —47～48

199. 华侨农场归侨的认同困惑与政府的归难侨安置政策/张晶盈//华侨大学学报（哲学社会科学版）. —2013（1）. —31～36

200. "华人（数学）学习者现象"：回顾、反思与前瞻/黄毅英，张侨平//全球教育展望. —2013（5）. —14～25

201. 华人本土传播学研究的进路与策略/邵培仁//当代传播. —2013（1）. —1

202. 华人传统殡葬礼仪的社会教育功能/王琛发//广西师范大学学报（哲学社会科学版）. —2013（2）. —45～53

203. 华侨华人在广东"走出去"战略中的成本效应分析/刘洋，袁持平//企业导报. —2013（22）. —5～6

204. 华侨华人在中国公共外交中的功能与路径/林逢春//五邑大学学报（社会科学版）. —2013（4）. —69～73

205. 华人女性融入荷兰社会的障碍与建议/张珺//对外传播. —2013（3）. —61～62

206. 华人企业家成长中的跨界网络构建——一个历史人类学的视角/袁建伟//绍兴文理学院学报（哲学社会科学）. —2013（5）. —88～94

207. 华商传媒集团市场化转型之路/陈国权//中国记者. —2013（7）. —71～73

208. 华商在中国—东盟区域金融合作中的作用探析/朱芳//东南学术. —2013

(6). —162 ~ 168

209. 华文出版“文化软实力”建设新论/田建平，朱京玮//出版广角. —2013 (23). —65 ~ 67

210. 华文教育文化教学中的课程探索/廖崇阳//海外华文教育. —2013(1). —15 ~ 19

211. 华文教育研究的重点与方向/贾益民//华文教学与研究. —2013 (2). —5 ~ 7

212. 华文媒体如何进行国际化发展——以 TOM 集团和凤凰卫视为例/张志坚//青年记者. —2013 (21). —100 ~ 101

213. 华文移民媒体与“社会迷思”：以《世界日报》新闻报道为例/邹胜//国际新闻界. —2013 (7). —94 ~ 101

214. 华裔美国人美国梦的代价与实现/施秀川//边疆经济与文化. —2013(1). —40 ~ 41

215. 华裔新生代的跨文化传播能力分析/安然，魏先鹏//对外传播. —2013 (11). —37 ~ 39

216. 唤醒沉睡的马中关系（1970—1974 年）：马中建交前马来西亚华人在社会与文化互动中的角色/陈是呈//南洋问题研究. —2013 (3). —41 ~ 52

217. 基于“推拉理论”的海外高层次人才归国的适应性分析/甄月桥，朱茹华，聂庆艳//未来与发展. —2013 (6). —95 ~ 98

218. 基于“消费型”特征的近代广府侨乡民居文化探析/郭焕宇，唐孝祥//华南理工大学学报（社会科学版）. —2013 (3). —49 ~ 53

219. 基于竞赛的华文教育推广模式研究/吕挺//福建教育学院学报. —2013 (1). —64 ~ 67

220. 基于侨乡特色的“空巢老人”幸福感型的养老服务体系探索——以浙江青田为例/王芳//经济视角（下旬刊）. —2013 (11). —161 ~ 162

221. 基于软实力视野的台湾侨务外宣工作分析/艾明江//华侨大学学报（哲学社会科学版）. —2013 (1). —37 ~ 43

222. 加拿大华人参政的制约因素/吴婷，汪炜//八桂侨刊. —2013 (1). —59 ~ 62

223. 加强国有土地保护　保障华侨土地权益——解读《关于做好华侨农场土地保护和开发利用工作的意见》/范雁阳//南方国土资源. —2013 (12). —23 ~ 24

224. 加强侨务理论研究　促进理论与实践相结合——第三届中国侨务论坛访谈辑要/李勇//侨务工作研究. —2013 (4). —27 ~ 28

225. 加强侨务理论研究　推动侨务工作发展/林琳//侨务工作研究. —2013 (5). —36 ~ 37

226. 柬埔寨的华人社会——关于新华侨社会动态的考察/野泽知弘，乔云//南洋资料译丛. —2013 (1). —38 ~ 82

227. 柬埔寨华人的土地和祖灵信仰——从“关系主义”人类学视角的考察/罗杨//华侨华人历史研究. —2013 (1). —60 ~ 67

228. 简论明代东南亚华人通事/李未醉//八桂侨刊. —2013 (1). —40 ~ 43

229. 简说早期美国华人社区对排华历史词汇的抗衡翻译/谭雅伦//五邑大学学报（社会科学版）. —2013 (1). —1 ~ 10

230. 简析加拿大华人新移民群体接纳和认同——基督教音乐文化的心路历程/何茜//

艺术评论. —2013 (1). —110 ~ 113

231. 建国初期海外侨胞投资工业的一面旗帜——华侨工业建设公司始末/张丽红//红广角. —2013 (3). —33 ~ 36

232. 建国以来中共引进华侨华人科技人才的思想及实践/朱昌裕//党史研究与教学. —2013 (2). —28 ~ 36

233. 建立海外华文媒体资源库的构想/肖航，纪秀生//北华大学学报（社会科学版). —2013 (1). —19 ~ 22

234. 健身气功在海外华侨华人群体中的推广现状分析/范燕薇，高河永//东南亚研究. —2013 (3). —97 ~ 102

235. 教育“菲化运动”对菲律宾华文教育的影响/姜兴山，李凌晨//南洋问题研究. —2013 (1). —73 ~ 81

236. 教育国际化背景下我国低龄留学原因及利弊探析/周满生//比较教育研究. —2013(10). —13 ~ 16

237. 教育国际化视阈下的境外招生工作——以华侨大学为例/洪雪辉//西南农业大学学报（社会科学版). —2013 (7). —157 ~ 158

238.“金牛城”法案的启示：海外华人成功维权案例/时晓光//侨务工作研究. —2013 (2). —40 ~ 41

239. 津巴布韦华人朱惠琼生活史研究的一种传记学方法/余彬//八桂侨刊. —2013 (3). —51 ~ 57

240. 近代潮汕侨乡的教育转型——以书院衰落与新式教育兴起为中心/于亚娟//汕头大学学报（人文社会科学版). —2013 (4). —26 ~ 32

241. 近代广州侨资房地产业与城市空间结构的变迁/吴宏岐，胡乐伟//华南师范大学学报（社会科学版). —2013 (1). —136 ~ 144

242. 近代集美学村“南洋风格的嘉庚建筑”研究/庄丽娥//华南理工大学学报（社会科学版). —2013 (2). —79 ~ 82

243. 近代开拓南洋市场的广货商（1912—1937）/张晓辉//民国档案. —2013 (1). —52 ~ 58

244. 近代梅州客家人“过番”的社会保障机制/夏远鸣//八桂侨刊. —2013 (1). —44 ~ 47

245. 近代梅州侨资房地产业与三级商业体系的形成/胡乐伟//五邑大学学报（社会科学版). —2013 (3). —1 ~ 6

246. 近代闽南华侨捐资兴学及办学理念/邓达宏//福建广播电视大学学报. —2013 (5). —1 ~ 6

247. 近代闽南与潮汕侨乡的中西建筑文化博弈/李岳川，肖磊//小城镇建设. —2013 (12). —96 ~ 100

248. 近代社会变迁与三次留美热潮/胡素萍//海南师范大学学报(社会科学版). —2013 (9). —58 ~ 63

249. 近代泰国社会中的海南华侨华人/陈绪倩//前沿. —2013 (22). —177 ~ 178

250. 近代西爪哇华人蔗糖业探源——兼论福建蔗糖业对巴达维亚蔗糖业的影响/林诗

维//西南民族大学学报（人文社会科学版）. —2013（4）. —192～198

251. 近代新加坡华人社会生活变迁——以1887—1932年《叻报》广告内容为中心/胡亚丽//江西社会科学. —2013（6）. —251～256

252. 近代粤闽华侨建筑审美心理描述/李岳川//华中建筑. —2013（4）. —152～155

253. 近代漳州侨乡民居建筑审美的基本维度/魏峰//华南理工大学学报（社会科学版）. —2013（5）. —98～103

254. 近代中国第一位华人西医黄宽留学英国考/张娟//岭南文史. —2013(1). —19～25

255. 近现代华侨华人的教育贡献——以侨领胡文虎兴学业绩为例/胡芸//前沿. —2013(18). —163～165

256. 境外华人汉语使用情况调查研究——以缅甸华人为例/张兰仙//民族教育研究. —2013（4）. —116～121

257. 救国思潮与民国时期的留学观念/高兴//学习与实践. —2013(6). —120～126

258. 聚焦现实问题　服务国家需求　提升创新能力——华侨华人研究协同创新中心的规划与实践/朱鹏，陈奕平//东南亚研究. —2013（2）. —89～92+99

259. 抗日战争时期福建侨乡留守妇女参与革命活动探析/沈惠芬//党史研究与教学. —2013（6）. —93～100

260. 抗战后期知识界关于战后处理南洋华侨问题的讨论/曾凡云//东南亚研究. —2013(2). —100～106

261. 抗战时期东南亚华侨在西南大后方的投资/周龙//贵州文史丛刊. —2013（3）. —63～67

262. 抗战时期秘鲁华侨对祖国的支援初探/潘澎//长沙大学学报. —2013(1). —81～82

263. 《客家——最强的华侨集团　根源·力量·关系网的秘密》介绍和简评/罗鑫//客家研究辑刊. —2013（2）. —188～195

264. 跨国华人社会场域的动力与变迁:新加坡的个案分析/刘宏//东南亚研究. —2013(4). —56～67

265. “跨国寄养”背景下我国农村侨乡留守儿童媒介素养研究/王佑镁//现代远距离教育. —2013（4）. —55～61

266. 跨国网络、公益传统与侨乡社会——以梅州松口德村为例/段颖//中山大学学报(社会科学版). —2013（4）. —133～146

267. 跨国移民族群的媒体生态与异域传播——以印度尼西亚华文报《国际日报》广告为例/田园，颜春龙//贵州民族大学学报(哲学社会科学版). —2013(3). —134～141

268. 跨国与无奈：全球化时代的海外华商研究/陈肖英//八桂侨刊. —2013（2）. —11～16

269. 跨国主义视阈下北美一代半华人新移民发展探究/袁源//东南亚纵横. —2013（4）. —56～60

270. 跨文化视域中的泰华族群认同度研究/蔡明宏//八桂侨刊. —2013(1). —24～27

271. “宽柔以教　南方之强——同在一起迎百年”——马来西亚宽柔学村国际学术研讨会综述/汤锋旺//华侨华人历史研究. —2013（1）. —76～77

272. 困境中的坚守　挑战下的转型——马来西亚华文报纸的新世纪变迁/邵宝辉//中

国报业. —2013（14）. —44 ~ 46

273. 李安山教授访谈录/郑一省，喻良//八桂侨刊. —2013（2）. —3 ~ 6

274. 李国梁教授访谈录/郑一省，张龙腾//八桂侨刊. —2013（1）. —3 ~ 6

275. 李鸿章与秘鲁华工案/赵宇，廖大伟//沈阳大学学报（社会科学版）. —2013（3）. —332 ~ 335

276. 李锦记:华人企业家族治理制度探路者/钱丽娜//商学院. —2012(11). —42 ~ 45

277. 李石曾与一战旅法华工/张潇潇//黑龙江史志. —2013（17）. —142

278. 立足侨乡　放眼世界——“广东华侨与中外关系”国际学术研讨会综述/密素敏//华侨华人历史研究. —2013(4). —73 ~ 74

279. 留美大学教师与中国近代人文社会科学学科的建立与发展/许祎凡，郭丽君//煤炭高等教育. —2013（4）. —40 ~ 43

280. 留美生涯对顾维钧联美外交思想的影响——以巴黎和会与华盛顿会议为例/彭钰堰//江苏师范大学学报（教育科学版）. —2013（S1）. —94 ~ 96

281. 留日学生救国团归国抗日活动及其影响探析/李晔晔，任欣欣//长春师范学院学报. —2013（7）. —51 ~ 54

282. 留学“逆差”：透视“出国潮”背后的人才“赤字”/吴晶，管浩，郑天虹，张捷//决策探索（上半月）. —2013（11）. —28 ~ 29

283. 留学服务贸易逆差与汉语经济价值研究/聂规划，马云霞，谭丽//现代商贸工业. —2013（3）. —76 ~ 78

284. 留学人员归国创业意愿为何不够强——杭州市吸引“海归”政策与“准海归”政策感知度研究/许国成//浙江经济. —2013（11）. —40 ~ 41

285. 留学与流亡——战后台湾留美学生心态史分析/曹曦//合肥师范学院学报. —2013(5). —35 ~ 40

286. 留学运动与中国现代政治抉择/丛日云//读书. —2013（1）. —71 ~ 77

287. 路径与成效：近代医学留学教育散论/杨红星，郑红艳//兰台世界. —2013(4). —140 ~ 141

288. 旅俄罗斯华侨纪念馆在黑河城市建设中的作用/吕白玉//黑河学院学报. —2013（2）. —9 ~ 11

289. 略论近代欧美留学热潮与英语教育精英化/许秀云//兰台世界. —2013(25). —44 ~ 45

290. 略论美国华人学者视阈下的中国特色发展道路/吴原元//济南大学学报（社会科学版）. —2013（6）. —30 ~ 35

291. 沦陷前的潮汕战时侨批业研究/焦建华//侨批文化. —2013（18）. —61 ~ 65

292. 论20世纪初旅美华侨的反排华游说——以伍盘照为中心/陈英程//华侨华人历史研究. —2013（3）. —49 ~ 57

293. 论地理因素在粤东三个历史时期的关键作用——兼论侨批文化是汕头海洋文化崛起的历史见证（节选）/郭伟川//侨批文化. —2013（18）. —56 ~ 57

294. 论公派留学回国政策的宣传与执行——基于一项对国家公派博士生的调查/冯洁，陈何芳//世界教育信息. —2013（1）. —60 ~ 64

295. 论国家留学政策执行中的几种主要模型/刘佳睿//淮海工学院学报（人文社会科学版）. —2013（8）. —30～32

296. 论国有华侨农场思想政治工作如何促进经济和谐发展/林荣贵//今日中国论坛. —2013（5）. —63～64

297. 论海外华文报纸的“软传播”理念与应用/肖航//东南传播. —2013(6). —16～19

298. 论海外华文报纸的编排特点与传播策略/肖航//湖北第二师范学院学报. —2013（5）. —126～129

299. 论华侨华人与中国现代化/刘芳彬//中央社会主义学院学报. —2013(3). —103～106

300. 论华侨领事婚姻之法律适用——以中外双边领事条约（协定）为视角/彭思彬//福建师范大学学报（哲学社会科学版）. —2013（2）. —49～57

301. 论华侨在国内投资权益保护存在的问题与对策/张德瑞//八桂侨刊. —2013（2）. —7～10

302. 论近代中国华商企业的优先股/郭岩伟//安徽史学. —2013（5）. —35～42

303. 论抗日战争后期云南留美预备教育政策/刘豪//保山学院学报. —2013(1). —93～96

304. 论民国时期民国政府与南洋华侨关于黄花岗起义纪念日的争论及评价/顾延欣//黑龙江史志. —2013（17）. —8～9

305. 论侨乡文化的特征及德育功能/付绯凤//红河学院学报. —2013（3）. —72～75

306. 论社会资本——以周寿臣与晚清留美幼童为例/郑宏泰，周振威//江苏师范大学学报（哲学社会科学版）. —2013（2）. —7～15

307. 论新形势下辽宁出国、归国留学人员统战工作/赵晖//渤海大学学报（哲学社会科学版）. —2013（4）. —34～37

308. 论移民社会的宗教徒身份——以美国华裔佛教徒为例/李四龙//北京大学学报（哲学社会科学版）. —2013（4）. —49～58

309. 论中国自费留学中介机构的法律规制/严书元，翁里//中国地质大学学报（社会科学版）. —2013（S1）. —173～175

310. 论中日关系对在日华侨华人的影响/鞠玉华//暨南学报(哲学社会科学版). —2013(8). —18～23

311. 论周恩来在旅欧期间对马克思主义的传播及中国化的探索/张滦麟，明珠//重庆邮电大学学报（社会科学版）. —2013（4）. —8～12

312. 罗马尼亚中国新移民研究:新华商与新市场/李明欢//华侨华人历史研究. —2013(4). —42～50

313. 《马华新文学大系》战前小说中的当地词汇/洪丽芬，陈明瑞//八桂侨刊. —2013(2). —54～60

314. 马来亚半岛客家中医留医所之花果飘零/王琛发//客家研究辑刊. —2013（2）. —151～159

315. 马来西亚的文化差异：华裔和马来女性的婚姻状况比较/洪丽芬，刘树佳//南洋问题研究. —2013（1）. —62～72

316. 马来西亚华人领袖陈祯禄/宫步坦//武汉文史资料. —2013（2）. —51～53

317. 马来西亚华人文化——传承与创新/文平强//东南亚纵横. —2013(7). —46～51

318. 马来西亚华人与印度人的文化认同和政治参与/陈建山//国际研究参考. —2013（7）. —18～22+45

319. 马来西亚华文教育现状及其新政策研究/朱爱琴,强海燕//现代教育论丛. —2013（5）. —91～96

320. 马来西亚华文中小学体育教育的困境与反思/孟庆光，邢尊明，陈洪淼，扈伟//体育科学研究. —2013（5）. —89～92

321. 马来西亚沙巴州的客家人——关于移民、认同感、文化标志的初步报告/河合洋尚//客家研究辑刊. —2013（1）. —134～144

322. 马来亚建国初期华族民族文化维护的契机:《方吴报告书》有关华文教育的理念/曹淑瑶,古鸿廷//南洋问题研究. —2013(2). —41～49

323. 美国的华人佛教与华人眼中的美国(上)/陈星桥//法音. —2013(6). —40～47

324. 美国的华人佛教与华人眼中的美国（下）——随广州华严寺弘法团赴美国考察记/陈星桥//法音. —2013（7）. —47～59

325. 美国华人参政及其对中美关系的影响/常帅//黑河学刊. —2013(10). —54～56

326. 美国华人音乐社团的中国民族音乐文化传播/赵志安//音乐传播. —2013（2）. —83～89

327. 美国华人与一九〇八年和一九一五年的抵制日货运动/梁兴莉//东吴学术. —2013（1）. —154～158

328. 美国华裔流散者新家园的建构/郑海霞//华北水利水电学院学报(社科版). —2013（5）. —137～139

329. 美国华裔母语保持与转用调查研究/魏岩军，王建勤，魏惠琳//华文教学与研究 2013（1）. —46～53

330. 美国印度裔族群的形成及其经济成就探析/滕海区//华侨华人历史研究. —2013（2）. —46～56

331. 美国与马来西亚华人参政的现状与趋势——一种比较分析的视角/王继停//中共四川省委省级机关党校学报. —2013（5）. —68～75

332. 美国早期华裔移民文化遗产巡礼　三处遗迹一部移民史/周培燊//大众考古. —2013(4). —81～85

333. 缅甸华侨救护队回国抗日始末/张光彩//党史文汇. —2013（5）. —50～51

334. 面向吉尔吉斯斯坦实施文化“走出去”战略研究——以新疆籍少数民族华侨华人为例/王静//新疆职业大学学报. —2013（2）. —11～16

335. 民国广东四邑侨乡匪患与华侨护乡/潮龙起//华侨华人历史研究. —2013（1）. —40～49

336. 民国时期地方华侨团体研究——以泉州华侨公会为例/骆曦//广州社会主义学院学报. —2013（3）. —66～70+75

337. 民国时期地理留学/张雷//地理学报. —2013（4）. —571～576

338. 民国时期广西向国外移民三个时段社会背景特征/向大有//八桂侨刊. —2013（1）. —12～17

339. 民国时期青田华侨出国动因及其海外发展研究/吕涛//求索. —2013

(1). —124 ~ 126

340. 民国时期青田华侨海外社团组织研究/吕涛//求索. —2013 (4). —29 ~ 231

341. 民国时期青田华侨群体结构研究/吕涛//山东社会科学. —2013 (6). —76 ~ 80

342. 民国时期青田华侨在海外的分布格局考量/赵英兰，吕涛//理论学刊. —2013 (5). —97 ~ 101

343. 民国影坛的广东侨乡电影人群体/凤群//五邑大学学报（社会科学版）. —2013 (1). —17 ~ 21

344. “民生”“诚信”一脉相承——从侨批的本质特征看和谐社会的执政理念/陈焕溪//侨批文化. —2013 (18). —58 ~ 60

345. 民族传统体育在华侨华人中的传承与推广研究/王振，文明华，胡国鹏//河北体育学院学报. —2013 (5). —87 ~ 90

346. 闽南话对印度尼西亚华裔汉语书面语表达的影响/郑军//湛江师范学院学报. —2013(2). —150 ~ 154

347. 闽商与侨批业/苏文菁，黄清海//闽商文化研究. —2013 (1). —18 ~ 32

348. 明溪新侨民欧洲文化认同与新侨乡本土文化重构/陈登平//三明学院学报. —2013(1). —69 ~ 74

349. 穆斯林的流动与中国新移民——马来西亚回族流动个案研究/黄永宝，张焕萍//华侨华人历史研究. —2013 (2). —13 ~ 29

350. 南非华人族群的内部关系研究/陈凤兰//八桂侨刊. —2013 (2). —33 ~ 41

351. 南非华文报纸的发展困境及应对策略/王娜君//青年记者. —2013(23). —102 ~ 103

352. 南非华文教育浅论/吴小伟，杨道麟//八桂侨刊. —2013 (1). —67 ~ 71

353. 南疆突发事件华文媒体报道标题分析——以天山网、人民网、凤凰网、联合早报网为例/王中伟，梅雪风//新西部（理论版）. —2013 (11). —23 ~ 23 + 10

354. 南洋华侨抗战救国与新加坡中华总商会的贡献/孟庆梓//重庆社会科学. —2013 (4). —106 ~ 110

355. 南洋华人的文化自信/陈启生//孔子研究. —2013 (2). —30 ~ 35

356. 南洋中华商会研究：回顾与思考/朱英，郑成林，魏文享//华中师范大学学报（人文社会科学版）. —2013 (3). —106 ~ 114

357. 欧华联会的欧盟治理参与：路径、实践与趋势/文峰，朱凌峰，林涛//东南亚研究. —2013 (3). —70 ~ 77

358. 欧盟移民治理对华侨华人的影响及对策研究/文峰//侨务工作研究. —2013 (1). —30 ~ 32

359. 欧洲华侨华人两岸中华文化之旅回眸与思考/张曼新//统一论坛. —2013 (4). —10 ~ 11 + 1

360. 欧洲华人妇女社团的发展与展望/石沧金，李群锋//世界民族. —2013 (2). —61 ~ 67

361. 欧洲华人商城经济研究/李明欢//世界民族. 2013 (3). —53 ~ 60

362. 欧洲华人商城经济研究/丘进//侨务工作研究. —2013 (6). —42 ~ 45

363. 欧洲华文传媒的历史与现状/许燕//华文文学. —2013 (3). —109 ~ 114

364. 欧洲华文学校发展的关键影响因素分析——以意大利佛罗伦萨中文学校为例/严晓鹏//教育学术月刊. —2013 (8). —29 ~ 34

365. 排华对美国华侨华人的心理影响调查分析/吴金平//八桂侨刊. —2013 (2). —17 ~ 20

366. 批脚记忆中的潮汕侨批与乡村社会/陈海忠//侨批文化. —2013(18). —50 ~ 55

367. 贫困、孝顺和往事——客家基督徒的族群认同符号/郭思嘉著；周云水译//客家研究辑刊. —2013 (2). —160 ~ 173

368. 千年通好和谐柬华——《真腊风土记》所载华人状况及其思考/王贤淼//九江学院学报（社会科学版）. —2013 (2). —58 ~ 59

369. 浅谈闽南华侨建筑艺术——以厦门莲塘别墅为例/周翠蓉//南方文物. —2013 (2). —188 ~ 190

370. 浅谈侨务文化工作的几点思考——以旅美侨胞面临的文化冲突为例/刘为杰//侨务工作研究. —2013 (4). —46 ~ 47

371. 浅析“侨批档案”的搜集与保护/黄清海//福建金融. —2013 (10). —71 ~ 72

372. 浅析陈立夫与抗战时期的华侨教育/沈武超//内蒙古师范大学学报（教育科学版）. —2013 (1). —28 ~ 30

373. 浅析高校境外生教育与管理中存在的问题及其提升策略——以华侨大学为例/张伟，钱三平，魏利斌，戴丽萍//长春理工大学学报. —2013 (3). —23 ~ 24

374. 浅析美国华人的政治社会化与中美关系/杨跃辉//长春工业大学学报（社会科学版）. —2013 (4). —154 ~ 156

375. 浅析战后初期东南亚华侨政治认同的转变/夏金玲//赤子（中旬）. —2013 (9). —27 ~ 29

376. 侨乐村:南京国民政府救助难侨措施的新尝试/张世慧//华侨华人历史研究. —2013 (3). —66 ~ 76

377. 侨批背景下的中山移民与金融网络/裴艳//八桂侨刊. —2013 (3). —45 ~ 50

378. 侨批档案文献的价值/王付兵//东南亚纵横. —2013 (7). —58 ~ 62

379. 侨批档案中的“仁义礼智信”/牛文娟//云南档案. —2013 (6). —15 ~ 16

380. 侨批的变迁——以王顺兴信局为中心/常慧//闽商文化研究. —2013(1). —48 ~ 55

381. 侨批局,中国进入国际金融市场的先行者/王炜中//广东档案. —2013(2). —31 ~ 33

382. 侨批与闽粤侨乡教育探略/邓达宏//东南学术. —2013 (6). —291 ~ 295

383. 侨商中南银行钞票发行权研究/马长伟//南洋问题研究. —2013 (2). —50 ~ 60

384. 侨务工作开拓创新更上层楼的路径思考/单书安//侨务工作研究. —2013 (6). —36 ~ 38

385. 侨务公共外交：理论内核、本体特征与效用函数/隆德新，林逢春//东南亚研究. —2013 (5). —84 ~ 91

386. 侨务公共外交：内涵界定与特点辨析/潮龙起//东南亚研究. —2013 (3). —65 ~ 69 + 77

387. 侨乡多元文化交融与碰撞探析/汪静，季丽春//教育教学论坛. —2013 (44). —166 ~ 168

388. 侨乡历史的发展——以东莞凤岗镇黄洞村为个案/苏小美//兰台世界. —2013 (1). —101 ~102

389. 侨乡名人故居的保护与开发研究——以江门五邑地区为例/金华//教育教学论坛. —2013 (38). —159 ~160

390. 侨乡青田县的变迁——从日本老华侨的侨乡到欧洲新华侨的侨乡/山下清海，小木裕文，张贵民，杜国庆，司韦//南洋资料译丛. —2013 (1). —57 ~70

391. 侨乡文化融入服装作品的审美内涵及价值体现/叶永敏//山东纺织经济. —2013 (7). —62 ~65

392. 侨乡文化自觉与文化自信的性别差异——基于第三期中国妇女社会地位调查江门市调查数据分析/谢珊珊，梁巧//五邑大学学报(社会科学版). —2013(3). —11 ~16

393. 侨乡信息传播的变迁——对边陲陆疆侨乡红河县的信息传播考察/黄明生，王谦//红河学院学报. —2013(3). —76 ~78

394. 侨校跨文化素质教育之情境建构与维护——以华侨大学为例/曹文宏//宁波大学学报（教育科学版). —2013 (1). —91 ~94

395. 清代缅甸华侨商业网与“伊洛瓦底沿江市场体系”/高伟浓，莫光木//东南亚纵横. —2013 (10). —66 ~69

396. 清末“庚子赔款”与留美运动述考/杨玉明//兰台世界. —2013(12). —27 ~28

397. 清末留学运动与中国近代化进程/吕莹//经济与社会发展. —2013(3). —108 ~112

398. 清末民初的留学生为何都选择归国/周颖//学习月刊. —2013 (13). —53 ~54

399. 清末民初男性精英与留美女生性别话语间的宰制与协商/赵宁//淮北师范大学学报（哲学社会科学版). —2013 (3). —39 ~43

400. 清末民初南洋侨领张弼士“兴垦”观探析/刘正刚//东南亚研究. —2013 (4). —85 ~90

401. 清末民初中国人留学俄罗斯(苏)活动的历史考察/刘振宇//俄罗斯研究. —2013 (1). —62 ~86

402. 清末民初中国学子留学日本始末/罗晓莹//兰台世界. —2013(18). —22 ~23

403. “全球本土化”与海外华文报纸——以《星岛日报》澳洲版和《澳洲新报》为例/刘康杰//新闻大学. —2013 (6). —9 ~15 +69

404. 全球化背景下中外留学现状与趋势的研究综述/黄天娥，王永颜，徐莉//教育学术月刊. —2013 (12). —36 ~41

405. 全球化时代下对于华侨高校学生音乐文化的调查、分析——以华侨大学为例/张毅琛//南昌教育学院学报. —2013 (6). —23 ~24

406. 全球化视野下的侨批业：兼论侨批文化的海洋文明属性/苏文菁，黄清海//闽商文化研究. —2013 (1). —33 ~47

407. 全球教育一体化背景下归国留学生就业难的原因与对策/杨颍//中国成人教育. —2013 (4). —18 ~20

408. 权力·社会·自由·平等——华人学者赵月枝其人·其书·其学/常启云//出版广角. —2013 (5). —90 ~91

409. 泉州侨属企业发展及其政策建议/张赛群//八桂侨刊. —2013 (2). —27 ~32

410. 泉州侨资发展的历史谱系和未来趋势/吴闽川，涂德基//福建行政学院学报.—2013(6).—102～109

411. 人才生态视域下高校留学归国人才管理探析/黄超//贺州学院学报. —2013(1). —100～104

412. 人类学与华人研究视野下的公益慈善/陈志明//中山大学学报（社会科学版）. —2013（4）. —110～117

413. 日本的唐人街/澁谷司，乔云//南洋资料译丛. —2013（3）. —77～80

414. 日本唐人街文化及其影响/刘柏//吉林广播电视大学学报.—2013(2).—99～100

415. 日韩印吸引国外留学人员回国发展的经验和借鉴/王瑞雪，沙炜娟，阎光才//中国高校科技. —2013（10）. —56～58

416. 嬗变与传承：印度尼西亚客家人的文化适应/曹云华//客家研究辑刊. —2013(2). —143～150

417. 上海侨汇与1950年人民胜利折实公债/尤云弟//党史研究与教学. —2013(4). —40～46

418. 社会变迁、国家因素与当代新加坡华人社会宗乡文化之复兴/曾玲//河南师范大学学报（哲学社会科学版）. —2013（1）. —65～69

419. 社会变迁与跨国华人家庭的建立——以陈遗恩家庭为例/陈丽园//暨南学报（哲学社会科学版）. —2013（5）. —138～144

420. 社会管理的创新实践　服务民生的拓展延伸——延边州社区侨务工作的调查与思考/吉林省侨办侨政处//侨务工作研究. —2013（2）. —27～29

421. 社会实践服务华侨高等学校境外招生宣传工作的模式研究/曾珍//赤峰学院学报(自然科学版). —2013（12）. —252～253

422. 师夷长技背景下的中国近代留学研究/李梅丽//兰台世界.—2013(7).—127～128

423. “十一五”期间云南高校出国留学状况调查研究/刀晓勤//南昌教育学院学报. —2013（8）. —60～61＋71

424. 十月革命后的俄罗斯国华人社会/谢清明//聊城大学学报(社会科学版).—2013(1).—70～78

425. 世界海外华人研究学会第八届国际会议在吉隆坡举行/张一文//华侨华人历史研究. —2013（3）. —79～80

426. 世界客家运动：一种国际移民族群权利运动研究/余彬//嘉应学院学报. —2013(9). —5～10

427. 试论华侨博物馆在当前华侨文化建设和人文交流中的地位和作用/张康庄//八桂侨刊. —2013（3）. —15～19

428. 试论孔子学院可持续发展的路径选择/廖萌//八桂侨刊. —2013（3）. —58～66

429. 试论马来西亚华人政党的“不入阁”/廖小健//东南亚研究.—2013(6).—70～74

430. 试论侨务工作“中国模式”的内涵/赵亮//侨务工作研究.—2013(3).—29～29

431. 试论青田华侨出国谋生的心理态势之嬗变/林海曦//社会科学战线. —2013(4). —259～261

432. 试论人类学在归国华侨群体研究中的运用/李银兵，李满华//华侨华人历史研

究. —2013 (2). —57～62

433. 试述民国时期女子留学教育模式/许环环//教育教学论坛. —2013(15). —180～182

434. 试析革新开放以来越南华人经济新发展/衣远//东南亚纵横. —2013(11). —70～74

435. 试析海外新型华人社团在中国公共外交中的文化中介功能/高伟浓，寇海洋//商丘师范学院学报. —2013 (2). —95～98

436. 试析女婢在华人与其他民族交往中的媒介作用——以吧城华人公馆《公案簿》资料为基础/刘永连，刘奎//东南亚研究. —2013 (1). —86～91

437. 试析清末民国侨批局与国内外相关机构的关系/陈泽芬//侨批文化. —2013 (18). —66～71

438. 试析移民成功的文化因素——林书豪现象的个案分析/游国龙//华侨华人历史研究. —2013 (3). —42～48

439. 释放侨务公共外交巨能量/何亚非//侨务工作研究. —2013 (5). —19～21

440. 数字融合与边缘重生：新时期侨乡留守儿童的媒介使用与满足/王佑镁//远程教育杂志. —2013 (1). —86～92

441. 数字时代都市侨乡留守儿童信息化教育：问题与对策/王佑镁//电化教育研究. —2013 (9). —35～41

442. 苏俄罗斯文学在东南亚华人革命运动中的影响/程映虹//俄罗斯学刊. —2013 (5). —26～31

443. 苏州工业园区海外归国人才的现状分析/吴帅//重庆科技学院学报（社会科学版）. —2013 (2). —116～117＋120

444. 台山侨乡传统体育文化旅游资源的分布与开发研究/潘兵//科技信息. —2013 (22). —4

445. 台湾留美学生保钓群体研究/刘玉山//当代青年研究. —2013(1). —97～104＋116

446. 泰北华人村华文教育的发展变迁——来自泰国金三角地区的田野调研系列报告之一/魏国彬，周伦//保山学院学报. —2013 (4). —1～7

447. 泰北华裔中学生语言使用情况调查报告——以清莱府的两所中学为例/刘瑜//语言教学与研究. —2013 (6). —17～22

448. 泰国潮籍华人研究述评/林瑜//今日中国论坛. —2013 (11). —222＋224

449. 泰国东北部华文民校汉语教学现状与反思（下）——以四色菊府甘平埠侨南学校为例/刘惠，贺月婷//教育观察（上旬刊）. —2013 (8). —74～79

450. 泰国汉语师资现状及对策研究/陈艳艺//东南亚纵横. —2013 (8). —65～70

451. 泰国华侨报德善堂对我国发展宗教慈善的启示/程芬//中国社会组织. —2013 (7). —49～52

452. 泰国华人工商业社团的发展轨迹与治理创新/徐晞//东南亚研究. —2013 (1). —67～72

453. 泰国华人信息媒介发展的历史与现状/郑文标//东南亚纵横. —2013(4). —52～55

454. 泰国华人姓氏泰化嬗变探析——以泰北地区为例/谢文婷，刘娟娟，宋雯//艺术科技. —2013(5). —118＋113

455. 泰国侨批与华侨关系/洪林//侨批文化. —2013 (18). —17～20

456. 谈中国戏曲在海外的推广/钟玲//四川戏剧. —2013（1）. —142～144

457. 探析清末赴日留学热潮产生的原因/黄鸿，李雪平//北华大学学报（社会科学版）. —2013（6）. —64～67

458. 唐人街研究与跨国移民研究的新典范——评令狐萍新著《1870年以来的芝加哥华人：种族、跨国移民与社区》/刘立松//华侨华人历史研究. —2013（4）. —63～68

459. 体育领域海外一流大学华人学者分析/郑铭洪，王秀强//山东体育学院学报. —2013（1）. —46～50

460. “天生全球化”创业模式探讨：基于“千人计划”“海归”高科技创业的多案例研究/董洁林//中国软科学. —2013（4）. —26～38

461. 通过平衡达到和睦——解析《战后马来西亚族群关系》/范若兰//华侨华人历史研究. —2013（4）. —69～72

462. 统一战线视角下中共华侨华人政策的演变及其经验/郭中军//西部学刊. —2013（8）. —5～13

463. 土地改革前广东华侨占有和经营土地情况的历史考察/莫宏伟//遵义师范学院学报. —2013（1）. —1～3+30

464. 吞武里王朝时期的泰国华人社会及其特点/黄素芳//广东工业大学学报（社会科学版）. —2012（6）. —72～76

465. 外籍人才引进中的国籍之争与“中国话语”的构建/高子平//华侨华人历史研究. —2013（4）. —1～10

466. 完全涉侨事件防控机制　促进侨社和谐发展/骆克任//侨务工作研究. —2013（1）. —27～29

467. 晚明月港开放与荷治大员华人社会之形成/郑永常//海洋史研究. —2013（4）. —90～109

468. 晚清留美幼童教育的人文性探究/李栋，杨道宇//现代教育科学. —2013（8）. —99～100+87

469. 晚清留学教育及其对中国近代化的影响/周钥明//赤峰学院学报（汉文哲学社会科学版）. —2013（10）. —17～19

470. 晚清政府保护华工自愿出国措施的局限性/蔡榕津//山西大同大学学报（社会科学版）. —2013（6）. —43～45

471. 网络视野下的华侨华人：刘宏及其海外华人研究/王子昌//暨南学报（哲学社会科学版）. —2013（8）. —13～17

472. 危机与机遇：18世纪末至19世纪初中国帆船的东南亚贸易/聂德宁//南洋问题研究. —2013（3）. —65～72+86

473. 唯物史观与美国华裔学者的中国史研究/路则权//廊坊师范学院学报（社会科学版）. —2013（4）. —67～70

474. 温州苍南华侨的历史贡献及其特点/徐华炳，柳建敏//八桂侨刊. —2013（1）. —18～23

475. 温州乐清海外留学移民特点解析/徐华炳，张婷//八桂侨刊. —2013(2). —42～47

476. 温州历史上对外开放与温州人走向世界/章志诚//八桂侨刊. —2013(2). —61～67

477. 温州新生代“海归”和本土青年婚外情观念的调查与分析/徐小舒//温州职业技术学院学报. —2013（4）. —1～6

478. 文本、仪式与认同:19世纪星马华人秘密社会组织研究/赵树冈//世界民族. —2013（1）. —52～62

479. 文化传承与传播的平台——旧金山中华文化中心的历史、活动特色和功能/李爱慧//东南亚研究. —2013（5）. —77～83

480. 文化认同与海外统战的研究——以江门五邑侨乡为例/刘庄，宾睦新//吉林省社会主义学院学报. —2013（3）. —33～36+39

481. 文献学视角下的侨批文献研究/许建平//图书馆理论与实践. —2013(12). —121～123

482. 问题与方法：略论王赓武先生的海外华人研究/王子昌//东南亚研究. —2013（5）. —70～76

483. 我国高中生自费出国留学问题分析及对策建议/李祖超，汪孟旋//江汉大学学报（社会科学版）. —2013（5）. —114～118

484. 我国归国留学生就业困境研究/郭威//经营管理者. —2013（10）. —125

485. 我国海外留学人员回国顾虑调查与对策思考/魏华颖，曾湘泉//中国行政管理. —2013（9）. —74～76

486. 我国建国以来留学政策的演变/刘佳睿//湖北科技学院学报. —2013(8). —14～15

487. 我国学生出国留学面临的问题及对策/李玉恒//河南教育学院学报（哲学社会科学版）. —2013（5）. —49～51

488. 无力与抛弃：近代中国猪花与日本南洋姐的比较研究/卢小花//前沿. —2013（2）. —152～154

489. 吴宓的留学经历与其人生观之形成/辛孟轲//学理论. —2013（17）. —34～35

490. 西方视角下的海外华侨华人媒介实践/陈英程//对外传播. —2013(10). —31～32

491. 西方学者视野中的中国海外人才回流/高子平//国际关系研究. —2013(2). —145～154

492. 西加里曼丹的客家人/杨禄华//客家研究辑刊. —2013（1）. —145～148

493. 西治菲律宾时期对华侨六次屠杀原因探析/陈元元//重庆科技学院学报（社会科学版）. —2013（6）. —171～173

494. 吸引与引导海外留学人才归国服务政策探索/刘娟//边疆经济与文化. —2013（4）. —166～167

495. “下南洋：东南亚华侨华人的过去、现在与未来”学术讲座综述/陈业诗//华侨华人历史研究. —2013（2）. —79～80

496. 鲜为人知的“中华革命党讨袁军美洲华侨敢死先锋队”/刘墨菲//湖北档案. —2013（1）. —38～40

497. 香山华侨与近代中山城市发展/张华，何旭玮//华中建筑. —2013(4). —171～177

498. 辛亥“变产救国之议”探析/陈昌福//华侨华人历史研究. —2013(3). —58～65

499. 新发现的陈兰彬信函释读——留美幼童撤回事件之补证/李文杰//史林. —2013（1）. —107～114

500. 新加坡《中学华文课程标准2011》解读——兼与2002年课程标准比较/王兵//云南师范大学学报（对外汉语教学与研究版）. —2013（3）. —70～74

501. 新加坡的中国新移民：角色定位与社会贡献/龚达伟//当代世界社会主义问题. —2013（1）. —94～102

502. 新加坡华文教学新方向——“乐学善用”的实施思考/陈之权//华文教学与研究. —2013（4）. —11～20+58

503. 新加坡韭菜芭城隍庙跨境文化交流活动的人类学考察/陈碧//东南亚研究. —2013(6). —82～88

504. 新加坡英汉双语教育对汉语方言的影响——汉语方言在新加坡华人社会日常交际中的使用现状研究/黄明//新疆大学学报(哲学·人文社会科学版). —2012(5). —144～148

505. 新疆籍华侨华人的特点/李德华//新疆社科论坛. —2013（2）. —69～73

506. 新时期华侨华人专业人士回流现象探析/周龙//广西社会主义学院学报. —2013（1）. —36～39

507. 新时期印度尼西亚华文报纸对华文教育的推动作用/李善邦，郭晴云//东南亚纵横. —2013（3）. —61～66

508. 新时期中国留美高校学生跨文化适应问题探析/宋美玲//经营管理者. —2013（27）. —244～245

509. 新史料·新视角·新价值——“中国侨批·世界记忆”国际学术研讨会综述/丁丽兴//华侨华人历史研究. —2013（2）. —73～74

510. 新四军中的三位华侨校官/胡居成//党史文汇. —2013（11）. —45～48

511. 新形势下高校“海归”人才基层党建工作研究/杨晓杰，李宗徽，石雪珺//上海党史与党建. —2013（8）. —34～35

512. 新形势下完善华侨回国投资法律制度的思考/史晓丽//东南亚研究. —2013（6）. —75～81

513. 新中国华侨捐赠政策演变及其特征分析/张赛群//广东社会科学. —2013（2）. —147～153

514. 信任、利益博弈与协同发展——我国出境旅游企业与海外华侨华人合作关系研究/吴克祥，张东升，张园园//中国商贸. —2013（10）. —140～142

515. 信阳海外移民的历史及对故乡的贡献/芦敏//天中学刊. —2013(3). —114～116

516. 《星洲日报》电影海报的时代映射与华人的观影共鸣/冯琼//中国报业. —2013（8）. —116～119

517. 寻根主义：华人本土传播理论的建构/邵培仁，姚锦云//新疆师范大学学报（哲学社会科学版). —2013（4）. —28～41

518. 炎黄骄子：古巴华裔将军邵黄/赵艳哲//兰台世界. —2013（S2）. —152～153

519. 洋务时期派遣幼童赴美留学的当代思考/李庆洪//太原城市职业技术学院学报. —2013（2）. —80～81

520. 仰之弥高　钻之弥深——习仲勋同志侨务工作实践及思想述略/田吉//侨务工作研究. —2013（5）. —5～8

521. 一部探讨华侨华人与中国软实力关系的力作——评陈奕平等《和谐与共赢：海外侨胞与中国软实力》/万晓宏//华侨华人历史研究. —2013（2）. —71～72

522. 一个华文公共空间论坛形成的共生因素考察/钟希明//东南学术. —2013

（6）．—240～247

523. 一战俄罗斯国华工的数字问题/李祥，谢清明//兰台世界．—2013（4）．—38～39

524. 移民汇款、实际汇率升值及“荷兰病”——基于中国的实证检验/杨权，张宇//世界经济研究．—2013（9）．—30～36

525. 移民与全球治理/李其荣//侨务工作研究．—2013（5）．—38～41

526. 移植与再生：新加坡华人民间信仰的仪式建构/孟庆梓//河南师范大学学报（哲学社会科学版）．—2013（3）．—120～124

527. 以欧洲为例看“后危机时期”华商转型——《“后危机时期”世界经济转型与海外华商经济发展》摘编/林勇//侨务工作研究．—2013（3）．—34～37

528. 以色列的侨务政策及对中国的启示/庄国土，康晓丽//国际观察．—2013（6）．—56～62

529. 以中华文化为纽带增进与泰国华侨华人的联系和交流/张弓长，郭晓明//广西社会主义学院学报．—2013（4）．—34～36＋41

530. 意大利华工、侨汇与侨务资源的可持续发展/尹静//中国经贸导刊．—2013（17）．—61～63

531. 意大利撒丁岛地区华人移民状况探析/薛宏伟//贵州师范大学学报（社会科学版）．—2013（4）．—146～151

532. 意大利中国移民语言学习现状的调查与分析/施安德//八桂侨刊．—2013（3）．—40～44

533. 印度尼西亚本土汉语师资培训中的一些问题及策略/汪敏锋//东南亚纵横．—2013（1）．—75～79

534. 印度尼西亚华人及其经济地位/陈燕南，乔云//南洋资料译丛．—2013（3）．—73～76

535. 印度尼西亚华人政策与华人政治参与的历史分析———以政治精英构成为解释要素/龙异//暨南学报（哲学社会科学版）．—2013（5）．—132～137

536. 印度尼西亚“华人”问题的历史足迹/张登及，赖剑文//人民论坛．—2013（21）．—52～53

537. 印度尼西亚华侨陈子兴捐资兴学考/林俞男，程美好//海峡教育研究．—2013（2）．—39～41

538. 印度尼西亚华人穆斯林社团初探/江振鹏//华侨华人历史研究．—2013（4）．—34～41

539. 印度尼西亚华人与其他族群的关系及华人参政调查/江振鹏，丁丽兴//世界民族．—2013（3）．—61～68

540. 印度尼西亚孔子学院工作刍议/李启辉，姜兴山//东南亚研究．—2013（3）．—86～92

541. 印度尼西亚棉兰华裔学生汉语语言态度调查分析/郑军//云南师范大学学报（对外汉语教学与研究版）．—2013（05）．—63～69

542. 英国华文教育的历史与现状研究/耿红卫//海外华文教育．—2013（1）．—99～103

543. 英国华文媒体的发展、挑战及应对/魏群//对外传播．—2013（4）．—60～62

544. 英国华文媒体对提高我国国际传播能力作用分析/魏群//新闻实践．—2013

(6). —71 ~ 73

545. 英国五大华文周报探析/尧雪莲//东南传播. —2013 (6). —46 ~ 48

546. 英语运动及华语运动与新加坡华人的语言转移/黄明//西南民族大学学报（人文社会科学版). —2013 (3). —186 ~ 190

547. 英属马来亚华人饷码制度探析/沈燕清//东南亚研究. —2013 (4). —91 ~ 99

548. 盈亏与命运：一个海外客家社区的企业伦理与博彩实践/欧爱玲著；何小荣译//客家研究辑刊. —2013 (1). —149 ~ 160

549. 影响海外华商投资风险认知的因素分析——以温州籍华商样本为例/毛华配，徐华炳//华侨华人历史研究. —2013 (2). —38 ~ 45

550. 影响留学政策制定的主要因素分析/刘佳睿//长春理工大学学报（社会科学版). —2013 (8). —162 ~ 163

551. 用海外华文传媒提升中国国际话语权/彭枭婷//新闻世界. —2013(8). —346 ~ 347

552. 有关新加坡小学华文教材中新加坡元素的若干思考/徐峰//海外华文教育. —2013 (2). —113 ~ 123

553. 语言选择与文化认同——新加坡华人语言与文化发展轨迹刍议/左飚，谭慧敏//英语研究. —2006 (3). —31 ~ 35

554. 袁世凯与清末民初的留学教育/吴洪成，宋云青//河北大学成人教育学院学报. —2013 (2). —101 ~ 105

555. 越南驱赶华侨实录/孙纯福//文史精华. —2013 (10). —23 ~ 28

556. 云南沿边侨务工作的思考/刘云娥//侨务工作研究. —2013 (3). —27 ~ 28

557. “云中谁寄锦书来”——侨批：从家书到文化遗产/柯木林//闽商文化研究. —2013 (1). —33 ~ 47

558. 再谈华侨华人经济研究的几个问题/李国梁//八桂侨刊. —2013 (1). —7 ~ 11

559. 在非华人的安全风险与规避策略探析/周海金//社会主义研究. —2013(5). —138 ~ 145

560. 在夹缝中求生存和拓展——非洲华商发展的特点及原因/李其荣//广东社会科学. —2013 (2). —154 ~ 161

561. 早期华侨华人共同体的生存与发展——以东南亚洪门为例/夏雪//西部学刊. —2013(10). —63 ~ 138

562. 早期留学苏联的哈尔滨画家的贡献分析/杨佳//大众文艺. —2013(21). —59

563. 早期新加坡华人族群的内部关系（1819—1912）/汪鲸//百色学院学报. —2013 (4). —100 ~ 106

564. 曾少聪教授访谈录/郑一省//八桂侨刊. —2013 (3). —3 ~ 5

565. 张荫桓的爱国教育思想及华人权益保护实践/杨云//兰台世界. —2013 (31). —20 ~ 21

566. 漳州侨批百年/黄家祥//侨批文化. —2013 (18). —77 ~ 79

567. 浙籍海外人士和港澳同胞国内参政议政行为分析——以改革开放以来《浙江侨声报》报道为例/彭昳柔，徐华炳//八桂侨刊. —2013 (3). —34 ~ 39

568. 浙江高校留学回国人员使用状况实证研究/李小波//高等理科教育. —2013 (2). —42 ~ 47

569. 浙南华侨华人与中欧文化交流/郭剑波//浙江师范大学学报(社会科学版).—2013(4).—9～15

570. 挣扎与希望——西班牙华人移民群体现状分析/吴恙//西南石油大学学报（社会科学版）. —2013（4）. —31～37

571. 正本清源　拨乱反正——论廖承志新时期侨务理论与实践/彭进//侨务工作研究. —2013（2）. —33～35

572. 政治与文化禁忌：马来西亚华文儿童读物的翻译与出版/廖冰凌//世界华文文学论坛. —2013（4）. —41～46

573. 芝加哥华人:19世纪70年代至20世纪30年代的跨国移民与商业活动/令狐萍//华侨华人历史研究.—2013(3).—1～18

574. 制度视角下的海外侨胞回国参加政协会议机制：历史、现状与发展/陈文良//华侨华人历史研究. —2013（3）. —33～41

575. 治理家族与家业长青——香港华人家族企业的比较案例研究/杨学儒，朱沆，李军，郭萍//广东外语外贸大学学报. —2013（1）. —5～10

576. 致公党服务中国特色侨务公共外交的思考/吴棉国//福建省社会主义学院学报. —2013（2）. —17～21

577. 中法战争后华商在桂越边境贸易交往中的地位/杨帆//兰台世界. —2013（9）. —26～27

578. 中国90后大学生留学状况调查——基于11所高校和9家留学机构的调研/南开大学课题组//世界教育信息. —2013（10）. —53～57

579. 中国传统文化在“唐人街”的传承与认知——关于日本神户市“南京町”认知方法的研究/王小荣//天津大学学报（社会科学版）. —2013（2）. —131～134

580. 中国传统戏曲海外传播问题探究/陈国华//中国戏剧. —2013（10）. —70～71

581. 中国大学及以上学历学生出国留学意向动机调查/苏佳卓//科技信息. —2013（14）. —152～153+155

582. 中国电视节目海外华侨华人市场分析/薛华，程春丽，李梦溪//中国广播电视学刊. —2013（10）. —41～43+57

583. 中国共产党早期领导人的海外留学足迹/王建柱//党史文苑.—2013(3).—30～34

584. 中国海外留学生安全保护问题/周保凤//法制与社会. —2013（5）. —225～226

585. 中国海外留学生归国率影响因素的实证分析——2002年前后的比较/周亚莹，王艳艳//现代商业. —2013（9）. —286～288

586. 中国海外留学生群体安全利益的维护/李涛//学术探索.—2013(10).—103～107

587. 中国海外智力回流影响动因的实证研究——基于动态面板模型的经验分析/杨河清，陈怡安//经济经纬. —2013（3）. —86～90

588. 中国华侨历史学会六届三次理事会议在京召开/蒙奇//华侨华人历史研究.—2013(1).—74～75

589. 中国近代留美学生问题研究综述/郭丽君，许祎凡//文史博览（理论）. —2013（5）. —4～5+14

590. 中国留美学生留学情况调查与分析/杨影//经济研究导刊.—2013(16).—236～237

591. 中国梦：人才梦——中国引进海外人才的环境建构/胡春艳//广西青年干部学院学报. —2013（4）. —12~15

592. 中国梦与“侨乡关系”的话题变迁/施雪琴//侨务工作研究. —2013(4). —29~31

593. “中国侨批·世界记忆工程”国际研讨会发言摘要//中国档案报. —2013-04-26

594. “中国侨批·世界记忆”国际会议综述/王晓欧，苏燕梅，喻良//八桂侨刊. —2013(1). —72~75

595. 中国侨务公共外交的兴起/赵可金，刘思如//东北亚论坛. —2013（5）. —13~23+128

596. “中国软实力威胁论”的缺陷——以东南亚为例/顾国平//东南亚研究. —2013（4）. —32~40

597. 中国网络媒体影响下加拿大华文媒体的融合——浅析《环球华报》应对策略/糜晓昕//新闻传播. —2013（2）. —217~218

598. 中国文化符号在海外传播现状初探/王丽雅//国际新闻界. —2013(5). —74~83

599. 中国文化海外传播的困境与对策——访夏威夷大学孔子学院中方院长李期铿/奚刘琴，李期铿//南京林业大学学报（人文社会科学版）. —2013（1）. —120~125

600. 中国文化走出去的自觉与自信——基于海外孔子学院成败得失的分析/王宁//探索与争鸣. —2013（1）. —26~28

601. 中国现行海外留学人员引进政策特征研究/陈峥，李函颖//湖北文理学院学报. —2013（9）. —57~60+67

602. 中国学生海外留学过程中文化冲击现象研究/吴秀辉，王姝//科技创业家. —2013(2). —190+192

603. 中国寻根之旅与文化认同及华文教育之关系/王治理，蓝莉蓉//绍兴文理学院学报（哲学社会科学）. —2013（5）. —112~116

604. 中国与国际移民组织：融入与发展/郭秋梅//华侨华人历史研究. —2013（4）. —23~33

605. 中缅边界少数民族无国籍人口问题研究——以建国初期云南省福贡县外流边民群体为中心/曹维盟//八桂侨刊. —2013（3）. —27~33

606. 中日汉字异同比较与华文教育/林祁//海外华文教育. —2013（2）. —205~210

607. 中山华侨捐资兴学调查研究与思考——以电子科技大学中山学院《中山华侨捐资兴学调查》为例/茹美霞//社科纵横. —2013（12）. —170~172

608. 中泰幼儿华文教师课堂有效互动策略研究/闫慧娟//海外华文教育. —2013（3）. —260~264

609. 中西合璧庭园之美——闽南华侨别墅庭园研究/赵洋//郑州轻工业学院学报（社会科学版）. —2013（1）. —109~112

610. 中新关系中的佛教——宏船法师及其访华（1982—1990）/谢明达//东南亚研究. —2013（4）. —78~84+90

611. 中印两国吸引侨资政策及其绩效比较/张赛群//河北大学学报（哲学社会科学版）. —2013（5）. —79~84

612. 朱杰勤与东南亚华侨史研究——以《东南亚华侨史丛书》为例/王亚芳//东南亚

南亚研究．—2013（1）．—86～89

613．珠海吸引海外留学人员的政策分析/罗希明//广东广播电视大学学报．—2013（3）．—13～17

614．走向多元化的当代中国留美学生——留美学生的新特点与新问题/王秋菊//江苏师范大学学报（哲学社会科学版）．—2013（4）．—6～16

615．作为研究主体的"客人"——以美国华人移民田野调查体验为例/黎相宜//开放时代．—2012（10）．—148～158

台港及海外中文期刊论文

1．1908：黄祸论的一年：中、德、英三国文本的比较/孙隆基//成大历史学报．—2013（45）．—47～85

2．1950年代马来亚的华校学生运动之研究/曹淑瑶//台湾师大历史学报．—2013（49）．—307～339

3．19世纪上半叶马六甲青云亭亭主领导权的式微与再造尝试/宋燕鹏//华人研究国际学报．—2013，5（2）．—45～61

4．2012年广东华侨华人研究学术会议报道/张应龙//华人研究国际学报．—2013，5（1）．—79～82

5．Charlie Wong Hing 和他未曾谋面的儿子的故事/李塔娜，麦欧文//南方华裔研究．—2013，6．—166～171

6．澳洲淘金热中华人移民的生产技艺及其影响/费晟//南方华裔研究．—2013，6．—145～154

7．巴西招徕台湾人移民——1960年代我国政府的态度与人民的反应/汤熙勇//人口学刊．—2013（46）．—87～119

8．北美地区中文学校教学现况的调查与分析/方丽娜//高雄师大学报（人文与艺术类）．—2013（35）．—35～55

9．本土、区域、跨国：海外华人研究再思考——世界海外华人研究学会第八届国际会议活动报告/范磊//华人研究国际学报．—2013，5（2）．—85～102

10．槟榔屿福建女学校的毕业证书诉说华侨教育的艰辛史/焦继承//邮史研究．—2013（30）．—110～113

11．重启南洋大学精神的记忆——纪念陈六使逝世四十周年学术活动的省察/陈佳君//应华学报．—2013（13）．—195～214

12．传承与建构——华人文化调适的研究思路/安焕然//马来西亚人文与社会科学学报．—2013，2（1）．—1～12

13．传递与发展：华侨华人与中外人文交流——第八届"海外人才与中国发展"国际学术研讨会述评/李其荣，倪志荣//华人研究国际学报．—2013，5（1）．—65～77

14．从"台北学校"到"国际学校"——"泰国中华国际学校"跨文化交际华语文教学/陈品，谢忠安//侨教与海外华人研究学报．—2013（2）．—105～130

15. 从四个文化机制看华人人际传播："拉近"、"推远"、"弹性化"与"复杂化"/张惠晶//传播与社会学刊. —2013 (24). —193～223

16. 从语言学的角度对新加坡华文教育进行的一点思考/潘秋平//国文天地. —2013, 28 (11). —19～29

17. 大马华人私会党溯源/林友顺//亚洲周刊. —2013, 27 (36). —13

18. 大马华文教育发展所以能优于东协各国之原因研探/余宗发//中原华语文学报. —2013 (11). —99～118

19. 地方文献与华侨史研究：从地方史料看五邑地区的"侨乡文化"/黎志刚，袁子贤//南方华裔研究. —2013, 6. —155～165

20. 读经教育是海外华裔子女中文教育的解决之道/杨嵋//语文教育学报. —2013 (1). —222～244

21. 读经教育在国家教育体制内的实践——以马来西亚为例/谢川成//语文教育学报. —2013 (1). —245～262

22. 读经教育在国家教育体制内和体制外的实践/谢川成//南方大学学报. —2013, 1 (1). —5～26

23. 多元共生的想象：《马来亚少年》与战后马来亚华人的儿童观/廖冰凌，伍燕翎//哲学与文化. —2013, 40 (2). —21～43

24. 多元语境下的身份和价值取向——论海外华文学术期刊的中国化与国际化关系/子夜//澳门理工学报（人文社会科学版）. —2013, 16 (3). —111～119＋204～205

25. 俄罗斯华商的生存困境与行动策略：莫斯科实地调查/于涛//华人研究国际学报. —2013, 5 (2). —63～78

26. 二战后新加坡华社争取公民权运动：对现有研究成果的讨论与反思/李奕志//南方大学学报. —2013, 1 (1). —63～79

27. 番平千万不通行——闽南"过番歌"中的历史记忆与劝世话语/柯荣三//民俗曲艺. —2013 (179). —185～222

28. 菲律宾华文教育的推动——以菲律宾华教中心为例/夏诚华//侨教与海外华人研究学报. —2013 (2). —11～74

29. 菲律宾华文学校的困境与出路——从教育替代役男、华语文教学实习教师切入/夏诚华//侨教与海外华人研究学报. —2013 (1). —107～125

30. 改宗与族群认同：印度尼西亚华裔穆斯林宣教师对华人的宣教策略/邱炫元//新世纪宗教研究. —2013, 12 (1). —57～88

31. 海外华人及台侨之分布/侨务统计年报101年度//. —2013 (9). —9～14

32. 后殖民/本土的马来亚——王润华《热带雨林与殖民地》的拘禁与流动书写/解昆桦//南方大学学报. —2013, 1 (1). —103～124

33. 混血（语）化脉络中的华语语系研究/洪子惠//中山人文学报. —2013 (35). —47～67

34. 金门侨汇学校的美丽见证——水头金水国小史话/王派仁//国立历史博物馆馆刊. —2013, 23 (6). —58～63

35. 近代澳门的华商海内外联号/张晓辉//澳门理工学报(人文社会科学版). —2013,

16(3). —40 ~48 +202

36. 近代海外华商与教育：以马来（西）亚客籍商人为例/曹淑瑶//海外华人研究. —2013（7）. —55 ~76

37. 近十年来台湾的侨教与海外华人研究回顾与展望（2001—2011）/邱炫煜//侨教与海外华人研究学报. —2013（1）. —1 ~30

38. 开创南洋的在地娱乐文化——谈新加坡“丽的呼声”厦语广播/黄文车//国文天地. —2013，28（8）. —83 ~88

39. 烈日·苦寒：1920 年俄罗斯国麻盖华人遇害事件之研究/黄文德//侨教与海外华人研究学报. —2013（2）. —145 ~164

40. 留日新华侨：当代中国人移居日本形态及特征分析/刘双//华人研究国际学报. —2013，5（2）. —1 ~21

41. 旅日华侨与中华文化之发展/陈哲灿//孔学与人生. —2013（65）. —18 ~20

42. 论东南亚本土华语电视发展/陈伟之//侨教与海外华人研究学报. —2013（1）. —55 ~69

43. 马来西亚佛教慈善事业初探——以槟城华人佛教组织为例/陈秋平//南方大学学报. —2013，1（1）. —43 ~62

44. 马来西亚华文独立中学“校本教师专业发展”之现况/黄祯玉//教育资料集刊. —2013（58）. —25 ~42

45. 马来西亚四会籍华人的社团组织及阮梁圣佛信仰考察/石沧金//马来西亚人文与社会科学学报. —2013，2（1）. —45 ~54

46. 马来亚共产党研究之回顾与展望/何启才//马来西亚人文与社会科学学报. —2013,2(1). —29 ~44

47. 马六甲的过去与现况：以华人语言与文化为例/陈慕真，蔡惠名，王桂兰//台湾学志. —2013（7）. —127 ~140

48. 美国华文报业的发展及对华社的影响——以《世界日报》为例/陈静瑜//侨教与海外华人研究学报. —2013（2）. —75 ~104

49. 美籍华裔生学习华语文过程之身份与文化认同研究/邱凡芸//侨教与海外华人研究学报. —2013（1）. —127 ~138

50. 评史书美、蔡建鑫、贝纳子（编）《华语语系研究批判读本》/苏颖欣//中山人文学报. —2013（35）. —165 ~167

51. 葡属东非华人二三事/周麟//海外华人研究. —2013（7）. —1 ~19

52. 侨生及华裔青年之联系与辅导/侨务统计年报101年度//. —2013(9). —49 ~68

53. 邱菽园研究的回顾与前瞻/王兵//汉学研究通讯. —2013，32（2）. —17 ~25

54. 人口迁徙、性别结构及其社会文化变迁：从侨乡到战地的金门/江柏炜//人口学刊. —2013（46）. —47 ~86

55. 日治时期台湾留日学生在中国活动之状况，1895—1945/卞凤奎//海外华人研究. —2013（8）. —37 ~87

56. 砂拉越华人在马来西亚建国过程中扮演的角色/陈伟玉//海外华人研究. —2013（7）. —77 ~107

57. 十九世纪末槟城华人社会之花会赌博现象/余小慧//南方大学学报. —2013，1（1）. —79～102

58. 史料与视野:2012年6月—2013年6月福建华侨华人研究学术活动巡礼/水海刚//华人研究国际学报.—2013,5(2).—79～83

59. 试论许云樵的马新暹史研究/廖文辉//马来西亚人文与社会科学学报. —2013，2（1）. —13～28

60. 书评：马来西亚史/廖文辉//马来西亚人文与社会科学学报. —2013，2（1）. —69～71

61. 书评：陈六使与南洋大学（利亮时）/张晓威//华人研究国际学报. —2013，5（1）. —91～94

62. 书评：当代印度尼西亚华人的认同：文化、政略与媒体（云昌耀）/杨聪荣//华人研究国际学报. —2013，5（1）. —87～90

63. 书评:东南亚的华人离散群体:印支地区的海外华人(特蕾西·巴雷特)/彭慧//华人研究国际学报.—2013,5(2).—121～125

64. 书评：广东与离散华人：侨乡风貌的变迁（游俊豪）/潮龙起//华人研究国际学报. —2013，5（2）. —107～110

65. 书评：华人族裔企业：全球与在地的视野（方伟晶、陆超明编）/杨妍//华人研究国际学报. —2013，5（1）. —95～98

66. 书评:跨界亚洲的理念与实践:中国模式·华人网络·国际关系(刘宏)/武斌//华人研究国际学报.—2013,5(1).—83～85

67. 书评：李承基先生访问记录（黎志刚）/吴晓璐//南方华裔研究. —2013，6. —195～199

68. 书评：却恐他乡胜故乡——评 Philip A. Kuhn，*Chinese among Others*：*Emigration in Modern Times*（Lanham，MD：Rowman & Littlefield Publishers，2008）/梁加农//二十一世纪. —2013（140）. — 125～132

69. 书评：世界各地的唐人街：镀金贫民区、多元族裔区、文化离散（王保华、陈志明编）/刘海铭//华人研究国际学报. —2013，5（2）. —111～114

70. 书评：中国留守妻子：1930 年代至 1950 年代东南亚华侨华人的福建家庭（沈惠芬）/陈佩珊//华人研究国际学报. —2013，5（1）. —95～101

71. 台湾华语文相关系所“华人社会与文化”课程纲要举隅与论析/马宝莲//台北大学中文学报. —2013（35）. —65～80

72. 台湾人才之培育——兼论留学政策问题/赖泽涵//台湾教育. —2013（684）. —14～16

73. 台湾中区大学与广州暨南大学之海外华文教育合作座谈会纪要/吴贞慧，张雅雯，曾华隆，蔡贵琳//华文世界. —2013（111）. —65～70

74. 五十年来中国哲学的花果飘零与海外华人生命意义构想/沈清松//汉学研究.—2013,31(2).—7～34

75. 辛亥前后革命派宣传活动与华侨民族民主意识的觉醒/章扬定，陈庆胜//澳门理工学报（人文社会科学版）. —2013，16（1）. —183～190＋207

76. 新加坡的中国新移民：认同困境与治理路径/范磊//华人研究国际学报. —2013，5（2）. —23～43

77. 新加坡的族群政治/谢国斌//台湾国际研究季刊. —2013，9（1）. —33～58

78. 新加坡独立前崛起的华商文化资本积累/龙坚//华人研究国际学报. —2013，5（1）. —27～46

79. 新加坡独立以来各阶段华文课程与教学改革重点及其影响与评价（1965—2010）/陈之权//中原华语文学报. —2013（11）. —73～97

80. 新加坡华文教育——经历和前景/李子玲//国文天地. —2013，28（11）. —11～18

81. 新加坡华文学术期刊的发展：困境与机遇/李元瑾//澳门理工学报（人文社会科学版）. —2013，16（3）. —129～136+205

82. "虚构"的文化霸权抗衡：马来西亚《星洲日报》的"道德—文化"营销策略批判（1988—2010）/庄迪澎//新闻学研究. —2013（115）. —51～91

83. "亚裔人"、"黄种人"、"名誉白人"？——亚裔族群在美国种族分层制度中的社会定位和身份认同/周敏//华人研究国际学报. —2013，5（1）. —1～12

84. 一战华工招募与中英交涉（1916—1919）/张岩//海外华人研究. —2013（7）. —109～148

85. 以行为展演与叙事经验建构身份认同：马来西亚槟榔屿与华人穆斯林之个案研究/吴佩谦//新世纪宗教研究. —2013，12（1）. —89～117

86. 印度尼西亚籍华语学生对当地华语教育环境之观点研究/廖宜瑶，廖婉君//侨教与海外华人研究学报. —2013（1）. —31～53

87. 由《全球华语词典》之收编词语观"小区词"意涵之价值/刘怡如//中原华语文学报. —2013（12）. —1～22

88. 与公民互动：中国新移民在新加坡/游俊豪//华人研究国际学报. —2013，5（1）. —13～26

89. 越南的明乡人与华人移民的族群认同与本土化差异/蒋为文//台湾国际研究季刊. —2013，9（4）. —87～114

90. 越南胡志明市华人的当代水墨画/黄阮垂庄//鹅湖. —2013，38（10）. —61～64

91. 越南金门人与他们的社会/阮玉诗，刘俊英//鹅湖月刊. —2013（462）. —58～64

92. 战后日本华侨社会的重建与结构变化：台湾人的抬头与错综复杂的东亚政治归属意识/陈来幸著；许琼丰译//台湾风物. —2013，63（1）. —135～161

英文期刊论文

1. A Certificate in Accordance with the Act/Powe，Brad// CHINESE SOUTHERN DIASPORA STUDIES. —2013（Vol. 6）. —113－122

2. A Neglected Story：Christian Missionaries，Chinese New Villagers，and Communists in the Battle for the "Hearts and Minds" in Malaya，1948－1960/ Hing，Lee Kam// MODERN ASIAN STUDIES. —2013（Vol. 47，No. 6）. —1977－2006

3. A Tale of Two American Cities: Disaster, Class and Citizenship in San Francisco 1906 and New Orleans 2005/ Kroll – Smith, Steve; Brown – Jeffy, Shelly// JOURNAL OF HISTORICAL SOCIOLOGY. —2013 (Vol. 26, No. 4). —527 – 551

4. A Three – Generation Study of Chinese Immigrant Extended Family Child Caregiving Experiences in the Preschool Years/ Conn, Bridgid Mariko; Marks, Amy K.; Coyne, Lisa // RESEARCH IN HUMAN DEVELOPMENT. —2013 (Vol. 10, No. 4). —308 – 331

5. A True Sino – Japanese Amity? Collaborationism and the Yokohama Chinese (1937 – 1945) / Han, Eric// JOURNAL OF ASIAN STUDIES. —2013 (Vol. 72, No. 3). —587 – 609

6. Adapting to Context in Community – Based Participatory Research: "Participatory Starting Points" in a Chinese Immigrant Worker Community/ Chang, Charlotte; Salvatore, Alicia L.; Lee, Pam Tau; et al. // AMERICAN JOURNAL OF COMMUNITY PSYCHOLOGY. —2013 (Vol. 51, No. 3/4). —480 – 491

7. Aggression and Perceived National Face Threats in Mainland Chinese and Taiwanese CMC Discussion Boards/ Kadar, Daniel Z.; Haugh, Michael; Chang, Wei – Lin Melody// MULTILINGUA – JOURNAL OF CROSS – CULTURAL AND INTERLANGUAGE COMMUNICATION. —2013 (Vol. 32, No. 3). —343 – 372

8. An Example of Usury within the Chinese Community: an Account from Wagga Wagga, 1923 – 1927/ McGowan, Barry; Li, Tana// CHINESE SOUTHERN DIASPORA STUDIES. —2013(Vol. 6). —172 – 177

9. An Imagination of Multicultural Coexistence: Young Malayans and the Concept of Children in Malaya after World War II/ Leng, Liau Ping; Leng, Ng Yean// UNIVERSITAS – MONTHLY REVIEW OF PHILOSOPHY AND CULTURE. —2013 (Vol. 40, No. 2). —21 – 43

10. Ancestor Power: Marriage Ritual of a Hakka Community in Sarawak, Malaysia/ Chai Elena Gregoria Chin Fern// MALAYSIAN JOURNAL OF CHINESE STUDIES. —2013 (Vol. 2, NO. 1). —35 – 48

11. At the Interface of Ethnicity and Recent Immigration: Family Functioning of Chinese with School – age Children in Canada/ Dyson, Lily L.; Qi, Jimmy; Wang, Mancia// JOURNAL OF CHILD AND FAMILY STUDIES. —2013 (Vol. 22, No. 8). —1061 – 1073

12. Beyond Chinese Groupism: Chinese Australians between Assimilation, Multiculturalism and Diaspora/ Ang, Ien//ETHNIC AND RACIAL STVDIES. —2013. —1 – 13

13. Book Review: Chinese Labor in a Korean Factory: Class, Ethnicity and Productivity on the Shop Floor in Globalizing China/ Pringle, Tim// CHINA QUARTERLY. —2013 (No. 216). —1065 – 1067

14. Book Review: Chinese Migrants in Russia, Central Asia and Eastern Europe/ Zabyelina, Yuliya// EUROPE – ASIA STUDIES. —2013 (Vol. 65, No. 10). —2029 – 2030

15. Book Review: Escape to Gold Mountain: A Graphic History of the Chinese in North America/ Carleton, Sean// HISTOIRE SOCIALE – SOCIAL HISTORY. —2013(Vol. 46, No. 92). —509 – 522

16. Book Review: Plague, Fear, and Politics in San Francisco's Chinatown/ Echenberg, My-

ron// BULLETIN OF THE HISTORY OF MEDICINE. —2013(Vol. 87, No. 4). —699 - 701

17. Book Review: Plague, Fear, and Politics in San Francisco's Chinatown/ Conis, Elena// ISIS. —2013 (Vol. 104, No. 3) . —634 - 635

18. Book Review: Plague, Fear, and Politics in San Francisco's Chinatown/ Davies, Andrea Rees// PACIFIC HISTORICAL REVIEW. —2013 (Vol. 82, No. 3) . —456 - 458

19. Book Review: The Chinatown War: Chinese Los Angeles and the Massacre of 1871/ Jew, Victor// WESTERN HISTORICAL QUARTERLY. —2013 (Vol. 44, No. 4) . —480 - 481

20. Book Review: The Chinatown War: Chinese Los Angeles and the Massacre of 1871/ Lee, Erika// JOURNAL OF AMERICAN HISTORY. —2013 (Vol. 100, No. 1) . —217 - 218

21. Book Review: Chinatown in a Globalization Southeast Asia, Edited by Leo Suryadinata and Ang Cher Kiat/ Voon, Phin Keong// MALAYSIAN JOURNAL OF CHINESE STUDIES. —2013 (Vol. 2, No. 1) . —107 - 110

22. Book Review: Chinese Chicago: Race, Transnational Migration, and Community since 1870/ To, Wing - Kai // JOURNAL OF CHINESE OVERSEAS. —2013(Vol. 9, No. 2) . —273 - 275

23. Book Review: Chinese Indonesians and Regime Change/ Hoon, Chang - Yau// CHINA REVIEW - AN INTERDISCIPLINARY JOURNAL ON GREATER CHINA. —2013 (Vol. 13, No. 1) . —178 - 180

24. Book Review: Overseas Chinese Christian Entrepreneurs in Modern China: a Case Study of the Influence of Christian Ethics on Business Life/ Cao, Nanlai // JOURNAL OF CHINESE OVERSEAS. —2013 (Vol. 9, No. 1) . —90 - 92

25. Book Review: Overseas Chinese Christian Entrepreneurs in Modern China: a Case Study of the Influence of Christian Ethics on Business Life/ Lau, Sin Wen // ASIAN STUDIES REVIEW . —2013 (Vol. 37, No. 2, SI) . —273 - 274

26. Book Review: Overseas Chinese in the People's Republic of China/ Chin, James K . // PACIFIC AFFAIRS. —2013(Vol. 86, No. 3) . —631 - 633

27. Book Review: Peranakan Chinese in Penang and the Region: Evolving Identities and Networks/ Foong, Hui Yew // JOURNAL OF CHINESE OVERSEAS. —2013(Vol. 9, No. 1) . —93 - 94

28. Book Review: Sound and Script in Chinese Diaspora/ Rojas, Carlos // AMERICAN HISTORICAL REVIEW . —2013 (Vol. 118, No. 3) . —831 - 832

29. Book Review: Strangers at Home: History and Subjectivity among the Chinese Communities of West Kalimantan, Indonesia/Kitamura, Yumi // JOURNAL OF CHINESE OVERSEAS. —2013 (Vol. 9, No. 2) . —276 - 277

30. Book Review: Strangers at Home: History and Subjectivity among the Chinese Communities of West Kalimantan, Indonesia/ Carstens, Sharon A. // JOURNAL OF ASIAN STUDIES. —2013(Vol. 72, No. 1). —171 - 172

31. Book Review: The Chinese as Seen by the Western Illustrators in the 19th Century/ Inouye, Melissa Wei - Tsing // JOURNAL OF CHINESE OVERSEAS. —2013(Vol. 9, No. 1) . —87 - 89

32. Book Review: The Chinese Diaspora on American Screens: Race, Sex, and Cinema/ Okada, Jun // JOURNAL OF ASIAN STUDIES . —2013 (Vol. 72, No. 3) . —676 - 678

33. Brokering Belonging: Chinese in Canada's Exclusion Era, 1885 - 1945/ Chung, Sue Fawn// JOURNAL OF AMERICAN ETHNIC HISTORY. —2013(Vol. 32, No. 2). —139 - 140

34. Building Juniper: Chinese Canadian Motivations for Volunteering and Experiences of Community Development/Yuen, Felice LEISURE // JOURNAL OF THE CANADIAN ASSOCIATION FOR LEISURE STUDIES. —2013 (Vol. 37, No. 2) . —159 - 178

35. Calgary's Chinese Kinship Associations: Their Role in Chinese Canadian Integration/ Sciban, Lloyd; Wong, Lloyd // JOURNAL OF CHINESE OVERSEAS. —2013 (Vol. 9, No. 1) . —59 - 86

36. Calibrated Ambitions: Low Educational Ambition as a Form of Strategic Adaptation among Chinese Youth in Spain/ Yiu, Jessica// INTERNATIONAL MIGRATION REVIEW. —2013 (Vol. 47, No. 3). —573 - 611

37. Challenging Homophobia and Heterosexism through Storytelling and Critical Dialogue among Hong Kong Chinese Immigrant Parents in Toronto/ Wong, Josephine Pui - Hing; Poon, Maurice Kwong - Lai // CULTURE HEALTH & SEXUALITY . —2013(Vol. 15 No. 1) . —15 - 28

38. Chinese American Immigrant Mothers' Discussion of Emotion with Children: Relations to Cultural Orientations/ Tao, Annie; Zhou, Qing; Lau, Nancy; et al. // JOURNAL OF CROSS - CULTURAL PSYCHOLOGY. —2013 (Vol. 44, No. 3) . —478 - 501

39. Chinese Australian Women in White Australia: Utilising Available Sources to Overcome the Challenge of "Invisibility" /Kamp, Alanna// CHINESE SOUTHERN DIASPORA STUDIES. —2013 (Vol. 6) . —75 - 101

40. Chinese Chicago: Race, Transnational Migration, and Community since 1870/Zarsadiaz, James// JOURNAL OF ASIAN AMERICAN STUDIES. —2013 (Vol. 16, No. 3) . —343

41. Chinese Film Exhibition in Occupied Manila (1942 - 1945)/ Taylor, Jeremy E. // MODERN ASIAN STUDIES. —2013(Vol. 47, No. 5). —1588 - 1621

42. Chinese Food and Foodways in Southeast Asia and beyond by Tan Chee - Beng (ed.)/ Cooper, Elizabeth Elliott// ECOLOGY OF FOOD AND NUTRITION. —2013(Vol. 52, No. 1). —85 - 91

43. Chinese Migrant Families Raising a Child with a Disability in Australia: A Negotiation of Cultures/ Barton, Rebecca; Llewellyn, Gwynnyth; Mayes, Rachel; et al. // JOURNAL OF POLICY AND PRACTICE IN INTELLECTUAL DISABILITIES . —2013(Vol. 10, No. 2) . —106

44. Chinese Migration to Singapore: Discourses and Discontents in a Globalizing Nation - State/ Yeoh, Brenda S. A. ; Lin, Weiqiang// ASIAN AND PACIFIC MIGRATION JOURNAL. —2013 (Vol. 22, No. 1). —31 - 54

45. Chinese New Zealanders: an Inventory of Records Held by Archives New Zealand/Harnett, Wendy// CHINESE SOUTHERN DIASPORA STUDIES. —2013 (Vol. 6) . —178 - 194

46. Chinese Newcomers in Japan: Migration Trends, Profiles and the Impact of the 2011 Earthquake/ Liu - Farrer, Gracia// ASIAN AND PACIFIC MIGRATION JOURNAL. —2013 (Vol. 22, No. 2) . —231 - 257

47. Chinese Overseas M&A Performance and the Go Global Policy/ Gu, Lulu; Reed, W. R . //ECONOMICS OF TRANSITION . —2013 (Vol. 21, No. 1) . —157 - 192

48. Chinese Overseas Remittances to China: the Perspective from Southeast Asia/ Cheok, Cheong Kee; Hing, Lee Kam; Lee, Poh Ping // JOURNAL OF CONTEMPORARY ASIA . —2013 (Vol. 43, No. 1) . —75 - 101

49. Chinese Political Values in Colonial Victoria: Lowe Kong Meng and the Legacy of the July 1880 Election/ Macgregor, Paul // JOURNAL OF CHINESE OVERSEAS. —2013 (Vol. 9, No. 2) . —135 - 175

50. Chinese Professional Immigrants in Australia: a Gendered Pattern in (Re) Building Their Careers/ Cooke, Fang Lee; Zhang, Jiaying; Wang, Jue// INTERNATIONAL JOURNAL OF HUMAN RESOURCE MANAGEMENT. —2013 (Vol. 24, No. 13) . —2628 - 2645

51. Chinese Students in Japan: The Mediator and the Moderator between Their Personality and Mental Health/ Sun, Yi// INTERNATIONAL JOURNAL OF PSYCHOLOGY. —2013 (Vol. 48, No. 3) . —215 - 223

52. "Chinese, but Not Quite": Huaqiao and the Marginalization of the Overseas Chinese/ Ong, Soon Keong // JOURNAL OF CHINESE OVERSEAS. —2013 (Vol. 9, No. 1) . —1 - 32

53. Class Habitus: Middle - Class Chinese Immigrant Parents " Investment in Their Newcomer Adolescents" L2 Acquisition and Social Integration/ Chao, Xia // ANTHROPOLOGY & EDUCATION QUARTERLY . —2013 (Vol. 44, No. 1) . —58 - 74

54. Code - switching in the Conversations of the Chinese Trading Community in Africa: The Case of Botswana How English, Setswana, and Chinese Are Used to Accomplish Business Goals in Botswana/ Akhidenor, Anthonia Eboseremen// ENGLISH TODAY. —2013(Vol. 29, No. 4). —30 - 36

55. Comparison of Major Depressive Disorder Onset among Foreign - Born Asian Americans: Chinese, Filipino, and Vietnamese Ethnic Groups Full Text Online/ Lee, Sungkyu; Choi, Sunha; Matejkowski, Jason// PSYCHIATRY RESEARCH. —2013 (Vol. 210, No. 1) . —315

56. Confidant Relations among Taiwanese: Implications for Ethnic Chinese Health Care Treatment/ Hoffman, Edward; Nishimura, Michiko; Isaacs, Jenny; et al. // CURRENT PSYCHOLOGY. —2013 (Vol. 32, No. 1) . —60 - 70

57. Confucian Heritage, Public Narratives and Community Politics of Chinese Australians at the Beginning of the Twentieth Century/ Kuo, Mei - fen // JOURNAL OF CHINESE OVERSEAS. —2013 (Vol. 9, No. 2) . —212 - 244

58. Confucius or Mozart? Community Cultural Wealth and Upward Mobility among Children of Chinese Immigrants/ Lu, Wei - Ting// QUALITATIVE SOCIOLOGY. —2013 (Vol. 36, No. 3) . —303 - 321

59. Coparenting in Immigrant Chinese Canadian Families: the Role of Discrepancies in Acculturation and Expectations for Adolescent Assistance/Chance, Lauren J. ; Costigan, Catherine L. ; Leadbeater, Bonnie J. // JOURNAL OF FAMILY PSYCHOLOGY. —2013(Vol. 27, No. 6). —905 - 914

60. Cultural Sustainability and Loss in Sydney's Chinese Community Full Text Online/Ng, Nicholas// HUMANITIES RESEARCH. —2013 (Vol. 19, No. 3) . —111

61. Dancing Dragons: Reflections on Creating a Cultural History of the Chinese Australian Community/Edwards, Grace// CHINESE SOUTHERN DIASPORA STUDIES. —2013(Vol. 6) . —102 - 111

62. Decolonization, Educational Language Policy and Nation Building in Plural Societies: the Development of Chinese Education in Malaysia, 1950 – 1970/ Sua, Tan Yao// INTERNATIONAL JOURNAL OF EDUCATIONAL DEVELOPMENT. —2013 (Vol. 33, No. 1). —25 – 36

63. Developing an Older Adult Volunteer Program in a New York Chinese Community: an Evidence – Based Approach Full Text Online/ Mui, Ada C; Glajchen, Myra; Chen, Huajuan; Sun, Juanjuan// AGEING INTERNATIONAL. —2013 (Vol. 38, No. 2). —108 – 121

64. Diaspora and Class Consciousness: Chinese Immigrant Workers in Multiracial Chicago/ Min, Pyong Gap // CONTEMPORARY SOCIOLOGY – A JOURNAL OF REVIEWS. —2013 (Vol. 42, No. 6). —856 – 858

65. Does Ethnicity Pay? Evidence from Overseas Chinese FDI in China/ Huang, Yasheng; Jin, Li; Qian, Yi // REVIEW OF ECONOMICS AND STATISTICS. —2013(Vol. 95, No. 3). —868 – 883

66. "Dreams of Oriental Romance" Reinventing Chinatown in 1930s Los Angeles/ Ward, Josi// BUILDINGS & LANDSCAPES – JOURNAL OF THE VERNACULAR ARCHITECTURE FORUM. —2013 (Vol. 20, No. 1). —19 – 42

67. Electric Pagodas and Hyphenate Gates: Folklore, Folk Life, and the Architecture of Chinatown/ Kyan, Winston// AMERASIA JOURNAL. —2013 (Vol. 39, No. 2). —25 – 47

68. Employment, Entrepreneurship, and Citizenship in a Globalised Economy: the Chinese in Prato/ Barbu, Mirela; Dunford, Michael; Liu Weidong // ENVIRONMENT AND PLANNING. —2013 (Vol. 45, No. 10). —2420 – 2441

69. "Every Day a New Shop Pops Up" – South Africa's "New" Chinese Diaspora and the Multilingual Transformation of Rural Towns/ Deumert, Ana; Mabandla, Nkululeko // ENGLISH TODAY. —2013 (Vol. 29, No. 1). —44 – 52

70. Examing the Demographic Change of the Ethnic Chinese in Vietnam since 1975/Ramses amer//MALAYSIAN JOURNAL OF CHINESE STUDIES. —2013 (Vol. 2, No. 1). —1 – 34

71. Faith, Conversion, and Challenge: A Qualitative Study of Chinese Immigrant Christian Marriage (in the USA) / Lu, Yaxin; Marks, Loren D.; Nesteruk, Olena; et al. // JOURNAL OF COMPARATIVE FAMILY STUDIES. —2013 (Vol. 44, No. 2). —227

72. From Caregivers to Caretakers: the Impact of Family Roles on Ethnicity among Children of Korean and Chinese Immigrant Families/ Chung, Angie Y. // QUALITATIVE SOCIOLOGY. —2013 (Vol. 36, No. 3). —279 – 302

73. Historical Institutional Analysis of Ethnic Financial Institutions: a Study of the Chinese Banks in Sarawak/ Chen,Tsung – Yuan// MALAYSIAN JOURNAL OF CHINESE STUDIES. —2013(Vol. 2, No. 1). —49 – 68

74. Historicizing the "Ethnic" in Ethnic Entrepreneurship: the Case of the Ethnic Chinese in Bangkok/ Koning, Juliette; Verver, Michiel // ENTREPRENEURSHIP AND REGIONAL DEVELOPMENT. —2013 (Vol. 25, No. 5/6). —325 – 348

75. Home, City and Diaspora: Anglo-Indian and Chinese Attachments to Calcutta/ Blunt, Alison; Bonnerjee, Jayani// GLOBAL NETWORKS. —2013 (Vol. 13, No. 2). —220 – 240

76. How Gold Rush Immigrants Can Talk to Today's Kids: Using Nineteenth – Century Can-

tonese-English Phrasebooks in the Classroom/ Couchman, Sophie; Ercole, Silvia// CHINESE SOUTHERN DIASPORA STUDIES. —2013 (Vol. 6). —129 - 133

77. Idealism, Imperialism, and Internationalism: Opium Politics in the Colonial Philippines, 1898 - 1925/ Wertz, Daniel J. P. // MODERN ASIAN STUDIES. —2013 (Vol. 47, No. 2). —467 - 499

78. Ideals and Realities in Chinese Immigrant Parenting: Tiger Mother Versus Others/ Guo, Karen // JOURNAL OF FAMILY STUDIES . —2013 (Vol. 19, No. 1). —44 - 52

79. In Pursuit of Gold: Chinese American Miners and Merchants in the American West/ Ng, Franklin// AMERICAN HISTORICAL REVIEW. —2013 (Vol. 118, No. 3). —860 - 861

80. Intimate Partner Violence, Depressive Symptoms, and Immigration Status: Does Existing Advocacy Intervention Work on Abused Immigrant Women in the Chinese Community? / Wong, Janet Y. H.; Tiwari, Agnes; Fong, Daniel Y. T.; et al. // JOURNAL OF INTERPERSONAL VIOLENCE. —2013 (Vol. 28, No. 11). —2181 - 2202

81. Job Matching for Chinese and Asian Indian Immigrants in Canada/ Fong, Eric; Jiao, Peter Shi// CANADIAN STUDIES IN POPULATION. —2013 (Vol. 40, No. 1 - 2, SI). —23 - 34

82. Kolkata's Early Chinese Community and Their Economic Contributions/ Bose, Arpita// SOUTH ASIA RESEARCH. —2013 (Vol. 33, No. 2). —163 - 176

83. Kwok Chun Hang, Swimmer: Researching Chinese Australian Sport History through Digitised Newspapers/Osmond, Gary// CHINESE SOUTHERN DIASPORA STUDIES. —2013 (Vol. 6). —64 - 74

84. Landscape of Early Cooktown/Rains, Kevin//CHINESE SOUTHERN DIASPORA STUDIES. —2013 (Vol. 6). —24 - 44

85. Landscapes of Memory and Forgetting: Indigo and Shek Quey Lee/ Bagnall, Kate // CHINESE SOUTHERN DIASPORA STUDIES. —2013 (Vol. 6). —7 - 24

86. Language, Identity and Mobility: Perspective of Malaysian Chinese Youth/ Ting, Helen Mu Hung //MALAYSIAN JOURNAL OF CHINESE STUDIES. —2013 (Vol. 2, No. 1). —83 - 102

87. Law as Politics: Chinese Litigants in Australian Colonial Courts/ Finnane, Mark // JOURNAL OF CHINESE OVERSEAS. —2013 (Vol. 9, No. 2). —193 - 211

88. Lay Atjien Liok and the Lidak War of 1852 Chinese Networking, Indigenous Agency and Colonial Intrusion in Eastern Indonesia/ Hagerdal, Hans // INDONESIA AND THE MALAY WORLD. —2013 (Vol. 41, No. 121). —322 - 347

89. Learning as Sociocultural Practice: Chinese Immigrant Professionals Negotiating Differences and Identities in the Canadian Labour Market/ Shan, Hongxia; Guo, Shibao // COMPARATIVE EDUCATION . —2013 (Vol. 49, No. 1, SI). —28 - 41

90. Literary Interactions between China and Canada: Literary Activists in the Chinese Community from the Late Qing Dynasty to the Present/ Leung, Laifong// THE JOURNAL OF AMERICAN - EAST ASIAN RELATIONS. —2013 (Vol. 20, No. 2 - 3). —139

91. Longitudinal Linkages among Parent - Child Acculturation Discrepancy, Parenting, Parent - Child Sense of Alienation, and Adolescent Adjustment in Chinese Immigrant Families/

Kim, Su Yeong; Chen, Qi; Wang, Yijie; et al. // DEVELOPMENTAL PSYCHOLOGY. —2013 (Vol. 49, No. 5). —900 - 912

92. Margaret Tart, Lao She, and the Opium - Master's Wife: Race and Class among Chinese Commercial Immigrants in London and Australia, 1866 - 1929/ Auerbach, Sascha// COMPARATIVE STUDIES IN SOCIETY AND HISTORY. —2013 (Vol. 55, No. 1). —35 - 64

93. Mobility, Christianity and Belonging: Reflections of an Overseas Chinese Expatriate Wife in Shanghai/ Lau, Sin Wen // ASIA PACIFIC JOURNAL OF ANTHROPOLOGY. —2013 (Vol. 14, No. 1, SI). —71 - 84

94. Multicultural Citizenship Education in Indonesia: the Case of a Chinese Christian School/ Hoon, Chang - Yau// JOURNAL OF SOUTHEAST ASIAN STUDIES. —2013(Vol. 44, No. 3). —490 - 510

95. Objectifying China, Imagining America: Chinese Commodities in Early America. / Jaffee, David// REVIEWS IN AMERICAN HISTORY. —2013 (Vol. 41, No. 3). —394 - 398

96. Once Upon a Time in Chinese America: Chinese American Folklore in American Picture Books/ Dong, Lorraine// AMERASIA JOURNAL. —2013 (Vol. 39, No. 2). —49 - 70

97. One Country, Two Systems, Three Flags: Imagining Olympic Nationalism in Hong Kong and Macao/ Ho, Glos; Bairner, Alan// INTERNATIONAL REVIEW FOR THE SOCIOLOGY OF SPORT. —2013 (Vol. 48, No. 3). —349 - 365

98. Parental Choice of Schooling, Learning Processes and Inter - Ethnic Friendship Patterns: the Case of Malay Students in Chinese Primary Schools in Malaysia/ Sua, Tan Yao; Ngah, Kamarudin; Darit, Sezali Md// INTERNATIONAL JOURNAL OF EDUCATIONAL DEVELOPMENT. —2013 (Vol. 33, No. 4). —325 - 336

99. Providing a Bridge to Intercultural Pedagogy for Native Speaker Teachers of Chinese in Australia/ Moloney, Robyn Anne// LANGUAGE CULTURE AND CURRICULUM. —2013 (Vol. 26, No. 3). —213 - 228

100. Qiaoxiang on the Silk Road Cultural Imaginaries as Structures of Feeling in the Making of a Global China/ Candela, Ana Maria// CRITICAL ASIAN STUDIES. —2013 (Vol. 45, No. 3). —431 - 458

101. Recent Chinese Migration to Vietnam/ Nguyen, Van Chinh// ASIAN AND PACIFIC MIGRATION JOURNAL. —2013 (Vol. 22, No. 1). —7 - 30

102. "Refugee" or "Returnee"? the Ethnic Geopolitics of Diasporic Resettlement in China and Intergenerational Change / Ho, Elaine Lynn - Ee// TRANSACTIONS OF THE INSTITUTE OF BRITISH GEOGRAPHERS. —2013 (Vol. 38, No. 4). —599 - 611

103. Region and Microhistory: Writing the Chinese Diaspora in the Philippines/ Chu, Richard T.; Hau, Caroline S. // KRITIKA KULTURA. —2013 (No. 21/22). —299 - 306

104. Research on the Influence of Affective Factors to Ethnic Chinese Student's Chinese Acquisition: Take the Ethnic Chinese Students in Fiji as an Example/ Wang, Wenjuan// CANADIAN SOCIAL SCIENCE. —2013 (Vol. 9, No. 3). —57

105. Researching Chinese Market Gardening: Insights from Archaeology and Material Culture/ Joanna Boileau// CHINESE SOUTHERN DIASPORA STUDIES. —2013(Vol. 6). —134 - 143

106. Rethinking the Connections between Religion and Civic Life for Immigrants: the Case of the Chinese Diaspora/ Ecklund, Elaine Howard; Shih, Yi - Ping; Emerson, Michael O.; etal. // REVIEW OF RELIGIOUS RESEARCH. —2013 (Vol. 55, No. 2). —209 - 229

107. Rethinking the Growth Machine: How to Erase a Chinatown from the Urban Core/ Knapp, Anthony; Vojnovic, Igor// URBAN GEOGRAPHY. —2013(Vol. 34, No. 1). —53 - 85

108. Review Brokering Belonging: Chinese in Canada's Exclusion Era, 1885 - 1945 Mar Lisa Rose Oxford University Press New York/ Chung, Sue Fawn// JOURNAL OF AMERICAN ETHNIC HISTORY. —2013 (Vol. 32, No. 2). —139 - 140

109. Robert Kuok: Family, Dialect, and State in the Making of a Malaysian Magnate/ Hing, Lee Kam; Cheok, Cheong Kee; Ping, Lee Poh // AUSTRALIAN ECONOMIC HISTORY REVIEW. —2013 (Vol. 53, No. 3). —268 - 291

110. Routledge Handbook of the Chinese Diaspora/ Ng, Wing Chung; Tan Chee - Beng // CHINA QUARTERLY. —2013 (No. 215). —793 - 794

111. San Fancon and the Goddess of Mercy Two Chinese Folk Gods in Cuban Transfiguration/ Benton, Gregor// CULTURAL & SOCIAL HISTORY. —2013(Vol. 10, No. 1). —93 - 108

112. Seeking Accurate Cultural Representation Mahjong, World War II, and Ethnic Chinese in Multicultural Youth Literature/ Minjie Chen// MULTICULTURAL EDUCATION. —2013 (Vol. 20, No. 3/4). —66

113. Selling Sex Overseas: Chinese Women and the Realities of Prostitution and Global Sex Trafficking/ Zheng, Tiantian // CRIME LAW AND SOCIAL CHANGE. —2013 (Vol. 60, No. 3). —355 - 356

114. Spatial Concentrations of Korean Chinese and Determinants of Their Residential Location Choices in Seoul/ Jun, Myung - Jin; Ha, Seong - Kyu; Jeong, Ji - Eun// HABITAT INTERNATIONAL. —2013 (Vol. 40). —42 - 50

115. Strangers at Home: History and Subjectivity among the Chinese Communities of West Kalimantan, Indonesia/ Carstens, Sharon A // JOURNAL OF ASIAN STUDIES. —2013 (Vol. 72, No. 1). —171 - 172

116. Student Expectation and Branding Strategies among Private Institutions of Higher Education in Malaysia / Vincent Wee Eng Kim and THINAVAN Periyayya//MALAYSIAN JOURNAL OF CHINESE STUDIES. —2013 (Vol. 2, NO. 1). —69 - 82

117. Studying and Addressing Urban Immigrant Restaurant Worker Health and Safety in San Francisco's Chinatown District: A CBPR Case Study/ Chang, Charlotte; Minkler, Meredith; Salvatore, Alicia L.; et al. // JOURNAL OF URBAN HEALTH - BULLETIN OF THE NEW YORK ACADEMY OF MEDICINE. —2013 (Vol. 90, No. 6). —1026 - 1040

118. The Chinese Community Patient's Life Satisfaction, Assessment of Community Medical Service, and Trust in Community Health Delivery System/ Tang, Liyang // HEALTH AND QUALITY OF LIFE OUTCOMES. —2013 (Vol. 11, No. 18)

119. The Chinese Diaspora in South - east Asia: the Overseas Chinese in Indo - China/ Wang, Gungwu // PACIFIC AFFAIRS. —2013 (Vol. 86, No. 3). —668 - 670

120. The Chinese Empire Encounters the British Empire and Its "Colonial Dependencies": Melbourne, 1887/ Lake, Marilyn // JOURNAL OF CHINESE OVERSEAS. —2013 (Vol. 9, No. 2). —176 – 192

121. The Chinese in Africa/Africans in China Research Network: Reflections on the Role of Such Networks in China – Africa Reporting/ Park, Yoon Jung// ECQUID NOVI – AFRICAN JOURNALISM STUDIES. —2013 (Vol. 34, No. 3, SI). —152 – 154

122. The Demise of China's Overseas Chinese State Farms/ Han, Xiaorong // JOURNAL OF CHINESE OVERSEAS. —2013 (Vol. 9, No. 1). —33 – 58

123. The Everyday Politics of the Underground Trade in Burma by the Yunnanese Chinese since the Burmese Socialist Era/ Chang, Wen – Chin// JOURNAL OF SOUTHEAST ASIAN STUDIES. —2013 (Vol. 44, No. 2). —292 – 314

124. The Globalization of Tertiary Education and Intra – Asian Student Mobility: Mainland Chinese Student Mobility to Malaysia/ Wong, Diana; Wen, Ooi Pei// ASIAN AND PACIFIC MIGRATION JOURNAL. —2013 (Vol. 22, No. 1). —55 – 76

125. The Petition of Bah Fook of Sofala, 1866/ Bagnall, Kate// CHINESE SOUTHERN DIASPORA STUDIES. —2013 (Vol. 6). —123 – 128

126. The Politics of Names among Chinese Indonesians in Java/ Bailey, Benjamin; Lie, Sunny// JOURNAL OF LINGUISTIC ANTHROPOLOGY. —2013 (Vol. 23, No. 1). —21 – 40

127. The Rise of Labor: A Chinese – Australian Participates in Bendigo Local Politics at a Formative Moment, 1904 – 1905/ Rasmussen, Amanda // JOURNAL OF CHINESE OVERSEAS. —2013 (Vol. 9, No. 2). —245 – 271

128. The Sociocultural Adjustment of Chinese Graduate Students at Korean Universities: a Qualitative Study/ Kwon, Yangyi// INTERNATIONAL JOURNAL OF INTERCULTURAL RELATIONS. —2013 (Vol. 37, No. 5). —536 – 549

129. The Transformative Effect of Australian Experience on the Life of Ho A Mei, 1838 – 1901, Hong Kong Community Leader and Entrepreneur/ Rule, Pauline // JOURNAL OF CHINESE OVERSEAS. —2013 (Vol. 9, No. 2). —107 – 134

130. The Values Orientation Research of the Chinese Overseas Movies and TV Programs/ Zhang, Wei; Su, Jing// CHINA MEDIA REPORT OVERSEAS. —2013 (Vol. 9, No. 2). —87

131. Translanguaging Identities and Ideologies: Creating Transnational Space through Flexible Multilingual Practices amongst Chinese University Students in the UK/ Wei, Li; Hua, Zhu // APPLIED LINGUISTICS . —2013 (Vol. 34, No. 5, SI). —516 – 535

132. Transnational Lives: Colonial Immigration Restrictions and the White Australia Policy in the Riverina District of NSW, 1860 – 1960/McGowan, Barry// CHINESE SOUTHERN DIASPORA STUDIES. —2013 (Vol. 6). —45 – 63

133. Transnationalism and Community Building: Chinese Immigrant Organizations in the United States/ Zhou, Min; Lee, Rennie // ANNALS OF THE AMERICAN ACADEMY OF POLITICAL AND SOCIAL SCIENCE . —2013 (Vol. 647, No. 1). —22 – 49

134. Transpacific Revolutionaries: the Chinese Revolution in Latin America/ Drinot, Pau-

lo// JOURNAL OF GLOBAL HISTORY. —2013 (Vol. 8, No. 3). —511 – 513

135. Understanding "Tiger Parenting" through the Perceptions of Chinese Immigrant Mothers: Can Chinese and U. S. Parenting Coexist?/ Cheah, Charissa S. L.; Leung, Christy Y. Y.; Zhou, Nan // ASIAN AMERICAN JOURNAL OF PSYCHOLOGY. —2013(Vol. 4, No. 1). —30 – 40

136. Understanding Chinese Learners' Willingness to Communicate in a New Zealand ESL Classroom: A Multiple Case Study Drawing on the Theory of Planned Behavior/ Zhong, Qunyan (Maggie) // SYSTEM. —2013 (Vol. 41, No. 3). —740 – 751

137. Victim and Perpetrator Groups' Responses to the Canadian Government's Apology for the Head Tax on Chinese Immigrants and the Moderating Influence of Collective Guilt/ Wohl, Michael J. A.; Matheson, Kimberly; Branscombe, Nyla R.; et al. // POLITICAL PSYCHO LOGY. —2013 (Vol. 34, No. 5). —713 – 729

138. Voicing as an Essential Problem of Communication: Language and Education of Chinese Immigrant Children in Globalization/ Dong, Jie; Dong, Yan // ANTHROPOLOGY & EDUCATION QUARTERLY. —2013 (Vol. 44, No. 2). —161 – 176

139. Why Chinese Students Choose Korea as Their Study Destination in the Global Hierarchy of Higher Education?/ Lee, Min – Kyung// KEDI JOURNAL OF EDUCATIONAL POLICY. —2013 (Vol. 10, No. 2). —315 – 338

140. YMCA and the Anti – illiteracy Movement for the Chinese Laborers in France/ Zhou, Donghua// SINO – CHRISTIAN STUDIES. —2013 (No. 16). —43 – 72

（本栏目责任编辑　易淑琼）

2013 年华侨华人研究书目一览

本栏目内容以暨南大学图书馆华侨华人文献信息中心“华侨华人研究综合数据库·书目子库”中的数据为基础数据，以国家图书馆、厦门大学图书馆、香港高校图书联网、新加坡国家图书馆、日本国立国会图书馆、东京大学图书馆等馆藏数据为补充，另从亚马逊网等各大网上书店搜索书目数据。本书目分中文书目、英文书目、日文书目三部分，以题名拼音升序排列。

中文书目

1. 1936—1939 当世界年轻的时候：参加西班牙内战的中国人/倪慧如著 .—桂林：广西师范大学出版社，2013

2. 1945—1976 战后菲律宾华文教育研究/姜兴山著 .—广州：暨南大学出版社，2013

3. 百年跨国两地书：福建侨批档案图志/福建省档案馆编 .—厦门：鹭江出版社，2013

4. 百年寻绎：马新历史人物研究/何启良主编 .—八打灵再也：拉曼大学中华研究中心，2013

5. 办一流华侨中学：中山市华侨中学的探索/林加良主编 .—北京：中国轻工业出版社，2013

6. 北美中国学的历史与现状/朱政惠，崔丕主编 .—上海：上海辞书出版社，2013

7. 贝尔巨星华人骄傲：厉鼎毅先生纪念画册/任晓敏主编 .—北京：北京邮电大学出版社，2013

8. 槟州宗祠家庙简史/郭素岑主编 .—槟城：槟州各姓氏宗祠联委会，2013

9. 陈嘉庚与南洋华人论文集/叶钟铃著 .—吉隆坡：马来西亚陈嘉庚基金工委会，2013

10. 重建祖乡：新加坡华人在中国/柯群英著 .—香港：香港大学出版社，2013

11. 从穷留学生到美国 ABC 公司总裁：姜光平回忆录/姜光平，宋路霞编 .—上海：上海科学技术文献出版社，2013

12. 当代国内外侨情与中国侨务工作/毛起雄著 .—北京：中国民主法制出版社，2013

13. 当代美国华人政治参与研究：1965—2012/万晓宏著 .—广州：暨南大学出版社，2013

14. 砥柱止中流：星洲人民抗英同盟会传奇人物/足印丛书编委会著 .—香港：香港足印出版社，2013

15. 东南亚华人宗教与历史论丛/苏庆华著 .—新加坡：新加坡青年书局，2013

16. 东去西来：跨文化风貌/田心源著 .—北京：经济管理出版社，2013

17. 菲华精英（第三册）/福建画报社，菲律宾《纵横》杂志社编．—福州：海峡书局，2013

18. 歌典：南洋之歌，1939—2011/槐华编．—广州：朝晖艺术及文化公司，2013

19. 公案簿（第十二辑）：1869 年 5 月 15 日—1873 年 7 月 21 日/包乐史，聂德宁，吴凤斌校注．—厦门：厦门大学出版社，2013

20. 广东华侨文化景观研究/李国平著．—北京：中国华侨出版社，2013

21. 国际移民与海外华人研究续篇/李其荣著．—武汉：湖北人民出版社，2013

22. 国际移民组织与全球移民治理/郭秋梅著．—广州：暨南大学出版社，2013

23. 国家软实力及华侨华人的作用国际学术会议论文集/刘泽彭主编．—广州：暨南大学出版社，2013

24. 海邦剩馥：广东侨批档案/广东省档案馆编．—广州：岭南美术出版社，2013

25. 海外华文传媒的多维审视/彭伟步主编．—广州：暨南大学出版社，2013.

26. 海外人才与中国现代化/李其荣，谭天星，邵元洲，曾晓祥主编．—武汉：长江文艺出版社，2013

27. 海外移民与原乡文化：第九届潮学国际研讨会论文集/许峖智，黄挺主编．—广州：花城出版社，2013

28. 海外中国留学生跨文化交际研究/郑笑怡著．—杭州：浙江工商大学出版社，2012

29. 韩国华侨历史与现状研究/王淑玲著．—北京：社会科学文献出版社，2013

30. 荷印殖民政府鸦片税收政策及其对爪哇华人社会的影响/沈燕清著．—厦门：厦门大学出版社，2013

31. 互动视野下的海外新移民研究：以浙江侨乡发展为例/夏凤珍著．—北京：中央编译出版社，2013

32. 华工记/孙干著；齐德智整理．—天津：天津社会科学院出版社，2013

33. 华工与欧战/陈三井著．—长沙：岳麓书社，2013

34. 华侨故事：江门五邑华侨华人博物馆展览巡礼/廖振明主编．—广州：岭南美术出版社，2013

35. 华侨华人研究/《华侨华人研究》编委会编．—合肥：黄山书社，2013

36. 华侨望族/胡方松，施菲菲著．—北京：中国对外翻译出版有限公司，2013

37. 华侨与辛亥革命/中国社会科学院近代史研究所《近代史资料》编译室主编.—北京:知识产权出版社,2013

38. 华侨之乡/薛昌青编著；中共开平市委宣传部编．—广州：南方日报出版社，2013

39. 华人慈善家：50 位华人领袖的中国及世界慈善行动与贡献/国务院发展研究中心《管理世界》杂志，华商韬略（北京）国际文化传媒中心，经济日报出版社主编．—北京：经济日报出版社，2013

40. 华侨华人与湖北经济发展/李其荣，谭天星，邵元洲著．—湖北：崇文书局，2013

41. 华人经济年鉴（2012—2013）/《华人经济年鉴》编辑委员会编辑．—北京：中国华侨出版社，2013

42. 华人聚居代名词——唐人街/韩娟编著．—天津：天津科学技术出版社，2013

43. 华人名流/胡方松，胡瑛隽编．—北京：中国对外翻译出版公司，2013

44. 华人穆斯林在马来西亚/郑月里著．—台北：文史哲出版社，2013

45. 华人社会与文化/何修仁著．—台北：新学林出版股份有限公司，2013

46. 华人姓氏辞典/袁明洲，李明江主编．—郑州：郑州大学出版社，2013

47. 华人与中国：王赓武自选集/王赓武著．—上海：上海人民出版社，2013

48. 华商巨擘/胡方松，施莉编．—北京：中国对外翻译出版公司，2013

49. 华夏传奇/胡方松，施莉编．—北京：中国对外翻译出版公司，2013

50. 基督徒心灵与华人精神：香港的一个客家社区/郭思嘉著；谢胜利译．—北京：社会科学文献出版社，2013

51. 加拿大华侨移民史：1858—1966/黎全恩，丁果，贾葆蘅著．—北京：人民出版社，2013

52. 家族企业治理：华人家族企业传承研究/郑宏泰，周文港，高皓主编．—北京：东方出版社，2013

53. 跨界亚洲的理念与实践：中国模式·华人网络·国际关系/刘宏著．—南京：南京大学出版社，2013

54. 理论·视角·方法：海外道教学研究/朱利著．—济南：齐鲁书社，2013

55. 历史上的大移民，下南洋/沈健著．—北京：北京工业大学出版社，2013

56. 丽水文史资料（第九辑）：华侨华人/丽水市政协文史资料委员会，青田县政协文史资料委员会编．—北京：团结出版社，2013

57. 廉洁城市何以可能：华人社会的实践与探索/陈章联著．—北京：中国方正出版社，2013

58. 留日七十年/韩庆愈著．—北京：学苑出版社，2013

59. 留学生与云南近代化/王丽云著．—昆明：云南人民出版社，2013

60. 旅欧教育运动：民初融合世界学术的理想/陈三井著．—台北：秀威资讯科技股份有限公司科技，2013

61. 马来西亚华人美术史研究/帅民风著．—北京：中国社会科学出版社，2013

62. 马来西亚华人社团研究/石沧金著．—广州：暨南大学出版社，2013

63. 梅州侨批/邓锐著．—北京：中国华侨出版社，2013

64. 美国华裔史家历史解释研究/路则权著．—济南：山东人民出版社，2013

65. 美国社会学与亚美研究学的跨学科构建：一个华裔学者的机缘、挑战和经验/周敏著；郭南审译．—广州：中山大学出版社，2013

66. 缅甸华人语言研究/鲜丽霞，李祖清著．—成都：四川大学出版社，2013

67. 名镇赤坎/张健人，黄继烨著；中共开平市委宣传部编．—广州：南方日报出版社，2013

68. 纽约的中国老板们/高娓娓编著．—上海：上海文化出版社，2013

69. 耦合与嬗变：21世纪合拍片的繁荣与华语电影新形态/程文著．—北京：中国传媒大学出版社，2013

70. 平凡赤子心：一个华侨家庭的历史/谭国材，谭新眉等著；谭金花主编．—广州：广东旅游出版社，2013

71. 侨汇：现代中国经济分析/山岸猛著；刘晓民译．—厦门：厦门大学出版社，2013

72. 侨情变化与侨务政策/刘国福著．—广州：暨南大学出版社，2013

73. 琼崖华侨回乡服务团/钱汉堂，陈献芳主编．—北京：中国华侨出版社，2013

74. 热血注侨情　丹心写春秋：张兴汉华侨华人研究文集/张兴汉著．—广州：暨南大学出版社，2013

75. 融入与疏离：华侨华人在古巴/袁艳著．—广州：暨南大学出版社，2013

76. 生活在高墙外：普拉托华人研究/格雷姆·约翰森，罗素·史密斯，丽贝卡·弗雷齐主编；温州市世界温州人研究中心，温州大学浙江省温州人经济研究中心译．—北京：中国社会科学出版社，2013

77. 狮城心影录：中大人在新加坡/香港中文大学新加坡校友会著．—香港：天地图书有限公司，2013

78. 石狮华侨/李天锡著．—北京：九州出版社，2013

79. 石狮市华侨志/《石狮市华侨志》编纂委员会编．—北京：九州出版社，2013

80. 世界侨情报告（2012—2013）/刘泽彭主编；《世界侨情报告》编委会编．—广州：暨南大学出版社，2013

81. 世界视野：走出国门的中国新移民/赵红英，张春旺主编．—北京：中国华侨出版社，2013

82. 适彼叻土：历史人类学视野下的新加坡华人族群/汪鲸著．—广州：广东人民出版社，2013

83. 谁与争锋：美国华人杰出人物/石丽东著．—台北：台湾商务印书馆股份有限公司，2013

84. 她的传统：华裔美国女性文学/冯品佳著．—台北：书林出版公司，2013

85. 她们的三年零八个月/蔡增聪主编；杨诒钫访谈与整理．—香港：文化走廊出版社，2013

86. 泰国华文纸媒研究/黄海珠等著．—北京：中国社会科学出版社，2013

87. 泰坦尼克号上的“中国佬”：种族主义想象力/程巍著．—桂林：漓江出版社，2013

88. 唐风绸缪：拾缀移留的文化遗产/黄子珊，潘美玲撰文；黄世泽，刘子正摄影．—台北：财团法人慈济传播人文志业基金会，2013

89. 童爱之光：中国涉外送养儿童生活掠影/中国儿童福利和收养中心编著．—北京：中国社会出版社，2013

90. 我们的90年：联合早报的前世今生/李慧玲，黄佩卿主编．—新加坡：联合早报，2013

91. 我们回家：新中国初期华侨归国记/王一心著．—济南：山东人民出版社，2013

92. 五缘性华侨华人社团研究/赵红英，宁一著．—上海：同济大学出版社，2013

93. 西南边疆民族地区青年归侨侨眷发展问题研究/李雪岩，龙四古著．—北京：社会科学文献出版社，2013

94. 西南地区海外移民史研究：以广西、云南为例/郑一省，王国平著．—北京：社会科学文献出版社，2013

95. 戏聚百年：新加坡华文戏剧（1913—2013）/柯思仁研究主持．—新加坡：戏剧

盒、国家博物馆联合出版，2013

96. 香港华人菁英的冒起/刘智鹏著．—香港：中华书局（香港）有限公司，2013

97. 心事：加拿大首位华裔女总督自传/伍冰枝著；赵彦华译．—北京：中国民主法制出版社，2013

98. 辛亥革命时期福建华侨报人史/刘琳著．—福州：海峡文艺出版社，2013

99. 新加坡　马来西亚华文书法百年史/谢光辉著．—广州：暨南大学出版社，2013

100. 新加坡福建戏纪实/许永顺编著；林建中摄影．—新加坡：许永顺工作厅，2013

101. 雪州滨海区华人传统宗教与信仰/邱克威，徐威雄编．—Kajang：Ser Wue Hiong，2013

102. 血汗和麻将：一个海外华人社区的家庭与企业/欧爱玲（Ellen Oxfeld）著；吴元珍译．—北京：社会科学文献出版社，2013

103. 沿革与模式：新加坡道教和佛教传播研究/许源泰著．—新加坡：新加坡国立大学中文系，2013

104. 杨德昌/约翰·安德森著；侯弋飏译．—上海：复旦大学出版社，2013

105. 移民美国：中国人在美国的生存法则纪实100篇/曾戈著．—北京：作家出版社，2013

106. 在美国的新一代中国移民/满毅著．—长沙：湖南人民出版社，2013

107. 在瑞士的岁月：纪念欧美同学会百年诞辰专集/欧美同学会·中国留学人员联谊会，瑞士分会主编．—北京：华文出版社，2013

108. 张礼千文集（上、中、下卷）/廖文辉著．—吉隆坡：新纪元学院马来西亚与区域研究所，2013

109. 直凉华人志暨资料汇编/廖文辉主编．—吉隆坡：新纪元学院，2013

110. 中国大陆学生在加拿大研究生项目中的学术适应/梁晓，文禹舜著．—长沙：湖南师范大学出版社，2013

111. 中国“海归”发展报告（2013）/王辉耀，苗绿编著．—北京：社会科学文献出版社，2013

112. 中国近代留学生研究：1840—1949/姜新著．—长春：吉林人民出版社，2013

113. 中国侨联年鉴（2012）/中国侨联年鉴编纂委员会编．—北京：中国华侨出版社，2013

114. 中国人非规则移民北美历程揭秘/田广著；王天津，古丽布斯坦译．—北京：商务印书馆，2013

115. 中国人留学史/章开沅，余子侠主编．—北京：社会科学文献出版社，2013

116. 中国人与古巴独立战争/庞炳庵主编．—北京：新华出版社，2013

117. 中国现代留欧学人与外交官、华工群的互动/叶隽著．—福州：福建教育出版社，2012

118. 中国政府与治理——全球华人视角/马骏著．—上海：格致出版社，2013

119.“中华民国”101年侨务委员会议实录/侨务委员会编．—台北：台湾侨务委员会，2013

120. 中山华侨政策与台湾国际宣传之研究/陈伟之著．—新北：前程企管，2013

英文书目

1. A Slow Ride into the Past: the Chinese Trishaw Industry in Singapore, 1942 – 1983 /Jason Lim. —Clayton, Victoria: Monash University Publishing, 2013

2. A Sociolinguistic History of Early Identities in Singapore: from Colonialism to Nationalism / Phyllis Ghim – Lian Chew. —Basingstoke, Hampshire ; New York, NY: Palgrave Macmillan, 2013

3. A Virtual Chinatown: the Diasporic Mediasphere of Chinese Migrants in New Zealand/ Phoebe H. Li. —Boston: Brill, 2013

4. An Archaeology of Asian Transnationalism/Douglas E. Ross. —Florida: University Press of Florida, 2013

5. Architecture and Urban Form in Kuala Lumpur: Race and Chinese Spaces in a Postcolonial City/Yat Ming Loo. —Farnham, Surrey ; Burlington, VT: Ashgate, 2013

6. Borderless Economics: Chinese Sea Turtles, Indian Fridges and the New Fruits of Global Capitalism /Robert Guest. —Palgrave Macmillan, 2013

7. China's Expanding Outward Foreign Direct Investment in Southeast Asia and Its Impacts/ Hong Zhao. —Singapore: East Asian Institute, National University of Singapore, 2013

8. China's Internal and International Migration/Peilin Li. —London ; New York : Routledge, 2013

9. Chinatowns around the World: Gilded Ghetto, Ethnopolis, and Cultural Diaspora/Bernard P. Wong, —Leiden ; Boston : Brill, 2013

10. Chinese Anzacs: Australians of Chinese Descent in The Defence Forces 1885 – 1919: Revised to Include New Zealand – Born Chinese of the New Zealand Expeditionary Force 1914 – 1919 /Alastair Kennedy. —Canberra: [A. Kennedy], 2013

11. Chinese Capitalism in Colonial Malaya 1900 – 1941/William Tai Yuen. —Malaysia: Penerbit Universiti Kebangsaan Malaysia, 2013

12. Chinese Cubans [Electronic Resource]: a Transnational History/Kathleen Lopez. —Chapell Hill: University of North Carolina Press, 2013

13. Chinese Entrepreneurship: the Development and Factors Associated with Longevity of Small Family Firms in Malaysia /Seng Bee Tan. —Saarbrucken: LAP Lambert Academic Publishing, 2013

14. Chinese Globalization: a Profile of People – Based Global Connections in China /Jiaming Sun, Scott Lancaster. —Abingdon, Oxon ; New York: Routledge, 2013

15. Chinese Indonesians Reassessed: History, Religion and Belonging/Siew – Min Sai, Chang – Yau Hoon. —Abingdon, Oxon ; New York: Routledge, 2013

16. Chinese – Indonesian: an Odyssey through Racism, Ethnicity and Science/T. T. Ngo. —T. T. Ngo, 2013

17. Conceptions of Chinese Democracy: Reading Sun Yat – Sen, Chiang Kai – Shek and

Chiang Ching - Kuo/David J. Lorenzo. —Baltimore, MD: Johns Hopkins University Press, 2013

18. Correspondence Respecting the Emigration of Chinese Coolies from Macao/Great Britain. Foreign Office—London: Book on Demand Ltd. , 2013

19. Diaspora at War: the Chinese of Singapore between Empire and Nation/Ernest Koh, . —Leiden: Brill, 2013

20. Diasporic Chineseness after the Rise of China: Communities and Cultural Production/Julia Kuehn, Kam Louie and David M. Pomfret. —UBC Press: Vancouver, 2013

21. Four Chinese Families in British Colonial Malaya: Confucius, Christianity and Revolution/Linda Y. C. Lim. —San Francisco: Blurb, 2013

22. Gerakan Pendidikan Cina Di Malaysia: Satu Kajian Tentang Perjuangan Dong Jiao Zong/Cheong, Yuen Keong. —Petaling Jaya: Strategic Information and Research Development Centre, 2013

23. Golden Dragon and Purple Phoenix: the Chinese and Their Multi - Ethnic Descendants in Southeast Asia/Lee Khoon Choy. —Hackensack, N. J. : World Scientific Pub. Co. , 2013

24. Guangdong and Chinese Diaspora: the Changing Landscape of Qiaoxiang/Cheun Hoe, Yow. —New York: Routledge, 2013

25. History of the Organization of Chinese American Women, 1977 - 2009/Compiled and Edited by Pauline W. Tsui ; Project Director: Genevieve Puanani Woo. —Washington, D. C. : Ruth H. Kuo and Rhoda How Memorial Fund of the Community Foundation for the National Capital Region, 2013

26. Lee Kuan Yew: a Life in Pictures/Edited by Stephanie Yeow ; the Straits Times, Cassandra Chew, Leong Weng Kam, Lianhe Zaobao, Han Yong May, Spencer Chung. —Singapore: Straits Times Press ; Singapore Press Holdings, 2013

27. Life of Chinese Immigrants in South Sweden /Xue Tao. —Munich: GRIN Verlag, 2013

28. Massacre in Malaya: Exposing Britain's My Lai/ Christopher Hale. —Stroud: the History Press, 2013

29. Middle Men: a Century of Straits Chinese/Jim Gavin. —New York: Simon & Schuster, 2013

30. Migration, Ethnic Relations and Chinese Business/Kwok - Bun Chan. —London and New York: Routledge Reprint, 2013

31. Narratives of Diaspora: Representations of Asia in Chinese American Literature/Walter S. H. Lim. —New York: Palgrave Macmillan, 2013

32. Pacific Crossing: California Gold, Chinese Migration, and the Making of Hong Kong/Elizabeth Sinn. —Hong Kong: Hong Kong University Press, 2013

33. Passage to Promise Land: Voices of Chinese Immigrant Women to Canada/Vivienne Poy. —Montreal: Mcgill - Queen's University Press, 2013

34. Post - Colonial Statecraft in South East Asia: Sovereignty, State Building and the Chinese in the Philippines/Pak Nung Wong. —London ; New York: I. B. Tauris, 2013

35. Private Chinese Investment in Africa [Electronic Resource]: Myths and Realities/Xiao-

fang Shen. —Washington, D. C: the World Bank, 2013

36. Rethinking Chineseness: Translational Sinophone Identities in the Nanyang Literary World /E. K. Tan. —New York: Cambria Press, 2013

37. Routledge Handbook of the Chinese Diaspora/Chee – Beng Tan. —London; New York: Routledge, 2013

38. Seeing Transnationally: How Chinese Migrants Make Their Dreams Come True/Li Minghuan. —Leuven: Leuven University Press ; Hangzhou, China: Zhejiang University Press, 2013

39. Seeking the Common Dreams between Worlds: Stories of Chinese Immigrant Faculty in North American Higher Education/Edited by Yan Wang, Yali Zhao. —Charlotte, N. C. : Information Age Pub. , Inc. , 2013

40. Sinophone Studies: a Critical Reader/Shi, Shumei. —New York: Columbia University Press, 2013

41. Socio – Historical Development of the Kampung Cina Settlement in Kuala Terengganu/ Yao Sua Tan. —Petaling Jaya: Strategic Information and Research Development Centre, 2013

42. The Chinese Exclusion Act: What It Can Teach Us about America/Benjamin Railton. —Basingstoke: Palgrave Macmillan, 2013

43. The Dragon Network: Inside Stories of the Most Successful Chinese Family Businesses / A. B. Susanto, Patricia Susanto. —New York: Wiley/Bloomberg Press, 2013

44. The First Chinese American: The Remarkable Life of Wong Chin Foo/Scott D. Seligman—Hong Kong: Hong Kong University Press, 2013

45. The Hakkas of Sarawak: Sacrificial Gifts in Cold War Era Malaysia/Kee Howe Yong. —Toronto: University of Toronto Press, 2013

46. The Peranakan Chinese Home: Arts & Culture in Daily Life/Ronald G. Knapp ; Photography by A. Chester Ong. —North Clarendon, VT: Tuttle Publishing, 2013

47. Traders of the Golden Triangle (Kindle Edition) /Andrew Forbes, David Henley. —Chinang Mai: Cognoscenti Books, 2013

48. Transpacific Revolutionaries: the Chinese Revolution in Latin America /Matthew D. Rothwell. —New York: Routledge, 2013

49. Unearthing Truth/Celena Oon . —Singapove: Gifted Education Branch, Ministry of Education, 2013

日文书目

1. 海の近代中国：福建人の活動とイギリス・清朝/村上衛著 . —名古屋：名古屋大学出版会，2013

2. 名古屋華僑社会：その歴史と現状/張慧婧著 . —名古屋：ブイツーソリューション，2013

3. 一生お金に困らない「華僑」の思考法則：どんなところでも稼げるようになる

46の習慣/大城太著. —東京：日本実業出版社，2013

4. 華僑・華人と中華網：移民・交易・送金ネットワークの構造と展開/濱下武志著. —東京：岩波書店，2013

5. 横浜：中華街・みなとみらい14. —東京：昭文社，2013

6. 最新奇門遁甲術入門：世界の華僑に巨万の富をもたらし続ける秘中の勝占/ 小野十傳著. —東京：学研パブリッシング，2013

7. 辛亥革命とアジア：神奈川大学での辛亥 100 年シンポ報告集/大里浩秋，李廷江編. —東京：御茶の水書房，2013

8. 戦後日中関係と廖承志：中国の知日派と対日政策/王雪萍編著. —東京：慶應義塾大学出版会，2013

9. 戦後日本と中国・朝鮮：プランゲ文庫を一つの手がかりとして/大里浩秋編. —東京：研文出版，2013

10. 辛亥革命とアジア：神奈川大学での辛亥 100 年シンポ報告集/大里浩秋，李廷江編. —東京：御茶の水書房，2013

11. 道教と東南アジア華人社会：その信仰と親族的結合/坂出祥伸著. —東京：東方書店，2013

12. 日本華僑華人学会設立 10 周年記念冊子. —東京：[日本華僑華人学会] 10 周年記念行事実施委員会，2013

13. 日本語・日本文化研修留学生研修論文集：宇都宮大学 2011 年度（2011 年 10 月—2012 年 9 月）/宇都宮大学留学生・国際交流センター編. —宇都宮：宇都宮大学留学生・国際交流センター，2013

14. 落地生根：神戸華僑と神阪中華会館の百年（増訂版）/中華会館編. —東京：研文出版，2013

15. 「異文化共生学」の構築：異文化の接触・交渉・共存をめぐる総合的研究/岡本隆司編. —京都：岡本隆司，2013

16. 香港通過商業調査報告書・神戸華商ノ香港広東貿易事情・香港華僑概説・香港と海南島：附澳門・広東・広州湾/朝日新聞社東亜問題調査會編. —東京：ゆまに書房，2013

（本栏目责任编辑　易淑琼）

2013 年华侨华人研究博硕士学位论文一览

本版内容是2013 年华侨华人研究博硕士学位论文汇总，分大陆中文、台港及海外中文及英文三部分。其中，大陆中文学位论文主要来源于 CNKI（清华同方）——中国优秀博硕士学位论文全文数据库、万方——中国学位论文全文数据库，以及高校自建的博硕士学位论文数据库；台港及海外中文学位论文主要来源于 CETD 中文电子学位论文服务、台湾地区 OAI 博硕士论文联邦查询系统、新加坡国立大学及南洋理工大学学位论文数据库等；英文博硕士学位论文主要来源于 ProQuest Dissertations & Theses（简称 PQDT）学位论文数据库、DART - Europe E - theses Portal、Electronic Theses Online Service（简称 E-ThOS）、Theses Canada、Open Access Theses & Dissertation（简称 OATD）以及各高校自建的学位论文数据库。

大陆中文博硕士学位论文

1. 20 世纪初旧金山华社的社会问题与社会冲突（1900—1911）：以《中西日报》资料为基础的研究［博士论文］莫光木著；高伟浓指导 .—广州：暨南大学，2013：270 页

2. 二战后美国国会非法移民立法研究（1945—2012）：基于公共政策理论视角［博士论文］唐慧云著；潘兴明指导 .—上海：华东师范大学，2013：228 页

3. 反映泰国华人社会的泰国文学奖获奖泰文小说之研究［博士论文］符丽娃著；谭君强指导 .—昆明：云南大学，2013：162 页

4. 赴日留学现状研究［博士论文］出头理子著；姚丽娟指导 .—北京：中央民族大学，2013：191 页

5. 广东开平城乡建设的现代化进程［博士论文］于莉著；杨秉德指导 .—杭州：浙江大学，2013：306 页

6. 加拿大新移民华文小说历史书写研究［博士论文］池雷鸣著；苏桂宁指导 .—广州：暨南大学，2013：254 页

7. 近代以来的韩国华侨［博士论文］李美玉著；方铁指导 .—昆明：云南大学，2013：197 页

8. 抗争与坚守：马来西亚华文教师队伍历史演进研究［博士论文］王焕芝著；洪明指导 .—福州：福建师范大学，2013：287 页

9. “落地不生根”——爱尔兰都柏林华人的文化适应研究［博士论文］马迎雪著；施琳指导 .—北京：中央民族大学，2013：163 页

10. 民国时期青田华侨群体研究［博士论文］吕涛著；赵英兰指导 .—长春：吉林大学，2013：244 页

11. 南非中国新移民研究［博士论文］陈凤兰著；李明欢指导 .—厦门：厦门大学，

2013：229页

12. 南京国民政府时期劳工社会保障制度研究（1927—1937）［博士论文］刘秀红著；吴善中指导．—扬州：扬州大学，2013：307页

13. 南洋华侨机工研究（1939—1946）［博士论文］夏玉清著；曾玲指导．—厦门：厦门大学，2013：267页

14. 平潭海外移民与侨乡社会变迁研究［博士论文］杨阳著；庄国土指导．—厦门：厦门大学，2013：232页

15. 移民跨国实践中的社会地位补偿——基于华南侨乡三个华人移民群体的比较研究［博士论文］黎相宜著；王宁指导．—广州：中山大学，2013：339页

16. 意大利温州移民的社会认同：亚洲价值观的坚持和双文化的可能性［博士论文］Laura De Pretto著；耿文秀指导．—上海：华东师范大学，2013：173页

17. 中国在东南亚的软实力——以新加坡为视角［博士论文］Tat Wai David Dexter Kong著；庄国土指导．—厦门：厦门大学，2013：325页

18. 自我与他者：当代美华移民小说中的中美形象［博士论文］陈学芬著；李伟昉指导．—开封：河南大学，2013：244页

19. 族裔性及其超越：当代加拿大华裔英语文学研究［博士论文］严又萍著；傅俊指导．—南京：南京师范大学，2013：151页

20. 1972年以来澳大利亚移民政策演变试析［硕士论文］叶莱著；范若兰指导．—广州：中山大学，2013：73页

21. 20世纪70年代以来澳大利亚华人参政研究[硕士论文]易文明著;廖小健指导.—广州:暨南大学,2013：70页

22. 20世纪八十年代以来泰华文学的文体流变[硕士论文]邓尧著;欧阳灿灿指导.—桂林:广西师范大学,2013：38页

23. 21世纪中国海外移民的国际政治分析［硕士论文］张志锋著；刘雪莲指导．—长春：吉林大学，2013：56页

24. 爱尔兰侨民与祖籍国经济发展［硕士论文］李秋红著；陈奕平指导．—广州：暨南大学，2013：68页

25. 澳大利亚中小学本土汉语教师课堂教学调查［硕士论文］郜淑君著；褚俊海指导．—新乡：河南师范大学，2013：46页

26. 巴拿马新移民：广州花都区儒林村侨乡调查［硕士论文］张彬著；张应龙指导．—广州：暨南大学，2013：85页

27. 北美新移民华文文学中的中国形象［硕士论文］王怡著；何圣伦指导．—重庆：西南大学，2013：50页

28. 北美中国留学生学习压力及应对策略的研究［硕士论文］梁莉春著；王光荣指导．—兰州：兰州大学，2013：46页

29. 北洋政府的一战华工政策及保侨措施［硕士论文］谢清明著；李志学指导．—广州：暨南大学，2013：111页

30. 常州市“海归”人才创业环境评价研究［硕士论文］徐京著；朱英明指导．—南京：南京理工大学，2013：68页

31. 从马来西亚独立前钟灵中学的双语教育看国民型华文中学的开端［硕士论文］杨钦宪著；张世涛，张念指导．—广州：中山大学，2013：55 页

32. 从义乌市场透视全球化时代的海外华商网络［硕士论文］陈肖英著；李明欢指导．—厦门：厦门大学，2013：68 页

33. 当代华人社团的变化：以美东地区新兴同乡会为例［硕士论文］寇海洋著；高伟浓指导．—广州：暨南大学，2013：90 页

34. 当前中国驻外领事保护研究［硕士论文］程鹏著；刘勇指导．—厦门：厦门大学，2013：79 页

35. 地方政府海外高层次人才引进的政策比较研究——以广东三市为例［硕士论文］谭春林著．—广州：中山大学，2013：82 页

36. 第一次世界大战时期赴法华工研究［硕士论文］李祥著；李志学指导．—广州：暨南大学，2013：83 页

37. 东莞凤岗镇黄洞村侨乡研究［硕士论文］苏小美著；张应龙指导．—广州：暨南大学，2013：76 页

38. 对泰汉语应用文写作课常见问题及改进策略研究——以泰国华侨崇圣大学、商会大学等为案例［硕士论文］刘曦著；李寅生指导．—南宁：广西大学，2013：74 页

39. 多重因素作用下的东欧华文报刊：以匈牙利《联合报》的新闻生产研究为例［硕士论文］徐杨著；黄星民，李展指导．—厦门：厦门大学，2013：67 页

40. 俄罗斯研究界中国远东移民问题新趋势［硕士论文］王琦予著；郭小丽指导．—石家庄：河北师范大学，2013：54 页

41. 二十世纪土生华裔作家笔下的美国形象——以黄玉雪、汤亭亭、任碧莲为中心［硕士论文］余希著；刘舸指导．—长沙：湖南大学，2013：48 页

42. 非传统安全视角下海外中国公民的保护［硕士论文］龙峰著；傅菊辉指导．—湘潭：湘潭大学，2013：36 页

43. 非传统安全威胁下海外公民生命权保护研究［硕士论文］黄丽菲著；高岚君指导．—沈阳：辽宁大学，2013：24 页

44. 菲律宾成年华人华语再学习调查——以三宝颜市为例［硕士论文］吴林玲著；王衍军指导．—广州：暨南大学，2013：51 页

45. 菲律宾华文学校的菲华文化保存现状——以马尼拉百阁公民学校为例［硕士论文］林荷莉著；冯冰指导．—杭州：浙江大学，2013：76 页

46. 菲律宾华校学生华文学习与中华文化认知认同状况调查［硕士论文］李骋著；宗世海指导．—广州：暨南大学，2013：61 页

47. 菲律宾华裔中学生文化背景及语言环境现状调查——以基立学院为例［硕士论文］高爱军著；杨同用指导．—石家庄：河北师范大学，2013：43 页

48. 菲律宾领事保护研究及其对中国——以菲律宾海外劳工领事保护为例［硕士论文］师会娜著；曹云华指导．—广州：暨南大学，2013：59 页

49. 菲律宾义德女校华裔中学生华族文化认知认同研究［硕士论文］李红艳著；张礼指导．—广州：暨南大学，2013：58 页

50. 福建地区侨刊乡讯现状及改革研究——以马尼拉百阁公民学校为例［硕士论文］

杨腾飞著；陈颖指导．—福州：福建师范大学，2013：69页

51. 赴美中国移民妇女的经济、家庭与社会生活（1834—1943）［硕士论文］赵阔著；高春常指导．—烟台：鲁东大学，2013：53页

52. 甘肃少数民族侨务资源培育研究［硕士论文］李晓霞著；田中禾指导．—兰州：兰州大学，2013：31页

53. 高校“海归”教师职业不适应问题的研究：以上海某高校M老师为例［硕士论文］李广旭著；刘德恩指导．—上海：华东师范大学，2013：64页

54. 广东省海外高层次人才引进政策效果分析——以广东省引进领军人才为例［硕士论文］黄可著．—广州：中山大学，2013：52页

55. 广东省侨资企业转型升级中的地方政府作用研究［硕士论文］郑建民著；毛蕴诗指导．—广州：中山大学，2013：53页

56. 广东省入境华人旅游行为特征及市场开拓策略研究［硕士论文］程双著；刘益指导．—广州：暨南大学，2013：76页

57. 广东引进海外华人人才战略的研究［硕士论文］林琳著；孙海法指导．—广州：中山大学，2013：76页

58. 广州市侨资工商企业的社会主义改造［硕士论文］郭润萍著；刘华指导．—广州：暨南大学，2013：39页

59. 归国留学生文化再适应状况调查［硕士论文］张欣著；武绍忠指导．—太原：山西财经大学，2013：78页

60. 国内政治与马来西亚对华政策［硕士论文］匡利莎著；朱陆民指导．—湘潭：湘潭大学，2013：56页

61. 海外高层次人才引进财政政策研究——以南京市为例［硕士论文］周鹏程著；赵永贤指导．—南京：中共江苏省委党校，2013：59页

62. 海外华人导演群体研究及身份认同问题探析［硕士论文］周露霞著；陈林侠指导．—广州：暨南大学，2013：116页

63. 海外华文传媒与中国国家形象——以《联合早报》和美国《世界日报》有关中国两会报道为例的分析［硕士论文］王艳琴著；陈奕平指导．—广州：暨南大学，2013：44页

64. 海外华文网络媒体建构的中国国家形象研究——以美国《美南新闻》网站为例［硕士论文］李小飞著；闫欢指导．—长春：东北师范大学，2013：39页

65. 海外留学归国人员职业发展现状与对策思考［硕士论文］李利平著；边慧敏指导．—成都：西南财经大学，2013：59页

66. 海外中国公民安全保护法律问题研究［硕士论文］刘敏著；徐军华指导．—武汉：华中科技大学，2013：58页

67. 海外中国公民安全保护研究：以国际警务合作为视角［硕士论文］杨凡著；张杰指导．—北京：中国人民公安大学，2013：48页

68. 韩国华侨社会变迁与韩国华侨政策研究［硕士论文］张秋逸著；李春虎指导．—上海：上海外国语大学，2013：106页

69. 韩国孔子学院教学模式研究［硕士论文］窦晓静著；刘冰冰指导．—济南：山东

大学，2013：116 页

70. 汉语作为继承语及其对中国华文教育启示——基于对浙江大学海外华人学生汉语状况的实证调查［硕士论文］伊丽娜著；李媛指导．—杭州：浙江大学，2013：56 页

71. 荷兰华裔少儿汉语教学研究——基于乌特勒支中文学校个案分析［硕士论文］金恒勤著；戴丽指导．—兰州：西北师范大学，2013：39 页

72. 华侨华人与中国文化在泰国的传播［硕士论文］马亚楠著；朱振明指导．—昆明：云南大学，2013：38 页

73. 华侨回国投资法律问题研究［硕士论文］寇昕著；史晓丽指导．—北京：中国政法大学，2013：50 页

74. 华侨投资与广州城市近代化（1862—1937）［硕士论文］曹意伟著；李闰华指导．—南宁：广西大学，2013：51 页

75. 回家——中国留学生归国当代适应调查［硕士论文］张竟著；David Henry 指导．—上海：上海外国语大学，2013：58 页

76. 吉尔吉斯斯坦国立民族大学孔子学院中国文化传播现状调查［硕士论文］司旭著；梁云指导．—乌鲁木齐：新疆师范大学，2013：35 页

77. 吉尔吉斯斯坦孔子学院汉语传播现状及分析研究［硕士论文］韩明杰著；李建军指导．—乌鲁木齐：新疆师范大学，2013：42 页

78. 柬埔寨华校中小学生汉语趋向补语句习得研究［硕士论文］葛李勤著；晓溪强指导．—南京：南京师范大学，2013：69 页

79. 近代华侨在潮汕地区的投资研究［硕士论文］黄浩著；宾长初指导．—桂林：广西师范大学，2013：44 页

80. 近代闽南洋楼民居比较研究［硕士论文］林璞著；戴志坚指导．—厦门：厦门大学，2013：100 页

81. 近代中国幼童留美问题研究——兼论中国近代化成败的外部动因［硕士论文］曾妍著；许晓光指导．—成都：四川师范大学，2013：65 页

82. 抗战时期大后方出国留学生群体研究——以国民政府教育部派遣为中心［硕士论文］于诗琦著；谭刚指导．—重庆：西南大学，2013：67 页

83. 抗战时期云南难侨救济活动研究［硕士论文］郑红军著；陈俊指导．—昆明：云南大学，2013：58 页

84. 抗战时期云南侨务工作研究［硕士论文］赵紫娟著；陈俊指导．—昆明：云南大学，2013：56 页

85. 孔子学院发展过程中的文化差异问题研究——以美国、日本、越南和印度为例［硕士论文］陈小龙著；王光照指导．—合肥：中国科学技术大学，2013：47 页

86. 孔子学院汉语教学模式的思考与研究——以喀土穆大学孔子学院为例［硕士论文］焦凡著；田河指导．—兰州：西北师范大学，2013：41 页

87. 孔子学院节日民俗文化传播研究［硕士论文］陈烨辉著；阮静指导．—北京：中央民族大学，2013：39 页

88. 孔子学院研究：以上海交通大学—马来西亚全球汉语文化中心为个案［硕士论文］夏梦琦著；王珏指导．—上海：上海交通大学，2013：50 页

89. 孔子学院与歌德学院在文化推广方面的比较研究［硕士论文］杜巍著；王小潞指导 . —杭州：浙江大学，2013：46 页

90. 孔子学院与世宗学堂的比较分析与未来展望［硕士论文］姜东润著；王建军指导 . —苏州：苏州大学，2013：31 页

91. 冷战初期中国对印度尼西亚华社的侨务外宣初探——以印度尼西亚《生活报》（1950—1956 年）为例［硕士论文］孟凡凤著；施雪琴指导 . —厦门：厦门大学，2013：99 页

92. 冷战后东南亚华文教育重新定位研究——基于九届东南亚华文教学研讨会分析［硕士论文］李亚著；周聿峨指导 . —广州：暨南大学，2013：48 页

93. 冷战初期美国对东南亚华人的亲西方宣传（1945—1960）［硕士论文］茹亚伟著；于群指导 . —长春：东北师范大学，2013：61 页

94. 冷战后美国移民政策的演变（1989—2001）［硕士论文］巩家强著；王静指导 . —济南：山东师范大学，2013：49 页

95. 领事保护法律制度在中国的实践［硕士论文］徐晓著；马呈元指导 . —北京：中国政法大学，2013：25 页

96. 领事保护制度研究［硕士论文］陈晔著；丁成耀指导 . —上海：华东政法大学，2013：60 页

97. 流动的身份：伍慧明《骨》中美籍华人的生存之道［硕士论文］周燕萍著；费小平指导 . —成都：四川外国语大学，2013：75 页

98. 《留美学生季报》及其科教思想的传播［硕士论文］陈啸著；姚远指导 . —西安：西北大学，2013：64 页

99. 留学生与马克思主义的传播——以重庆留法勤工俭学生为例［硕士论文］刘亚晶著；梁勇指导 . —重庆：西南政法大学，2013：47 页

100. 龙高半岛移民文化研究［硕士论文］薛命平著；陈建宪指导 . —武汉：华中师范大学，2013：36 页

101. 论公共秩序保留在涉外婚姻中的适用［硕士论文］刘凌云著；禹华英指导 . —重庆：西南政法大学，2013：53 页

102. 论领事保护中的“领事通知权”［硕士论文］梁潇著；朱伟东指导 . —湘潭：湘潭大学，2013：43 页

103. 论客家与民国时期广东革命［硕士论文］骆立著；冀满红指导 . —广州：暨南大学，2013：69 页

104. 论我国涉外离婚法律问题及发展［硕士论文］李琳著；蒋莹指导 . —昆明：云南大学，2013：44 页

105. 马来西亚华人对中国国家形象认知的变迁——以《星洲日报》对中国举办亚运会期间的报道为例［硕士论文］辛学敏著；骆莉指导 . —广州：暨南大学，2013：69 页

106. 马来西亚华文中学美术教育百年历程探究［硕士论文］梅德顺著；夏燕靖指导 . —南京：南京艺术学院，2013：99 页

107. 马来西亚砂拉越州诗巫市独中华文教学质量管理研究［硕士论文］江玟达著；宗世海指导 . —广州：暨南大学，2013：70 页

108. 曼谷“唐人街”与中国文化教学［硕士论文］Narongkrit Pawarodom 著；常大群指导．—厦门：厦门大学，2013：58 页

109. 梅县侨乡村村落形态研究［硕士论文］乔硕著；肖大威指导．—广州：暨南大学，2013：142 页

110. 美国华人参政研究——以 2012 年美国大选为例［硕士论文］张银双著；廖小健指导．—广州：暨南大学，2013：71 页

111. 美国华人文化融合（1990—2000）问题研究［硕士论文］马陈妍著；张涛指导．—成都：四川外国语大学，2013：64 页

112. 美国政府亚裔移民政策的历史考察：以 19—20 世纪之交加州地区华裔与日裔移民为个案［硕士论文］夏圣坤著；石庆环指导．—沈阳：辽宁大学，2013：49 页

113. 秘鲁天主教大学孔子学院零基础综合课课堂教学设计［硕士论文］张俐君著；朱建军指导．—上海：上海外国语大学，2013：80 页

114. 《棉华日报》副刊群与柬埔寨华文文学（1956—1967）［硕士论文］黄秋韵著；郭慧芬指导．—厦门：厦门大学，2013：92 页

115. 缅北腊戌市区华文学校汉语教学现状初探［硕士论文］黄锐著；王渝光指导．—昆明：云南大学，2013：45 页

116. 缅甸 TOTAL 国际学校小学汉语教材分析——以《轻松学汉语》（少儿版）《小学华文》为例［硕士论文］刘力源著；李丽指导．—保定：河北大学，2013：35 页

117. 缅甸东枝地区汉语教学情况的调查研究［硕士论文］闫雪芳著；周德才指导．—昆明：云南大学，2014：47 页

118. 缅甸东枝地区华文教育现状及发展研究——以东华语言与电脑学校为例［硕士论文］赵晖著；赵卫华指导．—昆明：云南大学，2013：38 页

119. 缅甸南方华文教育概况［硕士论文］徐祥生著；马亚中，崔新梅指导．—苏州：苏州大学，2013：35 页

120. 缅甸啤谬市的汉语教学历史、现状与发展情况调查分析：以天后宫补习学校为例［硕士论文］陈小美著；赵倩指导．—昆明：云南大学，2013：54 页

121. 民国时期加拿大洪门研究（1912—1946）［硕士论文］刘凯著；潮龙起指导．—广州：暨南大学，2013：81 页

122. 民国时期中日两国侨民母语教育的理念和价值观研究［硕士论文］袁玫著；于锦恩指导．—南京：南京信息工程大学，2013：49 页

123. 南京海外高层次留学人才引进政策研究［硕士论文］陈平著；肖媛指导．—南京：东南大学，2013：43 页

124. 南洋德教总会研究（1956—1995）［硕士论文］李群锋著；石沧金指导．—广州：暨南大学，2013：75 页

125. 欧洲青田新移民社团研究［硕士论文］陈华著；高伟浓指导．—广州：暨南大学，2013：89 页

126. 排斥与接纳：从傅满洲与陈查理电影看二十世纪二三十年代美国人对华人的态度［硕士论文］王雪著；傅晓微指导．—成都：四川外国语大学，2013：58 页

127. 排华对美国华人的心理及其生存发展影响研究［硕士论文］杨郁桐著；吴金平

指导．—广州：暨南大学，2013：54 页

128. 剖析美籍华人生活中体现出的中华传统价值观［硕士论文］石钧元著；王可指导．—呼和浩特：内蒙古师范大学，2013：33 页

129. 浅析 1970 年以来加拿大华侨华人对中加关系的影响［硕士论文］李欢著；吴金平指导．—广州：暨南大学，2013：45 页

130. 侨汇在墨西哥经济发展中的作用研究［硕士论文］付蕾著；赵雪梅指导．—北京：对外经贸大学，2013：57 页

131. 侨乡婚姻的变迁研究［硕士论文］党瑾著；郑一省指导．—南宁：广西民族大学，2013：59 页

132. 清末东北地区赴日留学活动研究［硕士论文］王黎明著；王铁军指导．—沈阳：辽宁大学，2013：36 页

133. 清末留学进士、举人群体研究［硕士论文］唐斌著；陈一容指导．—重庆：西南大学，2013：48 页

134. 全球化背景下有效应对公共危机对策思考——以利比亚撤侨为例［硕士论文］曲晶著；陈辉指导．—哈尔滨：黑龙江大学，2013：72 页

135. 全球化时代中国领事保护研究［硕士论文］林培旭著；刘清才指导．—长春：吉林大学，2013：75 页

136. 人力资本提升与华人移民科学家在加拿大的经济融合［硕士论文］王敏著；付美榕指导．—北京：北京外国语大学，2013：58 页

137. 日本华侨华人社会与中国公共外交［硕士论文］卢小花著；鞠玉华指导．—广州：暨南大学，2013：75 页

138. 日本华文媒体与中国国家形象的传播——以《日本新华桥报》为例［硕士论文］侯金亮著；董小玉指导．—重庆：西南大学，2013：41 页

139. 软权力的机制、媒介与互动——以东南亚华侨华人为例［硕士论文］曾守正著；庄国土指导．—厦门：厦门大学，2013：76 页

140. 汕头地方政府对侨汇政策的宣传及执行（1958—1966 年）［硕士论文］王冰瑾著；袁丁指导．—广州：中山大学，2013：76 页

141. 涉外婚姻的法律适用研究［硕士论文］林琦著；彭丁带指导．—南昌：南昌大学，2013：37 页

142. 涉外收养儿童权益保护问题研究［硕士论文］陈杰著；吕涛指导．—昆明：云南财经大学，2013：37 页

143. 身份构建中的移民因素：对在德第二、三代中国移民的质性研究［硕士论文］Hoong Wai Lum 著；Andrea Bogner，姚燕指导．—北京：北京外国语大学，2013：55 页

144. 身份认证中的家国想象——当代华人移民电影研究［硕士论文］李丹著；黄琳指导．—重庆：重庆大学，2013：71 页

145. 生态人类学视野下的和顺侨乡［硕士论文］王建坤著；郑一省指导．—南宁：广西民族大学，2013：112 页

146. 受众对海外华文媒体建构的中国国家形象的认知研究：以《美南新闻》报的用户为研究对象［硕士论文］李明哲著；闫欢指导．—长春：东北师范大学，2013：42 页

147. 归侨、侨眷和华侨权益保护问题的研究——以广东华侨农场为例［硕士论文］陈淑云著；余世喜指导．—广州：暨南大学，2013：53 页

148. 塔吉克斯坦国立大学孔子学院文化教学策略研究［硕士论文］杜博著；李建军指导．—乌鲁木齐：新疆师范大学，2013：42 页

149. 塔吉克斯坦孔子学院中华文化传播现状分析及策略研究［硕士论文］刘莎著；李建军指导．—乌鲁木齐：新疆师范大学，2013：37 页

150. 泰国东北部华文民校的汉语教学现状与反思：以四色菊甘平侨南学校为例［硕士论文］贺月婷著；刘惠指导．—桂林：广西师范大学，2013：29 页

151. 泰国汉传佛教——以曼谷龙莲寺为中心［硕士论文］林桂林著；王江武指导．—上海：上海师范大学，2013：78 页

152. 泰国华侨崇圣大学的教学现状与思考［硕士论文］朱华著；柳英绿指导．—广州：暨南大学，2013：90 页

153. 泰国华侨崇圣大学汉语教育调查与研究［硕士论文］汪琼著；龙松林，黄南津指导．—南宁：广西大学，2013：101 页

154. 泰国华侨崇圣大学汉语综合课研究［硕士论文］朱博著；刘富华指导．—长春：吉林大学，2013：45 页

155. 泰国曼谷“唐人街”与中国文化教学［硕士论文］陈文森著；常大群指导．—厦门：厦门大学，2013：52 页

156. 泰国素攀孔子学院汉语教学现状调查与分析——以广西大学学生赴泰 35 所学校汉语教学实习为例［硕士论文］卫志平著；陆华指导．—南宁：广西大学，2013：68 页

157. 泰国勿洞广西白话语音研究［硕士论文］李建青著；陈晓锦指导．—广州：暨南大学，2013：155 页

158. 晚清华工小说价值论——以“赴美华工小说”为论述主体［硕士论文］杨颖著；诸伟奇指导．—合肥：安徽大学，2013：66 页

159. 晚清外人在华招工相关约章交涉研究［硕士论文］谭庆民著；李育民指导．—长沙：湖南师范大学，2013：83 页

160. 网络孔子学院与国际同类网站的对比研究：以教学与文化传播功能为主［硕士论文］高晶著；张世涛，张念指导．—广州：中山大学，2013：44 页

161. 温州籍华裔留学生大陆求学的文化适应性研究——以温州大学的温州籍华裔留学生为例［硕士论文］黄呼尔励著；傅建明指导．—杭州：浙江师范大学，2013：68 页

162. 文化软实力视角下的马来西亚华文教育［硕士论文］杨华著；邓应文指导．—广州：暨南大学，2013：45 页

163. 文莱华人家长早期教育观念研究——以文莱某华语幼儿园的华人家长为例［硕士论文］朱星梅著；黄进指导．—南京：南京师范大学，2013：97 页

164. 文莱小学低年级华文教学策略调查研究：以文莱中华中学三年级华文教学为例［硕士论文］陈硕著；敖桂华指导．—长春：东北师范大学，2013：41 页

165. 我国海外劳工权益保护的法律问题研究［硕士论文］王蓉著；曾文革指导．—重庆：重庆大学，2013：59 页

166. 我国侨情普查的模式研究［硕士论文］王晋著；田兆元指导．—上海：华东师

范大学，2013：50 页

167. 我国涉外收养法律适用问题研究［硕士论文］李想著；梅宏指导．—青岛：中国海洋大学，2013：22 页

168. 我国涉外收养法律制度的完善［硕士论文］单海晶著；洪萍指导．—南昌：江西师范大学，2013：32 页

169. 我国偷渡犯罪的现状与防治对策研究：以完善刑事立法与行政立法为中心［硕士论文］邵丹著；聂立泽指导．—广州：中山大学，2013：45 页

170. 厦门大学海外共建孔子学院办学实践研究：以特拉华大学孔子学院为例［硕士论文］付佳著；张亚群指导．—厦门：厦门大学，2013：88 页

171. 乡关何处：厦门印度尼西亚归侨的生活经验［硕士论文］Hannah Nelson 著；夏光武指导．—厦门：厦门大学，2013：85 页

172. 香港客家移民问题初探（1644—1911）［硕士论文］王永伟著；陈伟明指导．—广州：暨南大学，2013：102 页

173. 辛亥革命的历史记忆与新马华人的认同建构［硕士论文］谢美娟著；潮龙起指导．—广州：暨南大学，2013：74 页

174. 新加坡真空教的历史与现状研究［硕士论文］欧阳班铱著；石沧金指导．—广州：暨南大学，2013：53 页

175. 新加坡族群问题治理及启示［硕士论文］陈青宇著；阿依先·肉孜指导．—乌鲁木齐：新疆师范大学，2013：54 页

176. 新时期侨联作用实现的路径选择——以安徽省侨联为例［硕士论文］康晓萍著；方兆本指导．—合肥：中国科学技术大学，2013：54 页

177. 新时期我国华侨华人海外统战工作的研究［博士论文］李哲著；曾华东指导．—南昌：南昌大学，2013：51 页

178. 新时期中国文化外交的发展——以孔子学院为例［硕士论文］杜瑞增著；李胜凯指导．—青岛：青岛大学，2013：54 页

179. 新世纪海外中国公民领事保护的实践与经验研究［硕士论文］柳文崇著；姚继德指导．—昆明：云南大学，2013：47 页

180. 新世纪马来西亚华人的参政状况及其影响因素分析——以 1999 年以来马来西亚四次大选为主要背景［硕士论文］任夕华著；许梅指导．—广州：暨南大学，2013：62 页

181. 新时期日韩华侨华人发展及其对中国投资和贸易影响的研究［硕士论文］牟松萍著；刘文指导．—济南：山东大学，2013：66 页

182. 新西兰华人政治参与研究［硕士论文］谢峻润著；廖小健指导．—广州：暨南大学，2013：63 页

183. 雅典的外侨［硕士论文］王秀陈著；徐晓旭指导．—武汉：华中师范大学，2013：59 页

184. 以“我是潮州人”Facebook 群组为例：探析在“地球村生态环境”里繁荣的环球村落［硕士论文］王锦胜著；范东升指导．—汕头：汕头大学，2013：96 页

185. 以《新报》为例，分析 20 世纪印度尼西亚华文报业的发展［硕士论文］李蕾

丰著；韩向东指导．—长春：吉林大学，2013：40 页

186. 以文化适应视角探究 20 世纪中国移民家庭在美国的生存法则——以红门为例［硕士论文］赵静著；贾磊指导．—济南：山东师范大学，2013：70 页

187. 印度尼西亚华文报业制度与其变革——《印度尼西亚日报》与《印度尼西亚星洲日报》个案研究［硕士论文］刘家凌著；李岩指导．—杭州：浙江大学，2013：94 页

188. 印度尼西亚"先达国语"词汇研究［硕士论文］单珊著；甘于恩指导．—广州：暨南大学，2013：125 页

189. 印度尼西亚华裔少儿读写汉字的难点调查及应对策略［硕士论文］祁辉著；易洪川指导．—广州：广州大学，2013：54 页

190. 印度尼西亚苏南省中华文化变迁及不同宗教背景华族文化态度研究［硕士论文］唐根基著；郭熙指导．—广州：暨南大学，2013：104 页

191. 印度尼西亚中小学本土华文教师的现状调查及对策研究：以楠榜省为例［硕士论文］樊莹著；官品指导．—重庆：重庆师范大学，2013：31 页

192. 影响新加坡华文教育的主要因素［硕士论文］田冰著；张军指导．—广州：暨南大学，2013：53 页

193. 有组织的跨国犯罪与执法研究：华人犯罪网络案例分析［硕士论文］Magdalena Zaras 著；许可指导．—厦门：厦门大学，2013：194 页

194. 越南胡志明市华人华文教学发展与现状［硕士论文］何洁仪著；俞瑾指导．—南宁：广西大学，2013：70 页

195. 越南胡志明市华人中学汉语教学现状研究［硕士论文］（越）林平安著；张淑慧指导．—青岛：青岛大学，2013：56 页

196. 越南华人经济的发展探析［硕士论文］曾丽红著；何平指导．—昆明：云南大学，2013：49 页

197. 越南华文学校的汉语教学现状分析——以三所华文学校为例［硕士论文］杨业风著；张新明指导．—上海：上海师范大学，2013：80 页

198. 云南省侨办侨情信息系统分析与设计［硕士论文］喻科著；廖鸿志指导．—昆明：云南大学，2013：42 页

199. 在德中国移民二代语言习得与家庭教育关系的实证研究［硕士论文］张远方著；李媛指导．—杭州：浙江大学，2013：72 页

200. 在华外国人永久居留权制度研究［硕士论文］甘继刚著；李先波指导．—长沙：湖南师范大学，2013：81 页

201. 展现南洋华人的精神风貌：马华新生代作家黎紫书研究［硕士论文］曾雯欣著；黄健指导．—杭州：浙江大学，2013：58 页

202. 战后中泰关系视域下的泰国华人认同研究［硕士论文］陈晓宏著；古小松指导．—南宁：广西民族大学，2013：53 页

203. 浙江大学海外华人留学生的个人身份构建［硕士论文］蒯真著；李媛指导．—杭州：浙江大学，2013：70 页

204. 中国传统蒙学在华文教育中的运用［硕士论文］黄苏著；张红指导．—长沙：湖南师范大学，2013：54 页

205. 中国传统武术在菲律宾华文学校教学现状调查研究［硕士论文］袁建军著；雷军蓉指导．—长沙：湖南师范大学，2013：56页

206. 中国的软实力在东南亚及孔子学院［硕士论文］龙啸著；刘为指导．—杭州：浙江大学，2013：43页

207. 中国俄罗斯侨民杂志《边界》研究（1939年）［硕士论文］刘益如著；王亚民指导．—上海：华东师范大学，2013：44页

208. 中国国民党澳门支部与澳门社会（1945—1949）［硕士论文］方子乐著；张晓辉指导．—广州：暨南大学，2013：88页

209. 中国海外公民安全保护机制研究［硕士论文］李书威著；李凤艳指导．—长春：东北师范大学，2013：45页

210. 中国领事保护分析［硕士论文］杨洋著；夏莉萍指导．—北京：外交学院，2013：55页

211. 中国留学生跨文化融合研究——以参加英国一年制硕士留学项目学生为例［硕士论文］王珅晨著；孙华指导．—南宁：广西大学，2013：80页

212. 中国唐宋诗词对泰国华人作品的影响［硕士论文］徐莲佳著；李寅生指导．—南宁：广西大学，2013：46页

213. 中国新移民的基本特征研究——以欧洲和北美的中国新移民为例［硕士论文］李常瑜著；宋全成指导．—济南：山东大学，2013：67页

214. 中华传统文化传承与新加坡的华族文化认同［硕士论文］朱海荣著；戴建业指导．—武汉：华中师范大学，2013：55页

215. 中华传统文化的海外适应与新生：以印度尼西亚雅加达华人春节为例［硕士论文］范丽波著；徐赣丽指导．—桂林：广西师范大学，2013：52页

216. 中山市海外留学人员创业政策研究［硕士论文］杜文明著；陈天祥指导．—广州：中山大学，2013：40页

217. 中泰文化影响下的泰国华人节俗研究——以那空沙旺府为中心［硕士论文］王丽娜著；贾雯鹤指导．—重庆：重庆大学，2013：89页

218. 中爪哇华文教育协调机构现状分析［硕士论文］黄冠冕著；莫海斌指导．—广州：暨南大学，2013：31页

219. 走上泰国佛坛的中国历史人物：玄奘、大峰祖师、郑和在泰形象演变略论［硕士论文］李红著；庄大钧指导．—济南：山东大学，2013：90页

台港及海外中文博硕士学位论文

1. 鼓励、限制或防范——比较台星两国移民政策模型建构实证研究［博士论文］郑安玲著；宋镇照指导．—台北：成功大学，2013：239页

2. 黄遵宪南洋政绩与其文学创作研究［博士论文］李俊贤著；衣若芬指导．—新加坡：南洋理工大学，2013：269页

3. “跨域中华”的新媒介与现代性：新加坡中文报与社会发展（1881—1911）［博士

论文］黄国富著；赖鼎铭，冯建三指导．—台北：世新大学，2013：259 页

4. 来台就读高中侨生学习适应之研究［博士论文］朱富裕著；冯丹白指导．—台北：台湾师范大学，2013：312 页

5. 软实力的竞赛：海峡两岸对海外汉学推广之比较（1978—2011）［博士论文］廖箴著；黄城指导．—台北：台湾师范大学，2013：196 页

6. 生命的转弯处——一个纽西兰华裔青年的生命故事探究［博士论文］周俐君著；杨聪荣指导．—台北：台湾师范大学，2013：218 页

7. 台湾母亲在新加坡的跨文化母职教养经验之研究［博士论文］庄雅婷著；陈秉华指导．—台北：台湾师范大学，2013：208 页

8. 泰华长篇小说民俗文化内涵研究［博士论文］吴佳怡著；吴福助指导．—台中：中兴大学，2013：299 页

9. 新加坡华商之文化资本的积累与转换［博士论文］龙坚著；李元瑾，游俊豪指导．—新加坡：南洋理工大学，2013：235 页

10. 19 世纪中到 21 世纪初华人移民对巴拿马的影响［硕士论文］张孟琳著；何国世指导．—台中：台湾静宜大学，2013：123 页

11. 2000 年以来泰北地区华文教育之研究——以建华综合高中为例［硕士论文］叶人豪著；夏诚华指导．—桃园：中原大学，2013：89 页

12. 澳门缅甸华侨文化地景的形成与转变［硕士论文］吴洁冰著；林圣钦指导．—台北：台湾师范大学，2013：160 页

13. 澳门侨生到台湾升大学之研究（1951—2010 年）［硕士论文］郑家雪著；周愚文指导．—台北：台湾师范大学，2013：208 页

14. 边城堡垒：马来西亚新山华人的学校与社会［硕士论文］萧诗平著；蒋斌指导．—台中：台湾清华大学，2013：197 页

15. 博物馆展示中的族群意识观——以新加坡土生文化馆为例［硕士论文］陈威廷著；王嵩山指导．—台北：台北艺术大学，2013：124 页

16. 从佛光山纽约道场看纽约华人宗教参与和社会适应［硕士论文］陈家羚著；杨聪荣指导．—台北：台湾师范大学，2013：141 页

17. 从服务设计观点看旅游产品规划——以马来西亚华人旅台行程为例［硕士论文］许筱姗著；王贞雅指导．—台中：台湾清华大学，2013：52 页

18. 从华侨教育走向华文教育——以韩国大邱华侨小学为例［硕士论文］洪佳音著；夏诚华指导．—桃园：中原大学，2013：140 页

19. 当代华人儒教论述之研究［硕士论文］于卓寰著；吕凯文指导．—嘉义：台湾南华大学，2013：103 页

20. 当代上海地区“海归”基督徒的身份认同探讨［硕士论文］王琳著；王秀惠，蔡彦仁指导．—台北：台湾师范大学，2013：143 页

21. 第二次世界大战后缅甸的华人政策［硕士论文］黄雅涵著；陈鸿瑜指导．—淡江：淡江大学，2013：84 页

22. 多伦多华人合唱团之研究［硕士论文］朱思婷著；许瑞坤指导．—台北：台北艺术大学，2013：165 页

23. 反向文化冲击：台湾留学生返国经验［硕士论文］刘南希著；柯宜中指导．—桃园：元智大学，2013：103 页

24. 华侨高中男子排球队历年发展之研究［硕士论文］戴家瑞著；张恩崇指导．—台北：台湾师范大学，2013：55 页

25. 华人餐饮文化餐具设计之探讨［硕士论文］王哲馨著；梁桂嘉指导．—台北：台湾师范大学，2013：148 页

26. 华人传统文化情境下的台湾基督教家庭教养经验之研究［硕士论文］李卓嘉著；吴明烨指导．—台北：台湾东吴大学，2013：65 页

27. 华人庙宇与殖民地的香港华人社会——以上环文武庙为研究个案［硕士论文］廖丽晖著；杨永安指导．—香港：香港大学，2013：99 页

28. 华人文化下的企业之调整与转变［硕士论文］李明彦著；任金刚指导．—高雄：台湾中山大学，2013：166 页

29. 技专院校侨外生之就读动机、学习满意度与职涯发展意向之相关研究——以国立高雄餐旅大学为例［硕士论文］李建鸿著；陈淑娟指导．—高雄：高雄餐旅大学，2013：194 页

30. 跨国 Pangcah 从台湾到南非：家、教会、族群认同、适应与发展［硕士论文］高玮毅著；黄倩玉指导．—台中：台湾清华大学，2013：140 页

31. 历经马来西亚冲突年代（1948—1960）百利新村华人女性之生命图像［硕士论文］蔡佩娟著；谢卧龙指导．—高雄：高雄师范大学，2013：130 页

32. 马来西亚独中留级生逆境复原力之研究——以南马某独中留级生为例［硕士论文］黄益启著；饶梦霞指导．—台南：成功大学，2013：138 页

33. 马来西亚华人实习心理师在台湾跨文化谘商学习经验——在异乡找到归乡路［硕士论文］林嘉琳著；陈秉华指导．—台北：台湾师范大学，2013：154 页

34. 马来西亚侨生在台跨文化适应与休闲参与之研究［硕士论文］梁明乐著；林建宇，陈渝岑指导．—台中：台湾体育运动大学，2013：154 页

35. 马来西亚砂拉越州诗巫华人音乐之探讨［硕士论文］陈施西著；李秀琴指导．—台北：台北艺术大学，2013：119 页

36. 美国华裔作家自我认同之研究［硕士论文］刘冠彣著；纪舜杰指导．—淡江：淡江大学，2013：89 页

37. 美国台湾移民与华人基督教会研究——以灵粮堂为例［硕士论文］何佳茵著；陈静瑜指导．—台中：台湾中兴大学，2013：106 页

38. “青天白日照古城”：战前中国国民党在马六甲的活动及其影响（1907—1941）［硕士论文］康碧真著；李盈慧指导．—南投：暨南国际大学，2013：191 页

39. 社区社会资本与华人小区行动的连结——本土社会资本理论的建构［硕士论文］薛峪霖著；丁仁方指导．—台南：成功大学，2013：122 页

40. 台北市大学校院侨生在台休闲生活型态之研究［硕士论文］翁基鸿著；张朝服指导．—台北：世新大学，2013：206 页

41. 台海两岸对菲律宾华文教育援助之比较研究——以非华文教中心与菲律宾华文教育研究中心为例［硕士论文］张荣显著；夏诚华指导．—桃园：中原大学，2013：236 页

42. 台湾的缅甸华人迁移过程与生活适应之探讨［硕士论文］黄晶晶著；赵建雄指导．—台北：台湾中国文化大学，2013：68 页

43. 台湾对马来西亚华人旅客观光吸引力、旅游满意度与重游意愿之研究［硕士论文］谢凯惠著；朱文增指导．—台北：台湾师范大学，2013：225 页

44. 台湾外侨学校经营模式之研究——以台中美国学校为例［硕士论文］萧美铃著；刘俊儒指导．—台中：东海大学，2013：36 页

45. 危与机：论新加坡早期华人银行之生存发展［硕士论文］杨妍著；李志贤指导．—新加坡：新加坡国立大学，2013：125 页

46. 西藏流亡学校中难民化的国族身份建构［硕士论文］林汝羽著；沈秀华指导．—台中：台湾清华大学，2013：188 页

47. 新移民、身份认同与国家安全：台湾四大报 2011 年新移民新闻报导为例［硕士论文］孔伯淳著；杨仕乐指导．—嘉义：台湾南华大学，2013：74 页

48. 星马地区台湾本土剧赞呒赞？从媒体全球在地化、文化认同至迷群关系之研究［硕士论文］张艾茄著；郭良文指导．—新竹：台湾交通大学，2013：114 页

49. 一叶台湾：影响多伦多台裔移民去留的因素［硕士论文］苏家莹著；陈中民指导．—台中：台湾清华大学，2013：87 页

50. 因材施教，因教施材——新加坡华文师资培训之现况、困境与展望［硕士论文］杨淑闵著；杨聪荣指导．—台北：台湾师范大学，2013：177 页

51. 印度尼西亚泗水中国城华人建筑特征之研究（以寺庙、祖祠和住宅为研究案例）［硕士论文］郭爱婷著；王惠君指导．—台北：台湾科技大学，2013：131 页

52. 越南会安华人的族群认同——以罗、叶、刘三大家族为例［硕士论文］刘陈石草著；龚宜君指导．—南投：暨南国际大学，2013：124 页

53. 中华民国侨务政策之研究：以泰北地区为例［硕士论文］黄培雯著；赵文志指导．—嘉义：中正大学，2013：143 页

英文博硕士学位论文

1. A cultural identity exploration workshop for first and second generation Chinese Americans [Psy. D.] by Chung, Sally H.; supervised by Eaton, Holli. —United States: Azusa Pacific University, 2013: 296 pages

2. An investigation of Chinese graduate student understanding of academic integrity in U. S. higher education [Ph. D.] by Hammerschmidt, James E.; supervised by Williams, Terry. —United States: Loyola University Chicago, 2013: 167 pages

3. An osteoporosis intervention program for Chinese women—Knowledge, self – efficacy, and intention [Ph. D.] by Xu, Zhi Jin; supervised by Ma, GraceSegal. —United States: Temple University, 2013: 235 pages

4. British Chinese youth transitions: cultural identity and youth formations in Newcastle upon Tyne [Ph. D.] by Tan, Alexander Marcus Lee; co – supervised by Hopkins, Peter; Anoop

Nayak. —United Kingdom: University of Newcastle, 2013: 277 pages

5. Business start – ups and development strategies of Chinese immigrant entrepreneurs in Australia [Ph. D.] by Wang, Yurong; supervised by Warn, James. —Australia: University of New South Wales, 2013: 239 pages

6. Coming home: a study of values change among Chinese postgraduates and visiting scholars who encountered Christianity in the U. K. [Ph. D.] by Dickson, Deborah; supervised by Morgan, W. J. Gu, Q. . —United Kingdom: University of Nottingham, 2013: 344 pages

7. Conserving religious heritage through people – involved management: the case of mosques and Chinese temples in the urban coastal area of Java, Indonesia [Ph. D.] by Tyas – Susanti, Bernadette; supervised by King, Victor T. —United Kingdom: University of Bath, 2013: 290 pages

8. Double happiness: bicultural men – identity and learning: a study of Australian – Chinese men born in the 20th century [Ph. D.] by Hoy, Dorathy Marjorie; supervised by Roger Morris, K. —Australia: University of Technology Sydney, 2013: 217 pages

9. Ethnic community as a source of social support for migrant workers: the case of the Chinese community in the UK [Ph. D.] by Lo, Lan. ; supervised by Yao, Shujie; Wu, Bin. —UnitedKingdom: University of Nottingham, 2013: 255 pages

10. Familial Contribution to Chinese American Children's Self – Regulated Learning during the Early School Years [Ph. D.] by Zhao, Shuheng; supervised by Gauvain, Mary. —United States: University of California, 2013: 173 pages

11. Family business culture, entrepreneurial orientation and the new economic policy on family business survival: a study between the Malays and Chinese of micro – and small – sized family businesses in Malaysia [Ph. D.] by Abdul Hamid, Nor Fuad. —United Kingdom: University of York, 2013: 278 pages

12. Flows of fortune: the economy of chinese migration to Portugal [Ph. D.] by Rodrigues, Irene; supervised by Sarró, Ramon. —Portugal: University of Lisbon, 2013: 235 pages

13. Generation levels, acculturation, filial piety, and intergenerational conflicts among Chinese Americans [Ph. D.] by Lee, Kin Cheung; supervised by Mendoza, Richard H. . —United States: Alliant International University, 2013: 115 pages

14. Identity development of Chinese graduate students in the United States: A phenomenological investigation [Ph. D.] by Li, Kang; supervised by Renn, Kristen a. . —United States: Michigan State University, 2013: 239 pages

15. Integration of ethnic Chinese children into Irish primary schools [Ph. D.] by Liu, Jia; supervised by Mulcahy, Carmel. —Ireland: Dublin City University, 2013: 161 pages

16. "娩"与"通": Migrant Ethnic Chinese Mothers' Intercultural Communication Experiences with Their Maternity – Care and Health Providers in New Zealand [Ph. D.] by Guo, Shujie; supervised by Munshi, Debashish; Cockburn – Wootten, Cheryl. —New Zealand: University of Waikato, 2013: 402 pages

17. Narrative Inquiry of the Parenting Experiences of Chinese Immigrant Parents in the U. S.

[Ph. D.] by Chen, Xiaoxia; supervised by Brisk, Maria E. . —United States: Boston College, 2013: 195 pages

18. Oceans crossing: factors contributing to the social and academic integration of Korean, Malaysian, and Taiwanese international undergraduate students at a research university [Ph. D.] by Pham, Hoa; supervised by Amey, Marilyn. —United States: Michigan State University, 2013: 186 pages

19. Older Chinese – Australian and Chinese community music engagement [Ph. D.] by Li, Sicong; supervised by Southcott, Jane Elizabeth. —Australia: Monash University, 2013: 334 pages

20. Participatory action research with Chinese – American families: developing digital prototypes of Chinese art education resources [Ph. D.] by Wang, Yinghua. ; supervised by Eisenhauer, Jennifer. —United States: The Ohio State University, 2013: 437 pages

21. Relations between parenting behaviors, parent traits, and children's social competence in Chinese immigrant families [Ph. D.] by Cheung, Katherine; supervised by McWayne, Christine. —United States: New York University, 2013: 137 pages

22. Role of social networks in the pathway to care of Chinese people living with a diagnosis of severe mental illness in England [Ph. D.] by Yeung, Yuet – wah. ; co – supervised by Ng, Siu – man; Tsang, Kit – man. —Hong Kong: The University of Hong Kong, 2013: 357 pages

23. Searching for identity in Chinatown: an architectural response to Calgary's growing Chinese population [Ph. D.] by Ge – Yau Wan, Jerome; supervised by Burnay, Diogo. —Canada: Dalhousie University, 2013: 78 pages

24. The adoption of instructional technology by Chinese women faculty in higher education [Ph. D.] by Lu, Yixin; supervised by Piwinsky, Mark J. . —United States: Indiana University of Pennsylvania, 2013: 175 pages

25. The lived experience of older Chinese Singaporeans with life threatening illness in an inpatient hospice [Ph. D.] by Poon, Wing Hong; supervised by Connor, Margaret O. —Australia: Monash University, 2014: 346 pages

26. The making of modern Buddhism: Chinese Buddhist revitalization in Malaysia [Ph. D.] by Tan, Lee Ooi; co – supervised by Johnson, Irving Chan; Lai Ah Eng. —Singapore: National University of Singapore, 2013: 236 pages

27. Transforming the frontier: land, commerce, and Chinese colonization in Inner Mongolia, 1700 – 1911 [Ph. D.] by Wang, Yi; supervised by Duara, Prasenjit. —United States: The University of Chicago, 2013: 512 pages

28. Values migration: the influence of Christianity and traditional Chinese values on the cross cultural adaptation of Chinese migrants in Irish society [Ph. D.] by Zhu, Liwei; supervised by Sheridan, Vera. —Ireland: Dublin City University, 2013: 330 pages

29. We wont be bullied anymore: Chinese – Mexican relations and the Chinese community in Mexico, 1931 – 1971 [Ph. D.] by Gonzalez, Fredy; supervised by Goveia, Elsa. —United States: Yale University, 2013: 365 pages

30. Workplace (in) equality making critical sense of Hong Kong Chinese immigrant experiences in the Canadian workplace [Ph. D.] by Hilde, Rosalie Kit Sheung; supervised by Mills, Albert J. —Canada: Athabasca University, 2013: 228 pages

31. A forgotten story: Edward James Gay and the Chinese labor experiment in reconstructed Louisiana [M. A.] by Garipoglu, Melis; supervised by Krause, Paul. —Canada: University of British Columbia, 2013: 44 pages

32. Addressing factors related to depression & mental health in elderly Chinese immigrant women in Ontario [M. A.] by Saadat Mehr, Farzaneh; supervised by Couton, Philippe. —Canada: University of Ottawa, 2013: 112 pages

33. An analysis of an online purchasing service for the overseas Chinese [M. A.] by Chen, Long; supervised by Björkman, Päivi. —Finland: VAASA University of Applied Sciences, 2013: 127 pages

34. Becoming the Straits Chinese: active constructions of identity in Singapore, 1890 – 1910s [M. A.] by Lim, Sharon W. Q. —Canada: University of British Columbia, 2013: 77 pages

35. Chinese family values in a selection of Chinese – American and Chinese – Canadian children's novels on the immigrant experience [M. A.] by Li, Yan Ling; supervised by Saltman, Judith. —Canada: University of British Columbia, 2013: 123 pages

36. Chinese foreign direct investment in North America comparing Canadian and U. S. attitude [M. A.] by Zhao, Jierui; supervised by Wang, Hongying. —Canada: University of Waterloo, 2013: 133 pages

37. Contextualizing overseas Chinese women's leadership styles: culture and management [M. A.] by Guo, Qinxian; supervised by Bedford, Olwen A.. —Singapore: Nanyang Technological University, 2013: 108 pages

38. Convenience, or caste? First – generation Chinese immigrants and the food service industry [M. A.] by Zhang, Yueyang; supervised by Shepherd, Robert J.. —United States: George Washington University, 2013: 98 pages

39. Dealing with perception: a look at overseas – listed Chinese firms in Singapore [M. A.] by Peh, Zu Hao; supervised by Wang, Jiangyu. —Singapore: National University of Singapore, 2013: 42 pages

40. I decide where I will live: the lived experience of Chinese students hoping to study abroad [M. A.] by Schneider, Justin; supervised by Heinz, Matthew. —Canada: Royal Roads University, 2013: 44 pages

41. Increasing entrepreneurial capabilities of Chinese entrepreneurs in Helsinki region [M. A.] by Zhang, Yina; supervised by Römer – Paakkanen, Tarja. —Finland: Haaga – Helia University of Applied Sciences, 2013: 69 pages

42. Influential factors of Chinese purchaser behavior in clothing market [M. A.] by Wang, Zaichen; supervised by Emmanuel, Querrec. —Finland: Turku University of Applied Sciences, 2013: 34 pages

43. Learning from Chinatown [M. A.] by Guan, Li Ting; supervised by Rynnimeri,

Val. —United States: University of Waterloo, 2013: 167 pages

44. Modernization and post – 1978 Chinese educational reform: impact on a migrating population [M. A.] by Deng, Weiling; supervised by Kellner, Douglas M.. —United States: The University of California, 2013: 67 pages

45. More work, less play: power, household work and leisure expereinces of Chinese immigrant women in Canada [M. Sc.] by Chen, Caiyan Wendy; supervised by Donnelly, Peter. —Canada: University of Toronto, 2013: 120 pages

46. Preservation of home of Malaysian Chinese [M. A.] by Tam, Yee – mei, Agnes; supervised by Ang, Sze Wei. —Hong Kong: The University of Hong Kong, 2013: 35 pages

47. Regulating the dead to protect the living: Chinese immigrants, religion, and the bio – politics of public health in nineteenth century San Francisco [M. A.] by Johnson, Zachary M.; supervised by Porterfield, Amanda. —United States: Florida State University, 2013: 84 pages

48. Representations of Chinese people in Hollywood martial Arts films [M. A.] by Zhu, Kaina; supervised by Summemark, Fredrik. —Sweden: University West, 2013: 56 pages

49. Self – management of Type 2 diabetes among mainland Chinese immigrants in Canada: a qualitative study [M. S.] by Huang, Youyou; supervised by Judy Sheeshka. —Canada: University of Guelph, 2013: 120 pages

50. The Enigma of the Stranger: The Chinese Filipino as Alien and Citizen [M. A.] by Gonzales, Gloria G.; supervised by Lam, Mariam. —United States: University of California, 2013: 65 pages

51. The impacts of individual housing choices on Chinese ethnic clustering in London Borough of Tower Hamlets [M. Sc.] by Liu, Yuan. —United Kingdom: University College London, 2013: 48 pages

52. The role of cultural values on the perception of advertising as offensive: a case study of Chinese tertiary students in Auckland. [M. A.] by Wang, Dapeng; supervised by Williams, Jocelyn; Papoutsaki, Evangelia. —New Zealand: Unitec Institute of Technology, 2013: 119 pages

53. There or back again? The motivations and future plans of Chinese students in the United States [M. A.] by Wong, Christopher Patrick; supervised by Dickson, Bruce J.. —United States: George Washington University, 2013: 70 pages

2013 年中国大陆华侨华人主要科研项目一览

本版内容以国家哲学社会科学规划办公室网站、教育部人文社科网、各省人文社科网站以及各高校社科处及院系网站公开发布信息为主要来源，各类项目按照项目名称首字拼音升序排列。

国家社科基金项目

1. 当代华裔美国文学叙事学研究［国家社科基金青年项目（13CWW028）］董晓烨主持．—哈尔滨：东北林业大学，2013

2. 当代英国华人文学之历史叙事研究［国家社科基金青年项目（13CWW029）］肖淳端主持．—广州：暨南大学，2013

3. 东南亚的庇护主义与华侨华人群体研究［国家社科基金青年项目（13CMZ057）］彭慧主持．—武汉：华中师范大学，2013

4. 二战前美国华人学校教育的双重文化认同研究［国家社科基金教育学青年项目（COA130205）］李永主持．—武汉：中南民族大学，2013

5. 国际人口迁移、人力资本结构与中等收入陷阱研究［国家社科基金一般项目（13BRK013）］范兆斌主持．—广州：暨南大学，2013

6. 海外华语语言生活状况调查及多媒体语言资源库建设［国家社科基金一般项目（13BYY090）］刘华主持．—广州：暨南大学，2013

7. 华文文学的跨语境传播研究暨史料整理［国家社科基金青年项目（13CZW080）］颜敏主持．—惠州：惠州学院，2013

8. 华裔新生代跨国文化回溯与身份认同研究［国家社科基金青年项目（13CSH059）］李庆主持．—南昌：江西财经大学，2013

9. 境外务工人员权利保障研究［国家社科基金一般项目（13BFX152）］李先波主持．—长沙：湖南警察学院，2013

10. 留学生与中国文学的现代化［国家社科基金一般项目（13BZW139）］沈光明主持．—荆州：长江大学，2013

11. 马来西亚华人与印度人政治参与的比较研究［国家社科基金一般项目（13BMZ070）］石沧金主持．—广州：暨南大学，2013

12. 《美华文学》与北美新移民文学研究［国家社科基金一般项目（13BZW134）］程国君主持．—西安：陕西师范大学，2013

13. 民国时期留美生的中国问题研究［国家社科基金一般项目（13BZS063）］元青主持．—天津：南开大学，2013

14. 民国以来华侨华人对闽南侨乡体育发展的影响研究［国家社科基金青年项目

(13CTY013)］郭惠杰主持．—福州：福建师范大学，2013

15. 日本新华侨华人文学三十年［国家社科基金一般项目（13BZW135）］林祁主持．—泉州：华侨大学，2013

16. 西南边境民族地区非法移民问题及其治理调查研究［国家社科基金一般项目(13BFX149)］罗刚主持．—昆明：云南大学，2013

17. 新加坡华人社团账本的整理与研究［国家社科基金一般项目（13BZS095）］曾玲主持．—厦门：厦门大学，2013

18. 英华书院研究（1818—1873）［国家社科基金一般项目（13BZJ026）］谭树林主持．—南京：南京大学，2013

19. 中国留学生的跨文化心理适应研究［国家社科基金一般项目（13BSH065）］张红静主持．—济南：山东大学，2013

20. 中国人在俄罗斯的历史与现状及其对两国关系的影响研究［国家社科基金一般项目（13BGJ017）］刘涧南主持．—哈尔滨：黑龙江省社科院，2013

21. 中国新移民在南非的跨文化适应研究［国家社科基金青年项目（13CSH066）］陈凤兰主持．—福州：福州大学，2013

教育部项目

1. 1940年代美华文学的历史发展及社会影响［教育部人文社会科学研究规划基金项目（13YJAZH047）］李亚萍主持．—广州：暨南大学，2013

2. 当代华裔美国文学与中国文化传统［教育部人文社会科学研究规划基金项目(13YJA751058)］杨春主持．—北京：北京外国语大学，2013

3. 东南亚华裔新生代的认同及对华态度与认知［教育部人文社会科学研究青年基金项目（13YJCZH024）］代帆主持．—广州：暨南大学，2013

4. 二十世纪中国声乐留学生群体研究（1900—1959）［教育部人文社会科学研究规划基金项目（13YJA760007）］陈岭主持．—武汉：华中师范大学，2013

5. 海外华侨网络、对外直接投资与温州经济转型升级研究［教育部人文社会科学青年基金项目（13YJC790137）］汪占熬主持．—温州：温州大学，2013

6. 海外华人产业集群低端锁定和突破路径研究——基于社会资本和排斥双重视角［教育部人文社会科学青年基金项目（13YJC630243）］周欢怀主持．—温州：温州大学，2013

7. 海外排华、反华的演变及其应对［教育部人文社会科学重点研究基地重大项目(13JJD810003)］曹云华主持．—广州：暨南大学，2013

8. 后金融危机时期我国东南沿海地区非法移民变化研究［教育部人文社会科学研究青年基金项目（13YJC840023）］林胜主持．—福州：福州大学，2013

9. 华侨华人在我国文化兴国战略中的作用研究［教育部人文社会科学重点研究基地重大项目（13JJD810004）］陈奕平主持．—广州：暨南大学，2013

10. 加拿大华人社区汉语国际化多维度研究［教育部人文社会科学研究规划基金项目

(13YJA740016)]郭鸿杰主持.—上海：上海交通大学，2013

11. 近代广东侨乡民居文化比较研究［教育部人文社会科学青年基金项目(13YJCZH046)]郭焕宇主持.—广州：华南农业大学，2013

12. 近代以来留学生与中国体育发展研究［教育部人文社会科学研究青年基金项目(13YJC890044)]张宝强主持.—咸宁：咸宁师范学院，2013

13. 跨文化影像写作：海外华人独立纪录片研究［教育部人文社会科学研究规划基金项目（13YJA760048)]王庆福主持.—上海：上海外国语大学，2013

14. 跨文化语境下的新加坡华文旧体诗研究［教育部人文社会科学研究青年基金项目(13YJC751082)]赵颖主持.—西安：陕西师范大学，2013

15. 旅英华人社群研究——以华人春节民俗为视角［教育部人文社会科学研究青年基金项目（13YJCZH041)]傅翼主持.—杭州：浙江大学，2013

16. 全球华人第一次保钓运动研究（1970－1980）［教育部人文社会科学研究青年基金项目（13YJC770033)]刘玉山主持.—龙岩：龙岩学院，2013

17. 双重网络交互及其对海外人才在华创业成长绩效影响机制研究［教育部人文社会科学青年基金项目（13YJC630045)]何会涛主持.—苏州：苏州大学，2013

18. 中西文化传承和异域再生——二十世纪华裔法语作家研究［教育部人文社会科学研究青年基金项目（13YJC752033)]张华主持.—上海：复旦大学，2013

其他省部级项目

1. 潮汕侨乡研究［广东省哲学社会科学“十二五”规划特别委托项目(GD13TW01－11)]黄晓坚主持.—潮州：韩山师范学院，2013

2. 潮汕侨乡资料收集与整理［广东省哲学社会科学“十二五”规划特别委托项目(GD13TW01－23)]陈雍主持.—潮州：韩山师范学院，2013

3. 断裂与重建——近代广府侨乡社会研究（1931—1949)[广东省哲学社会科学“十二五”规划特别委托项目（GD13TW01－16)]石坚平主持.—江门：五邑大学，2013

4. 二战后美国粤籍华侨华人社会的变迁［广东省哲学社会科学“十二五”规划特别委托项目（GD13TW01－9)]李爱慧主持.—广州：暨南大学，2013

5. 二战后粤籍华侨华人参政研究［广东省哲学社会科学“十二五”规划特别委托项目（GD13TW01－7)]潘一宁主持.—广州：中山大学，2013

6. 二战后粤籍华侨华人的华文教育与华文传媒事业研究［广东省哲学社会科学“十二五”规划特别委托项目（GD13TW01－10)]裴艳主持.—广州：暨南大学，2013

7. 法国华人新移民文学研究［上海市哲学社会科学规划青年项目］张华主持.—上海：复旦大学，2013

8. 广东海外华侨信息传播的渠道与方式研究——以侨刊为例［广东省哲学社会科学“十二五”规划特别委托项目（GD13TW01－17)]姚婷主持.—江门：五邑大学，2013

9. 广东侨乡的形成与发展［广东省哲学社会科学“十二五”规划特别委托项目(GD13TW01－2)]张国雄主持.—江门：五邑大学，2013

10. 广东新移民研究［广东省哲学社会科学“十二五”规划特别委托项目（GD13TW01－3）］张应龙主持. —广州：暨南大学，2013

11. 广府侨乡资料收集与整理［广东省哲学社会科学“十二五”规划特别委托项目（GD13TW01－25）］黄海娟主持. —江门：五邑大学，2013

12. 归难侨群体的多向分层融入模式研究［广东省哲学社会科学“十二五”规划青年项目（GD13YHQ01）］黎相宜主持. —广州：中山大学，2013

13. 海外华商社会网络对浙江中小企业对外投资的支撑体系研究［浙江省社会科学规划立项不资助项目（2013B066）］滕玮峰主持. —宁波：宁波大学，2013

14. 海外华文教师生存发展典型个案研究［福建省社会科学规划一般项目（2013B091）］王焕芝主持. —厦门：华侨大学，2013

15. 海外孔子学院发展中的法律问题［司法部国家法治与法学理论研究项目（13SFB2006）］程迈主持. —苏州：苏州大学，2013

16. 海外温商与温州人经济的互动研究——基于社会网络分析的视角［浙江省哲学社会科学重点研究基地课题（13JDWZ01Z）］陈翊主持. —温州：温州大学，2013

17. 近代北美粤侨社会与排华问题［广东省哲学社会科学“十二五”规划特别委托项目（GD13TW01－6）］朱卫斌主持. —广州：中山大学，2013

18. 近代东南亚粤侨社会［广东省哲学社会科学“十二五”规划特别委托项目（GD13TW01－5）］牛军凯主持. —广州：中山大学，2013

19. 近代广东移民与澳大利亚新西兰采矿业［广东省哲学社会科学“十二五”规划特别委托项目（GD13TW01－15）］费晟主持. —广州：中山大学，2013

20. 近代江门五邑侨乡城镇近代化问题研究［广东省哲学社会科学“十二五”规划青年项目（GD13CHQ01）］姜省主持. —广州：暨南大学，2013

21. 梅州客家侨乡研究［广东省哲学社会科学“十二五”规划特别委托项目（GD13TW01－12）］肖文评主持. —梅州：嘉应学院，2013

22. 梅州侨乡资料收集与整理［广东省哲学社会科学“十二五”规划特别委托项目（GD13TW01－24）］肖文评主持. —梅州：嘉应学院，2013

23. 清末民国时期广府华侨社会资本与移民网络——以华侨书信为主要文献［广东省哲学社会科学“十二五”规划特别委托项目（GD13TW01－13）］刘进主持. —江门：五邑大学，2013

24. 日韩广东华侨研究［广东省哲学社会科学“十二五”规划特别委托项目（GD13TW01－14）］宋伍强主持. —广州：广东外语外贸大学，2013

25. 日文文献中广东华侨史料整理与翻译［广东省哲学社会科学“十二五”规划特别委托项目（GD13TW01－20）］罗晓红主持. —广州：暨南大学，2013

26. 世界视野下的广东近代移民潮［广东省哲学社会科学“十二五”规划特别委托项目（GD13TW01－1）］袁丁主持. —广州：中山大学，2013

27. 泰国潮籍华侨家族研究［广东省哲学社会科学“十二五”规划特别委托项目（GD13TW01－18）］林瑜，杨锡铭主持. —潮州：韩山师范学院，2013

28. 泰国华人社区的汉语方言［广东省哲学社会科学“十二五”规划一般项目（GD13CZW11）］陈晓锦主持. —广州：暨南大学，2013

29. 晚清民国期刊广东华侨史料整理与研究［广东省哲学社会科学“十二五”规划特别委托项目（GD13TW01－19）］徐云主持．—广州：暨南大学，2013

30. 西班牙文献中广东华侨史料整理与翻译［广东省哲学社会科学“十二五”规划特别委托项目（GD13TW01－21）］李亦玲主持．—广州：暨南大学，2013

31. 现代日本“中国形象”嬗变与回归的研究［福建省社会科学规划一般项目（2013B088）］吴光辉主持．—厦门：厦门大学，2013

32. 鸦片战争前广东华侨与中外经济文化交流［广东省哲学社会科学“十二五”规划特别委托项目（GD13TW01－4）］袁征，章深主持．—广州：华南师范大学，2013

33. 粤籍作家与东南亚华文文学［广东省哲学社会科学“十二五”规划特别委托项目（GD13TW01－8）］朱崇科主持．—广州：中山大学，2013

34.“在南洋”：“中国性”变奏与“在地”书写［广东省哲学社会科学“十二五”规划一般项目（GD13CZW09）］马淑贞主持．—广州：暨南大学，2013

35. 中文古籍中广东华侨史料汇编［广东省哲学社会科学“十二五”规划特别委托项目（GD13TW01－22）］何新华主持．—广州：暨南大学，2013

厅局级项目

1. 当代东南亚华侨华人歌唱家研究［福建省教育厅A类人文社科研究一般项目（JA13035S）］叶彦主持．—厦门：华侨大学，2013

2. 当代温州侨资侨属企业研究［温州市哲学社会科学规划项目（13WSK087）］徐华炳主持．—温州：温州大学，2013

3. 东南亚华侨华人语言生活及华语语料库建设研究［广东省委宣传部打造“理论粤军”重点基础理论研究课题］刘华主持．—广州：暨南大学，2013

4. 东南亚华文教师专业发展比较研究［华侨大学哲学社会科学青年学者成长工程团队项目（13SKGC－QT01）］李欣主持．—厦门：华侨大学，2013

5. 改革开放以来海外移民与广州精神家园建设研究［广州市哲学社会科学规划共建项目］李云主持．—广州：广东金融学院，2013

6. 广州地区“自梳女”文化的口述史［广州市哲学社会科学规划青年项目］陈瑜主持．—广州：华南师范大学，2013

7. 广州花都籍巴拿马华侨华人的跨国实践研究［广州市哲学社会科学规划一般项目］陈杰主持．—广州：广州市社会科学院，2013

8. 海权纠纷背景下的突发事件中对海外泉州商人的救援策略研究［泉州市社会科学研究青年项目（2013Q07）］刘文波主持．—泉州：华侨大学，2013

9. 海外华人网络舆情研究［华侨大学哲学社会科学青年学者成长工程团队项目（13SKGC－QT09）］钟大荣主持．—厦门：华侨大学，2013

10. 华侨大学扩大海外生源的路径研究［华侨大学校级基金教育管理研究项目（13HJY15）］李雪芬主持．—厦门：华侨大学，2013

11. 华侨高等院校境外生班级管理模式研究［福建省教育科学“十二五”规划一般课

题（2013CG0742）］张慧主持．—泉州：华侨大学，2013

12. 华侨华人研究资料的典藏与管理：以华侨大学华侨华人资料中心为例［华侨大学校级基金教育管理研究项目（13HJY04）］王蔚芳主持．—厦门：华侨大学，2013

13. 江门侨乡“地理标志产品”法律及政策问题研究［江门市哲学社会科学规划自筹经费项目］林琍主持．—江门：五邑大学，2013

14. 近代华侨爱国思想的孕育、实践与教育价值研究——以容闳为例［广州市哲学社会科学规划共建项目］马波主持．—广州：广州大学华软软件学院，2013

15. 跨国人才环流背景下的广州市“海鸥”人群研究［广州市哲学社会科学规划共建项目］袁源主持．—广州：广州番禺职业技术学院，2013

16. 宁波高层次“海归”人才效能分析与提升对策研究［宁波市哲学社会科学规划课题（G13－ZX17）］吕宜之主持．—宁波：宁波大学，2013

17. 侨界留守儿童公益教育“温州模式”的研究［温州市哲学社会科学规划自筹经费项目（13WSK054）］夏春雨主持．—温州：温州大学，2013

18. 侨乡文化在南粤服饰中的渗透及表现研究［江门市哲学社会科学规划自筹经费项目］吴秋英主持．—江门：五邑大学，2013

19. 上海市侨商会会员企业品牌发展现状调研与提升对策研究［上海市侨务理论研究中心招标课题］林建永主持．—上海：上海市科学院，2013

20. 晚清粤籍驻外领事群体研究——以知识结构与外交阅历为考察中心［广州市哲学社会科学规划青年项目］马一主持．—广州：广东第二师范学院，2013

21. 文化传播视域下提升侨校华文教育竞争力的策略研究［华侨大学校级基金教育管理研究项目（13HJY08）］林碧丹主持．—厦门：华侨大学，2013

22. 五邑侨乡名人故居文化旅游的开发与保护研究［江门市哲学社会科学规划项目］伍锋主持．—江门：五邑大学，2013

23. 新侨在中欧关系中的作用机制研究［福建省教育厅A类人文社科研究一般项目（JA13029S）］谢婷婷主持．—厦门：华侨大学，2013

24. 意大利普拉托华人社会变迁研究［温州市哲学社会科学规划项目（13WSK010）］严晓鹏主持．—温州：温州大学，2013

25. 中国侨务公共外交：理论建构与政策思路［华侨大学哲学社会科学青年学者成长工程团队项目（13SKGC－QT10）］刘文正主持．—厦门：华侨大学，2013

（本栏目责任编辑　景海燕）